Sophia Altenthan, Sylvia Betscher-Ott, Wilfried Gotthardt, Hermann Hobmair,
Reiner Höhlein, Wilhelm Ott, Rosemarie Pöll, Karl-Heinz Schneider

Herausgeber: Hermann Hobmair

Pädagogik

4. Auflage, 1. korrigierter Nachdruck

Bestellnummer 5000

Haben Sie Anregungen oder Kritikpunkte zu diesem Produkt?
Dann senden Sie eine E-Mail an 5000@bv-1.de
Autoren und Verlag freuen sich auf Ihre Rückmeldung.

www.bildungsverlag1.de

Bildungsverlag EINS GmbH
Sieglarer Straße 2, 53842 Troisdorf

ISBN 978-3-8237-**5000**-0

© Copyright 2008: Bildungsverlag EINS GmbH, Troisdorf
Das Werk und seine Teile sind urheberrechtlich geschützt. Jede Nutzung in anderen als den
gesetzlich zugelassenen Fällen bedarf der vorherigen schriftlichen Einwilligung des Verlages.
Hinweis zu § 52a UrhG: Weder das Werk noch seine Teile dürfen ohne eine solche Einwilligung
eingescannt und in ein Netzwerk eingestellt werden. Dies gilt auch für Intranets von Schulen und
sonstigen Bildungseinrichtungen.

Inhaltsverzeichnis

Einführung		9
1	**Pädagogik als Wissenschaft**	**11**
1.1	Pädagogik und Erziehungswissenschaft	12
1.1.1	Die Begriffe „Pädagogik" und „Erziehungswissenschaft"	12
1.1.2	Der Gegenstand der Pädagogik	13
1.1.3	Disziplinen der Pädagogik	15
1.2	Die Wissenschaftlichkeit der Pädagogik	16
1.2.1	Der Begriff „Wissenschaft"	16
1.2.2	Betrachtungsweisen der Erziehungswirklichkeit	17
1.2.3	Methoden der Erziehungswissenschaft	19
1.3	Grundauffassungen von Pädagogik	21
1.3.1	Aufgaben der Erziehungswissenschaft	21
1.3.2	Richtungen der Pädagogik	23
1.4	Das Theorie-Praxis-Problem	25
1.4.1	Die Wechselwirkung zwischen Theorie und Praxis	25
1.4.2	„Private" und wissenschaftliche Theorie	26
1.4.3	Das Problem der Rezeptologie	27
	Zusammenfassung	28
	Aufgaben und Anregungen	30
2	**Die Möglichkeit und Notwendigkeit der Erziehung**	**32**
2.1	Naturwissenschaftliche Erkenntnisse zur Erziehungsbedürftigkeit und Erziehbarkeit des Menschen	33
2.1.1	Der Mensch, ein Gehirnwesen	34
2.1.2	Der Mensch, ein Wesen ohne ausreichende Instinkte	35
2.1.3	Der Mensch, ein Wesen, das biologisch mangelhaft ausgestattet ist	37
2.1.4	Der Mensch, ein Wesen, das zu früh zur Welt kommt	40
2.2	Geistes- und sozialwissenschaftliche Erkenntnisse zur Erziehungsbedürftigkeit und Erziehbarkeit des Menschen	41
2.2.1	Der Mensch, ein Wesen mit Geist und Vernunft	41
2.2.2	Der Mensch, ein Kulturwesen	43
2.2.3	Der Mensch, ein soziales Wesen	44
2.3	Folgen fehlender und unzulänglicher Erziehung	46
2.3.1	Der Mensch, ein Wesen, das auf Bindung angewiesen ist	46
2.3.2	Sozial abweichendes Verhalten bei unzulänglicher Erziehung	48
	Zusammenfassung	50
	Aufgaben und Anregungen	51
3	**Möglichkeiten und Grenzen der Erziehung**	**55**
3.1	Erziehung – Schatten oder Schrittmacher der Entwicklung	56
3.1.1	Die Begriffe „Anlage" und „Umwelt"	56
3.1.2	Auffassungen zur Erziehbarkeit des Menschen	57
3.1.3	Gefahren dieser beiden Auffassungen	59
3.1.4	Das Zusammenwirken von Anlage und Umwelt	60
3.2	Die aktive Selbststeuerung des Individuums	62

3.2.1	Der Mensch, ein aktives Wesen	62
3.2.2	Die Wechselwirkung von Anlage, Umwelt und Selbststeuerung	63
3.3	Bedingungen der Erziehung	65
3.3.1	Das Bedingungsfeld der Erziehung	65
3.3.2	Die Einbettung der Erziehung in die Umwelt	66
3.3.3	Die Begrenztheit erzieherischer Einflussnahme	66
	Zusammenfassung	68
	Aufgaben und Anregungen	69
4	**Grundlagen und Aufgaben der Erziehung**	**74**
4.1	Merkmale von Erziehung	75
4.1.1	Der Begriff „Lernen"	75
4.1.2	Erziehung als wechselseitige Beeinflussung	77
4.1.3	Erziehung als beabsichtigte Lernhilfe	79
4.1.4	Erziehung als soziales Handeln	80
4.1.5	Der Begriff „Erziehung"	81
4.1.6	Autorität in der Erziehung	82
4.2	Aufgaben der Erziehung	84
4.2.1	Erziehung als beabsichtigte Hilfe zum Erlernen der Kultur	84
4.2.2	Erziehung als beabsichtigte Hilfe zum Erlernen des Sozialverhaltens	85
4.2.3	Theorien der Sozialisation	88
4.2.4	Erziehung als beabsichtigte Hilfe zum Aufbau der Persönlichkeit	89
4.2.5	Erziehung zwischen Individuum und Gesellschaft	90
4.3	Erziehung und Bildung	92
4.3.1	Der Begriff „Bildung"	92
4.3.2	Bildung und Ausbildung	93
	Zusammenfassung	94
	Aufgaben und Anregungen	96
5	**Erziehung aus der Sicht der Psychoanalyse**	**100**
5.1	Die Grundannahmen der psychoanalytischen Theorie	101
5.1.1	Das Unbewusste und das Vorbewusste	101
5.1.2	Der Mensch als ein festgelegtes Wesen	103
5.2	Das psychoanalytische Persönlichkeitsmodell	104
5.2.1	Die Instanzen der Persönlichkeit	104
5.2.2	Die Dynamik der Persönlichkeit	106
5.2.3	Angst und Abwehr	109
5.2.4	Abwehrmechanismen	111
5.3	Die psychoanalytische Trieblehre	113
5.3.1	Der Lebens- und der Todestrieb	114
5.3.2	Die Theorie des Narzissmus	116
5.3.3	Die Entwicklung der Libido in der frühen Kindheit	117
5.4	Auswirkungen von Erziehungsfehlern	122
5.4.1	Das Ungleichgewicht der Persönlichkeit	122
5.4.2	Konflikte in der Libidoentwicklung	123
	Zusammenfassung	125
	Aufgaben und Anregungen	128
6	**Erziehung aus lerntheoretischer Sicht**	**135**
6.1	Das klassische Konditionieren	136
6.1.1	Aussagen und Begriffe des klassischen Konditionierens	137

6.1.2	Die Bedeutung des klassischen Konditionierens im menschlichen Alltag	139
6.1.3	Konditionierung erster und zweiter Ordnung	141
6.1.4	Die Bedeutung des klassischen Konditionierens für die Erziehung	142
6.2	Das operante Konditionieren	145
6.2.1	Lernen durch Versuch und Irrtum	145
6.2.2	Lernen durch Verstärkung	148
6.2.3	Verschiedene Arten von Verstärkern	151
6.2.4	Konsequenzen, die auf ein Verhalten folgen	153
6.2.5	Die Bedeutung des operanten Konditionierens für die Erziehung	155
6.3	Die Konditionierungstheorien und kognitive Prozesse	158
6.3.1	Konditionierung aus kognitiver Sicht	158
6.3.2	Die Grundannahmen der kognitiv orientierten Lerntheorien	159
6.4	Lernen am Modell	162
6.4.1	Die Grundannahmen der sozial-kognitiven Theorie	162
6.4.2	Phasen und Prozesse des Modelllernens	163
6.4.3	Bedingungen des Modelllernens	165
6.4.4	Die Bedeutung der Bekräftigung	167
6.4.5	Die Rolle der Motivation	169
6.4.6	Erwartungshaltungen und Selbstwirksamkeit	172
6.4.7	Effekte des Modelllernens	173
6.4.8	Die Bedeutung des Modelllernens in der Erziehung	174
6.4.9	Modelllernen und Gewalt	178
6.5	Lernen durch Einsicht	179
	Zusammenfassung	181
	Aufgaben und Anregungen	183
7	**Ziele in der Erziehung**	**190**
7.1	Das Erziehungsziel als Merkmal der Erziehung	191
7.1.1	Erziehungsziele als Orientierungshilfe	191
7.1.2	Erziehungsziele als soziale Wert- und Normvorstellungen	192
7.1.3	Erziehungsziele und Schlüsselqualifikationen	194
7.2	Faktoren und Wandel von Erziehungszielen	195
7.2.1	Instanzen, die Erziehungsziele festsetzen	196
7.2.2	Faktoren, die die Setzung von Erziehungszielen beeinflussen	197
7.2.3	Der Wandel von Erziehungszielen	199
7.3	Funktionen, Probleme und Begründung von Erziehungszielen	200
7.3.1	Funktionen von Erziehungszielen	200
7.3.2	Probleme pädagogischer Zielsetzung	201
7.3.3	Begründung von Erziehungszielen	203
7.4	Die pädagogische Mündigkeit als Erziehungsziel	204
7.4.1	Der Begriff „pädagogische Mündigkeit"	204
7.4.2	Pädagogische Mündigkeit und Qualifikationen	206
7.4.3	Emanzipation als pädagogische Zielvorstellung	207
	Zusammenfassung	207
	Aufgaben und Anregungen	209
8	**Erzieherverhalten und Erziehungsstile**	**212**
8.1	Konzepte der Erziehungsstilforschung	213
8.1.1	Der Begriff „Erziehungsstil"	213
8.1.2	Das typologische Konzept nach *Kurt Lewin*	214

8.1.3	Das dimensionsorientierte Konzept nach *Tausch/Tausch*	219
8.1.4	Elterliche Erziehungsstile	224
8.1.5	Kritik an der Erziehungsstilforschung	225
8.2	Die Bedeutung der Beziehung in der Erziehung	226
8.2.1	Die Herstellung positiver emotionaler Beziehungen	227
8.2.2	Die Bedeutung der positiven emotionalen Beziehung	230
8.2.3	Die antiautoritäre Erziehung	231
	Zusammenfassung	234
	Aufgaben und Anregungen	236
9	**Maßnahmen in der Erziehung**	**239**
9.1	Der Begriff „Erziehungsmaßnahme"	240
9.2	Unterstützende Erziehungsmaßnahmen	241
9.2.1	Lob und Belohnung	242
9.2.2	Der Erfolg	245
9.2.3	Ich-Botschaften und das aktive Zuhören	246
9.3	Gegenwirkende Erziehungsmaßnahmen	248
9.3.1	Strafe und Bestrafung	248
9.3.2	Die Wiedergutmachung	250
9.3.3	Die sachliche Folge	252
9.4	Das Spiel	253
9.4.1	Das Wesen des Spiels	253
9.4.2	Die Bedeutung des Spiels	254
9.4.3	Arten des Spiels	255
9.4.4	Das Spiel in der Erziehung	256
	Zusammenfassung	258
	Aufgaben und Anregungen	260
10	**Erziehung durch Medien**	**264**
10.1	Medienpädagogik	265
10.1.1	Der Begriff „Medienpädagogik"	265
10.1.2	Richtungen der Medienpädagogik	266
10.1.3	Ziele und Aufgaben der Medienpädagogik	267
10.1.4	Das Medienverhalten von Kindern und Jugendlichen	268
10.2	Die Wirkung von Massenmedien	272
10.2.1	Medienkonsum und -wirkung	272
10.2.2	Theorien der Medienwirkung	273
10.2.3	Gefahren durch Medien	276
10.2.4	Das Lernen von Gewalt	278
10.3	Medienerziehung	282
10.3.1	Die Vermittlung von Medienkompetenz	282
10.3.2	Das Verstehen von medialen Aussagen	283
10.3.3	Möglichkeiten der Medienerziehung	283
	Zusammenfassung	286
	Aufgaben und Anregungen	288
11	**Erziehung in pädagogischen Einrichtungen**	**292**
11.1	Die Familie	293
11.1.1	Der Begriff „Familie"	293
11.1.2	Funktionen der Familie	295
11.1.3	Probleme der familiären Erziehung	296

11.2	Der Kindergarten als familienergänzende Einrichtung	299
11.2.1	Der Begriff „Kindergarten"	299
11.2.2	Aufgaben des Kindergartens	300
11.2.3	Die Organisation des Kindergartens	302
11.2.4	Probleme der erzieherischen Arbeit	304
11.3	Die Schule als Ort des Lernens	305
11.3.1	Der Begriff „Schule"	305
11.3.2	Funktionen der Schule	308
11.3.3	Probleme der Schule	309
11.4	Das Heim als familienersetzende Einrichtung	310
11.4.1	Der Begriff „Heim"	310
11.4.2	Aufgaben der Heimerziehung	311
11.4.3	Formen erzieherischer Arbeit im Heim	313
11.4.4	Probleme der Heimerziehung	314
11.5	Jugendarbeit	315
11.5.1	Der Begriff „Jugendarbeit"	315
11.5.2	Aufgaben der Jugendarbeit	316
11.5.3	Methoden und Formen der Jugendarbeit	317
11.5.4	Probleme der Jugendarbeit	319
	Zusammenfassung	320
	Aufgaben und Anregungen	322
12	**Erziehung außerhalb Familie und Schule**	**326**
12.1	Grundlagen sozialer Arbeit	327
12.1.1	Die Gegenwartsaufgabe sozialer Arbeit	327
12.1.2	Die Sozialpädagogik als Theorie und Praxis der Kinder- und Jugendhilfe	329
12.1.3	Lebensweltorientierte soziale Arbeit	332
12.2	Methoden sozialer Arbeit	335
12.2.1	Die soziale Einzelhilfe	335
12.2.2	Die soziale Gruppenarbeit	338
12.2.3	Die soziale Gemeinwesenarbeit	341
12.2.4	Das Unterstützungsmanagement (Case Management)	345
12.3	Ökologische Modelle in der sozialen Arbeit	349
12.3.1	Die Bedeutung ökologisch orientierter sozialer Arbeit	349
12.3.2	Die ökologische Theorie nach Urie Bronfenbrenner	350
12.3.3	Grundlegende Annahmen des Lebensvollzugsmodells (Life Model)	352
	Zusammenfassung	356
	Aufgaben und Anregungen	359
13	**Erziehung unter besonderen Bedingungen**	**364**
13.1	Grundlagen der Heil- bzw. Sonderpädagogik	365
13.1.1	Der Begriff „Heil- bzw. Sonderpädagogik"	365
13.1.2	Der Gegenstand der Heil- bzw. Sonderpädagogik	366
13.2.	Behinderung als Gegenstand der Heil- bzw. Sonderpädagogik	367
13.2.1	Der Begriff „Behinderung"	367
13.2.2	Arten von Behinderungen	368
13.2.3	Schädigungen als Ursachen von Behinderungen	370
13.2.4	Behinderung und ihre Folgen	372
13.2.5	Behinderung als Abweichung von der Norm	373
13.3	Aufgabenfelder der Behindertenarbeit	377

13.3.1	Früherkennung, Frühförderung und Förderschulen	377
13.3.2	Berufsausbildung	378
13.3.3	Integration – mit behinderten Menschen leben	378
13.4	Erlebens- und Verhaltensstörungen	380
13.4.1	Der Begriff „Erlebens- und Verhaltensstörung"	380
13.4.2	Ursachen von Erlebens- und Verhaltensstörungen	381
13.4.3	Erklärung der Entstehung von Erlebens- und Verhaltensstörungen	382
13.4.4	Behandlung von Erlebens- und Verhaltensstörungen	384
	Zusammenfassung	387
	Aufgaben und Anregungen	389
14	**Mensch und Sexualität**	**393**
14.1	Sexualität und Sexualpädagogik	394
14.1.1	Der Begriff der menschlichen Sexualität	394
14.1.2	Funktionen menschlicher Sexualität	395
14.1.3	Die Ungerichtetheit der menschlichen Sexualität	397
14.1.4	Die ganzheitliche Sichtweise der Sexualität	398
14.2	Sexualpädagogik und Sexualerziehung	399
14.2.1	Die Begriffe „Sexualpädagogik" und „Sexualerziehung"	399
14.2.2	Sexualerziehung und Aufklärung	400
14.2.3	Ziele zeitgemäßer Sexualerziehung	402
14.3	Aufgabenschwerpunkte heutiger Sexualerziehung	404
14.3.1	Sexueller Missbrauch	404
14.3.2	Aids	407
	Zusammenfassung	409
	Aufgaben und Anregungen	411
15	**Alternative Erziehung: Montessori- und Waldorf-Pädagogik**	**414**
15.1	Die Montessori-Pädagogik	415
15.1.1	Die Grundlagen der Montessori-Pädagogik	415
15.1.2	Die Aufgaben der Montessori-Pädagogik	419
15.1.3	Die Bedeutung der Umgebung für die Erziehung	419
15.1.4	Normaler und abweichender Verlauf der kindlichen Entwicklung	421
15.1.5	Die Aufgaben des Erziehers im Kinderhaus	422
15.1.6	Kritische Würdigung der Montessori-Pädagogik	423
15.2	Die Waldorf-Pädagogik	424
15.2.1	Die Grundlagen der Waldorf-Pädagogik	424
15.2.2	Die Aufgaben des Erziehers	428
15.2.3	Der Waldorfkindergarten	430
15.2.4	Besonderheiten der Waldorfschule	432
15.2.5	Kritische Würdigung der Waldorf-Pädagogik	435
	Zusammenfassung	436
	Aufgaben und Anregungen	439
	Literaturverzeichnis	442
	Bildquellenverzeichnis	459
	Stichwortverzeichnis	461

Einführung

Das vorliegende Lehr- und Arbeitsbuch gibt eine grundlegende und umfassende Einführung in die Pädagogik. Es enthält alle wichtigen Informationen, die für eine Einführung in die wissenschaftliche Pädagogik von Bedeutung sind, so dass es für die Vorbereitung auf den Unterricht und auf Prüfungen eine wertvolle Hilfe sein kann. Zudem ergeben sich zahlreiche Möglichkeiten für einen nutzbringenden Einsatz im Unterricht.

Aufbau des Buches
Durch offene Fragen, ein Fallbeispiel, die Gegenüberstellung von Meinungen und Ähnlichem wird zum Thema des jeweiligen Kapitels hingeführt. Am Ende dieser **Hinführung** wird durch entsprechende Fragen mitgeteilt, worum es in diesem Kapitel geht, welche *Lernziele* angestrebt werden.

Das Hauptaugenmerk liegt auf dem **Informationsteil**. Hier wird der eigentliche Lerninhalt verständlich und gut strukturiert dargestellt. Fachtermini wurden bewusst in den Text aufgenommen und hinreichend geklärt, um eine größtmögliche Exaktheit zu erreichen. Beispiele, Übersichten, Fotos und Ähnliches machen die Ausführungen anschaulich. Gedichte, Karikaturen und vor allem unser schon bekannter Wichtel sollen sie etwas auflockern und helfen, den Text besser zu behalten. Aufgrund vieler Nachfragen haben wir unserem Wichtel einen Namen gegeben: Er heißt *Sigmund*.

Sigmund, unser Wichtel, stellt sich vor

Die Informationen sind bewusst ausführlich gehalten, damit sie besser verstanden, angewendet und Zusammenhänge klarer erkannt werden können. Zusätzlich zu berücksichtigende Hinweise sind mit dem Symbol ![] gekennzeichnet. Am Ende des Informationsteils folgt eine **Zusammenfassung**, die nochmals den „roten Faden" der wichtigsten Lernergebnisse aufzeigt. Sie ist in einzelne Abschnitte gegliedert, die man sich leicht einprägen kann.

Die **Aufgaben und Anregungen** gliedern sich in zwei Teile:
- Die *Aufgaben* bieten die Möglichkeit, das Gelernte zu sichern, zu verarbeiten und anwenden zu können. Sie können auch zur Vorbereitung auf Prüfungsarbeiten dienen. Dadurch ist eine systematische Vorbereitung auf eine Prüfung möglich. Die *Hinweise in Klammern* verweisen auf den entsprechenden Abschnitt, der den Lerninhalt enthält, der zur Beantwortung der Frage notwendig ist.
- In den *Anregungen* wird der Lernstoff erfahrbar, „erlebbar" gemacht. Das Gelernte soll hier erfahrungs- und erlebensmäßig nachvollzogen werden können. Die jeweilige Thematik kann so **ganzheitlich** erfasst werden und soll zu einem eigengesteuerten, kreativen Lernen befähigen.

Ein gut organisiertes **Stichwortverzeichnis** macht das Lehrbuch zu einem unentbehrlichen Nachschlagewerk, in welchem bestimmte Informationen und Fachbegriffe schnell aufgefunden werden können.

Verlag, Herausgeber und Autoren freuen sich, dass dieses Standardwerk so großen Anklang findet. Viele konstruktive Anregungen von Lesern dieses Buches halfen bei der Herausgabe dieser nun schon 4. Auflage – herzlichen Dank dafür! „Überholte" und inzwischen veraltete Informationen wurden gestrichen, neue und aktuelle aufgenommen.

Wir hoffen, dass Lehrer und Schüler auch an der 4. Auflage dieses Lehr- und Arbeitsbuches viel Freude haben, und vor allem, dass es ihnen Erfolg bringt. Für Anregungen, Verbesserungsvorschläge und sachliche Kritik sind wir weiterhin sehr dankbar.

Herausgeber und Autoren

Pädagogik als Wissenschaft

1

„Ich denke, Pädagogik hat mit der Erziehung zu tun."

„Ja, das denke ich auch. Wir bezeichnen auch Leute, die in der Erziehung tätig sind, als Pädagogen; Lehrer zum Beispiel."

„Also mir fällt dabei die Schule ein, die einen bilden will. Ich glaube, Pädagogik beschäftigt sich mit der Bildung, und die Lehrer wollen uns bilden. Deshalb nennt man sie Pädagogen."

„Aber die Eltern sind doch auch Pädagogen!"

„Also ich verbinde mit Pädagogik eigentlich etwas ganz anderes: Pädagogik ist für mich, wenn jemand bestimmte Theorien darüber aufstellt, wie man erzieht."

„Das finde ich auch. Wenn zum Beispiel jemand ein Buch über Erziehung schreibt, das ist für mich Pädagogik."

Folgende Fragen werden in diesem Kapitel geklärt:

1. *Was versteht man unter Pädagogik, was unter Erziehungswissenschaft? Womit beschäftigen sich Pädagogik und Erziehungswissenschaft? Welche Richtungen und Disziplinen kennt die Pädagogik?*
2. *Was meint man mit Wissenschaft? Worin liegt die Wissenschaftlichkeit der Pädagogik?*
3. *Welche Aufgaben hat die Erziehungswissenschaft? Mit welchen Methoden kommt sie zu ihren Ergebnissen?*
4. *Welcher Zusammenhang besteht zwischen Theorie und Praxis? „Schöne Theorie, aber die Praxis sieht anders aus!" – Kann die Theorie dem Praktiker wirklich helfen?*

1.1 Pädagogik und Erziehungswissenschaft

Die meisten Wissenschaften kennen für ihre Wissenschaft nur einen Namen: Der Psychologe bezeichnet „seine" Wissenschaft als Psychologie, der Biologe als Biologie und der Mediziner als Medizin. Bei den Pädagogen ist das anders: Für „ihre" Wissenschaft gibt es zwei Begriffe: Pädagogik und Erziehungswissenschaft.

1.1.1 Die Begriffe „Pädagogik" und „Erziehungswissenschaft"

Der ältere Begriff von diesen beiden, **Pädagogik**, stammt aus dem Griechischen[1]. Als *„paidagogós"* wurde ursprünglich jener Diener bezeichnet, der das Kind bei seinen Gängen, zum Beispiel zur Schule, zu begleiten hatte. Dieses „Führen der Kinder" erhielt dann zunehmend die Bedeutung von „Erziehen" in einem umfassenden Sinn.

Zunächst war *Pädagogik* eine Sammelbezeichnung für alle Formen, die das praktische Erziehungsgeschehen betrafen. Man spricht in diesem Zusammenhang auch von **Erziehungspraxis**. Damit wird das Handeln in konkreten erzieherischen Situationen, das ein bestimmtes Ziel verfolgt, bezeichnet.

> Erziehungspraxis bezeichnet das Handeln in konkreten erzieherischen Situationen, das ein bestimmtes Ziel verfolgt.

Das Phänomen Erziehung kann jedoch grundsätzlich von zwei unterschiedlichen Standpunkten aus betrachtet werden:

- die eine Sichtweise hebt das konkrete Erziehungsgeschehen hervor, also die **Erziehungspraxis**,
- im anderen Fall geht es um das Nachdenken, das Reflektieren über das praktische Erziehungsgeschehen, um das Bemühen, Zusammenhänge und Gesetzmäßigkeiten zu finden, Theorien aufzustellen, kurz: um die **wissenschaftliche Erhellung** eben dieser Erziehungswirklichkeit.

Zwar hat man zu allen Zeiten über Erziehung nachgedacht, Regeln für das erzieherische Handeln aufgestellt und überliefert. Doch erst im 18. Jahrhundert formierte sich hieraus eine eigenständige Wissenschaft. Mit dem Bemühen um die Grundlegung einer wissenschaftlichen Pädagogik wurde dieser Begriff doppelsinnig: er bedeutete *sowohl die wissenschaftliche Erhellung der Erziehungswirklichkeit als auch das praktische Erziehungsgeschehen selbst.*

Als Wissenschaft musste die Pädagogik natürlich eigene und eindeutige Begriffe entwickeln, sie musste sich abgrenzen können von subjektiven Meinungen über Erziehung

---

[1] *páis* (griech.): *das Kind*; *agein* (griech.): *führen, leiten, ziehen*

und sie hatte das Verhältnis von Erziehungspraxis und wissenschaftlicher Erziehungstheorie genau zu bestimmen. Es bestand somit zunehmend Bedarf an einem Begriff, der allein die wissenschaftliche Erhellung des Erziehungsgeschehens bezeichnete: der Begriff **Erziehungswissenschaft**. Gegenüber dem vieldeutigen Begriff Pädagogik sollte durch die Einführung dieses neuen Begriffes ihre Wissenschaftlichkeit dokumentiert werden.

Die Einführung des Begriffes Erziehungswissenschaft hat auch noch andere Gründe, auf die in diesem Zusammenhang nicht eingegangen wird.

Nach diesen Überlegungen können die beiden Begriffe Pädagogik und Erziehungswissenschaft folgendermaßen voneinander abgegrenzt werden: **Pädagogik bildet den Oberbegriff** sowohl für alle Formen des praktischen Erziehungsgeschehens als auch für die wissenschaftliche Erhellung eben dieser Erziehungswirklichkeit, während der Begriff **Erziehungswissenschaft für die wissenschaftliche Erhellung** des Erziehungsgeschehens und seiner Voraussetzungen als Teil der Pädagogik verwendet wird.

> Unter Pädagogik werden sowohl alle Formen des praktischen Erziehungsgeschehens als auch die wissenschaftliche Erhellung der Erziehungswirklichkeit verstanden.
> Erziehungswissenschaft bezeichnet die wissenschaftliche Erhellung des Gegenstandsbereiches der Erziehung, der Erziehungswirklichkeit.

Die Pädagogik ist, um ihren Gegenstand zu untersuchen, häufig auf Erkenntnisse anderer Wissenschaften angewiesen, wie beispielsweise auf die der Biologie, der Psychologie, der Soziologie, der Philosophie und der Anthropologie[1] sowie der Sachwissenschaften wie der Sprachwissenschaften, der Rechts-, Geschichts- oder Politikwissenschaft.

1.1.2 Der Gegenstand der Pädagogik

Der Gegenstand der Pädagogik ist die **Erziehungswirklichkeit**. Die Erforschung der Erziehungswirklichkeit bezieht sich dabei auf folgende grundlegende Bereiche:

- Erziehungswissenschaftler entwerfen verschiedene **Vorstellungen über Erziehung**. Je nach Menschenbild und Ansicht über das Wesen der Erziehung geht die Pädagogik der Frage nach der Art und Weise der Einwirkung des Erziehers auf den zu Erziehenden nach.
  > So wird es beispielsweise einerseits als erforderlich betrachtet, das Kind bzw. den Jugendlichen durch Erziehung zu beeinflussen und zu formen, damit es bzw. er fähig wird, etwa mit sich selbst zurechtzukommen und das soziale Leben bewältigen zu können. Andererseits wird die Auf-

---

[1] Der Begriff Anthropologie ist in Kapitel 2.1 näher erläutert.

fassung vertreten, dass das Kind sich durch eigene Erfahrungen möglichst ohne Einflussnahme von außen entfalten und der zu Erziehende in einem Raum der Freiheit leben soll, abgeschirmt von den Forderungen von Kultur und Gesellschaft mit dem Ziel, dass sich das Kind selbst reguliert.

- Erziehungswissenschaftler machen sich Gedanken über die **Beziehung zwischen Erzieher und zu Erziehendem**. Erziehung ereignet sich immer zwischen Menschen und stellt einen wechselseitigen Prozess dar zwischen demjenigen, der erzieht – dem **Erzieher** – und demjenigen, der erzogen wird – dem zu **Erziehenden** *(vgl. Kapitel 4.1.2 und 8.2)*.

- Erziehungswissenschaftler treffen Aussagen über **Absichten und Ziele der Erziehung**. Erziehung geschieht nicht um ihrer selbst willen, sondern verfolgt immer bestimmte Absichten und Ziele. Der wissenschaftlichen Pädagogik kommt die Aufgabe zu, Ziele der Erziehung aufzuweisen und zu begründen *(vgl. Kapitel 4.1.3 und 7)*.

- Erziehungswissenschaftler stellen Überlegungen an über **Handlungen in der Erziehung**. Die Zielgerichtetheit der Erziehung erfordert, durch bestimmte erzieherische Handlungen das Verhalten des zu Erziehenden dahingehend zu ändern, dass es gesetzten Erziehungszielen entspricht. Diese Frage führt unter anderem zu *Unterrichts- und Erziehungsmethoden* sowie zu *Erziehungsmaßnahmen*, welche es aufzuweisen und zu begründen gilt *(vgl. Kapitel 4.1.3 und 9)*.

- Erziehungswissenschaftler untersuchen **Voraussetzungen von Erziehung**. Dabei geht es einerseits um die *Möglichkeit* des Lernens und der Erziehung – also inwieweit der Mensch Objekt oder Adressat erzieherischer Handlungen sein kann –, andererseits um die *Notwendigkeit* von Lernen und Erziehung – warum der Mensch erzogen werden muss –, also um das Angewiesensein des Menschen auf Erziehung *(vgl. Kapitel 2 und 3)*.

- Erziehungswissenschaftler ergründen und analysieren die **Bedingungen der Erziehung**. Erziehung findet immer in einer konkreten Situation statt, die beeinflusst und bestimmt wird von der Umwelt und den darin agierenden Menschen. Erziehung geschieht nicht in einem luftleeren Raum, sondern ist vielen bedeutsamen Einflussfaktoren ausgesetzt, die den Erziehungsprozess in einem nicht unerheblichen Maße (mit)bestimmen *(vgl. Kapitel 3.3)*.

- Schließlich beschäftigen sich Erziehungswissenschaftler mit **Erziehungseinrichtungen**. Erziehung findet immer in Einrichtungen wie Familie, Kindergarten, Heim, Schule, Jugendarbeit, Erwachsenenbildung statt, die in jeweils eigener Weise pädagogisch auf unterschiedliche Personenkreise – Kinder, Schüler, Jugendliche, Behinderte, Erwachsene – einwirken *(vgl. Kapitel 11)*.

1.1.3 Disziplinen der Pädagogik

Um den Gegenstand, die Erziehungswirklichkeit, in den Griff zu bekommen, haben sich bestimmte Teilgebiete entwickelt, die als Disziplinen der Pädagogik bezeichnet werden. Sie beziehen sich jeweils auf einen bestimmten Teilbereich der Erziehungswirklichkeit und betreffen sowohl das praktische Erziehungsgeschehen als auch wissenschaftlich-theoretische Bemühungen dieses Geschehens.

- **Allgemeine Pädagogik**
  Die allgemeine Pädagogik, manchmal auch *systematische Pädagogik* genannt, versucht grundlegende Erkenntnisse über den Gegenstandsbereich der Pädagogik, die Erziehungswirklichkeit, zu gewinnen und diese Erkenntnisse zu systematisieren.

- **Geschichte der Pädagogik**
  Die Geschichte der Pädagogik verfolgt die Entfaltung von erzieherischen Ideen und Vorstellungen in der Vergangenheit, beschäftigt sich mit der Erziehungswirklichkeit in den einzelnen Epochen und befasst sich mit der Interpretation von Texten und mit dem Leben und Werk bedeutender Pädagogen der Vergangenheit.

- **Schulpädagogik**
  Die Schulpädagogik setzt sich mit der Erziehung, dem Lehren und Lernen in der Institution Schule auseinander. Eng mit der Schulpädagogik hängt die **Didaktik** zusammen, die sich mit dem Lehren und Lernen generell, also nicht nur in der Schule, beschäftigt.

- **Berufspädagogik**
  Die Berufspädagogik behandelt und klärt alle mit Beruf und Arbeitswelt zusammenhängenden erzieherischen Fragen.

- **Freizeitpädagogik**
  Die Freizeitpädagogik möchte Hilfen für sinnvolle Freizeitgestaltung bieten und den Einzelnen befähigen, den Spielraum persönlicher Freiheit gegenüber dem von verschiedenen Mächten und Interessengruppen ausgehenden Konsumzwang zu behaupten.

- **Sexualpädagogik**
  Sexualpädagogik befasst sich mit Aspekten der menschlichen Sexualität und den damit verbundenen erzieherischen Konsequenzen *(siehe Kapitel 14)*.

- **Medienpädagogik**
  Die Medienpädagogik beschäftigt sich mit allen erzieherischen Fragen, Problemen und Themen, die mit den verschiedenen Medien zusammenhängen. Ein Teilbereich der Medienpädagogik ist die **Medienerziehung**, unter der man die Erziehung zum kritischen Umgang mit Medien versteht *(siehe Kapitel 10)*.

- **Sozialpädagogik**
  Die Sozialpädagogik bezeichnet denjenigen Teil der sozialen Arbeit, der sich auf die Erziehung außerhalb Familie, Schule und Berufsausbildung bezieht und auf Bewältigung und Verhinderung von unterschiedlichen Notsituationen individueller und sozialer Art abzielt *(siehe Kapitel 12)*.

- **Heil- bzw. Sonderpädagogik**
  Die Heil- bzw. Sonderpädagogik ist die Theorie und Praxis der Erziehung von Menschen, bei denen spezielle Lern- und Erziehungshilfen notwendig sind. Ihr Gegenstand ist also die Erziehung von Kindern, Jugendlichen und Erwachsenen, die im Rahmen der allgemeinen und üblichen Erziehung nicht hinreichend gefördert werden können und deshalb spezieller Hilfe bedürfen *(siehe Kapitel 13)*.

- **Erwachsenenbildung**
  Erwachsenenbildung, im Fachausdruck **Andragogik** genannt, versteht sich als organisiertes Lernen nach Schule und Berufsausbildung im Erwachsenenalter. Die bekannteste Einrichtung der Erwachsenenbildung ist die *Volkshochschule*.

1.2 Die Wissenschaftlichkeit der Pädagogik

Die Pädagogik ist eine relativ junge eigenständige Wissenschaft. Erst nach 1920 hat sie an den Universitäten im deutschsprachigen Raum den Status eines selbstständigen wissenschaftlichen Bereiches erhalten. Bis dahin war sie anderen Wissenschaften untergeordnet, insbesondere der Philosophie und der Theologie.

1.2.1 Der Begriff „Wissenschaft"

Es ist ein großes Bedürfnis der Menschen, über die Welt Bescheid zu wissen, Kenntnisse, Erkenntnisse, Einsichten, Daten und Fakten über die Beschaffenheit der Wirklichkeit zu gewinnen. Dieses Wissen bezieht sich sowohl auf die Gegenwart, die Vergangenheit und Zukunft als auch auf Naturvorgänge und -erscheinungen, auf kulturelle Inhalte sowie auf gesellschaftliche Strukturen und Prozesse.

Diese Aufgabe, Wissen über die Beschaffenheit der Wirklichkeit zu gewinnen, haben sich die vielen Wissenschaften, die es gibt, gesetzt. Dabei konzentriert sich jede Wissenschaft auf einen ganz bestimmten **Bereich der Wirklichkeit**.

> Die Biologie beispielsweise befasst sich mit den Lebensweisen der Organismen, die Physik erforscht den Aufbau und das Verhalten der unbelebten Materie, die Geschichte beschäftigt sich mit der Entwicklung der Menschheit und ihren Kulturleistungen und die Soziologie untersucht das regelhafte Zusammenleben und Zusammenwirken von Menschen.

Um Wissen über einen Bereich der Wirklichkeit zu gewinnen, benötigen Wissenschaften bestimmte **Methoden**, die je nach Gegenstand der jeweiligen Wissenschaft unterschiedlich sind.[1]

> So kommen Wissenschaften etwa durch Beobachtung oder Experimente zu ihrem Wissen oder Wissenschaftler führen Tests und Interviews durch, um zuverlässige Daten zu erhalten.

Das durch bestimmte Methoden gewonnene Wissen wird in einen Ordnungszusammenhang, in ein **System**, gebracht. Verschiedene Aussagen werden zu einem geordneten Ganzen gefügt – systematisiert – und in einen größeren Zusammenhang gestellt, wodurch sich das Wissen einordnen und einander zuordnen lässt.

Zur Wissenschaft gehören allerdings nicht nur das Gewinnen von Wissen durch bestimmte Methoden und seine Einordnung in einen Ordnungszusammenhang, sondern auch die **Formulierung von Aussagen** über die gewonnenen Erkenntnisse und deren Mitteilung, die in der Regel durch eine Veröffentlichung geschieht. Aus dieser Sicht ist Wissenschaft ein methodisch gewonnenes System von Aussagen über einen Gegenstandsbereich.

> **Wissenschaft bedeutet methodisch gewonnenes und in ein System gebrachtes Wissen und die Formulierung von Aussagen über einen Bereich der Wirklichkeit.**

1.2.2 Betrachtungsweisen der Erziehungswirklichkeit

Die Wirklichkeit, mit der sich Wissenschaftler auseinandersetzen, kann aus zwei verschiedenen Blickwinkeln betrachtet werden: Zum einen besteht die Realität aus der **Natur**, der Mensch ist ein Teil dieser und funktioniert als Naturwesen nach Naturgesetzen. Zum anderen ist die Wirklichkeit Produkt des menschlichen **Geistes**, als geistiges Wesen hat der Mensch Kultur geschaffen und kann bewusst und zielgerichtet handeln. Dieser beiden Wirklichkeiten entsprechend kennt die Wissenschaft **verschiedene Positionen**, die für die Pädagogik bedeutsam sind:

– Zum einen haben sich Wissenschaften zum Ziel gesetzt, die Wirklichkeit zu beobachten und zu beschreiben, Zusammenhänge zu erkennen sowie Gesetze und Gesetzmäßigkeiten aufzustellen. Sie gehen davon aus, dass die reale Welt bestimmten *Gesetzlichkeiten* unterliegt und mithilfe von Gesetzen und Gesetzmäßigkeiten **erklärt** werden kann. Dabei geht es darum, *Beziehungen und Zusammenhänge zwischen einzelnen beschriebenen Merkmalen herauszufinden*.

---

[1] *vgl. Abschnitt 1.2.3*

So versuchen zum Beispiel Forscher herauszufinden, welche Umstände bei einem Kind aggressives und gewalttätiges Verhalten verursachen, ob es beispielsweise einen Zusammenhang gibt zwischen dem Konsum von Gewaltdarstellungen in den Medien und dem Auftreten von Gewalttaten des Kindes.

Das Herstellen von Beziehungen zwischen beschriebenen Merkmalen wird als **Erklären** bezeichnet.

Würde etwa durch entsprechende Untersuchungen bestätigt, dass es einen Zusammenhang zwischen Gewaltdarstellungen in den Medien und dem Auftreten von Gewalttaten des Kindes gibt, so wurde dieser Sachverhalt erklärt.

Dabei wird der Begriff Erklärung nicht wie im Alltagssprachgebrauch verwendet – etwa im Sinne von Offenlegen (Zollerklärung, Liebeserklärung) oder im Sinne von Klarlegen (Texterklärung, die Erklärung der Funktionsweise eines bestimmten Gerätes) (vgl. Küttner u. a., 1992[2], S. 68).

> Erklären heißt, Beziehungen zwischen beschriebenen Merkmalen herzustellen.

Die Position des Erklärens finden wir vornehmlich in den **Naturwissenschaften** vor, die Vorgänge und Gesetze der Natur erforschen.

> Der Begriff Naturwissenschaften fasst alle Wissenschaften zusammen, die Vorgänge und Gesetze der Natur erforschen.

– Zum anderen haben sich Wissenschaften zum Ziel gesetzt, sich mit Sachverhalten zu beschäftigen, *mit denen ein Sinn, ein Zweck verbunden ist*. Dabei geht es darum, **Sinn und Bedeutungszusammenhänge von Gegebenheiten**, zum Beispiel des menschlichen Tuns, **zu erkennen und aufzudecken**. Menschliches Erleben und Verhalten kann zwar einerseits bedingt sein durch bestimmte Ursachen, es wird aber andererseits von den Zielvorstellungen, von den Absichten des handelnden Menschen bestimmt.

Wenn zum Beispiel ein Kind sehr wütend ist, so kann dies einmal daran liegen, dass die Mutter dem Kind etwas verboten hat, das es unbedingt will. Die Ursache für das Wütendsein des Kindes liegt im Verhalten der Mutter. Auf der anderen Seite kann es möglich sein, dass das Kind mit seiner Wut erreichen will, dass die Mutter ihr Verbot aufhebt. Das Ziel des Wütendseins des Kindes ist die Änderung des Verhaltens der Mutter.

„Ein Mensch reagiert nicht einfach auf äußere Einflüsse, ... sondern er verbindet mit seinem Tun einen Sinn: Er verfolgt Ziele, hat ... Erwartungen, Befürchtungen. Um also menschliches Tun zu erfassen, kann ich es nicht nur von außen beobachten, ... sondern muss menschliches Tun verstehen." (König, 1997[5], S. 183)

Das Herausfinden des Sinn- bzw. Bedeutungszusammenhanges einer bestimmten Wirklichkeit und das Erfassen von Sinnstrukturen werden in der Wissenschaftstheorie als **Verstehen** bezeichnet. Pädagogisches Handeln kann durch das Herausfinden des Zieles, durch die Ermittlung von Sinnzusammenhängen nicht erklärt, sondern verstanden werden.

> Verstehen heißt, das Ziel, den Zweck einer bestimmten Wirklichkeit und ihren Sinnzusammenhang zu erfassen.

Der Begriff Verstehen ist in diesem Zusammenhang nicht zu verwechseln mit dem Verstehen als Grundhaltung des Erziehers oder Therapeuten, in welcher sich Verstehen als das Einfühlen in die innere Welt eines anderen, die vorstellungsmäßige Vergegenwärtigung der subjektiven Welt eines anderen Individuums, äußert.[1]

Verstehen in diesem Sinne betrifft Schöpfungen und Produkte des menschlichen Geistes, insbesondere Inhalte der Kultur sowie vergangenes, gegenwärtiges und zukünftiges Handeln. Diese Position finden wir denn auch vorwiegend in den **Geisteswissenschaften**, die sich mit Erzeugnissen des menschlichen Geistes und der Kultur beschäftigen.

> Der Begriff Geisteswissenschaften bezeichnet alle Wissenschaften, die sich mit Erzeugnissen des menschlichen Geistes und der Kultur beschäftigen.

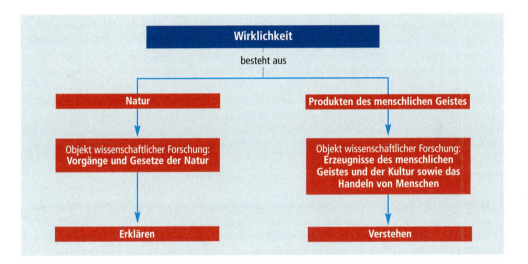

Die Pädagogik muss sich beiden Positionen verpflichtet fühlen, da sie es mit dem Menschen sowohl als Naturwesen als auch als Geisteswesen zu tun hat. Entsprechend dieser Doppelgesichtigkeit der Erziehungswirklichkeit haben sich viele Hauptströmungen herausgebildet, die als **Richtungen der Pädagogik** bekannt und in *Abschnitt 1.3.2* dargestellt sind.

1.2.3 Methoden der Erziehungswissenschaft

Um die Erziehungswirklichkeit in all ihren Formen zu erfassen, benötigt die Erziehungswissenschaft bestimmte Methoden, durch welche sie zuverlässig Wissen gewinnen kann. Wollen Wissenschaftler zu „richtigen" Ergebnissen kommen, müssen sie planvoll vorgehen. Eine wissenschaftliche Methode kennzeichnet einen Prozess, der auf ein bestimmtes Ziel gerichtet ist, und umfasst ein System von Regeln, das diesen Prozess festlegt.

> **Wissenschaftliche Methoden sind systematisch geplante Vorgehensweisen oder Verfahren, um Wissen über einen Objektbereich zu gewinnen** (vgl. Tschamler, 1996[3], S. 25).

---

[1] vgl. Kapitel 8.2.1

Methoden können nicht für sich betrachtet werden, sondern müssen in Hinsicht auf ihre Funktion, nämlich Wissen über einen Objektbereich zu gewinnen, gesehen werden. Entsprechend den zwei in *Abschnitt 1.2.2* dargestellten Positionen der Pädagogik können wir auch das methodische Vorgehen unterscheiden:

Naturwissenschaftliche Methoden

Die Erziehungswissenschaft benötigt Methoden, die dazu beitragen, die **Erziehungswirklichkeit zu beobachten und zu beschreiben**. Mit ihrer Hilfe ist es möglich, von der Person des Forschers unabhängige (= intersubjektive) und überprüfbare Daten zu gewinnen, um beispielsweise Häufigkeiten feststellen, Gesetzmäßigkeiten aufstellen, und Theorien bilden sowie Zusammenhänge erkennen und *erklären*[1] zu können.

> So zum Beispiel möchte ein Erziehungswissenschaftler Erkenntnisse darüber gewinnen, wie sich Gewaltdarstellungen im Fernsehen auf Kinder auswirken. Durch seine Untersuchungen kann er möglicherweise zu der Erkenntnis gelangen, dass sich etwa bei vermehrtem Fernsehkonsum gewalttätige Verhaltensweisen häufen und dass ein Zusammenhang besteht zwischen medialem Gewaltkonsum und gewalttätigem Verhalten. Möglicherweise kann er aufgrund seiner Untersuchungen die Gesetzmäßigkeit aufstellen, dass vermehrter medialer Gewaltkonsum zu gewalttätigem Verhalten führt. Doch um zu diesem Wissen zu gelangen, braucht der Wissenschaftler Methoden, die ihm helfen, die Erziehungssituation genau beobachten und beschreiben zu können sowie intersubjektiv überprüfbare Daten zu erhalten.

Beobachtbar bedeutet grundsätzlich „der Erfahrung zugänglich". Deshalb werden Methoden, die der Beobachtung eines bestimmten Sachverhaltes dienen, **erfahrungswissenschaftliche Methoden** oder auch **empirische Methoden**[2] genannt.

> Methoden, die der planmäßigen Beobachtung und Beschreibung eines bestimmten Bereiches der Wirklichkeit und der Gewinnung von intersubjektiv überprüfbaren Daten zum Zwecke der Erklärung dienen, werden als erfahrungswissenschaftliche bzw. empirische Methoden bezeichnet.

Die wichtigsten empirischen Methoden sind die **Beobachtung**, die **Befragung** bzw. das **Interview**, der **Test** und das **Experiment**. Die mittels empirischer Methoden gesammelten Daten werden mithilfe statistischer Verfahren ausgewertet.

Geisteswissenschaftliche Methoden

Die Erziehungswissenschaft benötigt aber auch Methoden, die dazu beitragen, durch das Herausfinden von Wert- und Sinnzusammenhängen dem *Verstehen*[1] zu dienen. Solche Methoden werden als **geisteswissenschaftliche Methoden** bezeichnet. Mit ihrer Hilfe ist es möglich, Ziele des Handelns herauszufinden sowie Wert- und Sinnzusammenhänge menschlichen Erlebens und Verhaltens zu erfassen.

> Methoden, die durch das Herausfinden von Wert- und Sinnzusammenhängen dem Verstehen dienen, werden als geisteswissenschaftliche Methoden bezeichnet.

Die wichtigsten geisteswissenschaftlichen Methoden sind die **Hermeneutik**, die **Phänomenologie** und die **Dialektik**.

---

[1] vgl. Abschnitt 1.2.2
[2] empirisch (griech.): auf Erfahrung beruhend

Das Kriterium, ob Erkenntnisse „wissenschaftlich" sind oder nicht, darf sich nicht nur auf Aussagen beziehen, die sich rein empirisch nachweisen und überprüfen lassen. Eine einseitige naturwissenschaftliche Betrachtungsweise würde versagen, weil die Erziehungswirklichkeit eine ganzheitliche, umfassende Sicht erfordert. Dieser ganzheitlichen Erfassung muss sich die Pädagogik in besonderem Maße verpflichtet fühlen.

1.3 Grundauffassungen von Pädagogik

In der Literatur findet man keine „einheitliche" Pädagogik bzw. Erziehungswissenschaft vor, sondern meist eine Ansammlung von unterschiedlichen Ansätzen. Der Vielgestaltigkeit der Erziehungswirklichkeit[1] und den Aufgaben der Erziehungswissenschaft entsprechend haben sich in ihr verschiedene Hauptströmungen herausgebildet, die als **Richtungen der Pädagogik** bekannt sind. Jede dieser Richtungen betrachtet dabei das Erziehungsgeschehen aus einem anderen Blickwinkel und hebt einen unterschiedlichen methodischen Zugang zu diesem hervor.

1.3.1 Aufgaben der Erziehungswissenschaft

Erziehungswissenschaftler haben die Aufgabe, die **Erziehungswirklichkeit zu beobachten und zu beschreiben**, um diese interpretieren bzw. verstehen zu können sowie Zusammenhänge erklären und Möglichkeiten der Vorhersage und der praktischen Anwendung aufstellen zu können. Beschreiben lassen sich das *praktische Erziehungsgeschehen* wie beispielsweise die Beziehung zwischen dem Erzieher und dem zu Erziehenden, das Verhalten des Erziehers und des zu Erziehenden, Erziehungsinhalte, Erziehungsmaßnahmen und -methoden und die **Bedingungen der Erziehung**, welche die Erziehung, das Verhalten des Erziehers und/oder des zu Erziehenden oder die Beziehung zwischen diesen beiden beeinflussen.

Aufgrund der Beschreibung erhält eine Wissenschaft Erkenntnisse, welche – wie in *Abschnitt 1.2.1* ausgeführt – in einen Ordnungszusammenhang, in ein **System**, gebracht werden. Dieser Ordnungszusammenhang, also der systematisierte Inhalt einer Wissen-

---
[1] vgl. Abschnitt 1.2.2

schaft, wird als **Theorie** bezeichnet. Es ist auch Aufgabe der Erziehungswissenschaft, Theorien aufzustellen, mit deren Hilfe Vorhersagen gemacht und Handlungsanweisungen gegeben werden können, wie man Erleben und Verhalten gezielt ändern kann.

Je nach Gegenstand und Sichtweise von Wissenschaft wird der Theoriebegriff anders definiert. Einig ist man sich jedoch darüber, dass Theorien den Inhalt einer Wissenschaft bilden und aus einzelnen zusammenhängenden und aufeinander bezogenen Satzsystemen bestehen. In Theorien sind also wissenschaftliche Erkenntnisse systematisch zusammengefasst. Zudem wird der Terminus Theorie häufig als Gegensatz zur „Praxis" verwendet, wie etwa die Theorie in der Führerscheinausbildung im Gegensatz zur „Praxis" der Fahrstunden.[1]

> Eine wissenschaftliche Theorie bildet den Inhalt einer Wissenschaft und besteht aus einzelnen zusammenhängenden und aufeinander bezogenen Satzsystemen.

Die Erziehungswissenschaft beschränkt sich jedoch nicht auf die Erforschung der Erziehungswirklichkeit und das Aufstellen von Theorien, sie macht auch Aussagen darüber, **wie Menschen erzieherisch handeln und welche Ziele sie anstreben sollen**.

„Das Kind soll zu Verantwortungsbewusstsein und Kritikfähigkeit erzogen werden" oder „Eltern sollen tägliches, stundenlanges Fernsehen ihrer Kinder nicht dulden" sind Beispiele für Aussagen, die die Realität nicht mehr beschreiben und erklären, mit denen sich aber die Pädagogik ebenfalls beschäftigen muss.

Eine weitere Aufgabe des Erziehungswissenschaftlers ist es also, **Ziele und Handlungen in der Erziehung aufzuweisen und zu begründen**. Dabei handelt es sich um Aussagen darüber, wie Menschen sich verhalten *sollen* und welche Ziele angestrebt werden *sollen*.

So formuliert die Pädagogik bestimmte Erziehungsziele wie zum Beispiel „pädagogische Mündigkeit" und versucht diese zu begründen[2]. Sie macht auch grundlegende Aussagen darüber, wie sich beispielsweise Eltern und andere Erzieher verhalten sollen, um das Ziel der pädagogischen Mündigkeit zu erreichen.

> Aufweisen von Zielen und Handlungen als Aufgabe der Pädagogik bedeutet das Treffen von Aussagen, wie Menschen sich verhalten und handeln sollen und welche Ziele sie anstreben sollen.

„Demnach hat die Pädagogik die Aufgabe, nicht nur die Wirklichkeit zu erfassen, sondern gleichzeitig die Normen für das erzieherische Handeln aufzustellen." (Tschamler, 1996[3], S. 94)

Solche „Soll-Vorstellungen" bedürfen der **Begründung**. Begründen bedeutet in diesem Zusammenhang das Zurückführen der Ziele des Handelns und der Handlungen selbst auf allgemein geltende Grundsätze, wie zum Beispiel auf in einer Gesellschaft vorherrschende Moral-, Wert- oder Normvorstellungen oder auf allgemeingültige Aussagen wie beispielsweise Aussagen über das Wesen des Menschen oder andere wissenschaftliche Erkenntnisse.

So lässt sich das Erziehungsziel der „pädagogischen Mündigkeit" mithilfe von Aussagen über das Wesen des Menschen oder mit für das gesellschaftliche Zusammenleben notwendigen Werten und Normen begründen[3]; das Nicht-Anwenden von Schlägen in der Erziehung kann beispielsweise mit allgemeingültigen Aussagen über Gewalt in der Erziehung oder mithilfe entsprechender wissenschaftlicher Untersuchungen begründet werden.

---

[1] vgl. hierzu Abschnitt 1.4
[2] vgl. Kapitel 7.3.3 und 7.4
[3] vgl. Kapitel 7.3.3

> Begründen bedeutet das Zurückführen der Ziele des Handelns und der Handlungen selbst auf allgemein geltende Grundsätze oder allgemeingültige Aussagen.

1.3.2 Richtungen der Pädagogik

Die Vielgestaltigkeit der Erziehungswirklichkeit[1] und die Aufgaben, einerseits die Erziehungswirklichkeit zu beobachten und zu beschreiben, sie zu verstehen und zu erklären und andererseits Ziele und Handlungen in der Erziehung aufzuweisen und zu begründen, haben zu verschiedenen Auffassungen innerhalb der Pädagogik geführt. Man kann somit kaum von *der* Pädagogik sprechen, sondern allenfalls von diesen oder jenen Auffassungen, die uns als **Richtungen bzw. Schulen der Pädagogik** bekannt sind.

Die älteste Richtung ist die **normative Pädagogik**[2], welche mit dem Anspruch auftritt, *Ziele und Handlungen in der Erziehung aufzuweisen und zu begründen*. Dabei geht es – wie in Abschnitt 1.3.1 ausgeführt – darum, wie Menschen sich verhalten und handeln *sollen* und welche Ziele angestrebt werden *sollen*. Der bekannteste Vertreter dieser Strömung ist *Johann Friedrich Herbart*, der seine Pädagogik auf die Philosophie und die Psychologie gründet. Innerhalb der normativen Pädagogik finden sich wiederum verschiedene Ansätze, deren Unterschied in der jeweiligen Ableitung und Begründung der Werte und Normen liegt.

Johann Friedrich Herbart (1776–1841) war zunächst Professor in Königsberg, später in Göttingen. Für ihn ist die Philosophie die Grundlagenwissenschaft für alle anderen Wissenschaften, so auch für die Pädagogik.

---

[1] vgl. Abschnitt 1.2.2
[2] norma (lat.): die Regel, der Maßstab

> „Die normative Richtung findet sich in den Ansätzen, die Pädagogik als Prinzipienwissenschaft verstehen, d. h. die den Wissenschaftsbegriff von der Transzendentalphilosophie herleiten und die Aufgabe der Pädagogik in der Begründung und dem Aufweis von Normen und Werten für die Erziehung sehen."
>
> (Tschamler, 1996³, S. 94)

Eine weitere Position ist die **geisteswissenschaftliche Pädagogik**, die in unterschiedlicher Weise an *Wilhelm Dilthey* anschließt. Dabei geht es – wie in *Abschnitt 1.2.2* ausgeführt – darum, *Sinn- und Bedeutungszusammenhänge von Gegebenheiten*, wie zum Beispiel menschlichem Tun, *zu erkennen und aufzudecken*. Die verschiedenen Ansätze orientieren sich dementsprechend an der Methode des *Verstehens*, der Auslegung von geschichtlichen Sinnganzheiten (**hermeneutische Wissenschaftstheorie**) und an der Erfassung des Wesens einer Sache (**phänomenologische Wissenschaftstheorie**).

Wilhelm Dilthey (1833–1911) gilt als der Begründer der Erkenntnistheorie der Geisteswissenschaften und ist einer der wichtigsten Vertreter der hermeneutischen Wissenschaften.

Wolfgang Brezinka (geb. 1928) ist, nach Lehrtätigkeiten an den Universitäten Würzburg und Innsbruck, derzeit Professor der Erziehungswissenschaft an der Universität Konstanz.

Die dritte und jüngste Position ist die **empirische bzw. erfahrungswissenschaftliche Pädagogik**, die von konkreten Beobachtungen und Beschreibungen erzieherischer Sachverhalte ausgeht und diese mithilfe von Gesetzmäßigkeiten *erklärt*. Der bekannteste Ansatz ist die **kritisch-rationale Erziehungswissenschaft** von *Wolfgang Brezinka* u. a., die die Pädagogik als wertfreie Wissenschaft sieht und sich auf die Erforschung von Beziehungen und Zusammenhängen im Bereich der Erziehung beschränkt. Das heißt, die Pädagogik darf keine Normen aufstellen.

1.4 Das Theorie-Praxis-Problem

Seit der Zeit, als sich die Pädagogik aus der Praxis heraus zu einer eigenständigen Wissenschaft entwickelte, stehen die Begriffe Theorie und Praxis im Mittelpunkt pädagogischer Auseinandersetzungen. Es gibt fast keine Diskussion auf pädagogischem Gebiet, in der nicht die Fronten zwischen Theoretikern und Praktikern immer wieder sichtbar werden.

1.4.1 Die Wechselwirkung zwischen Theorie und Praxis

Von vornherein wirken Theorie und Praxis zusammen. Sie sind nicht unabhängig voneinander, sondern bedingen und beeinflussen sich wechselseitig: Theorie und Praxis sind aufeinander angewiesen.

- **Die Theorie ist auf die Praxis angewiesen.**
  Die erziehungswissenschaftliche Theoriebildung braucht die Erziehungswirklichkeit bzw. -praxis. Um wissenschaftlich fundierte Aussagen treffen zu können, muss der Wissenschaftler die Realität bzw. die Praxis beobachten. Ohne Praxis kann diese weder wissenschaftlich erhellt noch können über sie gültige Aussagen getroffen werden. Ohne Anregungen und Problemstellungen aus der Praxis wäre weder ein Wissensfortschritt noch die Notwendigkeit, Begründungszusammenhänge aufzuzeigen und zu vertiefen, denkbar. *Die Erziehungswissenschaft wird deshalb auch oft als Theorie der Praxis bezeichnet.*

  Wissenschaftlich fundierte Theorie entsteht grundsätzlich aus der Praxis.

- **Die Praxis ist auf die Theorie angewiesen.**
  Eine Praxis ohne Einschaltung einer Theorie ist nicht möglich. Solange Menschen handeln, gibt es auch Theorie. Jeder Mensch handelt immer nach bestimmten Vorstellungen und mit bestimmten Absichten. Auch jeder Erzieher hat grundsätzlich „seine" Theorie, nach der er erzieht und ohne die Erziehung unmöglich wäre. Dabei kann es sich um eine bestimmte Vorstellung handeln, die die Praxis des Praktikers leitet, um persönliche Erfahrungen, die er gemacht hat, oder um wissenschaftliche Theorien, an denen er sich orientiert. Aus dieser Sichtweise gibt es **überhaupt keine Praxis ohne die Einschaltung einer Theorie** (vgl. Tschamler, 1996[3], S. 112).

  Es gibt keine Praxis ohne Theorie.

Das Verhältnis von pädagogischer Theorie und Erziehungspraxis kann also als wechselseitige Beziehung gesehen werden.

Theorie ist nicht ohne Praxis, Praxis nicht ohne Theorie denkbar.

1.4.2 „Private" und wissenschaftliche Theorie

Jeder Mensch handelt nach einer Theorie, auch der Erzieher hat seine Vorstellung, wie er das Kind erziehen will. Der Unterschied liegt lediglich darin, nach welcher Theorie sich der Praktiker richtet.

Die meisten Eltern richten sich in der Erziehung nach ihren persönlichen Erfahrungen, die sie im Laufe ihres Lebens gemacht haben. Das aufgrund persönlicher Lebenserfahrung gewonnene Wissen wird als **„private" Theorie** bezeichnet. Aus Einzelerfahrungen können jedoch keine allgemeinen Schlüsse gezogen werden, sie sind deshalb auch nicht ohne weiteres auf andere Situationen übertragbar. Das aber ist oft der Fall: Persönliche Erfahrungen werden häufig verallgemeinert und als „richtig" hingestellt. Darin liegt die Gefahr einer „privaten" Theorie: Zusammenhänge werden nicht oder falsch gesehen, was für die Entwicklung des zu Erziehenden fatale Folgen haben kann.

> *„Wer seinem Kind das Suppenschlürfen mit Ohrfeigen abgewöhnt hat, kann noch nicht behaupten, Tischmanieren seien nur mit Gewalt beizubringen. Außerdem ist es eine bekannte Tatsache, dass wir oft die Erfahrung machen, die wir machen müssen, weil sich ... immer wieder ähnliche Situationen ergeben. Ein Lehrer, der in jeder Klasse ängstlich und gehemmt steht, wird mit unschöner Regelmäßigkeit erleben, dass ihm die Schüler bald auf dem Kopf herumtanzen. Angeblich gleiche Erfahrungen sind oft nur die Folge des eigenen unveränderten Verhaltens – und natürlich auch des der übrigen Beteiligten. Auf persönliche Erfahrung allein also ist kein Verlass."*
> (Hierdeis, 1983, S. 8 f.)

Der „privaten" Theorie steht die **wissenschaftliche Theorie** gegenüber. Das mithilfe von wissenschaftlichen Methoden gewonnene Wissen, welches aus einzelnen zusammenhängenden und aufeinander bezogenen Satzsystemen besteht, wird als wissenschaftliche Theorie bezeichnet.[1]

Die wissenschaftliche Theorie kann dem Praktiker wichtige Zusammenhänge verdeutlichen und damit eine große Hilfe für die sinnvolle Gestaltung des Erziehungsgeschehens sein. Auch wenn wissenschaftliche Theorien keine „Rezepte" liefern können[2], so sind sie für den Erzieher doch von großem Nutzen.

Nutzen einer wissenschaftlichen pädagogischen Theorie:
- Mithilfe wissenschaftlicher Aussagen lassen sich Verhaltensweisen und Situationen *voraussagen*. Dadurch kann verhindert werden, dass in der Praxis „blind" gearbeitet wird.
- Wissenschaftliche Theorien können **Orientierungshilfe** in konkreten Situationen bieten.
- Wissenschaftliche Theorien geben Hinweise, welche Ziele in der Erziehung angestrebt werden können.
- Mithilfe wissenschaftlicher Aussagen lassen sich **Handlungshinweise** für das Erzieherverhalten aufstellen.
- Mithilfe wissenschaftlicher Aussagen kann Erzieherverhalten *reflektiert* werden.
- Wissenschaftliche Aussagen können aus der Befangenheit von unüberprüft übernommenen Vorstellungen befreien, die Vielzahl möglicher Gesichtspunkte eines Problems vor Augen führen und Einseitigkeiten erkennen lassen.

---

[1] *vgl. hierzu Abschnitt 1.2.2*
[2] *vgl. hierzu Abschnitt 1.4.3*

Wissenschaftliche Theorie ist notwendig, um die Praxis sinnvoll und effektiv zu gestalten, und dient grundsätzlich der Verbesserung der Praxis. Ohne Berücksichtigung wissenschaftlicher Erkenntnisse läuft man Gefahr, nach subjektiven und „hausgemachten" Theorien zu handeln, die in der Regel mit der Wirklichkeit nicht übereinstimmen.

1.4.3 Das Problem der Rezeptologie

Oft jedoch kann man von Praktikern den Satz hören: „Schöne Theorie, aber die Praxis sieht anders aus!" Der Umgang mit wissenschaftlichen Theorien in der Praxis gestaltet sich bisweilen sehr problematisch, was bis zur Ablehnung wissenschaftlicher Theorien führen kann.

Im praktischen Erziehungsgeschehen handelt es sich immer um Einzelfälle, die sich erheblich voneinander unterscheiden. Keine erzieherische Situation gleicht der anderen. Aufgrund des Anspruches wissenschaftlicher Theorien auf **Allgemeingültigkeit** können sie der **Mannigfaltigkeit der Erziehungspraxis** kaum gerecht werden.

Quelle: Tschamler, 1996³, S. 107

Die Mannigfaltigkeit des Erziehungsgeschehens ist vor allem bedingt durch

- die Einmaligkeit der menschlichen Persönlichkeit der an der Erziehung beteiligten Personen mit ihren Interessen, Fähigkeiten, Fertigkeiten, Gefühlen, Bedürfnissen oder bisherigen Erfahrungen,
- die konkrete Situation, in der sich die Erziehung abspielt,
- die Umwelt, in die Erziehung eingebettet und die für den Erziehungsprozess nicht unerheblich ist, und
- gesellschaftliche Ansprüche, wie die bestimmter Gruppen, die durch politische Entscheidungen auf die Erziehung Einfluss nehmen.[1]

Praktiker haben oft falsche Erwartungen an die Theorie: Sie erhoffen sich von der Theorie spezielle Verhaltensvorschriften und Lösungen für ihr erzieherisches Problem. Wegen des Charakters der Allgemeingültigkeit ist jedoch keine Theorie imstande, „Rezepte" zu liefern. Sie kann lediglich **Orientierungshilfe** bieten und **allgemeine Handlungshinweise** geben, die erst auf den jeweiligen Einzelfall übertragen werden müssen.

> „Aber auch Rezepte für bestimmte Erziehungsprobleme helfen mit Sicherheit nicht weiter. Die pädagogischen Situationen sind zu verschieden, als dass für sie eine enge Handlungsanweisung ausreiche. ... Nicht der Kurzschluss aus der subjektiven Erfahrung oder die Durchführung von engen Verhaltensvorschriften für konkrete Fälle hilft dem praktischen Pädagogen weiter, sondern die Orientierung an den allgemeinen Erfahrungen, über die ihm die Erziehungswissenschaft Auskunft gibt." **(Hierdeis, 1983, S. 9)**

---

[1] Diese Bedingungen der Erziehung sind in Kapitel 3.3.1 näher ausgeführt.

Doch die Fähigkeit, allgemeingültige Erkenntnisse auf konkrete Einzelfälle übertragen und anwenden zu können, bereitet vielen Praktikern erhebliche Schwierigkeiten. Häufig wird denn auch in der älteren pädagogischen Literatur die Fähigkeit des Umsetzens von allgemeingültigen Erkenntnissen auf den jeweiligen Einzelfall als die **Kunst des Erziehens** bezeichnet. Die Kenntnis der Theorie bedeutet nämlich noch lange nicht, dass man zum erzieherischen Handeln befähigt ist. Die Fähigkeit, theoretische Erkenntnisse auf die mannigfaltige Erziehungspraxis übertragen zu können, muss im Laufe des Lebens, wie jede andere Fähigkeit auch, durch die Praxis erst erlernt werden.

Zusammenfassung

- Unter Pädagogik werden sowohl alle Formen des praktischen Erziehungsgeschehens als auch die wissenschaftliche Erhellung der Erziehungswirklichkeit verstanden. Erziehungswissenschaft bezeichnet die wissenschaftliche Erhellung des Gegenstandsbereiches Erziehung, der Erziehungswirklichkeit. Die Pädagogik ist eine relativ junge eigenständige Wissenschaft. Erst nach 1920 hat sie an den Universitäten im deutschsprachigen Raum den Status eines selbstständigen wissenschaftlichen Bereiches erhalten.

- Der Gegenstand der Pädagogik ist die Erziehungswirklichkeit. Die Erforschung dieser bezieht sich auf Vorstellungen über Erziehung, die Beziehung zwischen Erzieher und zu Erziehendem, Ziele und Handlungen in der Erziehung, auf Voraussetzungen und Bedingungen der Erziehung sowie auf Erziehungseinrichtungen. Um die Erziehungswirklichkeit in den Griff zu bekommen, haben sich bestimmte Teilgebiete, die Disziplinen der Pädagogik entwickelt.

- Wissenschaft bedeutet methodisch gewonnenes und in ein System gebrachtes Wissen und die Formulierung von Aussagen über einen Bereich der Wirklichkeit. Die Wirklichkeit, mit der sich Wissenschaftler auseinandersetzen, kann aus zwei verschiedenen Blickwinkeln betrachtet werden: Zum einen besteht die Realität aus der Natur und zum anderen ist die Wirklichkeit Produkt des menschlichen Geistes.

- Diesen beiden Wirklichkeiten entsprechend kennt die Wissenschaft zwei verschiedene Positionen: Einerseits hat sie sich zum Ziel gesetzt, die Wirklichkeit zu beobachten und zu beschreiben, Zusammenhänge zu erkennen sowie Gesetze und Gesetzmäßigkeiten aufzustellen. Sie geht davon aus, dass die reale Welt bestimmten Gesetzlichkeiten unterliegt und mithilfe von Gesetzen und Gesetzmäßigkeiten erklärt werden kann. Dabei geht es darum, Beziehungen und Zusammenhänge zwischen einzelnen beschriebenen Merkmalen herauszufinden. Andererseits beschäftigt sich die Wissenschaft mit Sachverhalten, mit denen ein Sinn, ein Zweck verbunden ist. Dabei geht es darum, Sinn und Bedeutungszusammenhänge von Gegebenheiten, wie zum Beispiel menschlichem Tun, zu erkennen und aufzudecken. Das Herausfinden des Sinn- bzw. Bedeutungszusammenhanges einer bestimmten Wirklichkeit und das Erfassen von Sinnstrukturen werden in der Wissenschaftstheorie als Verstehen bezeichnet. Die Pädagogik muss sich beiden Positionen verpflichtet fühlen.

- Wissenschaftliche Methoden sind planmäßige Vorgehensweisen oder Verfahren, um Wissen über einen Objektbereich zu gewinnen. Dabei können zwei verschiedene Arten von Methoden unterschieden werden, mit denen die Erziehungswissenschaft zu ihren Erkenntnissen kommt: erfahrungswissenschaftliche (= empirische) Methoden, die der planmäßigen Beobachtung und Beschreibung der Erziehungswirklichkeit und der Gewinnung von Daten zum Zwecke der Erklärung dienen, und geisteswissenschaftliche Methoden, die durch das Herausfinden von Wert- und Sinnzusammenhängen auf das Verstehen ausgerichtet sind.

- Die Aufgaben der Erziehungswissenschaft bestehen zum einen in der Beobachtung und Beschreibung der Erziehungswirklichkeit, um diese verstehen bzw. erklären und Möglichkeiten der Vorhersage und der praktischen Anwendung aufstellen zu können (Erforschung dessen, was ist), und zum anderen in der Aufweisung und Begründung von Zielen und Handlungen in der Erziehung (Formulierung und Begründung von Aussagen darüber, was sein soll). Darüber hinaus stellt sie Theorien über die Erziehungswirklichkeit auf.

- Die Vielgestaltigkeit der Erziehungswirklichkeit und die Aufgaben, einerseits die Erziehungswirklichkeit zu beobachten und zu beschreiben, sie zu verstehen und zu erklären und andererseits Ziele und Handlungen in der Erziehung aufzuweisen und zu begründen, haben zu verschiedenen Auffassungen innerhalb der Pädagogik geführt, die als Richtungen bzw. Schulen der Pädagogik bekannt sind. Die drei „Grundauffassungen" sind die normative, die geisteswissenschaftliche und die empirische bzw. erfahrungswissenschaftliche Pädagogik.

- Theorie und Praxis können nicht unabhängig voneinander betrachtet werden; von vornherein wirken beide zusammen und sind nicht unabhängig voneinander. Mithilfe wissenschaftlicher Theorien lassen sich Verhaltensweisen und Situationen voraussagen, Handlungshinweise für das Erzieherverhalten aufstellen und kann Erzieherverhalten reflektiert werden. Wissenschaftliche Aussagen können zudem Orientierungshilfe für die Erziehung in ganz konkreten Situationen bieten. Ohne Berücksichtigung wissenschaftlicher Erkenntnisse läuft man Gefahr, nach subjektiven und „hausgemachten" Theorien zu handeln, die in der Regel nicht mit der Wirklichkeit übereinstimmen. Wegen des Charakters der Allgemeingültigkeit ist keine Theorie imstande, „Rezepte" zu liefern. Sie kann lediglich Orientierungshilfe bieten und allgemeine Handlungshinweise geben, die erst auf den jeweiligen Einzelfall übertragen werden müssen.

Aufgaben und Anregungen Kapitel 1

Aufgaben

1. Bestimmen Sie die Begriffe „Pädagogik" und „Erziehungswissenschaft" und grenzen Sie beide Begriffe voneinander ab.
(Abschnitt 1.1.1)

2. Beschreiben Sie den Gegenstand der Pädagogik und verdeutlichen Sie diesen an geeigneten Beispielen.
(Abschnitt 1.1.2)

3. Erläutern Sie wichtige Disziplinen der Pädagogik und veranschaulichen Sie diese an je einem Beispiel.
(Abschnitt 1.1.3)

4. Bestimmen Sie den Begriff der Wissenschaft und erläutern Sie die Betrachtungsweisen der Erziehungswirklichkeit aus wissenschaftlicher Sicht.
(Abschnitt 1.2.1 und 1.2.2)

5. Bestimmen Sie den Begriff „wissenschaftliche Methode" und beschreiben Sie die Arten von Methoden, mit denen die Erziehungswissenschaft zu ihren Erkenntnissen kommt.
(Abschnitt 1.2.3)

6. Stellen Sie die Aufgaben der Erziehungswissenschaft dar und verdeutlichen Sie diese an passenden Beispielen.
(Abschnitt 1.3.1)

7. Bestimmen Sie, was in der Pädagogik „Begründen" bedeutet, und erläutern Sie, in welchem Zusammenhang das Begründen für die Pädagogik erforderlich ist.
(Abschnitt 1.3.1)

8. Beschreiben Sie die Richtungen der Pädagogik und stellen Sie die Unterschiede zwischen diesen heraus.
(Abschnitt 1.3.2)

9. Beschreiben Sie die Wechselwirkung von Theorie und Praxis und stellen Sie diese an einem Beispiel dar.
(Abschnitt 1.4.1)

10. Erläutern Sie an Beispielen mögliche Gefahren einer „privaten" Theorie.
(Abschnitt 1.4.2)

11. Stellen Sie den Nutzen von wissenschaftlichen pädagogischen Theorien dar.
(Abschnitt 1.4.2)

12. Erläutern Sie an Beispielen Probleme, die sich im Umgang mit wissenschaftlichen Theorien in der erzieherischen Praxis ergeben können.
(Abschnitt 1.4.3)

13. Wissenschaftliche Theorien werden von Praktikern häufig abgelehnt. Zeigen Sie mögliche Gründe für diese ablehnende Haltung auf.
(Abschnitt 1.4.3)

Anregungen

14. Fertigen Sie in Gruppen ein Clustering zu dem Thema „Pädagogik als Wissenschaft" an: Schreiben Sie in die Mitte eines größeren Blattes das Thema in einen Kreis und notieren Sie zunächst den ersten Gedanken, den Sie zu diesem Thema haben, und verbinden Sie ihn mit dem Mittelkreis. Schreiben Sie alle weiteren Gedanken zum Thema auf dieselbe Weise auf das Blatt und verbinden Sie jeden Kreis mit dem vorigen durch einen Strich.

15. *Pädagogen-ABC*
    - Bilden Sie Vierer- bzw. Fünfergruppen und notieren Sie zu jedem Buchstaben des Alphabets einen Begriff bzw. eine Aussage aus der Pädagogik.
    - Lesen Sie Ihre Ideen zu jedem Buchstaben in der Klasse vor und hängen Sie sie an die Pinnwand.

16. Fragen Sie Ihre Verwandten und Bekannten, welche Bedeutung sie mit dem Wort „Pädagogik" verbinden, was sie unter Pädagogik verstehen. Notieren Sie die Antworten und diskutieren Sie darüber in Ihrer Klasse. Vergleichen Sie dabei auch die Antworten mit den Aussagen in *Abschnitt 1.1.1*.

17. Bilden Sie in Ihrer Klasse bis zu sieben Gruppen. Jede Gruppe stellt mit Plastilin einen grundlegenden Bereich der Erziehungswirklichkeit dar, wie sie in *Abschnitt 1.1.2* aufgezeigt sind.

18. Teilen Sie sich in Ihrer Klasse in möglichst viele, wenn möglich in zehn, Gruppen auf. Jede Gruppe zeichnet eine bestimmte Disziplin der Pädagogik, wie sie in *Abschnitt 1.1.3* dargestellt ist.

19. Diskutieren Sie in der Klasse folgende Frage: Wäre es sinnvoller, künftige Erzieher wie beispielsweise Lehrer wie in den früheren Jahrhunderten bei erfahrenen Pädagogen in die Lehre gehen zu lassen, um dort die „Kunst des Erziehens" zu erlernen, anstatt sie mit Theorien der Erziehungswissenschaft zu füttern?

20. *„Schöne Theorie, aber die Praxis sieht anders aus!"*
    - Stellen Sie in der Klasse je sechs Stühle gegeneinander gerichtet auf. Fünf Mitschüler/innen, die gegen die wissenschaftliche Theorie argumentieren, setzen sich in die eine Reihe, weitere fünf Mitschüler/innen, die die Notwendigkeit der Wissenschaft für die Praxis verteidigen, nehmen auf den Stühlen gegenüber Platz. In jeder Reihe bleibt ein Stuhl leer.
    - Die zehn Mitschüler/innen diskutieren die These „Schöne Theorie, aber die Praxis sieht anders aus!" kontrovers aus ihrer jeweiligen Sichtweise.
    - Wer aus der Klasse einen Diskussionsbeitrag leisten möchte, setzt sich auf den leeren Stuhl. Er nimmt auf derjenigen Seite Platz, die er mit seinem Beitrag unterstützen will. Nach dem Beitrag verlässt der/die Schüler/in den Stuhl wieder.

2 Die Möglichkeit und Notwendigkeit der Erziehung

Der Fall „Kamala"

Der indische Missionar J. A. L. Singh hat im Jahre 1920 zwei verwilderte Mädchen im Dschungel aufgefunden, sie aus einer Wolfshöhle befreit und versucht, sie in einem Waisenhaus in Midnapore aufzuziehen. Über das Vorleben dieser beiden Kinder kann nichts Genaues ausgesagt werden, vermutlich sind sie schon in frühester Kindheit ausgesetzt worden oder verloren gegangen. Das jüngere der beiden Mädchen, Amala, starb bereits ein Jahr später, während das ältere, Kamala genannt, neun Jahre später im Alter von etwa 17 Jahren verstarb.

Bei ihrer Befreiung zeigten die beiden Kinder wolfsähnliches Verhalten: Sie konnten rasch auf allen Vieren laufen – so schnell, dass ihnen kein Mensch folgen konnte –, konnten aber nicht aufrecht gehen und stehen. Am liebsten aßen sie rohes Fleisch, Wasser schlappten sie mit der Zunge. Anderen Menschen gegenüber waren sie scheu und furchtsam, spielten jedoch gerne mit den Hunden im Zwinger des Waisenhauses. Beide hatten dicke Hornhautbildungen an Knien, Ellbögen und Handflächen, am übrigen Körper war ihre Haut relativ weich. Sie wehrten sich durch Beißen und Kratzen. Ihr „Sprechen" beschränkte sich auf das Ausstoßen von Erregungslauten und Knurren.

Trotz intensiver Förderung entwickelten sich bei Kamala spezifisch menschliche Verhaltensweisen nur kümmerlich – sie erwarb zum Beispiel erst nach fünf Jahren den aufrechten Gang, ohne je richtig auf zwei Beinen laufen zu können; ihr aktiver Wortschatz bestand lange nur aus wenigen Silben, mit denen sie Personen und Gegenstände bezeichnete oder Bedürfnisse zum Ausdruck brachte. Bis zu ihrem Tod erwarb sie nur etwa fünfzig Wörter. Als sie starb, war sie auf der Entwicklungsstufe einer schwer geistig Behinderten.

(Vgl. Weber, 1996[8], S. 227 f.)

Seit Jahrhunderten wird immer wieder über Kinder berichtet, die von ihren Mitmenschen getrennt wurden, teilweise in der Wildnis lebten und unter Tieren aufgewachsen sind. Neben dem geschilderten Beispiel gibt es u. a. auch einen Bericht über den *„Wolfsjungen": Victor von Aveyron*, der 1799 elfjährig in einem französischen Forst entdeckt wurde und dessen Lebensgeschichte *Francois Truffaut* nach der Erzählung von Victors Lehrmeister *Jean Itard* verfilmte. Sehr bekannt ist auch die Begebenheit des Findelkindes **Kaspar Hauser**, der im Mai 1828 etwa 16-jährig in Nürnberg auftauchte, von *Paul Johann A. Feuerbach* und dem Religionsphilosophen und Dichter *Georg Friedrich Daumer* aufgezogen und 1833 ermordet wurde. Nach eigenen Angaben wuchs *Kaspar Hauser* in einem dunklen Verlies auf. Sein Schicksal ist Gegenstand des nach ihm benannten Filmes von *Werner Herzog*.

Im Jahre 1970 brachte eine Frau ein ängstliches Kind auf ein Sozialamt in Los Angeles, welches weder sprechen noch stehen und gehen konnte. Nachforschungen ergaben, dass das Kind sein bisheriges Leben angebunden auf einem Toilettenstuhl verbracht hatte. Am 13. Januar 2007 wurde in Kambodscha nach 19 Jahren Verschwundensein eine Frau entdeckt, die die ganze Zeit über in der Wildnis gelebt hatte und sich „wie ein halber Mensch und ein halbes Tier" verhält. Die zu diesem Zeitpunkt 27-Jährige kann nicht mehr sprechen, schläft tagsüber und steht nachts auf; sie hat enorme Schwierigkeiten, sich an das gesellschaftliche menschliche Leben zu gewöhnen.

Wenn auch solchen Berichten zum Teil mit Vorsicht zu begegnen ist, so werfen sie selbst bei kritischer Betrachtung zentrale Fragen auf, die in diesem Kapitel geklärt werden:

1. Ist der Mensch überhaupt lernfähig und erziehbar?
   Wie lässt sich die Lernfähigkeit und Erziehbarkeit des Menschen begründen?
2. Warum muss der Mensch lernen und erzogen werden?
   Wie lässt sich die Lern- und Erziehungsbedürftigkeit des Menschen begründen?
3. Was geschieht, wenn Lernen und Erziehung ausbleiben, unzureichend sind oder misslingen?

2.1 Naturwissenschaftliche Erkenntnisse zur Erziehungsbedürftigkeit und Erziehbarkeit des Menschen

Mit **Lernfähigkeit und Erziehbarkeit** (Erziehungsfähigkeit) des Menschen wird die *Möglichkeit des Lernens und der Erziehung* angesprochen, **Lern- und Erziehungsbedürftigkeit** bedeutet die *Notwendigkeit des Lernens und der Erziehung*. Die Lernfähigkeit und Erziehbarkeit sowie die Lern- und Erziehungsbedürftigkeit des Menschen werden von einem Teilgebiet der **Anthropologie**[1], der **pädagogischen Anthropologie**, untersucht.

Unter Anthropologie versteht man die Wissenschaft vom Menschen und seiner Entstehung; sie untersucht das Wesen „Mensch" in seiner Eigenart und seiner besonderen Stellung in der Natur und in der Geschichte.

Anthropologen haben viele Erkenntnisse zur Lernfähigkeit und Erziehbarkeit sowie zur Lern- und Erziehungsbedürftigkeit zusammengetragen. Dabei stützen sie sich auf Ergebnisse aus den **Naturwissenschaften** sowie den **Geistes- und Sozialwissenschaften**.[2]

Wenn hier und im Folgenden zwischen naturwissenschaftlichen Erkenntnissen einerseits und geistes- und sozialwissenschaftlichen andererseits unterschieden wird, so darf diese Grenze nicht absolut gesehen werden. Die folgenden Positionen über die menschliche Eigenart stellen keine Gegensätze dar, sondern zeigen die Lernfähigkeit und Erziehbarkeit sowie die Lern- und Erziehungsbedürftigkeit lediglich aus verschiedenen Sichtweisen auf.

Naturwissenschaftliche Positionen zur Lernfähigkeit und Erziehbarkeit sowie zur Lern- und Erziehungsbedürftigkeit des Menschen berufen sich vor allem auf Erkenntnisse der **Evolutionstheorie** und der **Verhaltensforschung (Ethologie)** sowie auf biologische Voraus-

---

[1] anthropos (griech.): der Mensch; logos (griech.): die Lehre, Wissenschaft
[2] Natur- und Geisteswissenschaften sind in Kapitel 1.2.2 näher bestimmt; mit dem Begriff Sozialwissenschaften bezeichnen wir alle Wissenschaften, die mit dem Zusammenleben und -wirken von Menschen zu tun haben. Geistes- und Sozialwissenschaften werden heute häufig unter dem Begriff **Humanwissenschaften** zusammengefasst (vgl. Zimmerli, 1992[2], S. 88).

setzungen der Stammesgeschichte der Menschheit **(Phylogenese)** und der lebensgeschichtlichen Entwicklung des einzelnen Menschen **(Ontogenese)**. In letzter Zeit gewinnen auch **Neurowissenschaften** an Bedeutung für die Lernfähigkeit und -bedürftigkeit.[1]

2.1.1 Der Mensch, ein Gehirnwesen

Der Mensch unterliegt grundsätzlich den organischen Bedingungen, die das Leben eines jeden Organismus regeln. Atmung, Blutkreislauf, Stoffwechsel beispielsweise werden bei ihm genauso gesteuert wie bei den anderen Säugetieren auch. Doch er unterscheidet sich vom Tier vor allem durch folgende Merkmale:

- aufrechte Körperhaltung
- Wortsprache
- Denkvermögen
- Fähigkeit, geplant zu handeln
- Umweltbeherrschung
- extreme Lernfähigkeit

Damit nimmt der Mensch eine **Sonderstellung** ein, die aus biologischer Sicht mehrfach begründet werden kann (*vgl. Goerttler; 1984*):

- Anordnung und Gestaltung von Schädel, Kehlkopf, Wirbelsäule, Hand und Fuß ermöglichen der Menschen eine vielseitige Raumorientierung und mannigfaltige Verwendung seiner Körperteile.
  So kann der Mensch zum Beispiel im Gegensatz zum Tier seine Hand vielseitig verwenden.

- Die spezielle Beschaffenheit des menschlichen Gehirns lässt die Ausbildung höherer Funktionen wie Gedanken, Vorstellungen, Wortsprache, Planen u. Ä. zu. Die menschliche Hirnentwicklung beträgt mit ca. 1.500 cm^3 Volumen etwa das Dreifache gegenüber der von Schimpansen. Dadurch sind aufgrund der außerordentlich großen Gehirnkapazität beim Menschen sehr komplexe Informationsverarbeitungs- und -speicherungsprozesse möglich. Die besondere Hirnstruktur gibt ihm die Möglichkeit, nicht nur biologische Unzulänglichkeiten auszugleichen, sondern eine einzigartige Sonderstellung gegenüber dem Tier einzunehmen. *Alfred K. Treml (1987, S. 48)* bezeichnet deshalb den Menschen als **Gehirnwesen**, der durch die Überlegenheit seiner internen Informationsverarbeitung die „Unterentwicklung" seiner Sinne – seiner externen Informationsverarbeitung – ausgleichen kann.[2]

> „Der Mensch ist also in erster Linie ein Gehirnwesen und kein Sinneswesen. ... Die interne Umweltverarbeitung des Menschen ist um das 100.000fache leistungsfähiger als die externe durch die Sinne. ... Das Gehirn ist also des Menschen wichtigstes Sinnesorgan."
>
> (Treml, 1987, S. 48)

- Wissen und Erfahrungen ändern die Struktur von Milliarden von Nervenzellen. Unmittelbar nach der Geburt bilden sich im Gehirn fast explosionsartig neue Kontaktstellen – sog. **Synapsen** – aus, die die Nervenzellen miteinander verknüpfen und so Lernen ermöglichen. Jedoch nur richtig und erfolgreich verknüpfte Nervenzellen bleiben bestehen, die anderen gehen wieder verloren. Bis zum zweiten Lebensjahr entstehen etwa 1,8 Millionen Synapsen pro Sekunde. Diese Entstehung ist jedoch von den Erfahrungen, die ein Kleinkind macht, abhängig; fehlen diese, kann die Ausbildung des

---

[1] Evolution von evolvere (lat.): „herausentwickeln"; Ethologie (griech.): Verhaltensforschung; Phylogenese (griech.): Stammesgeschichte; Ontogenese (griech.): Individualentwicklung; Neurowissenschaften (griech.): Erforschung der Nerven

[2] vgl. hierzu auch Abschnitt 2.1.3

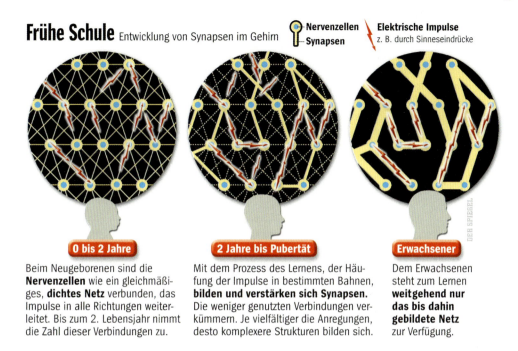

Frühe Schule Entwicklung von Synapsen im Gehirn

- Nervenzellen
- Synapsen
- Elektrische Impulse z. B. durch Sinneseindrücke

0 bis 2 Jahre
Beim Neugeborenen sind die **Nervenzellen** wie ein gleichmäßiges, **dichtes Netz** verbunden, das Impulse in alle Richtungen weiterleitet. Bis zum 2. Lebensjahr nimmt die Zahl dieser Verbindungen zu.

2 Jahre bis Pubertät
Mit dem Prozess des Lernens, der Häufung der Impulse in bestimmten Bahnen, **bilden und verstärken sich Synapsen.** Die weniger genutzten Verbindungen verkümmern. Je vielfältiger die Anregungen, desto komplexere Strukturen bilden sich.

Erwachsener
Dem Erwachsenen steht zum Lernen **weitgehend nur das bis dahin gebildete Netz** zur Verfügung.

Gehirns nicht stattfinden. Eine anregende Umwelt aktiviert und bewahrt also jene Nervenbahnen, die im Falle ungenügender Erfahrungen aufgrund von mangelndem Gebrauch absterben würden.

> *„Dem Säugling fehlen ... noch weitgehend die Verknüpfungen, die sich durch Erfahrung erst im Laufe des Lebens herausbilden. ... Während der ersten Lebensjahre gehen alle Nervenzellen zugrunde, die keine sinnvolle Funktion erlangen. ... Eine aktive Funktion auszuüben ist also für ein Neuron überlebenswichtig."* (Kasten, 2007, S. 20)

Folgerungen für die Möglichkeit und Notwendigkeit des Lernens und der Erziehung:

– Die spezielle Hirnstruktur macht den Menschen extrem lernfähig und erziehbar.
– Die Funktionen des Gehirns sind in ihrer Entfaltung auf Anregung und Lernhilfe seitens der Umwelt angewiesen, was den Menschen in hohem Maße lern- und erziehungsbedürftig macht.
– Verhaltensweisen wie aufrechter Gang, Wortsprache, Denkvermögen, die Fähigkeit, geplant zu handeln, oder Umweltbeherrschung vermag der Mensch nicht „von Natur aus" zu vollbringen, sondern er muss sie durch Erziehung erlernen.

2.1.2   Der Mensch, ein Wesen ohne ausreichende Instinkte

Die Lebensweise der Tiere wird weitgehend durch bestimmte Steuerungsmechanismen der Natur, durch **Instinkte** geregelt. Dabei handelt es sich um eine ererbte Reaktionsweise, die durch einen ganz bestimmten Reiz – den sogenannten *Schlüsselreiz* – ausgelöst wird und allen Mitgliedern einer Art gemeinsam ist. Die Reaktion auf einen Schlüsselreiz läuft stets gleichförmig und automatisch ab. Instinkte dienen der Selbst- und Arterhaltung.

Beispiele für Instinkte bei Tieren sind Nahrungsaufnahme, Sexualverhalten, Brutpflege, Aufzucht oder Nestbau.

Dass die Lebensweise der Tiere durch Instinkte geregelt wird, darf nicht absolut gesehen werden; wir finden auch bei den „höheren" Tieren neben Instinkten auch erlernte Verhaltensweisen vor.

Instinkte sind ererbte Verhaltensweisen, die durch entsprechende Reize, sogenannte Schlüsselreize, ausgelöst werden und stets gleichförmig und automatisch ablaufen.

In der Umgangssprache wird der Begriff Instinkt mehrdeutig gebraucht. Wenn etwa gesagt wird, der Mensch handele „instinktiv" dann ist damit so etwas wie eine unbewusste Ahnung gemeint, die automatisch zu einem richtigen Verhalten führt. Aus anthropologischer Sicht ist diese Ansicht jedoch nicht brauchbar.

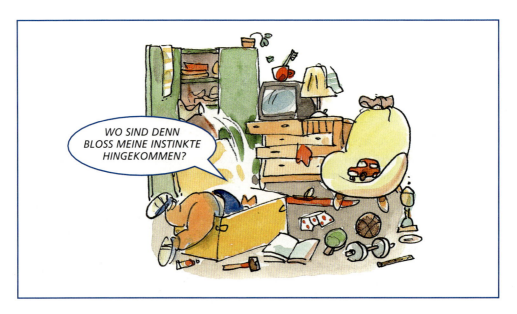

Beim Menschen sind nur noch **Instinktreste** vorhanden, auf die er sich nicht verlassen kann. Die wenigen Instinktreste reichen zur Regulierung der menschlichen Lebensweise nicht aus, sie können ihm nicht helfen, sich in seiner Umwelt zurechtzufinden.

„*Dem Menschen sind ... keine festgelegten Triebziele angeboren; er bringt keine festgelegten Werthaltungen und Welteinstellungen mit auf die Welt.*" (Roth, 1984[5], S. 117)

Der niederländische Zoologe *Nikolaas Tinbergen*[1] bezeichnet den Menschen deshalb als ein **instinktreduziertes Wesen**.

---

[1] Nikolaas Tinbergen (1907–1988), Nobelpreisträger, war Professor in Leiden und Oxford und ist Mitbegründer der vergleichenden Verhaltensforschung.

Menschliches Verhalten bleibt zwar wegen seiner Instinktarmut störbar und gefährdet, bildet aber die Voraussetzung für die **Befreiung des Menschen vom Zwang der Natur**. Sie gibt ihm die Freiheit, zwischen mehreren Verhaltensweisen zu wählen, überlegte Entscheidungen zu treffen und produktive Lösungen zu finden. Wir bezeichnen den Menschen deshalb als ein **weltoffenes Wesen**: Während das Tier in seine Umwelt eingebettet, „eingebunden" ist und nur jeweils sein eingegrenztes Lebensfeld hat, das für es notwendig ist, kann der Mensch die Welt als Ganzes erfassen; er ist „nicht nur auf Anpassung, sondern auf Veränderung, auf aktive Gestaltung der Umwelt eingestellt und ausgerichtet." *(Roth, 1984[5], S. 125)*

> „Ein ‚geistiges' Wesen ist ... nicht mehr umweltgebunden, sondern ‚umweltfrei' und, wie wir es nennen wollen, ‚weltoffen': Ein solches Wesen hat ‚Welt'. Ein solches Wesen vermag ferner die auch ihm ursprünglich gegebenen ‚Widerstands'- und Reaktionszentren seiner Umwelt, die das Tier allein hat und in die es ekstatisch[1] aufgeht, zu ‚Gegenständen' zu erheben und das Sosein dieser Gegenstände prinzipiell selbst zu erfassen, ohne die Beschränkung, die diese Gegenstandswelt oder ihre Gegebenheiten durch das vitale Triebsystem und die ihm vorgelagerten Sinnesfunktionen und Sinnesorgane erfährt." *(Scheler[2], 2005[16], S. 42 f.)*

Der Mensch hat in der Welt kein eingegrenztes Lebensfeld.

Folgerungen für die Möglichkeit und Notwendigkeit des Lernens und der Erziehung:

- Die Instinktarmut ermöglicht die enorme Lernfähigkeit und Erziehbarkeit des Menschen. Wäre menschliches Verhalten durch Instinkte festgelegt, dann wäre Erziehung gar nicht möglich.
- Weil die menschliche Lebensweise instinktiv nicht zureichend geregelt wird, ist der Mensch auf Lernen und Erziehung angewiesen; er muss die zum Leben und Überleben notwendigen Verhaltensweisen, die die Natur nur unzureichend hervorgebracht hat, im Laufe seines Lebens erst erlernen.
- In der Weltoffenheit des Menschen liegt einerseits seine Lern- und Erziehungsfähigkeit begründet, andererseits muss er das Leben in der Welt und die aktive Gestaltung seiner Umwelt durch Erziehung erst erlernen.

2.1.3 Der Mensch, ein Wesen, das biologisch mangelhaft ausgestattet ist

Im Vergleich mit den Tieren ist der Mensch aus biologischer Sicht recht mangelhaft ausgestattet. Der Philosoph und Soziologe *Arnold Gehlen* bezeichnet den Menschen deshalb als **unspezialisiertes biologisches Mängelwesen**.

Arnold Gehlen (1904–1976), Philosoph und Soziologe, war Professor in Leipzig, Königsberg, Wien, Speyer und Aachen. Bekannt geworden ist Gehlen vor allem durch sein Hauptwerk „Der Mensch, seine Natur und seine Stellung in der Welt", erstmals 1940 erschienen und 1950 grundlegend umgearbeitet.

---

[1] ekstatisch (griech.): begeistert, euphorisch, entzückt
[2] Max Scheler (1874–1928) war Professor für Philosophie zunächst in Köln, später in Frankfurt am Main.

- Der Mensch ist **organisch unspezialisiert**: Er ist „,organisch mittellos' ohne natürliche Waffen, ohne Angriffs- oder Schutz- oder Fluchtorgane, mit Sinnen von nicht besonders bedeutender Leistungsfähigkeit, denn jeder unserer Sinne wird von den ‚Spezialisten' im Tierreich weit übertroffen." *(Gehlen, 1975, S. 46).*
  Affen zum Beispiel übertreffen den Menschen in ihren einmaligen Kletterleistungen, Adler mit ihren Augen („Adleraugen") und Hunde mit ihrem hervorragenden Geruchssinn.

- Der Mensch ist **organisch unfertig**: Er besitzt beispielsweise kein Haarkleid und keinen Pelz; einzelne Organe sind „unterentwickelt" wie zum Beispiel der Bau seiner Hand, die sich nicht zu Spezialleistungen (Greif-, Krallen-, oder Schaufelhände) eignet.

- Der Mensch ist, wie bereits in *Abschnitt 2.1.2* dargestellt, **instinktreduziert**, was auch die Ursache dafür ist, dass die menschlichen Antriebskräfte, wie zum Beispiel die Sexualität, nicht auf bestimmte, natürlich fixierte Ziele ausgerichtet und im Überschuss vorhanden sind.

> *„Es fehlt das Haarkleid und damit der natürliche Witterungsschutz; es fehlen natürliche Angriffsorgane, aber auch eine zur Flucht geeignete Körperbildung; ... er hat einen geradezu lebensgefährlichen Mangel an echten Instinkten ... Mit anderen Worten: innerhalb natürlicher, urwüchsiger Bedingungen würde er als bodenlebend inmitten der gewandtesten Fluchttiere und der gefährlichsten Raubtiere schon längst ausgerottet sein."*
> *(Gehlen, 1986[13], S. 33)*

Tiere werden als Spezialisten geboren, Menschen sind zum „Mängelwesen" erkoren.

Die organische Unspezialisiertheit und Unfertigkeit sowie seine Instinktreduziertheit befähigen den Menschen zum **zielbewussten und geplanten Handeln**.

> *„Das unfertige Wesen Mensch, das im Gegensatz zum Tier nicht durch Instinkte und Verhaltensketten festgelegt ist, kompensiert[1] seine Mängel durch Handlung. Sieht man die Mängelausstattung des Menschen an, so ist es leicht einzusehen: er muss erkennen, um tätig zu sein, und muss tätig sein, um morgen leben zu können."*
> *(Gehlen, 1986[13], S. 51)*

Diese Möglichkeit zum Handeln ist dem Menschen durch die **Struktur seines Großhirns** gegeben.[2] Intellektuelle Fähigkeiten erlauben ihm planendes, schöpferisches Handeln, wodurch er imstande ist, seine biologischen Mängel auszugleichen. Er gestaltet die Natur so um, dass er in ihr leben und überleben kann. **Die vom Menschen ins Lebensdienliche umgearbeitete Natur** bezeichnet *Arnold Gehlen* als **Kultur**.

Durch die Gestaltung der Umwelt und Schöpfung der Kultur ist der Mensch selbst Teil dieser und muss deshalb „kultiviert" werden. Dies geschieht nach Gehlen durch sog. „Außenstützen", durch **Institutionen**, die menschliches Verhalten regulieren. Mit Institution meint er ein *Regelsystem wie alle geschriebenen und ungeschriebenen Normen, Sitten und Gesetze sowie die Einrichtungen, die die Realisierung dieser Normen, Sitten und Gesetze sicherstellen.*

---

[1] *kompensieren (lat.): ausgleichen*
[2] *vgl. hierzu auch Abschnitt 2.1.1*

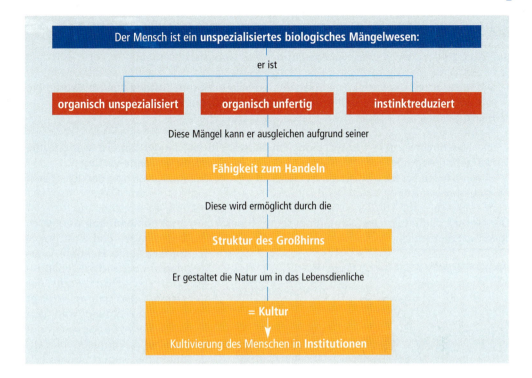

Folgerungen für die Möglichkeit und Notwendigkeit des Lernens und der Erziehung:

- Organische Unspezialisiertheit und Unfertigkeit des Menschen sowie seine Instinktreduktion und die spezielle Struktur des Großhirns ermöglichen seine enorme Lernfähigkeit und Erziehbarkeit.
- Die Fähigkeit zur vielseitigen Verwendung der Organe muss durch Lernen und Erziehung erst entwickelt werden.
- Intellektuelle Fähigkeiten, wie zum Beispiel Denken, Planen, Kreativität, entfalten sich organisch nicht von selbst, sondern benötigen Anregung und Lernhilfe von außen.
- Als „Kulturwesen" muss er durch Erziehung lernen, in seiner Kultur leben bzw. Kultur schaffen und ändern zu können.[1]
- Die noch nicht auf bestimmte Ziele gerichteten und im Überschuss vorhandenen Antriebskräfte des Menschen müssen über Lernvorgänge geregelt und in kulturelle Bahnen gelenkt werden. Dazu sind **Institutionen** von größter Bedeutung.
- Die Schaffung von Institutionen ist sowohl für den Einzelnen als auch für die Gesellschaft wichtig: Einerseits kann der Einzelne nur durch sie seine spezifisch menschlichen Verhaltensweisen wie Denken, Sprache, Fähigkeit, geplant zu handeln, Umweltbeherrschung, entwickeln; andererseits kann auch die Gesellschaft nur durch Institutionen weiterbestehen und sich erneuern.

---

[1] vgl. Abschnitt 2.2.2

2.1.4 Der Mensch, ein Wesen, das zu früh zur Welt kommt

Bei Säugetieren gibt es zwei typische Formen des Geburtszustandes:

- Die **Nesthocker**, die nach kurzer Tragzeit in völlig hilflosem Zustand zur Welt kommen, mit noch verschlossenen Sinnesorganen und unfähig zur Fortbewegung.
  Hierzu gehören zum Beispiel niedere Säuger wie Katzen und Mäuse.

- Die **Nestflüchter**, deren Entwicklung im Mutterleib viel länger dauert, weshalb die Neugeborenen über funktionsfähige Sinnes- und Bewegungsorgane verfügen.
  Höhere Säugetiere, wie beispielsweise Pferde und Affen, können sich gleich nach der Geburt ihrer Art gemäß verhalten.

Der Mensch bildet hier eine Ausnahme: Seine Sinnesorgane funktionieren bereits, jedoch spezifisch menschliche Verhaltensweisen, wie aufrechter Gang, Sprache und einsichtiges Denken und Handeln, vermag er noch nicht zu vollbringen. Erst gegen Ende des ersten Lebensjahres erreicht er den Ausbildungsgrad, den ein seiner Art entsprechendes höheres Säugetier zum Zeitpunkt der Geburt aufweist.

Der Schweizer Biologe *Adolf Portmann*[1] *(1956²*, S. 29 ff.) charakterisiert deshalb die Eigentümlichkeit des menschlichen Geburtszustandes als **hilflosen Nestflüchter**. Er kommt zu dem Ergebnis, dass die Schwangerschaft beim Menschen insgesamt 21 Monate – also ein Jahr länger – dauern müsste, um bereits bei seiner Geburt den Entwicklungsstand der übrigen höheren Säuger zu erreichen. Der Mensch ist also eine **physiologische Frühgeburt**, der im Vergleich zu höheren Säugetieren zu früh zur Welt kommt. Im ersten Lebensjahr, dem **extrauterinen Frühjahr**, wie *Portmann (1956²*, S. 49 f.)* es nennt, muss das Kind seine Entwicklung außerhalb des Mutterschoßes unter dem Einfluss seiner Umwelt, für die ein solches Wesen noch ganz untauglich ist, vollenden.[2]

Bernhard Hassenstein (1987⁴, S. 67) relativiert die Aussagen *Portmanns* und charakterisiert den Menschen als **Tragling**, der einerseits angeborene Verhaltensweisen wie beispielsweise Klammer- und Greifreflexe besitzt, und andererseits ein starkes Bedürfnis nach körperlicher Nähe und Zuwendung hat und ohne diese nicht überleben könnte.[3]

---

[1] Adolf Portmann (1897–1982) war Professor und Direktor der Zoologischen Anstalt in Basel; er schrieb u. a. Arbeiten zur Biologie und zur Entwicklungsgeschichte des Menschen.
[2] physiologisch (griech.): die Lebensvorgänge betreffend; uterus: die Gebärmutter; extrauterin: außerhalb der Gebärmutter
[3] vgl. hierzu auch Abschnitt 2.3.1

Folgerungen für die Möglichkeit und Notwendigkeit des Lernens und der Erziehung:

- In der Eigentümlichkeit des menschlichen Geburtszustandes des Menschen liegt seine enorme Lernfähigkeit und Erziehbarkeit begründet.
- Das, was die Natur nur unzureichend hervorgebracht hat, nämlich die menschliche Lebensweise, muss der Mensch im „sozialen Mutterschoß" erlernen.
- Dem ersten Lebensjahr wird in der Erziehung eine Schlüsselrolle zugewiesen. Grundlage ist dabei das Herstellen einer Bindung, die sich in emotionaler Zuwendung und ausreichender Reizvermittlung zeigt.[1]

Gegebenheiten der Natur	Folgerungen für die Erziehung
Der Mensch, ein Gehirnwesen (Alfred K. Treml)	Entfaltung der Hirnfunktionen und der Struktur der Nervenzellen; Erlernen der spezifisch menschlichen Verhaltensweisen wie aufrechter Gang, Wortsprache, Denkvermögen, Fähigkeit, geplant zu handeln, Umweltbeherrschung
Der Mensch, ein instinktreduziertes Wesen (Nicolaas Tinbergen)	Erlernen der menschlichen Lebensweise und der zum Zusammen- und Überleben notwendigen Verhaltensweisen
Der Mensch, ein weltoffenes Wesen (Max Scheler)	Erlernen der dem Menschen weltoffen aufgegebenen Lebensführung
Der Mensch, ein unspezialisiertes biologisches Mängelwesen Lebensweise, (Arnold Gehlen)	Erlernen der Fähigkeit zur vielseitigen Verwendung der Organe; Entfaltung der intellektuellen Fähigkeiten; Erlernen der kulturellen Formierung der Antriebsenergie
Der Mensch, eine physiologische Frühgeburt (Adolf Portmann)	Entfaltung von spezifisch menschlichen Verhaltensweisen; emotionale Zuwendung, Geborgenheit, Sicherheit und Reizvermittlung vor allem im ersten Lebensjahr

> „Erziehungsbedürftigkeit meint: Der Mensch braucht Erziehung, um das ihm als Aufgaben gegebene Menschsein ausformen, ausprägen zu können. Der Mensch kommt nicht als ‚fertiges Lebewesen' in die Existenz, sondern als ‚lebendige Möglichkeit'; Menschsein heißt, Menschwerden."
>
> (Badry, 2003[4], S. 166)

2.2 Geistes- und sozialwissenschaftliche Erkenntnisse zur Erziehungsbedürftigkeit und Erziehbarkeit des Menschen

Die bisher dargestellten Aussagen begründen die Lernfähigkeit und Erziehbarkeit sowie die Lern- und Erziehungsbedürftigkeit des Menschen lediglich aus naturwissenschaftlicher Sicht. Um das Wesen des Menschen vollständig zu erfassen, müssen sie durch geistes- und sozialwissenschaftliche Erkenntnisse, wie über die Geistigkeit des Menschen sowie über Einsichten aus dem Verhältnis zwischen ihm und seiner ihn umgebenden und sich wandelnden Gesellschaft und Kultur, ergänzt werden.

2.2.1 Der Mensch, ein Wesen mit Geist und Vernunft

Der Mensch ist das einzige Wesen, das mit **Bewusstsein, Verstand, Erinnerungsvermögen, Begriffssprache, Urteils- und Reflexionsvermögen** ausgestattet ist. Er ist ein **geistiges Wesen**:

---

[1] vgl. hierzu auch Abschnitt 2.3

- Der Mensch kann abstrakt denken und seine Gedanken und die von anderen in Sprache fassen sowie ihre Bedeutung erfassen und mitteilen,
- er kann eigene Gedanken formulieren, Gegenstände benennen sowie Sachverhalte darstellen,
- er kann Objekten einen Sinn verleihen, (sich) Werte und Ziele setzen sowie zweckbewusst und geplant handeln,
- er kann die Welt gestalten und umgestalten sowie Gegebenes in Frage stellen und ändern,
- er kann sich seine Zeit einteilen, über sie verfügen und die Gegenwart für sich sinnvoll gestalten,
- er ist nicht nur auf das „Hier und Jetzt" beschränkt, kann unterscheiden zwischen Gegenwart, Vergangenheit und Zukunft sowie sich vergangene und zukünftige Situationen vorstellen,
- er kann die Zukunft gedanklich vorwegnehmen und sie durch sein geplantes Handeln beeinflussen,
- er kann sich nach (selbst gewählten) Zielen richten und diese als Wertmaßstab für die Beurteilung eigenen und fremden Verhaltens einsetzen.

> „Diese Geistigkeit des Menschen stellt sich dar im Denken, in der Sprache, in seiner Wertempfänglichkeit und kulturellen Schaffenskraft, in all den menschlichen Fähigkeiten und Kräften, die Voraussetzung sind für Kunst und Wissenschaft, Vernunft und Weisheit, Sittlichkeit und Religion, Zivilisation und Kultur."
> (Roth, 1984[5], S. 134)

Aufgrund seines Geistes kann sich der Mensch gegenüber sich selbst distanzieren und sich selbst zum Objekt der Betrachtung machen. Diese Tatsache befähigt ihn, sich als Person zu erfassen.

„Cogito ergo sum" – Ich denke, also bin ich (Rene Descartes[1])

> „Dass der Mensch in seiner Vorstellung das Ich haben kann, erhebt ihn unendlich über alle anderen auf Erden lebenden Wesen."
> (Immanuel Kant[2])

Folgerungen für die Möglichkeit und Notwendigkeit des Lernens und der Erziehung:

Eugen Roth: Zeitgemäß
*Ein Mensch, der mit Descartes gedacht,
Dass Denken erst das Leben macht,
Gerät in Zeiten, wo man Denker
Nicht wünscht – und wenn, dann nur zum Henker.
Er kehrt den alten Lehrsatz um
Und sagt: non cogito, ergo sum!*
(Roth, 2001, S. 137)

- Die Ausstattung des Menschen mit Geist und Vernunft befreit den Menschen vom Zwang der Natur und ermöglicht ihm eine enorme Lern- und Erziehungsfähigkeit.
- Die Geistigkeit des Menschen entfaltet sich nicht von selbst, sondern muss durch Lernprozesse und Erziehung im Laufe des Lebens hervorgebracht werden. Dies ist eine sehr schwierige Aufgabe der Erziehung, weil von deren Realisierung das Schicksal des Menschen und seiner Kultur abhängt.

---

[1] Rene Descartes (1596–1650) war französischer Philosoph und Mathematiker und ist Begründer des modernen Rationalismus.
[2] Immanuel Kant (1724–1804) war deutscher Philosoph und Professor für Logik und Metaphysik in Königsberg. Bekannt wurde Kant vor allem durch sein Werk „Kritik der reinen Vernunft" und durch seinen sog. „kategorischen Imperativ", ein Prinzip zur Begründung moralischen Handelns.

2.2.2 Der Mensch, ein Kulturwesen

Um leben und überleben zu können, hat der Mensch als geistiges Wesen in seinem Zusammenleben eine „zweite Natur" geschaffen, nämlich eine kulturelle Welt. Ein großer Teil der Wirklichkeit ist Produkt des menschlichen Geistes. Organische Unspezialisiertheit und Unfertigkeit, natürliches Nichtfestgelegtsein und Instinktarmut zwingen den Menschen zu kultureller Lebensführung. Es gibt denn auch auf der ganzen Erde keine Gruppe von Menschen, die keine kulturelle Lebensweise hätte. Der Mensch lebt immer in einer Kultur, er ist ein **kulturelles Wesen**.

Mit Kultur bezeichnet man das, was der Mensch selbst geschaffen hat – im Gegensatz zur Natur, die nicht von ihm erzeugt ist. Kultur ist nach *Jakobus Wössner (1986⁹, S. 91)* all das, was sich der Mensch zur Bewältigung seines Daseins aufgebaut hat und aufbaut; sie ist also eine von ihm selbst geschaffene bzw. veränderte Umwelt. Dazu gehören beispielsweise die Sprache, die Neuschaffung und Veränderung von Wohnverhältnissen, Kunst, Religion, Recht, Wissenschaft, Wert- und Normvorstellungen ebenso wie die Veränderung und Umgestaltung der Natur selbst.

> Kultur ist die umfassende Bezeichnung für das, was der Mensch im Gegensatz zur Natur selbst geschaffen hat; eine von ihm selbst geschaffene bzw. veränderte Umwelt.

Es gibt die Unterscheidung zwischen Kultur und Zivilisation, wobei Kultur geistigschöpferische und Zivilisation technische, ökonomische und „rational verfügbare" Errungenschaften meint. Vielfach wird auch unter Kultur die ganze Lebensweise einer Gesellschaft verstanden im Gegensatz zur Zivilisation, welche die jeweils höchste Form der menschlichen Kultur meint. Doch diese Trennung wird heute nicht mehr aufrechterhalten.

Der Mensch ist ein **Kulturwesen im doppelten Sinn**: Einerseits gestaltet sich der Mensch durch planendes und schöpferisches Handeln seine eigene „Welt"; er ist also aktiver Erzeuger der Kultur. Durch die Gestaltung und Schöpfung der Kultur wird er andererseits selbst Teil dieser und somit auch ein Erzeugnis seiner Kultur. *Kultur ist also ein Produkt des Menschen und der Mensch ein Produkt seiner Kultur.*

Folgerungen für die Möglichkeit und Notwendigkeit des Lernens und der Erziehung:

- Um in einer Kultur leben zu können, muss der Mensch die jeweilige kulturelle Lebensweise erlernen. Dabei kommt es bei der Erziehung vor allem auf den Erwerb von Kulturtechniken an, welche die Erhaltung und Weitergabe der jeweiligen Kultur ermöglichen. Dazu gehören beispielsweise Sprache, Denken, Lesen und Schreiben, Wertbewusstsein, Moralvorstellungen u. a.

- Durch Lernen und Erziehung muss aber auch die Fähigkeit zu produktivem Neuschaffen und zur Veränderung von kulturellen Verhältnissen vermittelt werden. Hierzu zählen Techniken wie Kritikfähigkeit, Kreativität, Produktivität, Engagement, Verantwortungsbewusstsein und die Fähigkeit, fehlerhafte Entwicklungen zu erkennen.

Wie die Entwicklung zeigt, ist der Mensch auch in der Lage, seine eigene Lebensbasis zu zerstören, wie sich dies zum Beispiel in Umweltverschmutzung, Waldsterben, Rohstoffvergeudung, Strahlenverseuchung zeigt. Deshalb kommt es heute in der Erziehung auch darauf an, zu einer mit der Natur stimmigen Lebensweise aus besserer Einsicht zurückzufinden. Hier wird sich entscheiden, ob Kultur in Zukunft eine Bedrohung oder eine Chance für die Menschheit bedeuten wird.

MACHEN WIR MAL KULTUR

Die Natur braucht uns nicht, aber wir brauchen die Natur!

2.2.3 Der Mensch, ein soziales Wesen

Der Mensch lebt nicht isoliert und alleine, sondern ist von vornherein in ein umfassendes Ganzes, in eine soziale Situation eingebettet. Er ist auf eine gesellschaftliche Lebensweise hin angelegt und von Geburt an auf Mitmenschen und soziale Beziehungen angewiesen. Nur durch das Zusammenleben mit anderen kann er existieren und zum Menschen im humanen Sinne werden.

> *„Man is not born human."* – Der Mensch wird nicht als ‚Mensch' geboren, sondern erst dazu gemacht.
> (Burgess/Locke, 1945, S. 213)

Der Mensch ist ein **soziales Wesen**: Seine Daseinsform ist das Zusammenleben, welches sich in verschiedenen Gruppen und Einrichtungen wie Familie, Schule, Betrieb etc. vollzieht und durch Verhaltensvorschriften geregelt wird. Ein Verstoß gegen diese Regeln kann den Einzelnen mit sich selbst und anderen in Schwierigkeiten bringen bzw. Störungen in der menschlichen Existenz nach sich ziehen.

> *„Biologisch gesehen ist ein einzelner Mensch undenkbar. Er würde das Ende der Menschheit bedeuten. Die Sprache ... stellt eine Leistung der sprachtragenden Gemeinschaft durch viele Generationen hindurch dar. Durch die Sprache ... wird sein Denken beeinflusst. Durch seine Sprache hindurch spricht und denkt auch die Gemeinschaft. Der Mensch wird nur unter Menschen ein Mensch, ..."*
> (Lassahn, 1993³, S. 117)

Die Neurowissenschaften haben in jüngster Zeit herausgefunden, dass das menschliche Gehirn auf Beziehung angelegt ist, es ist – wie es *Daniel Goleman (2006)* in seinem neuen Buch bezeichnet – ein „geselliges Hirn". Das Bedürfnis nach Kontakt mit anderen Menschen ist quasi „in uns eingebaut".

„Der Mensch wird am DU zum ICH." *(Martin Buber[1])*

Folgerungen für die Möglichkeit und Notwendigkeit des Lernens und der Erziehung:

- Um mit anderen Menschen zusammenleben zu können, müssen über Erziehung die für das Zusammenleben notwendigen sozialen Verhaltensregeln erlernt werden.
- Neben der Anpassung an bestehende soziale Spielregeln und soziale Lebensformen soll Erziehung zur Neuerung und Veränderung von sozialen Verhältnissen befähigen.

Zusammenfassend kann man festhalten: Sowohl die aufgezeigten naturwissenschaftlichen als auch geistes- und sozialwissenschaftlichen Erkenntnisse belegen, dass der Mensch in einem hohen Maße lern- und erziehungsfähig ist sowie auf Lernen und auf Erziehung im Vergleich mit anderen Lebewesen besonders stark angewiesen ist.

> *„Der Mensch ist das einzige Geschöpf, das erzogen werden muss. ... Der Mensch kann nur Mensch werden durch Erziehung. Er ist nichts, als was die Erziehung aus ihm macht."*
> *(Immanuel Kant)*

Die Notwendigkeit des Lernens besteht in der heutigen Zeit für den Menschen nicht nur im Kindes- und Jugendalter, sondern lebenslang. Kulturelle und gesellschaftliche Lebensbedingungen wandeln sich ständig und jedem Menschen wird ein lebenslängliches Um-

---

[1] Martin Buber (1878–1965), jüdischer Religionsforscher und -philosoph, lehrte zunächst jüdische Religionswissenschaft und Ethik an der Universität Frankfurt am Main. 1938 ging er nach Palästina, wo er Philosophie und Soziologie lehrte. Sein bekanntestes Werk ist „Ich und Du", welches auch die christliche Theologie und vor allem die Ethik nachhaltig beeinflusste.

und Weiterlernen abverlangt. Deshalb wird der Mensch in der heutigen Zeit als **homo discens**[1] bezeichnet: *Er ist ein Wesen, das ständig in jedem Lebensabschnitt und unvermeidlich auf Lernen angewiesen ist.*

> „Die Herausforderungen zum lebenslänglichen Lernen sind charakteristisch für den ‚homo discens' in der spätmodernen ‚Lerngesellschaft'. ... Um des ‚Überlebens' aber auch des ‚guten Lebens' willen ist spätestens seit der Moderne nicht nur von der ‚Lernnotwendigkeit' ..., sondern auch von der ‚Erziehungsnotwendigkeit' des Menschen auszugehen. Deshalb werden in der pädagogischen Theorie und Praxis, gerade auch für das Bildungswesen, die Konzepte des ‚homo discens' und des ‚homo educandus'[2] miteinander verbunden und einander ergänzend vertreten."
> (Weber, Bd. 1, Teil 2, 1996[8], S. 217 f.)

2.3 Folgen fehlender und unzulänglicher Erziehung

Bisher wurde versucht zu klären, warum der Mensch lernen und erzogen werden muss. Die Frage ist aber auch: Was geschieht, wenn Erziehung fehlt bzw. unzulänglich ist? Wo Erziehung ausbleibt, unzureichend ist oder misslingt, kommt es zur Gefährdung bzw. Verhinderung der Menschwerdung des Menschen. Die Berichte über „verwilderte Kinder", wie eingangs geschildert, belegen dies.

2.3.1 Der Mensch, ein Wesen, das auf Bindung angewiesen ist

Der Psychoanalytiker *René A. Spitz (2005[12])* und viele andere Forscher haben beobachtet, dass Säuglinge und Kleinkinder körperlich und seelisch zu leiden und zu verkümmern beginnen, wenn sie trotz einwandfreier Versorgung, Ernährung und Pflege emotionale Zuwendung, geduldige Umsorgung, liebevolle Zärtlichkeit, Körperkontakt und Ansprache durch Bezugspersonen entbehren müssen.

René A. Spitz spricht in diesem Zusammenhang von **Hospitalismus**[3], *einer leib-seelischen Störungs- und Verkümmerungserscheinung im Säuglings- und Kleinkindalter, die auf mangelnde emotionale Zuwendung und Reizvermittlung zurückzuführen ist. Die weitere Entwicklung hospitalisierter Kinder zeigt in der Regel große Störungen, die sich in der körperlichen und motorischen Entwicklung, in der Entwicklung der Sprache und des Denkens sowie im Gefühlsleben und Sozialverhalten zeigen.*

Neuere Forschungen in diesem Bereich wurden unter dem Begriff **Bindungstheorie**[4] in den 60er Jahren des vergangenen Jahrhunderts bekannt. Ihre Begründer waren *Mary Ainsworth* und *John Bowlby*. Im deutschen Sprachraum sind die Untersuchungen des Ehepaars *Karin und Klaus E. Grossmann (2004)* bekannt geworden. Die Bindungstheorie gehört heute zu den am besten fundierten Studien über die psychische Entwicklung des Menschen.

---

[1] homo discens (lat.): der lernende Mensch
[2] homo educandus (lat.): der Mensch, der erzogen werden muss; der erziehungsbedürftige Mensch
[3] Hospital (lat.): Krankenhaus; René A. Spitz machte seine Beobachtungen in Hospitälern.
[4] Die Bindungstheorie befasst sich nach Karin und Klaus E. Grossmann (2004, S. 30) mit den sozialen Erfahrungen eines Menschen, insbesondere eines Säuglings und Kleinkindes, und ihren Folgen für die menschliche Entwicklung, die sich aus unangemessenen Bindungserfahrungen ergeben können.

Karin Grossmann, Dr. phil., Diplom-Psychologin und freiberufliche Wissenschaftlerin, lehrte am Psychologischen Institut der Universität Regensburg und an der Universität Salzburg.

Klaus E. Grossmann, Dr. phil., Diplom-Psychologe, war Professor am Institut für Psychologie an der Universität Regensburg.

Karin und Klaus E. Grossmann (2004) kamen in ihren Untersuchungen zu dem Ergebnis, dass Säuglinge und Kleinkinder auf eine **feste Bindung zu einer Bezugsperson** zurückgreifen können müssen, damit sie ihr Neugierverhalten ausleben können; fehlt eine Bezugsperson oder baut diese keine Bindung zum Kleinkind auf, kann sich keine Selbstsicherheit bei ihm entwickeln. Bindung bedeutet nach *Grossmann/Grossmann (2004, S. 29)* die **besondere emotionale Beziehung eines Kindes zu seiner Bezugsperson**, die es ständig betreut und in deren Gegenwart es sich sicher fühlt. Diese Bindung ist tief in Emotionen verankert und verbindet den Säugling bzw. das Kleinkind mit anderen, „besonderen" Personen über Raum und Zeit hinweg.[1]

> Bindung ist die besondere emotionale Beziehung eines Kindes zu seiner Bezugsperson, die es ständig betreut und in deren Gegenwart es sich sicher fühlt.

Die Bindungstheorie geht davon aus, dass **positive Gefühle** wie Verbundenheit, Nähe, Zärtlichkeit, Fürsorge, Schutz, Körperkontakt und Ansprache zu einer **sicheren Bindung** des Kindes zur Bezugsperson – beispielsweise der Mutter – führen. Diese ist notwendig, damit das Kleinkind die Vielzahl von neuen Eindrücken verarbeiten kann. Das Kind zeigt von sich aus Neugierde und erkundet seine Umwelt[2]. Da das Kind niemals wissen kann, wie seine Erkundungen ausgehen, ist Neugierverhalten eine äußerst anstrengende Angelegenheit. Die Bindungsperson ist deshalb für das Kind eine Art **„Sicherheitsbasis"**, von der es in die „Welt" hinausgehen und immer wieder zurückkehren kann, wenn die Unsicherheit zu groß wird.

> *„Der Säugling sucht besonders dann die Nähe seiner Mutter [oder einer anderen Bezugsperson], wenn er Angst erlebt. Dies kann etwa der Fall sein, wenn ... unbekannte Situationen oder die Anwesenheit fremder Personen als bedrohlich erlebt werden, wenn er etwa an körperlichen Schmerzen leidet oder sich in Albträumen von seinen Phantasien überwältigt fühlt. Er erhofft sich von der Nähe zu seiner Mutter Sicherheit, Schutz und Geborgenheit."*
> (Brisch, 2006[7], S. 36)

Die Bezugsperson wird also als „sicherer Hafen" empfunden, den das Kind ruhig verlassen kann und darf, in den es aber bei Unsicherheit und Gefahr jederzeit sofort zurück-

---

[1] Das Ehepaar Karin und Klaus E. Grossmann (2004, S. 68) kam in seinen Untersuchungen zu dem Ergebnis, dass ein Kleinkind zwar an mehr als eine Person gebunden sein kann, aber nicht an viele. Bei mehreren Bezugspersonen entsteht eine Hierarchie: Es hat eine primäre Bezugsperson, die anderen Personen sind nachrangig.
[2] Die Psychologie spricht in diesem Zusammenhang von einem **Explorationsbedürfnis** als Bedürfnis, die Umwelt zu erforschen; explorare (lat.): erforschen, erkunden.

kehren und Schutz, Nähe und Geborgenheit erfahren kann. Bindungs- und Explorationsbedürfnis stehen also wechselseitig zueinander in Abhängigkeit.

> *„Von Anfang an ... wird es notwenig sein, dass eine Mutter [oder eine andere Bezugsperson] dem Explorationsbedürfnis des Säuglings ... Raum gibt. ... Gleichzeitig muss sie aber immer wieder als sichere Basis für die ... Rückversicherung des Säuglings während der Exploration zur Verfügung stehen ... Kehrt der Säugling von seinem Erkundungsgang zur Mutter zurück, muss er sich von ihr emotional angenommen fühlen."* (Brisch, 2006[6], S. 38).

Kinder, die sich **sicher gebunden** fühlen, sind besser auf den Umgang mit neuen Erfahrungen vorbereitet und bringen auch später den Mut auf, sich lernend und entdeckend mit unbekannten Dingen, Situationen und Personen einzulassen. Macht das Kleinkind jedoch keine positiven Erfahrungen mit seiner Bezugsperson, so entsteht **psychische Unsicherheit**, durch die es die Erfahrung macht und dadurch lernt, dass auf Menschen in seiner Umwelt kein Verlass ist – es fühlt sich im Stich gelassen und entwickelt eine **unsichere Bindung**. **Unsicher gebundene Kinder** werden sich auch in ihrem späteren Leben ihrer Umwelt ängstlich verschließen und sich nicht an die Erforschung von Unbekanntem heranwagen, was die Gewinnung neuer Erfahrungen be-, wenn nicht gar verhindert.

> *„Nur wenn das Kleinkind jene Atmosphäre der Geborgenheit erlebt, aus der sein Urvertrauen zu Mitmenschen, zur Welt und zu sich selbst erwächst, wird es den Mut aufbringen, der erforderlich ist, um sich explorierend und entdeckend-lernend auf unbekannte Situationen und Personen einzulassen. ... Bereits in den ersten Lebensjahren wird ... über das Ausmaß der späteren Entwicklungs-, Lern- und Erziehungsmöglichkeiten eines Menschen weitgehend vor- bzw. mitentschieden."* (Weber, Bd. 1, Teil 2, 1996[8], S. 230)

Erkenntnisse der Neuropsychologie bestätigen die Ergebnisse der Bindungstheorie. In den ersten Lebensjahren verbinden sich viele Nervenzellen über Synapsen miteinander. Damit werden die Voraussetzungen für das Lernen geschaffen, die wiederum von der emotionalen Grundversorgung des Säuglings bzw. Kleinkindes abhängen. Die Entwicklung des Gehirns wird also ganz entscheidend von der emotionalen Zuwendung geprägt; wo sie fehlt, kann sich das Nervensystem nicht optimal entwickeln.

2.3.2 Sozial abweichendes Verhalten bei unzulänglicher Erziehung

Unzureichende, misslungene oder fehlende Erziehung bringt es oft mit sich, dass Kinder und Jugendliche ein **sozial abweichendes Verhalten** entwickeln. Sozial abweichendes Verhalten liegt dann vor, wenn ein Individuum den Anforderungen des geregelten Zusammenlebens nicht bzw. nicht mehr gerecht wird. Die Folge ist, dass es dadurch immer wieder zu Schwierigkeiten für das Individuum selbst und/oder für seine Umwelt kommt. Um von einem sozial abweichenden Verhalten zu sprechen, müssen jedoch diese Schwierigkeiten erheblich und relativ dauerhaft sein.

> Ein sozial abweichendes Verhalten liegt vor, wenn ein Individuum den Anforderungen des geregelten Zusammenlebens nicht (mehr) gerecht wird und es dadurch immer wieder zu erheblichen und relativ dauerhaften Schwierigkeiten für das Individuum und/oder seine Umwelt kommt.

In der älteren Literatur ist in diesem Zusammenhang oft von **Verwahrlosung** *die Rede, was eine Abweichung von Einstellungen und Verhaltensweisen von in einer Gesellschaft für gültig gehaltenen Wert- und Normvorstellungen aufgrund eines Mangelzustands an Pflege und Erziehung bedeutet. Doch dieser Begriff ist kaum mehr brauchbar, da es in einer pluralistischen und multikulturellen Gesellschaft schwierig geworden ist, eine solche Abweichung eindeutig und einmütig zu bestimmen.*

Sozial abweichendes Verhalten kann sich äußern in

- aggressiven Verhaltensweisen wie Streitsucht, Zerstörungswut, Brutalität,
- sozialen Auffälligkeiten wie Schuleschwänzen, Streunen, Davonlaufen, Diebstahl oder Kontaktgestörtheit, Überangepasstheit,
- übertriebener Ängstlichkeit,
- der Unfähigkeit, soziale Beziehungen befriedigend gestalten zu können,
- Leistungsproblemen und -verweigerung,
- Drogen- und Alkoholmissbrauch,
- der Neigung zu kriminellen Handlungen.

Folgerungen für die Möglichkeit und Notwendigkeit des Lernens und der Erziehung:

Aus den Berichten über „verwilderte Kinder", der Bindungsforschung und den Erkenntnissen über sozial abweichendes Verhalten lassen sich für die Möglichkeit und Notwendigkeit des Lernens und der Erziehung folgende relativ gesicherten Einsichten ableiten:

- Der Mensch wird nicht als Mensch im humanen Sinne geboren, er wird erst dazu geformt.
- Er ist von Natur aus noch nicht auf eine bestimmte Lebensform festgelegt.
- Er ist von Anfang an auf das Herstellen einer Bindung angewiesen, die sich in einer emotionalen Beziehung zwischen ihm und einer Bezugsperson oder auch mehreren anderen Personen offenbart; diese Beziehung verbindet über Raum und Zeit hinweg emotional sehr eng miteinander und zeichnet sich einerseits durch positive Gefühle wie Verbundenheit, Nähe, Zärtlichkeit, Fürsorge, Schutz, Körperkontakt und Ansprache und andererseits durch das Respektieren und Unterstützen des kindlichen Explorationsbedürfnisses aus.
- Die Ausprägung der menschlichen Lebensweise benötigt langjährige Anregung und Lernhilfe. Diesbezügliche Versäumnisse in der frühen Kindheit sind später kaum mehr auszugleichen.
- Die Lebensform des Menschen stabilisiert sich in der frühen Kindheit und ist später nur noch sehr schwer zu verändern.
- In den ersten Lebensjahren eines Menschen wird über das Ausmaß seiner späteren Lernfähigkeit und Erziehbarkeit weitgehend vorentschieden.

„Für die Rolle der Erziehung im Menschenleben haben beide Positionen die gleichen Konsequenzen: ob der Mangel oder Reichtum des Menschen zum anthropologischen Ausgangspunkt genommen wird, was seine Mängel ausmacht, ist gleichzeitig sein Reichtum: die Kehrseite seiner Lern- und Erziehungsbedürftigkeit ist seine unendliche Lern- und Erziehungsfähigkeit." (Roth, 1984[5], S. 149)

Zusammenfassung

- Naturwissenschaftliche Erkenntnisse, wie die biologische Sonderstellung des Menschen, seine „Instinktreduktion" und „Weltoffenheit" sowie die Aussagen vom „unspezialisierten, biologischen Mängelwesen" und der „physiologischen Frühgeburt" lassen deutlich werden, dass der Mensch einerseits extrem lernfähig und erziehbar, andererseits in hohem Maße lern- und erziehungsbedürftig ist.

- Allein durch die Herausstellung der Unterschiede zwischen Mensch und Tier ist das Wesen des Menschen noch nicht ausreichend erfasst. Geisteswissenschaftliche Gesichtspunkte und sozialwissenschaftliche Überlegungen, („der Mensch, ein geistiges und rationales Wesen, ein kulturelles und soziales Wesen") stellen Wesensmerkmale des Menschseins heraus, die Lernen und Erziehung ermöglichen und durch Lernen und Erziehung erst hervorgebracht werden müssen.

- Wo Lernen und Erziehung ausbleiben, unzureichend sind oder misslingen, kommt es zur Gefährdung bzw. Verhinderung der Menschwerdung des Menschen. An Erscheinungen wie Verwilderung (zum Beispiel „Wolfskinder"), Bindungsverhalten und sozial abweichendem Verhalten ist abzulesen, welche Bedeutung Lernen und Erziehung für den Menschen haben. Liebevolle mitmenschliche Fürsorge und Vorsorge sowie langjährige Anregungen und Lernhilfe sind die Grundlagen jeder menschlichen Entwicklung.

Aufgaben und Anregungen Kapitel 2

Aufgaben

1. Erläutern Sie die These „Der Mensch, ein Gehirnwesen" und stellen Sie dar, welche Folgerungen sich aus dieser These für die Möglichkeit und Notwendigkeit des Lernens und der Erziehung ergeben.
(Abschnitt 2.1.1)

2. *Ein Politiker sagte einmal: „Wenn mein Instinkt mir sagt, das ist falsch, dann mache ich das auch nicht."*
Bestimmen Sie den Begriff „Instinkt" und beurteilen Sie, ob dieser in der Aussage des Politikers richtig verwendet wurde.
(Abschnitt 2.1.2)

3. a) Erläutern Sie an geeigneten Beispielen, was gemeint ist, wenn man den Menschen als ein instinktreduziertes und weltoffenes Wesen bezeichnet.
b) Zeigen Sie die Bedeutung dieser beiden Thesen für die Lern- und Erziehungsfähigkeit sowie für die Lern- und Erziehungsbedürftigkeit des Menschen auf.
(Abschnitt 2.1.2)

4. Erläutern Sie, wie *Arnold Gehlen* die Möglichkeit und Notwendigkeit der Erziehung begründet. Stellen Sie dabei dessen Aussagen und die daraus folgenden Konsequenzen für die Möglichkeit und Notwendigkeit des Lernens und der Erziehung dar.
(Abschnitt 2.1.3)

5. Beschreiben Sie die These von *Adolf Portmann* „Der Mensch ist eine physiologische Frühgeburt" und zeigen Sie die daraus folgenden Konsequenzen für die Lern- und Erziehungsfähigkeit sowie Lern- und Erziehungsnotwendigkeit auf.
(Abschnitt 2.1.4)

6. a) Erläutern Sie die These „Der Mensch, ein Wesen mit Geist und Vernunft".
b) Stellen Sie die Bedeutung dieser These für die Lern- und Erziehungsfähigkeit sowie für die Lern- und Erziehungsbedürftigkeit des Menschen dar.
(Abschnitt 2.2.1)

7. Der Mensch, ein „kulturelles Wesen" – Stellen Sie diese These und ihre Bedeutung für das Lernen und die Erziehung dar.
(Abschnitt 2.2.2)

8. Bestimmt der Mensch die Kultur oder wird er von der Kultur bestimmt?
Erörtern Sie diese Frage unter Berücksichtigung von anthropologischen Aussagen.
(Abschnitt 2.2.1 und 2.2.2)

9. Beschreiben Sie die These „Der Mensch, ein soziales Wesen" und zeigen Sie ihre Bedeutung für das Lernen und die Erziehung auf.
(Abschnitt 2.2.3)

10. Was die Mängel des Menschseins „ausmacht, ist gleichzeitig sein Reichtum: die Kehrseite seiner Lern- und Erziehungsbedürftigkeit ist seine unendliche Lern- und Erziehungsfähigkeit" (Roth, 1984[5], S. 149).
    Begründen Sie diese Aussage von Heinrich Roth auf der Grundlage von anthropologischen Aussagen zur Lern- und Erziehungsfähigkeit sowie Lern- und Erziehungsnotwendigkeit.
    (Abschnitt 2.1 und 2.2)

11. „Die Fähigkeit, lernen zu können, bedeutet gleichzeitig auch, lernen zu müssen." (Scheunpflug, 2001, S. 52)
    Begründen Sie diese Aussage mithilfe von anthropologischen Aussagen zur Lern- und Erziehungsfähigkeit sowie Lern- und Erziehungsnotwendigkeit.
    (Abschnitt 2.1 und 2.2)

12. Beschreiben Sie die Bedeutung einer positiven Bindung einer Bezugsperson zu einem Säugling bzw. Kleinkind für die weitere Entwicklung eines Menschen.
    (Abschnitt 2.3.1)

13. Welche pädagogischen Forderungen würden Sie an ein Säuglings- und Kleinkinderheim stellen, um spätere Entwicklungsschäden zu vermeiden? Begründen Sie Ihre Forderungen mithilfe psychologischer Erkenntnisse.
    (Abschnitt 2.3.1 und 2.3.2)

14. Der Psychologe *Wolfgang Metzger* hat festgestellt, dass bereits in den ersten Lebensjahren über das Ausmaß der späteren Lernfähigkeit und Erziehbarkeit eines Menschen weitgehend vorentschieden wird.
    Begründen Sie diese Aussage aus psychologischer Sicht.
    (Abschnitt 2.3.1)

15. a) Bestimmen Sie, was unter sozial abweichendem Verhalten verstanden wird, und zeigen Sie auf, wie sich ein solches Verhalten äußern kann.
    b) Zeigen Sie auf, worauf sich sozial abweichendes Verhalten zurückführen lässt.
    c) Erläutern Sie Konsequenzen, die sich aus den Erkenntnissen über sozial abweichendes Verhalten für die Erziehung ableiten lassen.
    (Abschnitt 2.3.2)

16. Stellen Sie Folgerungen dar, die sich aus den Berichten über „verwilderte Kinder", den Forschungen über das Bindungsverhalten und den Erkenntnissen über sozial abweichendes Verhalten für die Möglichkeit und Notwendigkeit des Lernens und der Erziehung ableiten lassen.
    (Abschnitt 2.3.2)

17.

Urwaldfrau nach Jahren eingefangen

Phnom Penth (AP) In Kambodscha ist nach 19 Jahren eine Frau aufgetaucht, die die ganze Zeit über in der Wildnis gelebt hat. Dorfbewohner stellten der Frau nach und brachten sie zu ihren Eltern. Rochom P'ngieng ist jetzt 27 Jahre alt und kann nicht mehr sprechen, so dass sie selbst bislang keine Auskunft zu ihrem Schicksal geben konnte.

„Sie ist wie ein halber Mensch und ein halbes Tier", sagte der Polizeichef des Bezirks Oyadao in der Provinz Rattanakiri, Mao San. „Sie ist verdreht. Sie schläft tagsüber und steht nachts auf." Der Vater von Rochom P'ngieng sagte, er habe seine Tochter an ihren Gesichtszügen und an einer Narbe am Rücken wiedererkannt. Vater Sal Lou ist Dorfpolizist und gehört zur ethnischen Minderheit der Pnong.

Seine Tochter verschwand nach gestrigen Polizeiangaben im Alter von acht Jahren, als sie in der abgelegenen Dschungelregion im Nordosten von Kambodschaf Rinder hütete. Entdeckt wurde sie am 13. Januar von einem Dorfbewohner, der einen Korb mit Nahrungsmitteln in der Nähe seines Bauernhofs vergessen hatte. Als er ihn holen wollte, war ein Teil der Nahrungsmittel verschwunden. „Der Mann beschloss, die Gegend abzusuchen und entdeckte einen nackten Menschen", sagte der Polizist Chea Bunthoeun. Der Dorfbewohner holte seine Freunde, und die Gruppe fing die Frau im Dschungel ein.

„Ihre Eltern hatten schon die Hofnung aufgegeben, sie je wiederzusehen", sagte Chea Bunthoeun. „Der Vater weinte und umarmte sie, als er wieder mit seiner Tochter zusammentraf." Die junge Frau hat nach Angaben von Mao San jedoch immer noch große Schwierigkeiten, sich an das Leben im Dorf zu gewöhnen.

Quelle: Donau-Kurier, 19.01.2007, S. 6

Inwieweit treffen die Erkenntnisse von *Kapitel 2* auf diese Gegebenheit in Kambodscha zu? Diskutieren Sie diese Gegebenheit unter Berücksichtigung entweder von *Abschnitt 2.1* oder *2.3*.

Anregungen

18. Fertigen Sie in Gruppen ein Mind-Map zu dem Thema „Möglichkeit und Notwendigkeit der Erziehung" an: Das Thema wird als Stichwort in die Mitte eines Blattes geschrieben und stellt sozusagen den Baumstamm dar. Von diesem Stamm gehen Äste ab, welche die zum Thema gehörenden Hauptgedanken (wiederum in Stichworten) beinhalten. Von den Ästen abgehende Zweige und schließlich Zweiglein gliedern das Thema weiter auf und beinhalten stichwortartig die Nebengedanken.

19. *Kaffeehaus (vgl. Hugenschmidt/Technau, 2002, 85 f.)*
    - Bilden Sie Vierergruppen und wählen Sie sich einen Teilbereich des Themas „Die Möglichkeit und Notwendigkeit der Erziehung" aus.
    - Diskutieren Sie in der Gruppe über Ihren Themenbereich, so dass jeder gut darüber Bescheid weiß.
    - Anschließend löst sich die Gruppe auf und es werden mehrere Tische mit je vier Stühlen aufgestellt. Jeder einzelne Schüler kann sich an einen beliebigen Tisch setzen und sich mit den anderen über die wesentlichen Aspekte seines Themenbereiches unterhalten. Dabei kann er den Tisch auch wechseln.

20. *Menschen sind nicht an eine bestimmte Umwelt gebunden, sie „haben" Welt, über die sie verfügen können.*
    Diskutieren Sie in der Klasse oder in Gruppen folgende Fragen:
    – Welche Gefahren liegen in dieser dem Menschen weltoffen aufgegebenen Lebensführung in unserer heutigen Zeit?
    – Wie beurteilen Sie aus anthropologischer Sicht das aktuelle Problem, ob die Menschheit mit diesen Gefahren fertig werden kann?

21. *Ein Pädagoge sagte einmal: „Jedermann ist von der Kultur, in der er aufgewachsen ist, so sehr geprägt, dass sie ihm als das einzige Normgerechte, als das Natürliche schlechthin erscheint."*
    – Suchen Sie nach Aussagen von Ihnen selbst, von Freunden oder Verwandten, die dieses Zitat bestätigen könnten.
    – Was könnten Sie diesen Aussagen aufgrund anthropologischer Erkenntnisse entgegnen?

22. Sie sollen in einer Podiumsdiskussion des Antierziehungsclubs „AEC" dessen Mitglieder von der Wichtigkeit und Bedeutung der Erziehung überzeugen.
    Spielen Sie diese Podiumsdiskussion, indem eine oder mehrere Person(en) gegen die Erziehung argumentieren und eine oder mehrere andere die Notwendigkeit der Erziehung verteidigen. Die Klasse spielt die „Zuhörer" im Saal, die sich nach einer bestimmten Zeit an der Diskussion beteiligen. Bestimmen Sie, bevor Sie mit dem Spiel beginnen, einen Moderator bzw. Gesprächsleiter.

23. *Sie sollen ein Säuglings- und Kleinkinderheim bauen und für Kinder einrichten, die keine Eltern (mehr) haben.*
    – Entwerfen Sie in Gruppen einen Plan für den Bau, die Einrichtung, die Ausstattung und den Personalbedarf eines solchen Säuglings- und Kleinkinderheimes.
    – Stellen Sie auch einen Finanzierungsplan für die festen und laufenden Kosten auf, und machen Sie sich Gedanken, wie das Heim finanziert werden könnte.

24. *Ursache für sozial abweichendes Verhalten ist unzureichende, misslungene oder fehlende Erziehung.*
    – Diskutieren Sie in der Gruppe folgende Frage: Was könnte man tun, damit sich „gefährdete" Kinder und Jugendliche oder solche, die den Anforderungen des geregelten Zusammenlebens nicht bzw. nicht mehr gerecht werden (können), wieder in die Anforderungen eines geregelten Zusammenlebens einfügen können?
    – Die „Auswertung" der Gruppenergebnisse können Sie nach der Methode „*Innenkreis/Außenkreis*" vornehmen:
    Bilden Sie einen Innenkreis, in welchem die Gruppensprecher Platz nehmen. Stellen Sie einen Stuhl mehr in diesen Kreis als nötig – dieser bleibt leer. Die „restliche" Klasse bildet einen Außenkreis.
    Die Gruppensprecher teilen den anderen Mitgliedern des Innenkreises mit, was ihre Gruppe diskutiert hat. Wer aus dem Außenkreis etwas ergänzen oder sich an der Diskussion des Innenkreises beteiligen möchte, kann hineingehen, sich auf den leeren Stuhl setzen, seinen Beitrag leisten und dann wieder in den Außenkreis zurückkehren.

3 Möglichkeiten und Grenzen der Erziehung

„Ob ein Mensch gut oder schlecht, gescheit oder dumm, friedlich oder aggressiv wird, ist bereits in seinen Erbanlagen vorgeprägt, da kann man nicht viel machen!"

„Was aus einem Menschen wird, das liegt an seiner Umwelt, insbesondere an seiner Erziehung, da kann man sehr viel machen!"

Folgende Fragen werden in diesem Kapitel geklärt:

1. Inwieweit ist der Mensch überhaupt lernfähig und erziehbar?
   Welche Auffassungen gibt es zu dieser Frage?
   Kann man diese Frage überhaupt eindeutig beantworten?

2. Trägt der Mensch auch selbst „von sich aus" zu seiner Entwicklung bei?

3. Welchen Bedingungen ist die Erziehung ausgesetzt?
   Welche Bedeutung haben diese für die Erziehung?
   Wo liegen die Grenzen der Erziehbarkeit?

3.1 Erziehung – Schatten oder Schrittmacher der Entwicklung

Die Frage nach dem Ausmaß der Lernfähigkeit und Erziehbarkeit des Menschen lässt sich nicht allgemein beantworten, sondern betrifft das **Anlage-Umwelt-Problem**, das sowohl in den Medien als auch in der wissenschaftlichen Literatur für viele Schlagzeilen und viel Aufsehen gesorgt hat und immer noch sorgt.

3.1.1 Die Begriffe „Anlage" und „Umwelt"

Mit **Anlage** ist die genetische Ausstattung eines Lebewesens gemeint, die bei der Befruchtung festgelegt wird. Die Übertragung der Anlagen, die nach bestimmten Erbgesetzen vor sich geht, wird als **Vererbung** bezeichnet. Die Grundlagen, Vorgänge und Gesetze der Vererbung werden von der **Genetik**, der Wissenschaft von der Vererbung, erforscht. **Gene** sind bestimmte individuelle Vererbungseinheiten, die die Chromosomen bilden und in einer Generation weitergegeben werden.

> Mit Anlage bezeichnen wir die genetische Ausstattung eines Lebewesens, die bei der Befruchtung festgelegt wird.

Die Gesamtheit der Erbinformation, die eine befruchtete Eizelle enthält, bezeichnet man als **Genotyp**. Wir sehen jedoch den Menschen nur in der Form, wie er sich aus dem Genotyp im Verlauf seines Lebens verändert. Diese zu einem bestimmten Zeitpunkt sichtbare Erscheinungsform eines Menschen nennt man **Phänotyp**[1].

*Es ist genau zu unterscheiden zwischen **(v)ererbt, angeboren und erworben**: Vererbt bedeutet, dass ein Individuum von seinen Eltern bestimmte Erbanlagen erhalten hat. Angeboren heißt wörtlich: bei der Geburt vorhanden. Damit sind alle vererbten und alle im vorgeburtlichen Leben erworbenen Eigenschaften gemeint, also auch Einflüsse, denen der Embryo bzw. Fötus von der Zeit der Empfängnis bis zur Geburt ausgesetzt ist. Erworben bedeutet, durch Umwelteinflüsse zustande gekommen.*
*In diesem Zusammenhang tauchen auch oft die Begriffe „endogen" und „exogen" auf. **Endogen** bedeutet nicht, wie oft vermutet wird, vererbt, sondern „von innen entstanden". Mit diesem Begriff sollen lediglich innere Ursachen für ein bestimmtes Erleben und Verhalten bezeichnet werden (vgl. Klein u. a., 1999[10], S. 61). **Exogen** dagegen bedeutet: „von außen verursacht", aufgrund von Umwelteinflüssen hervorgerufen.*

> Umwelt meint alle direkten und indirekten Einflüsse, denen ein Lebewesen von der Befruchtung der Eizelle (= Empfängnis) bis zu seinem Tode von außen her ausgesetzt ist.

Bezüglich der Umwelteinflüsse lassen sich *vier erzieherisch bedeutsame Bereiche* unterscheiden: die **natürliche, kulturelle, ökonomische und soziale Umwelt**.

- Mit **natürlicher Umwelt** bezeichnet man *die belebte und unbelebte Natur, in der der Mensch lebt*, wie zum Beispiel die Art der Landschaft, das Klima, die Ernährung, tages- und jahreszeitliche Rhythmen.

---

[1] Phänomen (griech.): Erscheinung, das sich den Sinnen Zeigende

- Die **kulturelle Umwelt** meint *die vom Menschen geschaffene bzw. veränderte Welt*. Dazu gehören beispielsweise Formen der Verständigung wie die Sprache, Wert- und Normvorstellungen, Sitte und Brauchtum, Weltanschauungen und Überzeugungen, Massenmedien, Zeitgeist, Trends, Spielzeug oder Bücher.

- Die **ökonomische Umwelt** bezeichnet *die wirtschaftlichen Gegebenheiten* wie etwa Wohnverhältnisse, Wohnbezirk, Wohnraum, Wohneinrichtung, Vermögensverhältnisse und Einkommen.

- Die **soziale Umwelt** umfasst *den Menschen in seinen verschiedenen Organisationsformen und Beziehungen* wie beispielsweise in der Familie mit ihren Verhältnissen (etwa vollständige oder unvollständige Familie, Geschwisterkonstellation) im Bekannten- und Freundeskreis, in bestimmten Einrichtungen (zum Beispiel im Kindergarten, im Jugendzentrum, in der Schule), in der Gemeinde, im Stadtteil, in der Gesellschaft.

Diese genannten Umweltbereiche überschneiden sich zum Teil und sind ständig Veränderungen unterworfen. Häufig werden die kulturellen und sozialen Faktoren zusammengenommen und als soziokulturelle Faktoren bezeichnet.

Die Auffassungen, inwieweit der Mensch lernfähig und erziehbar ist, gehen weit auseinander. Im Folgenden werden zwei gegensätzliche Standpunkte aufgeführt, die in der Praxis jedoch kaum so extrem vertreten werden.

3.1.2 Auffassungen zur Erziehbarkeit des Menschen

Für die **Erbtheoretiker** ist die Entwicklung des Menschen genetisch vorprogrammiert. Das, was aus einem Menschen wird, ist vorherbestimmt und weitestgehend festgelegt. Erbtheoretiker sind folgerichtig der Ansicht, dass *Erziehung so gut wie nichts vermag*. Man spricht in diesem Zusammenhang von einem **pädagogischen Pessimismus**, der in seiner extremsten Ausprägung von der **Ohnmacht der Erziehung** überzeugt ist.

Dieser Standpunkt hat vor allem in früheren Jahrhunderten das erzieherische Handeln bestimmt und wurde von der damaligen Philosophie und Theologie vertreten. Die Evolutionstheorie von *Charles Darwin* Mitte des 19. Jahrhunderts betont sehr stark die biologischen Grundlagen und brachte in Folge viele Theoretiker dazu, den Schwerpunkt erneut auf die Erbanlagen zu legen. In jüngster Geschichte war diese Auffassung vornehmlich in

den 20er und 30er Jahren des letzten Jahrhunderts vorherrschend, sie entsprach dem damaligen Zeitgeist. Vor allem der Ideologie des Nationalsozialismus kam diese Überzeugung sehr entgegen.

Wenn auch nicht in dieser extremen Form, so gibt es auch heute noch Biologen, Mediziner, Rassenforscher, Genetiker und Verhaltensforscher, die davon ausgehen, dass die menschliche Lernfähigkeit durch die Erbanlagen sehr stark eingeschränkt sei. Vor allem die **Evolutionsbiologie und -psychologie** gewinnen in letzter Zeit stark an Bedeutung. Sie gehen davon aus, dass der Mensch ein Produkt der von der Evolutionstheorie postulierten Mechanismen der erblichen Variabilität und selektiven Reproduktion ist (vgl. *Hoffrage/Vitouch, 2002, S. 780 f.*).

Für die **Milieutheoretiker** hingegen ist der neugeborene Mensch ein unbeschriebenes Blatt, eine „tabula rasa" *(Immanuel Kant)*: Er ist noch in keiner Weise vorgeprägt und das, was aus einem Menschen wird, ist allein das Produkt seiner Erfahrungen.

> „Gebt mir ein Dutzend gesunder, wohlgebildeter Kinder und meine eigene Umwelt, in der ich sie erziehe, und ich garantiere, dass ich jedes nach dem Zufall auswähle und es zu einem Spezialisten in irgendeinem Beruf erziehe, zum Arzt, Richter, Künstler, Kaufmann oder zum Bettler und Dieb, ohne Rücksicht auf seine Begabungen, Neigungen, Fähigkeiten, Anlagen und die Herkunft seiner Vorfahren."
> (Watson/Graumann, 1968, S. 123)

Die Milieutheoretiker sind folgerichtig der Auffassung, dass **Erziehung alles vermag**. Man spricht in diesem Zusammenhang von einem **pädagogischen Optimismus**, der in seiner radikalsten Form von der **Allmacht der Erziehung** überzeugt ist.

> „Überlasst mir die Erziehung und in einem Jahrhundert ist Europa umgestaltet!"
> (Gottfried W. Leibniz[1])

Ihren Ursprung hat diese Auffassung in der Aufklärung des 18. Jahrhunderts. In den 70er Jahren des vergangenen Jahrhunderts wurden ebenfalls Positionen vertreten, die der Erziehung unbegrenzte Wirkungsmöglichkeiten zutrauen. Hier ist vor allem die aus den USA kommende große Richtung der Psychologie, der **Behaviorismus**[2] mit seinen Vertretern *James Watson* und *Burrhus F. Skinner* zu nennen.

---

[1] Gottfried Wilhelm Leibniz (1646–1716) war deutscher Philosoph und Universalgelehrter.
[2] Der Behaviorismus (engl. behavior: das Verhalten), die „Lehre vom Verhalten", sieht als seinen Gegenstand ausschließlich das beobachtbare Verhalten. Zudem geht er davon aus, dass alles Verhalten erlernt ist und wieder verlernt werden kann. Der Begründer des Behaviorismus ist John B. Watson (1878–1958). Behavioristische Lerntheorien sind in Kapitel 6.1 und 6.2 ausführlich dargestellt. Dort befindet sich auch eine kurze Biografie von Burrhus F. Skinner.

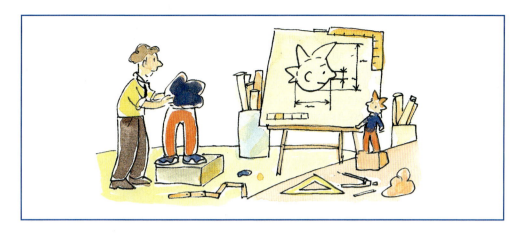

3.1.3 Gefahren dieser beiden Auffassungen

Aus wissenschaftlicher Sicht ist keine dieser Auffassungen bewiesen; über die Wirkanteile von Anlage- und Umweltfaktoren gibt es keine zuverlässigen Aussagen. Ergebnisse der Zwillings- und Adoptionsforschung lassen nur den Schluss zu, dass die Ausbildung der Persönlichkeit *sowohl von den Anlagefaktoren als auch von Umwelteinflüssen abhängt*. Verfechter der einen oder der anderen Position kamen denn auch häufig nicht durch exakte wissenschaftliche Untersuchungen zu ihrem Standpunkt, sondern mehr aufgrund ihrer weltanschaulich-politischen Ansicht. Oder sie stellten einen Einfluss genetischer Mechanismen auf das Erleben und Verhalten eines Menschen so übertrieben dar, dass selbst viele Biologen die Ergebnisse kritisieren (vgl. *Pervin u. a., 2005[5], S. 396*).

> So glaubten der britische Psychologe *Cyril Burt* und seine Schüler *Arthur R. Jensen* und *Hans-Jürgen Eysenck* in den 60er und 70er Jahren des letzten Jahrhunderts nachgewiesen zu haben, dass die Ausprägung der Intelligenz zu 80 bis 85 Prozent erblich festgelegt und nur unwesentlich von der Umwelt beeinflusst sei. Später wurden in diesen Arbeiten methodische Fehler und gefälschte Daten gefunden.

Die Auffassungen über die Wirkungen von Anlage und Umwelt sind deshalb so umstritten, weil sie vor allem **gesellschaftspolitisch große Bedeutung** haben. Elitebewusstsein, Machtstreben und Machterhaltung oder auch rassistisches Denken und Auslesedenken führen konsequenterweise zu einer Auffassung wie die der Erbtheorie. Anhänger dieser Auffassung gehen auch davon aus, dass soziale Ungleichheit kein gesellschaftliches, sondern hauptsächlich ein „naturgesetzliches" Problem sei und betrachten beispielsweise unzureichende Begabungen, mangelndes Leistungsverhalten oder destruktives Verhalten als unabwendbares Schicksal.

> *Die Anlagen „müssen dann als Rechtfertigung dafür herhalten, dass der Mensch in allerlei Belangen ‚eben so ist'. Drastische Beispiele wären milde Strafen von Männern bei Vergewaltigungsdelikten ... oder die Ableitung eines unvermeidlichen ‚natürlichen Instinkts der Revierverteidigung' zur Rechtfertigung rassistischer Aggression. Die Arbeiten des späteren Nobelpreisträgers Konrad Lorenz waren im Dritten Reich wohlgelitten, seine Haltung gegenüber dem Nazi-Regime war lange durch Anbiederung geprägt."*
>
> (Hoffrage/Vitouch, 2002, S. 781)

Andererseits müssen diejenigen, die eine radikale Kritik der gegenwärtigen Gesellschaft vertreten und einen „neuen Menschen" in einer „herrschaftsfreien Gesellschaft" wollen, von der Allmacht der Erziehung überzeugt sein.

Oft spiegelt die Vertretung der einen oder anderen Position den **jeweiligen Zeitgeist** einer Gesellschaft wider. So kommt es nicht von ungefähr, dass die Milieutheorie vor allem in der Zeit der Aufklärung viele Anhänger gefunden hat, während die Erbtheorie beispielsweise in der jüngsten Geschichte vor allem in den 20er und 30er Jahren des letzten Jahrhunderts vorherrschend war.

Für den **praxisorientierten Pädagogen** bergen beide Positionen Gefahren in sich: Der pädagogische Pessimismus verleitet zu einer **schicksalsgläubigen Resignation**, durch die das Kind aufgrund einer untätigen Erzieherhaltung um seine Begabung und damit um seine Persönlichkeitsentfaltung gebracht werden kann. Zudem neigt er dazu, jedes Scheitern in der Erziehung zu entschuldigen und größere erzieherische Anstrengungen als nicht gerechtfertigt abzustempeln. Andererseits führt der Glaube an die Allmacht der Erziehung sehr leicht zur **Überforderung des Kindes**, weil Grenzen der Erziehbarkeit, die im zu Erziehenden selbst liegen oder aber auch durch seine Umwelt bedingt sein können, nicht gesehen werden.[1]

3.1.4 Das Zusammenwirken von Anlage und Umwelt

Die meisten Wissenschaftler sind heute von der Unfruchtbarkeit der Kontroverse zwischen Erb- und Milieutheoretikern überzeugt. Sie stellen auch nicht mehr die Frage nach den **Wirkanteilen** von Anlage- und Umweltfaktoren – also ob menschliche Entwicklung mehr von den Anlagen oder mehr von Umwelteinflüssen abhängig ist –, sondern nach dem **Zusammenspiel zwischen Anlage und Umwelt**: Die Auswirkungen von Erbanlagen und Umweltfaktoren sind nicht unabhängig voneinander, vielmehr bedingen und beeinflussen sie sich wechselseitig.

---

[1] vgl. Abschnitt 3.3

> „Eine Anlage gibt es nur im Hinblick auf eine Umwelt und eine Umwelt nur im Hinblick auf eine Anlage. Wofür keine Anlage vorhanden ist, dafür wird auch keine Umwelt wirksam, wofür keine Umwelt vorhanden ist, dafür wird auch keine Anlage wirksam."
>
> (Roth, 1984[5], S. 166 f.)

Dieser Standpunkt wird als **Wechselwirkungsmodell** bezeichnet, welches betont, dass *Anlage und Umwelt wechselseitig ineinander greifen und kein Faktor vom anderen getrennt betrachtet werden kann:*

- Die Auswirkungen der Umwelteinflüsse sind von der genetischen Ausstattung und die Auswirkungen der genetischen Ausstattung sind von Umwelteinflüssen abhängig.
  Bemühungen einer Mutter, das Kind zum Beispiel schon vor dem 18. Monat zur Reinlichkeit zu erziehen, bleiben erfolglos, weil das Kind von seiner Reifung und damit von seinen Anlagen her zur willentlichen Schließmuskel-Tätigkeit noch nicht fähig ist.
  Ein Kind, das von seinen Eltern wenig gefördert wird und kaum Anregungen erhält, wird seine Anlage zur Intelligenz oder bestimmte Begabungen kaum entfalten können.

- Gleiche genetische Ausstattung hat unter verschiedenen Umwelteinflüssen unterschiedliche Wirkung ebenso wie gleiche Umweltbedingungen bei unterschiedlicher genetischer Ausstattung verschieden wirken.
  So führt zum Beispiel die Anlage zur Entstehung der Selbstständigkeit bei einer sehr stark autoritären Erziehung mehr zur Gefügigkeitshaltung, zu Konformismus oder Opportunismus, bei einem partnerschaftlichen Erzieherverhalten eher zu einem gesunden Selbstwertgefühl, Eigenwillen und Durchsetzungsvermögen.
  Autoritäre Erziehung kann beispielsweise bei einer Anlage zur Sensibilität Verhaltens- oder Erlebensweisen wie Ängstlichkeit, völlige Gehemmtheit bewirken; die gleiche Erziehung kann aber bei einer Anlage zur Vitalität eher Aggression, Machtstreben oder Herrschsucht hervorrufen.

Die **Erbanlagen** stellen also **Möglichkeiten zur Verwirklichung von Fähigkeiten** dar, die durch Umwelteinflüsse angeregt, **aktiviert** werden müssen. Erbanlagen werden dementsprechend als *Werdemöglichkeiten* verstanden, die durch entsprechende Umwelteinflüsse entfaltet werden müssen.

> „Der genetische Bauplan legt die ... ‚Grundausstattung' des Menschen fest. Die letztendliche Ausgestaltung bestimmter psychischer Eigenschaften kommt jedoch erst durch das ununterbrochene Zusammenspiel zwischen dieser Grundausstattung und außerhalb des Organismus angesiedelten Einflussquellen zustande." (Schandry, 2006[2], S. 27 f.)

Betrachtet man das Anlage-Umwelt-Problem aus dieser Sicht, so ergibt sich gar nicht mehr die müßige Frage nach dem Verhältnis zwischen Anlage und Umwelt. Beide Größen können nicht quantitativ aufgeteilt werden (zum Beispiel 80 % einer Fähigkeit seien erb- und 20 % umweltbedingt), sie sind voneinander abhängig, miteinander verflochten und so als gleichwertig zu betrachten.

So ist die Frage, ob beispielsweise menschliche Intelligenz zu 80% vererbt und zu 20% erworben ist, falsch gestellt. Anlage und Umwelt sind bei der Entstehung der Fähigkeit der Intelligenz voneinander abhängig und zu ihrer Entfaltung gleich wichtig.

> „Die Frage, ob Gene oder Erfahrungen wichtiger sind, ist ... ähnlich wie die Frage, ob das Lenkrad oder der Motor wichtiger für das Autofahren ist." (Myers, 2005, S. 121)

Die Verhaltensbiologie geht davon aus, dass die Bereitschaft und die Lust zum Entdecken und zum Lernen wie zum Beispiel Erkunden, Neugierde, Spielen, Nachahmen vererbt sind, aber vom Erzieher auch beachtet und gefördert werden müssen, um entfaltet werden zu können und erhalten zu bleiben.

Anlagen sind jedoch nicht unbegrenzt entwickelbar, sie haben eine **genetisch vorgegebene Spannbreite**, die individuell und von Fähigkeit zu Fähigkeit unterschiedlich ist. Innerhalb dieser wird in der Auseinandersetzung des Organismus mit der Umwelt die Wirklichkeit des Phänotyps hervorgebracht (vgl. *Weber, 1996⁹, S. 74*).

> So zum Beispiel ist es allein aufgrund der individuellen Begrenztheit der Anlagen nicht möglich, aus jedem Menschen selbst bei optimalen Umweltgegebenheiten ein Genie zu machen.

Aus pädagogischer Sicht sprechen wir in diesem Zusammenhang von einem **pädagogischen Realismus**, aus dem heraus alles irgendwie Mögliche zu einer optimalen Förderung des Kindes getan wird, ohne dabei die **Grenzen der Erziehbarkeit** außer Acht zu lassen. Der Erzieher wird einerseits bemüht sein, alle möglichen und erfolgversprechenden Lernhilfen zu bieten und sie, ohne zu resignieren, aufgrund seiner Erfahrung auch zu korrigieren; andererseits weiß er, dass sich die Gestaltung der Umwelt an den Anlagen orientieren muss und dass durch optimale Gestaltung der Umwelt nicht jedes beliebige Merkmal erzielt werden kann.

3.2 Die aktive Selbststeuerung des Individuums

Die Frage ist nun, ob die Persönlichkeit eines Menschen nur das Produkt von Erbanlagen und Umwelt ist oder ob nicht auch die Person selbst „von sich aus" zu seiner Entwicklung beiträgt.

3.2.1 Der Mensch, ein aktives Wesen

Der Mensch ist von Natur aus nicht nur reaktiv, sondern ein **aktives Wesen**, welches sich von vornherein aktiv mit seiner Umwelt auseinandersetzt und „von sich aus" die Umwelt erforscht. Diese **aktive Selbststeuerung** des Individuums kann die Ausbildung der Persönlichkeit fördern oder auch hemmen.

> Ein Schüler beispielsweise kann unabhängig von seinen schulischen Begabungen und von seiner elterlichen und schulischen Förderung seinen Schulerfolg erheblich mitbeeinflussen.

Die aktive Selbststeuerung des Individuums | 63

> Mit Selbststeuerung werden alle Kräfte bezeichnet, mit denen das Individuum als aktives Wesen „von sich aus" seine Entwicklung beeinflusst.

Diese aktive Selbststeuerung, die bereits in der frühesten Kindheit zu beobachten ist, führt das Kind aus der passiven Haltung der Umwelt gegenüber heraus in den Bereich der **aktiven Auseinandersetzung** mit ihr und spielt bei der Entfaltung der individuellen Eigenart eines Menschen eine entscheidende Rolle.

> *„Der Mensch selbst wird als Gestalter seiner Entwicklung betrachtet. Er ... reagiert nicht mechanisch auf äußere Reize, seine Entwicklung ist nicht nur biologische Reifung, er handelt ziel- und zukunftsorientiert und gestaltet damit seine eigene Entwicklung mit."*
> (Montada, 2002[5], S. 8)

In der Entwicklungspsychologie werden alle Kräfte, mit denen das Individuum „von sich aus" seine Entwicklung beeinflusst, häufig als **autogene Faktoren** bezeichnet.

„Es kommt eben darauf an, dass man etwas aus seinem Leben macht."

Erb- und Umwelteinflüsse legen also den Menschen nicht fest. Es kommt darauf an, was er aus seinen Anlagen, vergangenen Erfahrungen und Erlebnissen macht – oder wie es der Begründer der Individualpsychologie *Alfred Adler*[1] *(1997[20], S. 116)* einmal formuliert hat: vom „Besitz" wird „Gebrauch gemacht".

„Du bist für dich und für das, was du sagst und tust, selbst verantwortlich." *(Ruth C. Cohn[2])*

3.2.2 Die Wechselwirkung von Anlage, Umwelt und Selbststeuerung

Erbanlagen, Umwelt und aktive Selbststeuerung des Individuums **bedingen und beeinflussen sich wechselseitig**; alle drei Faktorengruppen sind voneinander abhängig und lassen gleichwertig miteinander im Zusammenspiel die Entwicklung des Menschen voranschreiten:

– Die Auswirkungen von Umwelteinflüssen sind von der genetischen Ausstattung und der individuellen Selbststeuerung abhängig.

– Die Auswirkungen der genetischen Ausstattung sind von Umwelteinflüssen und der Art und Weise der Selbststeuerung abhängig.

---

[1] Alfred Adler (1870–1937) ist der Begründer der Individualpsychologie, eine neben der Psychoanalyse bedeutende Richtung innerhalb der Tiefenpsychologie.
[2] Ruth C. Cohn, geboren 1912, ist die Begründerin der „Themenzentrierten Interaktion", einer gruppendynamischen Methode, die darauf abzielt, zwischen dem Einzelnen, der Gruppe und dem gemeinsamen Sachthema ein dynamisches Gleichgewicht zu erhalten.

- Die Art und Weise der Selbststeuerung ist sowohl von der genetischen Ausstattung als auch von Umwelteinflüssen abhängig.

- Gleiche Anlagen und gleiche Umweltbedingungen wirken aufgrund der Selbststeuerung in unterschiedlicher Weise.

- Gleiche genetische Ausstattung und die gleiche Art und Weise der Selbststeuerung haben unter der Einwirkung verschiedener Umweltbedingungen unterschiedliche Wirkung.

- Gleiche Umwelteinflüsse und die gleiche Art und Weise der Selbststeuerung können bei unterschiedlicher Anlage verschiedene Wirkungen hervorrufen.

Einige Beispiele für diese Wechselwirkung von Anlage, Umwelt und Selbststeuerung:
Eineiige Zwillinge, die bekanntlich die gleichen genetischen Voraussetzungen haben und beide sehr streng erzogen werden, können aufgrund der Selbststeuerung durchaus verschiedene Persönlichkeitsmerkmale entwickeln. Andererseits kann eine stark autoritäre Erziehung ein schwaches Ich erzeugen, während ein partnerschaftliches, wohlwollendes Erzieherverhalten ein starkes Ich zur Folge haben kann mit der Befähigung, „das Leben selbst in die Hand zu nehmen".
Die Anlage zur Entstehung der Selbstständigkeit kann bei einer sehr autoritären Erziehung mehr zu Gefügigkeitshaltung führen, bei einem partnerschaftlichen Erzieherverhalten eher zu einem gesunden Selbstwertgefühl, Eigenwillen und Durchsetzungsvermögen. Andererseits kann sehr autoritäre Erziehung bei einer Anlage zur Sensibilität Erlebensweisen wie Ängstlichkeit und völlige Gehemmtheit bewirken, sie kann bei einer Anlage zur Vitalität aber auch Machtstreben und Herrschsucht hervorrufen.
Bemühungen einer Mutter, das Kind schon vor dem 18. Monat zur Reinlichkeit zu bringen, bleiben erfolglos, weil es von seiner Reifung her noch nicht fähig dazu ist; ebenso wird die Mutter ihr Ziel der Reinlichkeit kaum erreichen, wenn sich das Kind von sich aus dagegen sträubt. Auf der anderen Seite wird ein Kind, das von seinen Eltern wenig gefördert wird und kaum Anregungen erhält, seine Anlage zur Intelligenz kaum entwickeln können, es sei denn, dass es von sich aus versucht, möglichst viele Erfahrungen zu sammeln.

„Was er (der Mensch) im Laufe seines Lebens wird, ist nicht nur ‚Werk der Natur', sondern auch ‚Werk der Gesellschaft' und ‚Werk seiner selbst'." (Brezinka, 1999[3], S. 40)

3.3 Bedingungen der Erziehung

Erziehung geschieht nicht in einem luftleeren Raum, sondern ist vielen bedeutsamen Einflussfaktoren ausgesetzt, die den Erziehungsprozess in einem nicht unerheblichen Maße (mit)bestimmen und den gesamten Komplex der Erziehung oft unüberschaubar machen.

3.3.1 Das Bedingungsfeld der Erziehung

Folgende Faktoren beeinflussen den Prozess der Erziehung:

- Der **Erzieher**, der bestimmte Persönlichkeitseigenschaften wie Fähigkeiten, Fertigkeiten, Begabungen, Interessen, Erfahrungen, Überzeugungen, Einstellungen, Weltanschauungen, Erwartungen, Wünsche, Bedürfnisse und dgl. besitzt und der zahlreichen Einflüssen (zum Beispiel Bezugsgruppen, Beruf, Trends) ausgesetzt ist.

- Der **zu Erziehende**, der ebenfalls zahlreichen Einflüssen (beispielsweise Freundeskreis, Medien, Werbung) ausgeliefert ist und aufgrund seiner persönlichen Lerngeschichte durch seine Fähigkeiten, Fertigkeiten, Begabungen, Interessen, Erfahrungen, Überzeugungen, Einstellungen, Weltanschauungen, Erwartungen, Wünsche, Bedürfnisse u. a. die Erziehung mitbestimmt.

- Der Bereich bzw. die konkrete Situation, in der die Erziehung stattfindet – oft auch Lernbereich oder **Lernsituation** genannt. Damit ist die *momentane bzw. aktuelle Umwelt* gemeint, in der sich die Erziehung abspielt.
  - Dies kann zum Beispiel die Familie, der Kindergarten, die Schule oder das Heim sein.

- Die **Umwelt**, in die die Erziehung eingebettet und die für den Erziehungsprozess nicht unerheblich ist.
  Dies kann zum Beispiel die direkte und indirekte Umgebung sein wie etwa die Wohnsituation oder -gegend; dies kann auch ein umfassendes kulturelles, soziales, ökonomisches, juristisches oder auch politisches System sein, das die Erziehung in Gestalt von gesetzlichen Regelungen, Traditionen, Religionen und dgl. beeinflusst.

- **Gesellschaftliche Ansprüche**, wie bestimmte Gruppen, die durch politische Entscheidungen auf die Erziehung Einfluss nehmen können.[1]
  So versuchen die Gesellschaft bzw. ihre Regierenden durch staatliche und pädagogische Einrichtungen wie beispielsweise den Kindergarten, die Schule oder die Jugendarbeit auf Ziele und Inhalte der Erziehung einzuwirken.

Diese Bedingungen ergeben ein bestimmtes Bedingungsfeld, in welchem sich Erziehung abspielt:

---

[1] vgl. Kapitel 4.2.5

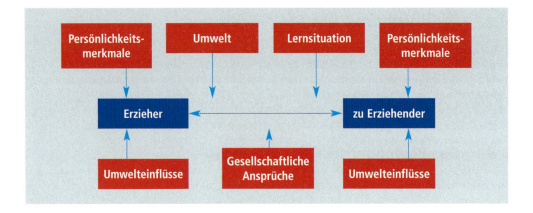

3.3.2 Die Einbettung der Erziehung in die Umwelt

Erziehung ist, wie in *Abschnitt 3.1.1* dargestellt, grundsätzlich eingebettet in eine natürliche, kulturelle, ökonomische und soziale Umwelt und kann nicht losgelöst von diesen Bereichen, die sich zum Teil überschneiden, gesehen werden. Diese Umweltbereiche können die **Erziehung unterstützen oder ihr entgegenwirken**, sie können sie begünstigen, aber auch einschränken.

> Es kann beispielsweise der Fall sein, dass Bekannte einer Familie mehr oder weniger bewusst durch ihr Verhalten die elterliche Erziehung unterstützen, während etwa gleichaltrige Freunde diese eher erschweren können.

Daraus lässt sich einerseits erkennen, dass der Erzieher viele positive Einflussmöglichkeiten für sich nutzbar machen kann.

> Ein Beispiel hierfür ist die Medienerziehung: Medien können die Entwicklung von Kindern fördern, wenn sie bewusst von Eltern und anderen Erziehern eingesetzt werden. Dies kann sogar aus pädagogischen Gründen wünschenswert und erforderlich sein. So etwa kann man Sexualaufklärung effektiver mithilfe eines Bilderbuches oder eines entsprechenden Filmes durchführen. In vielen Fällen kann sich der Erzieher Medien positiv zunutze machen und auf symbolische Modelle aus den Medien zurückgreifen.[1]

Andererseits muss der Erzieher aber auch die Grenzen der Erziehung, die u. a. in der Umwelt liegen, deutlich sehen, wie im nächsten Abschnitt aufgezeigt werden soll.

Die Umwelt kann die Erziehung begünstigen oder beeinträchtigen.

3.3.3 Die Begrenztheit erzieherischer Einflussnahme

Die Erkenntnis der Einbettung der Erziehung in die natürliche, kulturelle, ökonomische und soziale Umwelt bewirkte vor allem in den 80er Jahren des letzten Jahrhunderts ein Umdenken, das auch die gesamte Pädagogik, vor allem die Sozialpädagogik, beeinflusste: Es steht nicht mehr so sehr das Individuum losgelöst von seiner Umwelt im Mittelpunkt, sondern der Mensch in seiner Umwelt und in seinen sozialen Beziehungen. Bei dieser Sichtweise geht es folglich um die **wechselseitigen Beziehungen des Menschen mit seiner Umwelt**.[2]

---

1 vgl. hierzu auch Kapitel 10
2 vgl. hierzu Kapitel 12.3

> Bei Fehlentwicklungen eines Menschen zum Beispiel steht nicht so sehr die von seinem Lebensbereich unabhängige individuenzentrierte Veränderung im Vordergrund, sondern die einer möglichen ungünstigen Situation, in der er lebt.

Kinder und Jugendliche sind in ihrer Entwicklung in ein vielschichtiges Geflecht von sich unterstützenden und widersprechenden Bedingungen eingebunden, die Erziehung nicht als ein davon unabhängiges Geschehen verstehen lassen. **Erziehung kann demnach immer nur aus der Verflochtenheit der an der Erziehung beteiligten Personen mit der sie umgebenden Umwelt verstanden werden.** Diese Sichtweise lässt Erziehung nicht mehr als ein einfaches Ursache-Wirkungs-Prinzip erscheinen, sondern eingebettet in eine Ganzheit: Die Entstehung von bestimmten Persönlichkeitsmerkmalen ist nicht Ergebnis lediglich eines bestimmten Erzieherverhaltens, sondern wird durch eine Vielzahl von Bedingungen bestimmt.

> So ist beispielsweise die Behauptung, dass sich aggressives Verhalten allein auf die Erziehung zurückführen lässt, nicht haltbar; es ist durch eine Vielzahl von Bedingungen entstanden, an der auch die Erziehung beteiligt ist und eine mehr oder weniger große Rolle spielt.

Erziehung ist demzufolge immer nur begrenzt plan- und steuerbar: Der Erzieher kann einerseits viele positive Einflussmöglichkeiten für sich nutzbar machen; er kann versuchen, bestimmte Faktoren in den Griff zu bekommen; er kann sie möglicherweise ändern oder so gestalten, dass sie seinen Absichten entsprechen oder zumindest nicht widersprechen.

> Angesichts der Tatsache, dass zum Beispiel Medien auch negative Auswirkungen haben können und Gefahren in sich bergen, ist es notwendig, dass Eltern und andere Erzieher eine bewusste Auswahl von Medien und Medieninhalten treffen. Sie müssen sich genau überlegen, welche Medien bzw. Inhalte sie auswählen, welche Fernsehsendungen oder Videos das Kind anschauen, was und wie lange es fernsehen, welche Zeitschriften und Bücher es lesen darf usw.

Andererseits muss der Erzieher aber die **Grenzen der Erziehung** sehen und erkennen, dass *durch Erziehung nicht alles machbar ist*.

Zusammenfassung

- Die Frage nach dem Ausmaß der Lernfähigkeit und Erziehbarkeit des Menschen betrifft das Anlage-Umwelt-Problem. Mit Anlage bezeichnen wir die genetische Ausstattung eines Lebewesens, die bei der Befruchtung festgelegt wird. Umwelt bedeutet alle direkten und indirekten Einflüsse, denen ein Lebewesen von der Befruchtung der Eizelle (= Empfängnis) bis zu seinem Tode von außen her ausgesetzt ist. Wir unterscheiden vier Umweltbereiche: die natürliche, die kulturelle, die ökonomische und die soziale Umwelt.

- Die Frage, inwieweit der Mensch lernfähig und erziehbar ist, wird je nach weltanschaulich-politischer Ansicht unterschiedlich beantwortet: Während die Erbtheoretiker, nach denen die Entwicklung der Persönlichkeit genetisch vorherbestimmt ist, von der Ohnmacht der Erziehung überzeugt sind (= pädagogischer Pessimismus), glauben die Milieutheoretiker, die allein Umweltfaktoren als bedeutsam für die Ausbildung der Persönlichkeit ansehen, an die Allmacht der Erziehung (= pädagogischer Optimismus). Beide Auffassungen sind aus wissenschaftlicher Sicht nicht bewiesen.

- Die meisten Wissenschaftler gehen heute von der Wechselwirkung von Anlage und Umwelt aus, was für einen Pädagogen bedeutet, dass einerseits alles irgendwie Mögliche zu einer optimalen Förderung des Kindes getan werden muss, andererseits aber die Grenzen der Erziehbarkeit berücksichtigt werden müssen (= pädagogischer Realismus).

- Anlage und Umwelt legen den Menschen nicht fest, es kommt darauf an, was der Einzelne aus seinen Anlagen, den vergangenen Erfahrungen und Erlebnissen macht. Selbststeuerung umfasst alle Kräfte, mit denen das Individuum als aktives Wesen „von sich aus" seine Entwicklung beeinflusst. Die Ausbildung der Persönlichkeit geschieht demnach im Zusammenspiel von Anlage, Umwelt und aktiver Selbststeuerung.

- Erziehung geschieht nicht in einem isolierten Freiraum, sondern ist vielen bedeutsamen Einflussfaktoren ausgesetzt, die den Erziehungsprozess in einem nicht unerheblichen Maße (mit)bestimmen und den gesamten Komplex der Erziehung oft unüberschaubar machen. Der Erzieher und der zu Erziehende, die Lernsituation und die Umwelt sowie gesellschaftliche Ansprüche ergeben das Bedingungsfeld, in welchem sich Erziehung abspielt.

- Erziehung kann immer nur aus der Verflochtenheit der an der Erziehung beteiligten Personen mit der sie umgebenden Umwelt verstanden werden. Erziehung ist demzufolge immer nur begrenzt plan- und steuerbar, was aber nicht „Auflösung von Erziehung" oder Resignation in der Erziehung bedeutet. Einerseits ist es dem Erzieher möglich, bestimmte Umwelteinflüsse zu ändern bzw. so zu gestalten, dass sie seinen Absichten entsprechen, andererseits muss der Erzieher aber die Grenzen der Erziehung sehen und erkennen, dass durch Erziehung nicht alles machbar ist.

Aufgaben und Anregungen Kapitel 3

Aufgaben

1. Bestimmen Sie die Begriffe „Anlage" und „Umwelt" und beschreiben Sie an geeigneten Beispielen wichtige, erzieherisch bedeutsame Umweltbereiche.
(Abschnitt 3.1.1)

2. Beschreiben und beurteilen Sie unter dem Aspekt des Anlage-Umwelt-Problems verschiedene Auffassungen über den Grad der Erziehbarkeit des Menschen.
(Abschnitt 3.1.2)

3. *Max, 8 Jahre alt, zeigt eine gute musikalische Begabung.*
Wie würden sich Eltern und Erzieher, die verschiedene Auffassungen zum Grad der Erziehbarkeit vertreten, verhalten? Unterziehen Sie das jeweilige Erzieherverhalten einer kritischen Reflexion.
(Abschnitt 3.1.2 und 3.1.3)

4. Aus welchen Gründen vertreten „Wissenschaftler" und Erzieher oft die Erbtheorie bzw. die Milieutheorie? Gehen Sie dabei auch auf Gefahren ein, die sich hinter diesen Positionen verbergen.
(Abschnitt 3.1.3)

5. Beschreiben Sie am Beispiel der Ausbildung eines Persönlichkeitsmerkmales (zum Beispiel Intelligenz) das Wechselwirkungsmodell von Anlage und Umwelt.
(Abschnitt 3.1.4)

6. Viele Wissenschaftler stellen nicht mehr die Frage nach den Wirkanteilen, sondern nach dem Zusammenspiel von Anlage und Umwelt.
Zeigen Sie den Unterschied dieser beiden Sichtweisen am Beispiel der Entstehung von Angst auf.
(Abschnitt 3.1.4)

7. *Die eineiigen Zwillinge Claus und Hoimar, die von frühester Kindheit an getrennt aufwuchsen, trafen sich nach über 30 Jahren Kontaktpause am Flughafen. Beide staunten, denn jeder hatte die gleiche Brille auf, einen Bart und den gleichen Pullover an. Auch die Wohnungseinrichtungen der beiden hatten auffallende Ähnlichkeiten.*
Welche wissenschaftlichen Fehler würde man begehen, wenn man diese Begebenheit als Beleg für die große Bedeutung der Vererblichkeit ansehen würde?
(Abschnitt 3.1.3 und 3.1.4)

8. Bestimmen Sie, was Selbststeuerung bedeutet, und zeigen Sie an einem Beispiel auf, wie die Selbststeuerung des Menschen die Entwicklung bestimmter Verhaltensweisen beeinflussen kann.
(Abschnitt 3.2.1)

9. Stellen Sie an einem Beispiel die aktive Selbststeuerung des Individuums dar und begründen Sie diese mithilfe anthropologischer Aussagen.
(Abschnitt 3.2.1 sowie Kapitel 2.1 und 2.2)

10. Beschreiben Sie an einem Beispiel die Wechselwirkung von Anlage, Umwelt und aktiver Selbststeuerung.
(Abschnitt 3.2.2)

11. Fallbeschreibung „Klaus"
Der 7-jährige Klaus hat in der ersten Klasse der Grundschule massive Schulschwierigkeiten. Deshalb wird seine Mutter zu einem Beratungsgespräch mit der Klassenlehrerin gebeten.
Aussagen der Klassenlehrerin: Klaus hat kaum Kontakt mit anderen Kindern. Wenn er zum Beispiel in der Pause angesprochen wird, schweigt er oder läuft weg. Er beteiligt sich von sich aus nicht am Unterricht, schaut oft zum Fenster hinaus und träumt. Leistungen kann er nur mit individueller Zuwendung der Lehrerin erbringen. Insgesamt arbeitet er viel zu langsam und bricht, wenn er nicht mitkommt, die geforderte Tätigkeit einfach ab. Wenn er aufgerufen wird, ist er aufgeregt und manchmal so verängstigt, dass er zu weinen anfängt. Neue Anforderungen wehrt er sogleich mit der Äußerung ab: „Ich kann das nicht." Die Klassenkameraden dulden Klaus, aber es kommt oft vor, dass sie ihn wegen seines unsicheren Verhaltens auslachen oder zum Schnellermachen drängen.
Aussagen der Mutter: Klaus ist Einzelkind. Er war eine Früh- und Risikogeburt und musste in den ersten Lebensjahren aufgrund von Stoffwechselstörungen mehrmals für einige Wochen im Krankenhaus behandelt werden. Dadurch war die Mutter in dieser Zeit sehr belastet und entwickelte eine übertriebene Ängstlichkeit im Umgang mit dem Kind, die sie auch später beibehielt. So durfte er zum Beispiel nicht alleine zum Spielen nach draußen gehen, weil die Mutter befürchtete, die anderen Kinder würden zu rau mit ihm umgehen. Sie erzog Klaus mit besonderer Liebe und Fürsorge, da er weiterhin ein krankheitsanfälliges und sensibles Kind war, das wenig Aktivität zeigte. Die Mutter ist eine sehr häusliche Frau, sie hatte viel Zeit für Klaus, sie spielte ausgiebig mit ihm, vermittelte Sicherheit und Geborgenheit. In dieser Zeit orientierte sich der Junge stark an der Mutter, da der Vater sich bisher wenig an der Erziehung beteiligte.
Klaus hat morgens schon Angst vor der Schule. Er behauptet, es sei ihm schlecht, so dass er den Unterricht nicht besuchen könne. Die Mutter versteht Klaus gut und nimmt ihn gegenüber dem Vater in Schutz, der sich oft über die Weinerlichkeit und Ängstlichkeit seines Sohnes lustig macht. Mit den Leistungen von Klaus ist der Vater sehr unzufrieden. Er überwacht Klaus' Hausaufgaben streng und arbeitet jeden Abend mit ihm, was oft mit Tränen bei Klaus endet. Klaus erlebt, dass sich die Mutter bei Auseinandersetzungen mit dem Vater weinend zurückzieht. Klaus reagiert ähnlich, indem er aufgrund der Vorwürfe des Vaters selbst meint, er sei zu dumm und müsse auf eine Sonderschule.
Als die Klassenlehrerin dringend eine Therapie für Klaus empfiehlt, wehrt die Mutter empört ab. Der Vater werde das nie zulassen.

Beschreiben Sie die Entwicklungsfaktoren Anlage, Umwelt und Selbststeuerung und erläutern Sie die Wechselwirkungen dieser Faktoren am Beispiel der Entwicklung von Klaus.
(Abschnitt 3.1.1, 3.2.1 und 3.2.2)

12. Beschreiben Sie anhand einer Erziehungssituation in einem Ihnen bekannten Lebensbereich (zum Beispiel Familie, Schule, Kindergarten) das Bedingungsfeld der Erziehung.
(Abschnitt 3.3.1)

13. Beschreiben Sie am Beispiel einer pädagogischen Einrichtung (zum Beispiel Kindergarten, Schule, Jugendzentrum) die Bedeutung von Umwelteinflüssen für die Erziehung.
    (Abschnitt 3.3.2)

14. Zeigen Sie an zwei Beispielen auf, wie Erzieher Bedingungen der Erziehung so gestalten können, dass sie ihren Absichten entsprechen oder zumindest nicht widersprechen.
    (Abschnitt 3.3.2)

15. Erläutern Sie anhand eines Beispiels die Begrenztheit erzieherischer Einflussnahme.
    (Abschnitt 3.3.3)

Anregungen

16. Die „pädagogische Handelstheke"
    - Finden Sie sich in Fünfergruppen zusammen und entwerfen Sie auf je einem roten Zettel fünf Aufgaben zu dem Thema „Möglichkeiten und Grenzen der Erziehung".
    - Auf je einem grünen Zettel schreiben Sie die Antworten dieser Aufgaben.
    - Diese Aufgaben werden an einer „Theke" (Tisch, Bank etc.), die Antworten auf einer anderen „Theke" ausgelegt.
    - Jeder Schüler wählt eine Aufgabe aus, die nicht in seiner Gruppe entworfen wurde und bearbeitet diese. Anschließend überprüft er seine Bearbeitung anhand der Antwort auf der zweiten „Theke".
    - Nach erfolgreicher Überprüfung wird eine weitere Aufgabe gewählt usw.

17. Spiel: „Wer wird Millionär?"
    - Erstellen Sie in Kleingruppen je zehn Fragen zu diesem Kapitel. Jeder Frage sind vier Antwortvorschläge anzufügen, von denen nur eine Antwort richtig sein darf.
    - Mischen Sie die Fragen der verschiedenen Kleingruppen und spielen Sie in der Klasse das Spiel „Wer wird Millionär?"

18. Stellen Sie mit Bauklötzchen (oder anderem Material) Ihre Umwelt dar, in der Sie erzogen worden sind. Sprechen Sie anschließend in Gruppen darüber, wie diese Ihre Erziehung beeinflusst hat.

19. In einem Eröffnungsreferat sagte ein Politiker: „Der Begriff der Chancengleichheit ist falsch. ... Es ist eben so, dass die Menschen nicht nur weiß oder schwarz sind, sondern auch dumm und gescheit, und das von Geburt an. ... Gerade in der Bildungspolitik haben wir darauf wieder mehr Gewicht zu legen. Es gibt eben eindeutig Menschen und auch ganze Rassen mit mehr oder auch weniger Intelligenz. ..."
    Ein Kommentar hierzu lautete folgendermaßen: „Eine Theorie, die versucht, individuelle Unterschiede in der Begabung quasi naturgesetzlich zurückzuführen auf vererbte und daher kollektive Differenzen zwischen ethnischen Gruppen, und dies tut mit dem Ziel, unterschiedliche Strategien der ... Behandlung solcher ethnischen Gruppen zu rechtfertigen, eine solche Theorie wird gewöhnlich rassistisch genannt".
    - Diskutieren Sie diese beiden Aussagen.
    - Welche Folgen hätte die Aussage dieses Politikers möglicherweise auf die Bildungspolitik?
    - Finden Sie den Kommentar (un-)berechtigt? Begründen Sie Ihre Meinung.

20. Vergleichen Sie in Gruppen Ihre Persönlichkeitsmerkmale mit denen Ihrer Eltern. Stellen Sie dabei Gemeinsamkeiten und Unterschiede fest. Diskutieren Sie anschließend in der Klasse mögliche Ursachen für diese Gemeinsamkeiten und Unterschiede.

21. „Du bist für dich und für das, was du sagst und tust, selbst verantwortlich." (*Ruth C. Cohn*)
    - Sprechen Sie in der Klasse über die Frage: Was bedeutet die Aussage von *Ruth C. Cohn* für unser Zusammenleben mit anderen Menschen, insbesondere in Konfliktsituationen?
    - Bilden Sie Kleingruppen und entwerfen Sie auf der Grundlage dieser Aussage „Regeln" für das Zusammenleben und für ein Gespräch mit einem Partner. Schreiben Sie die „Regeln" auf ein Plakat und hängen Sie dieses im Klassenzimmer auf.
    - Sprechen Sie in der Klasse darüber, inwieweit diese Regeln Hilfe besonders in Konfliktsituationen in der Klasse sein können.

22. Erstellen Sie einen persönlichen Lebenslauf, der Ihre aktive Selbststeuerung in Ihrem bisherigen Leben besonders deutlich werden lässt.

23. „*Der freie Wille scheint eine Illusion zu sein, möglicherweise sind wir alle lediglich Sklaven von Hormonen und genetisch angelegten Verhaltensprogrammen. Oberflächlich gesehen erscheint es uns so, dass wir über ein Problem nachdenken und dann eine rationale Entscheidung fällen. In Wirklichkeit aber manipulieren angeborene neuronale Schaltkreise ... und Hormonspiegel unser Denken.*" (Kasten, 2007, S. 51 f.)
    Diskutieren Sie in der Klasse oder in Gruppen folgende Fragen:
    - Ist das als frei erlebte Wählen- und Gestaltenkönnen in Wirklichkeit durch Anlage, Nervenzellen und Gehirn sowie durch Umwelt vorherbestimmt oder besitzt der Mensch die Freiheit des Wählenkönnens und die Fähigkeit, die Welt und sich selbst zu gestalten.
    - Wenn der Mensch nicht die Freiheit des Willens besäße – woher würden wir das Recht nehmen, Menschen zu bestrafen und zu verurteilen?
    - Welche Konsequenzen hätte diese Auffassung für unser Strafrecht?

24. Arthur, 15 Jahre alt, und James, um zwei Jahre jünger, sind Brüder. Obwohl beide zu Hause bei ihren Eltern aufgewachsen sind, ist ihre Entwicklung völlig unterschiedlich. James ist sehr schüchtern und spricht auch sehr wenig. Am liebsten ist es ihm, wenn er von anderen in Ruhe gelassen wird und sich alleine in seinem Zimmer beschäftigen kann. Lernen und Schule bereiten ihm jedoch große Freude, er hat auf dem Gymnasium überdurchschnittliche Noten. Arthur dagegen ist in der Schule nicht besonders gut und hat auch den Übertritt in das Gymnasium nicht geschafft. Er ist jedoch sehr gesellig und ständig mit Freunden unterwegs. Je mehr dabei los ist, desto lieber ist es ihm.
    Diese verschiedenartige Entwicklung der beiden Brüder ist Gegenstand einer Diskussion im Zentrum für Lern- und Erziehbarkeit, kurz ZLE genannt.
    Spielen Sie dieses Gespräch mit verteilten Rollen.
    Personen: Herr Gemsen und Herr Bleysem, beide Erbtheoretiker;
    Herr Gotsen, Milieutheoretiker;
    Frau Bloht, von der WAU-Schule (WAU: Wechselwirkung von Anlage und Umwelt);
    Herr Fadler, vom Arbeitskreis "Selbstbestimmung des Individuums".

25. Diskutieren Sie folgende Fragen:
    - Hat Erziehung heute überhaupt noch eine Chance oder sind bestimmte Bedingungen wie zum Beispiel Medien, Freundeskreis u. a. stärker, so dass Erziehung kaum mehr eine Möglichkeit hat?
    - Wird Erziehung aus diesem Grund immer schwieriger?

4 Grundlagen und Aufgaben der Erziehung

„Für mich bedeutet Erziehung, dem Kind zu helfen, dass es sich im späteren Leben in der Gesellschaft zurechtfindet und von seinen Mitmenschen als vollwertiger Mensch anerkannt wird."

„Das Wichtigste an der Erziehung ist, dass das Kind später einmal aus sich selbst das Beste machen kann, dass es in dieser Welt leben kann und in ihr gut zurechtkommt. Das kann man nämlich lernen."

„Erziehung heißt für mich, zum Kind eine gute Beziehung aufzubauen, dass das Kind sich wohlfühlt und jederzeit kommen kann, wenn es mich braucht oder Probleme hat."

„In der Erziehung muss man Autorität sein, sonst hat jede Beeinflussung keinen Sinn."

„Erziehung? Das ist doch ganz einfach: Man braucht nicht Autorität zu sein, man muss nur dem Kind dazu verhelfen, dass es richtig zu leben versteht."

„Ich halte Bildung für das Wichtigste in der Erziehung. Ein ungebildeter Mensch ist ein schlecht erzogener Mensch!"

Folgende Fragen werden in diesem Kapitel geklärt:

1. *Was versteht man unter Lernen?*

2. *Was meint man mit Erziehung?*
   Wie lässt sich das Wesen der Erziehung umschreiben?
   Was sind die wesentlichen Merkmale von Erziehung?

3. *Welche Aufgaben hat Erziehung zu erfüllen?*

4. *Was bedeutet Autorität in der Erziehung?*
   Kann man auf Autorität in der Erziehung verzichten?

5. *Was meint die Pädagogik mit dem Begriff „Bildung"?*
   Welcher Zusammenhang besteht zwischen Erziehung und Bildung?

4.1 Merkmale von Erziehung

Die Pädagogik hat es mit dem Menschen als **homo discens**, als lernendem Wesen, zu tun, das, wie in *Kapitel 2* ausgeführt, von Natur aus auf Lernen angewiesen ist und erst durch das Lernen zum Menschen im humanen Sinn wird. Der eigentliche Oberbegriff aller pädagogischen Bemühungen ist demnach der Begriff **Lernen**. Manche Erziehungswissenschaftler wie zum Beispiel *Hermann Giesecke (2004[7], S. 47)* würden auch lieber von „Lernwissenschaft" als von Erziehungswissenschaft sprechen.

4.1.1 Der Begriff „Lernen"

Häufig wird unter Lernen die Anhäufung von schulischem Wissen, die bewusste, teilweise anstrengende Arbeit des Einprägens und Übens von Begriffen, Wissen, Kenntnissen oder Fertigkeiten verstanden, wie zum Beispiel „Vokabeln lernen", „Gedichte lernen", „Tanzen lernen", „Skifahren lernen" usw.

Die Wissenschaft fasst diesen Begriff jedoch wesentlich weiter und versteht darunter zum einen den **Erwerb neuer bzw. die Änderung bestehender Verhaltens- und Erlebensweisen als Folge von Erfahrung und Übung**. Man spricht also nur dann von Lernen, wenn der Erwerb neuer und/oder die Änderung bestehender Verhaltens- bzw. Erlebensweisen durch die **Auseinandersetzung mit bestimmten Umweltsituationen** zustande kommt. Damit wird der Begriff „Lernen" abgegrenzt von angeborenen Reaktionsweisen wie zum Beispiel das Angsthaben bei Lärm, von Reifungsvorgängen, die primär organisch bedingt sind, und von vorübergehenden oder andauernden Zuständen des Organismus wie Ermüdung, Stress, Rausch, Drogen, Krankheit u. a.

Quelle: Krapp, 1982[6], S. 82 (verändert)

In der älteren Literatur wird der Begriff „Lernen" eingeengt auf das beobachtbare Verhalten; neuere Ansätze berücksichtigen auch Veränderungen von Erleben wie beispielsweise Denken, Emotionen und Motivationen, Wertüberzeugungen und Einstellungen.

> *„Gewohnheiten sind das Uhrwerk unseres Lebens. Neue Erfahrungen sind seine Uhrzeiger."*
> (André Maurois[1])

Dieses erworbene bzw. veränderte Verhalten und Erleben darf nicht nur zufällig zustande kommen, es muss den Augenblick überdauern, also **relativ beständig** sein.

Wenn ein Kind beispielsweise zufällig einmal das Hemd richtig überstülpt, so spricht man hier nicht von Lernen.

Zum anderen umfasst Lernen neben dem Prozess des Erwerbs und der Änderung, also der **Aneignung**, auch den **Prozess der Speicherung**, in welchem das Erworbene relativ andauernd gespeichert wird und bei Bedarf abgerufen werden kann.

Das Lernen selbst ist ein Prozess, der **nicht beobachtbar** ist. Unmittelbar beobachtbar sind die Ursachen, die diesen Prozess ausgelöst haben, und die neue bzw. geänderte Verhaltens- oder Erlebensweise als Ergebnis des Lernvorganges. Wir können beobachten, wie sich ein Mensch in einer früheren Situation A und in einer späteren Situation B verhält bzw. erlebt. Daraus schließen wir auf dazwischenliegende Lernprozesse.

Man kann beispielsweise beobachten, dass das kleine Kind ein Wort spricht, zu einem späteren Zeitpunkt können wir wahrnehmen, dass es plötzlich schon zwei Wörter sagt. Den dazwischenliegenden Lernprozess können wir jedoch nicht beobachten.

Lernen stellt also immer einen **innerpsychischen Vorgang** dar, der nicht beobachtbar ist.

> **Lernen ist ein nicht beobachtbarer Prozess, der durch Erfahrung und Übung zustande kommt und durch den Verhalten und Erleben relativ dauerhaft erworben oder verändert und gespeichert wird.**

In neueren Ansätzen der Lernpsychologie wird beim menschlichen Lernen von Veränderung der **kognitiven[2] Strukturen** gesprochen und Lernen als „relativ dauerhafte Änderung von kognitiven Strukturen aufgrund von Erfahrungen" bestimmt (Schiefele, 1995, S. 13). Eine solche Definition legt nahe, dass Lernen eine Veränderung der kognitiven Strukturen bedeutet, die sich aufgrund eines Lernprozesses in einer Änderung der Wissensstruktur zeigt. In sog. **informationstheoretischen Konzepten** wird die Veränderung des Verhaltens und Erlebens aufgrund von Erfahrung als Informationsverarbeitung bezeichnet und damit Lernen als **Informationsverarbeitung** gesehen.

---

[1] André Maurois (1885–1967), ursprünglich Émile Herzog, war französischer Schriftsteller.
[2] kognitiv (lat.: erkennen) bedeutet alle psychischen Vorgänge, die der Aufnahme, der Verarbeitung, der Speicherung sowie des Abrufens und Weiterverwendens von Informationen dienen (vgl. Kapitel 6.3.1).

Im Hinblick auf die Erziehung können wir zwischen **intentionalem und funktionalem Lernen** unterscheiden: Intentionales Lernen umfasst alle Lernprozesse, die von einem selbst oder von anderen Personen mit einer bestimmten Absicht (= Intention) bewusst ausgelöst werden.

> Ich möchte beispielsweise das Skifahren lernen. Hierbei handelt es sich um einen Lernprozess, den ich bewusst mit einer bestimmten Absicht herbeiführe.

Wir lernen aber auch vieles im Leben, was zufällig, ungeplant und ohne Absicht, meist gar nicht bewusst geschieht.

> Obwohl mir das gar nicht bewusst ist, übernehme ich beispielsweise die Mimik und Gestik meines Vaters.

Solche unbeabsichtigten, meist nicht bewusst wirksam werdenden Lernvorgänge bezeichnen wir als funktionales Lernen (*vgl. Giesecke, 2004[7], S. 64 f.*).

> *„Wir glauben, Erfahrungen zu machen, aber die Erfahrungen machen uns."*
> *(Eugène Ionesco[1])*

4.1.2 Erziehung als wechselseitige Beeinflussung

Zur Erziehung gehören immer mindestens zwei Personen: Ein **Erzieher**, *der bestimmte Lernprozesse bei dem zu Erziehenden herbeiführen, auslösen bzw. unterstützen* will, und ein **zu Erziehender**, *der diese Lernprozesse vollbringen muss*.

Erziehung findet damit immer im zwischenmenschlichen Kontakt von Erzieher und zu Erziehendem statt. Beide stehen zueinander in einer bestimmten Beziehung und sind voneinander abhängig. In dem Moment, in welchem Menschen miteinander in Beziehung treten, *reagieren sie aufeinander wechselseitig und beeinflussen und steuern sich gegenseitig*. Diesen Sachverhalt bezeichnen wir als **soziale Interaktion**.

> Soziale Interaktion gilt als Bezeichnung für das wechselseitig aufeinander bezogene Verhalten zwischen Menschen, für das Geschehen zwischen Personen, die agieren und wechselseitig aufeinander reagieren, sich gegenseitig beeinflussen und steuern.

---

[1] *Eugène Ionesco (1909–1994) war französischer Dramatiker rumänischer Herkunft und einer der Hauptvertreter des absurden Theaters.*

Erziehung ist stets soziale Interaktion: Erzieher und zu Erziehender agieren und reagieren ständig aufeinander, beeinflussen und steuern sich gegenseitig. Erziehung ist immer ein Wechselspiel von Aktionen und Reaktionen, aber nicht jede soziale Interaktion ist gleich Erziehung.

> Der Erzieher beispielsweise schimpft mit dem Kind, weil es ein Glas hat fallen lassen. Er reagiert auf das Kind, zugleich ist dieses Schimpfen Anlass dafür, dass das Kind heult. Das wiederum ruft beim Erzieher hervor, dass er das Kind in den Arm nimmt. Dieses hört daraufhin auf zu weinen.

In der Regel orientiert sich der Erzieher an dem Alter des zu Erziehenden, an seinen Interessen, Fähigkeiten und Fertigkeiten, an seinen Bedürfnissen und dgl. Indem er sich dem Verhalten des zu Erziehenden fortwährend anpasst und seine Handlungen auf ihn abstimmt, verändert auch er sich selbst.

Der Prozess der Erziehung verändert sowohl den zu Erziehenden als auch den Erzieher selbst.

Wer den anderen beeinflusst und steuert, teilt ihm auch zugleich etwas mit, das heißt, bei jeder sozialen Interaktion werden Informationen vermittelt, aufgenommen und ausgetauscht. Diesen Teil der sozialen Interaktion bezeichnen wir als **soziale Kommunikation**.

> Unter sozialer Kommunikation versteht man die Vermittlung, Aufnahme und den Austausch von Informationen zwischen zwei oder mehreren Personen.

Der Begriff „Information" umfasst nicht nur sachliche Inhalte, wie zum Beispiel Nachrichten, sondern auch Gefühle, Empfindungen, Wünsche, Bedürfnisse.

> So kann der Erzieher dem zu Erziehenden zum Beispiel durch Streicheln mitteilen, dass er ihn mag.

Erziehung ist stets Kommunikation: Alles Verhalten in einer Beziehung hat Mitteilungscharakter. Selbst wenn sich der Erzieher vom Kind abwendet oder der zu Erziehende mit seinem Erzieher nicht mehr sprechen will, teilen sie sich gegenseitig etwas mit. In jedem Erziehungsprozess werden Informationen ausgetauscht, aber nicht jede soziale Kommunikation ist gleich Erziehung.

Merkmale von Erziehung | 79

Aus dieser Sicht ist es verwirrend, von **Selbsterziehung** *zu sprechen: Erziehung geschieht immer im Wechselspiel zwischen dem Erzieher, der absichtlich bestimmte Lernprozesse herbeiführen und unterstützen will, und dem zu Erziehenden, der diese Lernprozesse bewältigen soll. Was auch immer mit „Selbsterziehung" gemeint sein mag, dieser Sachverhalt sollte eher „intentionales Lernen" genannt werden.*

Eine wichtige Rolle in der Erziehung spielt die **Beziehung zwischen Erzieher und zu Erziehendem**. Von der Art und Weise, wie sich die persönliche Beziehung zwischen Erzieher und zu Erziehendem gestaltet, hängt in einem nicht unerheblichen Maße der Erfolg der Erziehung bzw. die Persönlichkeitsentfaltung des zu Erziehenden ab. Auf dieses Merkmal der Erziehung wird ausführlich in *Kapitel 8.2* eingegangen.

Wo die Beziehung nicht stimmt, hat die Sache wenig Chancen.

4.1.3 Erziehung als beabsichtigte Lernhilfe

Wenn Menschen miteinander in Beziehung treten, so tun sie das immer mit einer **bestimmten Absicht, sie verfolgen ein Ziel**. Und um dieses Ziel zu erreichen, tauschen sie miteinander Informationen aus und beeinflussen und steuern sich gegenseitig.

Menschen treten miteinander in Beziehung, um eine bestimmte Absicht, ein bestimmtes Ziel zu erreichen.

Auch in der Erziehung werden Ziele verfolgt: Der Erzieher findet den zu Erziehenden in einem gewissen „Ist-Zustand" vor.
> Das Kind kann beispielsweise noch nicht laufen, sprechen, es ist noch nicht selbstständig oder es sagt bzw. tut Dinge, die ihm schaden könnten.

Auf der anderen Seite hat der Erzieher einen „Soll-Zustand" vor Augen.
> Das Kind soll beispielsweise laufen, sprechen können, soll selbstständig werden und ein Verhalten lernen, das es nicht gefährdet.

Aufgabe des Erziehers ist es nun, durch **bestimmte Handlungen** das Verhalten und Erleben des zu Erziehenden **relativ dauerhaft** dahin gehend **zu ändern**, dass der künftige Ist-Zustand mit dem jetzigen Soll-Zustand übereinstimmt *(vgl. Brezinka, 1999³, S. 81)*.

Erziehung strebt also stets ein Ziel an: Sobald der Erzieher auf den zu Erziehenden einwirkt, will er etwas erreichen. Hat der Erzieher kein Ziel mehr vor Augen, würde er sich auch nicht mehr genötigt sehen, auf den zu Erziehenden Einfluss zu nehmen. **Erziehung ist also ohne Erziehungsziel undenkbar.**[1]

Damit ist das Wesen der Erziehung umschrieben:

> Erziehung geschieht immer im Wechselspiel zwischen
> - dem zu Erziehenden, der bestimmte Lernprozesse bewältigen muss,
> - dem Erzieher, der diese Lernprozesse absichtlich und bewusst herbeiführt, auslöst oder unterstützt und mit bestimmten Handlungen das Verhalten und Erleben des zu Erziehenden relativ dauerhaft ändern will,
> - und dem Erziehungsziel, das der Erzieher vor Augen hat.

---
[1] *vgl. hierzu auch Kapitel 7.1.1*

4.1.4 Erziehung als soziales Handeln

Wie aus dem *vorigen Abschnitt* hervorgeht, ist mit Erziehung immer ein **Handeln** verbunden, mit welchem der Erzieher ein ganz bestimmtes Ziel – ein Erziehungsziel – erreichen will.

> Die Mutter zum Beispiel führt ein Gespräch mit ihrer Tochter, lobt oder ermahnt sie, stellt ihr Belohnungen in Aussicht, um zu erreichen, dass die Tochter in der Schule mitlernt.

> Handeln meint jede menschliche Aktivität, mit welcher bewusst und überlegt eine bestimmte Absicht, ein bestimmtes Ziel verfolgt wird.

Erziehung ist immer **soziales Handeln**, welches im zwischenmenschlichen Kontakt von Erzieher und zu Erziehendem stattfindet. Erzieherische Handlungen werden „sozial" genannt, weil sie sich auf einen oder mehrere andere Menschen – auf die zu Erziehenden – beziehen. Pädagogisches soziales Handeln ist eine besondere Art des Handelns, welches immer **bewusst und willentlich auf andere Menschen bezogen** ist und auf die Gestaltung bzw. Veränderung von anderen Menschen abzielt.

> „Soziales Handeln ist eine besondere Art des Handelns, die sich durch eine bestimmte Intention von anderen Arten unterscheidet: es ist bewusst und willentlich auf andere Menschen bezogen; es ist sinnhaft orientiert am vergangenen, gegenwärtigen oder für künftig erwarteten Verhalten anderer."
> (Brezinka, 1990⁵, S. 75)

Erziehung ist aus dieser Sichtweise immer ein **bewusstes und überlegtes Handeln**, sie meint also nicht alle Arten des kindlichen und jugendlichen Lernens, sondern nur die, die bewusst und planmäßig zu diesem Zweck organisiert werden.

> „Erziehung meint also immer nur das, was bewusst und planvoll zum Zwecke der optimalen kindlichen Entwicklung geschieht."
> (Giesecke, 2004⁷, S. 71)

Gelegentlich werden in der Literatur unter Erziehung auch alle unbeabsichtigten, ungewollten Einwirkungen auf den zu Erziehenden verstanden, soweit sie Wirkungen im Sinne der Erziehungsziele erkennen lassen; dieses ohne erzieherische Absicht erfolgende Lernen wird missverständlich **funktionale Erziehung** genannt. Davon wird dann die **intentionale Erziehung** unterschieden als ein mit erzieherischer Absicht (Intention) ausgeführtes soziales Handeln. Eine solche Ausweitung des Erziehungsbegriffes ist jedoch nicht sinnvoll: Erziehung ist stets soziales Handeln, das bestimmte Lernprozesse bewusst und absichtlich auslösen will, um ein bestimmtes Ziel zu erreichen, und das immer im zwischenmenschlichen Bereich geschieht. Alles andere sollte nach Hermann Giesecke (2004⁷, S. 71) eher als „funktionales Lernen"[1] und nicht als Erziehung bezeichnet werden;

---

[1] vgl. Abschnitt 4.1.1

ein großer Teil der Lerneinwirkungen ist funktional. Erziehung ist nur als „intentionaler" Akt denkbar, dem unbeabsichtigte und nicht bewusste Einflüsse von allen möglichen Bereichen (zum Beispiel Medien, Gruppen, ungewolltes Vorbild der Eltern) gegenüberstehen.

4.1.5 Der Begriff „Erziehung"

Geht man nun davon aus, dass bei einem sozialen Handeln die daran beteiligten Personen ständig wechselseitig aufeinander reagieren, sich gegenseitig beeinflussen und steuern, so kann man Erziehung als ein soziales Handeln definieren, welches bestimmte Lernprozesse bewusst und absichtlich herbeiführen und unterstützen will. Diese Lernprozesse streben solche dauerhaften Veränderungen des Verhaltens und Erlebens an, die bestimmten Erziehungszielen entsprechen.

> Erziehung ist ein soziales Handeln, welches bestimmte Lernprozesse bewusst und absichtlich herbeiführen und unterstützen will, um relativ dauerhafte Veränderungen des Verhaltens und Erlebens, die bestimmten Erziehungszielen entsprechen, zu erreichen.

Dabei können wir unterscheiden zwischen **direkter und indirekter Erziehung**: Direkte Erziehung geschieht unmittelbar zwischen Erzieher und zu Erziehendem – gleichsam von „Angesicht zu Angesicht".

> Spricht beispielsweise der Erzieher mit dem zu Erziehenden, um ihn „aufzuklären", so stehen sich die beiden unmittelbar gegenüber; es handelt sich um direkte Erziehung.

Indirekte Erziehung wirkt dagegen mittelbar auf den zu Erziehenden ein und zwar dadurch, dass ein Objekt, eine Situation oder ähnliches zwischen Erzieher und zu Erziehendem dazwischengeschaltet ist.

> Setzt der Erzieher, um den zu Erziehenden „aufzuklären" einen bestimmten Film ein, so handelt es sich um indirekte Erziehung.

Erziehung als Lernhilfe will stets eine irgendwie geartete „Verbesserung" im Verhalten und Erleben des Lernenden bezwecken, das heißt, dass nicht nur erwünschte Verhaltens- und Erlebensweisen aufgebaut und verfestigt, sondern auch unerwünschte abgebaut werden. Was man dabei als „Verbesserung" oder „Förderung" betrachtet, wird durch die **Wertungen**, die der betreffende Erzieher für sich verbindlich gemacht hat, bestimmt. Sowohl erfolgreiche als auch erfolglose Bemühungen des Erziehers zur Verhaltens- und Erlebensänderung in eine bestimmte Richtung fallen unter den Begriff Erziehung.

Mit Erziehung ist auch immer der **Vorgang der Lernhilfe** gemeint, nicht deren Ergebnis. Dieser Prozess darf allerdings nicht auf das Kindes- und Jugendalter eingeschränkt werden. Kulturelle Lebensbedingungen wandeln sich ständig und jedem Menschen wird ein lebenslängliches Um- und Weiterlernen abverlangt. So sind auch Erwachsene immer wieder auf erzieherische Lernhilfen angewiesen (zum Beispiel Erwachsenenbildung). Damit umfasst Erziehung auch Vorgänge wie Unterricht (schulisch organisierte Lernhilfe), Weiter- und Fortbildung, Umschulung, Psychotherapie oder soziale Arbeit *(vgl. Brezinka, 1990[5], S. 92 f.)*. Während jedoch bei Kindern und Jugendlichen der Erzieher die Verantwortung für die Erziehung trägt, beanspruchen Erwachsene Lernhilfen in der Regel in eigener Verantwortung.

> *Es geht „nicht mehr nur um das ‚Mündigwerden', sondern auch um das ‚Mündigbleiben', damit der volljährige Erwachsene in unserer hochdynamischen, pluralen und komplexen Welt nicht wieder in Unmündigkeit zurückfällt."* *(Weber, 1999[8], S. 233)*

> **Wesentliche Merkmale von Erziehung:**
> - **Erziehung ist beabsichtigte Lernhilfe:** Der Erzieher will bewusst und absichtlich beim zu Erziehenden bestimmte Lernprozesse herbeiführen und unterstützen. Diese Lernprozesse muss der zu Erziehende vollbringen.
> - **Erziehung ist zielgerichtet:** Der Erzieher strebt mit zielgerichteten Handlungen solche dauerhaften Veränderungen des Verhaltens und Erlebens beim zu Erziehenden an, die bestimmten Erziehungszielen entsprechen.
> - **Erziehung ist soziale Interaktion und Kommunikation:** Sie findet im zwischenmenschlichen Kontakt statt, in welchem Erzieher und zu Erziehender wechselseitig aufeinander reagieren, sich gegenseitig beeinflussen und steuern sowie Informationen austauschen, vermitteln und aufnehmen.
> - Die wechselseitige Beziehung zwischen Erzieher und zu Erziehendem ist durch eine **besondere zwischenmenschliche und persönliche Beziehung** gekennzeichnet. Von dieser Art und Weise, wie sich die persönliche Beziehung gestaltet, hängt in einem nicht unerheblichen Maße der Erfolg der Erziehung ab.
> - **Erziehung ist soziales Handeln,** welches zum einen auf andere Menschen bezogen ist und zum anderen immer bewusst und überlegt geschieht. Damit meint Erziehung nur diejenigen Arten des Lernens, welche willentlich und planmäßig zu diesem Zweck organisiert werden.

4.1.6 Autorität in der Erziehung

Die Frage, wie eine pädagogische Beziehung erfolgreich gestaltet werden kann und welche Erzieher Lernhilfen geben können, die vom zu Erziehenden auch akzeptiert werden, führt zu dem Problem der Autorität[1] in der Erziehung.

> Autorität bedeutet das Innehaben von sozialer Macht und sozialem Einfluss über eine oder mehrere Personen.

Autorität ist oder hat also derjenige, der soziale Macht über jemanden hat und daher sozialen Einfluss ausüben kann. Auch der Erzieher hat über den zu Erziehenden Macht und übt Einfluss aus – Erziehung bedeutet ja Einflussnahme[2]. **Erziehung ohne Autorität ist also nicht denkbar**: Macht und Einfluss sind entweder von vornherein gegeben und müssen erhalten oder neu erworben werden, wenn der Erzieher mit zielgerichteten Handlungen das Verhalten und Erleben des zu Erziehenden dauerhaft ändern will.

Es geht also nicht – wie manchmal gefordert – um eine „autoritätsfreie Erziehung", sondern darum, wie der Erzieher seine Machtausübung auf den zu Erziehenden begründet, *wie er seine Macht und seinen Einfluss legitimiert* (vgl. Metzger, 1976[3], S. 62 f.):

– Der Erzieher kann das Recht zu bestimmen, was geschieht, daraus begründen, dass er eben mächtiger ist, dass er die Macht besitzt anzuordnen, was ihm beliebt, und dass er mit den zu Erziehenden umgehen kann, wie er es will. **Autorität beruht hier auf Zwang und persönlicher Willkür** und lässt sich nicht von der Sache her, um die es in der Erziehung geht, rechtfertigen. Diese Art von Autorität ist eher Ausdruck des Spiels mit der Macht als Ausdruck echter erzieherischer Förderung.

---

[1] augere (lat.): fördern, mehren; wer den anderen fördert, hat Ansehen (auctoritas: das Ansehen)
[2] vgl. Abschnitt 4.1.2 bis 4.1.4

– Erzieherische Einflussnahme lässt sich aber auch von den Forderungen der Sache, die Erziehung notwendig macht, und von den Ordnungen des Zusammenlebens her begründen: Beeinflussung und Einwirkung sind notwendig für das Wohlergehen des zu Erziehenden, zur Abwendung von Schaden sowie zur Förderung und Entfaltung seiner Persönlichkeit.

> *Echte Autorität hat keine Anordnungen nötig, „die nur den Zweck haben, zu beweisen, wer Herr im Hause ist, und auch keine, die nur ‚die Folgsamkeit prüfen' oder den Zögling ‚im Gehorsam üben' sollen. Auf Rückfragen nach dem Zweck einer Anordnung gibt es kein ‚weil ich es so will' und kein ‚weil ich es gesagt habe'."*
> *(Metzger, 1976³, S. 63)*

Erzieherische Förderung ist ohne **sachlich begründete („echte") Autorität** undenkbar; sie verbreitet Einsicht und Akzeptanz der Anweisungen und Bestimmungen, Achtung vor dem Erzieher und seinen Anordnungen sowie Vertrauen und emotionale Wärme ihm gegenüber. Aus dieser Sichtweise ist Autorität eine Form von sozialem Einfluss, der dadurch entsteht, dass bestimmten Personen von anderen Personen eine Überlegenheit zugesprochen wird und diese auch Anerkennung findet *(vgl. Hobmair, 2006, S. 284)*.

*Es ist genau zu unterscheiden zwischen **autoritär und Autorität**: Autorität, die auf persönlicher Willkür beruht, arbeitet überwiegend mit autoritären Mitteln wie Zwang, Drohung, Strafe, Gewalt und setzt auf „blinden Gehorsam". Echte Autorität dagegen bedeutet nicht, autoritär zu sein.[1] Alexander Sutherland Neill (1883–1973), der Begründer der Internatsschule Summerhill zum Beispiel war eine große pädagogische Autorität, die er sich mit nicht-autoritären Mitteln erworben hat.[2]*

Wer Macht und sozialen Einfluss ausübt, fordert vom anderen **Gehorsam**. Autorität und Gehorsam sind also zwei aufeinander bezogene Begriffe. Gehorsam bedeutet, den Willen eines anderen zu befolgen; Gehorsam ist also derjenige Mensch, der tut, was man ihm sagt, und lässt, was man ihm verbietet.

> **Gehorsam bedeutet, den Willen eines anderen zu befolgen.**

Ohne Gehorsam ist Erziehung nicht möglich, es kommt jedoch auf die Art des Gehorsams an: Autorität, die auf Macht und Willkür beruht, fordert einen **blinden Gehorsam**, bei dem man tut, was ein anderer will, weil er es haben möchte. Sachlich begründete Autorität dagegen beruht auf **einsichtigem Gehorsam**, bei dem man begreift, dass das, was der „Mächtigere" will, sinnvoll und notwendig ist und keiner Willkür entspringt.

Diese Einsicht ist jedoch nicht von vornherein vorhanden, sie muss durch Erziehung erst hervorgebracht werden. So ist es zum Beispiel nicht möglich, mit einem zweijährigen Kind zu verhandeln, ob es in die Steckdose fassen, auf das Fensterbrett steigen oder auf einer stark befahrenen Straße spielen darf.

> *„Lernen, aus Einsicht zu gehorchen, ... bedeutet ... immer zugleich: lernen, nicht zu gehorchen. Es erscheint zweifelhaft, ob man diese Unterwerfung aus Einsicht überhaupt noch als Gehorsam bezeichnen sollte, sofern Gehorchen heißt, den Willen eines anderen zu tun."*
> *(Bittner, 2000, S. 101)*

---

[1] Das autoritäre Erzieherverhalten und seine Auswirkungen sind in Kapitel 8.1.2 dargestellt.
[2] siehe Kapitel 8.2.3

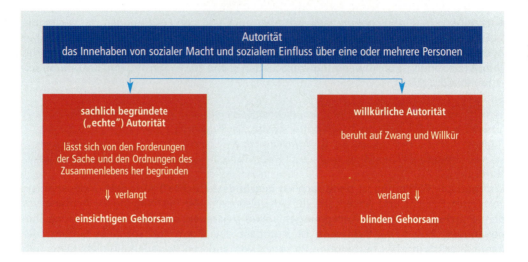

4.2 Aufgaben der Erziehung

Erziehung will Lernprozesse bewusst und absichtlich herbeiführen, um relativ dauerhafte Verhaltens- und Erlebensänderungen zu erreichen. Fragt man sich, warum Erzieher das Verhalten und Erleben des zu Erziehenden zu ändern beabsichtigen, so kann Erziehung als Hilfe zur *Eingliederung in Kultur und Gesellschaft sowie zur Entfaltung der eigenen Persönlichkeit* verstanden werden.

4.2.1 Erziehung als beabsichtigte Hilfe zum Erlernen der Kultur

Der Mensch lebt immer in einer Kultur, er ist ein Kulturwesen, das seine kulturelle Lebensweise erlernen muss.[1] Diesen Vorgang des Erlernens der Kultur, der Übernahme der jeweiligen kulturellen Lebensweise bezeichnet man als **Enkulturation**.

> Enkulturation bezeichnet das Erlernen der Kultur, den Prozess der Übernahme der jeweiligen kulturellen Lebensweise.

Enkulturation bedeutet nicht nur Anpassung an die jeweils gegebene Kultur, sondern auch die Fähigkeit zu produktivem Neuschaffen und zur Veränderung von kulturellen Verhältnissen. Die Erziehung hat beim Erlernen der Kultur „Hilfestellung" zu leisten, sie ist aus dieser Sichtweise *beabsichtigte Enkulturationshilfe*.

Erziehung ist jenes soziale Handeln, das beabsichtigte Hilfe und Unterstützung beim Erlernen der kulturellen Lebensweise bieten will.

Dabei kommt es einerseits darauf an, Lernhilfen beim Erwerb von Kulturtechniken zu geben, welche die Erhaltung und Weitergabe der jeweiligen Kultur ermöglichen, wie zum Beispiel das Erlernen der Sprache, Formen der Verständigung, Gefühle und Ausdrucksweisen, Denken, Lesen und Schreiben, Wertebewusstsein, Moralvorstellungen u. a. Andererseits hat Erziehung auch solche Lernprozesse zu organisieren, die den Menschen befähigen, seine Lebensverhältnisse zu ändern bzw. neu zu gestalten. Hierher gehören

---

[1] vgl. Kapitel 2.2.2

Techniken wie Kritikfähigkeit, Kreativität, Produktivität, Engagement, Verantwortungsbewusstsein und die Fähigkeit, fehlerhafte Entwicklungen zu erkennen[1].

4.2.2 Erziehung als beabsichtigte Hilfe zum Erlernen des Sozialverhaltens

Der Mensch ist nicht nur ein kulturelles, sondern auch ein soziales Wesen, das auf eine gesellschaftliche Lebensweise hin angelegt und von Geburt an auf Mitmenschen und soziale Beziehungen angewiesen ist.[2] Diesen Vorgang des Erlernens des sozialen Verhaltens, den Prozess, in welchem der Mensch in der Gesellschaft bzw. in einer ihrer Gruppen handlungsfähig wird, bezeichnet man als **Sozialisation**.

> Sozialisation bezeichnet das Erlernen des sozialen Verhaltens, den Prozess, in welchem der Mensch in der Gesellschaft bzw. in einer ihrer Gruppen handlungsfähig wird.

Die Erziehung hat es dabei mit der Herbeiführung und Unterstützung von Lernprozessen zu tun, die dem Hineinwachsen des Menschen in „seine" Gesellschaft dienen. Aus dieser Sicht ist sie **beabsichtigte Sozialisationshilfe**.

> **Erziehung ist auch jenes soziale Handeln, das beabsichtigte Hilfe und Unterstützung beim Erlernen des sozialen Verhaltens bieten will.**

Um sich sozial verhalten zu können, muss der Mensch die **Werte und Normen** der betreffenden Gesellschaft bzw. Gruppe erlernen. Werte drücken Vorstellungen aus, was eine Gesellschaft für „wünschenswert" bzw. „erstrebenswert" hält, und bilden allgemeine Orientierungsmaßstäbe für das Verhalten von Menschen in einer Gesellschaft.

> Solche erstrebenswerten Vorstellungen und Orientierungsmaßstäbe in unserer Gesellschaft sind zum Beispiel Ehrfurcht vor dem Leben, Ehrlichkeit, Wahrhaftigkeit oder Selbstverwirklichung und Lebensqualität.

> Werte sind in einer Gesellschaft oder in einer ihrer Gruppen vorherrschende Vorstellungen über das Wünschens- und Erstrebenswerte und bilden allgemeine Orientierungsmaßstäbe für das Verhalten von Menschen.

Jede Gesellschaft besitzt Werte, ohne die ein Zusammenleben nicht möglich wäre; sie bilden sozusagen die **Grundlage eines jeden Zusammenlebens**. Das grundsätzliche Verhalten der Menschen, ihr Tun und Lassen, wird durch sie angeregt, *„motiviert"*. Werte sind von entscheidender Bedeutung für das menschliche Handeln, für die Motivation des Handelns überhaupt, und der Mensch bezieht aus solchen Werten die Grundlage seines Engagements.

> „Die Werte sind also die Kriterien, die der gesamten Kultur und Gesellschaft Sinn und Bedeutung verleihen."
> (Fichter, 1970[3], S. 174)

In der heutigen Zeit gewinnt aufgrund des beklagten gesellschaftlichen „Wertemangels" bzw. „Werteverlusts" die Erziehung zu Werten wieder an Bedeutung. Doch ein gesellschaftlicher Konsens in Bezug auf „richtige" Werte in der Erziehung ist in einer pluralistischen und multikulturellen Gesellschaft nur sehr schwer möglich.

---

[1] vgl. Kapitel 2.2.2
[2] vgl. Kapitel 2.2.3

Werte bilden das Grundelement menschlicher **Einstellungen**, auch **Haltungen (attitude)** genannt: Wertvorstellungen wirken als gemeinsame Einstellungen, indem ein bestimmtes Objekt – Personen, Einrichtungen, Gegenstände oder Sachverhalte – aufgrund der verinnerlichten Werte positiv oder negativ bewertet wird. Die Mitglieder einer Gesellschaft stehen der Vielfalt an Personen, Einrichtungen, Gegenständen und Sachverhalten grundsätzlich nicht neutral gegenüber, sondern bewerten diese positiv oder negativ, haben bestimmte Vorstellungen von ihnen und verhalten sich entsprechend. Eine solche Tendenz, die dadurch zum Ausdruck kommt, ein bestimmtes Objekt mit Zustimmung oder Ablehnung zu bewerten, wird als soziale Einstellung bezeichnet *(vgl. Bohner, 2002⁴, S. 267)*.

> Als soziale Einstellung wird die Tendenz eines Individuums bezeichnet, ein bestimmtes Objekt positiv oder negativ zu bewerten.

Sozialisation bedeutet demnach auch den Prozess der Ausbildung von sozialen Einstellungen.

Werte sind in unterschiedlicher Weise auslegbar und sagen dem Einzelnen bzw. einer Gruppe oder Gesellschaft nichts darüber, wie sie zu erfüllen sind und wie nach ihnen gehandelt werden soll. Doch jede Gesellschaft muss sich darüber Gedanken machen, wie Werte zu realisieren sind.

> Für viele Eltern gilt zum Beispiel „Anstand" als erstrebenswert. Dieser Wert als solcher sagt noch nichts darüber aus, wie er „realisiert" werden soll. Es gibt hierzu verschiedene Ausführungsbestimmungen, die von Kultur zu Kultur unterschiedlich sind – zum Beispiel, dass man grüßt, wenn man einem Bekannten begegnet, dass man beim Essen nicht rülpst, dass man sich bedankt, wenn man ein Geschenk bekommt.

Solche Ausführungsbestimmungen, die das Tun und Lassen der Mitglieder einer Gesellschaft oder Gruppe regulieren, werden als **soziale Normen**[1] bezeichnet.

> Soziale Normen sind mehr oder weniger verbindliche Verhaltensvorschriften, die bestimmen, wie die Werte einer Gesellschaft oder Gruppe zu erfüllen und zu befolgen sind, und so das Tun und Lassen der Miglieder dieser Gesellschaft oder Gruppe regulieren.

Verhaltensvorschriften im Sinne von sozialen Normen sind immer mit bestimmten **Verhaltenserwartungen** verbunden.

> So erwartet man von einem Lehrer, dass er einen guten, anregenden und mitreißenden Unterricht hält, dass er gerecht beurteilt usw. Ebenso sieht sich auch die Mutter in der Familie vielen Erwartungen seitens ihres Mannes und ihrer Kinder ausgesetzt.

---

[1] *Norm (lat.) bedeutet Winkelmaß, Richtschnur, Regel*

Solche Verhaltenserwartungen sind immer an eine **soziale Position** gebunden.
So nimmt der Lehrer neben dem Schulleiter, dem Verwaltungspersonal, den Schülern u. a. eine bestimmte soziale Position in dem System „Schule" ein, die Mutter in dem der Familie.

Die Gesamtheit an Verhaltenserwartungen, die an eine soziale Position gestellt werden, wird als **soziale Rolle** bezeichnet. Jeder Mensch erfüllt in einer Gesellschaft und im Laufe seines Lebens eine Menge sozialer Rollen.

> Die Gesamtheit der Verhaltenserwartungen, die an eine soziale Position gestellt werden, bezeichnet man als soziale Rolle.

Aus dieser Sichtweise wird Sozialisation als das Erlernen und Übernehmen von sozialen Rollen verstanden, die der Einzelne in der Gesellschaft auszuüben hat. Diesen Aspekt der Sozialisation hebt vor allem der Begründer der struktur-funktionalen Theorie, *Talcott Parsons (1902–1979)* hervor.

Während dieses Prozesses lernt das Kind allmählich, welche Wert- und Normvorstellungen, Einstellungen bzw. welche Verhaltenserwartungen erwünscht sind. Zunächst orientiert es sich ausschließlich an Geboten und Verboten, die ihm von Eltern und anderen Erziehern auferlegt werden. Mit der Zeit verinnerlicht es diese Vorschriften und bildet so ein **Gewissen** aus, welches für eine Übereinstimmung des menschlichen Verhaltens mit den Wert- und Normvorstellungen sowie mit den Verhaltenserwartungen einer Gesellschaft bzw. einer ihrer Gruppen sorgt.

> Gewissen ist diejenige Instanz, die das menschliche Verhalten hinsichtlich seiner Übereinstimmung mit den Wert- und Normvorstellungen sowie mit den Verhaltenserwartungen einer Gesellschaft bzw. einer ihrer Gruppen gleichsam als „innere Stimme" reguliert.

*Häufig wurde und wird Sozialisation lediglich als Eingliederungsprozess eines Individuums in die Gesellschaft oder in eine ihrer Gruppen verstanden. Neuere Ansätze kritisieren die Einseitigkeit einer Begriffsvorstellung, die Sozialisation lediglich als **Vergesellschaftungsprozess** auffasst, in welchem das Subjekt eher passiv gesehen wird. Klaus Hurrelmann (2002[8], S. 7), einer der bedeutendsten Sozialisationsforscher der heutigen Zeit, geht davon aus, dass sowohl gesellschaftliche als auch persönliche Faktoren den Prozess der Sozialisation beeinflussen und dass der Mensch selbst aktiver Erschließer und Gestalter seiner Umwelt ist.*

> „Daher wird in der Gegenwart der Sozialisationsprozess allgemein als ein ... Vorgang begriffen, in welchem einerseits der einzelne Mensch als Mitglied der Gesellschaft in dieser handlungsfähig wird und durch den sich andererseits die Gesellschaft erhält und reproduziert – dies eben durch die Tatsache der gesellschaftlichen Handlungsfähigkeit ihrer Mitglieder. Im Sozialisationsprozess kommen also Gesellschaft und das Individuum gleichermaßen zur Geltung."
>
> (Kron, 2001[6], S. 75)

Sozialisation ist nicht mit dem Ende der Kindheit oder des Jugendalters abgeschlossen, sie bleibt ein lebenslanger Prozess. In jeder Gesellschaft ändern sich die sozialen Verhaltenserwartungen und -muster, so dass der Mensch in seinem ganzen Lebenslauf auf ein Um- und Weiterlernen angewiesen ist.

4.2.3 Theorien der Sozialisation

In Bezug auf die Erforschung der Sozialisation haben sich verschiedene Theorieansätze herausgebildet. Häufig werden sie eingeteilt in **psychologische und soziologische Theorien** der Sozialisation.

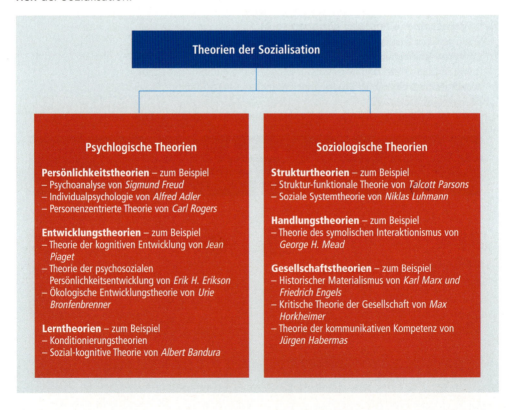

In der Psychologie haben sich vor allem **Persönlichkeitstheorien**, insbesondere die *Psychoanalyse* von *Sigmund Freud*, **Entwicklungstheorien** wie zum Beispiel die *Theorie der kognitiven Entwicklung* von *Jean Piaget* und **Lerntheorien** bewährt.[1] Aus soziologischer Sicht sind **Strukturtheorien** wie die *struktur-funktionale Theorie* von *Talcott Parsons*, **Handlungstheorien** wie die *Theorie des symbolischen Interaktionismus* von *George H. Mead* und **Gesellschaftstheorien** wie beispielsweise der *historische Materialismus* von *Karl Marx und Friedrich Engels* von Bedeutung.

4.2.4 Erziehung als beabsichtigte Hilfe zum Aufbau der Persönlichkeit

Wie schon im vorigen Abschnitt klar geworden ist, ist der Mensch nicht nur ein soziales Wesen, sondern auch ein **personales Wesen**, das sich als Individuum begreifen kann und eine einmalige, unverwechselbare Persönlichkeit darstellt:

- Der Mensch besitzt die Möglichkeit der Selbstbestimmung des Handelns (im Gegensatz zur bloßen Anpassung und Fremdbestimmung).
- Er besitzt Distanzierungsfähigkeit gegenüber sich selbst und seiner Umwelt.
- Er hat Entscheidungsfreiheit, Angebote, Zumutungen und Möglichkeiten der jeweiligen Gesellschaft und Kultur zu bejahen oder abzulehnen.
- Er besitzt die Fähigkeit zur Veränderung seiner eigenen Zustände und der in seiner Umwelt.
- Er besitzt Verantwortungsbewusstsein, das heißt Zurechnungsfähigkeit seiner Handlungen, deren Absichten und Folgen er gegenüber sich selbst, anderen Menschen und gegebenenfalls vor Gott zu vertreten hat.

Der Mensch wird – wie in *Kapitel 2.3.2* ausgeführt – jedoch nicht als Mensch im humanen Sinne geboren, er muss sein Personsein, seine „Personwerdung" erst ausbilden und lernen, sich als Individuum zu begreifen. Diesen Vorgang der Entfaltung des Personseins bezeichnet man als **Personalisation**.

> **Personalisation bezeichnet den Prozess der Ausbildung des Personseins, der „Personwerdung".**

Dadurch soll der Einzelne befreit werden von der unkritischen und fraglosen Hinnahme und Übernahme gewohnter Verhaltensvorschriften und -erwartungen. Er soll zur kritischen Distanz ihnen gegenüber sowie zur Autonomie, verstanden als Selbstbestimmung seines Handelns, und zur Veränderung von gegebenen gesellschaftlichen Verhältnissen fähig werden.

Personalisation bezieht sich zum einen auf das Individuum selbst mit seinen eigenen Befindlichkeiten, Gefühlen, Kräften, Konflikten usw. und zum anderen auf seine Beziehung zur Welt, in der er lebt und mit der er sich auseinandersetzen muss *(vgl. Weber, 1999[8], S. 208)*.

---

[1] *Die Psychoanalyse ist in Kapitel 5, die Lerntheorien sind in Kapitel 6 dargestellt.*

Die Erziehung hat es dabei mit der Herbeiführung und Unterstützung von Lernprozessen zu tun, die der Entfaltung des Personseins eines Menschen dienen. Aus dieser Sicht ist sie **beabsichtigte Personalisationshilfe**.

Erziehung ist auch jenes soziale Handeln, das beabsichtigte Hilfe und Unterstützung bei der Ausbildung des Personseins bieten will.

4.2.5 Erziehung zwischen Individuum und Gesellschaft

Die Gesellschaft hat ein großes Interesse an der Erziehung, weil sie sich von ihr einen gesellschaftskonformen Nachwuchs mit dem in ihr benötigten Ausbildungsstandard verspricht. Sie erwartet von der Erziehung einen an ihre Wert- und Normvorstellungen angepassten Menschen, der einem bestimmten Beruf nachgeht und seine „gesellschaftlichen Pflichten" erfüllt. Deshalb versucht auch die Gesellschaft bzw. deren Regierung durch staatliche und pädagogische Einrichtungen wie beispielsweise den Kindergarten, die Schule oder die Jugendarbeit auf Ziele und Inhalte der Erziehung Einfluss zu nehmen. Erziehung soll also einerseits gesellschaftlichen Forderungen gerecht werden.

Andererseits hat der zu Erziehende das Recht auf freie Entfaltung seiner Persönlichkeit und seiner individuellen Fähigkeiten sowie auf Selbstbestimmung seines Handelns. Erziehung muss also auch der Freiheit des Einzelnen, seinen Interessen und individuellen Fähigkeiten Rechnung tragen und sich am Menschen als einem einmaligen, unverwechselbaren Individuum orientieren.

Diesen beiden Forderungen von Gesellschaft und Individuum muss die Erziehung gerecht werden: Sie muss den Einzelnen dazu befähigen, einerseits gesellschaftliche Ansprüche zu erfüllen und andererseits sein individuelles Selbst auszubilden. Sie muss einerseits Hilfe und Unterstützung geben, dass er in der Gesellschaft leben und überleben und die Gesellschaft bestehen kann, andererseits darf er kein willfähriger Gehilfe von gesellschaftlichen Interessen werden.

Aufgabe der Erziehung ist es deshalb,

- Hilfen zur Entfaltung der Handlungsfähigkeit des Menschen und zur Bewältigung des sozialen Lebens in der Gesellschaft bzw. in einer ihrer Gruppen zu geben,
- den Menschen zur kreativen und engagierten Gestaltung der Zukunft sowie zur Neuerung und Veränderung von gesellschaftlichen Verhältnissen zu befähigen,
- die Entfaltung des individuellen Selbst zu unterstützen,
- den Menschen gegenüber ungerechtfertigten Abhängigkeiten und Zwängen, persönlichem Machtstreben und Willkür sowie Unterdrückung im sozialen Leben zu sensibilisieren, um gegebenenfalls auch Widerstand leisten zu können.

> „Wer Unrecht von seinen Menschen nicht abwehrt, ist ebenso schuldig wie jeder, der es begeht."
> (Ambrosius von Mailand[1])

Schon in den 60er Jahren des letzten Jahrhunderts wies der Deutsche Ausschuss für das Erziehungs- und Bildungswesen (1960) darauf hin, dass sich im Gegensatzpaar von **Anpassung und Widerstand** der Prozess der Bildung vollzieht; „in der Fähigkeit zu bestimmen, wo Anpassung und Widerstand geboten ist, bewährt sich die Freiheit des Menschen in der Welt." Und Erich Weber (1999[8], S. 529 f.) hält zusammenfassend fest, dass die Erziehung doppelseitige Lernhilfen zu bieten hat, „die den Einzelnen befähigen, einerseits den soziokulturellen Anforderungen der (modernen) Welt zu entsprechen und andererseits jene Gegenkräfte hervorzubringen, die er benötigt, um sich dem totalen Anpassungsdruck entziehen zu können." Der Einzelne muss durch Erziehung lernen, sich in gesellschaftliche Gegebenheiten aktiv und kritisch-konstruktiv einzuschalten und am sozialen und politischen Leben produktiv mitzuwirken. Dabei dürfen Anpassung und Widerstand nicht einseitig angestrebt werden, es handelt sich um sich gegenseitig ergänzende Polaritäten.

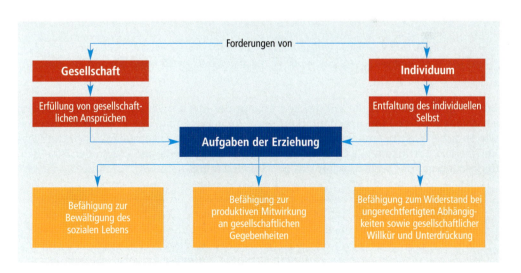

---

[1] Ambrosius (wahrscheinlich 339–397) war Kirchenvater und Bischof von Mailand.

4.3 Erziehung und Bildung

Der Begriff „Bildung" zählt zu den ungenauesten Fachausdrücken der Pädagogik. Er wird sehr unterschiedlich verwendet, was nur vor dem Hintergrund deutscher Geistesgeschichte verständlich ist. Im deutschen Sprachraum tritt dieser Begriff etwa um die Mitte des 18. Jahrhunderts auf; verwandt ist er mit dem Wort „Bild" und bedeutet wörtlich so viel wie „im Bilde sein", was meint, die Welt zu verstehen und zu begreifen.

4.3.1 Der Begriff „Bildung"

Eine genaue Begriffsklärung bereitet Schwierigkeiten, weil darüber, was mit Bildung gemeint ist, auch heute keine Einigkeit besteht. Im Prozess der Bildung geht es um die Entfaltung der eigenen Individualität, die Ausgestaltung des Menschseins, darum, aus sich selbst etwas zu machen. Diese Selbstentfaltung ist aber nur möglich in der **aktiven Auseinandersetzung mit der Welt**, insbesondere mit den Inhalten der Kultur sowie mit der sozialen, politischen und sachhaften Wirklichkeit. In dieser Auseinandersetzung erschließt sich für den Menschen die Welt, sie wird für ihn durchschaubar, durchsichtig, vertraut, zugänglich; er lernt, Zusammenhänge zu erkennen, mit ihr umzugehen und sich in ihr angemessen zu verhalten. Bildung ist aus dieser Sicht der **Vorgang der Erschließung der Welt für den Menschen**.

In dieser Auseinandersetzung mit der Welt erschließt sich aber auch der Mensch selbst, dem an der Welt das eigene Ich erfahrbar wird; ihm wird seine eigene Stellung in der Welt und unter den Menschen verstehbar, er selbst wird aufgeschlossen für die Wirklichkeit und wird fähig, in ihr zu leben, sein Leben in der Welt selbstbestimmt und verantwortlich zu gestalten. In diesem Sinne ist Bildung auch der **Vorgang der Erschließung des Menschen für die Welt**.

> „Indem er [der Mensch] sich auf die Wirklichkeit einlässt, indem er ... sie erkundet, ausprobiert und erobert, ... indem er vertraut wird mit Vergangenheit, Gegenwart und Zukunft und indem er sich selbst über das alles zunehmend differenzierter und präziser, sprachlich verständigen kann, entfaltet er seine Fähigkeiten, erfährt er seine Möglichkeiten ebenso wie seine Grenzen und sein Unvermögen und lernt damit umzugehen. Je ... intensiver er sich auf die Wirklichkeit ... einlassen kann und sich einlässt, umso mehr gewinnt er selbst."
>
> (Badry, 2003[4], S. 63)

Durch das Einlassen auf die Wirklichkeit erlangt der Mensch Wissen und Kenntnisse auf verschiedenen Gebieten und entwickelt seine Anlagen, Fähigkeiten und Möglichkeiten wie Sprache, Wahrnehmung, logisches Denken, Kreativität, Urteilsfähigkeit, technisches Verständnis, Fertigkeiten, Entschlusskraft, Durchsetzungsvermögen u. a. In der Auseinandersetzung mit der Welt formt er sich also folglich selbst.

> „Die Objektivität der Welt steht den Subjekten ... zunächst einmal gleichgültig gegenüber; erst indem der Mensch sich an ihr geistig abarbeitet, kann er eben dadurch auch zur höheren Entfaltung seiner Individualität gelangen. Die subjektive Seite der Bildung, nämlich die durch sie ermöglichte Individualisierung, entfaltet sich nicht aus der psychischen Innerlichkeit heraus, sondern durch deren Konfrontation mit objektiven kulturellen Ansprüchen."
>
> (Giesecke, 1998, S. 25)

Bildung bedeutet jedoch nicht nur den **Prozess** der Erschließung der Welt für den Menschen und des einzelnen für die Welt, sondern auch dessen **Ergebnis**. Es besteht darin, dass der Mensch über das, was er sich in der Auseinandersetzung mit der Welt zu eigen gemacht hat, verfügen und so mit ihr angemessen umgehen und sein Leben ohne Fremdbestimmung verantwortlich in ihr gestalten kann.

> **Bildung ist der Prozess und das Ergebnis der Erschließung der Welt für den Menschen und des Menschen für die Welt durch die aktive Auseinandersetzung des Einzelnen mit ihr.**

Bildung ist so gesehen immer ein Prozess, der sich im Gegensatz zur Erziehung am Menschen selbst vollzieht. Erziehung ist ein Vorgang, der sich zwischen Menschen abspielt. Aufgabe der Erziehung kann es hierbei nur sein, dem zu Erziehenden diese Auseinandersetzung zu ermöglichen und Voraussetzungen dafür zu schaffen.

> So können Eltern und andere Erzieher beispielsweise den zu Erziehenden mit der Wirklichkeit in Verbindung bringen, ihn Erfahrungen sammeln lassen, ihn ermuntern, vor Überforderung schützen, günstige Bedingungen schaffen usw.

Erziehung ist auch jenes soziale Handeln, das beabsichtigte Hilfe und Unterstützung bei der aktiven Auseinandersetzung des zu Erziehenden mit der kulturellen, sozialen, politischen und sachhaften Welt bieten will.

> *„Bildung ist das, was übrig bleibt, wenn man das, was man gelernt hat, vergessen hat."*
> (Burrhus F. Skinner[1])

4.3.2 Bildung und Ausbildung

Bildung ist kein Privileg für bestimmte Klassen, Schichten oder für eine bestimmte Gruppe von Menschen; sie ist ein subjektiver, persönlicher Vorgang, der sich in jedem Menschen vollziehen kann, wenn er sich mit der Welt auseinandersetzt. Bildung bedeutet auch nicht Anhäufung von bloßem Wissen oder ein lediglich Belesensein in bestimmten Dingen. „Gebildet" ist derjenige, der Zusammenhänge erkennen, Beziehungen herstellen, mit der Welt angemessen umgehen, sein Leben selbst gestalten und sich selbst verwirklichen kann sowie zu einer mit der Welt stimmigen Lebensweise fähig ist. Dieser Prozess ist prinzipiell unabschließbar, er stellt eine lebenslängliche, durch Auseinandersetzung mit der Welt immer wieder neu zu bewältigende Aufgabe dar, die durch Erziehung unterstützt werden kann. Bildung kann sich, so gesehen, nicht nur auf den Intellekt beziehen, sie muss den Menschen in seiner **Ganzheit** erfassen, was bedeutet, dass er mit seinen psychischen Prozessen, wie zum Beispiel dem Denken und Fühlen und seinen körperlichen Vorgängen eine Einheit bildet.

Bildung ist nicht gleichzusetzen mit Ausbildung, bei der es um den Erwerb von Kenntnissen, Fähigkeiten und Fertigkeiten – um berufliche **Qualifikationen** – geht, die zur Ausübung eines bestimmten Berufes erforderlich sind. Bildung will die Ausgestaltung des Menschseins, zu der eine bestimmte Ausbildung dazugehört. Sollte diese jedoch nicht nur einen ökonomischen Sinn haben, dann muss sie dem Bildungsbegriff untergeordnet werden: Jede Spezialisierung und jede Ausbildung muss durch eine umfassendere Bildung abgesichert werden.

> *Wo Ausbildung nicht der Bildung zugeordnet wird, „verzweckt sie den Menschen, liefert ihn der Entfremdung aus; sie nimmt ihm die Verantwortung für den Umgang mit seinen Qualifikationen; die Folgen können angesichts der in den Qualifikationen gewonnenen Verfügungsmöglichkeiten gegenwärtiger Technik nicht ernst genug bedacht werden."*
> (Heitger, 1983, S. 117)

---

[1] Eine Biografie von Burrhus F. Skinner befindet sich in Kapitel 6.2.2.

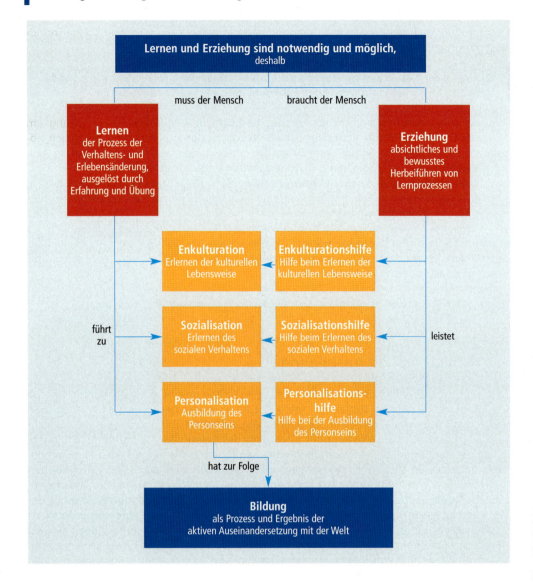

Zusammenfassung

- Lernen ist ein nicht beobachtbarer Prozess, der durch Erfahrung und Übung zustande kommt und durch den Verhalten und Erleben relativ dauerhaft erworben oder verändert und gespeichert wird.

- Erziehung ist ein soziales Handeln, welches bestimmte Lernprozesse bewusst und absichtlich herbeiführen und unterstützen will, um relativ dauerhafte Veränderungen des Verhaltens und Erlebens, die bestimmten Erziehungszielen entsprechen, zu erreichen.

Wesentliche Merkmale von Erziehung:
- Erziehung ist beabsichtigte Lernhilfe.
- Erziehung ist zielgerichtet.
- Erziehung ist soziale Interaktion und Kommunikation.
- Erziehung ist durch eine besondere zwischenmenschliche und persönliche Beziehung gekennzeichnet.
- Erziehung ist soziales Handeln.

- Autorität bedeutet das Innehaben von sozialer Macht und sozialem Einfluss über eine oder mehrere Personen. Dabei geht es darum, wie der Erzieher seine Macht und seinen Einfluss legitimiert: Autorität kann auf Zwang und persönlicher Willkür beruhen und blinden Gehorsam fordern; sachlich begründete („echte") Autorität hingegen lässt sich von den Forderungen der Sache und den Ordnungen des Zusammenlebens her begründen und verlangt einsichtigen Gehorsam. Gehorsam bedeutet, den Willen eines anderen zu befolgen.

- Aufgabe der Erziehung ist es, Hilfe und Unterstützung zu bieten beim Erlernen der jeweiligen kulturellen Lebensweise (Erziehung als beabsichtigte Enkulturationshilfe), beim Erlernen des sozialen Verhaltens (Erziehung als beabsichtigte Sozialisationshilfe) und bei der Ausbildung des Personseins (Erziehung als beabsichtigte Personalisationshilfe). Den Vorgang des Erlernens der Kultur, der Übernahme der jeweiligen kulturellen Lebensweise bezeichnet man als Enkulturation, den Prozess, in welchem der Mensch in der Gesellschaft bzw. in einer ihrer Gruppen handlungsfähig wird, als Sozialisation und den Vorgang der Entfaltung des Personseins als Personalisation.

- Sozialisation als Prozess, in welchem der Mensch sich sozial zu verhalten lernt, bedeutet im Einzelnen das Erlernen der Wert- und Normvorstellungen der jeweiligen Gesellschaft oder Gruppe, die Ausbildung von Einstellungen, die Übernahme von sozialen Rollen, die an eine soziale Position geknüpft sind, sowie die Ausbildung des Gewissens. In Bezug auf die Erforschung der Sozialisation haben sich verschiedene Theorieansätze herausgebildet. Häufig werden sie eingeteilt in psychologische und soziologische Theorien der Sozialisation.

- Erziehung muss einerseits den Ansprüchen der Gesellschaft und andererseits denen des Individuums gerecht werden. Daraus erwächst ihr die Aufgabe zur Bewältigung des sozialen Lebens, zur produktiven Mitwirkung an gesellschaftlichen Gegebenheiten sowie zum Widerstand bei ungerechtfertigten Abhängigkeiten und Zwängen, persönlichem Machtstreben und Willkür sowie Unterdrückung im sozialen Leben zu befähigen.

- Bildung ist der Prozess und das Ergebnis der Erschließung der Welt für den Menschen und des Menschen für die Welt durch die aktive Auseinandersetzung des Einzelnen mit ihr. Bildung ist so gesehen immer ein Prozess, der sich im Gegensatz zur Erziehung am Menschen selbst vollzieht. Bildung ist nicht gleichzusetzen mit Ausbildung; jede Spezialisierung und jede Ausbildung muss durch eine umfassendere Bildung abgesichert werden.

Aufgaben und Anregungen Kapitel 4

Aufgaben

1. Bestimmen Sie den Begriff „Lernen" und beschreiben Sie an einem Beispiel die Merkmale dieses Begriffes.
(Abschnitt 4.1.1)

2. Erläutern Sie an einem Beispiel aus Ihrer eigenen Erziehung die „Erziehung als soziale Interaktion und Kommunikation".
(Abschnitt 4.1.2)

3. Stellen Sie Erziehung als beabsichtigte Lernhilfe dar und erläutern Sie diese an einer Erziehungssituation aus der frühen Kindheit.
(Abschnitt 4.1.3)

4. Beschreiben Sie an einer Erziehungssituation in einer pädagogischen Einrichtung (zum Beispiel Familie, Kindergarten, Schule, Heim) die Zielgerichtetheit der Erziehung
(Abschnitt 4.1.3)

5. Zeigen Sie anhand eines Beispiels Erziehung als soziales Handeln auf.
(Abschnitt 4.1.4)

6. Bestimmen Sie den Begriff „Erziehung" und beschreiben Sie an einer typischen Erziehungssituation wesentliche Merkmale des Begriffes Erziehung.
(Abschnitt 4.1.5)

7. Fallbeschreibung „Danny"
   Der 10 Jahre alte Danny ist seit drei Monaten in einem Heim für Kinder und Jugendliche untergebracht. Bei zu hohen Anforderungen an ihn oder Ärger mit den anderen Kindern in der Gruppe fängt er immer an zu kaspern. Zu dieser Zeit wird festgestellt, dass er sehr schlecht hört. Als er schließlich das Hörgerät erhalten hat, hoffen vor allem die Erzieher, dass es schnell aufwärts geht mit ihm. Danny bekommt eine intensive Betreuung im schulischen wie auch im sozialen Bereich. Er selbst ist sehr neugierig und wissbegierig, was die Erzieher in jeder nur erdenklichen Weise unterstützen.
   Will er bestimmten Anweisungen nicht Folge leisten, sagt er immer: „Ich höre dich nicht" und hält sich dabei die Ohren zu. Die einzelnen Erzieher reagieren darauf unterschiedlich: Die einen schimpfen, andere reden ihm lange gut zu und wieder andere nehmen ihn bei der Hand und führen mit ihm das durch, was er zu tun hat. Bei größerem Ärger mit Erziehern oder anderen Kindern der Gruppe sperrt er sich immer in der Toilette der Wohngruppe ein. Nach einiger Zeit fanden die Erzieher heraus, dass er ca. 15 Minuten später von allein wieder herauskam und man dann mit ihm reden konnte.
   a) Stellen Sie an diesem Beispiel Erziehung als wechselseitige Beeinflussung dar.
      (Abschnitt 4.1.2)
   b) Bestimmen Sie den Begriff „Erziehung" und weisen Sie anhand der Merkmale des Begriffes nach, dass es sich in der Fallbeschreibung „Danny" um Erziehung handelt.
      (Abschnitt 4.1.2 bis 4.1.4)

8. Fallbeschreibung „Manfred"
   (Küchengeräusche: Klappern von Tellern, Schritte ...)
   Mutter: Manfred, komm doch zum Frühstück!
   Manfred: Ja, ja, reg' dich nicht auf, ich komm ja schon!
   Mutter: Wie oft soll ich dir denn noch sagen, dass du pünktlich sein sollst, sonst musst du das Frühstück wieder so hastig runterschlucken.
   Manfred: Ja, ja! *(murmelt noch etwas Unverständliches)*
   Mutter: Jetzt komm doch endlich!
   (Nach einer kurzen Pause kommt Manfred)
   Mutter: Du musst dich beeilen, damit du nicht wieder zu spät in die Schule kommst!
   Manfred: Ja, ja! Alles mit der Ruhe!
   (Manfred steht auf, schaltet den Fernseher an und zappt von Programm zu Programm)
   Mutter: Jetzt lass' doch den Fernseher in Ruhe! Schau mal auf die Uhr, wie spät es schon ist! Du wirst wieder zu spät kommen!
   Manfred: Ist nicht so schlimm, wir haben in der ersten Stunde eh nur Herrn Ballauf, der sagt nichts.
   Mutter: Das kommt gar nicht in Frage, dass du immer zu spät in die Schule kommst! Denk daran, was Vater gesagt hat!
   Manfred: Was hat er denn gesagt?
   Mutter: Er wird dir längere Zeit abends Ausgehverbot geben, wenn du wieder einen Verweis wegen 'mehrmaligem Zuspätkommen' bekommst.
   Manfred: Ja, ich beeile mich ja schon.
   (Schluckt noch sein letztes Stück Brot hinunter, steht auf, zieht sich den Anorak an und verlässt mit der Schulmappe das Haus)
   Mutter *(zu sich selbst)*: Wenn ich dem Jungen nur mal beibringen könnte, dass er pünktlich ist!
   Stellen Sie an diesem Beispiel Erziehung als beabsichtigte Lernhilfe und als soziales Handeln dar.
   (Abschnitt 4.1.3 und 4.1.4)

9. Ist Autorität in der Erziehung notwendig oder können wir auf sie verzichten? Begründen Sie Ihre Ausführungen.
   (Abschnitt 4.1.6)

10. Bestimmen Sie die Begriffe „Autorität" und „Gehorsam" und zeigen Sie an einem Beispiel, dass Autorität und Gehorsam zwei aufeinander bezogene Begriffe sind.
    (Abschnitt 4.1.6)

11. Bestimmen Sie den Begriff
    a) „Enkulturation" und beschreiben Sie an einem Beispiel Erziehung als beabsichtigte Enkulturationshilfe.
       (Abschnitt 4.2.1)
    b) „Sozialisation" und beschreiben Sie an einem Beispiel Erziehung als beabsichtigte Sozialisationshilfe.
       (Abschnitt 4.2.2)
    c) „Personalisation" und beschreiben Sie an einem Beispiel Erziehung als beabsichtigte Personalisationshilfe.
       (Abschnitt 4.2.4)

12. Beschreiben Sie am Beispiel einer pädagogischen Einrichtung (zum Beispiel Kindergarten, Schule) Forderungen, die Gesellschaft und Individuum an die Erziehung stellen und zeigen Sie die Aufgaben auf, die sich für die Erziehung aus diesen Forderungen ergeben.
(Abschnitt 4.2.5)

13. Bestimmen Sie den Begriff „Bildung" und erläutern Sie die Merkmale dieses Begriffes an einer geeigneten Situation.
(Abschnitt 4.3.1)

14. a) Bestimmen Sie die Begriffe „Erziehung" und „Bildung".
    (Abschnitt 4.1.5 und 4.3.1)
    b) Grenzen Sie die beiden Begriffe voneinander ab und verdeutlichen Sie diese an einem Beispiel.
    (Abschnitt 4.3.1)

15. Erläutern Sie an einem geeigneten Beispiel den Unterschied zwischen Bildung und Ausbildung.
(Abschnitt 4.3.2)

Anregungen

16. *Entwerfen von Aktionskarten*
    - Finden Sie sich in Fünfergruppen zusammen und notieren Sie auf je ein Blatt einen Begriff bzw. eine Aussage zu dem Thema „Grundlagen und Aufgaben der Erziehung".
    - Schreiben Sie zugleich auf die Blätter, wie der notierte Begriff bzw. die notierte Aussage dargestellt werden soll:
        • Umschreibung des Begriffes bzw. der Aussage,
        • Zeichnen auf einer Overheadfolie, ohne zu sprechen, oder
        • pantomimische Darstellung.
    - Die Blätter werden auf einem Tisch ausgelegt.
    - Jede Gruppe wählt nun fünf Blätter aus, die nicht in der eigenen Gruppe entworfen wurden.
    - In der Klasse werden nacheinander die Begriffe bzw. Aussagen dargestellt, die Klasse muss den Begriff bzw. die Aussage erraten.

17. Zeichnen Sie den Begriff „Erziehung" nach Ihren Vorstellungen und diskutieren Sie in der Klasse (oder in Gruppen) über die verschiedenen Zeichnungen.

18. *„So erlebe ich Erziehung".*
    Stellen Sie mithilfe einer Collage dar, wie Sie Erziehung erleben und erlebt haben.

19. *„So wünsche ich mir Erziehung".*
    - Reflektieren Sie in Gruppen Ihre eigene Erziehung unter folgenden Gesichtspunkten:
        • So wünsche ich mir Erziehung
        • So möchte ich meine eigenen Kinder erziehen

- Bilden Sie einen Innenkreis, in welchem die Gruppensprecher Platz nehmen. Stellen Sie einen Stuhl mehr in diesen Kreis als nötig – dieser bleibt aber leer. Die „restliche" Klasse bildet einen Außenkreis.
- Die Gruppensprecher teilen den anderen Mitgliedern des Innenkreises ihre in der Gruppe diskutierten Vorstellungen über Erziehung mit. Wer aus dem Außenkreis etwas ergänzen oder sich an der Diskussion des Innenkreises beteiligen möchte, kann hineingehen, sich auf den leeren Stuhl setzen, seinen Beitrag leisten und dann wieder in den Außenkreis zurückkehren.

20. *Sina, $16^1/_2$ Jahre alt, sollte von ihrem Discothekenbesuch spätestens um 22.30 Uhr zu Hause sein. Doch Sina kommt erst gegen 0.30 Uhr heim. Die Eltern warten auf sie ...*
    - Spielen Sie die Situation zwischen Eltern und Sina, die zu spät nach Hause kommt.
    - Halten Sie auf einem Blatt fest, wie Eltern und Sina agieren und aufeinander reagieren sowie sich gegenseitig beeinflussen und steuern.
    - Diskutieren Sie im Anschluss über die Merkmale von Erziehung, die in dieser Situation zu erkennen waren.

21. Stellen Sie mit Bauklötzchen dar, wie Sie in Ihrer Erziehung Autorität erlebt haben. Sprechen Sie anschließend in Gruppen darüber.

22. *Stanley Milgram fand in seinen Experimenten heraus, dass Personen bereit sind, gegen andere Personen Gewalt anzuwenden, wenn sie von einer anerkannten Autorität dazu aufgefordert werden.*
    Diskutieren Sie in der Klasse oder in Gruppen folgende Fragen:
    - Milgrams Experimente fanden in den 1960er Jahren statt. Gibt es Ihrer Meinung nach auch heute noch genug Personen bzw. -gruppen, die sich bereitwillig den Forderungen vermeintlicher Autorität bedingungslos unterwerfen?
    - Was sind mögliche Ursachen für einen solchen blinden Gehorsam?
    - Welche Konsequenzen ergeben sich Ihrer Meinung nach für die Erziehung, um blinde Gehorsamsbereitschaft zu vermeiden?

23. *„Erziehung zwischen den Ansprüchen der Gesellschaft und des Individuums."*
    - Überlegen Sie sich in Gruppen eine Situation, in der diese konfliktreiche Aufgabe der Erziehung deutlich wird.
    - Einigen Sie sich in der Klasse auf eine Situation.
    - Spielen Sie diese Situation, indem eine oder mehrere Person(en) die Vertreter der Gesellschaft und eine oder mehrere das Individuum mit seinen Wünschen und Bedürfnissen darstellen.

24. *Was heißt gebildet? Wer ist gebildet?*
    Sammeln Sie bei Verwandten, Freunden und Bekannten Äußerungen über dieses Thema.
    Vergleichen Sie diese Äußerungen mit den Ausführungen in *Abschnitt 4.3*.

5 Erziehung aus der Sicht der Psychoanalyse

Der Fall „Elisabeth"

Die 6½-jährige Elisabeth wird – seit die Eltern bei einem Verkehrsunfall tödlich verunglückt sind – von ihrer Tante, einer Schwester ihrer Mutter, und ihrem Onkel erzogen. Die Familie, in der Elisabeth nun lebt, hat mittlerweile auch ein eigenes Kind, Florian, der 11 Monate alt ist. Elisabeth war, als der Unfall passierte, 22 Wochen alt. Über fünf Jahre gab es mit ihr keinerlei Probleme in der Erziehung; diese traten erst auf, als sie mit knapp sechs Jahren auf Drängen ihres Onkels eingeschult wurde.

Von der Lehrerin wird Elisabeth als verträumt, unsicher und zurückgezogen geschildert. Sie könne sich kaum konzentrieren, weine sehr leicht und komme häufig mit noch nicht fertigen Hausaufgaben in die Schule. Die Tante meint dazu, dass das zierliche und sensible Mädchen sehr lange bei den Hausaufgaben sitze, sehr pedantisch sei und mit der Arbeit aus Angst, Fehler zu machen, nicht beginnen könne.

Die Tante schildert Elisabeth weiter als ein recht nettes Kind. Seit der Einschulung komme es bei ihr aber ein- bis zweimal in der Woche zum Bettnässen, sie esse wenig, trinke aber jeden Morgen zusammen mit Florian ein „Fläschchen". Gegenüber Florian zeige Elisabeth ein sehr wechselhaftes Verhalten, mal sei sie sehr lieb und besorgt um ihn, dann wiederum zerstöre sie sein ganzes Spielzeug. In unbeobachteten Momenten zwicke sie ihren Cousin oder wolle ihn schlagen. Vor einigen Tagen wollte sie ihn sogar die Treppe hinunterstoßen, was gerade noch rechtzeitig verhindert werden konnte.

Der Onkel meint, dass Kinder heutzutage zu sehr verwöhnt und verhätschelt würden. Er ist vor allem gegenüber Elisabeth sehr streng. Er tadelt sie oft, korrigiert ihre Sprache und ist mit ihrer Bearbeitung der Hausaufgaben nie zufrieden. Wenn Elisabeth das tut, was man von ihr verlangt – zum Beispiel die Hausaufgaben korrekt erledigen –, ist dies für den Onkel selbstverständlich und wird von ihm nicht gewürdigt Er hat Elisabeth wegen ihres aggressiven Verhaltens gegenüber Florian bereits ein paar Mal in den Keller gesperrt; dort sollte sie über ihr Fehlverhalten nachdenken.

Um das Verhalten von Elisabeth, insbesondere die Wirkung des Erzieherverhaltens auf ihre Persönlichkeitsentwicklung erklären und um Konsequenzen für das erzieherische Verhalten ziehen zu können, ist eine umfassende **Theorie des Erlebens und Verhaltens** notwendig. Ein solch umfassendes Gedankengebäude stellt die **psychoanalytische Theorie** von *Sigmund Freud* dar.

Folgende Fragen werden in diesem Kapitel geklärt:

1. *Welche grundlegenden Begriffe und Aussagen beinhaltet die psychoanalytische Theorie?*
   Wie sieht der Aufbau der Persönlichkeit aus?
   Wie entwickelt sie sich unter verschiedenen erzieherischen Verhaltensweisen?

2. *Wie lässt sich die Entstehung und Änderung von Erlebens- und Verhaltensweisen erklären bzw. vorhersagen?*
   Welcher Zusammenhang besteht zwischen Erzieherverhaltensweisen und dem Erleben und Verhalten des zu Erziehenden?

3. *Welche erzieherischen Aufgaben sind aus psychoanalytischer Sicht in der frühen Kindheit bedeutsam?*
   Unter welchen Umständen ist eine seelische Fehlentwicklung wahrscheinlich?
   Welche Erziehungsfehler können eine solche verursachen?

5.1 Die Grundannahmen der psychoanalytischen Theorie

Die Psychoanalyse hat in den gut einhundert Jahren ihrer Existenz große Aufnahme und Verbreitung gefunden. *Sigmund Freud*, ihr Begründer, hat mit seiner Theorie über die menschliche Psyche bahnbrechend gewirkt. Obwohl *Freuds* Lehre immer wieder kritisiert wurde und heftig umstritten ist, hat sie bis heute nicht an Aktualität verloren. Sie wird in diesem *Kapitel* nach ihrem Begründer dargestellt.

Sigmund Freud wurde am 6. Mai 1856 in Freiberg (Nordmähren) geboren und studierte in Wien Medizin, wo er 1881 den medizinischen Doktorgrad erwarb. Nach seinem Studium widmete er sich zunächst der neurologischen Forschung, später interessierte ihn als praktizierender Nervenarzt die Analyse psychisch bedingter Erkrankungen, vor allem befasste er sich mit Hysterie[1]. Zu diesem Zweck ging er 1885 als Privatdozent nach Frankreich und arbeitete mit dem Pariser Neurologen Jean-Martin Charcot zusammen, der Hysterien mit Hilfe von Hypnose[2] heilte. Doch Freud schätzte die Hypnose wenig und entwickelte wieder in Wien mit dem Arzt Josef Breuer ein eigenes Verfahren zur Heilung von psychischen Störungen. Er begründete auch eine eigene Theorie, die Psychoanalyse, die das menschliche Erleben und Verhalten erschöpfend beschreiben und erklären kann. 1930 erhielt er zwar den Goethepreis, wurde aber nie auf einen Lehrstuhl berufen. 1938 emigrierte er nach London – Freud war jüdischer Abstammung – und starb dort ein Jahr später.

5.1.1 Das Unbewusste und das Vorbewusste

Die grundlegenden Begriffe der psychoanalytischen Theorie sind das **Unbewusste** und das **Vorbewusste**. Nur ein geringer Teil der seelischen Vorgänge, die im Menschen ablaufen, ist bewusst, die meisten Vorgänge gehen unter die Oberfläche des Bewusstseins zurück und spielen sich im Vorbewussten und Unbewussten ab. Seelische Vorgänge, die ein Mensch nicht oder nicht mehr weiß, die also **nicht bewusstseinsfähig** sind, die aber sein Erleben und Verhalten maßgeblich beeinflussen, werden als **unbewusst** bezeichnet.

> Frau Prude hat als kleines Kind mehrmals beobachtet, wie ihr Vater ihre Mutter zu sexuellen Handlungen zwang. An diese Gegebenheit kann sich Frau Prude nicht mehr erinnern, sie haben aber ihr Sexualverhalten dahin gehend beeinflusst, dass sie Probleme hat, sich einem Mann hinzugeben.

---

[1] Hysterie (griech.) ist eine Störung, bei der neben psychischen Auffälligkeiten, wie etwa Wahnvorstellungen oder Wein- und Schreikrämpfen, körperliche Störungen (zum Beispiel Zitteranfälle, heftige Magenschmerzen, Bewegungsstörungen, Lähmungen, Krämpfe) ohne nachweisbare organische Ursachen auftreten.

[2] Hypnose (griech.: Schlaf) ist eine durch Beeinflussung (Suggestion) herbeigeführte Bewusstseinsänderung, wobei alle bewussten Funktionen eingeengt sind und Reize der Außenwelt nur über den Kontakt mit demjenigen aufgenommen werden können, der die Hypnose durchführt (Hypnotiseur).

Um unbewusste Vorgänge handelt es sich jedoch nur, wenn diese außer durch therapeutische Methoden von allein nicht mehr ins Bewusstsein kommen, unabhängig davon, wie stark sie sein mögen. Latente Vorgänge, die dem Bewusstsein wieder zugänglich gemacht werden können, die also **bewusstseinsfähig** sind, bezeichnet *Sigmund Freud (Band 3, 2000, S. 29 und 31 f.)* als **vorbewusst**.

> Herr Prude weiß nicht mehr, dass ihn sein Lehrer in der 9. Klasse mal sehr „unsanft" vor die Tür gesetzt hat, weil er schwätzte. Nach längerer Unterhaltung mit seinem Freund kann er sich wieder daran erinnern.

> Mit vorbewusst sind alle bewusstseinsfähigen Vorgänge gemeint; es handelt sich um seelische Vorgänge, um die ein Mensch nicht spontan weiß, die jedoch dem Bewusstsein wieder voll zugänglich gemacht werden können.
> Mit unbewusst bezeichnen wir alle seelischen Vorgänge, die nicht bzw. nicht mehr in das Bewusstsein dringen, also bewusstseinsunfähig sind, das Erleben und Verhalten eines Menschen aber maßgeblich beeinflussen.

Oft werden Verhaltensweisen, die nach einiger Zeit nicht nur automatisch, sondern auch den jeweiligen Bedingungen angepasst ablaufen, als unbewusst bezeichnet. Ein Autofahrer beispielsweise kann sich mit seinem Beifahrer unterhalten und gleichzeitig steuern, schalten, hupen und dgl. Im psychoanalytischen Sinne sind jedoch solche Vorgänge nicht „unbewusst", denn sie sind jederzeit „bewusstseinsfähig". Ebenso wenig ist so etwas wie eine „unbewusste Ahnung" gemeint, die automatisch zu einem richtigen Verhalten führt („Das habe ich jetzt unbewusst richtig gemacht"). Unbewusste seelische Vorgänge sind dem aktuellen Bewusstsein unzugänglich, sie sind dem Bewusstsein entzogen, drängen jedoch dauernd in das Bewusstsein und nehmen auf unser Erleben und Verhalten Einfluss (vgl. Klein u. a., 1999[10], S. 99).

Grundlegende Annahme der Psychoanalyse ist, dass **bestimmte seelische Vorgänge und innere Kräfte** – zum Beispiel verbotene oder bestrafte Wünsche, unangenehme Erlebnisse oder Probleme – **dem Bewusstsein verborgen, also „unbewusst" sind, sich jedoch auf das individuelle Verhalten und die Entwicklung der Persönlichkeit nach ganz bestimmten Gesetzmäßigkeiten auswirken.**

Häufig schlagen sich unbewusste Inhalte in verschiedenen Formen des Verhaltens nieder, wie zum Beispiel in sogenannten **Fehlleistungen** wie sich versprechen, verlesen, verschreiben, verhören, etwas verlieren oder verlegen bzw. vergessen oder in Träumen, die unbewusste Vorgänge und Prozesse in verschlüsselter Form, in symbolischen Verkleidungen, „erkennen" lassen. Fehlleistungen sind „Kompromissbildungen" zwischen einer bewussten Absicht und unbewussten Vorgängen *(vgl. Tögel, 2005, S. 48)*.

> Sigmund Freud erzählt die Geschichte eines Sitzungspräsidenten, der sich nichts Gutes von der Sitzung versprach und sie mit den Worten eröffnete, die Sitzung sei geschlossen.
> Herr X sagte: „Aber dann sind die Tatsachen zum Vorschwein gekommen ..." Herr X empfand die Vorgänge offensichtlich als Schweinerei, was er jedoch nicht sagen wollte.

5.1.2 Der Mensch als ein festgelegtes Wesen

Kernstück der psychoanalytischen Theorie ist die Annahme, dass der Mensch ein Wesen ist, das von verschiedenen Energien gesteuert wird.

> *„Freud ging von einem System aus, in dem die Energie fließt, in Seitenkanäle gelangt und aufgestaut wird. Die Energiemenge ist begrenzt und wenn sie für einen Zweck genutzt wird, dann ist für einen anderen Zweck weniger vorhanden."* (Pervin u. a., 2005[5], S. 111)

Sigmund Freud sieht den Menschen als ein Wesen, dessen Verhalten **durch Triebe erzeugt und gesteuert** wird. Wenn also ein Mensch aktiv wird, geht dies immer auf einen Trieb zurück. Um diesen möglichst umfassend zu befriedigen, wird das Verhalten eines Menschen in eine ganz bestimmte Richtung gelenkt. Menschliche Verhaltensweisen sind darauf gerichtet, Triebwünsche zu befriedigen und innere Spannungen zu vermindern. Der Mensch ist sich jedoch der seelischen Kräfte und Motive, die sein Verhalten steuern, meist nicht bewusst. *Freud* geht davon aus, dass Personen die Motive, die ihr Verhalten steuern, nicht kennen.[1]

Sämtliche Verhaltensweisen des Menschen, egal ob sie normal oder krankhaft erscheinen, sind **durch seelische Prozesse bedingt und festgelegt**. Bestimmte Symptome treten niemals beliebig auf, sondern hängen auf bedeutungsvolle Art und Weise mit ganz bestimmten erlebten Ereignissen zusammen und werden durch diese *determiniert*.[2]

> Zusammen mit seinem Wiener Kollegen *Josef Breuer* beobachtete *Freud* bei einer Patientin beispielsweise, dass ein bestimmtes körperliches Symptom mit einem früheren vergessenen Ereignis in Zusammenhang stand: Sie sah als erwachsene Person nichts, sie war „blind"; unter Hypnose konnte sie sich erinnern, dass sie als kleines Kind ihre Eltern beim Geschlechtsverkehr beobachtet hatte, was sie offensichtlich sehr verstörte und zu diesem Symptom der „Blindheit" führte.

Freud spricht hier von einem **psychischen Determinismus** und meint damit die Annahme, dass jedes Erleben und Verhalten eine Ursache hat. Diese Prozesse sind nicht immer offen erkennbar, sondern lassen sich meist nur aus der individuellen Lebensgeschichte eines Menschen erschließen.

Die Psychoanalyse ist eine Theorie, die sowohl eine **Persönlichkeitstheorie** (*Abschnitt 5.2*) als auch eine **Entwicklungstheorie** (*Abschnitt 5.3*) umfasst. Auf diesen beiden Theorieteilen aufbauend entwickelt sie ein *psychotherapeutisches Konzept* zur Behandlung von psychischen Störungen.

---

[1] Die Psychoanalyse spricht deshalb in diesem Zusammenhang von einer **unbewussten Motivation**.
[2] determinare (lat.): festsetzen, festlegen, bestimmen

5.2 Das psychoanalytische Persönlichkeitsmodell

Um den Aufbau und die Dynamik der Persönlichkeit zu beschreiben und zu erklären, verwendete *Sigmund Freud* ein **Instanzenmodell**.

5.2.1 Die Instanzen der Persönlichkeit

Sigmund Freud unterscheidet in seinem Persönlichkeitsmodell drei Persönlichkeitsinstanzen, die die Erlebens- und Verhaltensweisen des Individuums erklären, **das ES, das ICH und das ÜBER-ICH**. Diese drei psychischen Instanzen entwickeln sich nacheinander in der frühen Kindheit.

Bei diesen Instanzen handelt es sich nicht um reale Gegebenheiten, sondern um nicht beobachtbare Hilfskonstruktionen zur Erklärung des menschlichen Erlebens und Verhaltens.

Das ES, die elementarste Schicht, ist bereits vom ersten Lebenstag an vorhanden und beinhaltet alle Triebe, Wünsche und Bedürfnisse eines Individuums.

> **Das ES ist die Instanz der Triebe, der Wünsche und der Bedürfnisse.**

Die Triebwünsche des ES richten sich immer auf ein bestimmtes **Ziel** und auf ein bestimmtes **Objekt**, das auch eine Person bzw. Personengruppe sein kann.

> Beim Wunsch nach Zärtlichkeit gegenüber der Freundin ist das Ziel die Befriedigung des Zärtlichkeitsbedürfnisses und das Objekt die Freundin.

Im ES gelten keine Gesetze des logischen Denkens, es kennt keine Wertungen, kein Gut und Böse, keine Moral. Es hat nur ein Ziel: das blinde Streben nach Befriedigung der Triebe, Wünsche oder Bedürfnisse, die als lustvolle Entspannung erlebt wird. Das ES vertritt das **Lustprinzip**.

> „Von den Trieben her erfüllt sich das ES mit Energie, aber es hat keine Organisation, bringt keinen Gesamtwillen auf, nur das Bestreben, den Triebbedürfnissen unter Einhaltung des Lustprinzips Befriedigung zu verschaffen. Für die Vorgänge im ES gelten die logischen Denkgesetze nicht, vor allem nicht der Satz des Widerspruchs. Gegensätzliche Regungen bestehen nebeneinander, ohne einander aufzuheben oder sich voneinander abzuziehen. ..."
>
> (Sigmund Freud, Band 1, 2000, S. 511)

Das Neugeborene ist zunächst nur ein ES; es strebt ausschließlich nach Triebbefriedigung und lustvoller Entspannung. Doch das kleine Kind merkt bald, dass die Befriedigung von Wünschen und Bedürfnissen nicht immer möglich ist; es muss auch den Forderungen der Außenwelt, der sogenannten „**Realität**", gerecht werden und auf Lustbefriedigung verzichten oder sie auf einen anderen Zeitpunkt verschieben. Es muss Versagungen und Enttäuschungen hinnehmen, es wird sich – im wahrsten Sinne des Wortes – seiner Grenzen bewusst.

Unter dem Einfluss der Außenwelt, die einer ständigen und sofortigen Bedürfnisbefriedigung im Wege steht, entwickelt sich aus dem ES heraus die zweite Instanz, das **ICH**. Das ICH ist die Instanz der bewussten Auseinandersetzung mit der Realität: bewusstes Leben und Wahrnehmen, Denken und Handeln, Planen, Wählen, Fühlen, Wollen, Urteilen und Werten. Es enthält alle zur Anpassung an die Umwelt nötigen kognitiven[1]

---

[1] kognitiv: siehe Kapitel 6.3.1

Fähigkeiten und Funktionen, die der Aufnahme, der Verarbeitung und der Speicherung von Informationen dienen. Hierzu gehören zum Beispiel die Intelligenz, die Kreativität, das Gedächtnis, die Sprach- und Lernfähigkeit, die Wahrnehmung, das Denken, das Urteilen, das Erkennen, das Vorstellen usw.

> Das ICH ist die Instanz, welche die bewusste Auseinandersetzung mit der Realität leistet.

Das ICH versucht einen „Kompromiss" zwischen den ungehemmten Ansprüchen des ES und den Anforderungen der Außenwelt herbeizuführen, es arbeitet nach dem **Realitätsprinzip**.

> *„Die Aufgabe des ICHs ... ist die Verteidigung der eigenen Person und ihre Anpassung an die Umwelt sowie die Lösung des Konflikts zwischen der Wirklichkeit und dem nicht mit ihr in Einklang zu bringenden Wünschen. Es kontrolliert den Zugang zum Bewusstsein und zur Handlung."*
> (Lagache, 1971, S. 40)

Während im ES keine gesteuerte Organisation besteht, besitzt das ICH die Fähigkeit, besonnen und vernünftig zu handeln.

> *Sigmund Freud (Band 3, 2000, S. 294)* hat das Verhältnis des ICH zum ES mit dem des Reiters zu seinem Pferd verglichen: Das Pferd (= ES) liefert die Energie, der Reiter (= ICH) bestimmt die Richtung, wohin es gehen soll, und leitet auch die Bewegungen des Pferdes. Gelegentlich kann es jedoch vorkommen, dass der Reiter (= ICH) die Macht über das Pferd (= ES) verliert und dieses selbst bestimmt, wohin es galoppiert. Das ICH ist also nicht immer – wie es wünschenswert wäre – Herr über das ES.

Eltern und andere Bezugspersonen wollen dem Kind ein Bewusstsein von dem beibringen, was richtig und falsch, was gut und böse ist, was man zu tun und was man zu unterlassen hat. Diese Gebote und Verbote, Mahnungen und Belehrungen und dgl. werden im Laufe der Entwicklung vom Kind übernommen und als richtig und wahr akzeptiert. Auf diese Weise bildet sich die dritte Instanz heraus, das **ÜBER-ICH**. Das ÜBER-ICH stellt also diejenige Instanz dar, welche die Wert- und Normvorstellungen umfasst und das Verhalten und Handeln des ICH im Sinne der geltenden Moral führt. Das ÜBER-ICH vertritt somit das **Moralitätsprinzip**: Es bewertet die Triebwünsche, ob sie zugelassen werden oder nicht.

> *„Seine Funktion tritt im Konflikt mit dem ICH in Erscheinung, und zwar entwickelt das ÜBER-ICH Gefühle, die mit Gewissensregungen, vor allem dem Schuldempfinden, zusammenhängen."*
> (Lagache, 1971, S. 40)

Das ÜBER-ICH vertritt die Moralvorstellungen einer Gesellschaft bzw. einer ihrer Gruppen. Menschen anderer Kulturen haben dementsprechend auch ein anderes ÜBER-ICH.

Das ÜBER-ICH ist zugleich der Träger des **Ich-Ideals**, an dem sich das ICH misst, dem es nachstrebt und dessen Anspruch auf immer weitergehende Vervollkommnung es zu erfüllen bemüht ist. Es stellt ein Leit- und Denkbild dar, wie das ICH gerne sein möchte.

„Ich muss erst mein ÜBER-ICH fragen, ob das in Ordnung geht."

> *„Das ÜBER-ICH ist für uns die Vertretung aller moralischen Beschränkungen, der Anwalt des Strebens nach Vervollkommnung, kurz das, was uns von dem sogenannten Höheren im Menschenleben psychologisch greifbar geworden ist."* (Freud, Band 1, 2000, S. 505)

> Das ÜBER-ICH ist diejenige Instanz, welche die Wert- und Normvorstellungen umfasst, das Verhalten des ICH im Sinne der geltenden Moral führt und eine weitergehende Vervollkommnung zum Ziel hat.

Neuere neurobiologische Erkenntnisse bestätigen – grob betrachtet – Freuds Persönlichkeitsmodell: Stammhirn, auch Reptiliengehirn genannt, und das limbische System[1], welches zuständig ist für Triebe, Emotionen und Motivation entsprechen in etwa dem ES. Die untere frontale Hirnrinde steuert selektive Hemmungsvorgänge, die obere frontale Hirnrinde regelt das Denken und die hintere Hirnrinde repräsentiert und verarbeitet die Sinneseindrücke aus der Außenwelt. Diese beiden Hirnregionen entsprechen dem ICH und dem ÜBER-ICH (vgl. Solms; 2006, S. 41).

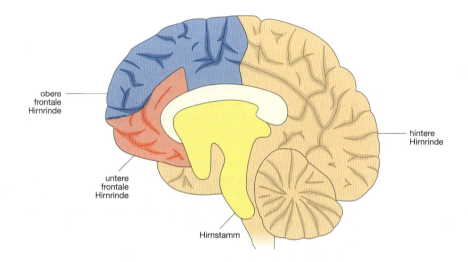

5.2.2 Die Dynamik der Persönlichkeit

Diese drei Instanzen, ES, ICH und ÜBER-ICH, stehen miteinander in einer ständigen Wechselbeziehung, in einem Mit- und Gegeneinander. Jede dieser drei Instanzen erfüllt bestimmte **Funktionen**:

– Das ES kündigt bestimmte Wünsche oder Bedürfnisse beim ICH an.
– Diese Wünsche und Bedürfnisse werden vom ÜBER-ICH bewertet. Je nach Bewertung gibt das ÜBER-ICH Anweisung an das ICH, ob die ES-Wünsche zugelassen werden dürfen oder nicht.
– Das ICH versucht, zwischen ÜBER-ICH und ES zu vermitteln, und überprüft die Realität, ob Befriedigung möglich ist oder nicht. Je nach den Wert- und Normvorstellungen, die im ÜBER-ICH vorhanden sind, je nach der Stärke der Gefühle, die es entwickelt (Gewissensbisse, Schuldgefühle), entscheidet sich, ob das ICH die Wünsche des ES zulassen kann oder nicht. Zugelassene Ansprüche werden vom ICH gesteuert und, wenn es die Realität ermöglicht, verwirklicht, nicht zugelassene Wünsche oder Bedürfnisse müssen vom ICH abgewehrt, unbewusst gemacht, verdrängt werden.

---

[1] *limbisch (lat.: limbus): der Saum*

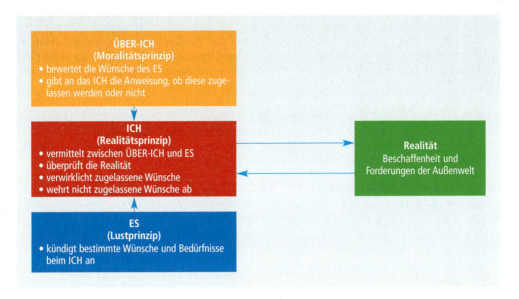

August, zehn Jahre alt, möchte liebend gern ein Fahrrad haben, doch seine Eltern können ihm keines kaufen. Eines Tages sieht der Junge an einem Haus in einer verlassenen Straße ein Fahrrad stehen, das nicht abgeschlossen ist und genau seinen Wünschen entsprechen würde.

ES: Meldet den Wunsch an das ICH, ein Fahrrad zu besitzen.
Ziel: Der Wunsch, ein eigenes Fahrrad zu haben. Objekt: Fahrrad.

ÜBER-ICH: Bewertung des Wunsches entsprechend der verinnerlichten Norm: „Man stiehlt nicht!" Gibt an das ICH die Anweisung, diesen Wunsch nicht zuzulassen.

ICH: Überprüft die Realität: Die Straße ist verlassen, das Fahrrad nicht abgeschlossen; Reaktion der Eltern und Freunde, mögliche Anzeige bei der Polizei wegen Diebstahl … Vermittelt zwischen dem ES-Wunsch und der Einschränkung des ÜBER-ICH: Je nach Stärke der Gefühle, die das ÜBER-ICH erzeugt (Gewissensbisse, Schuldgefühle), und je nach der Wahrnehmung der Realität wird der Wunsch zugelassen oder abgewehrt.

Das ICH steht im Mittelpunkt des *Freudschen* Persönlichkeitsmodells und hat eine zentrale Aufgabe: Es muss versuchen, den verschiedenen Ansprüchen und Forderungen des ES, des ÜBER-ICH und der Realität gerecht zu werden. Dabei sind Konflikte unvermeidlich.

So zum Beispiel kann es für das ICH einen großen Konflikt bedeuten, wenn etwa das ES den Wunsch anmeldet, einen Menschen zu schlagen, das ÜBER-ICH aber versucht, diesen Wunsch vehement zu verhindern.

„*Ein Sprichwort warnt davor, gleichzeitig zwei Herren zu dienen. Das arme ICH hat es noch schwerer es dient drei gestrengen Herren, ist bemüht, deren Ansprüche und Forderungen in Einklang miteinander zu bringen. … Die drei Zwingherren sind die Außenwelt, das ÜBER-ICH und das ES. … Vom ES getrieben, vom ÜBER-ICH eingeengt, von der Realität zurückgestoßen, ringt das ICH um die Bewältigung seiner ökonomischen Aufgabe, die Harmonie unter den Kräften und Einflüssen herzustellen. Diese Ansprüche … scheinen oft unvereinbar zu sein; kein Wunder, wenn das ICH so oft an seiner Aufgabe scheitert.*"

(Freud, Band 1, 2000, S. 514 f.)

Ist das ICH imstande, die Anforderungen des ES, des ÜBER-ICH und der Realität in Einklang zu bringen, und kann es sich gegenüber den beiden Instanzen und der Realität durchsetzen, so handelt es sich um eine **ICH-Stärke**. Bei einer ICH-Stärke ist also immer ein *Gleichgewicht zwischen den einzelnen Persönlichkeitsinstanzen und der Realität* vorhanden.

Gelingt es jedoch dem ICH nicht, zwischen den oftmals konkurrierenden Forderungen des ES und des ÜBER-ICH zu vermitteln, und ist es einer der beiden Instanzen oder der Realität unterlegen, so liegt eine **ICH-Schwäche** vor. Hier stehen die *einzelnen Persönlichkeitsinstanzen zusammen mit der Realität in einem Ungleichgewicht*.

Möglichkeiten der ICH-Schwäche:

- **Das ES siegt über das ICH**: Dies ist der Fall, wenn das ÜBER-ICH zu schwach ist und sich das ES deshalb mit seinen Ansprüchen, die das ÜBER-ICH „verbieten" möchte, gegenüber dem ICH durchsetzen kann.

- **Das ÜBER-ICH siegt über das ICH**: Ist das ÜBER-ICH zu stark ausgebildet, so kann sich das ICH gegenüber dem ÜBER-ICH nicht mehr behaupten; die Wünsche und Bedürfnisse des ES, die das ÜBER-ICH „verbietet", müssen weitgehend unterdrückt werden.

- **Die Realität siegt über das ICH**: In diesem Fall wird das ICH von den Forderungen der Realität beherrscht, es kann sich ihnen gegenüber nicht mehr durchsetzen.

> **Eugen Roth: Wandel**
> *Ein Mensch möchte, neunzehnhundertsiebzehn,*
> *Bei der Regierung sich beliebt sehn.*
> *Doch muss er, neunzehnhundertachtzehn,*
> *Schon andre, leider, an der Macht sehn.*
> *Klug will er, neunzehnhundertneunzehn,*
> *Sich als der Kommunisten Freund sehn.*
> *So wandelt unser Mensch sich fleißig*
> *Auch neunzehnhundertdreiunddreißig.*
> *Und, zeitig merkt man's, er geniert sich*
> *Nicht neunzehnhundertfünfundvierzig.*
> *Er denkt sich, als ein halber Held,*
> *Verstellt ist noch nicht umgestellt.*
> *Wir dürfen, wenn auch leicht betroffen,*
> *Noch allerhand von ihm erhoffen.*
> (Roth, 2001, S. 135)

Diese Möglichkeiten der ICH-Schwäche können, je nachdem, um welchen Verhaltensbereich es sich handelt, bei einem Menschen gemischt vorkommen. Die Übergänge sind fließend und es gibt auch keine scharfen Abgrenzungen: Niemand hat nur ein schwaches bzw. nur ein starkes ICH; bei dieser Unterscheidung handelt es sich stets um ein Mehr oder Weniger.

Schlussfolgerungen für die Erziehung:

- Das Herstellen einer Bindung, die sich in einer emotionalen Beziehung zwischen zu Erziehendem und einer Person oder auch mehreren anderen Personen offenbart, ist Voraussetzung für die Entstehung eines starken ICH. Diese Beziehung muss über Raum und Zeit hinweg emotional sehr eng miteinander verbinden und sich einerseits durch positive Gefühle (Verbundenheit, Nähe, Zärtlichkeit, Fürsorge, Schutz, Körperkontakt und Ansprache) und andererseits durch das Respektieren und Unterstützen des kindlichen Explorationsbedürfnisses[1] auszeichnen.

- Erzieherverhaltensweisen, die geeignet sind, ein zu starkes ÜBER-ICH aufzubauen, wie dies beispielsweise beim autoritären und beim überbehütenden Erziehungsstil der Fall ist, sind zu vermeiden. Je mehr Gebote und Verbote, je mehr Lenkung in einer Erzie-

---

[1] exploratio (lat.): die Erkundung, Erforschung

hung vorhanden sind, desto stärker wird sich das ÜBER-ICH ausbilden. Umgekehrt führt ein Laisser-faire, ein indifferentes oder vernachlässigendes Erzieherverhalten zur Ausbildung eines zu schwachen ÜBER-ICH, so dass die Ansprüche des ES maßlos werden können. Je weniger Führung in einer Erziehung vorhanden ist, desto schwächer wird sich das ÜBER-ICH ausbilden.

- Ein starkes ICH ist zu erwarten, wenn
  - für eine angemessene Befriedigung der Wünsche des ES gesorgt wird;
  - das kindliche Neugierdebedürfnis entfaltet wird; auf diese Weise kann nämlich das Kind lernen, Probleme der Welt wahrzunehmen und selbstständig zu bewältigen;
  - das Kind einen Raum der Freiheit und der eigenen Entscheidung besitzt, Freiräume für eigene Aktivitäten erhält sowie Impulse eigenen kindlichen Wollens und Handelns beachtet und unterstützt werden;
  - dem Kind aber andererseits notwendige Grenzen gesetzt werden; erst durch das Aufzeigen von Grenzen findet eine bewusste Auseinandersetzung mit der Realität statt, die die Urteilsfähigkeit des Kindes zwischen Anpassung und Durchsetzungsbereitschaft ausbildet;
  - der Erzieher nicht willkürlich handelt, sondern seine Einflussnahme von der Sache – zum Beispiel zur Förderung der Selbstständigkeit oder Gesundheit – und den Ordnungen des Zusammenlebens begründen kann[1];
  - der zu Erziehende zu kritischem Denken und Handeln angehalten wird, um einer fraglosen Hinnahme und Übernahme von gewohnten Verhaltensvorschriften und -erwartungen entgegenzuwirken und um zur Autonomie, verstanden als Selbstbestimmung des Handelns, zu befähigen.

- Das ICH wird auch gefördert, indem die kognitiven Fähigkeiten, wie Sprache, Intelligenz, Denken und Gedächtnis, sowie die motorischen Möglichkeiten, Mut und Willenskraft ausgebildet werden.

5.2.3 Angst und Abwehr

In einer gut „funktionierenden" Persönlichkeit wirken die drei Instanzen ES, ICH und ÜBER-ICH zusammen. Stehen jedoch die einzelnen Persönlichkeitsinstanzen zueinander in einem **Ungleichgewicht**, dann treten Ängste auf. *Sigmund Freud* unterscheidet dabei drei **Grundformen der Angst**:

- **Angst vor der Realität**

  Das ICH „fürchtet" sich vor den Konsequenzen der Realität, die auf die Befriedigung von Wünschen folgen bzw. folgen würden. Solche Konsequenzen können beispielsweise Angst vor Bestrafung, Verlust von Anerkennung oder gerichtliche Verurteilung sein.

  Herr Treuberg, seit neun Jahren verheiratet, lernt auf einer Party eine junge Dame kennen, die ihm sehr gefällt und in die er sich verliebt. Er würde gerne mit dieser Frau näheren Kontakt aufnehmen. Herr Treuberg ist jedoch Inhaber einer Firma in einer Kleinstadt und er glaubt, er würde dadurch an Ansehen einbüßen und von seinen Angestellten belächelt werden. Er erlebt die Reaktionen der Umwelt auf seinen Wunsch als bedrohlich.

---

[1] vgl. hierzu Kapitel 4.1.6

– **Angst vor den Forderungen des ÜBER-ICH**

Das ICH „fürchtet" sich vor den Forderungen des ÜBER-ICH, was mit Schuldgefühlen und Gewissensbissen, Selbstvorwürfen verbunden ist.

Herr Treuberg hat verinnerlicht, dass man in der Ehe treu ist und mit keiner anderen Frau näheren Kontakt hat. Er würde ansonsten gegen moralische Prinzipien verstoßen, was ihm Gewissensbisse und Schuldgefühle bereiten würde. Er erlebt die Bewertung seines ÜBER-ICH als bedrohlich.

– **Angst vor den Ansprüchen des ES**

Das ICH „fürchtet", von den Ansprüchen des ES überwältigt oder vernichtet zu werden.

So kann es möglich sein, dass Herr Treuberg über sich selbst erschrickt, weil er solche Wünsche hat, weil er imstande sein könnte, mit einer anderen Frau einen intimeren Kontakt aufzunehmen, ohne Schuldgefühle dabei zu haben. Er erlebt den ES-Wunsch als bedrohlich.

„Wenn das ICH seine Schwäche einbekennen muss, bricht es in Angst aus, Realangst vor der Außenwelt, Gewissensangst vor dem ÜBER-ICH, neurotische Angst vor der Stärke der Leidenschaften im ES."
(Freud, Band 1, 2000, S. 515)

Diese drei hier genannten Angstformen kommen bei einem Menschen in der Regel gemischt vor, wobei der Schwerpunkt – je nachdem, um welchen Verhaltensbereich es sich handelt – durchaus bei einer dieser Formen liegen kann.

Jede dieser Ängste hat die Funktion, **das Individuum vor einer Bedrohung zu warnen**. Und es ist die Aufgabe des ICH, mit diesen Bedrohungen fertig zu werden und den Druck, der als Angst erlebt wird, abzubauen. Das ICH kann nun die Aufgabe so erledigen, dass es eine *realistische Lösung* in Betracht zieht; es kann aber auch, um Angst zu vermeiden oder zu verringern, **Schutzmaßnahmen einsetzen, die die bedrohlichen und angstauslösenden Erlebnisinhalte abwehren, unbewusst machen und somit drohende Konflikte vermeiden helfen**.

Herr Treuberg wird sich seinen Wunsch, mit der jungen Frau näheren Kontakt aufzunehmen, möglicherweise nicht eingestehen und eventuell versuchen, das Verlangen abzuwehren, unbewusst zu machen.

Solche Schutzmaßnahmen werden als **Abwehrmechanismen** bezeichnet.

Abwehrmechanismen sind Schutzmaßnahmen des ICH, die bedrohliche und angstauslösende Erlebnisinhalte ausschalten, unbewusst machen und somit drohende Konflikte und Ängste vermeiden bzw. reduzieren.

Ihr Einsatz erfolgt meist unbewusst: Die betreffende Person weiß nicht, dass ihr Erleben und Verhalten durch Abwehrmechanismen beeinflusst wird.

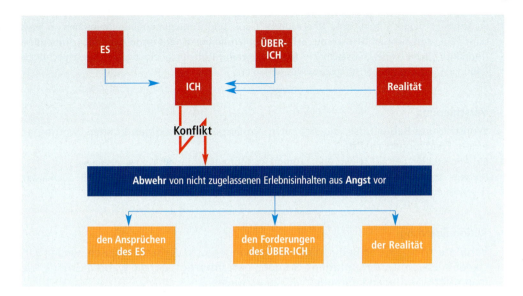

5.2.4 Abwehrmechanismen

Die ICH-Verteidigung bzw. Angstabwehr kann auf sehr unterschiedliche Art und Weise erreicht werden. Die Psychoanalyse unterscheidet folgende Abwehrmechanismen:

- **Verdrängung**

  Triebwünsche, Gefühle, Bedürfnisse, Bestrebungen, Ereignisse oder Erinnerungen, die der Mensch nicht wahrhaben will oder kann und die Angst auslösen, werden in das Unbewusste abgeschoben. Unbewusstmachung bedeutet aber nicht Auslöschung; die verdrängten Inhalte bleiben im Unbewussten weiter bestehen und beeinflussen und bestimmen das Erleben und Verhalten in einem nicht unerheblichen Maße.

  Herr Treuberg, der Angst hat vor dem Wunsch, mit der jungen Frau näheren Kontakt aufzunehmen, wird möglicherweise versuchen, dieses Verlangen abzuwehren, unbewusst zu machen, den Wunsch zu verdrängen.

- **Projektion**

  Eigenschaften, die die eigene Person betreffen, die man aber an sich selbst nicht wahrhaben kann bzw. will, werden anderen Personen bzw. Personengruppen oder Gegenständen zugeschrieben und dort bekämpft.

  Ein Schüler beispielsweise, der in der Schule schlecht ist und dies nicht wahrhaben will, kann dazu neigen, den Lehrer für schlecht zu halten.

  Die Angst vor geschlechtlichen Regungen, die sich auf das eigene Geschlecht richten, kann bewirken, dass man anderen Personen Homosexualität unterstellt oder Homosexuelle stark bekämpft.

In der Gesellschaft werden oft Minderheiten zum Objekt grausamer kollektiver (= gemeinsamer) Projektionen. Judenhass im Dritten Reich oder heutiger Ausländerhass sind Beispiele hierfür.

- **Reaktionsbildung**

  Um Verdrängungen zu sichern, wird im Bewusstsein das Gegenteil des zu Verdrängenden fixiert; die Abwehr der Angst geschieht durch die Verkehrung ins Gegenteil.

So kann es möglich sein, dass unerwiderte Liebe und Zuneigung eines Menschen in Hass umschlägt; dass sich ein Mensch aus Schuldgefühlen heraus einer Person gegenüber besonders freundlich verhält oder dass sich ein Mensch, verängstigt durch eigene gleichgeschlechtliche Regungen, rigoros gegen Homosexualität engagiert.

- **Verschiebung**

    Wünsche und Bedürfnisse, die sich nicht am Original befriedigen können, werden an einem Ersatzobjekt realisiert.
    - Ein Angestellter, der auf seinen Chef wütend ist, tobt aus nichtigem Anlass zu Hause.
    - Pornografische Zeitschriften, sexuelle Witze und Zoten stellen Ersatzobjekte für ein Bedürfnis dar, das nicht am Original ausgelebt werden kann.

- **Rationalisierung**

    Verpönte Wünsche und Bedürfnisse sowie unangepasste Verhaltensweisen werden verstandesmäßig mit „vernünftigen" Gründen gerechtfertigt, um die wahren Gründe, die man nicht wahrhaben kann oder will, zu vertuschen.
    - Ein Schüler, der in einer Prüfung schlecht abgeschnitten hat, sagt möglicherweise, dass der Unterricht schlecht oder er während der Prüfung in keiner guten Verfassung war.
    - Fehler in der Erziehung werden mit der Anlage des Kindes begründet, die zudem vom Ehepartner herrührt.
    - Ein machtbesessener Napoleon wird immer Gründe finden, die eine „Abrüstung" unmöglich erscheinen lassen.

- **Identifikation**

    Die Abwehr der Angst gelingt durch die Gleichsetzung mit einer anderen Person, zum Beispiel mit einer starken Persönlichkeit, einem aggressiven Menschen oder einem Sänger, Musiker bzw. Schauspieler.
    - So kann sich ein Kind, das vor der Dunkelheit Angst hat, vormachen, dass es Supermann ist, der sich vor nichts fürchtet.

- **Widerstand**

    Der Mensch wehrt sich gegen das Aufdecken verdrängter Inhalte und Vorgänge.
    - Ein Erzieher, der ungerecht ist, dies aber nicht wahrhaben will, wird sehr unangenehm reagieren, wenn ihm Ungerechtigkeit vorgeworfen wird.

Vor allem Therapeuten haben mit Widerstand ihrer Klienten zu kämpfen. Sehr häufig wird eine Therapie in der entscheidenden Phase abgebrochen oder der Therapeut als unfähig hingestellt, um dem eigenen inneren Konflikt ausweichen zu können.

- **Sublimierung**

    Nicht zugelassene Wünsche und Bedürfnisse werden umgesetzt in Leistungen, die sozial erwünscht sind oder sogar hoch bewertet werden.
    - So kann die Hingabe einer Krankenschwester an pflegerische Aufgaben als Sublimierung ihrer Sexualität verstanden werden.
    - Sublimierung von aggressiven Triebimpulsen kann zur Berufswahl des Chirurgen führen.

Die Sublimierung unterscheidet sich insofern von den anderen Abwehrmechanismen, als es bei ihr zu keinen seelischen Fehlentwicklungen kommt. Nach psychoanalytischer Ansicht ist die Entstehung unserer gesamten menschlichen Kultur ein Ergebnis von Sublimierungen.

– **Fixierung und Regression**

Auch bei der Fixierung, einem Verhaftetbleiben an entsprechenden Erlebens- und Verhaltensweisen einer Entwicklungsphase, und der Regression, einem Zurückfallen auf in einer bestimmten Phase vorherrschende Erlebens- und Verhaltensweisen, handelt es sich um Abwehrmechanismen.[1]

Jeder Mensch setzt in seinem Leben mehr oder weniger oft Abwehrmechanismen ein, um mit seinen Problemen fertig zu werden. Bei übermäßigem Einsatz jedoch können seelische Störungen auftreten, weil entweder die Ansprüche des ES oder die Realität zu sehr geleugnet werden müssen.[2]

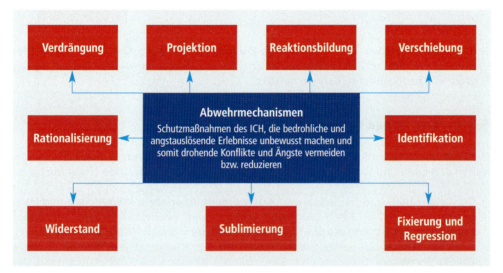

5.3 Die psychoanalytische Trieblehre

Die Psychoanalyse geht von der Annahme aus, dass alles Verhalten durch Triebe erzeugt wird. Nach *Sigmund Freud* ist dieser Begriff durch drei Merkmale näher gekennzeichnet (vgl. Freud, Band 3, 2000, S. 85 f.):

– die **Triebquelle**, die den körperlichen Vorgang bzw. den Körperteil meint, von dem der Reiz ausgeht, und die jeder Trieb benötigt,

– das **Triebziel**, das die Erreichung der „Aufhebung des Reizzustandes an der Triebquelle" und damit die Befriedigung des Triebwunsches meint und

– das **Triebobjekt**, an dem sich die Befriedigung des Triebwunsches vollzieht. Das können die eigene Person oder andere Menschen sein oder bestimmte Körperteile, aber auch gewisse Gegenstände.

---

[1] *siehe Abschnitt 5.4.2*
[2] *vgl. Abschnitt 5.4.1*

Ein Säugling möchte sein Saugbedürfnis befriedigen: Die Triebquelle, von der der Reiz ausgeht, ist der Mund, das Triebziel, welches die Aufhebung des Reizzustandes bedeutet, ist die Befriedigung des Saugbedürfnisses und das Triebobjekt, an dem sich die Befriedigung des Saugbedürfnisses erfüllt, kann die Mutterbrust, die Flasche, der Daumen oder der Schnuller sein.

Bei Hunger ist die Triebquelle das Hungergefühl, das Triebziel die Beseitigung des Hungergefühls oder auch der Lustgewinn bei Nahrungsverzehr und das Triebobjekt ist das, was man isst, etwa ein Wurstbrot oder ein Vier-Gänge-Menü.

Grundlage von Trieben ist eine **psychische Energie**, die sich beim Kind noch *ungerichtet und völlig wahllos* entlädt. Im Laufe der Entwicklung jedoch wird diese Entladung der Energie in ganz bestimmte Bahnen gelenkt.

5.3.1 Der Lebens- und der Todestrieb

Die Psychoanalyse geht davon aus, dass *zwei Haupttriebe* das gesamte menschliche Verhalten erzeugen und steuern: **der Lebenstrieb (Eros) und der Todestrieb (Thanatos)**.[1]

— Der **Lebenstrieb** hat die *Selbst- und Arterhaltung, Überleben, Weiterleben und Fortpflanzung* zum Ziel. Seine psychische Energie bzw. Antriebskraft wird als **Libido**[2] bezeichnet. Sie ist auf Lustgewinn gerichtet und kann sowohl auf die eigene Person, wie zum Beispiel das Verliebtsein in seinen eigenen Körper, als auch auf ein äußeres Objekt (Personen, Gruppen und Gegenstände) bezogen sein. Die Ausrichtung der Libido auf andere Personen und Gegenstände bezeichnet die Psychoanalyse als **Objektbesetzung**, im Gegensatz zur libidinösen Besetzung des eigenen Körpers oder des eigenen Ich[3].

Die enge Bindung des Kindes an die Mutter ist ein Beispiel für eine frühe Objektbesetzung.

— Der **Todestrieb** steht dem Lebenstrieb entgegen und hat die *Auflösung bzw. Zurückführung des Lebens in den anorganischen Zustand und somit dessen Vernichtung* zum Ziel. Destruktivität, Aggression oder Lust am Zerstören und Vernichten sind folglich Äußerungsformen des Todestriebes. Seine psychische Energie bzw. Antriebskraft wird als **Destrudo**[4] bezeichnet. Sie ist entweder in Form von Selbsthass und Selbstvernichtung nach innen, also gegen die eigene Person gerichtet, oder sie wendet sich als Aggression, Hass, Zerstörungs- oder Vernichtungswille nach außen, also gegen andere Personen, -gruppen und/oder deren Gegenstände.

---

[1] Eros (griech.): Liebe(sverlangen); Thanatos (griech.): der Tod
[2] libido (lat.): die Begierde, die Lust
[3] siehe hierzu Abschnitt 5.3.2
[4] Der Begriff „Destrudo" (lat.: Zerstörung) geht nicht auf Freud zurück, er selbst hatte keinen eigenen Namen für die Energie des Todestriebes.

Der englische Psychoanalytiker Ronald Britton (in: Psychologie Heute, Heft 4, 2007, S. 31) sieht zum Beispiel bei Terror, Selbstmordanschlägen, Glaubenskriegen, ethnischen Säuberungen und dgl. eine unheilvolle innerpsychische Allianz am Werk, nämlich die Verbindung von absolutistischem Glauben mit dem Todestrieb[1].

> „Auf Grund theoretischer ... Überlegungen supponierten[2] wir einen Todestrieb, dem die Aufgabe gestellt ist, das organische Lebende in den leblosen Zustand zurückzuführen, während der Eros das Ziel verfolgt, das Leben ... zu erhalten." (Freud, Band 3, 2000, S. 307)
>
> „Wenn wir es als ausnahmslose Erfahrung annehmen dürfen, dass alles Lebende aus inneren Gründen stirbt, ins Anorganische zurückkehrt, so können wir nur sagen: Das Ziel alles Lebens ist der Tod, und zurückgreifend: Das Leblose war früher da als das Lebende."
> (Freud, Band 3, 2000, S. 248)

„So ist denn alles, was ihr Sünde, Zerstörung, kurz das Böse nennt, mein eigentliches Element."
(Mephisto in „Faust" von Johann Wolfgang von Goethe)

Lebens- und Todestrieb arbeiten gegeneinander, doch besteht in der Regel eine Verschränkung zwischen diesen beiden Haupttrieben, ohne dass einer über den anderen vorherrscht.

So zum Beispiel zerstört der Chirurg den Körper des Patienten, indem er ihm Verletzungen wie Aufschneiden zufügt (= Todestrieb), zugleich aber hilft er dem Patienten, indem er den entzündeten Blinddarm herausschneidet (= Lebenstrieb).

Nur bei krankhaften Zuständen zerfällt diese Verschränkung, wie man beispielsweise beim Sadismus oder bei den Selbstbestrafungstendenzen depressiv Gestörter beobachten kann.

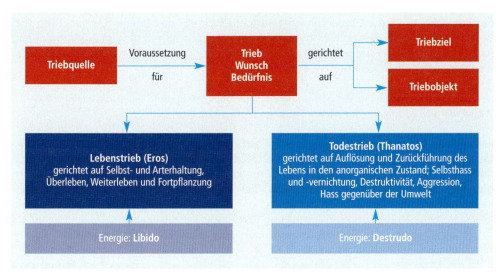

---

[1] vgl. Abschnitt 5.2.2
[2] supponieren (lat.): unterstellen, annehmen

5.3.2 Die Theorie des Narzissmus

Wie im *vorigen Abschnitt* ausgeführt, kann sich die Libido sowohl auf die eigene Person als auch auf ein äußeres Objekt bzw. andere Personen beziehen. Das Bezogensein der Libido auf die eigene Person, welches sich in einer Ich- oder Selbstliebe, in einem Verliebtsein in sich selbst äußert, bezeichnet *Sigmund Freud* in Anlehnung an die griechische Sage vom Jüngling *Narziss* mit dem Begriff **Narzissmus**.

Narziss ist eine Gestalt der griechischen Mythologie und der Sohn des Flussgottes **Kephisos**. Er ist ein wunderschöner Jüngling, so dass sich die reizende Nymphe **Echo** in ihn verliebt. Doch der Jüngling verschmäht diese Liebe. Deshalb wird er von **Aphrodite** bestraft: Er verliebt sich in sein eigenes Spiegelbild, welches er im Wasser sieht und geht daran vor Kummer zugrunde, als dieses Bild, welches er für real hält, für ihn nicht zu haben ist und keine Hoffnung auf Erfüllung besteht. Erst seine Verwandlung in die Blume gleichen Namens setzt seinen Qualen ein Ende.

> **Narzissmus bezeichnet im psychoanalytischen Sinn die Liebe zur eigenen Person, das Verliebtsein in sich selbst.**

Nach *Sigmund Freud* durchlebt jeder Mensch narzisstische Phasen. In einem Frühstadium der Entwicklung ist die Libido zunächst ausschließlich auf das eigene ICH gerichtet, was für das spätere Selbstwertgefühl bedeutsam ist. Wir sprechen in diesem Zusammenhang von einem **primären Narzissmus**, welcher im Laufe der weiteren Entwicklung mehr oder weniger auf andere Objekte bzw. Personen übergeht.

 Heutige Psychoanalytiker stellen den primären Narzissmus infrage und sehen das Kleinkind als ein Wesen, das von vornherein auf andere Personen bezogen ist.

Fehlformen in der Erziehung, wie sie in *Abschnitt 5.4.1* aufgeführt sind, oder eine Enttäuschung, wie zum Beispiel enttäuschte Liebe, können wieder zu einer Zurücknahme der Libido von anderen Objekten bzw. Personen auf sich selbst führen. *Freud* spricht hier von einem **sekundären Narzissmus**, der auch zu psychischen Störungen führen kann.[1]

> So kann beispielsweise ein Kleinkind in einer als massiv abweisend erlebten Umwelt sich ganz auf sich selbst zurückziehen und unfähig werden, gefühlsmäßige Beziehungen zu anderen Personen aufzubauen.
>
> Ist eine Person verliebt, so bezieht sich ein großer Teil ihrer Libido auf die geliebte Person; ist sie jedoch vor Enttäuschung zermürbt, wird sie stärker auf sich selbst bezogen sein und längerfristig die Fähigkeit verlieren, sich emotional auf andere Menschen einzulassen.

---

[1] vgl. hierzu auch die Ausführungen über Konflikte in der Libidoentwicklung in Abschnitt 5.4.2

> „... je mehr man sich liebt, umso weniger liebt man die Objekte und umgekehrt. So kommt es, dass bei ... Schmerz, Krankheit und Trauer ein mehr oder weniger großer Teil der Libido den Personen und äußeren Objekten entzogen ist und auf das Ich konzentriert wird."
>
> (Lagache, 1971, S. 30)

In der heutigen Psychologie hat die **narzisstische Persönlichkeit** sehr an Bedeutung gewonnen. Nach *Otto F. Kernberg (2001)* lässt sich die narzisstische Persönlichkeit umschreiben durch einen hohen Bezug auf die eigene Person, durch die eigene Hervorhebung ihrer Großartigkeit und durch ihren ausgeprägten Anspruch auf Bewunderung und Anerkennung, während auf der anderen Seite zugleich die dahinterliegende Hilflosigkeit und Unsicherheit zum Vorschein treten kann. Allgemein wird sie charakterisiert durch eine egozentrische[1] Selbstbezogenheit und Selbstbespiegelung in Verbindung mit dem Streben nach überhöhter lustbezogener Selbsterfahrung. Etwa ab Mitte der 70er Jahre des letzten Jahrhunderts wird sie als „neuer Sozialisationstypus" ausgewiesen.

5.3.3 Die Entwicklung der Libido in der frühen Kindheit

Die Quelle der Triebenergie ist dem Menschen angeboren; er strebt von Natur aus nach Abfuhr der Triebenergie. Diese Abfuhr der Triebenergie wird in der frühen Kindheit über bestimmte Körperteile, den **Mund, After und die Genitalien**, erreicht. Lustempfinden entsteht jedoch nicht nur durch den jeweiligen Körperteil selbst, sondern durch alles, was mit diesem Körperteil unmittelbar in Zusammenhang steht.

> So gehört zum Mund beispielsweise auch das Saugen, Schlucken und Aufnehmen von Nahrung, zum After der Ausscheidungsvorgang, das -organ und -produkt.

In der frühkindlichen Entwicklung dominiert nun jeweils einer dieser Körperteile. Diese Beobachtung brachte *Sigmund Freud* auf bestimmte Phasen in der Entwicklung des Kindes, die er nach dem jeweilig vorherrschenden Körperteil benannte.

Die Entwicklung der Libido vollzieht sich nach einem genetisch festgelegten Verlauf, doch die Art und Weise, wie ein Mensch diese Entwicklung durchläuft, ist von seiner Umwelt, insbesondere von seinen Bezugspersonen, und seiner Erziehung abhängig. Die Phasen der Entwicklung sind nicht scharf voneinander abzugrenzen, sondern können sich überschneiden.

> „Es wäre missverständlich zu glauben, dass diese ... Phasen einander glatt ablösen; die eine kommt zur anderen hinzu, sie überlagern einander, bestehen nebeneinander."
>
> (Freud, 1993[44], S. 13)

Die orale Phase[2] im ersten Lebensjahr

Erster Lustgewinn kann durch die **Mundzone** und durch alles, was mit ihr unmittelbar in Zusammenhang steht, gewonnen werden. Saugen, Schlucken, Beißen, das Aufnehmen von Nahrung sowie Lutschen sind die frühesten Äußerungsformen kindlichen Luststrebens.

---

[1] egozentrisch (lat.): sich selbst als Mittelpunkt und als Zentrum allen Geschehens sehen und alle Ereignisse lediglich von seinem eigenen Standpunkt und seiner eigenen Perspektive aus betrachten und bewerten.
[2] os, oris (lat.): der Mund

Vorherrschend in diesem Abschnitt sind **Wünsche des Einverleibens**, die jedoch nicht nur über das Saugen, Schlucken und Lutschen erfolgen, sondern auch über die Sinnesorgane und über die Haut.

In dieser Phase wird die **Beziehung zur Umwelt** aufgebaut: Positive Erfahrungen im ersten Lebensjahr führen zur Ausbildung einer *optimistischen Lebensgrundeinstellung*, die es mit sich bringt, dass das Kind aufgrund seines Vertrauens zu den Mitmenschen, der Welt und zu sich selbst den Mut aufbringt, sich entdeckend und lernend mit unbekannten Personen und Gegenständen einzulassen. Negative Erfahrungen lassen eine *pessimistische Lebensgrundeinstellung* entstehen: Das Kind verschließt sich misstrauisch und furchtsam und ist nicht willens, Unbekanntes zu erforschen. Dadurch wird die Gewinnung neuer Erfahrungen behindert, was zu einer Hemmung des Kindes bei seinen weiteren Lernmöglichkeiten führen kann[1].

Folgerungen für die Erziehung:

- Das Herstellen einer Bindung, die sich in **einer tiefen emotionalen Beziehung** zwischen zu Erziehendem und Erzieher offenbart, ist Voraussetzung für die Entstehung einer emotionalen Sicherheit, die dafür verantwortlich ist, sich lernend und entdeckend mit seiner Umwelt auseinanderzusetzen. Gerade die moderne Psychoanalyse betont das Bedürfnis und die Fähigkeit des Säuglings, soziale Beziehungen einzugehen. Frühe Bindungserfahrungen werden im Gedächtnis gespeichert und in späteren Beziehungen wirksam[2].

- Eingebettet in die emotionale Beziehung sind **Reize**, die der Säugling benötigt für eine gesunde Entwicklung wie Sprechen mit dem Kind, Mobile, Spielzeug, Rassel usw.

- Eltern und Erzieher sollten für eine **angemessene, realitätsangepasste Befriedigung der oralen Bedürfnisse** sorgen. Dazu gehören neben biologischen Bedürfnissen intensiver Hautkontakt sowie Kontakte über alle Sinnesorgane.

- Die **Bedeutung von frühen Erfahrungen** sollte erkannt werden, denn Einflüsse auf den Einzelnen sind umso nachhaltiger, je früher sie im Leben einsetzen.

Die anale Phase[3] im zweiten/dritten Lebensjahr

Die Lust-Unlust-Erlebnisse des Kleinkindes konzentrieren sich in dieser Phase vornehmlich auf den **Ausscheidungsvorgang, das -organ und das -produkt**. Dies betrifft sowohl das Hergeben als auch das Zurückhalten der Ausscheidungsprodukte. Vorherrschend sind also **Wünsche des Spielens mit Ausscheidungsorganen und -produkten sowie des Gebens und Nehmens**.

Psychoanalytisch orientierte Psychologen nehmen an, dass mit der Reinlichkeitserziehung die

---

[1] vgl. hierzu Kapitel 2.3.1 und 8.2.2
[2] vgl. Kapitel 2.3.1
[3] anus (lat.): der After

gesamte **Thematik des Hergebens und Festhaltens** im übertragenen Sinne erlernt wird: Macht das Kind die Erfahrung, dass das Hergeben des Stuhls Lust bereitet, so wird es auch im späteren Leben gerne etwas hergeben und Freude an Leistung entwickeln. Anderenfalls zeigt es im späteren Leben ein überstarkes Maß an Geiz und Verweigerungstendenzen, ein Zurückhalten von Leistung (zum Beispiel Leistungswiderstand) oder einen mit erheblichen Ängsten besetzten Leistungszwang. Ebenso können extreme Schuldgefühle, Reinlichkeitsfanatismus und Waschzwang Folgen einer falschen Sauberkeitsgewöhnung sein.

Das Kleinkind zieht auch Lustgewinne aus den Ausscheidungsprodukten. Da es nicht zwischen Ausscheidungsvorgang, -organ und -produkt unterscheidet, kann eine negative Bewertung der Ausscheidungsprodukte als Folge falsche oder übertriebene Scham- und Ekelgefühle oder gar eine Ablehnung des eigenen Körpers nach sich ziehen.

In dieser Phase wird vornehmlich das ICH in der Auseinandersetzung mit der Realität ausgebildet und damit die Beziehung zum ICH, zur eigenen Person aufgebaut. Je nach Erzieherverhalten bilden sich Selbstständigkeit, Eigenwillen, Durchsetzungsvermögen oder auch Unselbstständigkeit, Gefügigkeitshaltung, Konformismus und Opportunismus bzw. Herrschsucht, Aggressivität, Hartnäckigkeit, Dickköpfigkeit oder Dominanzstreben aus.

Folgerungen für die Erziehung:
- Ein **warmes Erziehungsklima und ein weitgehend ungestörtes Eltern-Kind-Verhältnis** sind wesentliche Grundlagen für das Gelingen der Reinlichkeitserziehung. Übertriebener Ehrgeiz ist einer der Hauptgründe für eine missglückte Reinlichkeitserziehung, deren Folgen meist erst bei der späteren Entwicklung des Kindes abzusehen sind.

- Die Reinlichkeitserziehung soll **nicht zu früh einsetzen und nicht zu streng** gehandhabt werden. Eltern und andere Erzieher sollten sie mit **viel Geduld und positiven Erziehungsmaßnahmen,** wie zum Beispiel Lob, Anerkennung und Zuneigung, durchführen, damit sie das Kind als lustvoll erlebt. Bevor man mit der Reinlichkeitserziehung beginnt, sollte das Kind **in der Lage sein zu sitzen und Bedürfnisse** bereits wenigstens mithilfe von Lauten **ausdrücken** können.

- Das Kind sollte an ganz **bestimmte Orte** – zum Beispiel das Bad oder die Toilette – und Zeitpunkte – etwa immer nach dem Aufstehen oder nach dem Frühstück – **gewöhnt** werden.

- Eine negative Bewertung der Ausscheidungsprodukte sollte vermieden werden. Spiele im Sandkasten, mit Fingerfarben oder Ton können eine angemessene Befriedigung darstellen.

- Das kindliche Neugierdebedürfnis sollte entfaltet werden; auf diese Weise kann nämlich das Kind lernen, Probleme der Welt wahrzunehmen und selbstständig zu bewältigen.

- Das Kind benötigt einen Raum der Freiheit und der eigenen Entscheidung und sollte Freiräume für eigene Aktivitäten erhalten; Impulse des eigenen Wollens und Planens sollten unterstützt werden; Lob und Anerkennung beschleunigen die Entwicklung der Selbststeuerung, ständiges, ungeduldiges Durchbrechen verzögert sie.

- Dem Kind sollten aber andererseits notwendige Grenzen gesetzt werden; erst durch das Aufzeigen von Grenzen findet eine bewusste Auseinandersetzung mit der Realität statt, welche die Urteilsfähigkeit des Kindes zwischen Anpassung und Durchsetzungsbereitschaft ausbildet.

Die phallische Phase[1] im vierten/fünften Lebensjahr

Lust gewinnt das Kleinkind in diesem Abschnitt vornehmlich durch Betätigung an den **Genitalien**. Durch das Herzeigen der eigenen Geschlechtsteile und das Betrachten der anderen sowie durch das Spielen an ihnen kann das Kind lustvolle Befriedigung herbeiführen.

Da das Genitalorgan des Jungen sichtbar ist und das des Mädchens nicht, kann das Kind zu der Meinung kommen, das Mädchen habe das seinige verloren oder es sei ihm geraubt worden. Die Psychoanalyse spricht in diesem Zusammenhang von einer **Kastrationsangst** beim Jungen, der Angst davor hat, dass auch ihm sein Glied abhanden kommen könnte. Das Mädchen, das seine Penislosigkeit erkennt, kann glauben, dass es nun selber unvollständig und daher minderwertiger als der Junge sei. Das mit dieser Vorstellung verbundene Erlebnis der Enttäuschung bezeichnete *Sigmund Freud* als **Penisneid**, der Ursache für ein Gefühl der Unterlegenheit und Minderwertigkeit der Frau gegenüber dem Mann sein kann.

Die Triebwünsche äußern sich in der Regel im Begehren des gegengeschlechtlichen Elternteils. Aus diesem Begehren kann sich ein Konflikt ergeben, den *Sigmund Freud* nach der Tragödie des *Sophokles* **Ödipus-Konflikt** genannt hat.

Ödipus[2] wurde nach seiner Geburt in einem Gebirge ausgesetzt, weil seine Eltern vom Orakel von Delphi erfuhren, er werde dereinst seinen Vater töten und seine Mutter heiraten. Durch Mitleid vor dem Tod bewahrt, wächst Ödipus als Adoptivsohn im Königshaus zu Korinth auf. Dort erfährt er das über ihn verhängte Schicksal und verlässt Korinth, um sich nicht an seinen Eltern schuldig zu machen. Auf dem Weg nach Theben tötet er einen alten Mann, der ihn vom Weg stoßen will. Dieser alte Mann ist niemand anderer als sein Vater Laios. Vor Theben löst Ödipus das Rätsel der Sphinx und befreit damit die Stadt von diesem Ungeheuer. Als Dank dafür erhält er die Königswürde und damit verbunden, die verwitwete Königin – seine eigene Mutter – zur Frau.

> **Ödipus-Konflikt** bezeichnet in der Psychoanalyse die Liebes- und Hassempfindungen, die ein Kind im vierten und fünften Lebensjahr gegenüber seinen Eltern hat. Er äußert sich in der Regel als Liebeswunsch dem andersgeschlechtlichen und gleichzeitig als Todeswunsch dem gleichgeschlechtlichen Elternteil gegenüber.

Das Kind identifiziert sich mit dem gleichgeschlechtlichen Elternteil, was zum Erwerb der jeweiligen Geschlechtsrolle führt. Es geht also in diesem Abschnitt um das Erlernen und Bejahen der eigenen Geschlechtsrolle.

---

[1] phallus (griech.): das männliche Glied
[2] Ödipus (griech.): Schwellfuß; als das Orakel in Delphi König Laios und seine Frau Iokaste warnte, dass Ödipus seinen Vater töten und seine Mutter heiraten werde, durchbohrte Laios nach der Geburt seines Sohnes dessen Füße und setzte das Kind aus.

Bei einem ungünstigen Verlauf der Entwicklung kann dieser Konflikt bestehen bleiben, was in der psychoanalytischen Literatur häufig **Ödipus-Komplex** genannt wird. Dies ist der Fall, wenn sich das Kind bzw. der erwachsene Mensch von dem geliebten Elternteil nicht loslösen kann. Mögliche Folgen eines nicht überwundenen Ödipus-Konfliktes sind Nichtbejahung der eigenen Geschlechtsrolle, Identifizierung mit dem anderen Geschlecht, Liebesunfähigkeit oder Impotenz.

Folgerungen für die Erziehung:

- Die Vorbildwirkung der Mutter bzw. des Vaters ist für die Identifizierung mit der jeweiligen Geschlechtsrolle von entscheidender Bedeutung.

- Eine positive Beziehung zum Kind sowie ein entspanntes, angstfreies, emotional getragenes und harmonisches Familienklima können einen ungünstigen Verlauf des Ödipus-Konfliktes verhindern.

- Das Herzeigen der eigenen Geschlechtsteile und das Betrachten der von anderen sowie das Spielen mit ihnen sollte nicht überbewertet werden. Es wäre ein Fehler, solche Verhaltensweisen zu bestrafen oder gar als Sünde zu bewerten, da sich hieraus seelische Störungen ergeben können. Eine angemessene Befriedigung dieser Triebwünsche ist wichtig, um Fehlentwicklungen zu vermeiden.

Persönlichkeitsmerkmale, die in den einzelnen Phasen der Libido-Entwicklung zu Grunde gelegt werden:

Bezeichnung der Phase	orale Phase	anale Phase	phallische Phase
Triebquelle	Mundzone: Berühren, Saugen, Schlucken, Beißen, Lutschen, Nahrungsaufnahme, Kauen usw.	Afterzone: Ausscheidungsorgan, -vorgang, -produkt	Genitalzone
Triebwünsche	Wünsche des Einverleibens, die nicht nur über die Mundzone, sondern auch über die Sinnesorgane, vor allem die Haut erfolgen	Wünsche des Spielens mit dem Ausscheidungsorgan und -produkt; Wünsche des Gebens und Behaltens (Festhaltens)	Wünsche des Spielens an und mit den Geschlechtsteilen (Herzeigen, Betrachten, Spielen) Begehren des gegengeschlechtlichen Elternteils (Ödipus-Konflikt)
Grundlegung von Persönlichkeitsmerkmalen[1]	optimistische bzw. pessimistische Lebensgrundeinstellung; Mut, Vertrauen bzw. Minderwertigkeitsgefühle, Misstrauen; Ichbezogenheit, Begehrlichkeit, Eifersucht, Gier, Riesenansprüche, Süchte	Offenheit bzw. Geiz, Besitzstreben, Pedanterie, Sparsamkeit, Pflichtbewusstsein, Einstellung zur Leistung (Freude an Leistung, Leistungsverweigerung); Ticks, Stottern; Schuldgefühle, Scham- und Ekelgefühle, Reinlichkeitsfanatismus, Zwangsverhalten in seinen vielfältigen Formen; Selbstständigkeit, Eigenwillen, Durchsetzungsvermögen, Herrschsucht, Machtstreben, Auflehnung, Dominanzstreben bzw. Unselbstständigkeit, Gefügigkeitshaltung, Unterordnung	Überlegen- bzw. Unterlegenheitsgefühle vor allem gegenüber dem anderen Geschlecht; Bejahung bzw. Verneinung der eigenen Geschlechtsrolle, Exhibitionismus, Voyeurismus; Sexualneurosen wie zum Beispiel Impotenz, Frigidität, „Liebesunfähigkeit"; männlich: Erfolgsorientierung, Konkurrenzdenken, Betonung der Männlichkeit, Potenz, Macho-Verhalten; weiblich: Neigung zum Verführerischen, Koketterie
Beziehungsaufbau	Aufbau der Beziehung zur Umwelt	Aufbau der Beziehung zum Ich, zur eigenen Person	Aufbau der Beziehung zum Partner

---

[1] Bei den „negativen" Persönlichkeitsmerkmalen handelt es sich in der Regel um Persönlichkeitsmerkmale eines „ICH-schwachen" Menschen.

Pedanterie: *übertriebene Genauigkeit bzw. Ordnungsstreben, unangemessener Perfektionismus*
Exhibitionismus: *Zurschaustellung der eigenen körperlichen Reize, insbesondere der Geschlechtsteile*
Voyeurismus: *Beobachten von geschlechtlichen Handlungen anderer Personen*
Macho *(wörtlich: „männlich"): Einstellung eines Mannes gegenüber Frauen, die durch starke Überlegenheitsgefühle und Herrschaftsansprüche gekennzeichnet ist*
kokett *(franz.: „hahnenhaft"): gefallsüchtig, mit Reizen spielend bei anderen Aufmerksamkeiten bzw. Gefallen erregen wollen*

5.4 Auswirkungen von Erziehungsfehlern

Fehlformen in der Erziehung, wie beispielsweise Ablehnung oder Vernachlässigung des Kindes, Überbehütung und Verwöhnung, begünstigen zum einen ein Ungleichgewicht zwischen **ICH, ES, ÜBER-ICH und Realität** und zum anderen **Konflikte und Probleme, die im Zusammenhang mit der frühkindlichen Entwicklung der Libido stehen**[1].

5.4.1 Das Ungleichgewicht der Persönlichkeit

Bei einem gesunden Menschen wirken die drei Persönlichkeitsinstanzen, das ICH, das ES und das ÜBER-ICH, zusammen. Dabei ist das ICH imstande, die Anforderungen des ES und des ÜBER-ICH in Einklang zu bringen und diese im Rahmen der realistischen Möglichkeiten zu erfüllen. Ein Gleichgewicht zwischen den einzelnen Persönlichkeitsinstanzen und der Realität ist vorhanden.

Fehlformen in der Erziehung bewirken jedoch ein Ungleichgewicht der einzelnen Persönlichkeitsinstanzen zueinander wie es in *Abschnitt 5.2.2* aufgezeigt ist. Dabei treten Ängste auf, die veranlassen, dass das Individuum Abwehrmechanismen einsetzt, welche die bedrohlichen und angstauslösenden Erlebnisinhalte abwehren, unbewusst machen sollen[2].

Ein längeres starres und übertriebenes Einsetzen von Abwehrmechanismen kann nach psychoanalytischer Lehrmeinung zu psychischen Störungen führen. Ein fortwährendes Einsetzen von Abwehrmechanismen führt zur Leugnung und Verfälschung der Realität, so dass es zu einem dieser Realität nicht angepassten Verhalten kommt. Das ist der Ausgangspunkt für seelische Fehlentwicklungen.

Personen, die ständig aus Angst ihre sexuellen Wünsche und Gefühle abwehren, verleugnen die Realität und werden unfähig, sich und andere zu lieben.

Menschen, die die zunehmende Umweltzerstörung und die damit verbundenen Bedrohungen aus Angst nicht wahrhaben wollen – sie verdrängen –, können der Situation nicht gerecht werden und zerstören durch ihr fehlangepasstes Verhalten die Umwelt weiter.

---

[1] Neben Fehlformen in der Erziehung spielen für die ICH-Ausbildung auch andere Faktoren wie beispielsweise familiäre Faktoren (disharmonische Familienatmosphäre, Beziehungsstörungen oder Gewalthandlungen zwischen den Eltern, ungünstige Geschwisterkonstellation wie etwa ständige Benachteiligung gegenüber den anderen Geschwistern) oder auch individuelle Erlebnisse (Misshandlungen und sexueller Missbrauch, Trennung der Eltern, Verlust eines Elternteils oder einer Bezugsperson, schicksalhafte Erlebnisse wie zum Beispiel Unfälle, Erleben vermeintlicher Minderwertigkeit wie zum Beispiel Aussehen, Körpergestalt, Geschlecht, Behinderung) eine große Rolle; auf sie soll aber in diesem Zusammenhang nicht näher eingegangen werden.

[2] vgl. Abschnitt 5.2.3

Kennzeichen eines „geschwächten" ICH ist also, dass der Mensch die Realität verleugnet oder sehr verzerrt bzw. verfälscht – nicht „realitätsgetreu" – wahrnimmt. Auf diese Weise ist das Individuum kaum fähig, Probleme realitätsgetreu und damit wirksam zu lösen. Es kommt oft zu unangemessenen Entscheidungen und Konfliktlösungen, die es wiederum belasten. Insofern ist eine psychische Störung immer ein gescheiterter Anpassungsversuch, „ein Versuch, Probleme zu lösen, die nicht in befriedigender Weise gelöst werden konnten" *(Lagache, 1971, S. 61).*

5.4.2 Konflikte in der Libidoentwicklung

Einher mit einem Ungleichgewicht der Persönlichkeit gehen in der Regel Konflikte in der Libidoentwicklung. Wurden die für die einzelnen Phasen der Libidoentwicklung charakteristischen Triebwünsche **entweder nicht bzw. nur unzureichend oder aber über die Maßen hinaus befriedigt, so können ebenfalls seelische Fehlentwicklungen auftreten**.

Unzureichende Befriedigung der Bedürfnisse, wie dies zum Beispiel beim stark autoritären oder vernachlässigenden Erzieherverhalten der Fall ist, bewirken eine **Triebfrustration**.

> Triebfrustration bezeichnet das Erleben einer Enttäuschung, die auftritt, wenn die Befriedigung wichtiger Bedürfnisse fortwährend verhindert wird.

Eine Triebfrustration bringt es mit sich, dass das Kind an Erlebens- und Verhaltensweisen, die in der jeweiligen Phase vorherrschen, und/oder Objekten, die in dieser Phase eine wichtige Rolle spielen, verhaftet bleibt. Die Psychoanalyse spricht in diesem Zusammenhang von **Fixierung**.

> Fixierungen in der oralen Phase können beispielsweise Rauchen, übermäßiges Essen oder Trinken oder Abhängigkeit von anderen Personen sein, in der analen Phase das zügellose Spielen mit Schlamm, Schmutz oder Dreck; eine Fixierung in der phallischen Phase kann dazu führen, dass eine starke Neigung vorhanden ist, pornografische Literatur zu lesen oder entsprechende Videos anzusehen.

Erziehung aus der Sicht der Psychoanalyse

> Fixierung bedeutet in der Psychoanalyse ein Verhaftetbleiben an Erlebens- und Verhaltensweisen, die in der jeweiligen Phase vorherrschen, und/oder an Objekten, die in dieser Phase eine wichtige Rolle spielen.

„Bist du eigentlich nicht schon zu alt dafür, noch immer mit einem Schnuller im Mund herumzulaufen?"

Eugen Roth: Freud-iges
*Ein Mensch erfand – Dank ihm und Lob –
Das Psychoanalysoskop,
In dem nun jeder deutlich nah
Die seelischen Komplexe sah.
So zeigten die bekannten Grillen
Jetzt einwandfrei sich als Bazillen.
Und was man hielt für schlechte Launen,
War wissenschaftlich zu bestaunen
Als Spaltpilz (siehe Schizophyt),
Der schädlich einwirkt aufs Gemüt.
Der Mensch erfand nun auch ein Serum
Aus dem bekannten nervus rerum,
Und es gelang in mehrern Fällen
Die Seelen wiederherzustellen.
Nur ist es teuer – und die meisten,
Die's brauchten, können sichs nicht leisten.*

(Roth, 2001, S 76)

Fixierung kann auch auftreten, wenn die Triebwünsche und Bedürfnisse über die Maßen hinaus befriedigt werden, wie zum Beispiel bei einem verwöhnenden, überbehütenden oder verzärtelnden Erzieherverhalten. Man spricht hier von einer **exzessiven Befriedigung** der kindlichen Wünsche und Bedürfnisse.

Zu große Versagungen oder Verwöhnung in der frühkindlichen Entwicklung der Libido können nicht nur zu Fixierungen führen, sondern auch dazu, dass das Kind eine bestimmte Phase überwindet und zu einem späteren Zeitpunkt wieder auf deren vorherrschende Erlebens- und Verhaltensweisen zurückfällt. Diesen Vorgang nennt die Psychoanalyse **Regression**.

> Regression bedeutet ein Zurückfallen auf in einer bestimmten Phase vorherrschenden Erlebens- und Verhaltensweisen.

Auslöser für eine Regression können Enttäuschungen, Befürchtungen oder Schwierigkeiten sein, doch setzt eine Regression voraus, dass wichtige Triebwünsche in einer früheren Entwicklungsphase nicht ausreichend oder über die Maßen befriedigt wurden.

- Ein Erstgeborenes stand bis zur Geburt des zweiten Kindes im Mittelpunkt elterlichen Interesses. Als das zweite Kind zur Welt kam, nässt das Erstgeborene plötzlich wieder ein und will, wie sein Geschwisterchen, wieder aus der Flasche trinken.
- Übermäßiges Essen bei Liebeskummer und aktuellen Schwierigkeiten („Kummerspeck") kann als Rückfall in die kindlichen Wünsche der oralen Phase bezeichnet werden, in der man sehr verwöhnt worden ist.

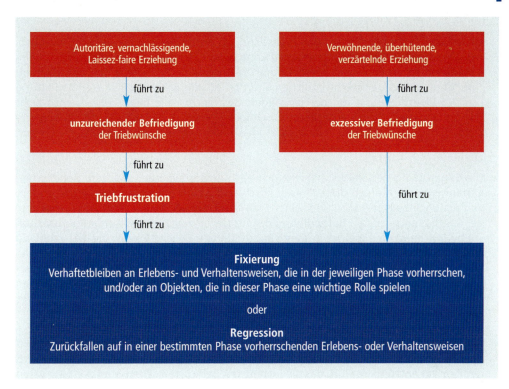

Zusammenfassung

- Alles Verhalten wird durch den Lebens- und Todestrieb erzeugt und gesteuert. Grundlage der Triebe ist eine psychische Energie, die sich beim Kind noch ungerichtet und völlig wahllos entlädt, im Laufe der Entwicklung jedoch in bestimmte Bahnen gelenkt wird. Die dem Lebenstrieb zugrunde liegende psychische Energie ist die „Libido", die des Todestriebs die „Destrudo". Diese Quelle der Triebenergie ist angeboren. Der Mensch strebt nach Abfuhr der Triebenergie, er sucht Triebbefriedigung.

- Die Entwicklung der Libido verläuft in bestimmten Phasen, die nach dem jeweilig dominierenden Körperteil benannt sind:

  - Orale Phase: Reduktion der Triebspannung durch Stimulation des Mundes und alles, was mit ihm in Zusammenhang steht (Saugen, Schlucken, Beißen, Lutschen, Nahrungsaufnahme usw.). Vorherrschend sind Wünsche des Einverleibens. In dieser Phase wird die Beziehung zur Umwelt aufgebaut (optimistische oder pessimistische Lebensgrundeinstellung).

  - Anale Phase: Reduktion der Triebspannung durch Stimulation der Afterregion. Vorherrschend sind Wünsche des Spielens mit den Ausscheidungsorganen, dem -produkt sowie des Gebens und Nehmens. In dieser Phase wird die Beziehung zum ICH, zur eigenen Person aufgebaut.

– Phallische Phase: Reduktion der Triebspannung durch Betätigung an den Genitalien. Die geschlechtliche Andersgeartetheit kann beim Jungen eine Kastrationsangst, beim Mädchen einen Penisneid hervorrufen. Die Triebwünsche äußern sich vor allem im Begehren des gegengeschlechtlichen Elternteils (Ödipus-Konflikt), dessen Bedeutung in der Identifizierung mit der jeweiligen Geschlechtsrolle liegt. Folgen eines nicht überwundenen Ödipus-Konfliktes (= Ödipus-Komplex) können Nichtbejahung der eigenen Geschlechtsrolle, mangelnde Identifizierung mit dem eigenen Geschlecht oder sexuelle Probleme sein.

- Die Entwicklung der Libido vollzieht sich nach einem eigengesetzlichen, genetischen Verlauf; wie der Mensch diese Phasen durchläuft ist von seiner Umwelt, insbesondere von seinen Bezugspersonen und seiner Erziehung, abhängig. Bei einer angemessenen, der Realität angepassten Befriedigung der für die einzelnen Phasen charakteristischen Triebwünsche ist eine seelisch gesunde Entwicklung möglich. Werden die Wünsche und Bedürfnisse des Kindes in den jeweiligen Phasen nicht oder nur unzureichend befriedigt, so kommt es zu Triebfrustrationen, die eine Fixierung oder eine Regression bewirken, was zu einer abweichenden Persönlichkeitsentwicklung führen kann. Fixierungen und Regression können auch eintreten, wenn die Wünsche und Bedürfnisse des Kindes über die Maßen hinaus (= exzessiv) befriedigt werden.

- Die Instanz, die das blinde Streben nach Befriedigung der Triebe, Wünsche und Bedürfnisse beinhaltet, ist das ES. Es vertritt das „Lustprinzip". In der Auseinandersetzung mit der Realität entsteht das ICH, das die Instanz des bewussten Lebens und der bewussten Auseinandersetzung mit der Realität darstellt. Es vertritt das „Realitätsprinzip". Das ÜBER-ICH umfasst die Wert- und Normvorstellungen und moralischen Prinzipien und führt das Verhalten und Handeln des ICH im Sinne der geltenden Moral. Es vertritt das „Moralitätsprinzip".

- Das ICH steht im Mittelpunkt des Freud'schen Persönlichkeitsmodells: Es versucht, zwischen ES, das bestimmte Wünsche und Bedürfnisse anmeldet, und ÜBER-ICH, welches die Ansprüche des ES bewertet, zu vermitteln, und überprüft die Realität, ob Befriedigung möglich ist oder nicht. Vom ÜBER-ICH zugelassene Ansprüche werden vom ICH gesteuert und, wenn es die Realität ermöglicht, verwirklicht. Nicht zugelassene Wünsche und Bedürfnisse müssen vom ICH abgewehrt werden.

- Ist das ICH imstande, die Anforderungen des ES, des ÜBER-ICH und der Realität zu vereinen, und kann es sich gegenüber den beiden Instanzen und der Realität durchsetzen, so handelt es sich um eine ICH-Stärke. Gelingt es jedoch dem ICH nicht, zwischen den oftmals konkurrierenden Forderungen des ES und des ÜBER-ICH zu vermitteln, und ist es einer der beiden Instanzen oder der Realität unterlegen, so liegt eine ICH-Schwäche vor.

- Stehen die einzelnen Persönlichkeitsinstanzen gegenseitig oder mit der Realität in einem Ungleichgewicht, so treten Ängste auf, die die Funktion haben, das Individuum vor einer Bedrohung zu warnen, und es ist die Aufgabe des ICH, mit diesen Bedrohungen fertig zu werden und den Druck, der als Angst erlebt wird, abzubauen.

- Das ICH kann nun die Aufgabe so erledigen, dass es eine realistische Lösung in Betracht zieht; es kann aber auch, um Angst zu vermeiden oder zu verringern, Abwehrmechanismen einsetzen, die die bedrohlichen und angstauslösenden Erlebnisinhalte abwehren, unbewusst machen, und somit drohende Konflikte vermeiden helfen. Solche Abwehrmechanismen sind zum Beispiel Verdrängung, Projektion, Reaktionsbildung, Verschiebung, Rationalisierung, Identifikation, Widerstand, Sublimierung, Fixierung und Regression.

- Ein längeres starres und übertriebenes Einsetzen von Abwehrmechanismen kann zur Leugnung, Verzerrung und Verfälschung der Realität führen, sodass es zu einem der Realität nicht angepassten Verhalten kommt, was der Ausgangspunkt für seelische Fehlentwicklungen ist.

Aufgaben und Anregungen Kapitel 5

Aufgaben

1. Beschreiben Sie die Grundannahmen der Psychoanalyse.
   (Abschnitt 5.1)

2. *Sigmund, 9 Jahre alt, sieht bei einem Kaufhaus-Bummel an einem Verkaufsstand eine Menge Spielzeugautos ausgelegt, von denen er liebend gerne eines besitzen möchte. Er hat jedoch kein Taschengeld mehr.*
   a) Beschreiben Sie die Instanzen der Persönlichkeit.
      (Abschnitt 5.2.1)
   b) Stellen Sie an diesem Beispiel die Dynamik der Persönlichkeit aus psychoanalytischer Sicht dar.
      (Abschnitt 5.2.2)

3. a) Zeigen Sie verschiedene Möglichkeiten der ICH-Schwäche auf.
   b) Erläutern Sie diese Möglichkeiten der ICH-Schwäche an je einem Beispiel.
   c) Leiten Sie Konsequenzen für das Verhalten der Erzieher ab, um mögliche ICH-Schwächen zu vermeiden.
      (Abschnitt 5.2.2)

4. *Stanley Milgram fand in einem Experiment heraus, dass Personen bereit sind, gegen andere Personen Gewalt anzuwenden, wenn sie von einer anerkannten Autorität dazu aufgefordert werden.*
   Wie können Sie diesen Sachverhalt mithilfe der psychoanalytischen Persönlichkeitstheorie erklären?
   (Abschnitt 5.2.1 und 5.2.2)

5. *Der englische Psychoanalytiker Ronald Britton (in: Psychologie Heute, Heft 4, 2007, S. 32) meint zur Entstehung von Terror, Selbstmordanschlägen und Glaubenskriegen: „Die Aussicht, die eigene triebhafte Destruktivität befriedigen und gleichzeitig die Zustimmung des inneren Gottes finden zu können, ist ungemein verführerisch. Zerstörungsakte, die mit einer ideologischen ... Überzeugung gerechtfertigt werden, sind zweifellos befriedigend und wecken keine Schuldgefühle."*
   Verdeutlichen Sie diese Aussage von *Ronald Britton* mithilfe der psychoanalytischen Persönlichkeitstheorie.
   (Abschnitt 5.2.1 und 5.2.2)

6. *Psychologen kamen in Untersuchungen zu der Erkenntnis, dass Menschen, wenn sie zusammen mit anderen Leuten in einer Gruppe sind, die Wahrheit und ihren eigenen Charakter oft verleugnen und sich der Meinung der Gruppe anschließen.*
   Erklären Sie diesen Sachverhalt aus psychoanalytischer Sicht.
   (Abschnitt 5.2.1 und 5.2.2)

7. Beschreiben Sie an einem umfassenden Beispiel die verschiedenen Ängste, die die Abwehr von Erlebnisinhalten auslösen können.
   (Abschnitt 5.2.3)

8. Bestimmen Sie den Begriff „Abwehrmechanismus" und beschreiben Sie an je einem Beispiel verschiedene Abwehrmechanismen.
(Abschnitt 5.2.4)

9. *Ekel- und Schamgefühle sind dem Menschen von Natur aus nicht angeboren, sondern werden in der frühen Kindheit erlernt.*
Wie können Sie diesen Sachverhalt aus psychoanalytischer Sicht erklären?
(Abschnitt 5.2)

10. *„Im Bild des Juden, das die Völkischen vor der Welt aufrichten, drücken sie ihr eigenes Wesen aus. Ihre Gelüste sind ausschließlicher Besitz, Aneignung, Macht ohne Grenzen, um jeden Preis. Die völkischen Fantasien jüdischer Verbrechen, der Kindermorde und sadistischen Exzesse[1], der Volksvergiftung und internationalen Verschwörung definieren genau den antisemitischen Wunschtraum."* (Adorno/Horkheimer, 2006[16], S. 177).
Erklären Sie auf der Grundlage dieser Aussage die Ausgrenzung von Juden im Dritten Reich aus psychoanalytischer Sicht.
(Abschnitt 5.2)

11. *In einem Interview mit der Zeitschrift Psychologie Heute (Heft 6, 2006, S. 48) äußerte sich der Schweizer Psychologieprofessor Udo Rauchfleisch: „Generell ist es so – das wurde weltweit bei allen Studien erwiesen –, dass Heterosexismus wesentlich stärker bei Männern als bei Frauen vertreten ist. Ein Argument ist, dass Männer befürchten oder spüren, dass sie selbst latent homosexuell sind, und daher das Eigene an anderen Männern bekämpfen. Das trifft zum Teil auch auf jene Jugendlichen zu, die Schwulen mit massiver Gewalt begegnen."*
Wie können Sie diese Aussage mithilfe der Psychoanalyse erklären?
(Abschnitt 5.2)

12. *In der Nacht von Sonntag auf Montag erlitt Melanie Jacobs[2] einen Schlaganfall, ihr linker Arm und ihr linkes Bein waren gelähmt. Mrs. Jacobs glaubte nicht, dass sie gelähmt war, dennoch wurde sie ins Groote Schuur Hospital in Kapstadt eingeliefert; der Arzt, Dr. Mark Solms, nahm sich ihrer an.*
Mrs. Jacobs: „Was soll das Gerede vom Schlaganfall, ich bin gerade mal 40! Ich arbeite hart und muss nach Hause!"
Dr. Solms: „Mrs. Jacobs, ich verstehe, dass Sie sich wünschen, alles sei in Ordnung. Aber ich bin überzeugt, dass Ihre linke Seite gelähmt ist. Bewegen Sie bitte Ihren linken Arm".
Der Arm rührt sich nicht.
Dr. Solms: „Und, können Sie ihn bewegen?"
Mrs. Jacobs: „Ja."
Dr. Solms: „Ich habe nichts gesehen."
Mrs. Jacobs: „Weil Sie nicht in meinem Kopf drin sind. Mit meinen inneren Augen habe ich gesehen, dass er sich bewegt."
(vgl. Lakotta in: Der Spiegel, Heft 16, 2005, S. 176 f.)
Erklären Sie diesen authentischen Fall aus dem Hospital in Kapstadt mithilfe psychoanalytischer Erkenntnisse über die Persönlichkeit. Stellen Sie dabei die Begriffe und Aussagen dieser Theorie dar.
(Abschnitt 5.2)

---

[1] Exzesse (lat.): Ausschweifung, Maßlosigkeiten
[2] Name der Patientin ist geändert.

13. Erläutern Sie die psychoanalytische Trieblehre.
    (Abschnitt 5.3.1)

14. Stellen Sie die Theorie des Narzissmus dar und erläutern Sie an einem Beispiel den Unterschied zwischen dem primären und sekundären Narzissmus.
    (Abschnitt 5.3.2)

15. Stellen Sie die
    a) orale Phase
    b) anale Phase
    c) phallische Phase
    dar und zeigen Sie auf, welche Persönlichkeitsmerkmale in dieser Phase grundgelegt werden.
    (Abschnitt 5.3.3)

16. Welche Folgerungen ergeben sich für die Erziehung aus der
    a) oralen Phase ?
    b) analen Phase?
    c) phallischen Phase?
    (Abschnitt 5.3.3)

17. Karins Kampf um die Flasche[1]
    Karins Mutter ist eine alleinerziehende Frau, die schon bald nach der Geburt von Karin wieder arbeiten gehen musste. Doch in der Kinderkrippe war damals kein Platz für Karin frei, so dass ständig neue Tagesmütter für sie gefunden werden mussten. Als Karin drei Jahre alt war, bekam sie ein Brüderchen. Seit dieser Zeit verhält sie sich plötzlich wieder wie ein Baby. Sie lutscht am Daumen und möchte ihrem Bruder immer die Flasche wegnehmen. Auch nimmt sie eine „Babysprache" an.
    Erklären Sie das Verhalten von Karin auf der Grundlage von psychoanalytischen Erkenntnissen. Stellen Sie dabei die für diesen Fall relevanten Aussagen der psychoanalytischen Theorie dar.
    (Abschnitt 5.3.3 und 5.4.2)

18. Fallbeschreibung „Markus, der Geizhals"
    Die Mutter von Markus, neun Jahre alt, hat Probleme mit ihrem Sohn und sucht deshalb eine Erziehungsberatungsstelle auf. Die Mutter erzählt, dass Markus alles für sich behalte und sich weigere, irgendetwas mit seiner Schwester oder seinen Freunden zu teilen. Seit er in die Schule geht, muss sie ihn ständig zum Hausaufgabenmachen drängen, was regelmäßig Streit gibt. Dazu kommt noch, dass er übertrieben genau und deshalb furchtbar langsam arbeitet. Auf Nachfrage des Sozialpädagogen bezüglich der Erziehung von Markus sagt die Mutter u. a., dass sich Markus bis zum zweiten Lebensjahr recht gut entwickelt habe, seit aber seine kleine Schwester auf die Welt gekommen sei, habe er sich sehr zu seinem Nachteil verändert. Um sich selbst Arbeitserleichterung zu verschaffen, habe sie versucht, Markus möglichst schnell ‚sauber' zu kriegen. Zunächst habe sie es mit Geduld probiert, als dies aber nichts brachte, bekam er einen Klaps auf den nackten Hintern und später dann auch gelegentlich Prügel. Seinen Topf durfte er manchmal eine ganze Stunde lang nicht verlassen, da half auch alles Wimmern und Weinen nichts.

---

[1] Die Aufgaben 17 bis 19 wurden von Heike Selz zusammengestellt.

Erklären Sie das Verhalten von Markus auf der Grundlage von psychoanalytischen Erkenntnissen. Stellen Sie dabei die für diesen Fall relevanten Aussagen der psychoanalytischen Theorie dar.
(Abschnitt 5.3.3 und 5.4.2)

19. Fallbeschreibung „Tobias": Zu Hause ist es doch am schönsten!
    Tobias, ein recht gut aussehender junger Mann, leidet sehr unter seiner Einsamkeit. Früher hatte er oft Freundinnen, aber er empfand sich nie als attraktiv genug und fragte sich oft, ob die anderen ihn überhaupt mögen. Er traut sich noch heute nicht, ein Mädchen anzusprechen, und immer öfter sagt er Verabredungen ab oder blockt jeden Annäherungsversuch ab. Die Eltern berichten, ihr Sohn habe sich eigentlich ganz normal entwickelt, er sei ein sehr lieber Junge gewesen. An eine Begebenheit würden sie sich erinnern, in der Tobias ein seltsames Verhalten zeigte, was natürlich sofort unterbunden wurde. Damals hätten sie bemerkt, dass Tobias sich des Öfteren selbst befummle, und er wollte dies auch beim Nachbarsmädchen im Planschbecken tun. Dies hätten sie ja nun wirklich verbieten müssen. Seit diesem Zeitpunkt hätten die Eltern immer sehr sorgfältig aufgepasst, ob Tobias nun auch wirklich keine solchen Schweinereien mehr mache. Nachts legten sie großen Wert darauf, dass er seine beiden Hände immer auf der Bettdecke liegen habe.
    Erklären Sie das Verhalten von Tobias auf der Grundlage von psychoanalytischen Erkenntnissen. Stellen Sie dabei die für diesen Fall relevanten Aussagen der psychoanalytischen Theorie dar.
    (Abschnitt 5.3.3 und 5.4.2)

20. Erklären Sie aus psychoanalytischer Sicht Auswirkungen von Erziehungsfehlern.
    (Abschnitt 5.4)

21. Beschreiben Sie ein bestimmtes Erzieherverhalten (zum Beispiel autoritäre Erziehung, Verwöhnung, Vernachlässigung) und erklären Sie aus psychoanalytischer Sicht mögliche Auswirkungen dieses Erzieherverhaltens.
    (Abschnitt 5.4)

22. Fallbeschreibung „Ursula"
    Frau Rudamer, die Mutter der achtjährigen Ursula, kommt zur Erziehungsberatungsstelle und berichtet: „Ursula ist eigentlich ein braves und williges Kind, aber sie hat sehr wenig Interessen und fragt mich andauernd, was sie machen soll. Mit anderen Kindern spielt sie auch nicht gerne, weil sie immer Angst hat, sich schmutzig zu machen. In der Schule hat sie große Schwierigkeiten, obwohl sie fleißig lernt. Sie ist immer unsicher und fragt, ob sie auch nichts falsch gemacht habe. Deshalb dauert bei ihr alles so lange". Nach der Erziehung gefragt, sagt die Mutter: „Ich habe Ursula eigentlich sehr streng erzogen, weil ich von einer antiautoritären Erziehung nichts halte. Ich habe es auch geschafft, dass Ursula schon sehr früh sauber war. Darauf legte schon ihr Vater großen Wert."
    a) Beschreiben Sie das problematische Verhalten von Ursula.
    b) Erklären Sie das Verhalten von Ursula mithilfe der psychoanalytischen Theorie. Stellen Sie dabei die grundlegenden Annahmen und Begriffe dieser Theorie dar.
    (Abschnitt 5.2, 5.3.3 und 5.4)

23. Fallbeschreibung „Marco"
    Der 19-jährige Marco S. ist beim Jugendgericht wegen mehrfachen Diebstahls angeklagt. Der Richter bittet die Sozialpädagogin von der Jugendgerichtshilfe ihren Bericht abzugeben. Hier eine Zusammenfassung ihrer Stellungnahme:

Marco ist das jüngste von sechs Kindern. Die Mutter war schon vor der Geburt von Marco durch die fünf Kinder und die Probleme, die sich aus der Alkoholkrankheit ihres Mannes ergaben, überfordert. Die zusätzlichen Anforderungen, die der unerwünschte Familienzuwachs mit sich brachte, führten zu einer weiteren Verschlechterung der Familiensituation. So entstanden immer häufiger aggressive Konflikte zwischen den Eltern und auch der Haushalt verwahrloste zusehends. Das Jugendamt wurde durch Nachbarn auf die Situation aufmerksam gemacht. Bei einem Hausbesuch stellte eine Mitarbeiterin fest, dass Marco unversorgt in seinem Bettchen lag. Die Windeln waren schon längere Zeit nicht gewechselt worden, der Säugling war offensichtlich hungrig und schrie. Auf Nachfrage erklärte die Mutter, dass das Baby dauernd schreie und sie es daher in ein anderes Zimmer gelegt habe. Stillen würde sie zu viel Zeit kosten, schließlich müsse sie sich ja auch noch um die anderen Geschwister kümmern. Die Flaschenkost vertrage Marco nicht gut, weshalb das Füttern immer ein „Theater" sei. Der „Balg" habe ihr gerade noch gefehlt – jetzt, wo die anderen doch endlich aus dem Gröbsten raus seien. Bei mehreren Hausbesuchen zeigten sich eine überaus problematische Situation der Familie und ein grober Umgang mit dem Säugling. Im Einvernehmen mit den Eltern wurde Marco schließlich im Alter von drei Monaten in eine Pflegefamilie gegeben. Marco war ein „Schreikind", was dazu führte, dass sich die Pflegefamilie der Aufgabe bald nicht mehr gewachsen fühlte und sich bereits nach einem halben Jahr entschloss, ihn wieder abzugeben. Der erst neun Monate alte Junge wurde kurzfristig in einem Heim untergebracht. In dieser Zeit gaben die Eltern Marco auch zur Adoption frei.

Das Ehepaar Kern hatte schon immer den sehnlichen Wunsch nach einem Kind. Da es keine leiblichen Kinder bekommen konnte, entschied es sich schon sehr früh für eine Adoption. Frau Kern gab ihren Beruf auf, um sich ganz dem Kind widmen zu können. Das Ehepaar Kern war stets bereit, seine eigenen Interessen zurückzustellen, um die Ansprüche des Jungen zu erfüllen. Der Junge bekam zum Beispiel jedes Spielzeug, das er sich wünschte. Die Ansprüche des Kindes wurden aber mit zunehmendem Alter immer fordernder. Marco fiel öfter dadurch auf, dass er den anderen Kindern die Dinge einfach wegnahm, die er haben wollte; oft kam es daher auch zu Prügeleien. Seit seinem 14. Lebensjahr gehört Marco nun zu einer Clique, deren Mitglieder oft negativ auffallen, weil sie Leute anpöbeln, Autos beschädigen oder auch Sachen „mitgehen" lassen. Nach dem letzten Diebstahl befragt, antwortete Marco dem Richter, dass der Bestohlene in der Disco mit seinen großen Geldscheinen im Geldbeutel geprahlt habe. Da habe er sich vorgestellt, was er sich von dem Geld alles kaufen könne. Er habe zunächst nicht vorgehabt, den „Typen" zu bestehlen, aber als dieser den „gefüllten Geldbeutel" auch noch unbeaufsichtigt auf dem Tisch liegen ließ, habe er zugegriffen. Er konnte gar nicht anders. Ein schlechtes Gewissen habe er wegen des Diebstahls nicht, schließlich treffe es ja keinen Armen.

a) In der Erziehung von Marco wurden einige Fehler gemacht.
Beschreiben Sie auf der Basis der Theorie der psychosexuellen Entwicklung nach *Sigmund Freud* die Erziehungsfehler, die im ersten Lebensjahr bei Marco begangen wurden und erklären Sie auf der Grundlage dieser Theorie die Auswirkungen dieser Erziehungsfehler auf Marco.
(Abschnitt 5.3.3 und 5.4.2)

b) Das Instanzenmodell von *Sigmund Freud* ist geeignet, die Struktur der menschlichen Persönlichkeit zu beschreiben.
Stellen Sie auf der Grundlage des Instanzenmodells das dynamische Zusammenspiel der Persönlichkeitsinstanzen dar und verdeutlichen Sie diese theoretischen Annahmen am Beispiel des Diebstahls, von dem Marco dem Richter erzählt.
(Abschnitt 5.2.1 und 5.2.2)

24. Versuchen Sie, den eingangs geschilderten Fall „Elisabeth" psychoanalytisch zu erklären:
    a) Beschreiben Sie das Verhalten von Elisabeth.
    b) Erklären Sie das Verhalten von Elisabeth mithilfe der psychoanalytischen Theorie. Stellen Sie dabei die für diesen Fall relevanten Aussagen der psychoanalytischen Theorie dar.
    (Abschnitt 5.2, 5.3.3 und 5.4)

Anregungen

25. Fertigen Sie in Gruppen ein Mind-Map zu dem Thema „Erziehung aus der Sicht der Psychoanalyse" an: Das Thema wird als Stichwort in die Mitte eines Blattes geschrieben und stellt sozusagen den Baumstamm dar. Von diesem Stamm gehen Äste ab, welche die zum Thema gehörenden Hauptgedanken wiederum in Stichworten beinhalten. Von den Ästen abgehende Zweige und schließlich Zweiglein gliedern das Thema weiter auf und beinhalten stichwortartig die Nebengedanken.

26. *Biografie und Internetsuche*
    – Suchen Sie im Internet nach Informationen über das Leben und Werk von *Sigmund Freud*.
    – Fertigen Sie in Kleingruppen eine Übersicht zur Biografie von *Sigmund Freud* an.
    – Erarbeiten Sie sechs wichtige Abschnitte seines Lebens.

27. *Hans überlegt sich, ob er heute in die Schule gehen soll, er hat nämlich wenig Lust dazu.*
    – Spielen Sie diese Situation, indem eine Person das ES, eine das ÜBER-ICH, eine die Realität und eine das ICH darstellen.
    – Diskutieren Sie im Anschluss darüber, wie charakteristisch die einzelnen Instanzen gespielt wurden und wie die „Dynamik der Persönlichkeit" ablief (handelte es sich zum Beispiel um ein schwaches „ÜBER-ICH"?).

28. Legen Sie auf einem Blatt Papier drei Spalten an und beschriften Sie diese mit „Wunsch bzw. Bedürfnis", „Ängste" und „Abwehr".
    Schreiben Sie in die erste Spalte mögliche Wünsche und Bedürfnisse auf. Notieren Sie dann in der zweiten Spalte, welche Ängste die Erfüllung dieser Wünsche bzw. die Befriedigung dieser Bedürfnisse möglicherweise verhindern können, und in der dritten Spalte, auf welche Weise diese Wünsche bzw. Bedürfnisse abgewehrt werden können.

Wunsch bzw. Bedürfnis	Ängste	Abwehr
Ich würde gerne mit dieser Person Sex haben	Meine Mitschüler/innen würden mich belächeln; Sex mit irgendwelchen Personen ist schlecht, das tut man nicht	Verleugnung des sexuellen Verhaltens; zwanghafte Beschäftigung mit der Sexualität von anderen
Ich möchte alle schlagen, die mich immer hänseln	Man schlägt nicht; die anderen rächen sich und verletzen mich	Ich schlage meine kleine Schwester, wenn sie nicht pariert; ich bin zu denjenigen, die mich hänseln, immer ganz freundlich

29. Der Bamberger Psychologe *Herbert Selg* stellt angesichts der Propagierung eines Todestriebes durch *Sigmund Freud* die Frage: „Ist der Mensch zur Aggression verdammt?"
    - Diskutieren Sie in Gruppen diese Frage, indem Sie sich mit *Freuds* Triebtheorie kritisch auseinandersetzen.
    - Stellen Sie in Ihrer Klasse je sechs Stühle gegeneinander gerichtet auf. Fünf Mitschüler/innen, die für einen Aggressionstrieb argumentieren, setzen sich in die eine Reihe, weitere fünf Mitschüler/innen, die gegen einen Aggressionstrieb argumentieren, nehmen auf den Stühlen gegenüber Platz. In jeder Reihe bleibt ein Stuhl leer.
    - Die zehn Mitschüler/innen diskutieren kontrovers die These eines Aggressionstriebes.
    - Wer von der Klasse einen Diskussionsbeitrag leisten möchte, setzt sich auf den leeren Stuhl. Er nimmt auf derjenigen Seite Platz, die er mit seinem Beitrag unterstützen will. Nach dem Beitrag verlässt der Schüler den Stuhl wieder.

Erziehung aus lerntheoretischer Sicht   6

„VERHALTE DICH ENDLICH WIE EIN ANSTÄNDIGER MENSCH!"

Wird der Erzieher wohl sein Ziel erreichen – oder sollte er nicht eher ein paar Fragen an die Lernpsychologie stellen?

Folgende Fragen werden in diesem Kapitel geklärt:

1. Welche Theorien des Lernens sind für erzieherische Fragestellungen bedeutsam? Welche Begriffe, Aussagen und Gesetzmäßigkeiten beinhalten diese Theorien?

2. Welche Bedeutung hat die Anwendung dieser Theorien für die Entwicklung der Persönlichkeit?
Wie lässt sich die Entstehung und Änderung von Erlebens- und Verhaltensweisen erklären bzw. vorhersagen?

3. Welcher Zusammenhang besteht zwischen Erzieherverhaltensweisen und dem Erleben/Verhalten des zu Erziehenden?
Wie lassen sich mögliche Auswirkungen erzieherischen Verhaltens und erzieherischer Maßnahmen mithilfe der Lerntheorien erklären?

4. Welche pädagogischen Konsequenzen lassen sich für das erzieherische Verhalten aus diesen Theorien des Lernens ableiten?

Wie in *Kapitel 4.1.1* ausgeführt, ist das Lernen selbst ein Prozess, der nicht beobachtbar ist. Weil wir zwischen dem Erleben und Verhalten in einer früheren Situation A und einer späteren Situation B einen Unterschied feststellen, schließen wir auf dazwischenliegende Lernprozesse, die mithilfe von **Lerntheorien** erklärt werden können.

> Man kann beispielsweise beobachten, dass das kleine Kind ein Wort spricht, zu einem späteren Zeitpunkt können wir wahrnehmen, dass es plötzlich schon zwei Wörter sagt. Den dazwischenliegenden Lernprozess können wir jedoch nicht beobachten, er wird mithilfe von Lerntheorien erklärt.

> **Theorien zur systematischen Erklärung von nicht beobachtbaren Lernprozessen werden Lerntheorien, oftmals auch Verhaltenstheorien genannt.**

Es gibt verschiedene Verhaltenstheorien, mit denen versucht wird, die Entstehung und Veränderung menschlichen Erlebens und Verhaltens zu erklären. Die für die Pädagogik wichtigsten Theorien sind:

- das **klassische Konditionieren**, auch **Signallernen** genannt (*Abschnitt 6.1*)
- das **operante Konditionieren** (*Abschnitt 6.2*)
- die **sozial-kognitive Theorie** als die bekannteste Theorie des Lernens am Modell (*Abschnitt 6.4*)
- das **Lernen durch Einsicht** (*Abschnitt 6.5*)

Beim klassischen Konditionieren spielen Reize, die einem bestimmten Verhalten *vorausgehen*, die entscheidende Rolle für das Lernen, beim operanten Konditionieren dagegen sind Reize, die auf ein Verhalten als Konsequenzen *folgen*, für den Lernprozess entscheidend.

> **Theorien, die bei Lernprozessen die Bedeutung von Reizen erklären, die einem Erleben oder Verhalten vorangehen oder nachfolgen, bezeichnet man als Konditionierungstheorien.**

6.1 Das klassische Konditionieren

Der Begründer des klassischen Konditionierens ist der russische Physiologe *Iwan P. Pawlow.*

*Iwan Petrowitsch Pawlow wurde am 14. September 1849 in Rjasan geboren und war Professor an der Militärmedizinischen Akademie in St. Petersburg. Er widmete sich in seinen Untersuchungen der Physiologie der Verdauung, insbesondere der nervalen Steuerung der dabei beteiligten inneren Sekretion, und dem reflektorischen Vorgang der Speichel- und Magensekretion. Dabei stellte er fest, dass Hunde nicht nur dann Speichel absonderten, wenn sie gefüttert wurden, sondern bereits beim Anblick der futtergebenden Person oder beim Hören ihrer Schritte. Diese Entdeckung untersuchte Pawlow genauer. Er ging dabei nach streng wissenschaftlichen Bedingungen (= **Konditionen**) vor. Da Pawlows Erkenntnisse einen ersten und grundlegenden Theorieansatz in der Lernpsychologie darstellen, wird seine Theorie als klassisches Konditionieren bezeichnet. 1904 erhielt er den Nobelpreis für Physiologie; am 27. Februar 1936 starb er in St. Petersburg.*

6.1.1 Aussagen und Begriffe des klassischen Konditionierens

Um das klassische Konditionieren zu erforschen, führte *Iwan P. Pawlow* folgendes Experiment durch:

Auf einem Labortisch wird ein Hund festgeschnallt. Gibt man dem Hund Futter, dann beginnt er sofort zu speicheln. In den Begriffen *Pawlows* ist die Speichelabsonderung eine angeborene oder **unbedingte Reaktion**, die durch den Reiz „Futter" sozusagen automatisch ausgelöst wird. *Pawlow* nennt diesen Reiz deshalb auch **unbedingten Reiz**. Geht diesem Reiz ein **neutraler Reiz**, zum Beispiel ein Glockenton voran, so zeigt das Tier hierauf zunächst keine Speichelreaktion. Tritt der neutrale Reiz jedoch mehrmals kurz mit dem unbedingten Reiz „Futter" auf, dann fängt der Hund nach einiger Zeit bereits beim Erklingen des Glockentons an zu speicheln. Nach *Pawlow* ist aus dem ursprünglich neutralen Reiz ein **gelernter Reiz** geworden. Der Hund hat gelernt, auf den Glockenton zu reagieren oder, wie es *Pawlow* nennt, eine **bedingte Reaktion** zu zeigen.

> **Unbedingter Reiz** (unconditioned stimulus – UCS) ist ein Reiz, der ohne vorangegangenes Lernen eine angeborene Reaktion auslöst.
> **Unbedingte Reaktion** (unconditioned response – UCR) ist eine angeborene Reaktion, die durch den UCS ausgelöst wird.
> **Neutraler Reiz** (neutral stimulus – NS) ist ein Reiz, der zu keiner bestimmten Reaktion führt.
> **Bedingter Reiz** (conditioned stimulus – CS) ist ein ursprünglich neutraler Reiz, der aufgrund einer mehrmaligen Koppelung mit einem UCS eine gelernte oder bedingte Reaktion bewirkt.
> **Bedingte Reaktion** (conditioned response – CR) ist eine erlernte Reaktion, die durch den CS ausgelöst wird.

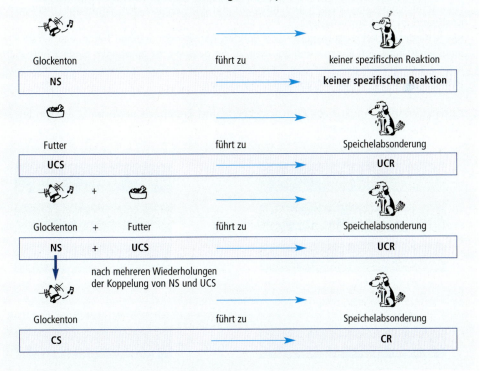

Schema der klassischen Konditionierung am Beispiel des „Pawlow'schen Hundes":

Ein ursprünglich neutraler Reiz hat eine *Signalfunktion* übernommen: Der Reiz „Glockenton" wird zum Signal für den kurzzeitig später einsetzenden Reiz „Futter". Deshalb spricht man hier auch vom **Signallernen**. Nachdem der Hund mehrmals die Koppelung von neutralem Reiz (= Glockenton) und unbedingtem Reiz (= Futter) erlebt hat, reagiert er bereits mit Speichelfluss, wenn die Glocke ertönt. Er hat also gelernt, auf einen bislang neutralen Reiz in einer bestimmten Weise zu reagieren. Der Hund wird auch in Zukunft mit Speichelfluss auf den Glockenton reagieren, obwohl nicht jedes Mal das Futter auf den Glockenton folgt.

> Als klassisches Konditionieren bezeichnet man den Prozess der wiederholten Koppelung eines neutralen Reizes mit einem unbedingten Reiz. Dabei wird der ursprünglich neutrale Reiz zu einem bedingten Reiz, der eine bedingte Reaktion auslöst.

Als Ergebnis dieses Lernprozesses zeigt sich ein neues bzw. geändertes Verhalten. Damit ein Signallernen stattfinden kann, müssen zwei Voraussetzungen erfüllt sein:

1. Klassisches Konditionieren setzt natürliche **Reflexe** voraus. Auch der Mensch besitzt eine Reihe solcher ererbter Reaktionen, die durch spezielle Reize automatisch ausgelöst werden.

   Auf den Reiz Nahrung erfolgt als natürlicher Reflex Speichelabsonderung; die Berührung des Augenlids oder ein Windstoß löst den Lidschlussreflex aus; beim Baby setzt der Saugreflex ein, wenn es die Brustwarze am Mund spürt; auf plötzliche und starke Veränderungen der Lichtintensität reagiert der Mensch durch ein Erweitern oder Verengen der Pupille (= Pupillenreflex).

   Beim Menschen finden sich neben solchen Reflexen auch reflexartige emotionale Reaktionen, auf deren Grundlage Konditionierungen stattfinden können.

   Reize, von denen Menschen sich stark bedroht fühlen, erzeugen Furcht. So lösen etwa Schläge oder Verletzungen die reflexartige emotionale Reaktion „Angst" aus; ein lauter, unerwarteter Knall führt zu Schreckreaktionen.

   Kleine Kinder spielen meist begeistert mit Hunden, Katzen oder anderen Tieren. Werden sie allerdings eines Tages von einem Hund gebissen, so tut das weh, sie empfinden einen Schmerz. Der ursprünglich neutrale Reiz wird zum Signal für Schmerzen. Trifft ein gebissenes Kind erneut einen Hund, so löst dessen Anblick Angst und Erregung aus.

   Ähnlich werden Ängste vor Eltern, Lehrern und Erziehern erworben, die Kinder anschreien oder gar schlagen:

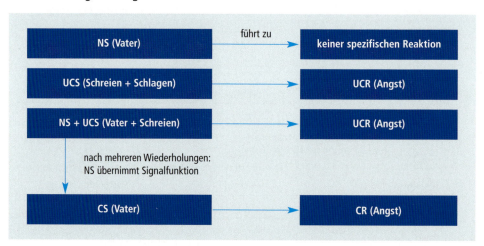

2. Ein klassisches Konditionieren findet nur statt, wenn der neutrale Reiz und der unbedingte Reiz unter **bestimmten Voraussetzungen** auftreten. So ließ *Pawlow* den Glockenton mit der Futterabgabe und im selben Raum, in dem der Hund gefüttert wurde, mehrmals ertönen. Wäre die Glocke beispielsweise kaum hörbar in einem Nebenraum ertönt oder bereits fünf Minuten vor der Fütterung, so hätte der Hund die beiden Reize nicht in Verbindung miteinander bringen können. Auch eine einmalige Darbietung von Glockenton und Futter hätte keinen Lernvorgang zur Folge gehabt. Aus dieser Beobachtung leitete *Pawlow* das **Gesetz der Kontiguität** ab.

> Das Gesetz der Kontiguität besagt, dass eine Konditionierung erst erfolgt, wenn der neutrale Reiz und der unbedingte Reiz mehrmals miteinander bzw. zeitlich kurz nacheinander auftreten und räumlich beieinander liegen.

Pawlow stellte zudem im Laufe seiner Experimente eine Reihe von Tatsachen fest: War der Hund erst einmal auf einen bestimmten Glockenton konditioniert, so speichelte er nicht nur bei diesem Ton, sondern auch bei Tönen, die etwas tiefer oder höher lagen. Einen solchen Sachverhalt nennt man **Reizgeneralisierung**.

> Eine Reizgeneralisierung liegt vor, wenn ein Kind, das durch Konditionierung gelernt hat, vor einem bestimmten Lehrer Angst zu haben, diese auf alle Lehrkräfte überträgt.

> Von Reizgeneralisierung spricht man, wenn ein Reiz, der mit dem bedingten Reiz Ähnlichkeit hat, ebenfalls die bedingte Reaktion auslöst.

Psychologen interessierten sich ferner dafür, was passieren würde, wenn nach dem erfolgreichen Konditionieren der bedingte Reiz längere Zeit nicht mehr mit dem unbedingten Reiz gemeinsam dargeboten würde. In diesem Fall bekam der Hund, der gelernt hatte, beim Glockenton zu speicheln, auf wiederholtes Läuten der Glocke hin kein Futter mehr. Es war zu beobachten, wie die bedingte Reaktion allmählich schwächer wurde und schließlich völlig ausblieb. Die Psychologen bezeichnen dieses Phänomen als **Extinktion (Löschung)**.

> Reagiert das Kind bei Lehrern nicht mehr mit Angst, weil es keine negativen Erfahrungen mit diesen mehr gemacht hat, so hat eine Extinktion stattgefunden.

> Von Extinktion aus der Sicht des Signallernens spricht man, wenn nach einer Konditionierung der bedingte Reiz längere Zeit nicht mehr mit dem unbedingten Reiz gekoppelt wird und daraufhin schließlich die bedingte Reaktion nicht mehr erfolgt.

Will man einer Extinktion vorbeugen, so muss man den bedingten Reiz gelegentlich wieder mit dem unbedingten Reiz koppeln.

> So muss der Hund, der gelernt hat, auf den Glockenton hin zu speicheln, ab und zu nach dem Glockenton Futter erhalten, damit eine Extinktion vermieden wird.

6.1.2 Die Bedeutung des klassischen Konditionierens im menschlichen Alltag

Konditionierungen, wie sie bisher beschrieben wurden, finden beim Menschen täglich und in allen Lebensbereichen statt. Dabei können zum einen **bedingte Verhaltensreaktionen** aufgebaut werden.

> Bewahrt ein Erwachsener Süßigkeiten in einer Dose auf, so kann das Öffnen dieser Dose ein Heraneilen der Kinder bewirken, wenn dieser dabei sagt: „Kommt Kinder, ihr bekommt jetzt ein Bonbon!"

Zum anderen eignen sich Menschen auch bedingte **emotionale Reaktionen** durch Signallernen an. Diese äußern sich in negativen oder in positiven emotionalen Reaktionen und Einstellungen gegen Personen, Dinge oder Sachverhalte.

> Durch wiederholte schmerzliche Behandlung beim Zahnarzt wird aus dem ursprünglich neutralen Reiz „Zahnarzt" ein bedingter Reiz, der schon alleine Angst auslöst.

> Berücksichtigt ein Elternteil regelmäßig die Bedürfnisse seines Kindes, so löst nach einiger Zeit bereits das Erscheinen dieses Elternteils angenehme Gefühle bei ihm aus.

Die traurige Geschichte vom kleinen Albert und der weißen Ratte[1]

Von Albert wird berichtet, dass er von Geburt an gesund und eines der am besten entwickelten Kinder war, die je an diesem Hospital untersucht wurden. Zu Beginn der Untersuchung war er neun Monate alt und emotional sehr stabil, weswegen man ihn auch für diese Untersuchung ausgewählt hatte. Bei zahlreichen Tests, bei denen er mit einer weißen Ratte, einem Kaninchen, einem Hund, einem Affen, Masken mit und ohne Haar, Baumwolle usw. konfrontiert wurde, zeigte er niemals Angst. Es wird berichtet, dass das Kind praktisch nie schrie. Lediglich durch laute Geräusche und plötzliches Wegziehen der Unterlage konnte Angst ausgelöst werden. Das laute Geräusch wurde erzeugt, indem man mit einem Hammer auf eine hängende Eisenstange schlug. ...

Im Alter von 11 Monaten wurde dem kleinen Albert eine weiße Ratte gezeigt. In dem Augenblick, als das Kind mit der linken Hand nach der Ratte greifen wollte, wurde hinter seinem Rücken auf die Eisenstange geschlagen. Das Kind zuckte heftig zusammen, fiel nach vorn und verbarg sein Gesicht in der Matratze. Als später die rechte Hand die Ratte berührte, wurde wieder auf die Eisenstange geschlagen. Das Kind erschrak wieder sehr und begann zu wimmern. Nach einer Woche wurde eine ähnliche Versuchsserie durchgeführt, an deren Ende Albert sofort zu schreien begann, sobald die Ratte nur gezeigt wurde. ...

Nach fünf Tagen entwickelte Albert ähnliche (teilweise schwächere) Angstreaktionen auch beim Anblick eines Kaninchens, eines Hundes, eines Pelzmantels, bei Baumwolle usw. Die Reaktion konnte wohlgemerkt ausgelöst werden, ohne dass in diesem Versuchsdurchgang auf die Eisenstange geschlagen wurde. ... Nach einem Monat wurde Albert noch einmal untersucht. Dabei konnte man feststellen, dass sich die bedingten emotionalen Reaktionen erhalten hatten. Lediglich war die Stärke mancher Reaktionen etwas geringer geworden. ...

Albert wurde aus dem Hospital genommen. Deswegen konnte ein Abbau nicht ausprobiert werden.

Quelle: Edelmann, 2000[6], S. 57 f., gekürzt

Die heutigen Lerntheoretiker gehen davon aus, dass es beim Menschen meist nicht so sehr die objektiven Reizgegebenheiten sind, die zu einer bestimmten Reaktion führen, sondern die **subjektive Interpretation** dieser. Entgegen dem früheren, „strengen" Behaviorismus[2] geht man heute davon aus, dass nicht die Ereignisse bzw. Gegebenheiten als solche eine bestimmte Reaktion bewirken, sondern dass es wesentlich darauf ankommt, **wie ein Individuum diese Reize wahrnimmt, gedanklich verarbeitet und bewertet**. Entsprechend reagiert dann der Mensch[3].

> *„Klassisches Konditionieren besteht eben nicht in der passiven Bildung von Assoziationen. Organismen lernen, sich in aktiver Weise in der Welt zu orientieren und diese zu verändern; ... Lernen ist damit immer auch Informationsverarbeitung, so dass der Gegensatz zwischen unterschiedlichen lerntheoretischen Ansätzen heute überholt erscheint."* (Reinecker 2005[3], S. 94)

---

[1] Dieses Experiment wurde 1920 von den beiden Psychologen John B. Watson und Rosalie Rayner durchgeführt.

[2] Der Behaviorismus (engl.; behavior: das Verhalten), eine der großen Richtungen innerhalb der Psychologie, geht davon aus, dass alles Verhalten erlernt ist und wieder verlernt werden kann. Auf den Behaviorismus gehen das Wissen und die Theorien über menschliches Lernen sowie die Verhaltenstherapie zurück.

[3] vgl. Abschnitt 6.3.2

Das klassische Konditionieren 141

Die Tatsache, dass sich die Konditionierungstheorien weiter entwickelt haben und dem Menschen auch kognitive Prozesse zugebilligt werden, wird in der Literatur oft nicht wahrgenommen. In jüngster Zeit gehen auch die Lerntheoretiker davon aus, dass Menschen einen kognitiven Zusammenhang zwischen Reizgegebenheiten und dem eigenen Verhalten bilden.

Auch die Werbung bedient sich des klassischen Konditionierens. Dabei stellt das Produkt den neutralen Reiz dar, auf den der Kunde zunächst noch unspezifisch reagiert. Dieses Produkt koppelt man nun mit unbedingten Reizen, die angenehme Reaktionen auslösen. Durch wiederholtes Zeigen des Kaufgegenstandes mit dem unbedingten Reiz löst das Produkt allmählich angenehme Reaktionen beim Käufer aus.

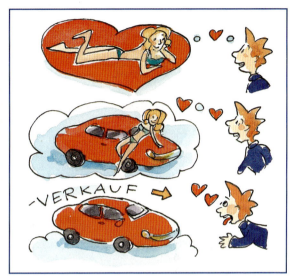

> So finden sich zum Beispiel Produkte wie Autos und Motorräder oft zusammen mit attraktiven und sexuell aufreizend gekleideten Frauen abgebildet. Die Zigarettenwerbung verknüpft ihre Waren häufig mit traumhaft schönen Landschaften, oder versucht durch entsprechende Bilder ein Gefühl von „Freiheit und Abenteuer" zu erzeugen.

6.1.3   Konditionierung erster und zweiter Ordnung

Klassisches Konditionieren basiert gewöhnlich auf natürlichen Reflexen bzw. reflexartigen emotionalen Reaktionen und erfolgt durch eine Koppelung von neutralem und unbedingtem Reiz. Konditionierungen, die auf unbedingten Reizen beruhen, heißen **Konditionierung erster Ordnung**.

Es besteht jedoch auch die Möglichkeit, eine Konditionierung auf einer bereits erlernten Reiz-Reaktions-Verbindung aufzubauen. Beruht eine Konditionierung auf der Verknüpfung eines neutralen Reizes mit einem bedingten Reiz, so handelt es sich um eine **Konditionierung zweiter Ordnung**.

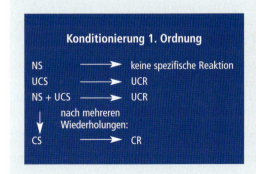

Bekommt ein Kind mehrmals pro Woche von einem Arzt eine schmerzhafte Spritze, so wird der Anblick der Spritze zu einem bedingten Reiz (= CS_1), der Furcht vor Schmerzen auslöst. Tritt dieser bedingte Reiz nun mehrmals mit einem weiteren Reiz – zum Beispiel dem Behandlungszimmer – auf, so wird dieses Zimmer allmählich selbst zu einem bedingten Reiz (= CS_2), welcher eine bedingte Reaktion (= CR_2) auslöst:

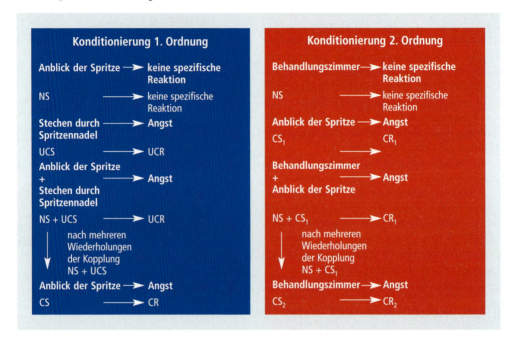

6.1.4 Die Bedeutung des klassischen Konditionierens für die Erziehung

Dem klassischen Konditionieren kommt für die Erziehung Bedeutung zu, wenn es um den **Erwerb emotionaler Reaktionen und den Aufbau bedingter Verhaltensweisen** geht.

– Positive emotionale Reaktionen werden aufgebaut und erlernt, indem der Erzieher den Reiz, der positive emotionale Reaktionen hervorrufen soll, mehrmals mit einem Reiz koppelt, der bereits eine angenehme Reaktion auslöst.
  Lädt ein Erzieher beispielsweise des Öfteren ausländische Kinder oder Behinderte in den Kindergarten ein und verbindet diese Besuche mit besonders angenehmen Aktivitäten für die Kinder, so kann der Anblick dieser Menschen bald alleine zu positiven emotionalen Reaktionen ihnen gegenüber führen. Auf diese Weise kann eine positive Einstellung entstehen, die wiederum eine gesellschaftliche Integration solcher Personengruppen erleichtern kann.
  Laufen Gespräche über Sexualität mit Kindern in einer wohlwollenden positiven Atmosphäre ab, ermöglicht dies eher eine positive und angstfreie Einstellung zur Sexualität.

– Umgekehrt lassen sich negative emotionale Reaktionen aufbauen und erlernen, indem der Erzieher einen Reiz mehrmals mit einem anderen Reiz koppelt, der bereits eine unangenehme Empfindung auslöst.
  Sprechen Eltern beispielsweise mit drohender, Furcht erregender Stimme vom „schwarzen Mann" oder vom Nikolaus, werden diese ursprünglich neutralen Reize für die Kinder zu Angstauslösern.

Dasselbe geschieht beim Aufbau von Feindbildern gegenüber einzelnen Personengruppen, wie etwa politischen und religiösen Minderheiten, oder ganzen Nationen.

- Bei all diesen Vorgehensweisen müssen Erzieher das Gesetz der Kontiguität beachten: Emotionale Reaktionen bzw. bestimmte Verhaltensweisen können nur dann erlernt werden, wenn der neutrale Reiz, der die gewünschten emotionalen Reaktionen hervorrufen oder die erwünschten Verhaltensweisen zur Folge haben soll, und der unbedingte Reiz, der bereits die entsprechende Reaktion hervorruft, mehrmals miteinander bzw. in einem zeitlich kurzen Abstand nacheinander auftreten und räumlich beieinander liegen.

- Der Erzieher sollte nach Möglichkeit vermeiden, selbst zu einem negativ besetzten bedingten Reiz für die Kinder zu werden, und davon absehen, ihnen ungerechtfertigte Einstellungen zu vermitteln. Er muss daher sein eigenes Erzieherverhalten immer wieder kritisch überdenken.

Straft ein Erzieher oft seine Kinder, so löst sein Erscheinen bei ihnen bereits negative Gefühle aus. Ist er dagegen freundlich und hilfsbereit, kann seine Anwesenheit Gefühle der Sicherheit und Geborgenheit erzeugen.

Beispiel: Schulangst

Droht und straft ein Lehrer häufig, dann werden Schulkinder bald den angstauslösenden Reiz mit neutralen Reizen wie dem Schulgebäude koppeln. Bereits dessen Anblick löst dann nach einiger Zeit Angst- und Fluchtreaktionen aus. Die Angst vor einem bestimmten Lehrer kann sich auf andere Lehrer übertragen. Selbst die Worte „Schule, Schulaufgaben" können zu Reizwörtern und Signalen für Angst werden.

Neben dem Erwerb emotionaler Reaktionen und bedingter Verhaltensweisen kommt dem **Abbau unerwünschter emotionaler Reaktionen und Verhaltensweisen** im Erziehungsprozess häufig eine wichtige Bedeutung zu. Mithilfe des klassischen Konditionierens ist es möglich, nicht erstrebenswerte Verhaltensweisen oder emotionale Reaktionen abzubauen:

- Ein Verhalten kann in der Regel abgebaut und verlernt werden, indem der unbedingte Reiz längere Zeit nicht mehr mit dem bedingten Reiz gekoppelt wird, so dass aus dem bedingten Reiz allmählich wieder ein neutraler Reiz wird (= **Extinktion**[1]).

Wie entsprechende Untersuchungen gezeigt haben, ist dieser Vorgehensweise jedoch beim Abbau von emotionalen Reaktionen, insbesondere von Angst, kein Erfolg beschieden. Hier werden entsprechende **therapeutische Techniken** eingesetzt, die von ausgebildeten Fachleuten angewandt werden. Der verantwortungsvolle Umgang mit solchen Techniken erfordert eine fundierte psychologische Ausbildung.

- Nicht erwünschte emotionale Reaktionen und Verhaltensweisen können abgebaut werden, indem Personen, Objekte oder Situationen, die diese unangenehme bzw. nicht erwünschte Reaktion auslösen, mit einem Reiz verbunden werden, dessen

---

[1] vgl. Abschnitt 6.1.1

Reaktion mit der unangenehmen bzw. unerwünschten emotionalen Verhaltensweise *unvereinbar* ist.

„Ich will meinem Sohn einfach die Angst vorm Bohrer nehmen!"

Peter, ein dreijähriger Junge, hatte Angst vor pelzartigen Gegenständen wie zum Beispiel einem Kaninchen. Um ihm diese Angst zu nehmen, wurde er in einen hohen Stuhl gesetzt und bekam Süßigkeiten, über die er sich sehr freute. Gleichzeitig wurde ihm ein Kaninchen schrittweise näher gebracht. Hatte Peter anfangs noch Angst, wenn das Kaninchen im Raum war, so konnte er dieses am Schluss auf den Schoß und sogar in die Hände nehmen.

Die Psychologie bezeichnet diese Vorgehensweise als **Gegenkonditionierung**.

> Von einer Gegenkonditionierung spricht man, wenn man mehrmals zeitlich und räumlich gleichzeitig den Reiz, der eine unangenehme bzw. nicht erwünschte emotionale Reaktion zur Folge hat, mit einem Reiz koppelt, dessen Reaktion mit dieser unangenehmen bzw. nicht erwünschten Verhaltensweise unvereinbar ist.

– Um die erwünschte Reaktion zu erhalten, hat es sich als sinnvoll erwiesen, den Reiz, der die unerwünschte Reaktion zur Folge hat, *schrittweise* an den neuen Reiz, dessen Reaktion mit diesen negativen Emotionen unvereinbar ist, anzunähern.

So wird Peter immer dann, wenn er Süßigkeiten erhält, ein Kaninchen schrittweise näher gebracht: Befindet sich das Kaninchen anfangs noch am anderen Raumende, so wird es ihm bei Erhalt von Süßigkeiten allmählich immer näher gebracht, bis er dieses am Schluss auf den Schoß und sogar in die Hände nehmen kann.

Diese Vorgehensweise wird als **systematische Desensibilisierung** bezeichnet.

„Lassen Sie uns allein! Ich bin Verhaltenstherapeut und helfe meinem Patienten, seine Höhenangst zu überwinden!"

> Systematische Desensibilisierung bezeichnet die schrittweise Annäherung eines Reizes, der das unangenehme bzw. nicht erwünschte Verhalten zur Folge hat, an den Reiz, dessen Reaktion mit dem unangenehmen bzw. unerwünschten Verhalten unvereinbar ist.

Gegenkonditionierung und systematische Desensibilisierung bedingen sich gegenseitig und werden in der Therapie grundsätzlich miteinander angewandt.

*Eine solche Therapie kann sowohl in der Realität als auch mithilfe von Medien in einer sog. **virtuellen Realität** durchgeführt werden. Eine Spinnenphobie kann beispielsweise geheilt werden, indem man dem Klienten in einer Reihe von Sitzungen zunehmend besser erkennbare Bilder von Spinnen zeigt, die zunächst weiter weg und sehr klein, dann aber immer näher und größer abgebildet sind.*

– Eine in letzter Zeit sehr häufig benutzte Vorgehensweise zum Abbau unerwünschter emotionaler Reaktionen ist die **Reizüberflutung**. Hierbei geht der Therapeut im Vergleich zum systematischen Desensibilisieren den umgekehrten Weg. Man konfrontiert den Klienten[1] gleich zu Beginn der Behandlung mit stark angstauslösenden Reizen und lässt ihn dabei die Erfahrung machen, dass seine Befürchtungen unbegründet sind und nicht eintreten. Die Behandlung kann mithilfe einer gedanklichen Konfrontation mit den jeweiligen Angstreizen erfolgen oder indem der Klient diesen in der Realität gegenübertritt.

Ein Mann, der Angst hat, über Brücken zu gehen, weil er befürchtet, diese würden einstürzen, muss sich immer wieder unter therapeutischer Anleitung lange auf Brücken aufhalten, bis sich die Erfahrung ihrer Ungefährlichkeit fest in ihm verankert und er die Angst vor ihnen verloren hat.

6.2 Das operante Konditionieren

Nicht jedes Verhalten lässt sich mithilfe des klassischen Konditionierens erklären. Eine weitere Konditionierungstheorie hebt vor allem die **Bedeutung der Konsequenzen eines Verhaltens** für das Lernen hervor.

6.2.1 Lernen durch Versuch und Irrtum

Im Gegensatz zu *Pawlow*, den die Verknüpfung von Reizen interessierte, wollte *Edward Thorndike* herausfinden, **wie sich Verhaltenskonsequenzen auf das Verhalten selbst auswirken**. Zu diesem Zweck führte er eine Reihe von Experimenten durch.

Edward Lee Thorndike wurde am 31. August 1874 in Williamsburg, Massachusetts, geboren. Er war Professor für Psychologie an der Columbia University und befasste sich dabei mit der pädagogischen Psychologie, der Kinderpsychologie und der Intelligenzuntersuchung. Bekannt wurde er aber durch seine Experimente zu Fragen des Lernens und dem Verhalten von Tieren. Seine im Folgenden dargestellten Erkenntnisse hatten und haben bis heute einen großen Einfluss auf Psychologie und Pädagogik. Er starb am 10. August 1949 in Montrose, New York.

---
[1] Klient: der Hilfesuchende

Um Gesetzmäßigkeiten des Lernens zu erforschen, führte *Edward L. Thorndike* folgendes Experiment durch:

Eine Katze wurde in einen Käfig gesperrt, in dem sich viele Hebel befanden. Jedoch nur das Drücken eines ganz bestimmten Hebels öffnete die Käfigtür. *Thorndike* konnte beobachten, wie die Katze zunächst wahllos durch verschiedene Aktivitäten versuchte, ihrem Gefängnis zu entrinnen. Betätigte sie zufällig den richtigen Hebel, so gelangte sie in die Freiheit. Nach einer Reihe von Durchgängen fand die Katze allmählich den entscheidenden Hebel heraus und drückte ihn sofort. Die erfolglosen Verhaltensweisen wurden nicht mehr gezeigt.

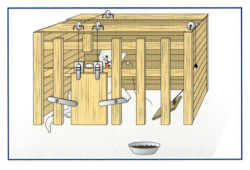

Thorndike leitete aus seinen Experimenten **vier grundlegende Gesetzmäßigkeiten** des Lernens durch Versuch und Irrtum ab:

– *Thorndikes* Katzen lernten nur deshalb, sich zu befreien, weil ihnen daran gelegen war, die Freiheit wieder zu erlangen oder beispielsweise an Futter heranzukommen. Hätten die Tiere kein Bedürfnis dieser Art verspürt, wäre der Lernprozess ausgeblieben. Aus dieser Beobachtung leitete *Thorndike* das **Gesetz der Bereitschaft (law of readiness)** ab.

> **Gesetz der Bereitschaft**
> Gelernt wird nur, wenn im Organismus eine Bereitschaft zum Lernen vorhanden ist. Dies ist dann der Fall, wenn ein Bedürfnis vorliegt: wenn das Individuum einen angenehmen Zustand herstellen bzw. aufrechterhalten oder einen unangenehmen Zustand beseitigen, vermeiden bzw. beenden will.

– Dabei ging die Katze probierend vor: Am Anfang stand das scheinbar wahllose Ausprobieren verschiedenster Verhaltensweisen; das Tier zeigte ziellos verschiedene Aktivitäten, ihrem Gefängnis zu entrinnen. So drückte die Katze im Problemkäfig zunächst wahl- und erfolglos verschiedene Hebel. Diese Beobachtung brachte *Thorndike* auf das **Prinzip des Versuchs und Irrtums**: Der Mensch probiert verschiedene Verhaltensweisen aus, um zum Ziel zu kommen, sein Bedürfnis zu befriedigen.

> Ein Kind (4 Jahre alt) entdeckt, als es mit seiner Mutter beim Einkaufen ist, Süßigkeiten, die es unbedingt haben möchte. Von diesem Wunsch motiviert, probiert es verschiedene Verhaltensweisen aus: Es bittet die Mutter zunächst mehrmals um Süßigkeiten, dann fängt es zu quengeln an. Da die Mutter seinen Wünschen immer noch nicht entspricht, beginnt das Kind im Supermarkt zu weinen. Als das auch nichts nutzt, wird das Kind immer lauter. In diesem Fall liegt beim Kind das Bedürfnis vor, Süßigkeiten zu haben. Um diesen angenehmen Zustand herbeizuführen, wird es aktiv und probiert verschiedene Verhaltensweisen wie Bitten, Quengeln, leises und lautes Weinen aus.

> **Prinzip des Versuchs und Irrtums**
> Der Mensch probiert verschiedene Verhaltensweisen aus, um zum Ziel zu kommen.

– Irgendwann jedoch führt eine der gezeigten Verhaltensweisen zufällig zum gewünschten Ergebnis: Durch Betätigen des richtigen Hebels öffnete sich die Käfigtür.

Ergeben sich in der Folgezeit vergleichbare Situationen, so zeigt sich, dass die nicht zum Erfolg führenden Verhaltensweisen allmählich abnehmen und das richtige Verhalten immer schneller gezeigt wird. Am Ende des Lernprozesses wird nur noch das erfolgreiche Verhalten gezeigt. Von den vielen Aktivitäten, welche die Katze im Käfig zeigte, wurden also diejenige beibehalten, die zum Erfolg führte, diejenigen, die nicht zum Erfolg führten, wurden wieder abgelegt. Aufgrund dieser Beobachtung formulierte *Thorndike* das **Effektgesetz (law of effect)**.

Um bei obigem Beispiel zu bleiben: Als das Kind immer lauter schreit und brüllt, kauft die Mutter dem Kind schließlich aus Verlegenheit die Süßigkeiten. Diese „Szene" spielt sich in den nächsten Wochen in fast immer ähnlicher Weise ab. Da aber Bitten, Quengeln und leises Weinen nicht zum Erfolg führen, werden diese Verhaltensweisen allmählich nicht mehr gezeigt. Nur das erfolgreiche Verhalten, das laute Schreien und Brüllen, wird beibehalten.

> **Effektgesetz**
> Aus einer Fülle von praktizierten Verhaltensweisen werden auf Dauer nur solche wieder gezeigt, die für den Organismus befriedigende Konsequenzen nach sich ziehen; diejenigen Verhaltensweisen, die keine befriedigenden Konsequenzen zur Folge haben, werden nicht wieder gezeigt.

Somit **bestimmen die Konsequenzen eines Verhaltens dessen zukünftige Auftretenswahrscheinlichkeit**.

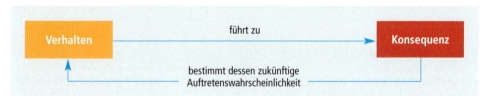

Man spricht bei *Thorndikes* Lernen von einem **Lernen durch Versuch und Irrtum**, da ein zufällig erfolgreiches Verhalten beibehalten wird, während erfolglose Verhaltensweisen allmählich abnehmen und schließlich gar nicht mehr gezeigt werden.

- Ergeben sich in der Folgezeit vergleichbare Situationen, so zeigt sich, dass die nicht zum Erfolg führenden Verhaltensweisen allmählich abnehmen und das richtige Verhalten immer schneller gezeigt wird. Erst nach einer Reihe von Durchgängen lernten die Katzen in *Thorndikes* Käfig also, das Problem sofort zu lösen. Diesen Sachverhalt formulierte er im **Frequenzgesetz (law of exercise)**.

Im Laufe der Wochen zeigt sich, dass das Kind immer mehr dazu übergeht, nicht mehr erst zu bitten oder zu quengeln, wenn es Süßigkeiten will, sondern gleich laut zu schreien. Das Kind hat gelernt, dass es durch Weinen sein Ziel erreicht: Es hat es im Laufe der Wochen durch sein lautes Weinen immer wieder geschafft, Süßigkeiten zu bekommen. Durch diese Wiederholungen wurde das Verhalten gelernt.

> **Frequenzgesetz**
> Das zum Erfolg führende Verhalten wird erst durch eine gewisse Häufigkeit an Übung bzw. Wiederholung erlernt, durch mangelnde Übung und Wiederholung wird es abgebaut und verlernt.

Dabei sind Effektgesetz und Frequenzgesetz nicht unabhängig voneinander: **Weder Erfolg ohne Übung noch Übung ohne Erfolg führen zu einem dauerhaften Lernergebnis.**

Gelingt es der Katze, einmal aus dem Problemkäfig zu entkommen, weil sie zufällig den richtigen Hebel drückt, so hat sie zwar Erfolg, aber noch nicht gelernt, wie man aus dem Käfig herauskommt, da die nötige Übung bzw. Wiederholung dieses Erfolgs fehlt. Andererseits wird die Katze auch nicht lernen, sich aus dem Käfig zu befreien, wenn sie es zwar immer wieder probiert, ihre Versuche jedoch erfolglos bleiben.

Dabei ist entscheidend, dass ein Mensch nicht nur einmal, sondern mehrmals mit einer bestimmten Verhaltensweise zum Ziel kommt, damit diese erlernt und gefestigt wird.

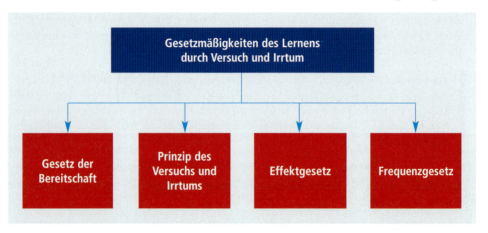

6.2.2 Lernen durch Verstärkung

Vor über sechzig Jahren begann *Burrhus F. Skinner* damit, das Effektgesetz von *Thorndike* genauer zu untersuchen und es weiterzuentwickeln. Ähnlich wie *Thorndike* war auch er davon überzeugt, dass **Konsequenzen, die auf ein Verhalten folgen, dieses beeinflussen**.

Burrhus Frederic Skinner wurde am 20. März 1904 in Susquehanna, Panama, geboren. Er war Professor für Verhaltensforschung an der Harvard University, wo er die wissenschaftlichen Grundlagen des lerntheoretisch orientierten Behaviorismus entwickelte. Im Behaviorismus, eine bedeutende Richtung innerhalb der Psychologie, ist ausschließlich das beobachtbare Verhalten Gegenstand der Forschung. Er geht davon aus, dass alles Verhalten erlernt ist und wieder verlernt werden kann. Nach Skinners Auffassung sollte die Psychologie ihr Interesse nur auf objektiv beobachtbare Reize und die darauf folgenden Konsequenzen richten. Bekannt wurde er vor allem durch seine Lernexperimente mit Tauben und Ratten, die wissenschaftliche Grundlage des Behaviorismus sind. Er starb am 18. August 1990 in Cambridge.

Burrhus F. Skinner führte viele Versuche mit Ratten durch.

Dabei wurde eine Ratte in einen Käfig (in die **Skinnerbox**) gesperrt, in dem sich nur ein Hebel befand. Das neugierige Tier untersuchte den Käfig und drückte dabei zufällig irgendwann den Hebel. Dieses Drücken hatte eine bestimmte Konsequenz zur Folge. Wenn dieser Versuch öfter wiederholt wurde, lernte die Ratte allmählich den Zusammenhang zwischen ihrem Verhalten und der Konsequenz.

Skinner arbeitete mit verschiedenen Ratten, die je nach Versuchsanordnung verschiedene Konsequenzen für ihr Hebeldrücken erfuhren:

- Ratte 1 erhielt auf den Hebeldruck hin Futter.
- Ratte 2 konnte durch den Hebeldruck den Strom abschalten, unter dem ihr Käfigboden stand.
- Ratte 3 drückte den Hebel und erhielt als Konsequenz einen Stromschlag.

Im Verlauf mehrerer Versuche konnte *Skinner* beobachten, wie Ratte 1 und Ratte 2 immer wieder den Hebel im Käfig betätigten, während Ratte 3 dies unterließ. Offensichtlich hatten die Versuchstiere gelernt, **durch ihr Verhalten angenehme Konsequenzen herbeizuführen oder unangenehme zu beseitigen.** *Burrhus F. Skinner* nannte diesen Sachverhalt **Lernen durch Verstärkung.**

> **Verstärkung ist der Prozess, der dazu führt, dass ein Verhalten vermehrt auftritt.**

Skinner unterschied zwei verschiedene Arten von Verstärkungen, die **positive und die negative Verstärkung**. In seinen Versuchen zeigte ein Teil der Tiere jene Verhaltensweisen häufiger, durch die angenehme Konsequenzen herbeigeführt oder aufrechterhalten wurden. Er bezeichnete diesen Sachverhalt als **positive Verstärkung**.

> So geht beispielsweise ein Jugendlicher zufällig einen Umweg zur Schule und begegnet dabei einem attraktiven Mädchen. Um diese angenehme Konsequenz wieder zu erlangen, nimmt er in Zukunft immer die längere Wegstrecke in Kauf.

> Ein Kind, das durch Weinen vermehrt die Aufmerksamkeit und Zuwendung seiner Bezugspersonen gewinnen kann, wird dieses Verhalten häufiger zeigen und so die Weinerlichkeit erlernen.

> **Positive Verstärkung ist der Prozess, der dazu führt, dass ein Verhalten häufiger gezeigt wird, weil durch dieses angenehme Konsequenzen herbeigeführt oder aufrechterhalten werden können.**

Aber auch jene Ratten, die durch Hebeldrücken den Strom im Käfigboden abschalten konnten, zeigten dieses Verhalten in den entsprechenden Situationen öfter. Sie konnten dadurch einen unangenehmen Zustand beseitigen. In diesem Fall liegt eine **negative Verstärkung** vor.

> Ein Junge beginnt jedes Mal, wenn ihn seine Eltern ausschimpfen, zu weinen. Auf diese Weise kann er den unangenehmen Zustand des Schimpfens abwenden. Durch diese negative Verstärkung lernt er das Weinen.

Im „strengen" Behaviorismus bedeutet negative Verstärkung den *Prozess, in welchem ein Verhalten häufiger gezeigt wird, weil durch dieses unangenehme Konsequenzen verringert oder beendet werden können*. In jüngerer Zeit gehen jedoch auch die Lerntheoretiker davon aus, dass Lernen sehr stark mit der **Bildung von Erwartungen** zu tun hat. Menschen bilden – wie es *Hans Reinecker (2005³, S. 91)* formuliert – kognitive Zusammenhänge zwischen Ereignissen in der Umwelt und ihrem Verhalten. Aus dieser Sicht ist es bei der negativen Verstärkung nicht nur notwendig, dass eine unangenehme Konsequenz tatsächlich eintritt, dieser Begriff schließt auch die Erwartung mit ein, dass eine unangenehme Situation eintreten könnte.[1]

> Ein Junge geht täglich einen Umweg zur Schule, weil er dadurch einem gefürchteten Hund nicht begegnet. Er erwartet eine unangenehme Situation und lernt deshalb, einen Umweg zu machen.
> Weil er durch geschickte Lügen einem drohenden Hausarrest für ein nächtliches Zuspätkommen entgehen kann, benutzt ein Jugendlicher immer wieder erfundene Ausreden und erlernt so das Lügen.

Negative Verstärkung bedeutet demnach den Prozess, der dazu führt, dass ein Verhalten häufiger gezeigt wird, weil durch dieses unangenehme Konsequenzen nicht nur verringert oder beendet, sondern auch vermieden werden können.

> **Negative Verstärkung ist der Prozess, der dazu führt, dass ein Verhalten häufiger gezeigt wird, weil durch dieses unangenehme Konsequenzen verringert, vermieden oder beendet werden können.**

Neuropsychologische Erkenntnisse bestätigen das Verstärkungslernen: Unser Gehirn besitzt ein System, welches uns angenehme Gefühle vermittelt, wenn wir etwas tun, das erwünscht ist, das **Belohnungssystem**. *Dieses benutzt vorrangig Dopamin, einen Neurotransmitter, und körpereigene Opiate, Endorphine, welche Glücksgefühle entstehen lassen und motivierend wirken (vgl. Kasten, 2007, S. 43 f.).*

Im Alltag begegnet man häufig zwei verschiedenen Formen des Lernens durch negative Verstärkung, dem **Fluchtlernen** und dem **Vermeidungslernen**. Fluchtlernen liegt vor, wenn sich ein Lebewesen aus einer von ihm als unangenehm empfundenen Situation entfernt.

> Ein Junge hat schon einmal beim Fußballspielen eine Scheibe eingeschossen und wurde dafür bestraft. Immer, wenn ihm dieses Missgeschick jetzt wieder passiert, rennt er schnell davon und entgeht so der Strafe. Er vermeidet also durch das Verhalten „Wegrennen" die drohende unangenehme Konsequenz der Strafe für das Einschießen der Scheibe. Das Wegrennen stellt ein Fluchtverhalten dar, welches negativ verstärkt und damit gelernt wurde.

Beim Vermeidungslernen versucht das Lebewesen, durch sein Verhalten unangenehme Situationen erst gar nicht aufkommen zu lassen.

> Ein anderer Junge spielt nur noch auf Sportplätzen Fußball und kann deshalb keine Scheiben mehr einschießen. Durch dieses Verhalten vermeidet er ebenfalls negative Konsequenzen seines Spiels und damit einen unangenehmen Zustand. Das Verhalten, nicht mehr in der Nähe von Fensterscheiben Fußball zu spielen, wurde negativ verstärkt und gelernt.

---

[1] *vgl. Abschnitt 6.3.1*

Es wird gelernt	durch positive Verstärkung	durch negative Verstärkung
Tabletten zu konsumieren	Bei Tabletteneinnahme wenden sich andere mir mitleidvoll zu.	Durch Tabletten kann man Schmerzen, Unpässlichkeit u. a. vermeiden.
zu lachen	Durch Lachen kommt man bei seinen Mitmenschen besser an.	Durch Lachen kann man andere Menschen „entwaffnen".
Umwege zu machen	Auf dem Umweg trifft man Freunde.	Durch Umwege kann man der Begegnung mit einem aggressiven Hund entgehen.

„Ich habe meinen Erzieher gut abgerichtet: Immer, wenn ich die Straße kehre, gibt er mir fünf Euro."

6.2.3 Verschiedene Arten von Verstärkern

Skinner beobachtete bei seinen Experimenten, dass **bestimmte Konsequenzen die Auftretenswahrscheinlichkeit eines vorausgegangenen Verhaltens erhöhen**. Er nannte solche Konsequenzen **Verstärker**.

Bekommt ein Schüler für sein Melden im Unterricht Anerkennung und beteiligt er sich deshalb häufiger am Unterricht, so handelt es sich bei der Anerkennung um einen Verstärker.

Als Verstärker bezeichnet man jede Verhaltenskonsequenz, welche die Auftretenswahrscheinlichkeit eines Verhaltens erhöht.

Analog zum Prozess der positiven und negativen Verstärkung unterscheidet man zwischen **positiven und negativen Verstärkern**, je nachdem, ob durch die Verhaltenskonsequenz ein angenehmer Zustand herbeigeführt oder aufrechterhalten oder ob ein unangenehmer Zustand vermieden, beendet oder vermindert werden kann.

- Belohnt man ein Kind für seine Mithilfe beim Abspülen mit einer Tafel Schokolade und hilft es deshalb öfter bei dieser Tätigkeit, so wirkt die Süßigkeit als positiver Verstärker.
- Hilft das Kind dagegen beim Abspülen, um dadurch erfolgreich einer drohenden Strafe zu entgehen, handelt es sich bei dieser Konsequenz um einen negativen Verstärker.

> Positive Verstärker nennt man all jene Verhaltenskonsequenzen, welche die Auftretenswahrscheinlichkeit eines Verhaltens erhöhen, weil durch sie ein angenehmer Zustand herbeigeführt oder aufrechterhalten werden kann.
> Negative Verstärker sind alle Verhaltenskonsequenzen, welche die Auftretenswahrscheinlichkeit eines Verhaltens erhöhen, weil durch sie ein unangenehmer Zustand beseitigt, vermieden oder vermindert werden kann.

Während es bei der positiven Verstärkung um die **Darbietung** eines Reizes geht, will man ihn bei der negativen Verstärkung **entfernen bzw. vermeiden**.

- Im obigen Beispiel will das Kind die Schokolade haben – es geht hier um die Darbietung des Reizes (= positiver Verstärker) –, die Strafe will es jedoch nicht haben – hier geht es um die Entfernung des drohenden Reizes (= negativer Verstärker).

Menschen bilden, wie in *Abschnitt 6.2.2* dargestellt, Zusammenhänge zwischen Ereignissen in der Umwelt und ihrem Verhalten. Aus dieser Perspektive geht es bei der negativen Verstärkung nicht nur darum, dass ein unangenehmer Reiz entfernt wird, es handelt sich auch schon um einen negativen Verstärker, wenn ein unangenehmer Reiz **in Aussicht gestellt wird** und deshalb Verhalten vermehrt auftritt. Dies trifft auch für die positive Verstärkung zu.

Wie in Abschnitt 6.1.2 schon erwähnt, wird die Tatsache, dass sich die Konditionierungstheorien weiterentwickelt haben und dem Menschen auch kognitive Prozesse zugebilligt werden, in der Literatur oft nicht wahrgenommen. In jüngster Zeit gehen auch die Lerntheoretiker davon aus, dass Menschen einen kognitiven Zusammenhang zwischen Reizgegebenheiten und dem eigenen Verhalten bilden.

Gezeigtes Verhalten	Konsequenz auf das Verhalten	Verhalten, das verstärkt wird	Art der Verstärkung	Verstärker
Abspülen	Schokolade bekommen	das Abspülen	positive Verstärkung	Bekommen der Schokolade
Abspülen	drohende Strafe vermeiden	das Abspülen	negative Verstärkung	Vermeiden von Strafe

Es kann jede Verhaltenskonsequenz zu einem Verstärker werden, wenn dadurch das gezeigte Verhalten vermehrt auftritt. Verhaltenskonsequenzen wirken jedoch für einen Menschen nur dann verstärkend, wenn sie seinen Bedürfnissen entsprechen. Man spricht in diesem Zusammenhang von der **Relativität von Verstärkern**. Auch eine unangenehme Konsequenz – zum Beispiel das Schimpfen – kann für den zu Erziehenden eine positive Verstärkung bedeuten, wenn er damit ein Bedürfnis – etwa das Bedürfnis nach Beachtung – befriedigen kann. Zudem hängt es auch von der Person, die verstärkt, und von der jeweiligen Umgebung ab, ob Verhaltenskonsequenzen verstärkend wirken oder nicht.[1]

---

[1] *vgl. hierzu Kapitel 9.2.1*

```
┌─────────────────────────────────────────────────────────────────────┐
│         Die Auftretenswahrscheinlichkeit einer Verhaltensweise wird erhöht │
└─────────────────────────────────────────────────────────────────────┘
                                  durch
              ┌───────────────────┴───────────────────┐
              ▼                                       ▼
┌──────────────────────────────┐      ┌──────────────────────────────┐
│   Darbietung eines Reizes    │      │   Entfernung eines Reizes    │
│ (um einen angenehmen Zustand │      │ (um unangenehmen Zustand zu  │
│  herbeizuführen bzw.         │      │  beseitigen, zu vermindern   │
│  aufrechtzuerhalten)         │      │  oder zu vermindern)         │
└──────────────┬───────────────┘      └──────────────┬───────────────┘
               ▼                                     ▼
┌──────────────────────────────┐      ┌──────────────────────────────┐
│     positive Verstärkung     │      │     negative Verstärkung     │
└──────────────────────────────┘      └──────────────────────────────┘
```

*Wird ein Verstärker in der Erziehung bewusst und absichtlich eingesetzt, um damit zu erreichen, dass ein Verhalten wieder gezeigt und erlernt wird, so spricht man von **Lob bzw. Belohnung**.*[1]

6.2.4 Konsequenzen, die auf ein Verhalten folgen

Wie aus den bisherigen Ausführungen deutlich geworden ist, spielt bei der operanten Konditionierung die *Beziehung zwischen dem gezeigten Verhalten und der nachfolgenden Konsequenz* die entscheidende Rolle. Die Lernpsychologie spricht in diesem Zusammenhang von **Kontingenz** *(vgl. Edelmann, 2000[6], S. 69).*

> Kontingenz bedeutet die Beziehung zwischen Verhalten und der nachfolgenden Konsequenz.

In der Verhaltenstherapie bedeutet der Begriff „Kontingenz" auch das Folgenlassen von Verstärkern auf erwünschte Verhaltensweisen.

Die Entstehung von solchen Beziehungen zwischen dem Verhalten und der nachfolgenden Konsequenz kann die *Auftretenswahrscheinlichkeit dieses Verhaltens erhöhen oder auch vermindern*. Folgende Beziehungen stellt das operante Konditionieren heraus:

– **Darbietung eines angenehmen Reizes**

   Die Folge ist, dass das Verhalten mit hoher Wahrscheinlichkeit **häufiger** auftritt. Wir sprechen in diesem Zusammenhang – wie in *Abschnitt 6.2.2* ausgeführt – von einer *positiven Verstärkung*. Aus Sicht der Erziehung wird auch von **Belohnung erster Art** gesprochen, die die Darbietung einer angenehmen Verhaltenskonsequenz bedeutet.[2]

   Ein Kind räumt sein Zimmer auf und erhält deshalb von seiner Mutter eine Tafel Schokolade mit dem Ziel, dass es dieses Verhalten wieder zeigt und lernt.

– **Darbietung eines unangenehmen Reizes**

   Die Folge ist, dass das Verhalten mit hoher Wahrscheinlichkeit **weniger häufig** auftritt. Wir sprechen hier aus erzieherischer Sicht von *Bestrafung erster Art* als Darbietung einer unangenehmen Verhaltenskonsequenz.[3]

   Ein Kind spuckt beim Mittagessen in seinen Teller. Daraufhin wird das Kind bestraft, indem es in sein Zimmer muss, mit dem Ziel, dass es diese Verhaltensweise in Zukunft unterlässt.

---

[1] vgl. Kapitel 9.2.1
[2] vgl. Kapitel 9.2.1
[3] vgl. Kapitel 9.3.1

– **Entfernung eines angenehmen Reizes**

Die Folge ist, dass das Verhalten mit hoher Wahrscheinlichkeit **weniger häufig** auftritt. In der Erziehung wird die Beendigung eines angenehmen Zustandes oder die Verwehrung der Möglichkeit, einen solchen zu erreichen, als *Bestrafung zweiter Art* bezeichnet.[1]

Das Kind spuckt in den Teller, und die Mutter nimmt ihm deshalb seinen Nachtisch weg mit dem Ziel, dass es diese Verhaltensweise in Zukunft unterlässt. Hier wird ein angenehmer Reiz entfernt als Konsequenz auf ein Fehlverhalten.

– **Entfernung eines unangenehmen Reizes**

Die Folge ist, dass das Verhalten mit hoher Wahrscheinlichkeit **häufiger** auftritt. Es handelt sich dabei um *negative Verstärkung*[2]. Aus Sicht der Erziehung wird von *Belohnung zweiter Art* gesprochen, die das Beenden eines unangenehmen Zustandes oder die Verhinderung eines solchen bedeutet.[1]

Ein Kind räumt sein Zimmer auf, dafür braucht es nachmittags nicht beim Hausputz zu helfen. Hier wird dem Kind eine unangenehme Konsequenz „erspart", damit es in Zukunft immer sein Zimmer aufräumt.

– **Keine Konsequenz auf eine Verhaltensweise**

Skinner interessierte sich auch dafür, was passieren würde, wenn ein Tier, das bisher immer für eine Verhaltensweise verstärkt worden war, plötzlich keine Verstärkung mehr erhalten würde. Er beobachtete, wie nach einer gewissen Zeit der Nichtverstärkung das Verhalten immer seltener gezeigt wurde und schließlich nur noch rein zufällig auftrat.

Bekamen die Ratten in der *Skinnerbox* für ihr Hebeldrücken kein Futter mehr, ging diese Verhaltensweise stark zurück und trat ab einem gewissen Zeitpunkt nur noch zufällig auf.

Wenn keine Konsequenz auf ein Verhalten folgt, ist die Folge also, dass das Verhalten mit hoher Wahrscheinlichkeit **weniger häufig** auftritt und gelöscht wird. Diesen Sachverhalt bezeichnet man als **Extinktion (Löschung)**.

> Unter Extinktion versteht man aus der Sicht des Lernens durch Verstärkung die Abnahme der Häufigkeit eines erlernten Verhaltens aufgrund von Nichtverstärkung, bis dieses schließlich nur noch zufällig auftritt.

---

[1] vgl. Kapitel 9.2.1
[2] vgl. Abschnitt 6.2.3

Das Kontingenzschema:

	Darbietung eines Reizes	**Wegnahme eines Reizes**
Reiz ist **angenehm**	**Positive Verstärkung** bzw. **Belohnung erster Art**	**Bestrafung zweiter Art**
Reiz ist **unangenehm**	**Bestrafung erster Art**	**Negative Verstärkung** bzw. **Belohnung zweiter Art**

6.2.5 Die Bedeutung des operanten Konditionierens für die Erziehung

Die Kenntnisse des operanten Konditionierens lassen sich in der Erziehung zum Aufbau erwünschten Verhaltens und zum Abbau unerwünschter Verhaltensweisen einsetzen.

Der Aufbau erwünschter Verhaltensweisen

– Verhaltensaufbau durch Verstärkung kann erst erfolgen, wenn der Lernende die Bereitschaft besitzt, das erwünschte Verhalten zu zeigen. Da Kinder und Heranwachsende viele Dinge lernen sollen, zu denen sie nicht oder nur wenig motiviert sind, ergibt sich für den Erzieher die Aufgabe, entsprechende **Bedürfnisse zu wecken und Lernanreize zu schaffen**.

   Hierzu stehen den Erziehern verschiedene Möglichkeiten zur Verfügung: Indem etwa für bestimmte Tätigkeiten Belohnungen in Aussicht gestellt werden, lassen sich Anreize schaffen. Auch die Beseitigung oder Vermeidung unangenehmer Sachverhalte, wie etwa das Aufheben eines Verbots, besitzt Anreizcharakter.

– Erwünschtes Verhalten kann durch positive und/oder negative Verstärkung aufgebaut und erlernt werden.

– Bezüglich des Aufbaus von Verhaltensweisen lässt sich das Verabreichen von Verstärkern in **kontinuierliche und intermittierende Verstärkung** einteilen. Bei der kontinuierlichen Verstärkung wird ein Verhalten jedes Mal verstärkt, sobald es auftritt. Arbeitet man dagegen mit intermittierender Verstärkung, so verstärkt man ein Verhalten nur ab und zu. Bei dieser gelegentlichen Verstärkung besteht zum einen die Möglichkeit zu verstärken, sobald eine vorher festgelegte Anzahl des gewünschten Verhaltens gezeigt wurde. Die Verstärkung kann zum anderen auch erfolgen, nachdem eine festgelegte Zeitspanne verstrichen ist. Erst wenn nach dieser Zeit das gewünschte Verhalten auftritt, wird verstärkt, tritt es vorher auf, bleibt die Verstärkung aus.

   Für jeden Versuch, ins Töpfchen zu machen, erfährt ein Kleinkind die gesteigerte Aufmerksamkeit seiner Eltern. Es handelt sich hier um eine kontinuierliche Verstärkung, da jedes Verhalten beachtet wird.

   Lobt ein Lehrer nur jeden dritten konstruktiven Unterrichtsbeitrag eines Schülers, so liegt hier eine intermittierende Verstärkung vor: Die Beachtung erfolgt nach einer gewissen Anzahl des erwünschten Verhaltens. Intermittierende Verstärkung liegt auch vor, wenn ein Lehrer die konstruktiven Unterrichtsbeiträge seines Schülers alle drei Monate lobt.

> Von kontinuierlicher Verstärkung spricht man, wenn ein Verhalten jedes Mal, wenn es auftritt, verstärkt wird.
> Intermittierende Verstärkung bedeutet eine gelegentliche Verstärkung von Verhalten, bei der ein Verhalten nur ab und zu verstärkt wird.

Die Art der Verstärkung wirkt sich auf den Lernerfolg und die Löschung aus: Setzt man Verstärker kontinuierlich ein, werden rasche Lernerfolge erzielt. Bleibt nach dem Lernprozess die Verstärkung jedoch aus, so wird das Verhalten relativ schnell gelöscht. Verstärkt man dagegen nur gelegentlich, erfolgt der Lernzuwachs langsamer. Ein auf diese Weise erlerntes Verhalten wird aber beim Ausbleiben von Verstärkung auch langsamer gelöscht.

	Erwerb neuen Verhaltens	Stabilität des Verhaltens
kontinuierliche Verstärkung	erfolgt schneller	geringer
intermittierende Verstärkung	erfolgt langsamer	höher

Während in der Anfangsphase des Verhaltensaufbaus die kontinuierliche Verstärkung einen raschen Lernerfolg wahrscheinlicher macht, sollte man allmählich auf intermittierende Verstärkung übergehen, um das Verhalten gegen Löschung weniger anfällig zu machen.

– Bei komplexen Verhaltensweisen ist es für ein Kind unmöglich, diese schon beim ersten Versuch perfekt auszuführen. Deshalb sollte man jedes Verhalten, das auch nur annähernd in die gewünschte Richtung geht, positiv verstärken.

   Soll ein Kind lernen, ins Töpfchen zu machen, so wird man dieses Verhalten in einzelne Teilschritte zerlegen, wie beispielsweise das Töpfchen betrachten, sich kurz auf das Töpfchen setzen ohne heruntergelassener Hose, bis es schließlich ins Töpfchen macht. Jede dieser einzelnen Verhaltensweisen wird verstärkt.

Eine solche Verstärkung kleiner Teilschritte bezeichnet man als **Verhaltensformung bzw. shaping**.

> **Verhaltensformung (shaping)** bedeutet den schrittweisen Aufbau eines Verhaltens, indem man bereits kleine Schritte in Richtung des Endverhaltens systematisch verstärkt.

Verhaltensformung lässt sich folgendermaßen durchführen:

1. Zunächst wird jedes Verhalten, das dem gewünschten Endverhalten irgendwie ähnelt, sofort und regelmäßig verstärkt.
   - Beispiel: Das Kind kann mit jeder Hand ein Schuhband halten.

2. Erst allmählich wird das Verhalten verstärkt, das innerhalb der gewünschten Verhaltenssequenz einen Schritt bedeutet.
   - Beispiel: Das Kind kann die Schuhbänder zu einer Schleife übereinander legen.

3. Nun werden die Verhaltensweisen verstärkt, die der letztlich erwünschten nahezu entsprechen, bis schließlich das Endverhalten gezeigt wird.
   - Beispiel: Das Kind kann die Schleife alleine binden.

4. Eine Zeit lang wird das Endverhalten kontinuierlich verstärkt. Langsam wird zu einer intermittierenden Verstärkung übergegangen, bis sie schließlich ganz überflüssig wird und das Verhalten aufgrund von Gewöhnung gezeigt wird.

5. Das erwünschte Verhalten wird durch Übung und Wiederholung gefestigt.

Der Abbau unerwünschter Verhaltensweisen
- Unerwünschtes Verhalten kann durch **Nichtverstärkung** abgebaut werden. Der Lernende darf keine Verstärkung seines Verhaltens erfahren.

Häufig reagieren jedoch Erzieher auf nicht akzeptables Verhalten von Kindern mit Aufmerksamkeit und verstärken es dadurch ungewollt. So zum Beispiel beim Störenfried, dem man sich grundsätzlich zuwendet, wenn er in der Klasse stört.

Gleichzeitig zum Ignorieren unerwünschten Verhaltens sollte man alle Ansätze erwünschten Verhaltens sofort verstärken. Eine solche Vorgehensweise wird als **differentielle Verstärkung** bezeichnet.

- Der Störenfried sollte nicht beachtet werden, wenn er stört, dann aber sofort verstärkt werden, wenn er einmal nicht stört und das tut, was man von ihm verlangt.
- Die Mutter ignoriert Streitigkeiten zwischen ihren Kindern, solange diese sich nicht gefährden, und lobt stattdessen die Kinder, wenn sie friedlich miteinander spielen.

> Unter differentieller Verstärkung versteht man das Ignorieren unerwünschten Verhaltens bei gleichzeitigem Verstärken von erwünschten Verhaltensweisen.

Erzieher neigen gewöhnlich dazu, erwünschtes Verhalten als selbstverständlich zu nehmen, und verstärken dieses deshalb nicht, wenden sich aber dem Kind sofort zu, wenn es einmal „aus der Rolle fällt". Dieses Erzieherverhalten ist aus lerntheoretischer Sicht wenig sinnvoll.

- Sehr oft wird versucht, unerwünschtes Verhalten durch **Strafe bzw. Bestrafung** abzubauen. Da die Strafe jedoch eine sehr problematische Erziehungsmaßnahme darstellt und viele unerwünschte „Nebenwirkungen" zeigt, wird auf sie in *Kapitel 9.3* genauer eingegangen.

Aufbau von erwünschtem Verhalten	Abbau von unerwünschtem Verhalten
durch	
– Schaffung von Motivation – Darbietung einer angenehmen Verhaltenskonsequenz – Entfernung einer unangenehmen Verhaltenskonsequenz – kontinuierliche und intermittierende Verstärkung – Verhaltensformung (shaping) – Übung und Wiederholung	– Nichtverstärkung des unerwünschten Verhaltens – differenzielle Verstärkung

Die beiden hier getrennt dargestellten Konditionierungstheorien – klassisches und operantes Konditionieren – lassen sich beim Erlernen von bestimmten Erlebens- und Verhaltensweisen in der Praxis nicht trennen. Klassisch konditionierte Reaktionen haben Konsequenzen auf die Umwelt, umgekehrt erfolgt die Verstärkung eines Verhaltens immer in einer bestimmten Situation (vgl. Reinecker, 2005³, S. 83). Ein Beispiel für das Zusammenwirken dieser beiden Konditionierungs-

arten bildet das **Zwei-Faktoren-Modell** von O. Hobart Mowrer, nach welchem emotionale Reaktionen und bedingte Verhaltensweisen durch die klassische Konditionierung erlernt werden, die dann auf der Grundlage der Verstärkung aufrechterhalten werden. So wird zum Beispiel für die Entstehung der Angst das klassische Konditionieren verantwortlich gemacht: Ein neutraler Reiz (NS) wird mit einem unbedingten Reiz (UCS), der bereits Angst und Schrecken auslöst (UCR), gekoppelt, so dass aus diesem neutralen Reiz (NS) ein bedingter Reiz (CS) wird, der die gleiche Reaktion (CR) auslöst wie der unbedingte Reiz (UCS).[1] Für die Aufrechterhaltung dieser Angst sorgen positive und negative Verstärkung wie etwa Flucht- und Vermeidungsverhalten.[2]

Brüllt beispielsweise ein Grundschullehrer ein Kind öfters laut an, so löst nach einigen Wiederholungen bereits der Anblick dieses Lehrers Angst beim Kind aus. Das Kind wurde klassisch konditioniert. Schwänzt das betroffene Kind nur aus Angst die Schule, so entgeht es durch sein Tun einer unangenehmen Situation. Sein Verhalten wurde dabei negativ verstärkt und wird in Zukunft häufiger auftreten. Indem das Kind jedoch den Lehrer konsequent meidet, wird es nie die Erfahrungen machen, dass dieser Lehrer sich überwiegend normal verhält und sein Unterricht auch viel Spaß machen kann. Auf diese Weise bleibt die Angst weiter bestehen, da eine Extinktion nicht möglich ist.

6.3 Die Konditionierungstheorien und kognitive Prozesse

Lange Zeit galt, dass sich Konditionierung und kognitive Prozesse ausschließen, und für die Schöpfer der Konditionierungstheorien war es völlig abwegig, innere Prozesse wie geistige Vorgänge mit zu berücksichtigen. Erst nach und nach thematisierten Wissenschaftler neben den offensichtlichen Stärken des behavioristischen Ansatzes auch dessen Schwächen.

6.3.1 Konditionierung aus kognitiver Sicht

Das klassische und das operante Konditionieren gehen in ihren Ursprungsformen davon aus, dass Reize, die einem bestimmten Verhalten vorausgehen bzw. als Konsequenz auf dieses folgen, die entscheidende Rolle für das Lernen spielen. Dabei erscheint der Mensch als ein Wesen, das nahezu ausschließlich von Umweltreizen beherrscht wird; er richtet sein Verhalten nach Belohnungen und Strafen, die aus der Umwelt kommen. Für *Pawlow*, *Thorndike* und *Skinner* war es denn auch völlig abwegig, innere Prozesse mit zu berücksichtigen. Diese Denkweise herrschte lange Zeit im Behaviorismus vor.

Einer der ersten unter den vielen Kritikern dieses „strengen" Behaviorismus war *Edward C. Tolman*[3], der um 1930 mit Ratten experimentierte, die ein Labyrinth durchlaufen mussten, um an ihr Ziel und damit an Futter zu gelangen. *Tolmans* Beobachtungen lassen den Schluss zu, dass die Versuchstiere im Laufe der Zeit **Vorstellungen** über den Aufbau des Labyrinths entwickeln und somit über eine **„geistige Landkarte"** verfügen. Waren die von den Ratten bevorzugten Wege blockiert, wählten viele Tiere einen sinnvollen Umweg. Die von *Tolman* durchgeführten und durch seine Forschungen angeregten Arbeiten anderer Psychologen bildeten eine Abkehr vom „strengen" Behaviorismus zu neueren Modellen in der Psychologie (vgl. Lefrancois, 2006[4], S. 166 f.).

---

[1] Beispiele für die Entstehung von Angst aus der Sicht der klassischen Konditionierung finden sich in Abschnitt 6.1.1.
[2] siehe Abschnitt 6.2.2
[3] Edward C. Tolman (1886–1959) war Lerntheoretiker und der erste, der kognitive Prozesse zur Erklärung von Verhaltensänderungen verantwortlich machte.

> *„So erkannten mittlerweile auch die S-R-Psychologen[1], dass das Geschehen zwischen Reiz und Reaktion viel komplexer ist, als sie ursprünglich vermutet hatten. ... Reize werden, bevor die Reaktion stattfindet, nach gewissen Regeln ausgewählt, geordnet und verarbeitet."*
>
> *(Lückert/Lückert, 1994, S. 15)*

Die Gesamtheit aller psychischen Vorgänge, die Informationen aufnehmen, verarbeiten, speichern, abrufen und weiter verwenden, bezeichnet die Psychologie als **Kognition**[2] *(vgl. Wimmer/Perner, 1979, S. 11)*.

> Hierzu zählen zum Beispiel die Intelligenz, die Kreativität, das Gedächtnis, die Sprach- und Lernfähigkeit, die Wahrnehmung und das Erkennen, das Denken, das Vorstellen und das Problemlösen, das Entscheiden und Urteilen sowie das Behalten, Erinnern und Vergessen.

> **Kognition bedeutet die Gesamtheit aller psychischen Vorgänge, die der Aufnahme, der Verarbeitung, der Speicherung sowie des Abrufens und Weiterverwendens von Informationen dienen.**

Die Lerntheoretiker gehen in jüngster Zeit davon aus, dass Menschen einen **kognitiven Zusammenhang zwischen Reizgegebenheiten und dem eigenen Verhalten herstellen und Erwartungen ausbilden**. Mehrjährige Forschungen zeigten, dass es sich beim klassischen Konditionieren um einen Prozess handelt, durch den ein Organismus lernt, dass ein Ereignis (CS) das Auftreten eines weiteren Ereignisses (UCS) ankündigt und *erwarten* lässt *(vgl. Mietzel, 2006[13], S. 245)*. Ebenso verhält es sich bei der operanten Konditionierung: Bestimmte Verhaltenskonsequenzen werden *erwartet*.

6.3.2 Die Grundannahmen der kognitiv orientierten Lerntheorien

Heutige Lerntheoretiker gehen davon aus, dass nicht nur die Umweltreize an sich schon Erleben und Verhalten bewirken, sondern dass es wesentlich darauf ankommt, **wie ein Mensch Umweltereignisse wahrnimmt, gedanklich verarbeitet und bewertet**.

> Ein junger Mann beispielsweise, der davon überzeugt ist, dass ihn keine Frauen mögen, weil er zu unattraktiv ist, und dass er bei ihnen keine Chancen hat, wird in einer Disco möglicherweise Frauen, die ihn nicht sehen und ignorieren, eher wahrnehmen als Frauen, die ihn beachten. Er wird das Ansprechen oder Zulächeln von einigen Frauen als unbedeutend einstufen oder auch umdeuten – etwa als nicht ernst gemeint. Entsprechend wird er sich auch verhalten und die Situation erleben.

Wir sprechen deshalb bei Theorien, die ihren Blick auf geistige Vorgänge richten, von **kognitiven Lerntheorien**.

Es gibt keine völlig einheitliche Richtung bei den kognitionstheoretischen Modellen. Dies liegt daran, dass die einzelnen Ansätze unabhängig voneinander entstanden sind. Dennoch sind ihnen einige *Grundannahmen* gemeinsam:

---

[1] Mit S-R-Psychologen sind Psychologen gemeint, die Verhalten ausschließlich auf äußere Reize zurückführen, wie dies ursprünglich in den Konditionierungstheorien der Fall war (S=Stimulus/Reiz, R=Reaktion).
[2] cognitio (lat.): die Erkenntnis; Kognitionen: alle Vorgänge, durch die ein Organismus Kenntnis von seiner Umwelt erlangt.

- Die kognitiven Prozesse und Strukturen üben einen erheblichen Einfluss auf das Verhalten und Erleben eines Menschen aus und legen unter anderem fest, wie er erlebt und sich verhält. Menschliches Verhalten wird nicht, wie beim „strengen" Behaviorismus, als direkte Reaktion auf einen Umweltreiz angesehen, es ist der aktive Prozess der Kognition – *wie* ein Mensch Umweltereignisse wahrnimmt, sie gedanklich verarbeitet, beurteilt und bewertet.

> „Menschen reagieren nicht auf die Realität, wie sie als objektiv beschreibbare materielle Welt vorliegt, sondern wie sie sich ihnen als subjektive Realität darstellt. Das Individuum konstruiert eine eigene Interpretation der Welt, die nicht mit der objektiven ... Beschreibung der Welt ... übereinstimmen muss."
> (Zimbardo u. a., 2003[7], S. 13)

- Jeder Mensch besitzt aufgrund seiner persönlichen Erfahrungen, die er in seiner Lebensgeschichte gemacht hat, ein ganz bestimmtes individuelles Kognitionsmuster, das bestimmt, wie er eine gewisse Situation wahrnimmt, verarbeitet und bewertet. Solch ein Muster bezeichnen wir als **kognitive Struktur**. Kognitive Strukturen stellen die Grundlagen dar, auf deren Hintergrund eine bestimmte Umweltsituation gesehen und beurteilt wird. Sie beeinflussen sowohl das Verhalten als auch das Erleben wie beispielsweise den Gefühlszustand.
  So sind zum Beispiel Meinungen über sich selbst wie „Das schaffe ich nie", „Ich tauge zu nichts" oder „Mich mag niemand" neben der Verstärkung von außen geeignet, einen negativen Gefühlszustand entstehen zu lassen.

Wenn, wie zum Beispiel bei Ulrich Schiefele (1995, S. 13), von Lernen als „relativ dauerhafte Änderung von kognitiven Strukturen aufgrund von Erfahrungen" gesprochen wird, dann will eine solche Definition nahelegen, dass Lernen eine Veränderung der kognitiven Strukturen und somit auch eine der Wissensstruktur herbeiführt.

Dabei **bedingen sich Verstärkung und Kognition**: Die Häufung angenehmer oder unangenehmer Reize oder die angenehmen bzw. unangenehmen Folgen eines Verhaltens beeinflussen die kognitive Struktur eines Menschen; ebenso wird diese unter anderem davon bestimmt, ob und auf welche Weise eine Verhaltenskonsequenz als Verstärker erlebt wird oder nicht.

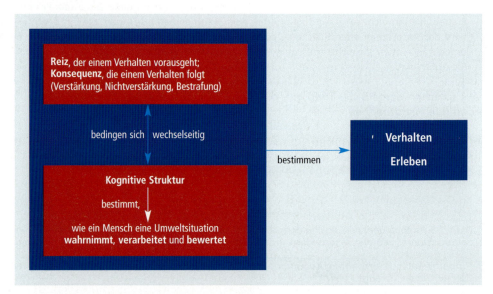

- Die Fähigkeit des Menschen, seine Umwelt zu interpretieren und zu konstruieren, befähigt ihn dazu, sich selbst zu formen und auch wieder neu zu formen. Der Mensch besitzt im Gegensatz zum strengen Behaviorismus die Fähigkeit der **Selbststeuerung** als die Fähigkeit, Einfluss auf das eigene Erleben und Verhalten auszuüben und nicht nur mechanisch auf Umweltreize zu reagieren.

> *Die kognitiven Strukturen geben dem Menschen „sowohl die Freiheit der Entscheidung als auch Beschränkungen des Handelns – Freiheit, weil es ihm erlaubt, sich mit der Bedeutung von Ereignissen auseinanderzusetzen, statt ihn zu zwingen, ihnen hilflos ausgeliefert zu sein und sich von ihnen an die Wand drücken zu lassen, und Beschränkungen, weil er keine Wahlen außerhalb der Welt der Alternativen treffen kann, die er für sich errichtet hat."*
> (George A. Kelly, zitiert nach Pervin u. a., 2005[5], S. 481)

Der Mensch ist also kein Gefangener seiner gemachten Erfahrungen und seiner Lebensumstände – außer er entschließt sich selbst, sich in dieser Art und Weise zu konstruieren.

- Veränderungen der grundlegenden kognitiven Strukturen eines Menschen beeinflussen auch sein Verhalten und sein Erleben.
  Die Änderung der Meinungen über sich selbst wie „Das schaffe ich nie", „Ich tauge zu nichts" oder „Mich mag niemand" zum Beispiel bewirken neben der Verstärkung auch eine Änderung des Gefühlszustandes.

  Aus pädagogischer und therapeutischer Sicht geht es deshalb nicht nur um den Einsatz von Verstärkern, sondern auch um die ***Änderung der kognitiven Struktur***.
  So ist es, wenn ein Kind schlechte Noten von der Schule nach Hause bringt, nicht nur wichtig, das Kind schon bei ein wenig besseren Leistungen zu loben, sondern auch seine kognitive Struktur – zum Beispiel „Das kann ich nicht", „Ich bin nicht begabt" oder „Das schaffe ich nicht" – zu ändern.

  Dabei geht es um das **Erkennen der gedanklichen Strukturen eines Menschen** – bei psychischen Störungen handelt es sich um „fehlerhafte" Strukturen –, um den ***Abbau von „fehlerhaften" Strukturen und um den Aufbau von angemessenen kognitiven Strukturen***.

> *„Um eine Veränderung im Verhalten eines Menschen herbeizuführen, ist es notwendig, eine Veränderung in seinem Wahrnehmungsfeld – seinem Feld der persönlichen Bedeutungen – zu bewirken. Die Bedeutung ist nicht das, was gesehen und gehört wird, sondern das, was der Sich-Verhaltende meint. Die Bedeutungsinhalte sind für den Menschen die Tatsachen des Lebens. Eine Tatsache ist nicht das, was ist, sondern sie ist für jeden Menschen das, von dem er glaubt, es sei so."*
> (Lückert/Lückert, 1994, S. 112)

Innerhalb der kognitiv orientierten Modelle sind für den Bereich des Lernens die **Persönlichkeitstheorie** von *George A. Kelly*, die **Attributionstheorie** von *Fritz Heider* und die **sozial-kognitive Theorie** von *Albert Bandura* am bedeutsamsten. Der Schwerpunkt von *Kellys* Theorie liegt auf der Art und Weise, wie ein Mensch bestimmte Ereignisse und seine Umgebung wahrnimmt, interpretiert und konzeptualisiert. Das Individuum entwickelt ein „Gedankengebäude", welches *Kelly* Konstruktsystem nennt, und es versucht dann, die Realität diesem Konstrukt anzupassen. Auf diese Weise entwirft das Individuum ein Bild von der Welt, in der es lebt. Die von *Fritz Heider* begründete Attributionstheorie geht davon aus, dass Menschen ein beobachtetes Ereignis oder ein bestimmtes Verhalten auf gewisse Ursachen zurückführen. Attributionen sind nach *Heider* subjektive Meinungen über Ursachen von Ereignissen und Verhaltensweisen. Diese Meinungen bestimmen weitgehend, wie man auf ein Ereignis reagiert und sich verhält. Die sozial-kognitive Theorie beschreibt das Lernen mithilfe von Vorbildern unter Berücksichtigung kognitiver Prozesse und wird ausführlich im folgenden *Abschnitt 6.4* dargestellt.

6.4 Lernen am Modell

Menschen erlernen eine Vielzahl von Erlebens- und Verhaltensweisen durch **Beobachtung von Personen**, die als Vorbilder gelten. Diese Vorbilder werden in der Psychologie *Modelle* genannt und das dahinter steckende Lernprinzip wird als *Lernen am Modell* bezeichnet.

> Lernen am Modell bedeutet den Prozess, in welchem eine Person (= Beobachter) bestimmte Erlebens- und Verhaltensweisen übernimmt, die sie bei einer anderen Person (= Modell) beobachtet, so dass es dadurch zu einer Erlebens- und Verhaltensänderung beim Beobachter kommt.

Aus neuropsychologischer Sicht sind für das Nachahmen sog. **Spiegelneuronen** *wichtig: Nervenzellen,* **Neuronen**[1] *genannt, versenden bei Aktivität Signale – sie* **feuern** *–, etwa wenn der Mensch zielorientiert eine Bewegung ausführt. Wissenschaftler stellten nun fest, dass Neuronen auch bei Personen feuern, die bei der Aktivität lediglich zuschauen. Die Zellen spiegeln offensichtlich die beobachtete Aktivität direkt und unmittelbar wider. Deswegen werden sie Spiegelneuronen genannt. Dank solcher Spiegelneuronen können Handlungen, Absichten und auch Gefühle anderer selbst innerlich erlebt und dadurch unmittelbar nachgeahmt werden (vgl. Rizzolatti u. a., in: Spektrum der Wissenschaft, 03/2007, S. 49 f.)*

Innerhalb der Psychologie gibt es verschiedene Theorien des Modelllernens. Als besonders bedeutsam hat sich dabei die **sozial-kognitive Lerntheorie** von *Albert Bandura* erwiesen.

6.4.1 Die Grundannahmen der sozial-kognitiven Theorie

Albert Bandura wurde 1925 geboren und wuchs in Alberta (Kanada) auf. 1950 ging er nach Stanford und arbeitete dort auf dem Gebiet der Interaktionsprozesse in der Psychotherapie. Er erforschte dabei unter anderem familiäre Ursachen von Aggression, was ihn auf die zentrale Rolle des Lernens durch Beobachtung von anderen Personen brachte. Die Ergebnisse verwertete er in seinen ersten beiden Büchern, die 1959 und 1963 erschienen. Seit dieser Zeit erweiterte und vervollkommnete er seine Theorie des Modelllernens und entwickelte zusammen mit Walter Mischel, ebenfalls Professor in Stanford, eine umfassende Theorie, die er vor allem in seinem Buch „Sozial-kognitive Lerntheorie" (1979) niedergeschrieben hat. 1974 wurde Albert Bandura zum Präsidenten der American Psychological Association gewählt und erhielt 1980 die wissenschaftliche Auszeichnung der Vereinigung für „vorbildliche Leistungen als Forscher, Lehrender und Theoretiker".

---
[1] *neuron (griech.): Nerv, Sehne*

Die sozial-kognitive Lerntheorie unterscheidet sich vom herkömmlichen behavioristischen Ansatz in drei wesentlichen Punkten *(vgl. Verres, 1979, S. 8)*:

- Lernen wird in der sozial-kognitiven Theorie als ein **aktiver, kognitiv gesteuerter Verarbeitungsprozess** von gemachten Erfahrungen verstanden.
- Das Verhalten eines Menschen wird als aktiver Prozess begriffen, bei dem **Motivationen, emotionale Empfindungen** und komplexe **Denkprozesse** eine entscheidende Rolle spielen.
- Der Mensch ist mehr ein **handelndes Wesen**, welches bewusst und überlegt bestimmte Absichten und Ziele verfolgt, und weniger eine rein reaktive Kreatur, die eine rein formbare Marionette von Umwelteinflüssen ist.

Drei Prozesse machen nach *Albert Bandura (1979)* das Lernen aus:

- Der Mensch kann das Verhalten von anderen beobachten und nachahmen.
- Er kann Beobachtungen, Ereignisse, Erfahrungen und dgl. symbolisieren und diese auf der Grundlage dieser Symbole in seinem Gedächtnis festhalten, darüber nachdenken, neue Ereignisse planen und schöpferisch tätig sein.[1]
- Er kann sich selbst steuern und sein eigenes Verhalten ändern, wenn er es will. Darin liegt die Freiheit des Menschen, sein Schicksal selbst zu bestimmen.[2]

6.4.2 Phasen und Prozesse des Modelllernens

Albert Bandura unterteilt den Vorgang des Modelllernens in zwei Phasen, in die **Phase der Aneignung** und in die **Phase der Ausführung** des Verhaltens. Jede dieser beiden Phasen enthält wiederum zwei wichtige Teilprozesse. Die Aneignungsphase „besteht" aus den **Aufmerksamkeitsprozessen** und den **Gedächtnisprozessen**, die Ausführungsphase aus den **Reproduktionsprozessen** und den **Motivationsprozessen**.

1. Die Aneignungsphase

- **Aufmerksamkeitsprozesse**
  Aus der Vielzahl von Informationen, die das Verhalten eines Vorbildes enthält, wählt der Beobachter die für ihn wichtigen Bestandteile aus und beobachtet sie exakt.

> *„Aufmerksamkeitsprozesse entscheiden darüber, was aus der Fülle der auf den Beobachter einwirkenden Modellierungseinflüsse selektiv beobachtet wird und welche dieser Darbietungen berücksichtigt werden."*
> (Bandura, 1979, S. 33)

Ob ein Modell viel oder wenig Aufmerksamkeit bekommt, hängt vor allem ab
- von den **Persönlichkeitsmerkmalen des Modells**,
- von den **Persönlichkeitsmerkmalen des Beobachters**,
- von der **Art der Beziehung** zwischen Modell und Beobachter und
- von den **Situationsbedingungen**.

Diese Bedingungen sind in *Abschnitt 6.4.3* näher dargestellt.

---
[1] „symbolisieren" bedeutet in diesem Zusammenhang, das Beobachtete vorstellungsmäßig in bildlichen oder sprachlichen Zeichen im Gedächtnis zu speichern (vgl. Abschnitt 6.4.2).
[2] siehe vor allem die Abschnitte 6.4.5 und 6.4.6

– **Gedächtnisprozesse**

Ein Beobachter speichert das Gesehene mithilfe seines Gedächtnisses so lange, bis er sich einen Nutzen vom Zeigen der erlernten Verhaltensweise verspricht. Das Beobachtete wird in Form von **bildlichen oder sprachlichen Symbolen** im Gehirn gespeichert und ist somit vorstellungsmäßig dort vorhanden, repräsentiert. *Bandura* spricht hier von **symbolischer Repräsentation** und meint damit eine Speicherung des Modellverhaltens in einer Form, welche die relevanten Elemente des Beobachteten „symbolisch" festhält *(vgl. Spada u. a., 2006³, S. 405).*

> *„Nur aufgrund ihrer hoch entwickelten Symbolisierungsfähigkeit sind Menschen in der Lage, ein Großteil ihres Verhaltens durch Beobachtung zu lernen."* (Bandura, 1979, S. 34)

2. Die Ausführungsphase

– **Reproduktionsprozesse**

Damit ein beobachtetes Verhalten gezeigt werden kann, bedarf es eines Umsetzens des Gespeicherten in angemessene Handlungen und Verhaltensweisen. Hierbei werden aus einer Vielzahl der im Gedächtnis gespeicherten Kodierungen solche ausgewählt und organisiert, die für das beabsichtigte Verhalten relevant sind. Jedoch lassen sich diese kognitiven Vorstellungen nur selten gleich beim ersten Mal richtig umsetzen. Häufig muss der Betrachter seine motorischen Fähigkeiten erst üben, korrigieren und wiederholen, bis sich ein Erfolg einstellt. Beim Üben und Korrigieren vergleicht der Lernende immer wieder die Ergebnisse seiner Handlungen und Verhaltensweisen mit den gespeicherten Kodierungen.

Erlernt ein Kind das Radfahren, so genügt es nicht, andere beim Radfahren zu beobachten. Es muss eine Vielzahl von wichtigen Informationen aus seinem Gedächtnis abrufen, so zum Beispiel wie die Pedale zu betätigen sind, wie man die Lenkstange hält, wie das Auf- und Absteigen erfolgt usw. Trotz dieses Wissens wird das Kind die einzelnen Bewegungsabläufe erst eine Weile üben müssen, bis es das Radfahren beherrscht.

– **Motivationsprozesse**

Ob ein Mensch ein bestimmtes Verhalten überhaupt beachtet, um es zu lernen, hängt von seiner **Motivation** ab. Die Motivation einer Person beeinflusst beim Modelllernen sowohl die Aneignungs- als auch die Ausführungsphase. Nur wer sich vom Beachten und Durchführen einer Verhaltensweise einen Erfolg bzw. Vorteil verspricht oder einen Misserfolg bzw. Nachteil abzuwenden glaubt, wird entsprechende Aktivitäten entfalten. **Motivation ist daher eng mit der Aussicht auf Bekräftigung verbunden**.

So wird ein Jugendlicher nur dann die bei seinem Bruder beobachtete Weise, ein Mädchen anzusprechen, nachahmen, wenn er sich Erfolg davon verspricht.

> „Jedes Mal also, wenn ein Beobachter das Verhalten eines Modells nicht nachbildet, lässt sich die Tatsache auf eine der folgenden Bedingungen zurückführen: Er hat die entsprechenden Tätigkeiten nicht beobachtet, er hat die modellierten Ereignisse in einer für die Gedächtnisrepräsentation nicht in angemessener Weise kodiert, er hat nicht behalten, was er gelernt hat, er verfügt nicht über die physischen[1] Fähigkeiten, die Reaktionen auszuführen, oder er empfindet die Anreize nicht als hinreichend."
> (Bandura, 1979, S. 38)

6.4.3 Bedingungen des Modelllernens

Ob ein Modell viel oder wenig Aufmerksamkeit bekommt, hängt – wie in *Abschnitt 6.4.2* schon angeführt – von verschiedenen Bedingungen ab.

Persönlichkeitsmerkmale des Modells
Besonders beobachtet werden

- Menschen, die soziale Macht besitzen, also belohnen und bestrafen können,
- Menschen mit hohem Ansehen,
- Menschen, die sympathisch und attraktiv sind (die Attraktivität kann zum Beispiel im Geschlecht, im Alter oder in der Herkunft begründet liegen),
- Menschen, welche die Bedürfnisse des Lernenden zufriedenstellen können.

So stellen Eltern insbesondere für Kinder sehr wirksame Modelle dar, da sie in der Regel viel Macht über die Kinder besitzen, ihre Bedürfnisse nach Nahrung, Zuwendung und sozialer Anerkennung befriedigen und bei partnerschaftlichem Erzieherverhalten von den Kindern auch als sympathische und attraktive Menschen eingestuft werden.

> „Es werden Modelle gewählt, die gewinnende Eigenschaften besitzen, während diejenigen, denen es an gefälligen Charakterzügen fehlt, gewöhnlich ignoriert oder abgelehnt werden."
> (Bandura, 1979, S. 33)

Persönlichkeitsmerkmale des Beobachters
Persönlichkeitsmerkmale des Betrachters, wie fehlendes Selbstvertrauen und geringe Selbstachtung, begünstigen die Aufmerksamkeit einem Modell gegenüber. Zudem steuert eine Reihe von Faktoren die menschliche Wahrnehmung, wie zum Beispiel die Erfahrungen, die der Beobachter gemacht hat, seine Interessen und Wertvorstellungen, seine Bedürfnisse und Triebe, Gefühle und Stimmungen.

So wird das Herstellen eines Tongefäßes eher die Aufmerksamkeit eines Beobachters auf sich ziehen, wenn dieser sich für Tonarbeiten interessiert.

> „Selektive Voreingenommenheit veranlasst Menschen, nur zu sehen, was sie wollen."
> (Bandura, 1979, S. 185)

---

[1] physisch (griech.): körperlich

Beziehung zwischen Modell und Beobachter

Beziehungen zwischen Modell und Beobachter, welche die Nachahmungsbereitschaft begünstigen:

- eine positive emotionale Beziehung, die sich in Wertschätzung und Verstehen zeigt[1]
- Abhängigkeit des Beobachters vom Modell.

Zudem wirkt sich auch die Häufigkeit einer Beobachtung auf den Lernenden aus.

„Glaubst du etwa an den Quatsch, dass sich Eheleute mit der Zeit in ihren Gewohnheiten immer ähnlicher werden?"

So stellen Eheleute durch ihre sehr intensive Beziehung gegenseitig äußerst wirksame Verhaltensmodelle dar. Ähnliches gilt für Kinder, die sich stark am Verhalten ihrer Eltern orientieren.

„Unter den verschiedenen Determinanten[2] der Aufmerksamkeit kommt sicherlich dem sozialen Umgang entscheidende Bedeutung zu." (Bandura, 1979, S. 33)

Gegebene Situationsbedingungen

Wenn Menschen real anwesende Personen beobachten, so ist diese Wahrnehmung immer in soziale Situationen eingebunden. Die **emotionalen Befindlichkeiten** eines Beobachters wirken sich dabei auf die Wahrnehmung aus. Befindet er sich in einem mittleren Erregungszustand, so beeinflusst dies seine Wahrnehmungsleistungen positiv. Fühlen sich Menschen von einer Situation bedroht, haben sie Schwierigkeiten, ihre Aufmerksamkeit auf die wichtigen Aspekte zu konzentrieren. Erzeugt das gesehene Verhalten Angst, so wenden sie sich sogar davon ab.

Muss ein unerfahrener Bergsteiger in einer Gefahrensituation von einem Bergführer sehr schnell eine bestimmte Abseiltechnik lernen, so fällt ihm das gewöhnlich schwerer, als wenn er es gefahrlos in einem Trainingskurs lernen würde, da seine Aufmerksamkeit durch die drohende Gefahr gefesselt wird.

Die Aufmerksamkeit wird auch erhöht,

- wenn das Modell mit seinem Verhalten stark auffällt,
- wenn sich der Beobachter Vorteile von der Beobachtung verspricht,
- wenn der Beobachter bereits nützliche Erfahrungen mit dem Modelllernen gemacht hat.

Zeigt ein Töpfer in einer belebten Fußgängerzone neue, leicht zu erlernende Arbeitstechniken, so wird dies in der Regel die Aufmerksamkeit von Passanten auf sich ziehen, insbesondere von Hobbytöpfern, die vermuten, sich dadurch neue Arbeitsmethoden aneignen zu können.

---

[1] vgl. Kapitel 8.2.2
[2] Determinante (lat.): Einflussfaktor

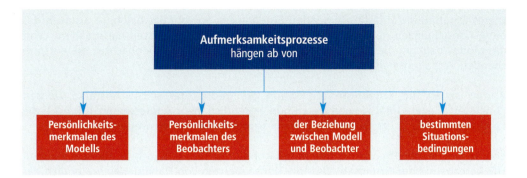

Die bisher beschriebenen Faktoren wirken sich nicht nur beim Betrachten von natürlichen, sondern auch bei symbolischen Modellen aus. Massenkommunikationsmittel wie das Fernsehen steuern im erheblichen Maße die Aufmerksamkeit von Menschen. Die dort dargestellten Modelle besitzen eine Vielzahl aufmerksamkeitsfördernder Eigenschaften wie Macht, hohes Ansehen und Erfolg und zeigen gewöhnlich gewinnbringendes Verhalten. Oft finden sich die Handlungen eingebettet in Situationen, die den Betrachter emotional anregen. Handelt es sich dabei noch um Serien, so kann der Zuschauer eine – wenn auch einseitige – „emotionale Beziehung" zum Vorbild aufbauen, die die Modellwirkung noch steigert.

> „Modelle, die auf dem Bildschirm dargeboten werden, nehmen die Aufmerksamkeit so nachdrücklich gefangen, dass die Zuschauer vieles von dem, was sie sehen, lernen, ohne dass sie dazu irgendwelcher besonderer Anreize bedürften." (Bandura, 1979, S. 34)

6.4.4 Die Bedeutung der Bekräftigung[1]

Auch beim Modelllernen spielt die Verstärkung eine Rolle. Hierzu führte *Albert Bandura* zusammen mit *Richard H. Walters* in den 60er Jahren des vergangenen Jahrhunderts folgendes Experiment durch *(vgl. Bredenkamp u. a. 1976, S. 9)*:

Das Experiment gliedert sich in drei Phasen. In der ersten Phase beobachten Kinder in einem Film die Modellperson „Rocky", die sich aggressiv gegenüber einer Puppe verhält. Zum Beispiel schlägt Rocky mit einem Holzhammer auf die lebensgroße Plastikpuppe ein.

Der Film findet je nach experimenteller Gruppe ein unterschiedliches Ende:
1. Gruppe: Rocky wird für sein aggressives Verhalten gelobt und belohnt.
2. Gruppe: Das Modell wird bestraft, wenn es die Puppe prügelt.
3. Gruppe: Auf Rockys Verhalten folgen weder positive noch negative Konsequenzen.
In der zweiten Phase können die Kinder anschließend in einem Spielzimmer mit Gegenständen spielen, die sie vorher im Film gesehen haben (Plastikpuppe, Holzhammer). In einer dritten Phase wird den Kindern mitgeteilt, dass sie für jede nachgeahmte aggressive Verhaltensweise belohnt werden.

---

[1] Da Bandura seine Erkenntnisse an Menschen gewonnen hat, wird häufig der Begriff „Bekräftigung" anstatt „Verstärkung" benutzt. Die beiden Begriffe werden jedoch synonym verwendet.

Dieses Experiment führte zu folgenden Ergebnissen: Sowohl das belohnte als auch das ohne Konsequenzen gebliebene Modellverhalten wird am stärksten nachgeahmt. Wird das Modell dagegen bestraft, so sinkt auch die Bereitschaft der Beobachter, die entsprechenden Verhaltensweisen auszuführen.

Anders sehen die Ergebnisse aus, wenn die Beobachter selbst verstärkt werden (3. Phase). In allen drei Gruppen treten nun wesentlich mehr Aggressionen auf. Auch die Kinder der 2. Gruppe zeigen deutlich mehr aggressive Verhaltensweisen.

Ebenso wie bei der Theorie des operanten Konditionierens gilt auch für die sozial-kognitive Lerntheorie der Grundsatz, dass die Konsequenzen von Handlungen wesentlich das Verhalten bestimmen.[1]

Bandura unterscheidet vier Arten solcher Konsequenzen, die entweder den Beobachter oder das Modell betreffen:

- Erfährt ein Mensch die angenehmen Folgen einer Handlung oder vermeidet er „negative", so handelt es sich um eine **externe Bekräftigung**.
  Ein neues Kindergartenkind ahmt seine Gruppenmitglieder beim Aufräumen nach und erhält dafür ein Lob der Erzieherin bzw. entgeht dadurch einer Ermahnung.

- Häufig beobachten Menschen andere Personen, die für ein bestimmtes Verhalten Belohnungen erhalten. Dies nennt man **stellvertretende Bekräftigung**.
  Ein Mädchen beobachtet, wie ihr Bruder beim Abwaschen hilft und von den Eltern dafür Zustimmung erhält.

- Manchmal belohnen sich Menschen auch selbst nach erfolgreichem Handeln. Ein solcher Vorgang wird als **direkte Selbstbekräftigung** bezeichnet.
  Nachdem Petra eine Woche lang über drei Stunden täglich für ihre Mathematikarbeit gelernt hatte, kaufte sie sich als Belohnung dafür eine CD.

- Eine **stellvertretende Selbstbekräftigung** liegt vor, wenn der Beobachter sieht, dass sich das Modell selbst für eine Handlung belohnt.
  Petras Bruder, der miterlebte, wie fleißig seine Schwester gelernt hat, ist beim Kauf der CD dabei und erfährt auch, weshalb Petra sich diese Musik jetzt gönnt.

Entscheidend ist, dass nach *Bandura* Bekräftigungen zwar das Lernen am Modell fördern und somit die Wahrscheinlichkeit erhöhen, dass das beobachtete Verhalten angeeignet und ausgeführt wird, doch sind **Bekräftigungen keine notwendigen Bedingungen für das Modelllernen**. Modelllernen findet auch statt, wenn Bekräftigungseinflüsse fehlen.

> „In der sozial-kognitiven Lerntheorie gelten Bekräftigungen als förderlicher Faktor, nicht als notwendige Bedingung."
> (Bandura, 1979, S. 46)

Damit unterscheiden sich *Banduras* Vorstellungen von der Wirkungsweise der Bekräftigungen von den Annahmen des operanten Konditionierens. Für ihn bewirkt nicht die angenehme Konsequenz, die direkt auf ein Verhalten folgt, den Lernprozess, sondern ihre **gedankliche Vorwegnahme**. Er geht davon aus, dass die gedanklich vorweggenommene Verstärkung die entscheidende Rolle bei der Übernahme und dem Zeigen von

---

[1] Nach Bandura (1979, S. 46) ist jedoch in erster Linie der zu erwartende und nicht der tatsächlich eingetretene, nachfolgende Einfluss bedeutsam.

Erleben und Verhalten spielt. Das Entscheidende ist also, dass bei der Ausführung des Gespeicherten eine positive Konsequenz oder das Vermeiden negativer Folgen **erwartet** wird.

6.4.5 Die Rolle der Motivation

Nach *Bandura* motivieren vor allem bestimmte **Erwartungshaltungen** einen Menschen, ein bestimmtes Verhalten zu zeigen.

> „Personen haben Erwartungen zu Themen wie etwa das wahrscheinliche Verhalten anderer Personen, die Belohnungen oder Bestrafungen, die auf eine bestimmte Art von Verhalten folgen können, oder ihre eigene Fähigkeit, Stress und Herausforderungen zu bewältigen."
> (Pervin u. a., 2005[5], S. 526)

Dabei ist die Motivation von den **Ergebniserwartungen**, den **Kompetenzerwartungen** und der **Aussicht auf Selbstbekräftigung** abhängig.

Motivation und Ergebniserwartungen
Eine Person wird dann das Verhalten eines Modells nachahmen, wenn sie sich davon angenehme Konsequenzen verspricht bzw. glaubt, Unangenehmes vermeiden oder vermindern zu können. Auf diese Weise werden erwartete Verhaltenskonsequenzen zu einem Anreiz für Verhalten.

> Ein Übergewichtiger wird eher eine Diät ausprobieren, wenn sie ihm von einem Bekannten empfohlen wird, der dadurch sein Normalgewicht erreicht hat.

> „Die Menschen richten sich in ihrem Handeln ... eher nach Vorstellungen, die diesem vorangehen, statt sich nur an den Ergebnissen ihrer aktiven Handlungsvollzüge zu orientieren."
> (Bandura, 1979, S. 44)

Das von einer Person noch vor ihrem tatsächlichen Handeln vorgenommene Abschätzen der wahrscheinlichen Konsequenzen bestimmt also, ob sie das Verhalten zeigt. Diesen Sachverhalt bezeichnet man als Ergebniserwartung.

> **Ergebniserwartungen** werden jene Konsequenzen genannt, die sich eine Person vom Nachahmen einer Verhaltensweise verspricht.

Motivation und Kompetenzerwartung

Es reicht in der Regel nicht aus, sich vom Nachahmen einer Verhaltensweise Erfolg zu versprechen. Zusätzlich muss sich der Beobachter zutrauen, das gesehene und gespeicherte Verhalten ausführen zu können. Er wird Handlungen, die er nicht so kompetent auszuführen vermag, eher unterlassen, und solche, bei denen er sich kompetent fühlt, bevorzugt zeigen. Der Beobachter nimmt also eine subjektive Einschätzung der eigenen Fähigkeiten vor, die er zum Nachahmen eines Verhaltens benötigt. Wir sprechen hier von Kompetenzerwartung.

> Wird jemand aufgefordert, in der Disco einen Solotanz hinzulegen, so wird er dies wahrscheinlich nicht tun, wenn er sich diesen nicht zutraut.

> **Unter Kompetenzerwartung versteht man die von einem Beobachter vorgenommene subjektive Einschätzung seiner eigenen Fähigkeiten, die er zum Nachahmen eines Verhaltens benötigt.**

Motivation und Selbstbekräftigung

Menschen schätzen ihr Verhalten nach bestimmten, subjektiven Kriterien ein und beurteilen diese. Wir sprechen in diesem Zusammenhang von **Selbstbewertung**.

> Menschen können Gewalthandlungen für sich selbst positiv oder auch negativ beurteilen. Ein Schüler zum Beispiel kann Leistungsanforderung in der Schule positiv oder auch negativ sehen.

Entspricht nun ein zu zeigendes Verhalten den subjektiven Kriterien, so erlebt der Mensch dieses als angenehm, er reagiert mit Zufriedenheit und/oder Selbstbelohnung; stimmt es mit den subjektiven Kriterien nicht überein, so können Unzufriedenheit mit sich selbst und/oder Selbstbestrafung die Konsequenzen sein.

> Ein Vater, der aus tiefster Überzeugung Gewalt ablehnt, wird sich freuen und innerlich zufrieden sein, wenn er bei seinem Kind ohne Gewaltanwendung auskommen kann; weicht er jedoch von diesem Prinzip ab und schlägt etwa sein Kind einmal, so wird er sich nicht wohlfühlen und möglicherweise darauf mit Selbstvorwürfen reagieren.

> Ein Schüler, der Leistungsanforderung positiv bewertet, wird zufrieden sein, wenn er seine Hausaufgaben zuverlässig erledigt hat und gute Noten schreibt; macht er jedoch seine Hausaufgaben einmal nicht, so wird er möglicherweise innerlich unzufrieden sein.

Menschen zeigen diejenigen Verhaltensweisen, von denen sie sich eine Selbstbelohnung erwarten; Verhaltensweisen, die eine Selbstbestrafung erwarten lassen, werden nicht gezeigt.

> Ein Mensch, der Diebstahl aus innerer Einstellung ablehnt, wird sich durch das Beobachten eines Vorbildes, das in einem Kaufhaus CDs klaut, kaum zur Nachahmung dieses Verhaltens bringen lassen, selbst wenn ihm eine externe Bekräftigung dafür in Aussicht steht.

> *„Auch die Art, wie Menschen ihr Verhalten selbst einschätzen, entscheidet darüber, welche durch Beobachtung erlernten Reaktionen tatsächlich ausgeführt werden. Menschen zeigen die Verhaltensweisen, die sie selbst als befriedigend empfinden, und lehnen diejenigen ab, die sie persönlich missbilligen."*
> (Bandura, 1979, S. 38)

Albert Bandura spricht in diesem Zusammenhang von Aussicht auf Selbstbekräftigung.

> **Aussicht auf Selbstbekräftigung bedeutet in der sozial-kognitiven Theorie die Erwartung einer günstigen Selbstbewertung bei Zeigen eines nachzuahmenden Verhaltens, die zu Zufriedenheit, Wohlbefinden und Selbstbelohnung führt.**

In Fällen, in denen Menschen gegen ihre eigene Beurteilung handeln, neigen sie zu Strategien, die ihr Gewissen entlasten.

Die Fähigkeit, eigenes Verhalten zu beobachten, es zu bewerten und es anschließend zu belohnen oder zu bestrafen, ermöglicht dem Menschen die **Selbststeuerung**. *Bandura* versteht darunter die Fähigkeit des Menschen, sein eigenes Verhalten zu kontrollieren und eigenständig zu lenken.

„Die Fähigkeit zur Antizipation[1] ist eine Voraussetzung dafür, dass Menschen durch die Aussicht zukünftiger Konsequenzen motiviert werden können. ... So sind die meisten Handlungen weitgehend antizipatorischer Kontrolle unterworfen." (Bandura, 1979, S. 27)

Die Erwartungshaltungen eines Menschen sind es, die dazu motivieren, ein bestimmtes Verhalten zu zeigen oder bleiben zu lassen. Eine entscheidende Rolle spielt dabei der Begriff der **Selbstregulierung**. Damit meint *Albert Bandura* die Fähigkeit von Menschen, sich selbst zu motivieren, sich bestimmte Ziele zu setzen, Vorgehensweisen zu entwerfen, das fortlaufende Verhalten zu bewerten und entsprechend zu ändern *(vgl. Pervin u. a., 2005[5], S. 548).*

„Menschen regulieren ihr Verhalten, indem sie sich persönliche Ziele setzen und ihr fortlaufendes Verhalten nach den Bewertungsmaßstäben für ihre Leistung beurteilen."
(Pervin u. a., 2005[5], S. 548)

Selbstregulierung bezeichnet die Fähigkeit von Menschen, sich selbst zu motivieren, sich bestimmte Ziele zu setzen, Strategien zu entwerfen, das fortlaufende Verhalten zu bewerten und entsprechend zu ändern.

Dabei spielen nach *Bandura* Kognitionen wie Erwartungen, Maßstäbe oder Selbstbewertung die ausschlaggebende Rolle: Durch sie sind Menschen in der Lage, sich Ziele zu setzen und Kontrolle über das eigene Verhalten auszuüben.

---

[1] Antizipation (lat.): gedankliche Vorwegnahme

6.4.6 Erwartungshaltungen und Selbstwirksamkeit

Nach *Albert Bandura* sind die in *Abschnitt 6.4.5* angeführten Erwartungshaltungen der Schlüssel für die Leistungsfähigkeit und das Wohlergehen der Menschen; sie nämlich bestimmen in einem nicht unerheblichen Maße, was sich ein Mensch zutraut bzw. nicht zutraut. Dabei ist nicht so sehr entscheidend, was der Mensch wirklich kann, wichtiger ist, wie er seine Fähigkeiten dazu selbst einschätzt, welche Erwartungen er an sich selbst stellt.

> So zum Beispiel traut sich Angela nicht zu, in der Disco einen Solotanz hinzulegen. Für die Qualität der von Angela zu erbringenden Leistung ist es nun weniger wichtig, ob sie eine gute Tänzerin ist, entscheidend ist, ob sie sich selbst für eine solche hält.

Dieses Zutrauen in die eigenen Fähigkeiten wird in der sozial-kognitiven Theorie als **Selbstwirksamkeit** bezeichnet und meint damit die eigene subjektive Überzeugung, bestimmte Situationen bewältigen zu können, etwas bewirken und sein Leben selbst kontrollieren zu können.

> **Selbstwirksamkeit bedeutet die eigene Überzeugung, bestimmte Situationen bewältigen, etwas bewirken und sein Leben selbst kontrollieren zu können.**

Selbstwirksamkeit entsteht, wenn Ergebnis- und Kompetenzerwartungen folgende Bedingungen erfüllen:

– Eine Vorstellung über die Konsequenzen eines Verhaltens ist nach *Bandura* nur dann verhaltenssteuernd, wenn die Person zusätzlich davon überzeugt ist, dass diese Konsequenzen auch für sie selbst zutreffen werden, falls sie das Verhalten zeigt.

– Außerdem muss die Person die zu erwartende Verhaltenskonsequenz auf ihr eigenes Tun und ihre eigenen Fähigkeiten zurückführen. Sie muss also von der Wirkung ihres eigenen Handelns überzeugt sein.

Dieses Gefühl der Selbstwirksamkeit beeinflusst seinerseits wieder die Wahrnehmung, das Denken und die Emotionen einer Person.

Eine hohe Selbstwirksamkeit schafft günstige Voraussetzungen für erhöhte Anstrengungen und große Ausdauer zur Bewältigung von Situationen sowie auch schwierige Aufgaben anzupacken, da diese eher als eine zu bewältigende Herausforderung betrachtet werden. Dagegen werden Personen, die ihre eigenen Fähigkeiten infrage stellen, wenig Bemühen und Beharrlichkeit aufbringen und so möglicherweise an der Bewältigung einer Situation scheitern.

> *„Selbstwirksamkeit ist Eigenstärke: Das Gefühl, kompetent zu sein, schafft aktive Hoffnung und hilft, eine passiv-abwartende Haltung zu vermeiden. ... Der Glaube an das eigene Können lässt Handlungen in Angriff nehmen und erfolgreich zu Ende führen."*
>
> (Pscherer, in: Psychologie Heute, 2004, S. 24 f.)

Grundlegende Annahme der sozial-kognitiven Theorie ist, dass die Selbstwirksamkeit das Erleben, Verhalten und Handeln in einem nicht unerheblichen Maße bestimmt und einen weitreichenden Einfluss auf die Motivation eines Menschen hat.

Selbstwirksamkeit
die eigene Überzeugung, bestimmte Situationen bewältigen,
etwas bewirken und sein Leben selbst kontrollieren zu können

hohe Selbstwirksamkeit
↓
erhöhte Anstrengungen, große Ausdauer,
eher Bewältigung der Situation

geringe Selbstwirksamkeit
↓
geringe Anstrengung und Ausdauer,
möglicherweise Nichtbewältigung der Situation

6.4.7 Effekte des Modelllernens

Nach *Bandura* können sowohl natürliche als auch symbolische Modelle eine Reihe von Effekten bewirken. Er unterscheidet vier Effekte: den **modellierenden, den hemmenden und enthemmenden sowie den auslösenden Effekt**.

Modellierender Effekt
An Vorbildern lernen Menschen **neue, ihnen bisher nicht bekannte Verhaltensweisen sowie Einstellungen** gegenüber Personen, Objekten und Sachverhalten, Vorurteile, Verhaltensvorschriften, Gefühle, Bedürfnisse und vieles andere mehr.

> So hören Kinder beispielsweise täglich Äußerungen von Eltern über Freunde, Nachbarn, politische Parteien oder Bildungseinrichtungen und übernehmen diese. Ebenso lernen sie, ihre Gefühle in der Familie zu äußern, sie aber in der Öffentlichkeit für sich zu behalten, weil Eltern und Geschwister ihnen dies vorleben.

Der Beobachter kopiert jedoch nicht einfach die Verhaltensweisen des Modells, oft wird das Gesehene neu organisiert. So kann der Lernende das Beobachtete zu neuen Kombinationen zusammenfügen.

Enthemmende und hemmende Effekte
Bereits erlerntes Verhalten kann durch wahrgenommene Konsequenzen beeinflusst werden. Sehen Menschen, wie ein bestimmtes Verhalten anderer keine negativen Folgen oder sogar Belohnung nach sich zieht, so kann dies ihre bisherige Hemmschwelle, ein ähnliches Verhalten an den Tag zu legen, entscheidend herabsetzen.

> Beobachtet ein Kind, wie ein Erwachsener im Kaufhaus etwas stiehlt, ohne erwischt und bestraft zu werden, so kann es sich daraufhin entschließen, bei nächster Gelegenheit ebenso zu handeln.

Hemmende Effekte entstehen in der Regel in Fällen, in denen das Modellverhalten negative Konsequenzen nach sich zieht. Dabei sinkt die Bereitschaft, dem Vorbild nachzueifern.

> Das Kind sieht, wie der Dieb gefasst und an die Polizei übergeben wird. Es wird vermutlich nicht selbst einen solchen Diebstahl begehen.

Auslösende Effekte
Das Verhalten eines Modells veranlasst andere Menschen, es unmittelbar nachzuahmen.

> Ein Zuschauer eines Theaterstücks beginnt, einen Schauspieler wegen seiner schlechten Leistungen auszupfeifen. Andere Theaterbesucher machen ihrem Unmut daraufhin Luft und pfeifen ebenfalls.

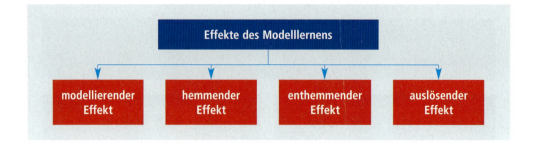

6.4.8 Die Bedeutung des Modelllernens in der Erziehung

Die Erkenntnisse *Banduras* lassen sich zum Erlernen neuer Verhaltensweisen sowie zum Hemmen und Enthemmen von Handlungen in Erziehung und Therapie nutzen. *Banduras* Forschungsergebnisse werden entsprechend der verschiedenen Modelleffekte in der Erziehung zur Veränderung von Verhalten eingesetzt. Soll im Rahmen von Erziehung der Aufbau von neuen Verhaltensweisen bei Kindern und Jugendlichen mithilfe des Modelllernens erfolgen, so gibt es verschiedene Möglichkeiten, die man einzeln oder auch kombiniert einsetzen kann:

- der Erzieher kann selbst als Modell auftreten,
- der Erzieher setzt andere, reale Modelle ein,
- der Erzieher bekräftigt die Modelle und die Lernenden, oder er bestraft sie,
- der Erzieher arbeitet mit symbolischen Modellen.

Der Erzieher als Modell

Will man einem zu Erziehenden Verhalten neu beibringen oder es verändern, muss er **Gelegenheit zum Beobachten von Modellen** haben, die ihm die entsprechenden Handlungen zeigen. In der Regel wird deshalb der Erzieher selbst das gewünschte Verhalten zeigen. Dabei ermöglicht es die Auswahl entsprechender Situationen, die Aufmerksamkeit des Lernenden positiv zu beeinflussen.

> Eine Erzieherin wird im Rahmen einer gezielten Beschäftigung für ihr Verhalten mehr Aufmerksamkeit erhalten, als wenn sie während der Freispielzeit eine bestimmte Handlung vormacht.

Dabei sollte der Erzieher bei seinen Verhaltensweisen darauf achten, sie mit **Überzeugung und sicherem Auftreten** zu demonstrieren.

> Macht er die Bewegungen zu einem Spiellied lustlos und unsicher vor, so wird sich dies wahrscheinlich schnell auf seine Kinder übertragen und er nicht den gewünschten Lerneffekt erzielen.

Hat ein Erzieher im Laufe seiner Arbeit eine **positive Beziehung** zu den Kindern aufgebaut, steigert dies seine Modellwirkung. Eine solche Beziehung lässt sich unter anderem erreichen, wenn er dem zu Erziehenden Wertschätzung und Verstehen[1] entgegenbringt sowie seine Bedürfnisse ernst nimmt.

„Mami, bin ich auch schön?"

[1] vgl. Kapitel 8.2.2

Auf diese Weise kann er seinerseits die Achtung des Heranwachsenden gewinnen und von ihm als ein fairer, berechenbarer und in seiner Autorität akzeptierter Partner gesehen werden. Gilt er darüber hinaus in den Augen der Heranwachsenden noch als sympathisch, kompetent, mächtig und erfolgreich, so stellt er ein besonders nachahmenswertes Modell dar.

> Eltern oder Erzieherinnen im Kindergarten beispielsweise erfüllen in der Regel diese Voraussetzungen: Sie pflegen zum Kind eine positive emotionale Beziehung, haben gegenüber dem Kind soziale Macht, genießen Ansehen, Sympathie und Attraktivität und befriedigen die wichtigsten Bedürfnisse ihrer Kinder.

Der Erzieher muss sein **eigenes Modellverhalten ständig kritisch reflektieren**. Es wirkt sich ungünstig aus, falls er Verhaltensweisen von den Kindern verlangt, die er selbst vermissen lässt. Das ständige Bewusstsein, für die Kinder ein äußerst wirksames Modell zu verkörpern, erleichtert es, die Forderungen nach korrektem Verhalten zu erfüllen. Dabei ist es sehr entscheidend, dass sich Eltern und andere Erzieher ihrer **Vorbildwirkung ständig bewusst sind**.

> „Man soll nichts tun, wovon man dem Kind sagen müsste, das darfst du nicht tun ..." (Steiner, 2003, S. 35)

Es ist natürlich nicht möglich, dass der Erzieher der Fertige und Vollkommene ist, der alles richtig beherrscht, was er bei seinem zu Erziehenden erreichen will; doch das Kind muss spüren, dass er sich um die gleichen Verhaltensweisen bemüht, dass er das „Vorbild des An-sich-Arbeitenden" ist.

„Ich werde dir schon beibringen, dass man seine Hände nicht in die Hosentaschen steckt!"

Nachdem der Erzieher ein Verhalten gezeigt – modelliert – hat, wirken sich **Übungsmöglichkeiten** für den Lernenden positiv aus. Handelt es sich dabei um komplexe Verhaltensweisen, so empfiehlt es sich, die Handlungen in Teilschritte zu zerlegen, die für den Lernenden schneller und leichter erreichbar sind. Auf diese Weise stellen sich Erfolgserlebnisse ein, die wiederum Kompetenzerwartungen steigern. Somit bleibt die Lernmotivation erhalten.

> Ein Werklehrer zeigt den Bau einer Marionette in einzelnen leicht erlernbaren Teilschritten und lässt die Jugendlichen diese jeweils nachmachen bzw. üben.

Indem man auf sehr schwierige Leistungsanforderungen zunächst verzichtet und den zu Erziehenden nicht durch Androhen von negativen Konsequenzen im Falle seines Scheiterns unter großen Druck setzt, lassen sich starke emotionale Erregungen beim Lernenden in der Regel vermeiden. Diese senken die Kompetenz- und Erfolgserwartungen und damit auch die Leistungsmotivation.

> So wirkt es sich negativ auf das Ausführen erlernter Verhaltensweisen aus, wenn Eltern zum Beispiel im zweiten Grundschuljahr bereits sehr hohe Ansprüche an die Lese- und Schreibfähigkeiten ihrer Kinder stellen und sie durch das Androhen von Strafen für Fehlleistungen unter starken Leistungsdruck setzen.

Der Einsatz zusätzlicher Modelle

Der Erzieher kann oder will aus pädagogischen Gründen nicht immer selbst Vorbild für die Beobachter sein. In diesen Fällen empfiehlt sich eine wohlüberlegte **Auswahl anderer**

Modelle. Hierbei kann man als Kriterien die Ähnlichkeit zwischen Beobachter und Vorbild heranziehen, mächtige und angesehene Modelle wählen oder diese Faktoren kombinieren, indem man mehrere Modelle einsetzt. Dabei lässt sich auch auf symbolische Modelle aus den Medien zurückgreifen. Das Heranziehen mehrerer Modelle, die gleiches oder ähnliches Verhalten zeigen, gibt insbesondere Kindern Verhaltenssicherheit.

> So führt man zum Beispiel Verkehrserziehung mithilfe eines Polizisten als Modell durch, als weitere Vorbilder können ältere Kinder fungieren und Eltern hinzugezogen werden. Ein Bilderbuch oder ein entsprechender Film, in dem ein Junge oder Mädchen sich an die entsprechenden Verkehrsregeln hält, ergänzt den Unterricht.

> Kinder lernen die Bedeutung von Verkehrszeichen und -regeln vor allem durch das erzieherische Modell, das ihnen das entsprechende Verhalten vorlebt, zum Beispiel bei Rot an der Ampel stehen zu bleiben.

Die Bekräftigung von Modellen und Lernenden

Der Bekräftigung von Modellen und Beobachtern kommt in der Erziehung große Bedeutung zu: Von Vorteil für das Lernen ist es, falls **ein Modell für sein Verhalten Bekräftigung erfährt und der Lernende beim Ausführen des Gesehenen ebenfalls belohnt wird**.

> Will ein Erzieher ein Kind zu einem bestimmten Verhalten motivieren, so zeigt ein Modell erste Schritte in Richtung auf das erwünschte Verhalten und wird dafür belohnt. Traut sich das Kind daraufhin nun ebenfalls, zum Beispiel eine ihm Angst einflößende Spinne aus sicherer Entfernung zu betrachten, so erhält es auch eine Anerkennung.

Soll das Verhalten über einen längeren Zeitraum beibehalten werden, wirkt direkte Bekräftigung des Beobachters besser als stellvertretende, da der Lernende die angenehmen Konsequenzen seines Verhaltens unmittelbar am eigenen Leib erfährt.

Will ein Erzieher, dass es zum Zeigen erlernter Verhaltensweisen kommt, muss er **Bekräftigungen in Aussicht stellen**. Dies kann zum einen verbal geschehen, indem er den zu Erziehenden mitteilt, für welche nachgeahmten Verhaltensweisen und übernommenen Einstellungen oder Werthaltungen er sie belohnen wird. Zum anderen lernen Kinder sehr schnell, welches Verhalten positive Konsequenzen nach sich zieht, wenn sie sehen, wie andere regelmäßig für bestimmte Handlungen Lob oder Belohnung erfahren.

Erziehung und symbolische Modelle

In der hoch technisierten Welt gibt es eine Vielfalt von Medien (z. B. Bücher, Zeitschriften, Comics, Videos, Fernseh- und Kinofilme) denen der zu Erziehende ausgesetzt ist. Sie führen zu einer unüberschaubaren Zahl von symbolischen Verhaltensmodellen, die das Erlernen neuer Verhaltensweisen ermöglichen, bereits erlerntes Verhalten hemmen oder enthemmen und zu Auslösern von Verhaltensweisen werden können. Mit solchen Einflüssen von Medienmodellen auf die Heranwachsenden befassen sich Erzieher im Rahmen der Medienerziehung.[1]

Angesichts der Tatsache, dass nicht nur Eltern und andere Erzieher als Modell wirken, ist es erforderlich, dass sie die **Umwelteinflüsse ihren Ansichten gemäß gestalten**.

---

[1] *Auf Medienerziehung wird ausführlich in Kapitel 10 eingegangen.*

So überlegen sich beispielsweise Eltern genau, welche Fernsehsendungen oder DVDs sie (mit ihren Kindern) anschauen, was und wie lange das Kind fernsehen darf, welche Zeitschriften und Bücher es liest usw.

Symbolische Modelle, die erwünschtes Verhalten demonstrieren, können effektiv eingesetzt werden, zumal sie oftmals viele Sachverhalte besser veranschaulichen können als der Erzieher selbst und bei entsprechender Auswahl attraktive, sympathische und angesehene Vorbilder darstellen können.

In einem Film über Verkehrserziehung von Jugendlichen macht ein angesehener Autorennfahrer auf Gefahren im Straßenverkehr aufmerksam und demonstriert entsprechende Vorsichtsmaßnahmen.

Da ein völliges Fernhalten von unerwünschten Modellen nicht möglich und zum Teil auch gar nicht erstrebenswert ist, besteht eine zentrale Aufgabe des Erziehers darin, insbesondere jüngeren Kindern Hilfestellungen bei der **Verarbeitung von Medieneindrücken** zu geben. Nicht selten lösen Mediendarstellungen bei Kindern starke Gefühle wie beispielsweise Mitleid, Angst oder Trauer aus. Hier ist es notwendig, dass das Kind zusammen mit seinen Eltern bzw. Erziehern die gewonnenen Eindrücke verarbeitet.

In Rollenspielen beispielsweise, beim Malen oder durch Erzählen des Gesehenen und durch aufmerksames Zuhören und Zuwendung kann man den Kindern Gelegenheit geben, die gewonnenen Eindrücke zu verarbeiten.

Da Medienmodelle durch ihr Verhalten in manchen Fällen auch unerwünschte Einstellungen, Werthaltungen und Vorurteile vermitteln, ist es notwendig, eine Bewertung der Modelle und ihrer Verhaltensweisen zu erreichen und sich mit dem zu Erziehenden **über mögliche Modelle auseinanderzusetzen**.

Kinder und Jugendliche sind nicht selten begeistert von Modellen, die durch ihre Stärke und Rücksichtslosigkeit schwierige Situationen meistern und Anerkennung dafür im Film finden. Sie können so den Eindruck gewinnen, rücksichtslose Brutalität sei eine erwünschte und effektive Verhaltensweise in unserer Gesellschaft.

Eine weitere Aufgabe besteht darin, Kinder und Jugendliche zu **kritischen Lesern, Hörern oder Zuschauern zu erziehen**, die die Manipulationsversuche von Modellen durchschauen können. Insbesondere Modelle aus der Werbung kommen durch die Benutzung von bestimmten Produkten zu unrealistisch großen und scheinbar spielerisch leicht zu erreichenden positiven Konsequenzen. Weltanschaulich einseitig ausgerichtete Beiträge in Filmen, Zeitungen oder Zeitschriften bedienen sich attraktiver und bekannter Modelle, um ihre Überzeugungen wirksam an die Heranwachsenden zu bringen. Erzieher sollten daher in Gesprächen zusammen mit Kindern und Jugendlichen solche Beeinflussungstechniken herausarbeiten sowie Darstellungen und Versprechungen auf ihren Realitätsgehalt überprüfen.

So können Kinder zum Beispiel durch eigenes Ausprobieren herausfinden, ob ein Waschmittel tatsächlich sauberer und weißer wäscht als ein anderes, und das diesbezügliche Versprechen eines Modells als falsch entlarven.

„Die unbequemste, die härteste und darum barmherzigste Art, ein Kind zu führen, ist, ihm nachahmenswertes Vorbild zu sein."
(Horton[1], 1989⁸, o. S.)

---

[1] Peter Horton, geb. 1941, ist österreichischer Chansonniers und Liederschreiber sowie Gitarrenvirtuose.

6.4.9 Modelllernen und Gewalt

Die Vermutung, dass Menschen am Modell auch Aggression und Gewalt erlernen, ist in zahlreichen Experimenten bestätigt worden. Sowohl sog. symbolische Modelle aus Filmen oder Büchern als auch real anwesende Life-Modelle können ein Nachahmen bewirken. *Bandura* und seine Mitarbeiter beobachteten, wie Kinder nach dem Betrachten aggressiver Filme nicht nur die gezeigten Verhaltensweisen nachahmten, sondern vermehrt auch solche Aggressionen zeigten, die gar nicht im Film zu sehen waren. Auch neigen Kinder, nachdem sie Gewalt beobachtet haben, dazu, nachsichtiger gegenüber dem Verhalten anderer zu werden. Damit sinkt aber auch ihre Bereitschaft, einzuschreiten, wenn Mitmenschen Opfer von Gewalttaten werden. Das häufige Sehen von Gewalt führt außerdem zu einer emotionalen Abstumpfung.[1]

> *„Aus den Darstellungen von Gewalt im Fernsehen lernen Kinder, dass die Ausübung von Gewalt häufig vorkommt, dass sie belohnt wird, dass sie für gerechtfertigt, sauber, spaßig ... gehalten wird und dass sie für Männer eher angebracht ist als für Frauen."*
> (Zimbardo u. a., 2003[7], S. 340)

Die im Zusammenhang mit Gewaltbeobachtung häufig geäußerte Behauptung, das Betrachten von Gewalt führe beim Beobachter zu einem Abbau eigener Aggressionen, ist dagegen wissenschaftlich nicht haltbar.

Erich Kästner: Die Ballade vom Nachahmungstrieb

*Im Februar, ich weiß nicht am wievielten,
geschah's auf irgendeines Jungen Drängen
dass Kinder, die im Hinterhofe spielten,
beschlossen, Naumanns Fritzchen aufzuhängen.*

*Sie kannten aus der Zeitung die Geschichten,
in denen Mord vorkommt und Polizei.
Und sie beschlossen, Naumann hinzurichten,
weil er, so sagten sie, ein Räuber sei.*

*Sie steckten seinen Kopf in eine Schlinge.
Karl war der Pastor, lamentierte viel
und sagte ihm, wenn er zu schrein anfinge,
verdürbe er den anderen das Spiel.*

*Fritz Naumann äußerte, ihm sei nicht bange.
Die andern waren ernst und führten ihn.
Man warf den Strick über die Teppichstange.
Und dann begann man Fritzchen hochzuziehen ...*

*Er zappelte ganz stumm, und etwas später
verkehrte sich das Kinderspiel in Mord.
Als das die sieben kleinen Übeltäter
erkannten, liefen sie erschrocken fort.*

*Noch wusste niemand von dem armen Kinde.
Der Hof lag still. Der Himmel war blutrot.
Der kleine Naumann schaukelte im Winde.
Er merkte nichts davon. Denn er war tot.*

*Frau Witwe Zickler, die vorüberschlurfte,
lief auf die Straße und erhob Geschrei,
obwohl sie doch dort gar nicht schreien durfte.
Und gegen sechs erschien die Polizei.*

*Die Mutter fiel in Ohnmacht vor dem Knaben.
Und beide wurden rasch ins Haus gebracht.
Karl, den man festnahm, sagte klar: „Wir haben
es nur wie die Erwachsenen gemacht."*
(Kästner, 2006, S. 132 f.)

---

[1] vgl. hierzu Kapitel 10.2.4

6.5 Lernen durch Einsicht

Etwa zur gleichen Zeit, als *Edward L. Thorndike* in Amerika die Gesetzmäßigkeiten des Lernens durch Versuch und Irrtum formulierte[1], entwickelte sich in Deutschland eine Gegenbewegung, die **Gestaltpsychologie**, auch **Berliner Schule** genannt. Ihre Begründer, *Max Wertheimer, Wolfgang Köhler* und *Kurt Koffka* widersprachen der Annahme *Thorndikes*, dass der Mensch überwiegend durch Versuch und Irrtum lerne. Sie dagegen behaupteten:

Menschen lernen durch Einsicht.

Max Wertheimer (1880–1943) war zunächst Direktor des Instituts für Psychologie an der Frankfurter Universität, emigrierte dann in die USA und lehrte bis zu seinem Tod an der New School for Social Research in New York. Seine Wegbegleiter bei der Gründung der Gestalt- bzw. Ganzheitspsychologie waren Wolfgang Köhler (1887–1967), der zunächst Leiter an der Preußischen Akademie der Wissenschaften auf Teneriffa, später dann Direktor des Psychologischen Instituts der Friedrich-Wilhelm-Universität in Berlin war, 1935 in die USA emigrierte und dort an mehreren Universitäten lehrte, und Kurt Koffka (1886–1941), der Professor in Gießen, danach an verschiedenen deutschen Universitäten und zuletzt am Smith College in Massachusetts war.

Max Wertheimer

Beim Lernen durch Einsicht ist das Entscheidende, dass der Mensch **fähig ist, eine bestimmte Situation umzustrukturieren**. Mit **Umstrukturierung** ist der Vorgang gemeint, in welchem zunächst zusammenhanglose Elemente einer Situation zueinander in Beziehung gesetzt werden.

> Ein Kind zum Beispiel will seinen Teddybär haben, der ganz oben im Regal steht, doch die Arme des Kindes sind zu kurz, um den Teddybär ergreifen zu können. Im Zimmer steht unter anderem ein Stuhl und in der Ecke liegt ein länglicher Gegenstand. Zunächst wird das Kind verschiedene Anstrengungen unternehmen, um an den Teddy heranzukommen, und irgendwann entdeckt es, dass es mit dem Stuhl, indem es auf diesen hinaufsteigt, und mit dem länglichen Gegenstand den Teddy vom Regal herunter holen kann: Es strukturiert die Situation um und setzt den Stuhl, den länglichen Gegenstand und den Teddybären zueinander in Beziehung.

> **Umstrukturierung ist der Vorgang, in welchem zunächst zusammenhanglose Elemente einer Situation zueinander in Beziehung gesetzt werden.**

Meist wird das Lernen durch Einsicht durch ein **Problem**, vor dem der Mensch steht bzw. das er als solches erkennt oder empfindet, ausgelöst. Um dieses zu lösen, produziert er eine Reihe von Einfällen und Lösungsvorschlägen. Dabei strukturiert er im Laufe der Zeit das Problem um, so dass er es lösen kann. Doch ein Problem ist nicht immer Voraussetzung für die Umstrukturierung.

> Ein Kind, dem die Mutter einsichtig machen will, dass es nicht auf die Straße laufen darf, weil es von den Autos angefahren werden könnte, kann sehr schnell die entsprechenden Elemente – auf die Straße laufen, Kommen eines Autos – zueinander in Beziehung setzen; es wird aufgrund der Umstrukturierung sein Verhalten ändern und auf dem Gehweg bleiben.

---

[1] vgl. Abschnitt 6.2.1

Das Erkennen einer Beziehung zwischen einzelnen Elementen einer Situation nennen wir **Einsicht**.

> Das kleine Kind, das mit dem Stuhl und dem länglichen Gegenstand den Teddybären vom Regal holen will, erkennt den Zusammenhang zwischen Teddy, Stuhl und Gegenstand, es hat Einsicht in diese Situation.

Als Einsicht wird das Erkennen einer Beziehung zwischen den einzelnen Elementen einer Situation bezeichnet.

Mit dieser Einsicht wird die entsprechende Situation erfasst, was einen Lernvorgang darstellt: Als Ergebnis dieses Prozesses zeigt sich neues oder geändertes Verhalten und/oder Erleben. Dieses neue bzw. geänderte Verhalten wird im Gedächtnis gespeichert und in einer entsprechenden Situation gezeigt.

> Beim nächsten Mal wird das Kind, wenn es vom Küchenschrank sein Bilderbuch holen will, sofort – ohne zu überlegen – einen Stuhl und den länglichen Gegenstand aus seinem Zimmer herbeibringen und sich das Buch herunter holen.

Lernen durch Einsicht meint den Prozess, in welchem eine Person eine Situation gedanklich umstrukturiert und so die Beziehung zwischen den einzelnen Elementen dieser Situation erkennt. Als Ergebnis dieses Prozesses zeigt sich neues oder geändertes Verhalten und/oder Erleben.

In der neueren Literatur wird in diesem Zusammenhang häufig von **Lernen als Informationsverarbeitung** gesprochen. Sie gilt als Sammelbezeichnung für Theorien, bei denen die Aufnahme, die Verarbeitung sowie die Speicherung und Abrufung von Informationen eine Rolle spielen, und erklären die Arbeitsweise des menschlichen Gehirns. Dabei werden Informationen durch die Sinnesorgane aufgenommen und durch die Rezeptoren und Nervenzellen an das aktive Organ der Informationsverarbeitung, das *Gedächtnis* weitergeleitet. Dort findet durch sogenannte *Prozessoren* – das sind Verarbeitungseinheiten – eine Verarbeitung der Informationen statt. Sind diese ausgewertet, so sorgen wiederum Nervenzellen dafür, dass eine Reaktion stattfindet, die sich im Verhalten, Handeln oder Erleben äußert.

> *„Der Mensch ist nach der Informationstheorie ein aktiver Verarbeiter von Erfahrungen. Er reagiert nicht auf eine reale Welt, sondern auf eine vermittelte Wiedergabe davon. Therapeutisch bedeutsam ist, dass diese Vermittlung oft die Form von Reizselektionen, Reizverzerrungen und Reizumformungen annimmt. Die Informationsverarbeitung beeinflusst die Reaktion des Menschen."*
> (Lückert/ Lückert, 1994, S. 57)

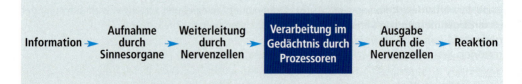

Zusammenfassung

- Theorien zur systematischen Erklärung von nicht beobachtbaren Lernprozessen werden Lerntheorien, oftmals auch Verhaltenstheorien, genannt. Die bedeutendsten Lerntheorien für die Pädagogik sind das klassische und das operante Konditionieren sowie die sozial-kognitive Lerntheorie und das Lernen durch Einsicht.

- Als klassisches Konditionieren bezeichnet man den Prozess der wiederholten Koppelung eines neutralen Reizes mit einem unbedingten Reiz, wobei der ursprünglich neutrale Reiz zu einem bedingten Reiz wird, der eine bedingte Reaktion auslöst. Als Ergebnis dieses Lernprozesses zeigt sich ein neues bzw. geändertes Verhalten.

- Das operante Konditionieren geht davon aus, dass das Individuum aktiv in seiner Umwelt agiert und Verhaltensweisen hervorbringt, auf welche die Umwelt reagiert. Von dieser Reaktion hängt es ab, ob das Verhalten in Zukunft mit größerer oder geringerer Wahrscheinlichkeit auftritt. Beim operanten Lernen entscheiden somit die Konsequenzen, die dem Verhalten folgen, über dessen zukünftiges Auftreten. Die wichtigsten Aussagen der operanten Konditionierung sind das Gesetz der Bereitschaft, das Effektgesetz, das Prinzip der Verstärkung und das Frequenzgesetz.

- Lange Zeit galt, dass sich Konditionieren und kognitive Prozesse ausschließen. In jüngster Zeit gehen jedoch die Lerntheoretiker davon aus, dass Menschen einen kognitiven Zusammenhang zwischen Reizgegebenheiten und dem eigenen Verhalten herstellen und Erwartungen ausbilden. Kognitionstheoretische Modelle des Lernens betonen die Bedeutung psychischer Vorgänge, die der Aufnahme, Verarbeitung und Speicherung von Informationen dienen. Menschliches Verhalten ist demnach nicht eine direkte Reaktion auf Umweltreize, vielmehr beeinflussen kognitive Prozesse und kognitive Strukturen das Verhalten und Erleben. Gleichzeitig werden die kognitiven Strukturen eines Menschen durch Reize, die einem Verhalten vorausgehen, und durch Konsequenzen, die einem Verhalten folgen, beeinflusst.

- Für die sozial-kognitive Lerntheorie finden Veränderungen im Erleben und Verhalten statt, wenn Menschen Modelle beobachten. Der Lernprozess gliedert sich dabei in die Aneignungsphase und die Ausführungsphase. Im Gegensatz zu den herkömmlichen Konditionierungstheorien versteht die sozial-kognitive Theorie das Lernen als einen aktiven, kognitiv gesteuerten Verarbeitungsprozess, bei dem kognitive, emotionale und motivationale Prozesse sowie soziale Bedingungen eine große Rolle spielen und zusammenwirken. Während die Behavioristen erst dann auf Lernprozesse schließen, wenn ein neues oder verändertes Verhalten beobachtbar ist, verweist Bandura darauf, dass auch ohne eine beobachtbare Ausführung von Verhalten Lernprozesse stattgefunden haben können. Der Mensch ist ein leistungsorientiertes Wesen, das die Fähigkeit zur Selbststeuerung besitzt und bei dem Verhalten, Persönlichkeit und Umwelt sich gegenseitig bedingen. Eine große Rolle spielt dabei die Selbstwirksamkeit, welche die eigene Überzeugung meint, bestimmte Situationen bewältigen, etwas bewirken und sein Leben selbst kontrollieren zu können.

- Lernen durch Einsicht meint einen Prozess, in welchem eine Person eine Situation gedanklich umstrukturiert und so die Beziehung zwischen den einzelnen Elementen dieser Situation erkennt. Als Ergebnis dieses Prozesses zeigt sich neues oder geändertes Verhalten und/oder Erleben. In der neueren Literatur wird Lernen durch Einsicht häufig unter dem Aspekt der Informationsverarbeitung thematisiert. Eine Erziehung auf der Grundlage des Lernens durch Einsicht versucht Umstrukturierungsprozesse beim Heranwachsenden anzuregen und einzuüben.

Aufgaben und Anregungen Kapitel 6

Aufgaben

1. Stellen Sie an einem geeigneten Beispiel die wichtigsten Begriffe und Aussagen des klassischen Konditionierens dar.
   (Abschnitt 6.1.1)

2. *Eine Mutter beobachtet, wie ihr wenige Wochen altes Baby bereits mit Saugbewegungen beginnt, wenn sie ihm, wie stets vor dem Füttern mit der Flasche, ein Lätzchen umbindet.*
   Erklären Sie dieses Verhalten mithilfe des Signallernens. Stellen Sie dabei die für dieses Beispiel zutreffenden Aussagen und Begriffe dieser Theorie dar.
   (Abschnitt 6.1.1)

3.

   Erklären Sie mithilfe des klassischen Konditionierens, „wie die Ohren dem Magen sagen, dass das Abendessen kommt". Stellen Sie dabei die für dieses Beispiel zutreffenden Aussagen und Begriffe dieser Theorie dar.
   (Abschnitt 6.1.1)

4. *„Meine erste Freundin mochte Knoblauch so gerne, dass man es beim Küssen immer bemerkte. Schon bald führte dieser Geruch bei mir zu einem angenehmen Bauchkribbeln, es war ein schönes Gefühl."*
   Erklären Sie mithilfe des klassischen Konditionierens das Entstehen des angenehmen Gefühls bei Knoblauchgeruch. Stellen Sie dabei die für dieses Beispiel zutreffenden Aussagen und Begriffe dieser Theorie dar.
   (Abschnitt 6.1.1)

5. Die Motorradfirma *Motofix* wirbt für ihre Krafträder, indem sie diese auf großen Bildern mit attraktiven Frauen abbildet. Sie erzielt dabei große Verkaufserfolge, insbesondere bei männlichen Kunden.
   Erklären Sie diese Werbeerfolge mithilfe des Signallernens. Stellen Sie dabei die Aussagen und Begriffe dieser Theorie dar.
   (Abschnitt 6.1.1)

6. Beschreiben Sie an Beispielen mögliche klassische Konditionierungsvorgänge im menschlichen Alltag.
   (Abschnitt 6.1.2)

7. Stellen Sie an einem Beispiel die Entstehung einer klassischen Konditionierung zweiter Ordnung dar.
   (Abschnitt 6.1.3)

8. Beschreiben Sie an einem Beispiel die Gegenkonditionierung und die systematische Desensibilisierung.
   (Abschnitt 6.1.4)

9. Zeigen Sie die Bedeutung des klassischen Konditionierens für die Erziehung auf.
   (Abschnitt 6.1.4)

10. Beschreiben Sie an einem Beispiel aus Ihrem Erfahrungsbereich die Lerngesetze von *Edward L. Thorndike* zum Lernen durch Versuch und Irrtum.
    (Abschnitt 6.2.1)

11. Bestimmen Sie die Begriffe „Verstärkung" und „Verstärker". Stellen Sie Alltagssituationen dar, in denen solche Verstärkungen vorkommen. Bestimmen Sie die Art der jeweiligen Verstärkung und die jeweiligen Verstärker in Ihren Beispielen.
    (Abschnitt 6.2.2 und 6.2.3)

12. Erläutern Sie mithilfe von Beispielen den Unterschied zwischen Flucht- und Vermeidungslernen.
    (Abschnitt 6.2.2)

13. Zeigen Sie am Beispiel des Lesen- oder Schreibenlernens die Aussagen des operanten Konditionierens auf.
    (Abschnitt 6.2.1 bis 6.2.4)

14. *Ein Mann berichtet: „Wenn ich in den letzten Monaten mit meiner Frau gestritten habe, war der Verlauf des Streites eigentlich immer der gleiche: Zuerst kam es zu einem Wortwechsel, der immer heftiger wurde, und meine Frau brach schließlich in Tränen aus. Mir tat es dann meist sehr leid, dass ich sie verletzt habe, so dass ich einlenkte und mich nach ihren Wünschen richtete. Ich verstehe aber nicht, dass das immer wieder passiert."*
    Erklären Sie das Verhalten der Frau mithilfe des operanten Konditionierens. Stellen Sie dabei die grundlegenden Aussagen dieser Theorie dar.
    (Abschnitt 6.2.1 bis 6.2.4)

15. Zeigen Sie an einem Beispiel aus der Sicht des operanten Konditionierens den Vorgang der Löschung auf.
    (Abschnitt 6.2.4)

16. Bestimmen Sie, was die Lernpsychologie mit Kontingenz meint, und stellen Sie an je einem Beispiel mögliche Konsequenzen dar, die auf ein Verhalten folgen können.
    (Abschnitt 6.2.4)

17. Zeigen Sie an einem Beispiel den Unterschied zwischen kontinuierlicher und intermittierender Verstärkung auf.
    (Abschnitt 6.2.5)

18. Beschreiben Sie an einem geeigneten Beispiel die Technik des *shapings*.
    (Abschnitt 6.2.5)

19. Zeigen Sie die Bedeutung des operanten Konditionierens für die Erziehung auf.
    (Abschnitt 6.2.5)

20. *Max, 5 Jahre alt, ist im Unterricht der Klassenclown. Es gelingt ihm immer wieder, Lehrer und Schüler zum Lachen zu bringen und so den Unterrichtsverlauf zu unterbrechen. Der Lehrer ermahnt ihn dann zwar aufzupassen, aber länger als zehn Minuten hält das nicht an. Nur im Mathematikunterricht ist Max ganz bei der Sache. Der Umgang mit Zahlen gefällt ihm.*
    a) Bestimmen Sie den Begriff „differentielle Verstärkung".
    b) Verdeutlichen Sie an diesem Beispiel die Vorgehensweise bei der differentiellen Verstärkung.
    (Abschnitt 6.2.5)

21. Fallbeschreibung „Klaus"
    „Es ist 22.00 Uhr, Schlafenszeit. Die Kinder machen sich fertig, um ins Bett zu gehen. Nur Klaus trifft keine Anstalten, sich auszuziehen. Als die Erzieherin ihn bittet, sich ins Bett zu begeben, weigert er sich. Daraufhin entsteht eine längere Diskussion. Schließlich geht er ins Schlafzimmer. Er beginnt, sich auszuziehen. Aber kaum ist die Erzieherin fort, rennt er schon wieder auf dem Flur herum. Die Erzieherin kommt zurück, schimpft mit ihm und bringt ihn in sein Zimmer. Klaus macht sich soweit fertig und geht ins Bad. Aber auch jetzt trödelt er wieder so lange, bis die Erzieherin ihn ermahnt. Nun geht er zwar ins Bett, steht aber nach kurzer Zeit wieder auf und verkündet, er wolle noch nicht schlafen. Mit viel Überredungskunst schafft es die Erzieherin, dass er wieder ins Bett geht. Danach steht er wieder auf, weil er angeblich auf die Toilette muss. Als er sich dann unter Androhung von Strafe endgültig hinlegt, ist es fünf Minuten vor 23.00 Uhr." (Liebel, 1992, S. 55)
    a) Stellen Sie dar, warum sich Klaus nicht schlafen legt.
       (Abschnitt 6.2.2 und 6.2.3)
    b) Beschreiben Sie, wie die Erzieherin dieses unerwünschte Verhalten langfristig abbauen könnte.
       (Abschnitt 6.2.5)

22. Fallbeschreibung „Kathrin"
    Fr. H. bringt die vierjährige Kathrin in den Kindergarten. Sie geht mit ihr in die Gruppe. Dort fängt Kathrin an zu jammern und zu weinen, dass sie wieder mit nach Hause will. Sie bettelt so lange, bis die Mutter sich erweichen lässt und wenigstens noch ein Bilderbuch mit ihr anschaut, bevor sie wieder geht. So geht das nun schon über eine Woche. Kathrin hat vor vier Wochen eine kleine Schwester bekommen und seit dieser Zeit mag sie nicht mehr in den Kindergarten und fängt bei jeder Kleinigkeit an zu weinen. Das bestätigt auch die Erzieherin im Kindergarten. Wenn Kathrin zum Beispiel eine Bastelarbeit nicht gelingt, dann weint und jammert sie so lange, bis die Erzieherin ihr hilft. Wenn andere Kinder sie nicht mitspielen lassen, setzt sie sich traurig in eine Ecke, bis ein anderes Kind zu ihr hingeht, um sie zu trösten. Manchmal versucht die Erzieherin die anderen Kinder dazu zu bringen, dass Kathrin auch mitspielen darf. Fr. H. macht sich Gedanken über diese Veränderung bei Kathrin und wendet sich an eine Sozialpädagogin.
    a) Beschreiben Sie die problematischen Verhaltensweisen von Kathrin.
    b) Erklären Sie das Verhalten des Mädchens mithilfe des operanten Konditionierens. Stellen Sie dabei die relevanten Aussagen dieser Theorie zusammen.
       (Abschnitt 6.2.1 bis 6.2.3)
    c) Zeigen Sie auf der Grundlage des operanten Konditionierens mögliche Maßnahmen auf, um das Verhalten Kathrins im Kindergarten ändern zu können.
       (Abschnitt 6.2.5)

23. a) Beschreiben Sie an einem geeigneten Beispiel die Grundannahmen kognitionstheoretischer Modelle.
    (Abschnitt 6.3.2)
    b) Erläutern Sie den Unterschied zwischen dem Verstärkungslernen nach *B. F. Skinner* und den kognitionstheoretischen Modellen.
    (Abschnitt 6.3)

24. Beschreiben Sie die Grundannahmen der sozial-kognitiven Theorie nach *Albert Bandura*.
    (Abschnitt 6.4.1)

25. Beschreiben Sie an einem geeigneten Beispiel Phasen und Prozesse des Modelllernens.
    (Abschnitt 6.4.2)

26. Beschreiben Sie an Beispielen Bedingungen, welche die Aufmerksamkeit des Lernenden erhöhen.
    (Abschnitt 6.4.3)

27. Stellen Sie an geeigneten Beispielen aus einem Lebensbereich (zum Beispiel Familie, Kindergarten, Schule) die Bedeutung der Bekräftigung in der sozial-kognitiven Theorie dar.
    (Abschnitt 6.4.4)

28. Zeigen Sie anhand eines Beispiels die Rolle der Motivation beim Ausführen eines bestimmten Verhaltens auf.
    (Abschnitt 6.4.5)

29. Bestimmen Sie den Begriff „Selbstwirksamkeit" und erläutern Sie dessen Bedeutung anhand eines Beispiels aus Ihrem Lebensbereich.
    (Abschnitt 6.4.6)

30. Beschreiben Sie an je einem Beispiel Effekte des Modellernens.
    (Abschnitt 6.4.7)

31. Kinder und Jugendliche werden heute unausweichlich mit Mediengewalt konfrontiert.
    a) Erklären Sie die Wirkungen von Gewaltdarstellungen in den Medien aus der Sicht der sozial-kognitiven Theorie.
    (Abschnitt 6.4.2 bis 6.4.9)
    b) Welche erzieherischen Möglichkeiten könnten diesem Problem entgegenwirken?
    (Abschnitt 6.4.8)

32. Als der Pädagoge Alexander S. Neill[1] (2004[46], S. 327) einmal gefragt wurde: „Warum lügt mein kleiner Junge so oft?", antwortete er: „Wahrscheinlich ahmt er seine Eltern nach."
    Erklären Sie das Verhalten des kleinen Jungen mithilfe der sozial-kognitiven Lerntheorie. Stellen Sie dabei die relevanten Aussagen dieser Theorie zusammen.
    (Abschnitt 6.4.2 bis 6.4.7)

---

[1] siehe Kapitel 8.2.3

33. Stellen Sie die Bedeutung der sozial-kognitiven Theorie für die Erziehung in einem Lebensbereich (z. B. Familie, Kindergarten, Schule) dar. Gehen Sie dabei auch auf Probleme und Grenzen der Anwendung dieser Theorie ein.
(Abschnitt 6.4.8)

34. Ein Kind in Ihrer Gruppe fällt wiederholt durch überdurchschnittlich aggressives Verhalten auf.
    a) Erarbeiten Sie Möglichkeiten einer Verhaltensänderung auf der Grundlage der sozial-kognitiven Lerntheorie.
    b) Beschreiben Sie mögliche Probleme, die bei Ihrem Vorhaben auftauchen können.
    (Abschnitt 6.4.8)

35. Fallbeschreibung „Christian"
    Christian, 18 Jahre alt, wurde von der Polizei gefasst, als er zusammen mit anderen Jugendlichen einen Diskothekenbesucher ohne erkennbaren Grund brutal verprügelte. Ein Sozialpädagoge beschäftigt sich – im Auftrag des Gerichts – mit Christians Vorleben. Er stellt fest, dass Christian schon sehr früh mit Gewalt in Berührung kam. Sein Vater beherrschte die ganze Familie durch seine unkontrollierten Wutausbrüche. Häufig verprügelte er – besonders wenn er vorher Ärger auf der Arbeit oder getrunken hatte – Frau und Kinder, so dass die ganze Familie in ständiger Angst vor dem Vater lebte. Christian selbst berichtet, dass er als Kind völlig verschüchtert gewesen sei und sich nie getraut habe, sich gegen den Vater zur Wehr zu setzen, da dies den Vater noch mehr provoziert hätte. Auch sei er ein sehr schwächliches Kind gewesen, das in der Schule immer Außenseiter gewesen sei. Von seinen Klassenkameraden sei er oft verprügelt worden. Bis zu seinem 16. Lebensjahr habe er nie einen richtigen Freund gehabt. Damals sei ein Neuer in seine Klasse gekommen, mit dem er sich auf Anhieb gut verstanden habe. Dieser habe nach kürzester Zeit den Ruf eines brutalen Schlägers gehabt, der sich nichts gefallen lasse. Seit er – Christian – unter dessen Schutz stehe, gelte er auch etwas in der Klasse. Sein neuer Klassenkamerad sei Mitglied einer radikalen Gruppe, die es sich zum Ziel gesetzt habe, gegen Ausländer und Homosexuelle vorzugehen. Durch seinen Freund sei er ebenfalls in die Clique gekommen. Anfangs habe er vor den gewalttätigen Auseinandersetzungen Angst gehabt, er habe jedoch seinen Freund nicht enttäuschen wollen und deshalb mitgemacht. Mit der Zeit sei er sicherer geworden und könne jetzt das Gefühl der Macht und die Angst, die andere vor ihm hätten, richtig genießen. Auch seien diese Auseinandersetzungen eigentlich nicht gefährlich, da immer auf eine zahlenmäßige Überlegenheit der Clique geachtet werde.
    a) Beschreiben Sie das problematische Verhalten von Christian.
    b) Erklären Sie das Verhalten des Jungen mithilfe der sozial-kognitiven Lerntheorie. Stellen Sie dabei die relevanten Aussagen dieser Theorie zusammen.
    (Abschnitt 6.4.2 bis 6.4.9)
    c) Zeigen Sie auf der Grundlage der sozial-kognitiven Theorie Möglichkeiten auf, um das problematische Verhalten von Christian ändern zu können.
    (Abschnitt 6.4.8)

36. Die Darstellung von gewalttätigen Modellen in den Massenmedien wird von vielen Erwachsenen als wenig problematisch erachtet. Nehmen Sie zu diesem Standpunkt kritisch Stellung aus der Sichtweise der sozial-kognitiven Lerntheorie.
(Abschnitt 6.4.9)

37. Stellen Sie an einem selbst gewählten Beispiel aus Ihrem Lebensbereich die Aussagen und Begriffe des Lernens durch Einsicht dar.
(Abschnitt 6.5.1)

38. a) Erklären Sie mithilfe **einer** Lerntheorie den Erwerb einer negativen Einstellung gegenüber Ausländern. Stellen Sie dabei die Begriffe und Aussagen der gewählten Theorie dar.
    b) Wie kann man diese negative Einstellung ändern?
    Zeigen Sie auf der Grundlage der oben beschriebenen Theorie Möglichkeiten zur Änderung dieser negativen Einstellung in einem Lebensbereich (zum Beispiel Familie, Kindergarten, Schule) auf.

39. Erklären Sie die Entstehung eines Persönlichkeitsmerkmales (zum Beispiel Ängstlichkeit, Aggressivität) mithilfe
    a) des klassischen Konditionierens,
       (Abschnitt 6.1.1)
    b) des operanten Konditionierens,
       (Abschnitt 6.2.1 bis 6.2.4)
    c) der sozial-kognitiven Theorie,
       (Abschnitt 6.4.2 bis 6.4.9)
    d) des Lernens durch Einsicht.
       (Abschnitt 6.5.1)

Anregungen

40. Fertigen Sie in Gruppen einen hierarchischen Abrufplan zu dem Thema „Erziehung aus lerntheoretischer Sicht" an: Das Thema wird in einem ersten Schritt zu Begriffen bzw. Stichworten zusammengefasst. Dann werden diese Begriffe in Oberbegriffe, Unterbegriffe, untere Unterbegriffe usw. gegliedert.

41. *Biografie und Internetsuche*
    – Suchen Sie in Gruppen im Internet nach Informationen über das Leben und Werk von
      • Gruppe 1: *Iwan Petrowitsch Pawlow*
      • Gruppe 2: *Edward Lee Thorndike*
      • Gruppe 3: *Burrhus Frederic Skinner*
      • Gruppe 4: *Albert Bandura*
      • Gruppe 5: *Max Wertheimer, Wolfgang Köhler und Kurt Koffka*
    – Fertigen Sie in Kleingruppen eine Übersicht zur Biografie Ihres jeweiligen Wissenschaftlers an.
    – Erarbeiten Sie sechs wichtige Abschnitte seines Lebens.

42. Überprüfen Sie die Werbung in Zeitschriften und suchen Sie solche Anzeigen heraus, die nach dem Prinzip des klassischen Konditionierens arbeiten. Bestimmen Sie die jeweiligen Reize und Reaktionen.

43. „*Der Einsatz des Konditionierens in der Erziehung gleicht einer Dressur des Kindes und ist daher abzulehnen.*"
    Diskutieren Sie diese Aussage eines bekannten Psychologen in der Klasse.

44. Ein bekannter Psychologe gab einmal den Spruch von sich: „*Was nützt die ganze Erziehung, die Kinder machen uns ja doch alles nach.*"
    Diskutieren Sie in der Klasse diese Aussage.

45. Aus einem Zeitungsartikel

> ## TV-Szene nachgespielt: Schüler schwer verletzt
>
> Esslingen (dpa) Beim Nachstellen einer Szene aus dem Fernsehen hat ein 16-Jähriger in Esslingen einen 14-Jährigen am Samstagabend mit Brandbeschleuniger übergossen, angezündet und schwer verletzt. Der 14-Jährige habe Verbrennungen dritten Grades an Armen und Brust erlitten, so die Polizei gestern in Baden-Württemberg.
> Nach bisherigen Ermittlungen wollten die zwei Jugendlichen aus Esslingen eine Szene nachspielen, die vom Musiksender MTV ausgestrahlt worden war. Auf einem Sportplatz zog sich der 14-Jährige nach ersten Zeugenaussagen mehrere Kleidungsstücke an, setzte eine Brille auf und ließ sich mit einem Brandbeschleuniger übergießen anschließend versuchten die Jugendlichen, die Kleidung zu entzünden. Als diese in Flammen stand, sei der 14-Jährige in Panik davon gerannt. Ein 18-jähriger Bekannter, der zufällig vorbeikam, folgte dem Jungen, warf ihn zu Boden und löschte die Flammen. Mehrere Jugendliche, die sich in der Nähe aufhielten, standen so unter Schock, dass sie die Szenerie nur verfolgten, ohne einzuschreiten, so die Polizei. Der 14-Jährige sei außer Lebensgefahr, konnte aber noch nicht befragt werden.
> Nach Polizeiangaben soll es sich bei der Szene um einen Beitrag aus der Sendung „Jackass" des Senders MTV gehandelt haben, in der Stunts gezeigt werden. Zwar weise der Moderator daraufhin, dass diese nicht nachgestellt werden sollen. „Aber Kinder und Jugendliche hören so etwas nicht." Der Leiter der Polizei Esslingen werde MTV bitten, zu prüfen wie wir derartigen Zwischenfallen begegnen können, hieß es.
> Die Jugendlichen werden nach Angaben der Polizei weiter vernommen. Es sei nicht eindeutig geklärt, ob der Junge der Tat zugestimmt habe oder Opfer geworden sei. „Davon hängt dann auch der juristische Vorwurf ab", so die Sprecherin.

Quelle: Donaukurier, 11.06.2002

- Diskutieren Sie ausgehend von diesem Zeitungsartikel die Wirkung von Medien, insbesondere von Filmen und bestimmten Computerspielen, unter Berücksichtigung der Erkenntnisse von *Albert Bandura*.
- Der Leiter der Polizei Esslingen wirft die Frage auf, „wie wir derartigen Zwischenfällen begegnen können". Erarbeiten Sie in Kleingruppen Vorschläge, wie man derartigen Zwischenfällen begegnen könnte.
- Einigen Sie sich in der Gruppe auf einen Vorschlag, den Sie auf eine gemeinsame Plakatwand schreiben und der Klasse vorstellen.

46. Erzieherisches Modellverhalten in der pädagogischen Praxis sollte immer wieder überprüft werden.
    - Suchen Sie in Kleingruppen nach verschiedenen Methoden, wie ein Erzieher sein eigenes Verhalten überprüfen kann.
    - Diskutieren Sie in der Klasse Vor- und Nachteile der einzelnen Methoden.

47. Erstellen Sie in Gruppen einen Katalog von wünschenswertem erzieherischen Vorbildverhalten von Eltern und Erziehern und halten Sie diese Verhaltensweisen auf einer Plakatwand fest.

48. Entleihen Sie sich von einem Kindergarten Spiele, führen Sie diese in Kleingruppen durch und erörtern Sie anschließend, ob und inwieweit diese Spiele geeignet sind, Umstrukturierungsprozesse bei Kindern und damit Einsicht in Gang zu setzen.

7 Ziele in der Erziehung

„Meine Kinder sollen einmal selbstständig und unabhängig leben können."

„Gemeinschaftssinn und Lebensfreude, Interessiertheit und Aufgeschlossenheit sowie Liebe und Achtung gegenüber anderen Menschen wären für mich entscheidende Kriterien."

„Mir wäre das Wichtigste, dass meine Kinder selbstständig und entscheidungsfreudig werden und im späteren Leben gut mit sich selbst zurechtkommen."

„Zunächst halte ich es für wichtig, dass das Kind laufen und sprechen lernt und sauber wird."

„Berufliche Tüchtigkeit, gute Umgangsformen und Bescheidenheit werden dem Kind weiterhelfen."

„Aus eigener Erfahrung belehrt, würde ich meinen, dass mein Kind lernt, richtig mit seinem Geld umzugehen, vor allem etwas sparsamer als ich."

Aus diesen Äußerungen ergeben sich mehrere Fragen:

1. *Was versteht man unter Erziehungszielen?*
   Welche Funktionen erfüllen sie?

2. *Wer setzt Erziehungsziele fest?*
   Wodurch ist ihr Wandel bedingt?

3. *Welche Probleme und Gefahren bringt die Setzung von Erziehungszielen mit sich?*

4. *Wie lassen sich Erziehungsziele rechtfertigen bzw. begründen?*

5. *Welche Zielvorstellungen sind in unserer Gesellschaft aktuell?*

7.1 Das Erziehungsziel als Merkmal der Erziehung

Zwischen den Verhaltensweisen eines Erziehers und den Zielen und Ergebnissen seiner Erziehung besteht ein grundlegender Zusammenhang.

> Soll die Erziehung beispielsweise demokratisches Verhalten erreichen, dann kann nicht mit dem autoritären Erziehungsstil gearbeitet werden.

> *„Menschliches Lernen ist ein dauerndes Ziele-Setzen, Ziele-Verfehlen, Ziele-Erneuern."*
>
> (Roth, 1984[5], S. 354)

7.1.1 Erziehungsziele als Orientierungshilfe

Wer erzieht, will Unzulänglichkeiten überwinden bzw. Erwünschtes erreichen. Der Erzieher hegt also immer bestimmte Erwartungen: Er findet den zu Erziehenden in einem gewissen **„Ist-Zustand"** vor und möchte ihn in einen vorher beschriebenen **„Soll-Zustand"** überführen.

> Das Kind kann beispielsweise noch nicht laufen, sprechen oder es ist noch nicht selbstständig (Ist-Zustand); der Erzieher möchte es nun in einen Soll-Zustand überführen, nämlich dass es laufen und sprechen kann oder selbstständig wird.

Dies setzt in jedem Fall eine **Vorstellung vom Erstrebenswerten**, ein Erziehungsziel voraus.

Erziehung strebt also stets ein Ziel an: Sobald der Erzieher auf den zu Erziehenden einwirkt, will er etwas erreichen. Hat der Erzieher kein Ziel mehr vor Augen, würde er sich auch nicht mehr genötigt sehen, auf den zu Erziehenden Einfluss zu nehmen.

Erziehungsziele geben nach *Wolfgang Brezinka (1990[5], S. 138 ff.)* eine zweifache Orientierung für das erzieherische Handeln:

- Einmal geben Erziehungsziele Vorstellungen wieder, wie sich der zu Erziehende gegenwärtig und zukünftig verhalten soll. Hier ist das Erziehungsziel **Orientierungshilfe hinsichtlich des Soll-Zustandes des zu Erziehenden**. *Brezinka* spricht hier vom **„Erziehungsziel als Ideal für Educanden**[1]**"**.

- Zum anderen geben Erziehungsziele Auskunft darüber, wie sich der Erzieher in der Erziehung verhalten soll. Das Erziehungsziel enthält hier eine Vorschrift für den Erzieher und stellt eine **Orientierungshilfe hinsichtlich des erzieherischen Verhaltens** dar. Wir sprechen hier in Anlehnung an *Brezinka* vom **Erziehungsziel als Vorschrift für Erzieher**.

> Wenn Eltern und Erzieher gefragt werden, worauf es ihnen bei der Erziehung ankommt, so können sie darauf in zweierlei Hinsicht antworten:
> „Mir kommt es darauf an, dass meine Kinder selbstständig und entscheidungsfreudig werden und im späteren Leben gut mit sich selbst zurechtkommen."
> „Wenn ich will, dass meine Kinder im späteren Leben gut mit sich zurechtkommen, so muss ich darauf achten, dass ich meinen Kindern Zuwendung gebe und ihnen einen Freiraum lasse, in welchem sie selbstständig Erfahrungen sammeln können."
> In der ersten Elternaussage werden Vorstellungen angesprochen, wie sich der zu Erziehende gegenwärtig und zukünftig verhalten soll, in der zweiten Aussage wird erwähnt, wie sich der Erzieher in der Erziehung verhalten soll.

---

[1] educand (lat.): der zu Erziehende

> **Eugen Roth: Falsche Erziehung**
>
> *Ein Mensch lernt in der Kinderzeit,*
> *Des Lasters Straßen seien breit,*
> *Jedoch der Tugend Pfade schmal*
> *In diesem irdischen Jammertal.*
> *Der Mensch, bei seinem Erdenwandern,*
> *Geht einen Holzweg nach dem andern,*
> *Weil er auf Straßen, breit gebaut,*
> *Sich einfach nicht mehr gehen traut.*
>
> (Roth, 2001, S. 242)

7.1.2 Erziehungsziele als soziale Wert- und Normvorstellungen

In jeder Gesellschaft gibt es bestimmte Vorstellungen über die Ziele der Erziehung. Dabei müssen diese Ziele nicht in allen gesellschaftlichen Gruppen gleich sein. Entscheidend ist jedoch, dass in einer Gesellschaft ein sog. Grundkonsens besteht, das heißt, es existiert ein kleinster gemeinsamer Nenner, den alle gesellschaftlich relevanten Gruppierungen akzeptieren können. In der Bundesrepublik Deutschland stellt das Grundgesetz, und hier im Besonderen die Grundrechte in den Artikeln 1 bis 20, einen solchen allgemein anerkannten Grundkonsens dar.

Bei Erziehungszielen handelt es sich immer um **soziale Wert- und Normvorstellungen**[1], die in einer Gesellschaft bzw. in einer ihrer Gruppen aktuell sind. Eltern und andere Erzieher halten bestimmte Werte und Normen für sehr wichtig und versuchen sie deshalb in der Erziehung umzusetzen.

> Entscheidungsfreudigkeit, Ehrlichkeit oder Selbstständigkeit zum Beispiel sind Wert- und Normvorstellungen, die in unserer Gesellschaft als wichtig erachtet und deshalb in der Erziehung ausdrücklich und bewusst gesetzt werden.

Werte drücken – wie in *Kapitel 4.2.2* ausgeführt – Vorstellungen aus, was eine Gesellschaft für „wünschenswert" bzw. „erstrebenswert" hält, und bilden allgemeine Orientierungsmaßstäbe für das Verhalten von Menschen in einer Gesellschaft. Dabei handelt es sich zunächst um eine allgemeine Zielvorstellung, die noch keinerlei Handlungsanweisung für den Bürger enthält – im Fall des Grundgesetzes spricht man hier auch von einem **Grundwert**.

---

[1] Die Begriffe Werte und Normen sind in Kapitel 4.2.2 näher bestimmt.

So wird zum Beispiel im Artikel 2, Absatz 2 des Grundgesetzes das Grundrecht des Menschen auf Leben festgeschrieben: „… Jeder hat das Recht auf Leben und körperliche Unversehrtheit. …". Es handelt sich hierbei um eine allgemeine Zielvorstellung, noch ohne Handlungsanweisung.

Jede Gesellschaft muss sich darüber Gedanken machen, wie Werte zu realisieren sind. Solche Ausführungsbestimmungen werden – wie in *Kapitel 4.2.2* ausgeführt – als soziale Normen bezeichnet.

Die praktische Verhaltensvorschrift und damit die Norm liefert im genannten Fall beispielsweise die Bibel, in der in den zehn Geboten eindeutig festlegt ist: „Du sollst nicht töten".

Auf der Grundlage dieser Normen lassen sich dann Erziehungsziele formulieren, welche sich Eltern und andere Erzieher setzen.

So kann beispielsweise aus der Norm „Du sollst nicht töten" das Erziehungsziel „Erziehung zur Friedfertigkeit" folgen, das Eltern und Lehrer versuchen umzusetzen.

Quelle: Gudjons, 2006[9], S. 188

In der Erziehungspraxis unterscheidet man bei den sozialen Wert- und Normvorstellungen solche, die in der Erziehung wirksam werden, und solche, die nicht in die Erziehung einfließen.

So ist es zum Beispiel sehr wahrscheinlich, dass der zu Erziehende mit der Norm „Beim Essen rülpst man nicht" in der Erziehung konfrontiert wird, während er mit dem Brauch des Fahnenschwingens in einem bestimmten Verein kaum in Berührung kommt.

Zum anderen unterscheidet man bei den Normen, die in der Erziehung wirksam werden, solche, die unreflektiert, oft gar nicht bewusst in den Erziehungsprozess einfließen – wir nennen sie „in der Erziehung mitwirkende Normen" – und solche, die ausdrücklich und bewusst in der Erziehung gesetzt werden[1].

So kann beispielsweise eine Frau ihrem Mann eine dominierende Stellung zuspielen und seinen Entscheidungen ein größeres Gewicht beimessen als ihren eigenen. Diese Norm „Anerkennung der Dominanz des Mannes gegenüber der Frau" kann gleichsam unbemerkt, vielleicht gar nicht bewusst in den Erziehungsprozess mit einfließen, während die Norm „Beim Essen rülpst man nicht" bewusst und ausdrücklich in der Erziehung gesetzt wird.

Solche in der Erziehung ausdrücklich und bewusst gesetzten Werte und Normen bezeichnet *Wolfgang Klafki u. a. (Band 2, 1986, S. 18)* als Erziehungsziele.

---

[1] vgl. hierzu auch Abschnitt 7.3.2

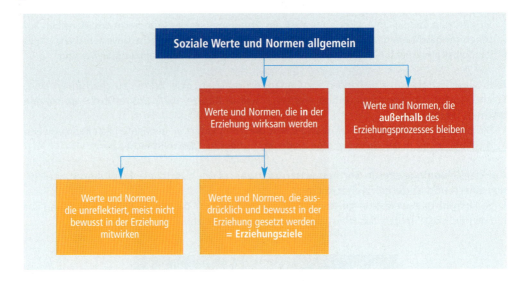

Erziehungsziele sind bewusst gesetzte Wert- und Normvorstellungen über das Ergebnis der Erziehung, die Auskunft darüber geben, wie sich der zu Erziehende gegenwärtig und zukünftig verhalten soll und wie Eltern und andere Erzieher in der Erziehung handeln sollen.

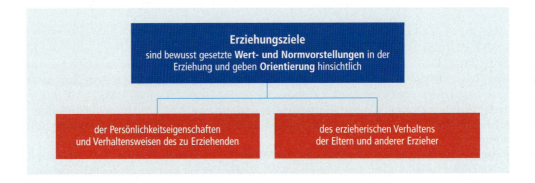

7.1.3 Erziehungsziele und Schlüsselqualifikationen

Im Zusammenhang mit dem Begriff Erziehungsziel tritt häufig – vor allem im Bereich der beruflichen Bildung – der Begriff **Schlüsselqualifikation** auf. Damit meint man dasjenige Wissen und Können, welches einen Menschen zum einen dazu befähigt, sein gesamtes Leben über flexibel auf die Anforderungen sich ständig ändernder kultureller und gesellschaftlicher Lebensbedingungen angemessen reagieren zu können. Zum anderen sollen Schlüsselqualifikationen die Bewältigung gegenwärtiger und zukünftiger Aufgaben der Gesellschaft bzw. Kultur ermöglichen.

> Solche zentralen Schlüsselqualifikationen sind zum Beispiel Konzentration, Ausdauer, Kreativität, Planungsfähigkeit, Zeit- und Mitteleinteilung, Fähigkeit zur Zusammenarbeit, Kommunikation und rationale Konfliktaustragung, Fähigkeit zum logischen und vernetzten Denken, Zuverlässigkeit, Eigeninitiative, Selbstkontrolle.

> Schlüsselqualifikation meint eine Form der Qualifikation, die einen Menschen dazu befähigt, sein gesamtes Leben über flexibel auf die Anforderungen sich ständig ändernder kultureller und gesellschaftlicher Lebensbedingungen angemessen reagieren sowie gegenwärtige und zukünftige Aufgaben der Gesellschaft bzw. Kultur bewältigen zu können.

Dieter Mertens, der Begründer dieses Begriffes, orientiert sich in erster Linie an den Anforderungen des Arbeitsplatzes und weniger an den Bedürfnissen des Lernenden. Er versteht in erster Linie die Form der Qualifikation darunter, die einen Arbeitnehmer befähigen soll, sein gesamtes Berufsleben über flexibel auf die Anforderungen eines sich ständig ändernden Arbeitsmarktes zu reagieren und sich den Bedürfnissen der Industrie und Wirtschaft anzupassen. Der Arbeitnehmer ist dadurch in der Lage, seine Berufsfähigkeit dauerhaft zu erhalten.

Die Forderung nach der Vermittlung von Schlüsselqualifikationen hat in den letzten Jahren sehr stark die Schulpädagogik[1] – besonders im Bereich der beruflichen Bildung – erfasst; die Einführung des fächerübergreifenden Unterrichts, der Projektarbeit, der Lernfelder usw. sind Ausdruck dieser Forderungen.

Neben der grundsätzlich positiven Haltung der Schulpädagogik zu den Schlüsselqualifikationen ist aber auch Kritik laut geworden. Befürchtet wird, dass mit der Vermittlung von Schlüsselqualifikation die klassische berufliche Ausbildung auf der Strecke bleibt und zunehmend leicht veränder- und manipulierbare Arbeitnehmer auf den Arbeitsmarkt drängen, die nach Belieben der Firmen in immer neuen Bereichen der Produktion eingesetzt werden können. Daneben verliert die Allgemeinbildung, die nach wie vor einen Stellenwert bei der Berufsausbildung besitzt, an Bedeutung (vgl. hierzu auch Kapitel 4.3.2).

> *„In der modernen Industriegesellschaft ist die soziale Konstruktion unseres Lebens um die Erwerbsarbeit herum gruppiert worden: als Kinder und Jugendliche werden wir auf den Arbeitsmarkt vorbereitet, als Erwachsene sind wir in der Erwerbsarbeit tätig, als Rentner verlassen wir sie wieder."*
>
> (Giesecke, 2004[7], S. 137)

7.2 Faktoren und Wandel von Erziehungszielen

Die Frage ist nun, wer eigentlich die Ziele in der Erziehung festsetzt. Man könnte annehmen, dass sie in erster Linie von den Theoretikern oder Praktikern der Erziehung formuliert und in der Erziehungspraxis durchgesetzt werden. Das ist jedoch nur zum Teil und nur unter bestimmten Bedingungen möglich.

Entscheidend ist, ob es sich um **familiäre Erziehung oder um eine organisierte Erziehungsinstitution** handelt, in der Berufserzieher tätig sind, wie zum Beispiel der Kindergarten oder die Schule. In der Familie legen die Eltern ihre Zielvorstellungen mehr oder weniger bewusst selber fest. Berufserzieher und vor allem Erziehungswissenschaftler entwickeln zwar Leitvorstellungen der Erziehung, doch ihre Einflussmöglichkeit auf die Festlegung und Durchsetzung von Erziehungszielen hängt davon ab, ob und wieweit sie selbst bloß ausführende Organe ihrer Institution bzw. deren Träger sind oder ob sie mehr oder weniger Mitentscheidungsmöglichkeiten haben und diese auch nutzen. Es liegt letztendlich an den Machtverhältnissen und an den Einflussmöglichkeiten einzelner Gruppen in einem Staat, ob und in welchem Maß Theoretiker und Praktiker der Erziehung bei der Setzung von Erziehungszielen – zum Beispiel bei Richtlinien oder Lehrplänen

---

[1] *Schulpädagogik wird in Kapitel 1.1.3 geklärt*

für die Schulen, bei der Berufsausbildung oder im Jugendrecht – Mitsprachemöglichkeit haben.

Erziehungswissenschaftler, aber nicht nur diese, können Erziehungsziele formulieren, die den Charakter von **Leitvorstellungen** besitzen. Solche Leitvorstellungen sind zwar relativ abstrakt, geben aber die Grundrichtung des erzieherischen Handelns vor. Sie bedürfen für die Umsetzung im pädagogischen Alltag der Konkretisierung.

> Solche Leitvorstellungen in der Erziehung sind zum Beispiel „pädagogische Mündigkeit", wie sie in *Abschnitt 7.4.1* dargelegt ist, oder „Emanzipation".

Gleichwohl stellen sie unentbehrliche Richtmaße dar, die – wie es *Erich Weber (1999[8], S. 486)* formuliert – „menschliches (auch pädagogisches) Denken und Handeln orientieren, regulieren, motivieren und postulieren." Zugleich können sich Erziehungswissenschaftler mit pädagogischen Zielvorstellungen auseinandersetzen und auf diese Weise Orientierungshilfe sowohl für diejenigen, die Erziehungsziele festsetzen, als auch für die in der Erziehung praktisch Tätigen geben.

7.2.1 Instanzen, die Erziehungsziele festsetzen

Die Zielsetzungen für die Erziehung und die Durchsetzung von Erziehungszielen erfolgen durch die Personen bzw. Personengruppen, die *in einem Staat bzw. einer Gesellschaft den größten Einfluss auf die Erziehung und Erziehungsinstitutionen haben*. Wolfgang Klafki u. a. (Band 2, 1986, S. 38 f.) führt dazu einige Beispiele aus:

- **Wirtschaftsinstanzen**: Ziele der beruflichen Ausbildung werden in der Bundesrepublik Deutschland vor allem durch die Interessenverbände und Selbstverwaltungseinrichtungen der Wirtschaft wie der Industrie- und Handelskammern oder der Gewerkschaften formuliert und durchgesetzt.

- **Politische Machthaber bzw. Regierungen** eines Staates legen Erziehungsziele fest. So entwickeln Herrscher und Diktatoren ihre eigenen Zielvorstellungen, und zwar solche, die ihren persönlichen, politischen, militärischen oder wirtschaftlichen Absichten entsprechen. In der Bundesrepublik Deutschland werden beispielsweise durch einzelne **Gesetze und Verordnungen** die Erziehungs- und Bildungsziele bestimmt.
  > Die Bildungsziele der Schule sind zum Beispiel für Bayern im „Bayerischen Gesetz über das Erziehungs- und Unterrichtswesen", die Ziele des Kindergartens im „Bayerischen Kindergartengesetz" festgelegt.

- **Politische Parteien** nehmen in ihre Parteiprogramme bestimmte Vorstellungen von den Zielen in der Erziehung auf.

- **Kirchen und Verbände** wie zum Beispiel Elternvereinigungen oder Träger von Erziehungsinstitutionen versuchen, ihre Vorstellungen von Erziehung durchzusetzen.

Am Beispiel der Festlegung von Erziehungszielen wird einerseits deutlich, wie sehr die Erziehung von der Gesellschaft – genauer gesagt, von denjenigen, die in einer Gesellschaft die Macht innehaben – beeinflusst wird. Andererseits wird hier auch das Problem der Eigenständigkeit der Pädagogik klar, die fordert, dass der junge Mensch um seiner selbst willen erzogen werden müsse und als werdende Person anzuerkennen sei.[1]

---

[1] vgl. Kapitel 4.2.5

7.2.2 Faktoren, die die Setzung von Erziehungszielen beeinflussen

Eltern und andere Erzieher – soweit sie diesbezüglich einen Freiraum haben – werden bei der Setzung ihrer pädagogischen Ziele von bestimmten Umweltbedingungen und vor allem von ihren eigenen Persönlichkeitsmerkmalen beeinflusst:

– **Soziokulturelle Faktoren**

   Eltern und Erzieher orientieren sich bei der Setzung ihrer persönlichen Erziehungsziele grundsätzlich an den **Wert- und Normvorstellungen** der Gesellschaft bzw. der gesellschaftlichen Gruppierung, in der sie leben. Dabei spielt das **politische System** eine zentrale Rolle.

   In einem autoritären Staat sind zum Beispiel unbedingter Gehorsam oder bedingungslose Pflichterfüllung wichtige Erziehungsziele; ein demokratischer Staat fordert dagegen Emanzipation oder Mündigkeit von seinen Bürgern.

   Gesellschaftliche **Trends** wie zum Beispiel die antiautoritäre Erziehung in den 70er Jahren des letzten Jahrhunderts oder die Wiederkehr „alter und bewährter" Pädagogen wie *Johann Heinrich Pestalozzi*[1] oder *Georg Kerschensteiner*[2] üben einen nicht unerheblichen Einfluss auf das Anstreben von Erziehungszielen aus. Mit dem Ende des 20. Jahrhunderts darf auch die Rolle der **Medien** nicht unterschätzt werden.

– **Ökonomische Faktoren**

   Die **Wirtschaftsordnung** einer Gesellschaft nimmt Einfluss auf die Setzung von Zielen in der Erziehung. Die starke Orientierung der Wirtschaft am Gewinn, der Zwang zum Konsumieren, die Betonung von Eigentum und Leistung sowie Konkurrenzdenken und Positionskämpfe beispielsweise bleiben nicht ohne Auswirkung auf die Festlegung von Erziehungszielen. Auch **wirtschaftliche Verhältnisse** wie Verdienst, Vermögen und Besitz, Wohnbezirk oder Wohnraum und dessen Einrichtung spielen eine große Rolle.

---

[1] Johann Heinrich Pestalozzi (1746–1827) war Schweizer Pädagoge und Reformer, dessen Theorien vor allem der heutigen Volksschule und der Lehrerfortbildung den Weg bereiteten. In seinen Schriften forderte er u. a. die Überwindung der Standesunterschiede und Bildung für alle. Bekannt wurde er vor allem auch durch die Forderung eines Unterrichts mit „Kopf, Herz und Hand".
[2] Georg Kerschensteiner (1854–1932) war deutscher Pädagoge, Bildungstheoretiker und Schulreformer. Er organisierte die Münchner Fortbildungsschulen zu fachlich gegliederten Berufsschulen und richtete den Arbeitsunterricht in der Volksschule ein, der als Grundlage allen Lernens die Selbsttätigkeit des Schülers sah.

– **Individuelle Faktoren**

Hier spielt die **familiäre Situation**, die durch Familiengröße, die Art der Familie – zum Beispiel vollständige oder Ein-Eltern-Familie – oder die Familienatmosphäre beeinflusst wird, eine wichtige Rolle beim Anstreben bestimmter Erziehungsziele. Auch die **Bezugsgruppen** der Familie können einen bedeutenden Einfluss hinsichtlich der Verfolgung bestimmter Ziele besitzen.

– **Persönlichkeitsmerkmale des Erziehers**

Den wohl stärksten Einfluss auf die Setzung von Erziehungszielen haben die **Persönlichkeitsmerkmale des Erziehers**: Eigene Wünsche, Ideale, Ideologien, Weltanschauungen, Bedürfnisse, Gefühle, Einstellungen, Erfahrungen und dgl. bestimmen wesentlich das eigene Erzieherverhalten und die Zielsetzungen. Dabei darf das eigene **Menschenbild** nicht unterschätzt werden. Schließlich haben **individuelle Erlebnisse** weitreichende Folgen: Positive und negative Erfahrungen in der eigenen Biografie wirken sich auf die Formulierung und Setzung von Zielen in der Erziehung aus.

„Wichtig sind vor allen Dingen die inneren Werte."

Verbinden zum Beispiel Erzieher mit ihrer eigenen Erziehung weniger gute Erfahrungen, so neigen sie dazu, eine „andere" Erziehung mit „anderen" Zielen anzustreben („Ich möchte mein Kind nicht so erziehen!", „Mein Kind soll es einmal besser haben als ich!"). Häufig werden bei den eigenen Kindern jedoch dieselben Erziehungsziele verfolgt, die bei der eigenen Erziehung galten.

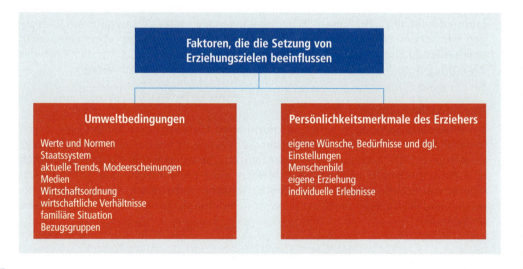

Die Liste der Faktoren ist nicht vollständig; es lassen sich noch weitere finden, die Eltern und andere Erzieher bei ihren Vorstellungen über das „Wohin" in der Erziehung beeinflussen.

7.2.3 Der Wandel von Erziehungszielen

Wie die Geschichte der Pädagogik zeigt, wurden nach- und nebeneinander recht unterschiedliche Erziehungsziele vertreten. Je nach dem jeweiligen Menschenbild und der Weltanschauung, je nach den politischen, militärischen oder wirtschaftlichen Gegebenheiten und Interessen einer Gesellschaft, je nach ihren aktuellen Wert- und Normvorstellungen wurden und werden im Laufe der Zeit unterschiedliche Erziehungsziele formuliert.

> „Während bis in die 60er Jahre hinein Vorstellungen wie Disziplin, Pflichterfüllung, Gehorsam, Leistung, Ordnung usw. im Mittelpunkt standen, wird heute vielfach davon ausgegangen, dass sich in den letzten Jahren so etwas wie ein Wertewandel – und damit eine Veränderung der Erziehungsziele ergeben habe: Danach werden sog. ‚Selbstentfaltungswerte' wie Emanzipation, Autonomie, Selbstverwirklichung, Selbststeuerung, Kritikfähigkeit etc. betont."
> (Gudjons, 2006[9], S. 189 f.)

Erziehungsziele können nur aus der jeweiligen historischen Struktur einer Gesellschaft und Kultur verstanden werden.

> Im Dritten Reich war es die Ideologie des Nationalsozialismus, in der ehemaligen Deutschen Demokratischen Republik die des Sozialismus, in der Bundesrepublik Deutschland ist es die Vorstellung einer freiheitlichen, demokratischen Gesellschaft, die den Wandel von erzieherischen Zielvorstellungen bestimmt.

Unterschiedliche Erziehungsziele zu ein und demselben Zeitpunkt ergeben sich aus den verschiedenen Denk- und Einstellungsrichtungen innerhalb einer Gesellschaft. Dies ist vor allem in demokratischen Systemen der Fall, die unterschiedliche, zum Teil sogar gegensätzliche Wert- und Normvorstellungen zulassen. Deshalb kann es in einer demokratiefreundlichen Gesellschaft niemals nur *das* Ziel der Erziehung geben, es herrscht immer eine Vielfalt von Erziehungszielen vor.[1]

Der Wandel von Erziehungszielen ist immer Folge einer Änderung von gesellschaftlichen, kulturellen, sozialen, politischen, ökonomischen, wissenschaftlichen, weltanschaulichen oder auch von subjektiven Verhältnissen.

> So hat die Einführung des demokratischen Staatswesens in der früheren Bundesrepublik Deutschland nach dem Zweiten Weltkrieg zu einer Veränderung von Erziehungszielen geführt. Die Entwicklung der Antibabypille in den 50er und 60er Jahren des 20. Jahrhunderts brachte die sexuelle Selbstbestimmung der Frauen und in der Folge ihre zunehmende Selbstverwirklichung und Emanzipation.

Solche **Bedingungen für einen Wandel** von Erziehungszielen sind

- **politische Interessen und Gegebenheiten**,
- **Weltanschauung und Menschenbild**,
- **kulturelle und soziale Gegebenheiten**,
- **ökonomische Interessen und Gegebenheiten**,
- **wissenschaftliche Erkenntnisse**,
- **Persönlichkeitsmerkmale des Erziehers**, insbesondere seine Einstellungen.

> Die aktuelle gesellschaftliche Diskussion über die Zukunft der Arbeit – und im Zusammenhang damit die Bedeutung der Informationstechnologie – wird beispielsweise eine Veränderung von Erziehungszielen zur Folge haben. Der Arbeitnehmer der Zukunft soll sich selbstständig

---

[1] vgl. hierzu auch Abschnitt 7.3.2

Informationen beschaffen können, Flexibilität und die Bereitschaft, sich auf Neues einzulassen, werden wesentliche Ziele der Erziehung sein. „Klassische Tugenden" wie Fleiß, Disziplin und Gehorsam werden zwar wichtig bleiben, aber nicht mehr im Vordergrund stehen.

7.3 Funktionen, Probleme und Begründung von Erziehungszielen

Oft wird Erziehern vorgeworfen, dass sie in ihrer Erziehung ungerechtfertigt manipulieren würden. Aus diesem Grund muss sich die Erziehungswissenschaft mit Erziehungszielen auseinandersetzen, ihre Funktionen und die Probleme, die sich bei der Setzung von Erziehungszielen ergeben können, aufzeigen und eine Begründung von Zielen in der Erziehung anstreben.

7.3.1 Funktionen von Erziehungszielen

- Erziehungsziele dienen der **Verwirklichung von Wert- und Normvorstellungen** sowie von gesellschaftlichen Interessen.[1]
  So soll der zu Erziehende zum Beispiel in seinem Leben die Wertvorstellungen Leistung, Verantwortlichkeit oder Anständigkeit realisieren, was zugleich als Ziel der Erziehung angestrebt wird.

- Erziehungsziele ermöglichen die **Organisation der Erziehung**: Erst wenn das „Wohin" der Erziehung bekannt ist, wird es möglich sein, geeignete und angemessene Mittel und Verfahrensweisen des Erziehens anzuwenden. Bei einer reflektierten Erziehung werden immer die Erziehungsziele das weitere Erziehungsgeschehen bestimmen.

- Nur durch die Setzung von Zielen in der Erziehung wird eine **Reflexion des erzieherischen Verhaltens** möglich. Vom Ziel her kann erzieherisches Handeln auf seine Effektivität hin überprüft werden; praktisches Erziehungsgeschehen wird so kontrollierbar. Erziehungsziele dienen somit auch der Verbesserung der Erziehungspraxis: Aufgrund der Reflexion ist es möglich, angemessene Konsequenzen für das weitere erzieherische Vorgehen zu ziehen und angewandte Mittel und Verfahrensweisen zu korrigieren.

- Erziehungsziele dienen als **„wesentliche Richtpunkte"** *(Weber, 1999[8], S. 453)* für die Zusammenarbeit, Verständigung und Ausrichtung der Erzieher zum Beispiel in Lehrerkollegien. Gleichzeitig bieten sie immer wieder Anlässe, sich mit Erziehungsfragen in der Öffentlichkeit auseinanderzusetzen.

- Sie können auch dazu beitragen, das Selbstbewusstsein und Ansehen der Erzieher zu stärken, indem sie **Idealvorstellungen** sind, für die sich die Erziehenden einsetzen *(vgl. Weber, 1999[8], S. 453)*.

---

[1] vgl. Abschnitt 7.1.2

7.3.2 Probleme pädagogischer Zielsetzung

Obwohl Erziehungsziele wichtige Funktionen erfüllen, bringt die pädagogische Zielsetzung bestimmte Probleme und Gefahren mit sich.

– Ein Kennzeichen einer demokratischen Gesellschaft ist der **Wert- und Normenpluralismus**: Zu ein und demselben Sachverhalt gibt es verschiedene, gelegentlich auch widersprüchliche Wert- und Normvorstellungen, Meinungen und Ansichten, gleichberechtigt nebeneinander. Eltern und Erzieher wissen deshalb oft nicht, was „richtig" und „falsch" ist, welche Erziehungsziele sie nun aus der Vielfalt für sich verbindlich machen sollen.

– Oft kommt es bei Anstreben bestimmter Erziehungsziele zu einem **Normenkonflikt**: Zwei oder mehrere bewusst gesetzte Erziehungsziele stehen in Widerspruch zueinander.
So zum Beispiel lassen sich Ziele wie Durchsetzungsvermögen, die Verwirklichung persönlicher Interessen oder das Streben nach Individualität schwer mit Vorstellungen wie Hilfsbereitschaft oder Achtung vor Bedürfnissen anderer vereinbaren.

„Ordentliches Auftreten ist die erste Voraussetzung für eine erfolgreiche Bewerbung!"

Zu einem Normenkonflikt kann es auch kommen, wenn sich bewusst angestrebte Erziehungsziele mit den in der Erziehung unreflektiert mitwirkenden Normen widersprechen.[1]
Ein Elternpaar lässt sich zum Beispiel stark beeinflussen von dem, was momentan „in" ist. Diese Gegebenheit fließt gleichsam unbemerkt, vielleicht gar nicht bewusst in den Erziehungsprozess mit ein und steht im Widerspruch zu dem Erziehungsziel „Kritikfähigkeit", das die Eltern bewusst verfolgen wollen.

---

[1] vgl. Abschnitt 7.1.2

> „Es ist wichtig festzuhalten, dass in allen diesen Fällen zunächst völlig offen ist, ob die unbewusst mitwirkenden Normen oder die speziellen Erziehungsziele in der Praxis auf Kinder und junge Menschen die größere und dauerhaftere Wirkung ... haben."
>
> (Wolfgang Klafki u. a., Band 2, 1986, S. 20)

- Erziehungsziele können **völlig unrealistisch und an unerreichbaren Idealen ausgerichtet** sein *(vgl. Weber, 1999[8], S. 477)*.

  Das Streben nach Perfektion des Menschen beispielsweise kann zu einer fortwährenden Überforderung und einem chronisch schlechten Gewissen führen sowie verhängnisvolle Schuldgefühle und Neurosen des zu Erziehenden bewirken.

- Die Setzung von Zielen in der Erziehung kann die **Zukunftsoffenheit verbauen**: Kinder und Jugendliche werden für morgen erzogen; in der Erziehung können aber meist nur Ziele verfolgt werden, die für heute wichtig sind, weil die Zukunft nicht vorhergesehen und vorweggenommen werden kann.

  So zum Beispiel hätte die Weimarer Republik demokratisch erzogene Bürger benötigt; in der Zeit der Erziehung dieser Bürger waren jedoch ganz andere Erziehungsziele aktuell.

  Die Offenheit für neue Situationen und Herausforderungen wird vor allem dort behindert, wo Erziehungsziele ausschließlich traditionell orientiert und auf Anpassung ausgerichtet sind oder starr festgelegt werden, wie dies häufig bei organisierten Erziehungsinstitutionen, wie der Schule, der Fall ist. Dadurch kann es zur Verfestigung des Herkömmlichen und zur Beeinträchtigung der Umstellungsfähigkeit und -bereitschaft kommen *(vgl. Weber, 1999[8], S. 476)*.

- Ziele der Erziehung sind oft **Leitbilder weltanschaulicher Manipulation**: Eltern und andere Erzieher missverstehen Erziehung oft als Menschenformung nach einem festgesetzten Menschenbild. Hier gelten Erziehungsziele als Zweck, zu deren Erfüllung die nachwachsende Generation nur Mittel ist. Dadurch werden aber Selbstbestimmung und freie Entfaltung der Persönlichkeit be-, wenn nicht gar verhindert.

  Bestimmte Gruppen versuchen, ihre eigenen Vorstellungen über das, was politisch als „richtig" zu gelten hat, durchzusetzen und auch die nachfolgende Generation dafür zu gewinnen. Junge Menschen werden aber damit zum Mittel, die dem Zweck der Realisierung eines bestimmten politischen Programms zu dienen haben. Erziehung muss zwar zu einer selbstbestimmten und verantwortlichen Wahrnehmung von politischen Pflichten und Rechten befähigen; es darf aber nicht ihre Aufgabe sein, spezifische politische Programme einzelner Parteien oder Gruppen durchzusetzen, für die die nachfolgende Generation lediglich Mittel zum Zweck ist (vgl. Weber, 1999[8], S. 566 f.).

- Die Gesellschaft oder bestimmte Menschengruppen können ihre eigenen Interessen mehr oder weniger bewusst hinter Erziehungszielen, die sie zu formulieren und durchzusetzen versuchen, verbergen, um bei anderen Menschen – auch beim Erzieher oder bei dem zu Erziehenden selbst – ein **falsches Bewusstsein** zu erzeugen. Im Extremfall können pädagogische Zielsetzungen zur ganz bewussten **Verschleierung eigener Machtansprüche** benutzt werden *(vgl. Klafki u. a., Band 2, 1986, S. 29)*.

  So zum Beispiel kann in dem proklamierten Ziel „Erziehung zur Friedfertigkeit" das Interesse einer bestimmten Gruppe versteckt sein, sich eine bestimmte Verteilung von gesellschaftlicher und wirtschaftlicher Macht zu sichern, in den zu Erziehenden eine Abwehrhaltung gegen Aufbegehren und Widerstand aufzubauen und aus Friedfertigkeit heraus alles hinnehmen und „schlucken" zu lernen.

Eine weitere Möglichkeit zur Verschleierung und Durchsetzung von bestimmten Interessen ist die *Umdefinierung von bereits bekannten Erziehungszielen*.

So wurde der Begriff „Emanzipation" beispielsweise von neomarxistischen Sozialtheoretikern und Pädagogen der sogenannten „Neuen Linken" mit einem anderen Inhalt belegt, als dieser ursprünglich zum Ausdruck bringen wollte, um damit eine leichtere Manipulation zu ermöglichen.

7.3.3 Begründung von Erziehungszielen

Die Erziehungswissenschaft muss sich mit pädagogischen Zielen auseinandersetzen. Da es sich bei Erziehungszielen um normative Verhaltenserwartungen handelt, ist das „Beweisen" der „Richtigkeit" bzw. „Falschheit" von pädagogischen Zielen nicht möglich. Die Erziehungswissenschaft strebt deshalb eine **Rechtfertigung im Sinne einer Begründung** von Erziehungszielen an.

> „Erziehungswissenschaft als praktische Disziplin hat als oberstes Ziel Handlungsanweisungen für die Praxis zu geben. Die erste Aufgabe der Erziehungswissenschaft liegt in der Begründung, Aufstellung und Rechtfertigung von Erziehungszielen oder Normen für die Erziehungspraxis."
> (Tschamler, 1996³, S. 199)

Diese Begründung kann aus unterschiedlichen Perspektiven erfolgen:

- **Anthropologische[1] Begründung**
  Die Grundlage für die Begründung von Erziehungszielen bilden die Aussagen über das Wesen des Menschen, wie sie in *Kapitel 2* dargestellt sind. Erziehungsziele können dann als gerechtfertigt gelten, wenn sie dem Wesen und der Würde des Menschen entsprechen. Hierzu gehört auch, dass der Mensch als **Person** und als **Subjekt** geachtet wird und Erziehungsziele ihn niemals als Objekt, als „Mittel zum Zweck" sehen.

Erziehungsziele müssen sich am Wesen und der Würde des Menschen orientieren!

- **Normative Begründung**
  Die Grundlage für die Begründung von Erziehungszielen sind die für das gesellschaftliche Zusammenleben notwendigen Werte und Normen. Erziehungsziele können dann als gerechtfertigt gelten, wenn sie ein geregeltes Zusammenleben ermöglichen.

Erziehungsziele müssen sich an den für das Zusammenleben notwendigen Werten und Normen orientieren!

---

[1] Der Begriff Anthropologie ist in Kapitel 2.1 geklärt.

– **Pragmatische[1] Begründung**

Die Grundlage für die Begründung von Erziehungszielen sind gegenwärtige und zukünftige Aufgaben und Probleme, die zu bewältigen sind. Erziehungsziele können dann als gerechtfertigt gelten, wenn durch sie wichtige Kompetenzen erworben werden, die zur Lösung von Aufgaben und Problemen unserer Gesellschaft bzw. Kultur notwendig sind.

Erziehungsziele müssen sich an den anstehenden Aufgaben und Problemen der Zeit orientieren!

7.4 Die pädagogische Mündigkeit als Erziehungsziel

Die wissenschaftliche Pädagogik kann keine allgemein gültigen, konkreten Aussagen tätigen, was und wie der Mensch werden soll. Sie kann lediglich übergreifende Erziehungsziele im Sinne eines **Leitzieles** formulieren, das jedoch mit konkreten Inhalten gefüllt werden muss. Ein solches übergreifendes Leitziel ist die pädagogische Mündigkeit.

7.4.1 Der Begriff „pädagogische Mündigkeit"

Mündigkeit ist ursprünglich ein Rechtsbegriff und meint die Berechtigung, seine eigenen Interessen selbst wahrnehmen, verbindliche Rechtsgeschäfte abschließen und politische Bürgerrechte entsprechend der jeweiligen Rechtsordnung ausüben zu können *(vgl. Weber, 1999[8], S. 496)*. Der pädagogische Begriff der Mündigkeit bedeutet nach *Heinrich Roth*[2] *(1976[2], S. 180)* „Kompetenz[3] in einem dreifachen Sinne":

– **Selbstkompetenz** *bedeutet die Fähigkeit, mit sich und seinem Leben umgehen zu können*. Dazu gehört, sein eigenes Leben gestalten zu können und mit sich selbst zurechtzukommen sowie sich selbst zu bestimmen und für das eigene Handeln die Verantwortung zu übernehmen.

---

[1] pragmatisch: auf das Handeln bezogen, der Praxis dienend
[2] Heinrich Roth (1906–1983) war zunächst Professor für Pädagogik am Deutschen Institut für Internationale Pädagogische Forschung in Frankfurt a. M., später an der Universität Göttingen. Er war Mitglied des Deutschen Bildungsrates. Bekannt wurde er vor allem durch das zweibändige Werk „Pädagogische Anthropologie".
[3] Kompetenz (lat.): Fähigkeit, Eignung, Vermögen und Fertigkeit, in einem bestimmten Zuständigkeitsbereich fachkundig, handlungsfähig zu sein

- **Sozialkompetenz** *bezeichnet die Fähigkeiten im Umgang mit anderen Menschen*. Dazu gehören alle Fähigkeiten, um das soziale Leben in Organisationsformen wie in der Familie, der Schule oder dem Betrieb und in Beziehungen – zum Beispiel Freundeskreis – bewältigen zu können. Darunter fällt vor allem die Fähigkeit zur erfolgreichen Kooperation[1], Kommunikation und Konfliktlösung sowie sich aktiv mit gesellschaftlichen Geschehnissen und Hintergründen auseinanderzusetzen.

- **Sachkompetenz** *beschreibt die Fähigkeiten im Umgang mit der dinglichen Welt*. Dazu gehören die Fähigkeiten, die für die Bewältigung der Sachwelt in *Beruf*, *Politik* und *Umwelt* erforderlich sind. Mündigkeit aus dieser Sicht erfordert nach *Paul Hastenteufel (1980[2], S. 120)* auch die Befähigung, „die Sachgüter kooperativ und verantwortlich so zu gebrauchen oder zu verändern, dass sie der gesamten Menschheit nutzbar gemacht und dennoch ihrer eigenen Strukturen und Gesetzmäßigkeiten nicht beraubt wird."

Während die juristische Mündigkeit zu einem genau bestimmten Zeitpunkt erreicht wird und in der Regel auch erhalten bleibt, ist Mündigkeit aus pädagogischer Sicht nur als *Prozess* zu verstehen, der unabschließbar ist. **Mündigkeit erfordert lebenslanges Weiter- und Umlernen, um Mündigkeit zu erreichen und mündig zu bleiben.**

> Mündigkeit als pädagogische Zielvorstellung ist ein Prozess und bedeutet die Bereitschaft und Fähigkeit eines Menschen, das eigene und das soziale Leben sowie die Sachwelt in Beruf, Umwelt und Politik bewältigen zu können.

---

[1] *Kooperation (lat.): Zusammenarbeit*

7.4.2 Pädagogische Mündigkeit und Qualifikationen

Der Begriff der pädagogischen Mündigkeit stellt ein allgemeines und abstraktes Leitziel dar, das die inhaltliche Konkretisierung notwendig macht, um im erzieherischen Alltag umsetzbar zu sein. Dabei muss beschrieben werden, welche Qualifikationen der mündige Mensch besitzen sollte. Solche Qualifikationen sind zum Beispiel:

Selbstkompetenz	Sozialkompetenz	Sachkompetenz
Zielstrebigkeit, Selbstbeherrschung, Besonnenheit, Konzentration, Ausdauer, Zuverlässigkeit, Verantwortlichkeit, Aufgeschlossenheit, Denken in komplexen Zusammenhängen und Systemen, Entscheidungs- und Gestaltungsfähigkeit, Kreativität, Kritik- und Urteilsfähigkeit	Kommunikative Fähigkeit, Kontaktbereitschaft, Fähigkeit zur Kooperation, Teamfähigkeit, Einfühlungsvermögen, Geduld, Offenheit, Hilfsbereitschaft, Verbindlichkeit, Mitverantwortung, Aufrichtigkeit, Solidarität, Toleranz, Durchsetzungsvermögen	Berufsübergreifende Kenntnisse und Fertigkeiten (z. B. Fremdsprachen), Kenntnisse und Fertigkeiten neuer Techniken, Kenntnisse von Arbeitsabläufen und Verfahren, die Beherrschung von Lerntechniken, Lernfähigkeit und -bereitschaft, Problemlösungsfähigkeit

„Dieser Begriff von Mündigkeit hat einen politischen Hintergrund, er gibt nämlich das (idealisierte) Persönlichkeitsbild der ‚bürgerlichen Gesellschaft' wieder, das zu realisieren zunächst nur wenigen vergönnt war und das durch den Demokratisierungsprozess für alle Bürger zum Leitbild werden soll."
(Giesecke, 2004[7], S. 74)

Pädagogische Mündigkeit als Leitvorstellung in der Erziehung lässt sich anthropologisch, normativ und pragmatisch begründen und rechtfertigen.[1] Mündigkeit ist eine Zielvorstellung, die sich inhaltlich am Wesen und der Würde des Menschen, an den für das Zusammenleben notwendigen Werten und Normen sowie an den anstehenden Aufgaben und Problemen der Zeit orientiert. Wo sie als Ziel fungiert, will man die Freiheit und Würde aller Menschen, ihre Gleichheit vor dem Gesetz und hinsichtlich ihrer Bildungschancen sowie die rechtsstaatliche, demokratische Ordnung des Zusammenlebens schaffen und erhalten.

---

[1] vgl. Abschnitt 7.3.3

7.4.3 Emanzipation als pädagogische Zielvorstellung

Ursprünglich verstand man unter Emanzipation den Rechtsakt, durch den der Sohn aus der väterlichen Gewalt entlassen wurde, später analoge Akte, durch die man den Rechtsstatus der Mündigkeit erwarb *(vgl. Weber, 1999[8], S. 487)*.

Dieser Prozess des Mündigwerdens bedarf entsprechender **gesellschaftlicher Bedingungen**, die ihn ermöglichen. Diese sind nicht einfach gegeben, sondern müssen politisch verwirklicht, bei ungerechtfertigten Abhängigkeiten, Machtverhältnissen, Zwängen oder Unterdrückung sogar erkämpft werden. Die dazu erforderlichen Fähigkeiten und Verhaltensweisen sind durch Erziehung herbeizuführen.

Wo es nun in der Erziehung um die **Befähigung zur Befreiung von gesellschaftlichen Verhältnissen geht, die ein Mündigwerden be- bzw. verhindern, oder um die Befähigung zum Kampf um gesellschaftliche Bedingungen, die ein Mündigwerden ermöglichen**, spricht man von Emanzipation.

> **Emanzipation als pädagogische Zielvorstellung bedeutet die Fähigkeit und Bereitschaft des Menschen, sich von gesellschaftlichen Verhältnissen zu befreien, die ein pädagogisches Mündigwerden be- bzw. verhindern, und um gesellschaftliche Bedingungen zu kämpfen, die ein Mündigwerden ermöglichen.**

Mit Emanzipation ist demnach der Abbau von willkürlichen, nicht gerechtfertigten Machtverhältnissen von Menschen über Menschen, die Befreiung von ungerechtfertigter und unbegründeter Abhängigkeit, Zwang und Unterdrückung gemeint mit dem Ziel der individuellen Selbstbestimmung und gleichberechtigten Mitbestimmung bei gesellschaftlichen und politischen Entscheidungen *(vgl. Weber, 1999[8], S. 492)*.

Da der Begriff Emanzipation häufig von neomarxistischen Sozialtheoretikern und Pädagogen der sog. „Neuen Linken", zum Teil auch von radikalen und anarchistischen Splittergruppen verwendet und von ihnen mit einem anderen Inhalt belegt ist, wird sie als Zielformel häufig abgelehnt. Es sei aber darauf hingewiesen, dass er nicht an solche Inhalte gebunden ist, sondern bereits einer viel älteren liberalen Tradition entstammt und Bestrebungen in der Aufklärungszeit zum Ausdruck bringt.

Emanzipation – so verstanden – orientiert sich an jenen Menschheitsprinzipien, die als Grundrechte und -werte auch im Grundgesetz der Bundesrepublik Deutschland verankert sind und das Ethos der freiheitlichen Demokratie als Lebens- und Staatsform ausmachen.

Zusammenfassung

- Erziehungsziele sind bewusst gesetzte Wert- und Normvorstellungen über das Ergebnis der Erziehung, die Auskunft darüber geben, wie sich der zu Erziehende gegenwärtig und zukünftig und wie sich die Erzieher verhalten sollen. Erziehungsziele sind immer soziale Wert- und Normvorstellungen einer Gesellschaft. Die höchsten Werte und Normen in der Bundesrepublik Deutschland sind im Grundgesetz niedergelegt. Nicht alle existierenden Wert- und Normvorstellungen fließen in den Erziehungsprozess mit ein. Einige werden unreflektiert, oft gar nicht bewusst, wirksam (= in der Erziehung mitwirkende Normen), andere werden ausdrücklich und bewusst gesetzt (= Erziehungsziele).

- Schlüsselqualifikation meint eine Form der Qualifikation, die einen Menschen dazu befähigt, sein gesamtes Leben über flexibel auf die Anforderungen sich ständig ändernder kultureller und gesellschaftlicher Lebensbedingungen angemessen reagieren sowie gegenwärtige und zukünftige Aufgaben der Gesellschaft bzw. Kultur bewältigen zu können.

- Die Zielsetzung und ihre Durchsetzung erfolgen durch die Personen bzw. Personengruppen, die in einer Gesellschaft den größten Einfluss auf die Erziehung haben. Dies sind zum Beispiel Wirtschaftsinstanzen, Regierungen, politische Parteien, Kirchen und Verbände. Erziehungswissenschaftler können zwar Leitvorstellungen der Erziehung proklamieren, doch deren Durchsetzung in der Erziehungspraxis ist nur zum Teil und unter bestimmten Bedingungen möglich.

- Erziehungsziele sind nicht allgemein gültig, sondern wandeln sich im Laufe der Zeit. Der Wandel von Erziehungszielen ist bedingt durch politische, militärische und ökonomische Gegebenheiten und Interessen, durch Weltanschauungen und Menschenbild, durch wissenschaftliche Erkenntnisse sowie durch Persönlichkeitsmerkmale des Erziehers, insbesondere durch seine Einstellungen und Haltungen.

- Erziehungsziele dienen der Verwirklichung von Wert- und Normvorstellungen sowie von gesellschaftlichen Interessen, ermöglichen die Organisation der Erziehung und eine Reflexion des erzieherischen Verhaltens, dienen der Verbesserung der Erziehungspraxis und tragen zu einer Planung sinnvoller Reformen bei.

- Die Setzung von Erziehungszielen bringt Probleme und Gefahren mit sich: Unsicherheit durch Wert- und Normenpluralismus, Normenkonflikte, unrealistische und unerreichbare Ideale, Verbauung der Zukunftsoffenheit, Leitbilder weltanschaulicher Manipulation, Erzeugung falschen Bewusstseins, Verschleierung von Macht- und Interessenansprüchen. Deshalb muss sich die Erziehungswissenschaft mit pädagogischen Zielen auseinandersetzen; sie strebt eine Rechtfertigung im Sinne einer Begründung ihrer Leitvorstellungen der Erziehung an: Sie „überprüft", ob die Leitvorstellungen mit den Wesensmerkmalen und der Würde des Menschen übereinstimmen (= anthropologische Begründung), ob durch sie die Verwirklichung eines geregelten Zusammenlebens ermöglicht wird (= normative Begründung) und ob Menschen die Aufgaben und Probleme der Zeit bewältigen können (= pragmatische Begründung).

- Mündigkeit als pädagogische Zielvorstellung bedeutet die Bereitschaft und Fähigkeit eines Menschen, das eigene und das soziale Leben sowie die Sachwelt in Beruf, Umwelt und Politik bewältigen zu können. Pädagogische Mündigkeit stellt ein allgemeines Leitziel dar, das eine inhaltliche Konkretisierung notwendig macht. In einer demokratischen Gesellschaft lassen sich jedoch allgemein verbindliche Erziehungsziele nur weitgehend formal bestimmen; ihre Konkretisierung muss immer wieder neu durchdacht werden. Emanzipation als pädagogische Zielvorstellung bedeutet die Fähigkeit und Bereitschaft, sich von gesellschaftlichen Verhältnissen zu befreien, die ein pädagogisches Mündigwerden be- bzw. verhindern, und um gesellschaftliche Bedingungen zu kämpfen, die ein Mündigwerden ermöglichen.

Aufgaben und Anregungen Kapitel 7

Aufgaben

1. Bestimmen Sie den Begriff „Erziehungsziel" und weisen Sie diesen Begriff an einem Ihnen bekannten konkreten Erziehungsziel nach.
   (Abschnitt 7.1.1 und 7.1.2)

2. Beschreiben Sie an einem Beispiel den Zusammenhang zwischen sozialen Normen und Erziehungszielen.
   (Abschnitt 7.1.2)

3. Bestimmen Sie an einem Beispiel den Begriff „Schlüsselqualifikation".
   (Abschnitt 7.1.3)

4. Zeigen Sie Instanzen auf, welche Erziehungsziele festsetzen und diese in der Praxis durchsetzen können.
   (Abschnitt 7.2.1)

5. Beschreiben Sie Faktoren, welche die Setzung von Erziehungszielen beeinflussen.
   (Abschnitt 7.2.2)

6. Erläutern Sie an geeigneten Beispielen den Wandel von Erziehungszielen.
   (Abschnitt 7.2.3)

7. Stellen Sie die Funktion von Erziehungszielen dar und erläutern Sie diese anhand einer konkreten Zielvorstellung.
   (Abschnitt 7.3.1)

8. Erörtern Sie die mit dem Thema „Zielvorstellungen der Erziehung" verbundene Problematik.
   (Abschnitt 7.3.2)

9. Begründen Sie anhand einer konkreten Zielvorstellung die Setzung von Erziehungszielen.
   (Abschnitt 7.3.3)

10. Stellen Sie umfassend eine heute sinnvolle, allgemein anerkannte Zielvorstellung der Erziehung dar (zum Beispiel pädagogische Mündigkeit).
    (Abschnitt 7.4.1)

11. a) Beschreiben Sie ein aktuelles Erziehungsziel (zum Beispiel pädagogische Mündigkeit).
       (Abschnitt 7.4.1)
    b) Bestimmen Sie an dieser Zielvorstellung den Begriff „Erziehungsziel".
       (Abschnitt 7.1.1 und 7.1.2)
    c) Zeigen Sie an diesem Ziel Funktionen von Erziehungszielen auf.
       (Abschnitt 7.3.1)
    d) Legen Sie dar, warum sich Erziehung an diesem Ziel orientieren soll.
       (Abschnitt 7.3.3)

e) Konkretisieren Sie die in 11. a) beschriebene aktuelle Zielvorstellung inhaltlich. (Abschnitt 7.4.2)

12. Erläutern Sie Emanzipation als pädagogische Zielvorstellung und zeigen Sie den Unterschied zwischen Mündigkeit und Emanzipation auf.
(Abschnitt 7.4.3 und 7.4.1)

Anregungen

13. Fertigen Sie in Gruppen ein Clustering zu dem Thema „Ziele in der Erziehung" an: Schreiben Sie in die Mitte eines größeren Blattes das Thema in einen Kreis und notieren Sie zunächst den ersten Gedanken, den Sie zu diesem Thema haben, und verbinden Sie ihn mit dem Mittelkreis. Schreiben Sie dann alle weiteren Gedanken zum Thema auf dieselbe Weise auf das Blatt und verbinden Sie jeden Kreis mit dem vorigen durch einen Strich.

14. *Kaffeehaus (vgl. Hugenschmidt/Technau, 2002, 85 f.)*
    - Bilden Sie Vierergruppen und wählen Sie einen Teilbereich des Themas „Ziele in der Erziehung" aus.
    - Diskutieren Sie in der Gruppe über Ihren Themenbereich, so dass jeder gut darüber Bescheid weiß.
    - Anschließend löst sich die Gruppe auf und es werden mehrere Tische mit je vier Stühlen aufgestellt. Jeder einzelne Schüler kann sich an einen beliebigen Tisch setzen und sich mit den anderen über die wesentlichen Aspekte seines Themenbereiches unterhalten. Dabei kann er den Tisch auch wechseln.

15. *In der Familie legen die Eltern ihre Zielvorstellungen mehr oder weniger bewusst selber fest.*
    - Notieren Sie auf ein Blatt Papier, welche Erziehungsziele Sie bei der Erziehung Ihrer eigenen Kinder verfolgen würden.
    - Bilden Sie Kleingruppen und sprechen Sie über die notierten Ziele.
    - Diskutieren Sie auch, wie sich Ihre Zielvorstellungen begründen lassen.

16. Notieren Sie, welche Erziehungsziele bei Ihren Eltern bzw. bei Ihrer eigenen Erziehung im Vordergrund standen und sprechen Sie in der Klasse über diese Zielvorstellungen. Bilden Sie anschließend Kleingruppen und sprechen Sie darüber, welche Ziele Ihrer Eltern Sie beibehalten und welche Sie nicht verfolgen würden. Begründen Sie dabei Ihre Wahl.

17. Wie lässt sich ein bestimmtes Erziehungsziel in die Praxis umsetzen?
    - Sprechen Sie in Kleingruppen darüber, wie sich pädagogische Mündigkeit in der Familie oder in einer anderen pädagogischen Einrichtung „umsetzen" lässt.
    - Halten Sie Ihre Ergebnisse „organisiert" – zum Beispiel in Form eines Mind-Maps – auf einem Plakat fest.
    - Sprechen Sie in der Klasse über die verschiedenen Umsetzungsmöglichkeiten der pädagogischen Mündigkeit.
    - Einigen Sie sich auf eine Umsetzungsmöglichkeit und spielen Sie diese vor der Klasse.

18. *Die Fähigkeit, mit Informationstechnologien umzugehen, ist heute ein vorrangiges Ziel in der Erziehung.*
    Diskutieren Sie in der Klasse darüber, ob sich diese Zielsetzung in die Leitvorstellung der pädagogischen Mündigkeit integrieren lässt oder die Erziehungswissenschaft eine neue Leitvorstellung formulieren muss.

19. Hat die Erziehung zur Mündigkeit – angesichts nach wie vor stattfindender Ausländerfeindlichkeit und Rechtsradikalismus – nicht grundlegend versagt?
    – Schreiben Sie Ihr(e) Argument(e) auf Kärtchen, wobei „Pro-Argumente" auf ein grünes und „Kontra-Argumente" auf ein rotes Kärtchen kommen, und heften Sie diese an die Pinnwand.
    – Bilden Sie in der Klasse zwei Gruppen, eine „Pro-Gruppe" und eine „Kontra-Gruppe", und diskutieren Sie anhand der Kärtchen die oben genannte Fragestellung kontrovers.
    – Führen Sie anschließend ein Statement durch, in welchem jeder sagt, welchen Standpunkt er aufgrund der Diskussion hinsichtlich der oben genannten Frage vertritt.

8 Erzieherverhalten und Erziehungsstile

„Der M., wenn der zur Tür hereinkommt und es ist nicht die ganze Klasse ruhig, dann fliegen die Fetzen und er tobt sofort. Am schlimmsten ist es, wenn er schlechte Laune hat."

„Frau H. ist total lieb, da fällt nie ein lautes Wort. Zu ihr kann man immer kommen, nicht nur bei schulischen Problemen."

„Ich würde mir wünschen, dass Frau T. öfter mal eingreift und wieder Ruhe in unseren Sauhaufen bringt. Aber die macht einfach mit ihrem Stoff weiter, als würde sie das alles nichts angehen."

„Bei Frau Z. arbeitet die ganze Klasse meistens sehr gut mit, ohne dass es bei ihr laut wird. Die hat so eine ruhige Art, die kommt bei uns gut an."

„Der R. ist total nett, aber er kommt mit der Klasse nicht zurecht. Er beschäftigt sich so sehr mit den Störenfrieden, dass er gar nicht mehr dazu kommt, Unterricht zu machen."

Die Aussagen der Schülerinnen und Schüler über ihre Lehrer spiegeln eine große Bandbreite von möglichen Erzieherverhaltensweisen wider. Sie sagen auch etwas über das Verhältnis von Erzieher und zu Erziehendem aus.

Folgende Fragen werden in diesem Kapitel geklärt:

1. Wie können Erzieherverhaltensweisen beschrieben werden?
   Welchen Beitrag kann die Erziehungsstilforschung dabei leisten?
   Welche Erziehungsstile bevorzugen vornehmlich Eltern?

2. Welche Auswirkungen haben verschiedene Verhaltensweisen von Erziehern?

3. Welche Rolle spielt die Beziehung zwischen Erzieher und zu Erziehendem in der Erziehung?
   Wie werden positive emotionale Beziehungen hergestellt?
   Welche Bedeutung haben positive emotionale Beziehungen in der Erziehung?

4. Was versteht man unter antiautoritärer Erziehung?

8.1 Konzepte der Erziehungsstilforschung

Die Beschreibung des Erzieherverhaltens hängt wesentlich von dem Erziehungsstilkonzept ab, nach dem man vorgeht. Die existierenden Modelle sind das Ergebnis langjähriger Untersuchungen.

8.1.1 Der Begriff „Erziehungsstil"

Erziehungsstil meint die **Art und Weise, wie ein Erzieher dem zu Erziehenden gegenübertritt**. Dabei handelt es sich um **relativ konstante Verhaltensweisen** des Erziehers gegenüber dem zu Erziehenden.

- Studienrat M. schreit immer, wenn seine Schüler etwas tun, das nicht seinen Vorstellungen von Unterricht entspricht. Er verteilt übermäßig viele Zusatzarbeiten und Strafen.
- Kindergartenerzieher E. ist immer freundlich und hilfsbereit zu seiner Gruppe. Er lässt sich nicht aus der Ruhe bringen und hat ein gutes Verhältnis zu den Kindern.

Der Erziehungsstil kennzeichnet also eine durchgängige **Grundhaltung des Erziehers**. Diese Grundhaltung zeigt sich in verschiedenen Verhaltensweisen, die miteinander in Verbindung stehen und immer wieder auftreten.

- Ein Lehrer zum Beispiel, der viele Gebote und Verbote erlässt, wird auch viel kontrollieren und möglicherweise häufig ermahnen und bestrafen. Diese Verhaltensweisen stehen miteinander in einem Zusammenhang, und er wird sie immer wieder zeigen.

Zugleich will der Begriff „Erziehungsstil" die **Einzigartigkeit und Einmaligkeit des erzieherischen Verhaltens** einer bestimmten Person ausdrücken – das, was für diese Person ‚charakteristisch' in der Erziehung ist. Dieser Sachverhalt wird oft mit dem Wort **typisch** umschrieben.

> Unter Erziehungsstil versteht man die Verhaltensweisen eines Erziehers, die sich zu einer typischen erzieherischen Grundhaltung zusammenfassen lassen.

Im Gegensatz zum beobachtbaren Erzieherverhalten sind Erziehungsstile keine wirklichen Verhaltensweisen von Erziehern, es handelt sich dabei um mögliche Verhaltensmuster von Erziehern. Diese Verhaltensmuster wurden durch verschiedene Untersuchungsmethoden – vor allem durch Beobachtung – gewonnen und zu bestimmten Typen oder Dimensionen zusammengefasst. Werden die Möglichkeiten des Erzieherverhaltens nach einem charakteristischen Merkmal gruppiert und zusammengefasst, spricht man von **Typologien** oder von einem **typologischen Konzept**. Ein solches Konzept ist in *Abschnitt 8.1.2* dargestellt.

- Die Einteilung der Erziehungsstile in autoritär oder demokratisch sind typologisch, da das Erzieherverhalten nach einem bezeichnenden Merkmal – autoritär bzw. demokratisch – gruppiert und zusammengefasst wird.

Werden bestimmte Erzieherverhaltensweisen hinsichtlich Richtung und Stärke gemessen, so handelt es sich um **Dimensionen** bzw. um ein **dimensionsorientiertes Konzept**. Dimensionen werden durch Gegensatzpaare, wie zum Beispiel „stark – schwach", „wichtig – unwichtig" oder „intensiv – oberflächlich", bestimmt. Ein solches Konzept ist in *Abschnitt 8.1.3* dargestellt.

8.1.2 Das typologische Konzept nach Kurt Lewin

Der vor dem Zweiten Weltkrieg in die USA emigrierte Psychologe *Kurt Lewin* beschritt 1939 mit seinen Mitarbeitern *Ronald Lippit* und *Ralph White* einen neuen Weg der Erziehungsstilforschung. Durch planmäßige Beobachtung in einer experimentellen Situation sollten Führungsstile[1] formuliert werden.

Kurt Lewin (1890–1947) war amerikanischer Psychologe deutscher Herkunft. 1933 emigrierte er in die USA und leitete dort das „Research Center for Group Dynamics" am Massachusetts Institute of Technology. Er gilt als der „Vater" der Sozialpsychologie, die erforscht, wie Erleben und Verhalten durch Mitmenschen beeinflusst wird und wie sich der Einzelne in sozialen Bereichen verhält. Er begründete die Feldtheorie, nach der das Erleben und Verhalten eines Menschen durch die Bedingungen seines Lebensraumes (= Feldes) bestimmt wird.

Auf *Kurt Lewin* u. a. geht die folgende verbreitete Einteilung der Führungsstile zurück:

- **autoritäre Verhaltensweisen**,
- **demokratische Verhaltensweisen**,
- **laissez-faire Verhaltensweisen**.[2]

Lewin ging zunächst von einem Gegensatzpaar aus, dem autoritären und dem demokratischen Stil. Die Polarität der Positionen, die nur Extreme zuließ, machte jedoch bald nach Beginn des Experiments die Einführung einer dritten Typologie notwendig, den Laissez-faire-Stil.

Die Experimente Lewins

Lewin unternahm seine Forschungen im nichtschulischen Bereich. Gruppen von 10- bis 12-jährigen Kindern trafen sich über einen Zeitraum von drei bis sechs Monaten regelmäßig einmal wöchentlich zu Bastel- und Werkarbeiten. Die Freizeitgruppen bestanden aus je fünf Mitgliedern, die im Hinblick auf Alter, Schulleistung, Intelligenz und andere Merkmale vergleichbar zusammengestellt waren.

Jede Gruppe wurde von einem Erwachsenen geleitet, der während der Bastelarbeiten einen bestimmten Führungsstil (autoritär, demokratisch, laissez-faire) zu praktizieren hatte. Nach sechs Wochen wechselten die Leiter die Gruppe und führten in einer anderen Gruppe einen anderen Erziehungsstil durch.

Am Ende des Experiments hatte jede Gruppe mindestens zwei Erwachsene mit unterschiedlichen Führungsstilen erlebt und jeder Gruppenleiter mindestens zwei Stile ausprobiert.

---

[1] Aufgrund seiner Erfahrungen mit dem Faschismus im Deutschland der 1930er Jahre richtete Lewin sein Augenmerk vor allem auf die Auswirkungen der Führungsstile. Die Benennung der Führungsstile ist dem Sprachgebrauch der Politologie entnommen, deshalb ist es sinnvoll, von Führungs- und nicht von Erziehungsstilen zu sprechen. Die Trennung der Begriffe bleibt aber theoretisch; innerhalb dieses Kapitels werden sie synonym gebraucht.

[2] In diesem Kapitel verwendete Begriffe wie autokratisch und sozialintegrativ wurden von Reinhard und Anne-Marie Tausch eingeführt und sind synonym zu den Begriffen autoritär und demokratisch.

Um zu vergleichbaren Ergebnissen zu gelangen, wurden für die einzelnen Führungsstile vorher exakte Pläne entwickelt, nach denen die Gruppenleiter vorgehen mussten. Ziel der Experimente war die Erforschung der Auswirkungen der Führungsstile auf das Erleben und Verhalten der Kinder.

Die Tätigkeiten und das Verhalten des Leiters und der Kinder wurden von Beobachtern in genauen Beobachtungsplänen protokolliert (im Minutenabstand), ebenso alle Gespräche.

Die Führungsstile nach Kurt Lewin und seinen Mitarbeitern

Merkmale des autoritären Führungsstils
- Alle Aktivitäten der Kinder werden vom Leiter bestimmt.
- Der Leiter gibt Befehle und Kommandos (etwa 60 % der Tätigkeit).
- Der Leiter übernimmt für alle Tätigkeiten der Kinder die Verantwortung.
- Der Leiter lobt und tadelt häufig und personenbezogen.
- Die Haltung des Leiters der Gruppe gegenüber ist nicht sehr freundlich und eher unpersönlich.
- Den Kindern ist ihr zukünftiges Tun meist nicht bekannt.
- Der Leiter bestimmt die Gruppenzugehörigkeit der Kinder.
- Der Leiter arbeitet mit „negativen" Erziehungsmaßnahmen wie Drohungen, Strafe oder Einschüchterungen.[1]

Merkmale des demokratischen Führungsstils
- Der Leiter gibt der Gruppe einen Überblick über die Gesamttätigkeit und das Ziel.
- Alle wichtigen Entscheidungen werden in der Gruppe diskutiert.
- Der Leiter unterstützt und ermutigt aktiv die Gruppenmitglieder.
- Jeder kann mit wem er will zusammenarbeiten, die Aufgabenteilung unterliegt der Verantwortung der Gruppe.
- Lob und Tadel erfolgen sachbezogen, „positive" Erziehungsmaßnahmen überwiegen.[2]
- Bei Problemen gibt der Leiter immer mehrere Lösungsmöglichkeiten vor. Die Auswahl und Entscheidung liegt dann bei den Kindern.
- Der Leiter versteht sich als richtiges Gruppenmitglied (ohne sich allerdings besonders an der Arbeit zu beteiligen, nur 25 %).
- Der Leiter ist zu persönlichen Gespräche mit Kindern über ihre Probleme bereit.
- Die Gruppenarbeit wird nicht durch Befehle oder Kommandos unterbrochen.

„Tut mir leid, Frau Direktor – aber wir haben darüber abgestimmt!"

---
[1] siehe Kapitel 9.3
[2] siehe Kapitel 9.2

Merkmale des Laissez-faire-Führungsstils

- Der Leiter verhält sich weitgehend passiv, er macht nur minimale Vorgaben.
- Die Rolle des Leiters beschränkt sich weitgehend auf das Anbieten unterschiedlicher Materialien.
- Der Leiter versichert, dass er Informationen und Hilfe geben wird.
- Die Arbeitsergebnisse werden kaum bewertet.
- Der Leiter beteiligt sich nicht an Untergruppen.
- Der Leiter verhält sich freundlich, aber neutral zur Gruppe.

Auswirkungen der Führungsstile auf das Erleben und Verhalten sowie die Leistungsbereitschaft der Kinder

- Die autoritär geführten Gruppen zeigten eine verminderte Vielfalt an Äußerungen und Verhaltensweisen. Teilweise wurden aggressive Tendenzen beobachtet, sofern sie nicht vom Leiter unterbunden wurden. Die Aggression war hauptsächlich gegen Gruppenmitglieder, seltener auch gegen den Leiter gerichtet. Unterdrückte Feindseligkeiten richteten sich zum Teil gegen schwächere Gruppenmitglieder. Spontaneität und Kreativität der Gruppe waren eingeschränkt, gearbeitet wurde nur auf Anregung des Leiters. Wörter wie „ich", „mein", „mir" und „mich" dominierten vor „unser" oder „wir" (82 % des Sprachverhaltens war egozentrischer Natur). Die Kinder waren auf den Leiter fixiert; war er nicht anwesend oder kam zu spät, dann nahm die Arbeitsaktivität erheblich ab oder wurde nicht aufgenommen.

- Die demokratisch geführten Gruppen zeigten ein höheres Maß an kreativen Verhaltensweisen und konstruktiven Arbeitsprodukten. Die Atmosphäre war entspannter und die Kinder zufriedener. Feindseligkeiten waren seltener, einzelne Gruppenmitglieder wurden nicht zu Sündenböcken abgestempelt. Es bildeten sich stabile Untergruppen, deren Arbeitsergebnisse weitgehend optimal waren. Die Gruppen arbeiteten auch dann, wenn der Leiter den Raum verließ oder zu spät kam. Schwierigkeiten wurden von der Gruppe gemeinsam bewältigt, es wurde nicht versucht, ein einzelnes Kind dafür verantwortlich zu machen.

- Die nach dem Laissez-faire-Stil geführten Gruppen zeigten oft ein planloses und wenig zielstrebiges Verhalten. Häufig wurden Vorschläge unterbreitet, die aber mangels einer ausreichenden Mehrheit nicht verwirklicht wurden. Entsprechend oft machte sich in der Gruppe Enttäuschung oder Gereiztheit breit. Die daraus entstehenden Aggressionen entluden sich auf andere Gruppenmitglieder. Die Beziehungen der Gruppenmitglieder entwickelten sich nur locker und waren in

„Müssen wir heute schon wieder spielen, was wir wollen?"

der Regel instabil. Wenn der Leiter, mit dem man oft unzufrieden war, den Raum verließ oder zu spät kam, wurde die Gruppe meist von einem Gruppenmitglied geleitet. Dabei konnte sogar ein Ansteigen der Arbeitsaktivität beobachtet werden.

Die erbrachte Arbeitsleistung schwankte stark von Gruppe zu Gruppe. Am unproduktivsten verhielt sich die mit dem Laissez-faire-Stil geführte Gruppe. Autoritär und demokratisch geleitete Gruppen boten etwa die gleiche Leistung, allerdings war die Qualität der erbrachten Arbeit in den demokratisch geführten Gruppen höher.

Übersicht über die Wirkungen der unterschiedlichen Führungsstile

Verhaltenskriterium	Verhaltensmerkmale beim autokratischen Führungsstil	Verhaltensmerkmale beim demokratischen Führungsstil	Verhaltensmerkmale beim Laissez-faire-Führungsstil
Atmosphäre	lustlos, unzufrieden, Wunsch nach Beendigung	Zufriedenheit, Arbeitsfreude	Unzufriedenheit (wegen geringer Arbeitsfortschritte)
Verhalten der Kinder im Allgemeinen	gleichförmig und einheitlich, schwunglos	spontan, aktiv, große individuelle Vielfalt	wechselhaft, Vielfalt, aber unkonstruktiv
Sprachliches Verhalten	Befehlston überwiegend ich-bezogen; häufig „ich", „mein"; seltener „wir" und „unser"; wenig Diskussionen	Gesprächston überwiegend gruppenbezogen; häufig „wir", „unser"; seltener „ich", „mein"; zahlreiche Diskussionen mit guten Ergebnissen	viele Wünsche und Vorschläge; nutzlose Diskussionen
Beziehung zur Arbeit	passiv ausführend; als Muss empfunden; individuelles Besitzstreben beim Verteilen des Materials und der Arbeitsprodukte	viele Vorschläge, Verbindung von Fantasie und Aktivität; eifrige Beteiligung; wenig individuelles Besitzstreben	viele Vorschläge, aber wenig Realisierung
Beziehungen untereinander	gespannt, reizbar, beherrschend; wenig Zusammengehörigkeitsgefühl, außer bei einzelnen aggressiven Akten gegenüber dem Leiter; oft „Sündenböcke" und Außenseiter; auf den Leiter gerichtet	sachbezogen, partnerschaftlich, freundlich; gutes Zusammengehörigkeitsgefühl, stabile Untergruppen, keine Sündenböcke, kaum Außenseiter; auf die Gruppenmitglieder gerichtet	wechselhaft, gereizt; wenig Zusammengehörigkeit; Wunsch nach Anerkennung
Beziehungen zum Gruppenleiter	teils unterwürfig, teils rebellisch	freundlich, vertrauensvoll, unbefangen; zahlreiche Gespräche über persönliche Interessen außerhalb der Gruppenarbeit	wird öfter um Rat gefragt als in anderen Gruppen, seine Passivität wird überwiegend abgelehnt
Gruppenaktionen	wenig	oft und mit guten Ergebnissen	viele Ansätze, aber ohne Ergebnis

Erzieherverhaltern und Erziehungsstile

Verhalten in besonderen Fällen:			
beim Zuspätkommen des Leiters	kein Arbeitsanfang	Gruppe fängt selbstständig an	planlose Aktivität
bei zeitweiliger Abwesenheit des Lehrers	meist starkes Abfallen der Aktivitäten	kaum Aktivitätsabfall	oft Ansteigen der Aktivität, ein Kind übernimmt die Führung
beim Auftreten von Schwierigkeiten	mutlos, Hilfesuche beim Erwachsenen	verstärkte eigene Anstregungen	Ratlosigkeit, ziellose Bemühungen
Leistungen	hoch	hoch	gering

Quelle: Hederer u. a., 1984[7], S. 70

Kritik an Lewins Untersuchungen

Die *Lewin'sche* Typologie ist sehr weit verbreitet und hat das praktische Erziehungsgeschehen nachhaltig beeinflusst. Als Orientierung kann sie dem Praktiker eine wertvolle Hilfe sein. Doch aus wissenschaftlicher Sicht wurde sie immer wieder kritisiert:

- Die Begriffe „autoritär" und „demokratisch" sind dem Sprachgebrauch der Politologie entnommen und meist weltanschaulich gebunden.

- Die Einteilung in nur drei Typen des Erzieherverhaltens ist zu undifferenziert und zu global, in Wirklichkeit ist das Verhalten von Erziehern wesentlich differenzierter und komplexer. In der Praxis zeigt sich, dass ein Erzieher niemals einen einzigen Führungsstil konsequent praktiziert. Er wird immer verschiedene Verhaltensweisen zeigen, die entscheidend durch die Wechselwirkungen zwischen ihm und dem zu Erziehenden geprägt sind.

- Die Typisierung von Führungsstilen in autoritär, demokratisch und laissez-faire hat in der Praxis nur eingeschränkte Brauchbarkeit; sie sind keine echten Führungsverhaltensweisen, es handelt sich lediglich um Annahmen darüber, wie sich ein Leiter verhalten könnte.

- Der Erfolg eines Erziehers hängt nicht nur von seinem Stil ab, sondern von vielen anderen Faktoren wie etwa der Persönlichkeit des zu Erziehenden oder momentaner situativer Faktoren[1].

- Und schließlich geben die *Lewin'schen* Typen lediglich Auskunft über kurzfristige Auswirkungen, die direkt und unmittelbar als Folge erzieherischer Einwirkung zu einem bestimmten Zeitpunkt zu beobachten sind. Sie sagen nichts darüber aus, welchen Einfluss das Erzieherverhalten auf die Entstehung von Persönlichkeitseigenschaften hat.

---
[1] vgl. Abschnitt 8.1.5

8.1.3 Das dimensionsorientierte Konzept nach Tausch/Tausch

In den 60er Jahren des letzten Jahrhunderts begann das Ehepaar *Reinhard und Anne-Marie Tausch* mit Beobachtungen von Lehrer- und Erzieherverhaltensweisen. Ziel war es, Erzieherverhalten differenziert und realitätsgetreu darzustellen.

Prof. Dr. Anne-Marie Tausch, geboren 1925, und *Prof. Dr. Reinhard Tausch*, geboren 1921, waren am Psychologischen Institut III der Universität Hamburg tätig. Beide waren fast 40 Jahre in Forschung, Lehre und Praxis auf dem Gebiet der Erziehung, des Unterrichts und der Psychotherapie aktiv. Bekannt wurden sie zum einen durch die Verbreitung der Gesprächspsychotherapie im deutschen Sprachraum und zum anderen mit ihren umfangreichen Forschungen hinsichtlich des Erzieherverhaltens. Die Ergebnisse dieser Untersuchungen sind in dem bekannten Buch Erziehungspsychologie, welches seit 1963 in der 11. Auflage erschienen ist, zusammengefasst. Von der humanistischen Psychologie stark geprägt, ging es ihnen stets um das humane Zusammenleben von Personen in verschiedenen Bereichen. Anne-Marie Tausch starb 1983.

Bei der Beobachtung von erzieherischen Verhaltensweisen stellten *Tausch/Tausch* fest, dass viele Verhaltensweisen nicht unabhängig voneinander auftreten, sondern zusammenhängen.

> Ein Lehrer zum Beispiel, der viele Gebote und Verbote erlässt, überprüft und kontrolliert auch viel und gibt möglicherweise viele Ermahnungen und Strafen. Umgekehrt hängt der Erlass von relativ wenigen Geboten und Verboten mit wenig Überprüfungen, Kontrollen, Ermahnungen und Strafen zusammen.

Diese Feststellung veranlasste das Ehepaar Tausch dazu, nach dem Zusammenhang einzelner Verhaltensweisen, nach Dimensionen zu forschen. Eine Dimension ist nach *Tausch/Tausch (1998[11], S. 101)* **eine Zusammenfassung ähnlicher, einander entsprechender Haltungen, Verhaltens- und Handlungsweisen, die mit Hilfe von Skalen gemessen werden können.**

> Eine Dimension ist eine Zusammenfassung ähnlicher, einander entsprechender Haltungen, Verhaltens- und Handlungsweisen, die mit Hilfe von Skalen gemessen werden können.

Zunächst erachteten *Anne-Marie und Reinhard Tausch* zwei Verhaltensdimensionen für wesentlich: die **emotionale Dimension** und die **Lenkungsdimension**. Doch diesen bipolaren Ansatz gaben sie später auf und nannten in Anlehnung an *Carl R. Rogers*[1] **vier Dimensionen**, die nicht nur in der Erziehung, sondern in allen zwischenmenschlichen Beziehungen bedeutsam sind *(vgl. Tausch/Tausch, 1998[11], S. 100)*:

---

[1] Carl R. Rogers (1902–1987) ist der Begründer der **personenzentrierten Theorie der Persönlichkeit**. Er erprobte auch neue therapeutische Techniken, die er zur **klientenzentrierten Therapie** zusammenfasste.

- Achtung-Wärme-Rücksichtnahme
- Vollständiges Verstehen
- Echtheit
- Keine fördernden nicht dirigierende Tätigkeiten

- Missachtung-Kälte-Härte
- Kein Verstehen
- Fassadenhaftigkeit
- Viele fördernde nicht dirigierende Tätigkeiten

Jede dieser vier Dimensionen ist näher definiert durch Skalen, die von 1 bis 5 reichen. Dabei gelten die beiden Stufen 1 und 5 für „deutliche Ausprägung" – 5 steht dabei für eine deutliche positive, 1 für eine deutliche negative Ausprägung –, Stufe 2 und 4 für „schwächere Ausprägung" und Stufe 3 für etwa gleich viel.

- **Achtung – Wärme – Rücksichtnahme**[1] betrifft die gefühlsmäßige Grundhaltung und Einstellung des Erziehers gegenüber dem zu Erziehenden und äußert sich in „Anerkennung des anderen, in warmer Zuneigung, im Zeigen positiver Gefühle, in einem Sorgen für den anderen, in Herzlichkeit, in Anteilnahme, in Geduld, in Mitleiden, in Ermutigungen, in Achtung vor den Fähigkeiten und Möglichkeiten des anderen, ... in Vertrauen zu der anderen Person, in Akzeptierung (nicht Billigung) der Gefühle und der Person des anderen." *(Tausch/Tausch, 1998[11], S. 123).*

---

[1] Diese Dimension betrifft die von Tausch/Tausch früher genannte Haltung der **Wertschätzung** (vgl. Abschnitt 8.2.1).

Konzepte der Erziehungsstilforschung | 221

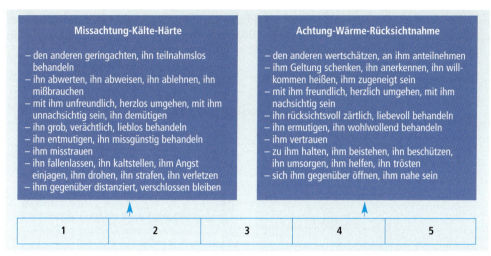

Quelle: Tausch/Tausch, 1998[11], S. 120

- **Verstehen** betrifft die Grundhaltung und Einstellung des Erziehers gegenüber dem zu Erziehenden und **bedeutet das Einfühlen in die innere Welt eines anderen, die Wahrnehmung und vorstellungsmäßige Vergegenwärtigung der subjektiven Welt eines anderen Individuums**[1] *(vgl. Tausch/Tausch, 1998[11], S. 178 f.)*.

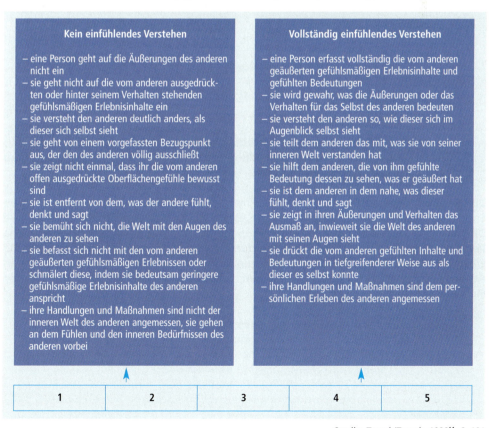

Quelle: Tausch/Tausch, 1998[11], S. 181

---
[1] vgl. Abschnitt 8.2.1

– Unter **Echtheit** versteht man die erzieherische Grundhaltung und Einstellung, bei der der Erzieher dem zu Erziehenden gegenüber aufrichtig ist und sein Verhalten mit seinen Einstellungen übereinstimmt[1] (vgl. *Tausch/Tausch, 1998[11], S. 214*).

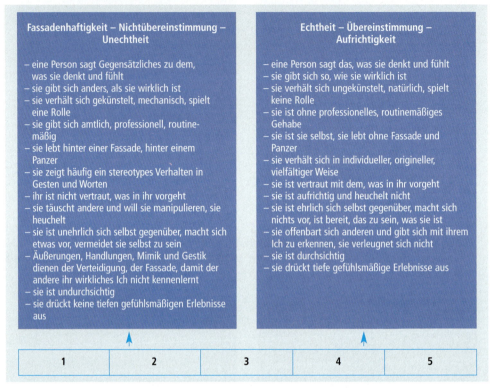

Quelle: Tausch/Tausch, 1998[11], S. 215

– Mit **fördernde nicht dirigierende Einzeltätigkeiten** meinen *Tausch/Tausch (1998[11], S. 247)* alle Tätigkeiten und Aktivitäten, die der Achtung-Wärme-Rücksichtnahme, dem Verstehen und der Echtheit entsprechen.

Dirigierung – Lenkung ist eine weitere Dimension – die Lenkungsdimension. In ihren Ergebnissen kamen *Tausch/Tausch (1998[11], S. 345 ff.)* jedoch zu dem Ergebnis, dass starke Dirigierung und Lenkung in ihren Auswirkungen nicht förderlich sind und fordern eine ***Verminderung der Dirigierung – Lenkung durch zahlreiche fördernde nicht dirigierende Einzeltätigkeiten***. Aus diesem Grund vertreten sie heute den Ansatz der vier Dimensionen **Achtung-Wärme-Rücksichtnahme, Verstehen, Echtheit und fördernde nicht dirigierende Einzeltätigkeiten** des Erziehers.

> „Wir möchten kein Missverständnis aufkommen lassen: Manche Lenkungen sind gelegentlich notwendig. Nicht jede Lenkung hat deutlich ungünstige Auswirkungen. Jedoch: Ein starkes fortwährendes Ausmaß von Lenkung-Führung hat ungünstige Auswirkungen. Es wäre also falsch, wenn sich Erzieher ängstlich bemühen würden, jegliche Lenkung unbedingt zu vermeiden. ... Es geht darum, das weitgehend hohe fortwährende Ausmaß des Dirigismus zu vermindern und Kindern und Jugendlichen deutliche Selbstbestimmung zu ermöglichen."
> (Tausch/Tausch, 1998[11], S. 370 f.)

---

[1] vgl. Abschnitt 8.2.1

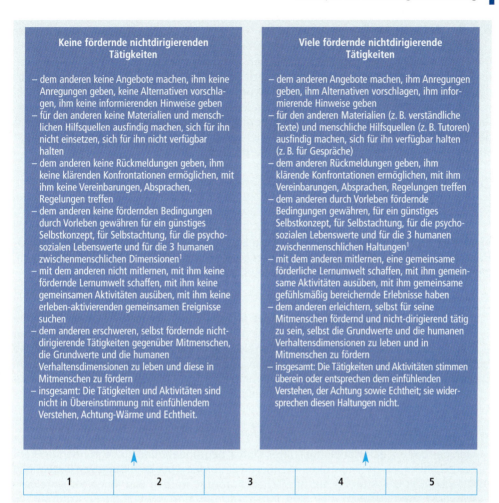

Quelle: Tausch/Tausch, 1998[11], S. 247

Die empirischen Arbeiten des Ehepaares Tausch erlangten einen hohen Bekanntheits- und Verbreitungsgrad und haben der Erziehungsstilforschung in Deutschland wichtige Impulse gegeben. Gerade die Betonung der Wertschätzung (Achtung-Wärme-Rücksichtnahme) und des Verstehens hat in der Pädagogik den Blick wieder intensiv auf die Beziehung zwischen Erzieher und zu Erziehendem richten lassen. Trotzdem haben die Untersuchungen wegen methodischer Nachteile nur begrenzte Aussagefähigkeit. Der bedeutendste Mangel ist dabei, dass das methodische Vorgehen weitgehend auf die Beobachtung der sprachlichen Äußerungen reduziert ist, Mimik und Gestik des Lehrers werden kaum berücksichtigt. Gerade Kommunikationsforscher wie Paul Watzlawick oder Friedemann Schulz von Thun weisen darauf hin, dass es nicht nur darauf ankommt, was man sagt, sondern auch, wie man etwas sagt. Und gerade das „Wie" charakterisiert die emotionale Beziehung, die zwischen zwei Personen herrscht – und die ist schwer messbar.

---

[1] Mit den humanen zwischenmenschlichen Dimensionen sind „Achtung-Wärme-Rücksichtnahme", „Verstehen" und „Echtheit" gemeint.

8.1.4 Elterliche Erziehungsstile

Die Erziehungsstilforschung des vergangenen Jahrhunderts konzentrierte sich wenig darauf, wie **Eltern** sich in einer Vielzahl von Erziehungssituationen verhalten. Doch schon in den 60er Jahren des letzten Jahrhunderts wurde eine Klassifikation elterlichen Erzieherverhaltens aufgestellt. Dabei geht es um ein Muster von elterlichen Einstellungen, Handlungsweisen sowie sprachlichen und nicht sprachlichen Ausdrucksformen, welches die Art der Interaktion[1] zwischen Eltern und zu Erziehendem in einer Vielzahl von erzieherischen Situationen kennzeichnet *(vgl. Zimbardo/Gerrig, 2003[7], S. 692).*

> Als elterliche Erziehungsstile bezeichnet man ein Muster von elterlichen Einstellungen, Handlungsweisen und Ausdrucksformen, welches die Art der Interaktion zwischen Eltern und zu Erziehendem in einer Vielzahl von erzieherischen Situationen kennzeichnet.

In der Literatur werden meist fünf elterliche Erziehungsstile unterschieden, *der autoritative, der autoritäre, der permissive, der nachgiebige und der vernachlässigende Stil (vgl. Zimbardo/Gerrig, 2003[7], S. 692; Myers, 2005, S. 813):*

– **Autoritative Erziehung**

Autoritative Eltern stellen Anforderungen an ihre Kinder und verlangen von ihnen die Einhaltung von Regeln. Aber sie akzeptieren die Kinder auch gleichzeitig als ernstzunehmende Gesprächspartner – sie öffnen sich ihnen und sind an ihnen interessiert. Sie begründen ihre Regeln und Forderungen und erklären ihre Erziehungsmaßnahmen. Sie ermutigen die Kinder zur Autonomie und zum Suchen nach einem eigenen Standpunkt innerhalb der geforderten Regeleinhaltung.

– **Autoritäre Erziehung**

Autoritäre Eltern fordern zwar auch die Einhaltung von Regeln, aber ihnen geht es weniger darum, den Handlungen ihrer Kinder begründete und zu begründende Grenzen zu setzen, als darum, strikten Gehorsam zu fordern. Die Befolgung von Regeln und Normen und die Achtung der elterlichen Autorität werden von ihnen als ein eigenständiger Wert gesehen – es geht ihnen also um eine psychologische Kontrolle im Unterschied zur Handlungskontrolle bei den autoritativen Eltern. Der Forderung nach Einhaltung von Vorschriften ohne Wenn und Aber entspricht die Neigung, massiv und physisch zu strafen und ein geringes Interesse an den Handlungsmotiven und Absichten des Kindes zu hegen. Beobachter beschreiben das Klima autoritärer Erziehung als kalt und feindselig.

– **Permissive Erziehung**

Permissive Eltern sind wenig lenkend und kontrollierend. Sie stellen wenig Anforderungen an das Kind und erlauben – den Impulsen des Kindes nachgebend –, dass es sein Verhalten selbst steuert. Sie versuchen, so wenig wie möglich zu reglementieren; zum Beispiel vermeiden sie Bestrafungen.

– **Nachgiebige Erziehung**

Eltern, die nachgiebig erziehen, sind tolerant, warmherzig und dem Kind zugewandt, aber gleichzeitig üben sie auch wenig Lenkung und Strukturierung aus und stellen wenig Forderungen an das Kind. Sie erlauben, dass es sein Verhalten weitgehend selbst steuert.

---

[1] Dieser Begriff ist in Kapitel 4.1.2 geklärt.

- **Vernachlässigende Erziehung**
  Bei der vernachlässigenden Erziehung sind die Eltern in jeder Hinsicht unbeteiligt und haben sich aus dem „Geschäft der Erziehung" zurückgezogen. Sie sind weder emotional dem Kind zugewandt, noch haben sie Interesse daran, das Verhalten des Kindes zu bewerten und entsprechend zu lenken.

In einer Vielzahl von Untersuchungen hat sich der autoritative Erziehungsstil im Vergleich zu den anderen Stilen als überlegen erwiesen. Er führt zu großen Fortschritten in der psychosozialen Reife, Bereitschaft zu prosozialem Verhalten, interner Kontrollüberzeugung, wenig nach außen gerichteten Verhaltensproblemen, wenig nach innen gerichteten Verhaltensproblemen sowie wenig Drogenproblemen. Autoritäre Erziehung geht erwartungsgemäß mit Gehorsam und Konformität einher; die so erzogenen Kinder und Jugendlichen zeigen auch wenig nach außen gerichtete Verhaltensprobleme sowie wenig Drogen- und Alkoholmissbrauch und sind gute Schüler. Der Preis, den sie zahlen müssen, ist ein geringes Selbstvertrauen und eine Unterschätzung ihrer eigenen schulischen und sozialen Möglichkeiten. Nachgiebig erzogene Kinder und Jugendliche sind relativ desinteressiert an der Schule, was sich in schlechteren Schulleistungen zeigt. Sie haben auch Disziplinprobleme in der Schule und neigen eher als die autoritativ und autoritär erzogenen Altersgenossen zu Drogen- und Alkoholmissbrauch, unterscheiden sich von ihnen aber nicht, was die Resistenz gegen schwerere Formen von Straffälligkeit angeht. Sie haben ein hohes Maß an gerechtfertigtem Selbstvertrauen in ihre sozialen Fähigkeiten, denn tatsächlich haben sie relativ große soziale Kompetenzen. Vernachlässigte Kinder und Jugendliche schnitten in allen Merkmalsbereichen am schlechtesten ab, bei ihnen traten sozial abweichendes Verhalten sowie Störungen im emotionalen Bereich sehr häufig auf[1] *(vgl. Myers, 2005, S. 815 ff.; Zimbardo/Gerrig, 2003[7], S. 695 f.).*

8.1.5 Kritik an der Erziehungsstilforschung

Die Ergebnisse der Erziehungsstilforschung haben das pädagogische Denken und insbesondere das erzieherische Handeln vor allem in den 60er und 70er Jahren des vergangenen Jahrhunderts nachhaltig beeinflusst. In der Erziehungspraxis sind sie auch heute noch für viele in der Erziehung Tätige **Orientierungshilfe**, wie sie sich in konkreten Situationen verhalten sollen. Die Erziehungsstilforschung hat sicher auch tiefgreifend das Bewusstsein besonders hinsichtlich einer zu strengen, harten und lieblosen Erziehung zugunsten einer warmherzigen und partnerschaftlichen geändert. Erziehungsstile können *Hilfsmittel* sein, um tatsächliche Erzieherverhaltensweisen besser zu verstehen.

---

[1] *vgl. hierzu auch Kapitel 2.3.2*

Aus wissenschaftlicher Sicht müssen jedoch erhebliche Einschränkungen gemacht werden: Zum einen sind Erziehungsstile keine echten Erzieherverhaltensweisen. Es handelt sich lediglich um Annahmen darüber, wie sich ein Erzieher verhalten könnte. Die verschiedenen theoretischen Konzepte – allen voran die Führungsstile nach *Kurt Lewin* u. a. – sind relativ willkürlich festgelegt und im Ergebnis von der jeweiligen Forschungsmethode abhängig.

Zum anderen ist der Einfluss von Erzieherverhaltensweisen auf die Entwicklung der Persönlichkeit nicht direkt beobachtbar und kann deshalb kaum nachgewiesen werden. Die Ergebnisse der Erziehungsstilforschung zeigen uns zwar Auswirkungen des Erzieherverhaltens zum momentanen Zeitpunkt, doch über die Auswirkungen auf die Entstehung von Persönlichkeitseigenschaften liegen keine gesicherten Ergebnisse vor.

Dies ist auch kaum möglich: Der Mensch ist in seinem Leben einer Vielfalt von Reizen ausgesetzt, so dass kaum festgestellt werden kann, welche Einflüsse nun letztlich diese oder jene Persönlichkeitseigenschaften verursacht haben. Kinder und Jugendliche sind – wie in *Kapitel 3.3.2* ausgeführt – in ihrer Entwicklung in ein vielschichtiges Geflecht von sich unterstützenden und widersprechenden Bedingungen eingebunden, die Erziehung nicht als ein davon unabhängiges Geschehen verstehen lassen. **Erziehung kann demnach immer nur aus der Verflochtenheit der an der Erziehung beteiligten Personen mit der sie umgebenden Umwelt verstanden werden**. Diese Sichtweise lässt Erziehung nicht als ein einfaches Ursache-Wirkungs-Prinzip erscheinen wie es bei der Erziehungsstilforschung den Anschein hat, sondern eingebettet in eine Ganzheit: Die Entstehung von bestimmten Persönlichkeitsmerkmalen ist nicht Ergebnis lediglich eines bestimmten Erzieherverhaltens, sondern wird durch eine Vielzahl von Bedingungen bestimmt.

Letztendlich kommt es auch darauf an, was der zu Erziehende selbst aus seinen Erfahrungen und Erlebnissen macht. Erziehung determiniert[1] nicht, der Mensch ist ein aktives Wesen, welches sich von vornherein aktiv mit seiner Umwelt auseinandersetzt und selbst erheblich zu seiner eigenen Persönlichkeitsentwicklung beiträgt[2].

8.2 Die Bedeutung der Beziehung in der Erziehung

„Das hast du wirklich gut gemacht."

Wie in *Kapitel 4.1.2* angesprochen, spielt die Beziehung zwischen dem Erzieher und dem zu Erziehenden eine bedeutsame Rolle im Erziehungsprozess. Von der Art und Weise, wie sich die persönliche Beziehung zwischen Erzieher und zu Erziehendem gestaltet, hängt in einem nicht unerheblichen Maße der Erfolg der Erziehung bzw. die Persönlichkeitsentfaltung des zu Erziehenden ab. In der früheren pädagogischen Fachliteratur wird das Wechselverhältnis zwischen Erzieher und zu Erziehendem **pädagogisches Verhältnis** oder auch **pädagogischer Bezug** genannt.

---

[1] *determinieren (lat.): festlegen*
[2] *vgl. Kapitel 3.2.1*

> Mit dem Begriff pädagogisches Verhältnis will man die besondere zwischenmenschliche Beziehung zwischen Erzieher und zu Erziehendem ausdrücken.

Für viele Vertreter der Pädagogik ist das pädagogische Verhältnis bzw. der pädagogische Bezug von entscheidender Bedeutung für das Gelingen jeder Erziehung. Einer der bekanntesten Vertreter dieser Auffassung war der Pädagoge *Hermann Nohl (1879–1960)*.

> *„Die Grundlage der Erziehung ist ... das leidenschaftliche Verhältnis eines reifen Menschen zu einem werdenden Menschen, und zwar um seiner selbst willen, dass er zu seinem Leben und seiner Form komme."*
> (Nohl, 1933, S. 22)

8.2.1 Die Herstellung positiver emotionaler Beziehungen

Wie bedeutsam die Herstellung positiver emotionaler Beziehungen ist, wurde in Deutschland durch die Forschungen des Ehepaares *Reinhard und Anne-Marie Tausch*[1] in den 60er Jahren des letzten Jahrhunderts bekannt. Sie gelangten dabei zu Ergebnissen, die man als Beschreibung **positiver emotionaler Beziehungen** bezeichnen kann. Solche Beziehungen zeigen sich in hoher **Wertschätzung, Verstehen und Echtheit**.

Wertschätzung fasst die in *Abschnitt 8.1.3* genannten Haltungseigenschaften *„Achtung-Wärme-Rücksichtnahme"* zusammen und stellt damit eine positive gefühlsmäßige Grundhaltung des Erziehers gegenüber dem zu Erziehenden dar, die sich mit Achtung, Wärme und Rücksichtnahme umschreiben lässt[2].

> Wertschätzung stellt eine positive gefühlsmäßige Grundhaltung des Erziehers gegenüber dem zu Erziehenden dar, die sich mit Achtung, Wärme und Rücksichtnahme umschreiben lässt.

Wertschätzung äußert sich nach *Reinhard und Anne-Marie Tausch (1998[11], S. 120)* in folgenden Verhaltensmerkmalen:

- den anderen wertschätzen, an ihm teilnehmen
- ihm Geltung schenken, ihn anerkennen, ihn willkommen heißen, ihm zugeneigt sein
- mit ihm freundlich, herzlich umgehen, mit ihm nachsichtig sein
- ihn rücksichtsvoll, zärtlich, liebevoll behandeln
- ihn ermutigen, ihn wohlwollend behandeln
- ihm vertrauen
- zu ihm halten, ihm beistehen, ihn beschützen, ihn umsorgen, ihm helfen, ihn trösten
- sich ihm gegenüber öffnen, ihm nahe sein

Carl Rogers, der Begründer der personenzentrierten Theorie und der Gesprächspsychotherapie, spricht von einer **bedingungslosen Wertschätzung**, die darin besteht, dass Achtung, Wärme und Rücksichtnahme nicht mit Bedingungen bzw. Erwartungen, die der Erzieher hat, verknüpft werden oder davon abhängig gemacht werden dürfen. Eine an Bedingungen bzw. Erwartungen geknüpfte Wertschätzung betrachtet Rogers als wesentliche Ursache für seelische Störungen.

---
[1] Eine Biografie des Ehepaares Tausch/Tausch befindet sich in Abschnitt 8.1.3.
[2] In ihren früheren Schriften benützten Tausch/Tausch den Begriff „Wertschätzung", später sprachen sie von „Achtung-Wärme-Rücksichtnahme", die die emotionale Dimension, die gefühlsmäßigen Haltungen, Einstellungen und Verhaltensweisen von Person zu Person, darstellen.

> *„Insgesamt ist Achtung-Wärme von sehr großer Bedeutung für unser seelisches und körperliches Funktionieren. Sie ist gleichsam das seelische Klima, das uns umgibt und in dem wir leben."*
>
> (Tausch/Tausch, 1998[11], S. 147)

Verstehen hängt eng mit der Wertschätzung zusammen und bedeutet – wie in *Abschnitt 8.1.3* dargestellt – ein Einfühlen in die innere Welt des anderen, ein Sich-Hineinversetzen in diese. *Tausch/Tausch (1998[11], S. 178 f.)* verstehen darunter die Wahrnehmung und vorstellungsmäßige Vergegenwärtigung der inneren subjektiven Welt eines anderen Individuums.

> Folgender kurzer Ausschnitt aus einem Unterrichtsgespräch zwischen einem Lehrer und seinem Schüler soll das einfühlende Verstehen verdeutlichen:
> Schüler: „Warum müssen wir diesen Unsinn machen?"
> Lehrer: „Gefällt Dir diese Aufgabe nicht?"
> Schüler: „Nein, sie scheint mir zu belanglos zu sein."
> Lehrer: „Du siehst darin keinen Sinn?"
> Schüler: „Ja, ich mag keine mündlichen Berichte. Warum kann ich das nicht schriftlich machen?"
> Lehrer: „Du hast lieber, wenn Du etwas aufschreibst, als wenn Du vor einer Gruppe sprichst?"
> Schüler: „Ich bin nicht redegewandt."
> Lehrer: „Du möchtest lieber das, was Du tust, gut machen, als etwas auszuprobieren, was Dir nicht so liegt."
> Schüler: „Ja, ..."
>
> (aus: Tausch/Tausch, 1998[11], S. 197, leicht verändert)

*Aus neuropsychologischer Sicht ist das Verstehen mit den sog. **Spiegelneuronen** erklärbar. Die Nervenzellen, **Neuronen** genannt[1], versenden bei Aktivität Signale – sie **feuern** –, etwa wenn der Mensch zielorientiert eine Bewegung ausführt. Wissenschaftler stellten nun fest, dass Neuronen auch bei Personen feuern, die bei der Aktivität lediglich zuschauen, die Zellen spiegeln offensichtlich die beobachtete Aktivität direkt und unmittelbar wider. Deswegen wurden sie Spiegelneuronen genannt. Dank solcher Spiegelneuronen können Handlungen, Absichten und auch Gefühle anderer selbst innerlich erlebt und dadurch unmittelbar verstanden werden (vgl. Rizzolatti u. a.; in: Spektrum der Wissenschaft, 03/2007, S. 49 f.).*

Verstehen äußert sich nach *Reinhard und Anne-Marie Tausch (1998[11], S. 181)* in folgenden Verhaltensmerkmalen:

- eine Person erfasst vollständig die vom anderen geäußerten gefühlsmäßigen Erlebnisinhalte und gefühlten Bedeutungen
- sie wird gewahr, was die Äußerungen oder das Verhalten für das Selbst des anderen bedeuten
- sie versteht den anderen so, wie dieser sich im Augenblick selbst sieht
- sie teilt dem anderen das mit, was sie von seiner inneren Welt verstanden hat
- sie hilft dem anderen, die von ihm gefühlte Bedeutung dessen zu sehen, was er geäußert hat
- sie ist dem anderen in dem nahe, was dieser fühlt, denkt und sagt
- sie zeigt in ihren Äußerungen und ihrem Verhalten das Ausmaß an, inwieweit sie die Welt des anderen mit seinen Augen sieht

---

[1] *neuron (griech.): Nerv, Sehne*

- sie drückt die von anderen gefühlten Inhalte und Bedeutungen in tiefgreifenderer Weise aus als dieser es selbst konnte
- ihre Handlungen und Maßnahmen sind dem persönlichen Erleben des anderen angemessen

> **Verstehen als erzieherische Grundhaltung bedeutet das Einfühlen in die innere Welt eines anderen, die Wahrnehmung und vorstellungsmäßige Vergegenwärtigung der subjektiven Welt eines anderen Individuums.**

Dabei ist nach *Tausch/Tausch* wichtig, dass man dem zu Erziehenden mitteilt, dass man seine Weltsicht verstanden hat und diese auch nicht wertet. Sie sprechen deshalb häufig auch von einem **nicht-wertenden Verstehen**.

*Verstehen darf nicht mit **Billigung** gleichgesetzt werden. Häufig wird nämlich nicht richtiges Verhalten aus einem falschen Verständnis des Begriffes Verstehen heraus entschuldigt und gewährt. Doch dies ist der Persönlichkeitsentwicklung eines Menschen nicht förderlich.*

Neben Wertschätzung und Verstehen sehen *Tausch/Tausch* auch das Verhaltensmerkmal der **Echtheit** als förderlich für die zwischenmenschlichen Beziehungen an. Echtheit wird – wie ebenfalls schon in *Abschnitt 8.1.3* dargestellt – durch die Grundhaltung der Übereinstimmung und Aufrichtigkeit des Erziehers gegenüber dem zu Erziehenden bestimmt. Der Erzieher, der sich echt verhält, gibt sich so, wie er wirklich ist, ohne künstliches Gehabe und Vortäuschung von anderen Tatsachen. Er zeigt keine Fassade und ist sich selbst und dem zu Erziehenden gegenüber ehrlich und wahrhaftig.

Echtheit äußert sich nach *Reinhard und Anne-Marie Tausch (1998[11], S. 215)* in folgenden Verhaltensmerkmalen:

- eine Person sagt das, was sie denkt und fühlt
- sie gibt sich so, wie sie wirklich ist
- sie verhält sich ungekünstelt, natürlich, spielt keine Rolle
- sie ist ohne professionelles, routinemäßiges Gehabe
- sie ist sie selbst, sie lebt ohne Fassade und Panzer
- sie verhält sich in individueller, origineller, vielfältiger Weise
- sie ist vertraut mit dem, was in ihr vorgeht
- sie ist aufrichtig und heuchelt nicht
- sie ist ehrlich sich selbst gegenüber, macht sich nichts vor, ist bereit, das zu sein, was sie ist
- sie offenbart sich anderen und gibt sich mit ihrem Ich zu erkennen, sie verleugnet sich nicht
- sie ist durchsichtig
- sie drückt tiefe gefühlsmäßige Erlebnisse aus

> **Unter Echtheit versteht man eine erzieherische Grundhaltung, bei der der Erzieher dem zu Erziehenden gegenüber aufrichtig ist und sein Verhalten mit seinen Einstellungen und Haltungen übereinstimmt.**

8.2.2 Die Bedeutung der positiven emotionalen Beziehung

Wie in *Kapitel 2.3.1* dargestellt, kamen *Karin und Klaus E. Grossmann (2004)* in ihren Untersuchungen auf das Ergebnis, dass Kleinkinder auf eine feste Bindung mit einer Bezugsperson zurückgreifen können müssen, damit sie ihr Neugierverhalten ausleben können; fehlt sie oder baut diese keine Bindung zum Kleinkind auf, kann sich keine Selbstsicherheit bei ihm entwickeln. Unsichere Bindungen im Kleinkindkindalter wirken sich längerfristig negativ auf die Entwicklung des Kindes aus. Sie wiesen auch nach, dass die Art und Weise der frühkindlichen Bindungen sich auf das eigene Verhalten als Erwachsener auswirkt. Sind die Erfahrungen positiv, so ist es auch im späteren Leben bereit, verlässliche, vertrauensvolle Beziehungen einzugehen, die auf Gegenseitigkeit beruhen. Bleiben jedoch in frühen Jahren gute Erfahrungen mit den Bezugspersonen aus, so hat dies fatale Folgen nicht nur für die spätere Beziehungsfähigkeit.

Zudem entwickelt das Kind bei genügend emotionaler Zuwendung ein gesundes Selbstvertrauen, welches dafür verantwortlich ist, sich lernend und entdeckend mit seiner Umwelt auseinanderzusetzen. Ein Kleinkind, welches die Erfahrung einer ermutigenden, unterstützenden und liebevollen Bezugsperson macht, bekommt ein Gefühl für den eigenen Wert, sein Bewusstsein eigener Kompetenz wird gestärkt, indem diese ihm ermöglicht, seine Umwelt mit Zutrauen zu erkunden und sich mit dieser zu beschäftigen. Fehlt die Bindung zu einer Person oder ist sie unzureichend, können im späteren Leben Entwicklungsstörungen vor allem im emotionalen und sozialen Bereich auftreten. Ebenso bringt es eine emotional vernachlässigende Erziehung oft mit sich, dass Kinder und Jugendliche, wie in *Kapitel 2.3.2* ausgeführt, ein sozial abweichendes Verhalten entwickeln.

Der Aufbau positiver emotionaler Beziehungen bleibt jedoch nicht nur in den ersten Lebensjahren, sondern in allen Erziehungssituationen und in jedem Alter wesentlicher Bestandteil der Erziehung. Vor allem Individualpsychologen und Psychoanalytiker haben aufgrund ihrer Erkenntnisse im Umgang mit Kindern und Jugendlichen immer wieder darauf hingewiesen, dass der Aufbau positiver emotionaler Beziehungen zwischen Erzieher und zu Erziehendem Grundlage jeder Erziehung ist, ohne die erzieherische Beeinflussung nicht möglich ist. Ohne Herstellung von positiven emotionalen Beziehungen seitens des Erziehers wird die Persönlichkeitsentwicklung des zu Erziehenden in jedem Fall misslingen.

> *„Man kann niemand beeinflussen, wenn nicht zuvor eine freundliche Beziehung hergestellt worden ist. ... Die meisten Schwierigkeiten mit Kindern sind die logischen Folgen einer gestörten Beziehung zwischen Kind und Erwachsenen."* (Dreikurs, 2003, S. 85)

Das Ehepaar *Reinhard und Anne-Marie Tausch (1998[11])* hat bezüglich der Auswirkungen von Wertschätzung (Achtung-Wärme-Rücksichtnahme), Verstehen und Echtheit des Erziehers Untersuchungen angestellt:

- Achtung-Wärme-Rücksichtnahme, Verstehen und Echtheit fördern die seelische Gesundheit und den gefühlsmäßigen Erlebnisreichtum des zu Erziehenden; es entsteht ein seelisches und körperliches Wohlbefinden sowie gefühlsmäßige Sicherheit und Akzeptanz des eigenen Lebens.
- Minderwertigkeitsgefühle, Unsicherheiten und Ängste werden vermindert; es entsteht ein gesundes Selbstwertgefühl, Selbstachtung und Selbstvertrauen werden ausgebildet.
- Es bildet sich eher eine optimistische Lebensgrundhaltung aus, die veranlasst, sich lernend und entdeckend mit sich selbst und der Umwelt auseinanderzusetzen.
- Es entstehen positive Gefühle gegenüber sich selbst und den Mitmenschen; die positive Einstellung zu anderen Personen, das Akzeptieren anderer sowie die Bereitschaft zur Kooperation gegenüber anderen werden ausgeprägt.
- Geistige Entwicklung, selbstständiges Denken und Urteilen sowie die Leistungsmotivation werden begünstigt.

Ein Konzept, das in der Erziehung Wertschätzung und Verstehen verwirklichen wollte, ist die **antiautoritäre Erziehung**.

8.2.3 Die antiautoritäre Erziehung

Autoritäre Erziehung, wie sie in *Abschnitt 8.1.2* beschrieben wurde und über Jahrhunderte hinweg das Erziehungsgeschehen prägte, rief Ende der 60er und zu Beginn der 70er Jahre des vergangenen Jahrhunderts Widerstand hervor. Vor allem an den deutschen Universitäten richtete sich der Protest gegen traditionelle autoritäre Erziehungsmaßnahmen. Einer autoritären Erziehung, die durch Willkür und emotionale Kälte gekennzeichnet war und vom zu Erziehenden blinden Gehorsam forderte, wollte man eine **antiautoritäre Erziehung mit emotionaler Wärme, Verständnis und Freiheit** entgegensetzen.

Kaum ein Begriff der Pädagogik wurde so missverstanden und falsch interpretiert wie das Wort „antiautoritär". Mit antiautoritär wollte man eigentlich die **Ablehnung der Unterdrückung, des blinden Gehorsams, der Willkür und persönlichen Machtausübung** zum Ausdruck bringen, doch schon bald wurde mit diesem Begriff die Ablehnung jeglicher Autorität[1] und Disziplin sowie die Befürwortung grenzenloser Freiheit des Kindes verbunden.

Erzieherverhaltern und Erziehungsstile

> Antiautoritäre Erziehung bedeutet Ablehnung von Unterdrückung, Zwang, Machtausübung und emotionaler Kälte und ist gekennzeichnet durch ein hohes Maß an Wertschätzung und Verständnis sowie durch einen größtmöglichen Raum an Freiheit für den zu Erziehenden.

Antiautoritäre Erziehung wird häufig gleichgesetzt mit einem – übertriebenen – Laissez-faire-Erziehungsstil, in welchem das Kind tun und lassen kann, was es will, und der Erzieher sich weitgehend passiv verhält[2]. Doch antiautoritäre Erziehung ist kein Erziehungsstil, sondern ein **Erziehungskonzept**, welches eine eigene Vorstellung von Erziehung, ihren Zielen, Inhalten und Vorgehensweisen beinhaltet.

Die antiautoritäre Erziehung hatte in den 70er Jahren des vergangenen Jahrhunderts ihren Höhepunkt. Dabei bildeten sich zwei unterschiedliche Richtungen heraus: **die liberale und die sozialistische Form** (vgl. Domke, 1982[5], S. 69).

Die **liberale Form** antiautoritärer Erziehung geht auf den Engländer *Alexander Sutherland Neill* zurück.

Alexander Sutherland Neill (1883–1973) gründete 1921 die private Internatsschule Summerhill, die es heute noch gibt und die von 5- bis 15-jährigen Jungen und Mädchen besucht wird. In Deutschland wurde sein Erziehungskonzept erst in den 70er Jahren bekannt, nachdem das Buch „Theorie und Praxis der antiautoritären Erziehung" erschien. Diese Veröffentlichung hatte einen außerordentlichen Erfolg, innerhalb von gut zwei Jahren wurden fast eine Million Exemplare verkauft. Doch man hatte den Eindruck, dass dieses Buch selten gründlich gelesen wurde, denn schon bald wurde Neills Konzept falsch verstanden und vielfach auch falsch praktiziert.

Wichtigstes Erziehungsziel für *Alexander S. Neill* ist der **glückliche Mensch**. Glück bedeutet für ihn etwa Wohlbefinden, Ausgeglichenheit, Lebensfreude und optimistische Lebenseinstellung, Aufrichtigkeit und vor allem Angstlosigkeit.

> *„Ein glücklicher Mensch hat sich noch nie zum Störenfried hergegeben, Krieg gepredigt oder einen Neger gelyncht. Eine glückliche Frau nörgelt nicht an ihrem Mann oder ihren Kindern herum. Kein glücklicher Mann hat jemals einen Mord oder Diebstahl begangen. Ein glücklicher Chef terrorisiert seine Angestellten nicht."* (Neill, 2004[46], S. 20)

Seine Erziehung ist durch ein Höchstmaß an Wertschätzung[3] und großem Freiraum gekennzeichnet, wobei diese Freiheit für ihn nicht Zügellosigkeit bedeutet. In Summerhill gilt gleiches Recht für alle, ganz gleich, ob es sich um einen Lehrer oder um einen 7-jährigen Jungen handelt. Das gesamte gemeinschaftliche Leben wird von der **Schulversamm-**

---

[1] vgl. Kapitel 4.1.6
[2] vgl. Abschnitt 8.1.2
[3] vgl. Abschnitt 8.2.1

lung durch Diskussion und Abstimmung geregelt, wobei jedes Kind und jeder Erwachsene mit einer Stimme vertreten sind. Die Teilnahme am Unterricht ist freiwillig, die Kinder können zum Unterricht kommen und gehen, wann sie wollen, sie können auch wegbleiben. Die Entwicklung des emotionalen Bereichs und der schöpferischen Kräfte ist für *Neill* sehr wichtig. Deshalb gibt er dem Spiel gegenüber dem organisierten Lernen den Vorzug. Erziehung muss sich für *Neill* an den psychischen Bedürfnissen und Fähigkeiten eines jeden einzelnen Kindes orientieren.

Die **sozialistische Form** antiautoritärer Erziehung entstand in den 60er Jahren des letzten Jahrhunderts und wurde vor allem durch die sog. **Kinderladenbewegung**[1] bekannt. Theoretisch gestützt war diese Form der Erziehung auf sozialistisches Gedankengut unter Bezugnahme auf Psychoanalytiker wie zum Beispiel *Wilhelm Reich*. Sie stellt eine Konsequenz der Ideen der Studentenbewegung und der ersten Gründungen von Kommunen gegen Ende der 60er Jahre des letzten Jahrhunderts dar. Ihr Ziel war die **radikale Veränderung der bestehenden Gesellschaftsverhältnisse**, an deren Verbesserung durch Reformen man nicht glaubte. Entsprechend durfte Erziehung nicht Anpassung an bestehende Gesellschaftsverhältnisse sein. Ihr Ziel war ein gesellschaftskritisches, widerstandsfähiges und solidarisches Verhalten. Eine solche Erziehung erforderte ein hohes Maß an Freizügigkeit und Zwanglosigkeit („zwangsfreie Erziehung"), vor allem auch auf sexuellem Gebiet. Man ging davon aus, dass Kinder ihre Bedürfnisse selbst und untereinander regeln *(vgl. Bott, 1972⁴, S.89 f.)*.

In der heutigen Zeit hat die antiautoritäre Erziehung so gut wie keine Bedeutung mehr.

---

[1] Der Name „Kinderladenbewegung" geht darauf zurück, dass Studenteneltern die Betreuung von Vorschulkindern in leer stehenden Kleinhandelsgeschäften eingerichtet haben.

Zusammenfassung

- Unter Erziehungsstil versteht man die Bezeichnung einer Gruppe von Merkmalen des Erzieherverhaltens, die untereinander in Verbindung stehen und sich nach einem bestimmten Grundzug zusammenfassen lassen. Im Gegensatz zum beobachtbaren Erzieherverhalten sind Erziehungsstile keine wirklich existierenden Verhaltensweisen von Erziehern.

- Werden die Möglichkeiten des Erzieherverhaltens nur nach einem charakteristischen Merkmal zusammengefasst, so spricht man von Typologien des Erzieherverhaltens. Werden jedoch Stärke und Richtung des Erzieherverhaltens gemessen, so handelt es sich um Dimensionen, die durch Gegensatzpaare wie „stark – schwach" bestimmt werden.

- Das bekannteste typologische Modell entwarfen Kurt Lewin und seine Mitarbeiter (autoritärer, demokratischer und Laissez-faire-Führungsstil). Das bekannteste dimensionsorientierte Modell entwickelten Reinhard und Anne-Marie Tausch, die Erzieherverhaltensweisen in vier Dimensionen einordnen:
  - Missachtung-Kälte-Härte – Achtung-Wärme-Rücksichtnahme,
  - Kein Verstehen – Verstehen,
  - Fassadenhaftigkeit – Echtheit und
  - Keine fördernden nicht dirigierenden Tätigkeiten – viele fördernde nicht dirigierenden Tätigkeiten

- In den 60er Jahren des letzten Jahrhunderts wurde eine Klassifikation elterlichen Erzieherverhaltens aufgestellt. Dabei geht es um ein Muster von elterlichen Einstellungen, Handlungsweisen sowie sprachlichen und nicht sprachlichen Ausdrucksformen, welche die Art der Interaktion zwischen Eltern und zu Erziehendem in einer Vielzahl von erzieherischen Situationen kennzeichnet. In der Literatur werden meist fünf elterliche Erziehungsstile unterschieden, der autoritative, der autoritäre, der permissive, der nachgiebige und der venachlässigende Stil. Dabei hat sich in einer Vielzahl von Untersuchungen der autoritative Erziehungsstil im Vergleich zu den anderen Stilen als überlegen erwiesen.

- Mit dem Begriff „pädagogisches Verhältnis" wird die besondere zwischenmenschliche Beziehung zwischen Erzieher und zu Erziehendem beschrieben. Die Aufnahme positiver emotionaler Beziehungen geschieht mithilfe von Wertschätzung (Achtung-Wärme-Rücksichtnahme), Verstehen und Echtheit. Wertschätzung ist eine positive gefühlsmäßige Grundhaltung des Erziehers gegenüber dem zu Erziehenden, die sich mit Achtung, Wärme und Rücksichtnahme umschreiben lässt. Verstehen bedeutet das Einfühlen in die innere Welt eines anderen, die Wahrnehmung und vorstellungsmäßige Vergegenwärtigung der subjektiven Welt eines anderen Individuums. Unter Echtheit versteht man eine erzieherische Grundhaltung, bei der der Erzieher dem zu Erziehenden gegenüber aufrichtig ist und sein Verhalten mit seinen Einstellungen und Haltungen übereinstimmt.

- Der Aufbau positiver emotionaler Beziehungen bleibt nicht nur in den ersten Lebensjahren, sondern in allen Erziehungssituationen und in jedem Alter wesentlicher Bestandteil der Erziehung. Vor allem Individualpsychologen und Psychoanalytiker haben aufgrund ihrer Erkenntnisse im Umgang mit Kindern und Jugendlichen immer wieder darauf hingewiesen, dass der Aufbau positiver emotionaler Beziehungen Grundlage jeder Erziehung ist, ohne die auch erzieherische Beeinflussung nicht möglich ist. Laut Tausch/Tausch sind die Auswirkungen dieses Erzieherverhaltens sehr günstig für die gesamte Entwicklung und von genereller Gültigkeit für jede Form der zwischenmenschlichen Beziehung.

- Der Protest Ende der 60er und zu Beginn der 70er Jahre des vergangenen Jahrhunderts, vor allem an den deutschen Universitäten, hatte eine antiautoritäre Erziehung zur Folge, die Ablehnung von Unterdrückung, Zwang, Machtausübung und emotionaler Kälte bedeutet. Sie ist gekennzeichnet durch ein hohes Maß an Wertschätzung und Verständnis sowie durch einen größtmöglichen Raum an Freiheit für den zu Erziehenden. Unterscheiden lässt sich die antiautoritäre Erziehung liberaler Form, die auf *Alexander S. Neill* und seine Internatsschule Summerhill zurückgeht, und die sozialistische Form, die eine Konsequenz der Ideen der Studentenbewegung und der ersten Gründungen von Kommunen war (Kinderladenbewegung). Heute hat diese Form der Erziehung keine Bedeutung mehr.

Aufgaben und Anregungen Kapitel 8

Aufgaben

1. Bestimmen Sie den Begriff „Erziehungsstil" und beschreiben Sie den Unterschied zwischen typologischen und dimensionsorientierten Erziehungsstilkonzepten.
(Abschnitt 8.1.1)

2. Stellen Sie die Merkmale der Führungsstile nach *Kurt Lewin* u. a. dar.
(Abschnitt 8.1.2)

3. Zeigen Sie mögliche Auswirkungen der Führungsstile nach *Kurt Lewin* u. a. auf das Verhalten der zu Erziehenden auf.
(Abschnitt 8.1.2)

4. Stellen Sie das dimensionsorientierte Konzept nach *Reinhard und Anne-Marie Tausch* dar.
(Abschnitt 8.1.3)

5. Beschreiben Sie elterliche Erziehungsstile.
(Abschnitt 8.1.4)

6. Erläutern Sie mögliche Auswirkungen von elterlichen Erziehungsstilen
(Abschnitt 8.1.4)

7. Setzen Sie sich kritisch mit der Erziehungsstilforschung auseinander.
(Abschnitt 8.1.5)

8. Bestimmen Sie den Begriff „pädagogisches Verhältnis".
(Abschnitt 8.2)

9. Wertschätzung, Verstehen und Echtheit sind wesentliche Grundlagen beim Aufbau einer positiven emotionalen Beziehung.
   a) Bestimmen Sie die Haltungen Wertschätzung, Verstehen und Echtheit.
      (Abschnitt 8.2.1)
   b) Beschreiben Sie mögliche Auswirkungen, die bei konsequenter Wertschätzung, Verstehen und Echtheit zu erwarten sind.
   (Abschnitt 8.2.2)

10. Erläutern Sie die Bedeutung der positiven emotionalen Beziehung in der Erziehung.
(Abschnitt 8.2.2)

11. Erläutern Sie, was antiautoritäre Erziehung bedeutet, und zeigen Sie auf, warum diese entstanden ist.
(Abschnitt 8.2.3)

Anregungen

12. Fertigen Sie in Gruppen ein Mind-Map zu dem Thema „Erzieherverhalten und Erziehungsstile" an: Das Thema wird als Stichwort in die Mitte eines Blattes geschrieben und stellt sozusagen den Baumstamm dar. Von diesem Stamm gehen Äste ab, welche die zum Thema gehörenden Hauptgedanken (wiederum in Stichworten) beinhalten. Von den Ästen abgehende Zweige und schließlich Zweiglein gliedern das Thema weiter auf und beinhalten stichwortartig die Nebengedanken.

13. Stellen Sie mithilfe einer Collage dar, wie Sie den Führungsstil Ihrer Erzieher (zum Beispiel Eltern, Lehrer) erlebt haben.

14. „Mein Erziehungsstil".
    - Reflektieren Sie für sich folgende Fragestellung: Wie sollte mein Erziehungsstil aussehen?
    - Schließen Sie sich in Vierergruppen zusammen und entwerfen Sie einen „idealen Erziehungsstil".
    - Stellen Sie diesen Erziehungsstil mit Bauklötzchen auf einem Tisch dar.
    - Die Klasse geht von Tisch zu Tisch, schaut die Ergebnisse an und lässt sie sich von der jeweiligen Gruppe erläutern.

15. *Jede(r) Erzieher(in) legt eine ganz bestimmte Grundhaltung an den Tag.*
    - Überlegen Sie sich in Gruppen eine konkrete Erziehungssituation.
    - Einigen Sie sich in der Klasse auf eine Situation.
    - Stellen Sie in einem Rollenspiel die Führungsstile nach *Kurt Lewin* u. a. an der von Ihnen gewählten Erziehungssituation dar.

16. *Sie sind als Erzieher in einem Kindergarten tätig. Der 4-jährige Martin stört dauernd die anderen Kinder beim Spielen in der Bauecke.*
    - Versuchen Sie im Rollenspiel, auf diese Situation mit möglichst hoher Wertschätzung (Achtung-Wärme-Rücksichtnahme), Verstehen, Echtheit und viele fördernden nicht dirigierenden Tätigkeiten zu reagieren.
    - Verbalisieren Sie die Gefühle der Mitspieler.
    - Überlegen Sie in Gruppen, wie solchen Situationen begegnet werden könnte.

17. *Äußerungsformen der Wert- und Geringschätzung*
    - Formulieren Sie jeder für sich aus seinem Erlebnisbereich Verhaltensäußerungen, die auf „Achtung-Wärme-Rücksichtnahme" und „Verstehen" bzw. „Missachtung-Kälte-Härte" und „Kein Verstehen" schließen lassen.
    - Bilden Sie Gruppen und bringen Sie diese Verhaltensäußerungen in eine Reihenfolge, die von „Achtung-Wärme-Rücksichtnahme" bzw. „Verstehen" bis zu „Missachtung-Kälte-Härte" und „Kein Verstehen" reichen.

18. *Sie sind Praktikant in einem Kindergarten und möchten mit einer kleinen Gruppe von Kindern eine Turnstunde machen. Doch der $5^{1}/_{2}$-jährige René will einfach nicht mitmachen und grölt nur herum.*
    - Bilden Sie in Ihrer Klasse mehrere Gruppen und erarbeiten Sie in jeder Gruppe vier konkrete Verhaltensweisen, wie man solchen Situationen im Erziehungsalltag begegnen kann. Alternativ kann der Lehrer in dieser Phase auch verschiedene Textbeispiele vorgeben und diese an sogenannte Expertengruppen verteilen.

- Wechseln Sie anschließend die Gruppen, so dass in jeder neuen Gruppe Teilnehmer aus allen anderen Gruppen vorhanden sind. Erarbeiten Sie in diesen neuen Gruppen drei gemeinsame Verhaltensvorschläge, auf die sich alle Gruppenmitglieder einigen können. Notieren Sie diese drei Vorschläge auf drei kleinen Plakaten.
- Ein Mitglied der Gruppe stellt die drei Aussagen dem Plenum vor.

19. *Wie lassen sich Wertschätzung, Verstehen und Echtheit in der Erziehung umsetzen?*
    - Sprechen Sie in Kleingruppen darüber, wie sich ein Erzieher verhalten muss, wenn er Wertschätzung, Verstehen und Echtheit im Erziehungsprozess verwirklichen will.
    - Fertigen Sie einen Katalog mit konkreten Verhaltensbeispielen an und halten Sie diese auf einer Plakatwand fest.
    - Sprechen Sie in der Klasse über diese Verhaltensbeispiele.

20. Antiautoritäre Erziehung wird oft als Ablehnung jeglicher Autorität und Disziplin sowie als Befürwortung grenzenloser Freiheit des Kindes missverstanden.
    Diskutieren Sie in der Klasse, warum es zu diesem großen Missverständnis gekommen sein könnte.

Maßnahmen in der Erziehung 9

Laura, 18 Jahre alt, ist wütend. Immer wieder spielt ihr kleiner Bruder Paul, 8 Jahre alt, an ihrem Computer, obwohl sie ihm dies unzählige Male verboten hat. Wie befürchtet, hat er – nun bereits zum dritten Mal – eine für Laura wichtige Datei gelöscht. Laura weiß sich nicht mehr zu helfen und fragt ihre Freunde. Wie kann sie ihrem Bruder abgewöhnen, an ihrem PC zu spielen?

Freund Bastian rät: „Ordentlich ein paar auf die Finger, das wird ihn zur Vernunft bringen. Außerdem haben Schläge noch niemandem geschadet."

Freundin Theresa empfiehlt: „Unsinn, strafen hilft nicht. Du musst es mit positiven Erziehungsmaßnahmen probieren."

Freund Niklas meint: „Ich fürchte, ein Rezept gibt es da nicht. Bei dem einen hilft das, beim anderen genau das Gegenteil. Aber vielleicht solltest du es auf die spielerische Art versuchen."

Folgende Fragen werden in diesem Kapitel geklärt:

1. Was versteht man unter Erziehungsmaßnahmen?
   Welche Maßnahmen gibt es?

2. Welche Auswirkungen haben „positive" Erziehungsmaßnahmen wie zum Beispiel das Lob und die Belohnung?
   Welche Probleme können sich bei ihrer Anwendung ergeben?

3. Welche Wirkungen haben Strafe und Bestrafung?
   Mit welchen Problemen ist das Bestrafen behaftet?
   Welche Alternativen zur Strafe kennt die Pädagogik?

4. Wie lässt sich das Spiel in seinem Wesen charakterisieren?
   Welche Bedeutung hat das Spiel für die kindliche Entwicklung?
   Wie lässt sich das Spiel als Erziehungsmaßnahme einsetzen?

9.1 Der Begriff „Erziehungsmaßnahme"

Eine Erziehungsmaßnahme ist eine bestimmte Handlung eines Erziehers, mit der er versucht, beim zu Erziehenden eine relativ dauerhafte Verhaltensänderung zu erreichen. Diese Verhaltensänderung entspricht bestimmten Erziehungszielen, die der Erzieher vor Augen hat.

> Das Kind räumt beispielsweise sein Zimmer auf und es erhält deshalb von der Mutter eine Tafel Schokolade. Die Mutter will dadurch erreichen, dass das Kind zukünftig immer ein Verhalten an den Tag legt, welches ein ordentliches Zimmer zur Folge hat. Das Erziehungsziel, das sie möglicherweise damit verfolgt, könnte „Erziehung zur Ordentlichkeit" sein.

> **Unter Erziehungsmaßnahmen versteht man alle Handlungen des Erziehers, mit denen er versucht, das Verhalten des zu Erziehenden relativ dauerhaft dahin gehend zu verändern, dass es seinen gesetzten Erziehungszielen entspricht.**

Über den Begriff „Erziehungsmaßnahme" hinaus, der meist synonym zum Begriff „Erziehungsmittel" verwendet wird, geht der Begriff **„Erziehungsmethode"**. Unter **Methode versteht man eine komplexe Vorgehensweise, mit der jemand versucht, ein Ziel zu erreichen**. Damit beinhaltet eine Erziehungsmethode eine Planung einer Vorgehensweise, die Zurechtlegung einer Systematik, die Bereitstellung benötigter Bedingungen und den Einsatz entsprechender Erziehungsmaßnahmen.

> Wir sprechen beispielsweise von der Ganzheitsmethode – etwa im Erstleseunterricht, bei dem ganze Wortbilder oder sogar kurze Sätze als Schriftbilder erlernt und danach die Analyse in einzelne Buchstaben erfolgt.

Erziehungsmaßnahmen dürfen nicht als Werkzeug verstanden werden, die beliebig eingesetzt werden können und mit denen jederzeit die gewollten Ziele erreicht werden können – so wie man etwa einen Hammer benutzt, um damit einen Nagel in die Wand zu schlagen. Aus diesem Grund ist auch der Begriff **Erziehungsmittel** etwas problematisch: Er suggeriert, es gäbe ein Mittel, das angewendet werden kann, um jederzeit das gewollte Ziel zu erreichen – so wie man eine Tablette einnimmt, um Kopfschmerzen zu beseitigen. Aus diesem Grund wird im Folgenden nicht von Erziehungsmittel, sondern von Erziehungsmaßnahmen gesprochen.

In der Literatur wird oft unterschieden zwischen **direkten und indirekten Erziehungsmaßnahmen**. Unter direkten Erziehungsmaßnahmen versteht man alle Erziehungsmaßnahmen, mit denen ein Erzieher versucht, direkt – gleichsam von „Angesicht zu Angesicht" – Einfluss auf den zu Erziehenden zu nehmen, um das Verhalten des zu Erziehenden zu verändern.

> Lob, Belohnung, Ermahnung, Tadel oder Strafe sind Beispiele für direkte Erziehungsmaßnahmen.

Indirekte Erziehungsmaßnahmen sind alle Maßnahmen, bei denen der Erzieher selbst im Hintergrund steht und der beabsichtigte Einfluss über eine Situation oder ein Objekt geschieht.

> Beispiele für indirekte Erziehungsmaßnahmen sind das Spiel, der Erfolg bzw. Misserfolg oder auch ein Buch, ein Film, eine Fernsehsendung, die bewusst und absichtlich eingesetzt werden, um das Verhalten des zu Erziehenden relativ dauerhaft dahin gehend zu verändern, dass es seinen gesetzten Erziehungszielen entspricht.

In Anlehnung an *Friedrich D. E. Schleiermacher*[1] können wir die Erziehungsmaßnahmen in **unterstützende und gegenwirkende Maßnahmen** einteilen. Unterstützung wird dabei für solche beabsichtigten Handlungen verwendet, die im Sinne der Lernpsychologie verstärkend wirken; Gegenwirkung meint dagegen alle Maßnahmen, durch die eine Verhaltensweise abgebaut bzw. verlernt werden kann[2]. Diese Einteilung wird in den folgenden Abschnitten beibehalten.

9.2 Unterstützende Erziehungsmaßnahmen

Mit unterstützenden Erziehungsmaßnahmen sind alle Handlungen des Erziehers gemeint, durch die ein angenehmer Zustand eintritt bzw. entsteht oder ein unangenehmer Zustand beseitigt, weggenommen bzw. entfernt wird und dadurch eine Verhaltensweise aufgebaut bzw. erlernt wird.

> Das Kind räumt beispielsweise sein Zimmer auf und es erhält deshalb von der Mutter eine Tafel Schokolade. Es handelt sich hierbei um eine unterstützende Erziehungsmaßnahme, da die Mutter durch die Gabe einer Schokolade erreichen will, dass das Kind zukünftig immer ein solches Verhalten an den Tag legt und diese Verhaltensweise damit aufgebaut und erlernt wird.

---

[1] *Friedrich Daniel Ernst Schleiermacher (1768–1834) war evangelischer Theologe, Philosoph und Pädagoge. Er war als Mitbegründer, Professor und erster Dekan der theologischen Fakultät an der Wilhelm von Humboldt-Universität in Berlin tätig. Schleiermacher beeinflusste sehr stark die geisteswissenschaftliche Pädagogik, die zur Aufgabe hat, erzieherisches Handeln zu verstehen und daraus Anweisungen für das praktische Erziehungsgeschehen zu gewinnen.*

[2] *vgl. hierzu Kapitel 6.2.4*

Maßnahmen in der Erziehung

> Unterstützende Erziehungsmaßnahmen sind alle Handlungen eines Erziehers, durch die ein angenehmer Zustand eintritt bzw. entsteht oder ein unangenehmer Zustand beseitigt, weggenommen bzw. entfernt wird und dadurch eine Verhaltensweise aufgebaut bzw. erlernt wird.

Die häufigsten unterstützenden Erziehungsmaßnahmen sind das **Lob** und die **Belohnung**, der **Erfolg**, die **Ermutigung**, die **Zuwendung**, das **gute Vorbild** und das **Spiel**.

9.2.1 Lob und Belohnung

Lob und Belohnung lösen beim zu Erziehenden eine angenehme Wirkung aus; der Erzieher setzt sie ein, um beim Kind zu erreichen, dass es das gezeigte Verhalten wieder zeigt und es lernt; sie sollen die Auftretenswahrscheinlichkeit dieses Verhaltens erhöhen.

> Lob und Belohnung sind vom Erzieher eingesetzte Verhaltenskonsequenzen, die eine angenehme Wirkung haben und damit erreichen sollen, dass das erwünschte Verhalten vom zu Erziehenden häufiger gezeigt und erlernt wird.

Dabei unterscheiden wir *zwei Arten des Lobes bzw. der Belohnung*: Bei der **Belohnung erster Art** erfolgt auf ein Verhalten eine angenehme Konsequenz, die dazu führen soll, dass das Verhalten in Zukunft häufiger auftritt. Belohnung erster Art meint also die *Darbietung einer angenehmen Verhaltenskonsequenz, damit das erwünschte Verhalten häufiger gezeigt und erlernt wird.*[1]

> Das Kind beispielsweise räumt sein Zimmer sauber auf und erhält deshalb von seiner Mutter eine Tafel Schokolade. Hier wird dem Kind eine angenehme Konsequenz dargeboten, damit es in Zukunft immer sein Zimmer aufräumt.

Die **Belohnung zweiter Art** besteht in einer Konsequenz, die für den Betroffenen einen unangenehmen Zustand beendet oder einen solchen verhindert, damit das erwünschte Verhalten häufiger gezeigt und erlernt wird.[1]

> Das Kind räumt sein Zimmer auf, dafür braucht es nachmittags nicht beim Hausputz zu helfen. Hier wird dem Kind eine unangenehme Konsequenz „erspart", damit es in Zukunft immer sein Zimmer aufräumt.

Das Lob ist ein **sozialer Verstärker**. Soziale Verstärker sind Verstärker, die in einem angenehmen zwischenmenschlichen Kontakt bestehen wie eine Anerkennung, eine freund-

---
[1] vgl. hierzu auch Kapitel 6.2.2 und 6.2.4

lich-bestätigende Zuwendung, ein Lächeln, eine freundliche Geste, eine Aufmerksamkeit, die man jemandem schenkt, eine Zustimmung, eine Form der Wertschätzung, ein Vertrauensbeweis, ein aufmunternder Blick, ein zustimmender Händedruck, ein Kopfnicken usw. *(vgl. Ross und Petermann, 1987, S. 26).*

Belohnungen sind meist **materielle Verstärker**, also Verstärker, die aus Material bestehen wie Spielsachen, Geschenke, Geld, können aber auch **immaterielle Verstärker** sein, wie etwa die Erlaubnis zu einer beliebten Beschäftigung – zum Beispiel Fernsehen – oder der Erlass einer unangenehmen Aufgabe. Das Lob ist demnach eine Art der Belohnung, nämlich ein immaterieller Verstärker.

Mögliche **Wirkungen von Lob und Belohnung** sind, dass

- sich die Auftretenswahrscheinlichkeit der erwünschten Verhaltensweise erhöht und das erwünschte Verhalten somit erlernt wird,
- beim Belohnten ein angenehmes Gefühl ausgelöst wird,
- der Belohnte motiviert wird, das erwünschte Verhalten wieder zu zeigen,
- der Belohnte erfährt, dass seine Verhaltensweise positiv bewertet wird und erwünscht ist,
- der Belohnte durch die erfahrene Bestätigung Sicherheit und Selbstvertrauen entwickelt.

Die positive Wirkung von Belohnung lässt sich seit einigen Jahren auch durch die **Gehirnforschung** *belegen: Wird eine Verhaltensweise belohnt und tritt damit ein Resultat ein, das für den Menschen „besser als erwartet" ist, so wird im Gehirn Dopamin[1] freigesetzt, das dazu führt, dass die Verhaltensweise weiter verarbeitet, im Gedächtnis gespeichert und damit gelernt wird.*

Mögliche Probleme bei der Anwendung von Lob und Belohnung als Erziehungsmaßnahmen

- Häufig erachten Erzieher **erwünschtes Verhalten als selbstverständlich** und verstärken es deshalb nicht. Hier wird die pädagogische Bedeutung des Lobes bzw. der Belohnung verkannt: Nach lerntheoretischen Erkenntnissen sollte der Erzieher erwünschtes Verhalten verstärken, damit der zu Erziehende dieses Verhalten aufbaut und lernt.[2]

- Erzieher unterliegen auch manchmal einer **selektiven Wahrnehmung** und sehen vorwiegend nur die unerwünschten Verhaltensweisen, „positives" Verhalten bleibt dann unbemerkt.

  Es ist dem Lehrer beispielsweise noch nie aufgefallen, dass Marco, der den Unterricht häufig stört, einer der wenigen Schüler ist, der zuverlässig und pünktlich zum Unterricht kommt.

- **Nicht erwünschtes Verhalten wird oft unbeabsichtigt verstärkt**: Ein Erzieher etwa, der eine unerwünschte Verhaltensweise großzügig übersieht, verstärkt dieses Verhalten möglicherweise unbeabsichtigt.

  Laura, die mit ihrer ersten Zigarette von ihrer Mutter gesehen, aber nicht darauf angesprochen oder gar getadelt wird, meint, dass sie rauchen dürfe, weil es ihr nicht untersagt wurde.

  Ein Schüler, der im Pädagogik-Unterricht seine Englisch-Hausaufgaben erledigt und vom Lehrer nicht ermahnt wird, könnte zu dem Ergebnis kommen, dass man im Pädagogik-Unterricht immer seine Hausaufgaben machen kann.

---

[1] Dopamin ist ein Botenstoff, ein Neurotransmitter, also ein Stoff des Nervensystems, der die Nervenzellen erregt oder hemmt.
[2] vgl. hierzu auch die Ausführungen über shaping und differentielle Verstärkung in Kapitel 6.2.5

- Andererseits wird **erwünschtes Verhalten oft nicht verstärkt**, weil die Gelegenheit dazu verpasst wird.

  Marco, der sonst ständig den Unterricht stört, verhält sich heute ungewöhnlich ruhig. Der Lehrer, der froh ist über diese ruhigen fünf Minuten des Störenfrieds, vermeidet es, den Schüler anzusprechen, um ihn möglichst nicht aus seiner Ruhepause aufzuwecken.

- Verhaltenskonsequenzen wirken nur dann verstärkend, wenn sie der **Bedürfnislage des zu Erziehenden entsprechen**.

  Thomas und Ulli bekommen beide von ihrem Onkel ein Eis, weil sie bei ihm den Tisch so ordentlich abgeräumt haben. Thomas freut sich sehr über das Eis, es wirkt deshalb bei ihm als Verstärker. Doch Ulli mag kein Eis und empfindet es daher auch nicht als Belohnung; es wird bei ihm keine verstärkende Wirkung zeigen.

  Man spricht in diesem Zusammenhang von der **Relativität von Verstärkern**: Verhaltenskonsequenzen wirken für einen Menschen nur dann verstärkend, wenn sie seinen Bedürfnissen entsprechen. Auch eine unangenehme Konsequenz – zum Beispiel das Schimpfen – kann für den zu Erziehenden eine positive Verstärkung bedeuten, wenn er damit ein Bedürfnis – etwa das Bedürfnis nach Beachtung – befriedigen kann.

- Ob Verhaltenskonsequenzen verstärkend wirken oder nicht, **hängt auch von der Person, die verstärkt, und von der jeweiligen Umgebung ab**.

  So kann ein Lob, das ein bestimmter Lehrer ausspricht, dem Kind eher peinlich sein, weil es etwa von diesem Lehrer gar nicht gelobt werden möchte oder weil es von den Klassenmitgliedern belächelt wird („Streber").

- Beim Einsatz von Verstärkern erweist es sich als günstig, auf Abwechslungsreichtum zu achten und beim zu Erziehenden nicht ständig die gleichen Konsequenzen folgen zu lassen, da diese sonst vorübergehend ihre Wirkung verlieren. Tritt dies ein, spricht man von **Sättigung**.

  Wird ein Kind für eine bestimmte erwünschte Verhaltensweise immer wieder gelobt, so verliert es an Wirkung und kann für einen bestimmten Zeitraum nicht mehr als Verstärker wirken.

- Alfred Adler[1] weist darauf hin, dass das **Lob und die Belohnung den Zweck der Bemühung ändern können**, indem das Kind nicht mehr um der Sache, sondern um der Belohnung oder der Person willen handelt. Sachlich begründete erzieherische Handlungsweisen sind jedoch notwendig zur Förderung und Entfaltung seiner Selbstbestimmung und Freiheit.[2]

- Ein häufiger Erziehungsfehler besteht darin, Kinder in launenhafter Weise und **unabhängig von ihrem Verhalten zu belohnen oder auch zu bestrafen**. Ein solchermaßen behandeltes Kind kann jedoch keinen Zusammenhang zwischen seinem Verhalten und der nachfolgenden Verstärkung sehen; es kann unsicher und orientierungslos werden, ein stabiles Verhalten wird sich kaum ausbilden.

Um erwünschtes Verhalten hervorzurufen und zu festigen, sollten nach *A. D. Ross und F. Petermann (1987, S. 21)* folgende Bedingungen der Verstärkung beachtet werden:

---

[1] *Alfred Adler (1870–1937) war der Begründer der Individualpsychologie, neben der Psychoanalyse eine bedeutende Richtung innerhalb der Tiefenpsychologie.*
[2] *vgl. Abschnitt 9.2.2*

- **Kontingenz**

  Eine Verstärkung muss dann einsetzen, wenn das zu lernende Verhalten auftritt.

- **Folgerichtigkeit**

  Die Verstärkung muss aber sofort wieder aufhören, wenn das erwünschte Verhalten zurückgeht oder sogar unerwünschtes Verhalten wieder gezeigt wird.

- **Reihenfolge**

  Eine Verstärkung darf nie vor dem erwünschten Verhalten gegeben werden, sondern immer erst im Anschluss.

- **Kontinuität**

  Je unmittelbarer und stetiger die Verstärkung auf zu lernendes Verhalten folgt, umso schneller wird das Endverhalten erreicht.

- **Wiederholung**

  Eine Wiederholung der Verstärkung führt zu einer Festigung des Endverhaltens. Während in der Anfangsphase eine kontinuierliche Verstärkung am wirkungsvollsten ist, festigt intermittierende Verstärkung das Verhalten langfristig.[1]

In der neueren Literatur werden die klassischen Erziehungsmittel des Lobes und der Belohnung in keinster Weise mehr so positiv bewertet wie das vor allem Lerntheoretiker getan haben. Individualpsychologen oder auch Thomas Gordon (2005[19]) sprechen sich aus oben gen. Gründen gegen das Lob und die Belohnung als Erziehungsmaßnahme aus, vor allem auch deshalb, weil es sich dabei immer um einen **Akt der Machtausübung** *des Erziehers gegenüber dem zu Erziehenden handelt. Zudem besteht die Gefahr, dass Lob und Belohnung vom Erzieher und später von anderen Erwachsenen abhängig machen und eine freie Selbstbestimmung be- bzw. verhindern.*

> *„Aber auch die Belohnung ist pädagogisch problematisch. Lohn und Strafe ... erzeugen den Wunsch nach Belohnung ... und die Angst vor der Strafe, also Motive, die nicht geeignet sind, die Selbstständigkeit und das Sachinteresse des Kindes zu fördern, ja die im Grunde Selbständigkeit hintertreiben."*
>
> (Flitner, 2004, S. 103)

9.2.2 Der Erfolg

Vor allem die Individualpsychologie von *Alfred Adler* hat darauf hingewiesen, dass es vorteilhafter ist, wenn Erzieher alternativ zum Lob bzw. zur Belohnung **Erfolgserlebnisse** für den zu Erziehenden arrangieren. Erfolg geht nicht unmittelbar von einer Person aus, sondern ergibt sich aus einer bestimmten Verhaltensweise, einer Handlung oder einem Sachverhalt, zieht aber ebenso wie das Lob bzw. die Belohnung eine angenehme Konsequenz nach sich.

> Dies kann beispielsweise, wie *Wolfgang Metzger (1976[3], S. 57)* ausführt, das Gelingen eines Unternehmens sein, das Zustandebringen eines Werkes, die unmittelbar als richtig erkannte Lösung einer Aufgabe, die Überwindung einer Schwierigkeit, die Dankbarkeit eines Menschen, dem man geholfen hat usw.

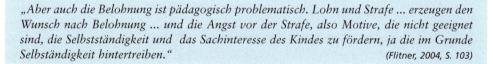

Unter Erfolg wird eine angenehme Konsequenz verstanden, die unmittelbar aus einer bestimmten Verhaltensweise, Handlung oder einem Sachverhalt hervorgeht.

---

[1] *Kontinuierliche und intermittierende Verstärkung sind in Kapitel 6.2.5 ausgeführt.*

Die positiven Wirkungen des Lobes bzw. der Belohnung treffen auch für den Erfolg zu. Daneben hat das Arrangieren von Erfolgserlebnissen noch folgende Vorteile:

- Der zu Erziehende handelt nicht um der Belohnung bzw. des Lobes, sondern um der Sache willen.
- Er kann dadurch eine sachbezogene Motivation aufbauen und macht bzw. lernt etwas aus „Freude an der Sache".
- Der zu Erziehende ist nicht von dem Wohlgefallen des Erziehers abhängig.
- Eine Fremdbestimmung wird verhindert.

> „Spaß stellt sich ein, wenn man etwas kann, und zwar ganz von alleine. Das Lernen selbst ist keineswegs immer spaßig, sondern oft mühsam und anstrengend. Aber wenn ein Schüler aus Erfahrung weiß, dass er Spaß haben wird, wenn er etwas kann, dann hat er einen Anreiz, auch wenn der Weg dahin manchmal etwas schwierig ist."
>
> (Stern, in: Psychologie Heute, Heft 12, 2004, S. 31)

Die Individualpsychologie bezeichnet das Arrangieren von Erfolgserlebnissen, die das Selbstwertgefühl eines Kindes heben, als **Ermutigung** und fordert diese als Prinzip jeder Erziehung. Vor allem das „unartige" und leistungsschwache Kind braucht das am allermeisten, was es in der Wirklichkeit am allerwenigsten bekommt, nämlich ermutigende Erfolgserlebnisse.

> „Ermutigung ist das wichtigste Element in der Erziehung von Kindern. Sie ist so wichtig, dass ihr Fehlen als der hauptsächliche Grund für ein falsches Verhalten betrachtet werden kann. Ein ungezogenes Kind ist immer ein entmutigtes Kind. Jedes Kind braucht fortgesetzt Ermutigung, genau wie eine Pflanze Wasser braucht." (Dreikurs/Soltz, 1966, S. 44)

„Nicht zu viel tadeln, sondern ermutigen." *(Charles Kingsley)*[1]

9.2.3 Ich-Botschaften und das aktive Zuhören

Ein Lob ist nach *Thomas Gordon (2005*[19]*, S. 88)* grundsätzlich eine Du-Botschaft, eine Äußerung, in der über den anderen eine Mitteilung gemacht und geurteilt wird.

> Die Mutter sagt zu ihrem Kind: „Jetzt warst du aber brav, weil du dein Zimmer so schön aufgeräumt hast."

Der zu Erziehende wird hier durch die Urteile des Erziehers fremdbestimmt gesteuert und lernt nicht, sein Verhalten selbst zu bewerten. Wirksamer ist nach *Gordon* die Verwendung von **Ich-Botschaften**. Dadurch teilt der Erzieher dem zu Erziehenden mit, was er fühlt und denkt und welche Wirkung das Verhalten des Kindes bei ihm ausgelöst hat.

> Als Ich-Botschaften bezeichnen wir Äußerungen eines Menschen, die persönliche Empfindungen, Gefühle, Bedürfnisse und dgl. ausdrücken.

---

[1] Charles Kingsley (1819–1875), englischer Schriftsteller, war Professor für neuere Geschichte in Cambridge.

Der zu Erziehende erfährt bei Ich-Botschaften, welche Wirkung sein Verhalten beim Erzieher hat, jedoch ohne sich bewertet zu fühlen; er kann sein (Fehl-)Verhalten selber beurteilen und die Verantwortung dafür übernehmen.

Die Verwendung von Ich-Botschaften bringt folgende „Vorteile":

- Der zu Erziehende wird sich selbst seiner eigenen Gedanken, Gefühle, Wünsche, Befürchtungen, Bedürfnisse und dgl. bewusst.
- Er erkennt genau, was in ihm vorgeht, was er will und braucht, und kann deshalb angemessen reagieren.
- Ich-Botschaften rufen keine Verteidigungshaltung oder Abwehr, kein „Mauern" oder Widerstand, keine Schuldgefühle, Feindseligkeit, keinen Rückzug oder Flucht hervor.
- Erzieher und zu Erziehender können sich Klarheit über ihre Beziehung verschaffen.
- Eine sachbezogene Uneinigkeit wird nicht so leicht auf die Beziehung übertragen.

Eine weitere wirksame Alternative zum Lob ist das **aktive Zuhören**, welches mit der Verwendung von Ich-Botschaften eng zusammenhängt. Nach *Thomas Gordon (2005[44], S. 61)* genügt es nicht, einem Kind schweigend zuzuhören, der Erzieher soll das Gehörte mit eigenen Worten kurz wiedergeben, um sicherzugehen, dass er dessen Aussagen auch richtig verstanden hat.

> Ein Schüler sagt zu seinem Lehrer: „Ich kann das einfach nicht, ich bin dazu zu unbegabt. Mein Bruder war in Mathematik genauso schlecht." Daraufhin entgegnet ihm der Lehrer: „Du glaubst, dass du in Mathematik unbegabt bist."

Nach *Lutz Schwäbisch/Martin Siems (1997, S. 123–128)* beinhaltet das aktive und hilfreiche Zuhören drei Kriterien:

- Das *Signalisieren der Gesprächsbereitschaft*, welches sich in nonverbalen Signalen ausdrückt, wie zum Beispiel Kopfnicken, zugewandter freundlicher Blick oder das Hinwenden des Körpers.

- Das *Wiederholen der Aussagen des Gesprächspartners mit eigenen Worten*, um sicherzugehen, dass seine Aussagen auch richtig verstanden wurden.

- Das *Verbalisieren emotionaler Erlebnisinhalte*, bei welchem nicht wie beim Paraphrasieren der Inhalt wiederholt wird, sondern die Gefühle, die der Kommunikationspartner nur indirekt ausdrückt, direkt angesprochen werden.
> Dies ist zum Beispiel der Fall, wenn das Kind zur Mutter kommt und sagt: „Anton hat mir das Spielzeug weggenommen!", und die Mutter darauf antwortet: „Das hat dich aber geärgert!"

Auf diese Weise wird dem zu Erziehenden gezeigt, welche Gefühle man an ihm wahrnimmt; er fühlt sich besser verstanden und weiß, dass seine Gefühle akzeptiert werden.

9.3 Gegenwirkende Erziehungsmaßnahmen

Mit gegenwirkenden Erziehungsmaßnahmen sind alle Handlungen des Erziehers gemeint, durch die ein unangenehmer Zustand eintritt bzw. entsteht oder ein angenehmer Zustand beseitigt, weggenommen bzw. entfernt wird und dadurch eine Verhaltensweise abgebaut bzw. verlernt wird.

> Das Kind räumt beispielsweise sein Zimmer nicht auf, dafür darf es nicht zum Spielen zu seinen Freunden gehen. Es handelt sich hierbei um eine gegenwirkende Erziehungsmaßnahme, da die Mutter durch das Verbot erreichen will, dass das Kind zukünftig dieses Verhalten nicht mehr zeigt und diese Verhaltensweise damit abgebaut und verlernt wird.

> **Gegenwirkende Erziehungsmaßnahmen sind alle Handlungen eines Erziehers, durch die ein unangenehmer Zustand eintritt bzw. entsteht oder ein angenehmer Zustand beseitigt, weggenommen bzw. entfernt wird und dadurch eine Verhaltensweise abgebaut bzw. verlernt wird.**

Die häufigsten gegenwirkenden Erziehungsmaßnahmen sind die *Belehrung*, die *Ermahnung* und der *Tadel* sowie die *Drohung* und die *Strafe*.

9.3.1 Strafe und Bestrafung

Strafe und Bestrafung setzt der Erzieher ein, um beim Kind zu erreichen, dass es das gezeigte Verhalten nicht mehr zeigt und verlernt; sie sollen die Auftretenswahrscheinlichkeit dieses Verhaltens vermindern.

> Helena bekommt eine Woche ein abendliches „Ausgehverbot", weil sie gestern Abend zwei Stunden später als vereinbart nach Hause kam. Damit wollen die Eltern erreichen, dass Helena dieses Verhalten nicht mehr zeigt und zukünftig pünktlich heimkommt.

> **Strafe und Bestrafung sind vom Erzieher eingesetzte Verhaltenskonsequenzen, die eine unangenehme Wirkung haben und damit erreichen sollen, dass das nicht erwünschte Verhalten vom zu Erziehenden weniger häufig bzw. nicht mehr gezeigt und verlernt wird.**

Ähnlich wie bei der Belohnung lassen sich *zwei Arten von Strafe* unterscheiden, die man als Bestrafung erster und zweiter Art bezeichnet. Bei der **Bestrafung erster Art** erfolgt auf ein Verhalten eine unangenehme Konsequenz, die dazu führen soll, dass das Verhalten in Zukunft weniger häufig auftritt. Es erfolgt also die Darbietung einer unangenehmen Konsequenz.[1]

> Ein Kind spuckt beim Mittagessen in seinen Teller. Daraufhin wird das Kind bestraft, indem es in sein Zimmer muss, mit dem Ziel, dass es diese Verhaltensweise in Zukunft unterlässt.

Die **Bestrafung zweiter Art** besteht in einer Konsequenz, die für den zu Erziehenden einen angenehmen Zustand beendet oder ihm die Möglichkeit verwehrt, einen solchen zu erreichen, damit das nicht erwünschte Verhalten zukünftig weniger häufig bzw. gar nicht mehr auftritt. Hier erfolgt die Beseitigung einer angenehmen Konsequenz.[1]

> Das Kind spuckt in den Teller, und die Mutter nimmt ihm deshalb seinen Nachtisch weg.

---

[1] *vgl. Kapitel 6.2.4*

Obwohl es für den Laien auf den ersten Blick logisch erscheint, dass Strafe als negative Konsequenz auf ein Verhalten dessen Häufigkeit vermindert, hat sich der Einsatz von Strafe in der pädagogischen Praxis als problematisch erwiesen. Wie entsprechende Untersuchungen zeigen, führt nämlich Strafe meist nicht zu der gewünschten Verhaltensänderung, sondern lediglich zur **Unterdrückung des unerwünschten Verhaltens**. Wie entsprechende Untersuchungen zeigen, kann Bestrafung unerwünschtes Verhalten nicht beseitigen, sondern dessen Auftreten lediglich zeitlich verzögern.

> „Unstrittig ist die Aussage ..., dass Bestrafung Verhalten unterdrückt und nicht mit Löschung gleichzusetzen ist. Ein Verhalten wird also nicht ‚vergessen'."
>
> (Spada u. a., 2006³, S. 369)

Zudem spricht gegen ihre häufige und massive Anwendung eine Reihe von *„Nebenwirkungen"*:

- Strafe bewirkt nur selten einen Rückgang der Verhaltenshäufigkeit. Die bestrafte Person reagiert in der Regel mit Flucht und Vermeidungslernen.[1]
  Lügen, Mogeln, Kriechen vor dem Erzieher und ähnliche Verhaltensweisen sind mögliche Folgen einer Strafe, um dieser zu entgehen.

- Strafe kann die Beziehung zwischen Erzieher und zu Erziehendem erheblich belasten und den Aufbau eines Vertrauensverhältnisses verhindern. Eine positive emotionale Beziehung ist jedoch ein elementarer Bestandteil jeder Erziehung, ohne die eine gesunde Persönlichkeitsentwicklung in jedem Fall misslingen wird.[2]

- Häufiges Strafen kann zu feindseligem und aggressivem Verhalten führen.

- Strafe bietet meist keine Möglichkeit zur Einsicht in das Fehlverhalten und zeigt selten alternative Verhaltensweisen auf.

- Eine als Strafe gedachte Verhaltenskonsequenz kann auch als Verstärker wirken, insbesondere, wenn sie die einzige Form von Zuwendung für ein Kind darstellt.
  So kann beispielsweise das Schimpfen für das Kind eine positive Verstärkung bedeuten, wenn es damit etwa das Bedürfnis nach Beachtung befriedigen kann.

---

[1] vgl. Kapitel 6.2.2
[2] vgl. Kapitel 8.2.2

- Der Erzieher bleibt auch beim Strafen Verhaltensmodell für den zu Erziehenden, der dessen strafendes Verhalten bei Gelegenheit nachahmt. Strafende sind selbst erfolgreiche Verhaltensmodelle, die demonstrieren, mit welchen Mitteln man sich gegen andere durchsetzt und Macht über sie gewinnt.

- Häufige Strafe signalisiert dem Bestraften immer wieder seine eigenen Unzulänglichkeiten, weist ihn ständig auf gemachte Fehler hin und lässt ihn so allmählich den Glauben an seine eigenen Fähigkeiten verlieren. Dies wiederum vermindert die Handlungsmotivation und kann schließlich zur Passivität des Menschen in einem Lebensbereich führen oder andere sozial unerwünschte Handlungen nach sich ziehen.

Erfährt ein Kind ständig Strafen für seine schlechten schulischen Leistungen, so verliert es schnell das Vertrauen in seine Fähigkeiten. Es wird deshalb versuchen, sich den Anforderungen zu entziehen oder sie zum Beispiel durch Schuleschwänzen oder Abschreiben von Hausaufgaben zu umgehen.

„Verwirrte und verzweifelte Eltern hoffen immer noch, mit Bestrafung schließlich Erfolg zu haben, und merken nicht, dass sie meist nur das Gegenteil erreichen. ... Die Anwendung von Strafen hilft dem Kind, eine größere Widerstandskraft und Trotz zu entwickeln."

(Dreikurs/Soltz, 2006[14], S. 81)

Eine besonders problematische Strafe ist der **Liebesentzug**, *welcher die Wertschätzung des Kindes von ganz bestimmten Bedingungen abhängig macht („Wenn Du das noch einmal machst, dann mag ich Dich nicht mehr!"). Eine an Bedingungen bzw. Erwartungen geknüpfte Wertschätzung betrachtet Carl Rogers, der Begründer der personenzentrierten Theorie und der Gesprächspsychotherapie, als wesentliche Ursache für seelische Störungen.*

9.3.2 Die Wiedergutmachung

Solche gerade aufgezeigten „Nebenwirkungen" können weitgehend vermieden werden, wenn die Strafe bzw. Bestrafung vom zu Erziehenden innerlich angenommen und als gerecht empfunden werden kann. Dazu müssen folgende Voraussetzungen gegeben sein:

- Der zu Erziehende muss wissen, wofür und warum er bestraft wird.

- Das Ausmaß der Strafe muss dem Grad des unerwünschten Verhaltens, für das bestraft wird, angemessen sein.

- Die Strafe darf nicht aus einer Laune heraus auferlegt werden.

- Die Strafe muss gerecht sein, das bedeutet, sie darf nicht ein Kind oder einen anderen Schüler bevorzugen.

- Die Strafe muss einen Zusammenhang zum „Fehlverhalten" aufweisen.
  Wenn ein Kind in den Teller spuckt und dafür mit Fernsehverbot „belegt" wird, so besteht zwischen dem Fehlverhalten und der Strafe kein Zusammenhang.

- Die Strafe muss „entpersönlicht" sein, das heißt, sie ist vom Erzieher unabhängig, die unangenehme Konsequenz ergibt sich gleichsam aus einem bestimmten Verhalten, einer Handlung oder aus einem bestimmten Sachverhalt.

Diese Voraussetzungen sind am besten in der **Wiedergutmachung** und den **sachlichen Folgen** gegeben.

> Wiedergutmachung bedeutet, den verursachten Schaden in Ordnung zu bringen bzw. das Fehlverhalten zu bereinigen.

Die eingeschlagene Fensterscheibe muss das Kind vom eigenen Taschengeld bezahlen.

Der Jugendliche muss sich für sein rüpelhaftes Verhalten entschuldigen oder dem Geschädigten eine kleine Freude bereiten.

Damit geht die Wiedergutmachung über die Strafe hinaus: Sie versucht, den Zustand vor dem unerwünschten Verhalten wiederherzustellen. Dabei ist zu berücksichtigen, dass die Wiedergutmachung jedoch nur dann positiv ist, wenn sie unbehaftet vom negativen Geschmack der Strafe bleibt. Dem Kind muss, ohne es bestrafen zu wollen, die Gelegenheit gegeben werden, seine unerwünschte Verhaltensweise durch eine erwünschte zu ersetzen.

> „Strafen müssen, wenn sie denn überhaupt zur Erziehung eingesetzt werden und pädagogisch gerechtfertigt sein sollen, eine aufbauende Komponente haben, mit der sich die Verletzung der Grenze und die Verletzung der Beziehung überwinden lässt. Sie müssen auf das Wiedergutmachen, Wieder-in-Ordnung-Bringen der Situation verweisen. Und sie müssen die Wiederherstellung des Vertrauens zwischen Erwachsenem und Kind anbahnen, statt es weiter und nachhaltiger zu zerstören."
>
> (Flitner, 2004, S. 111)

9.3.3 Die sachliche Folge

Jedes Verhalten, jede Handlung eines Menschen hat Folgen. Wenn diese Folgen unangenehm sind, überlegt er sich, ob er sich nochmals so verhalten und die unangenehme Folge auslösen soll.

> Dies kann beispielsweise das Misslingen eines Unternehmens sein, der Misserfolg eines Werkes, die schlechte Note als Folge des Nichtlernens usw.

> **Mit sachlicher Folge wird eine unangenehme Konsequenz verstanden, die unmittelbar aus einer bestimmten Verhaltensweise, Handlung oder einem Sachverhalt hervorgeht und so zu einer Verhaltensänderung bewegt.** *(vgl. Hobmair/Treffer, 1979, S. 77)*

Rudolf Dreikurs/Vicki Soltz (2006[14], S. 88) unterscheiden **natürliche Folgen** und **logische Folgen**. Natürliche Folgen treten von selbst – ohne Dazutun des Erziehers – ein. Logische Folgen werden vom Erzieher arrangiert, jedoch nicht aus dessen Willkür heraus, sondern sie werden durch die unerwünschte Verhaltensweise und die Übertretung bzw. Nichtbeachtung geltender Regeln des Zusammenlebens verursacht.

> Eine logische Folge wäre demnach, dass ein Kind, das zu spät zum Mittagessen kommt, nicht bestraft wird, ihm jedoch folgender unangenehmer Nacheffekt begegnet: Das Kind muss das essen, was noch übrig geblieben ist, oder es bekommt nichts mehr zu essen, weil alles aufgegessen wurde und die Mutter kein zweites Essen mehr zubereitet. Diese unangenehme Konsequenz wird beim Kind unabhängig vom Erzieher die Einsicht fördern, dass es pünktlich zum Essen kommen muss.

Logische Folgen lassen sich immer arrangieren und zwar in dem Maße, dass sie der Situation und dem Entwicklungsstand des zu Erziehenden angemessen erscheinen. Bei derartigen Konsequenzen eines Verhaltens bleiben die negativen Auswirkungen einer Strafe aus, weil sich die „Strafe" unabhängig vom Erzieher daraus ergibt, dass der zu Erziehende eine vereinbarte, notwendige Regel verletzt hat. Hass und Abneigung gegenüber dem Erzieher können somit nicht entstehen.

> *„Sachliche Folgen in diesem Sinne sind kein Machtbeweis einer Person, kein Willkürakt oder Zwangsmittel, sondern nichts anderes als eine Unannehmlichkeit, die man sich selbst zugezogen hat."*
> *(Hobmair/Treffer, 1979, S. 78)*

> **Eugen Roth: Lob und Tadel**
> *Ein Mensch weiß aus Erfahrung: Lob*
> *Darf kurz und bündig sein, ja grob.*
> *Für Tadel – selbst von milder Sorte –*
> *Brauchts lange, klug gewählte Worte.*
> *(Roth, 2001, S. 267)*

„Wäre vielleicht doch besser gewesen, auf meinen Vater zu hören und rechtzeitig zu tanken."

9.4 Das Spiel

Das Spiel ist eine Tätigkeit, die für die kindliche Entwicklung von außerordentlicher Bedeutung ist. Wird es vom Erzieher bewusst eingesetzt, um auf das Kind einzuwirken, so handelt es sich beim Spiel um eine indirekte Erziehungsmaßnahme.

9.4.1 Das Wesen des Spiels

Das Spiel ist die für Kinder natürliche und typische Art, sich mit ihrer Umwelt auseinanderzusetzen und umfassend zu lernen. Es weist mehrere Merkmale auf, die zusammen sein Wesen charakterisieren:

- Das Spiel ist **zweckfrei**, das Kind spielt um des Spiels willen.

- Aus dem Spiel ziehen die Kinder **Freude und innere Befriedigung**: Kinder spielen, weil es ihnen Spaß macht; es wird nicht als Mühe und Belastung empfunden. Auch wenn bis zur Erschöpfung gespielt wird, wird es als lustvoll erlebt.

- Im Spiel sind Kinder meist **völlig auf die Sache konzentriert** und für die Außenwelt kaum ansprechbar; es zählt nur die Gegenwart, Vergangenheit und Zukunft werden „vergessen".

- Das Spiel stellt für das Kind eine realistische Situation dar, es wird eine **„Quasi-Realität"** aufgebaut.

- Das Spiel ist gekennzeichnet durch den **Wechsel von Spannung und Entspannung**, der in mehreren Wiederholungen stattfindet.
  Als Beispiel eignet sich hier das „Guck-Guck-Spiel": Die Spannung wird aufgebaut beim Verstecken und Verstecktsein. Das Gefundenwerden stellt die Entspannung und zugleich die Lösung dar. Dies wird vom Kind immer wieder wiederholt.

> Das Spiel ist eine aus der Neugierde und dem Bewegungsdrang entstehende, lustvoll erlebte und Freude bereitende sowie freiwillige und zweckfreie geistige und/oder körperliche Tätigkeit und Auseinandersetzung des Kindes mit seiner Umwelt.

„Spiel ist Bewegung; Lust, Bewegung zu gestalten, sich selbst darin aktiv zu erleben: Ich kann etwas, jemanden verändern! … Somit ist Spiel … lustvolles Lernen: experimentieren, Gesichertes wiederholen, etwas wagen – unsicher werden; sich korrigieren; Veränderung suchen – neu probieren; sich vergewissern; erneut etwas riskieren; sich selbst und den/die Spielpartner erleben und bestätigen; neugierig werden auf mehr."

(Biene-Deißler, 2007, S. 240)

9.4.2 Die Bedeutung des Spiels

Man hat erkannt, dass das Spiel für die Entwicklung des Kindes äußerst wichtig ist, weil es das Kind auf angemessene Art und Weise vieles lehrt, was es zum Leben braucht.

> „Ich habe nichts gegen das Lernen, aber das Spielen ist meiner Meinung nach wichtiger."
> (Neill[1], 2004[46], S. 43)

Kinder **verarbeiten im Spiel die Wirklichkeit**. Durch das Spiel werden – mit Spaß und Freude – alle Bereiche gefördert, welche die Entwicklung und Persönlichkeitsentfaltung des Kindes ausmachen:

- **Motorischer Bereich**
  Durch das ständige In-Bewegung-Sein und die fein- und grobmotorische Betätigung im Spiel werden Koordinationsfähigkeit, Geschicklichkeit, Kraft und Kondition gefördert. Das Kind kann seinen natürlichen Bewegungsdrang ausleben und seine Kräfte messen.

- **Kognitiver Bereich**
  Durch die Auseinandersetzung des Kindes mit seiner Umwelt im Spiel erhält es ständig neue Informationen über seine Umwelt, die es speichert und zu Wissen ansammelt. Es entfaltet Fantasie und Kreativität, Flexibilität und Spontaneität. Zudem lernt das Kind, sich auf einen Gegenstand zu konzentrieren und diesem Aufmerksamkeit zu schenken.

- **Motivationaler Bereich**
  Im Spiel entfaltet das Kind von sich aus die Bereitschaft, aktiv zu sein und etwas zu leisten. Im Spiel wird die eigentliche Lern- und Leistungsmotivation, die für das spätere Leben von Bedeutung ist, aufgebaut.

- **Sprachlicher Bereich**
  Im Spiel spricht das Kind, ob laut oder leise vor sich hin oder mit anderen. Es benennt die Dinge und drückt seine Gedanken, Gefühle und Wünsche aus.

- **Emotionaler Bereich**
  Im Spiel erlebt das Kind die unterschiedlichsten Gefühle wie Freude, Zuneigung, Mitgefühl, Neid oder Leid und lernt, mit diesen Gefühlen umzugehen.

- **Sozialer Bereich**
  Im Spiel nimmt das Kind Kontakt zu den Mitspielern auf und macht so Erfahrungen im Umgang mit anderen Menschen. Es lernt, sich an Regeln zu halten, Niederlagen einzustecken, sich durchzusetzen oder sich in andere hineinzuversetzen.

- **Psychischer Bereich**
  Das Spiel ermöglicht dem Kind, seine Konflikte auszuspielen und zu verarbeiten sowie Spannungen und Aggressionen abzubauen. In diesem Sinne hat das Spiel **heilende Kraft**. Zudem werden durch die Erfolgserlebnisse im Spiel das Selbstvertrauen und Selbstbewusstsein des Kindes gestärkt.

Sigmund Freud und andere Tiefenpsychologen betrachten das Spiel als **Ausdruck des Unbewussten und als Aufarbeitungsmöglichkeit von Problemen und Konflikten**. Dabei

---

[1] Alexander Sutherland Neill (1833–1973) Begründer der Internatsschule „Summerhill" (siehe Kapitel 8.2.3)

geht es um ein **symbolisches Ausleben** von unverarbeiteten Konflikten im Spiel. Für den Psychoanalytiker *Hans Zulliger (2007[8])* ist das Spiel die „Sprache des Kindes" als Ausdruck
- von Auseinandersetzung mit seiner Umwelt,
- seiner Ich-Findung und
- seiner emotionalen Befindlichkeit.

> *„Spiel ist die elementare Tätigkeit, das fundamentale Lebenssystem des Kindes, in dem es im Beziehungsverhältnis seine Handlungskompetenz und seine Identität entwickelt und findet."*
> (Biene-Deißler, 2007, S. 241)

Kinder lernen spielend fürs Leben!

9.4.3 Arten des Spiels

Es gibt die unterschiedlichsten Möglichkeiten, die verschiedenen Spielarten zu gruppieren. Eine Einteilungsmöglichkeit ist die folgende:

- **Funktionsspiele**, die der Übung von körperlichen und geistigen Funktionen dienen
  Hierzu zählen zum Beispiel das Spielen des Säuglings mit seinen Gliedmaßen, das Springen und Hüpfen, Sprechspiele, Bewegungsspiele und Geschicklichkeitsspiele.

- **Gestaltungsspiele**, bei denen das Kind mithilfe von bestimmten Spielgegenständen etwas schafft bzw. konstruiert
  Beispiele hierfür sind Spiele, die sich zum Bauen und zum Zusammensetzen eignen.

- **Interaktionsspiele**, die der Kontaktaufnahme mit anderen Personen, dem Kennenlernen, dem Angstabbau, der Entspannung oder auch dem Training des Durchsetzungsvermögens dienen

- **Darstellende Spiele**, zu denen unterschiedlichste Arten von Rollenspiel, Theaterspiel und Figurenspiel gehören
  Kinder spielen beispielsweise Vater und Mutter, Räuber und Gendarm, Kaufladen, Schule oder Zahnarzt. Ein weiteres Beispiel ist das Kasperltheater-Spielen.

- **Regelspiele**, bei denen man festgelegte Regeln einhalten muss
  „Mensch ärgere Dich nicht", Mühle, Dame, Schach oder verschiedene Kartenspiele sind solche Tätigkeiten, bei denen sich die Spieler an Regeln halten müssen.

9.4.4 Das Spiel in der Erziehung

In der Regel spielt das Kind von sich aus, lediglich in der Heil- bzw. Sonderpädagogik und im Rahmen der Kinderpsychotherapie wird das Spiel bewusst und geplant eingesetzt.[1] Damit das Spiel die gewünschte Wirkung erzielt, ist es wichtig, dass der Erzieher

- den Entwicklungsstand und die sozialen Hintergründe des zu Erziehenden kennt,
- die Spiele, ihre Bedeutung und auch ihre Gefahren kennt und
- den zu Erziehenden bei seinem Spielen „begleitet", um etwa Außenseiter in das Spiel zu integrieren, Hilfestellung bei Konflikten zu geben – ohne ihn einzuschränken, ständig zu unterbrechen, zu tadeln oder zu korrigieren.

Dem Erzieher fallen in diesem Zusammenhang **drei Aufgaben** zu:

- die Berücksichtigung ausreichender **Spielzeit**,
- die Sorge um ausreichenden **Spielraum** und
- die Auswahl des richtigen **Spielzeugs**.

Kinder sollen spielen können, wenn es ihnen Freude macht, sie benötigen **ausreichend Spielzeit und Spielraum**. Eltern und andere Erzieher sollen ganz allgemein die Spielfreude des Kindes fördern, die es zu immer neuem Gestalten und neuen Versuchen anregt. Die Zeit zum Spielen sollte nicht als Belohnungs- bzw. Bestrafungsmittel eingesetzt werden – etwa wenn sie abhängig gemacht wird von schulischen Leistungen.

Ausreichender Spielraum ist in manchen Wohngegenden ein großes Problem: Oft sind die Wohnverhältnisse beengt, und der Straßenverkehr sowie die Wohnraumverdichtung lassen nur geringe Spielmöglichkeiten zu. Die ausgewiesenen Spielplätze entsprechen häufig nicht modernen pädagogischen Erkenntnissen, sie sind eintönig und kommen den Bedürfnissen von Kindern und Jugendlichen kaum entgegen.

Um dem Kind das richtige Spiel oder Spielzeug anbieten zu können, muss der Erzieher den pädagogischen Wert des Spiels oder Spielzeuges beurteilen und entsprechend das richtige Spiel oder Spielzeug auswählen können.

Beurteilungs- und Auswahlkriterien für gute Spiele oder Spielmaterialien sind:

- Spielmaterial darf Kinder weder über- noch unterfordern. Es muss das Interesse der Altersgruppe erregen, deren Fähigkeiten es erfordert. Die Spielregeln müssen dem Alter der Kinder entsprechend verständlich sein.

- Spielmaterial soll die Fantasie des Spielenden anregen.
  Die ein paar Sätze sprechende Puppe zum Beispiel behindert bzw. schränkt das Gespräch zwischen Kind und Puppe stark ein.

- Gutes Spielzeug ist vielseitig verwendbar, ausbaufähig und lange Zeit benutzbar.

- Das Kind sollte durch das Spielzeug verschiedene Materialien kennenlernen; vor allem kleine Kinder sollten mit angenehmen Materialien in Berührung kommen, damit sie einen positiven Eindruck von der Umwelt erhalten.

---

[1] vgl. hierzu Kapitel 13.4.4

- Spielmaterial sollte in Gewicht und Größe der Geschicklichkeit der Kinder entsprechen. Das einjährige Kind beispielsweise kann den kleinen Baustein noch nicht greifen. Der Kinderstuhl muss so klein sein, dass ihn das dreijährige Mädchen tragen kann, er muss jedoch auch so schwer sein, dass er noch standfest ist.

- Kinder brauchen nicht viele verschiedene Spielsachen, aber jedes Spielmaterial sollte in ausreichender Menge vorhanden sein.

- Spielzeug muss so verarbeitet sein, dass die Kinder sich damit nicht verletzen können. Ältere Kinder sollten jedoch auch die Gelegenheit haben zu lernen, mit den Gefahren des Alltags zurechtzukommen. Ein von Pädagogen zu beachtendes Gefahrenmoment besteht dann, wenn Kinder unterschiedlichen Alters zusammen spielen.

- Beim Kauf von Spielzeug sollte man darauf achten, dass es sich nicht verschlucken lässt und sein Material giftfrei ist, denn Kleinkinder stecken Spielsachen häufig in den Mund. Vor allem sollte man auf den Vermerk *„phthalatfrei"* achten, der auf den Verzicht von Weichmachern hinweist.[1]

„Da wir mit unserem absichtlichen Einrichten der Spielbedingungen und mit unserem Beobachten und Verstehen des Spiels immer nur einen Teil von dem erfassen, was die Kinder wirklich beim Spiel erleben, was sie denken und tun, sollten wir auch mit unseren Zuwendungen, unserem Herstellen der Bedingungen und unseren Eingriffen vorsichtig sein."

(Flitner, 2002², S. 136 f.)

Kinder werden im Spiel erzogen!

---

[1] Phthalate (griech.), Salze und Ester der o-Phthalsäure, werden als Weichmacher für bestimmte Stoffe verwendet und können Leber und Nieren schädigen und die Fortpflanzungsfähigkeit beeinträchtigen.

Zusammenfassung

- Unter Erziehungsmaßnahme versteht man eine Handlung des Erziehers, mit der er versucht, das Verhaltens des zu Erziehenden relativ dauerhaft dahin gehend zu verändern, dass es seinen gesetzten Erziehungszielen entspricht. Unter direkten Erziehungsmitteln versteht man alle erzieherischen Handlungen, mit denen ein Erzieher versucht, direkt – gleichsam von „Angesicht zu Angesicht" – Einfluss auf den zu Erziehenden zu nehmen; indirekte Maßnahmen sind alle Handlungen des Erziehers, bei denen der Erzieher selbst im Hintergrund steht und der beabsichtigte Einfluss über eine Situation oder ein Objekt geschieht.

- Mit unterstützenden Erziehungsmaßnahmen sind alle Handlungen des Erziehers gemeint, durch die ein angenehmer Zustand eintritt bzw. entsteht oder ein unangenehmer Zustand beseitigt, weggenommen bzw. entfernt wird und dadurch eine Verhaltensweise aufgebaut bzw. erlernt wird. Die häufigsten unterstützenden Erziehungsmaßnahmen sind das Lob und die Belohnung, der Erfolg, die Ermutigung, die Zuwendung, das gute Vorbild und das Spiel.

- Lob und Belohnung sind vom Erzieher eingesetzte Verhaltenskonsequenzen, die eine angenehme Wirkung haben und damit erreichen sollen, dass das erwünschte Verhalten vom zu Erziehenden häufiger gezeigt und erlernt wird. Belohnung erster Art meint die Darbietung einer angenehmen Verhaltenskonsequenz, als Belohnung zweiter Art bezeichnet man das Beenden eines unangenehmen Zustandes bzw. die Verhinderung eines solchen, damit das erwünschte Verhalten häufiger gezeigt und erlernt wird. In der neueren Literatur werden Lob und Belohnung nicht mehr so positiv bewertet, da sich Probleme bei ihrer Anwendung ergeben.

- Unter Erfolg wird eine angenehme Konsequenz verstanden, die unmittelbar aus einer bestimmten Verhaltensweise, Handlung oder einem Sachverhalt hervorgeht. Neben den positiven Wirkungen des Lobes hat der Erfolg den Effekt, dass der Heranwachsende aus Freude an der Sache lernt.

- Als Ich-Botschaften werden Äußerungen eines Menschen bezeichnet, die persönliche Empfindungen, Gefühle, Bedürfnisse und dergleichen ausdrücken. Unter aktivem Zuhören versteht man, richtig zuzuhören und dann mit Worten zu bestätigen, dass man das Gehörte auch begriffen hat.

- Mit gegenwirkenden Erziehungsmaßnahmen sind alle Handlungen des Erziehers gemeint, durch die ein unangenehmer Zustand eintritt bzw. entsteht oder ein angenehmer Zustand beseitigt, weggenommen bzw. entfernt wird und dadurch eine Verhaltensweise abgebaut bzw. verlernt wird. Die häufigsten gegenwirkenden Erziehungsmaßnahmen sind die Belehrung, die Erinnerung, die Ermahnung und der Tadel sowie die Drohung und die Strafe.

- Strafe und Bestrafung sind vom Erzieher eingesetzte Verhaltenskonsequenzen, die eine unangenehme Wirkung haben und damit erreichen sollen, dass das unerwünschte Verhalten vom zu Erziehenden weniger häufig bzw. nicht mehr gezeigt und verlernt wird. Bestrafung erster Art meint die Darbietung einer unangenehmen Verhaltenskonsequenz, die Bestrafung zweiter Art besteht in einer Konsequenz, die für den Betroffenen einen angenehmen Zustand beendet oder ihm die Möglichkeit verwehrt, einen solchen zu erreichen.

- Die negativen Auswirkungen von Strafe überwiegen derart, dass jeder Erzieher versuchen sollte, sie nur im Sinne einer Wiedergutmachung oder sachlicher Folgen einzusetzen. Wiedergutmachung bedeutet, den verursachten Schaden in Ordnung zu bringen bzw. das Fehlverhalten zu bereinigen, unter sachlicher Folge wird eine unangenehme Konsequenz verstanden, die unmittelbar aus einer bestimmten Verhaltensweise, Handlung oder einem Sachverhalt hervorgeht und so zu einer Verhaltensänderung bewegt.

- Das Spiel ist eine aus der Neugierde und dem Bewegungsdrang des Kindes entstehende, lustvoll erlebte und Freude bereitende sowie freiwillige zweckfreie geistige und/oder körperliche Tätigkeit und Auseinandersetzung des Kindes mit seiner Umwelt. Im Spiel kann das Kind die Wirklichkeit verarbeiten, es werden mit Spaß und Freude alle Bereiche der Persönlichkeitsentwicklung des Kindes gefördert. Man unterscheidet Funktions-, Gestaltungs-, Interaktionsspiele, darstellende Spiele und Regelspiele. Dem Erzieher fallen in diesem Zusammenhang drei Aufgaben zu, die Berücksichtigung ausreichender Spielzeit, die Sorge um ausreichenden Spielraum und die Auswahl des richtigen Spielzeugs.

Aufgaben und Anregungen Kapitel 9

Aufgaben

1. Bestimmen Sie den Begriff „Erziehungsmaßnahme" und beschreiben Sie diesen Begriff anhand einer ausgewählten Erziehungsmaßnahme.
   (Abschnitt 9.1)

2. Erläutern Sie an je einem Beispiel den Unterschied zwischen Erziehungsmaßnahme und Erziehungsmethode.
   (Abschnitt 9.1)

3. Zeigen Sie an je einem Beispiel direkte und indirekte Erziehungsmaßnahmen auf.
   (Abschnitt 9.1)

4. Erläutern Sie an verschiedenen Beispielen unterstützende und gegenwirkende Erziehungsmaßnahmen.
   (Abschnitt 9.1, 9.2 und 9.3)

5. Bestimmen Sie den Begriff „Lob" bzw. „Belohnung" und beschreiben Sie an einem Beispiel aus Ihrem Lebensbereich die beiden Arten des Lobes bzw. der Belohnung.
   (Abschnitt 9.2.1)

6. Legen Sie mögliche Probleme dar, die sich bei der Anwendung von Lob bzw. Belohnung ergeben können.
   (Abschnitt 9.2.1)

7. Erläutern Sie am Beispiel einer Erziehungssituation Bedingungen der Verstärkung.
   (Abschnitt 9.2.1)

8. a) Stellen Sie mögliche Wirkungen des Lobes bzw. der Belohnung dar.
   b) Erklären Sie mithilfe einer Theorie (z. B. einer Lerntheorie, Psychoanalyse) diese dargestellten Wirkungen des Lobes bzw. der Belohnung.
   (Abschnitt 9.2.1 und *Kapitel 5 oder 6*)

9. a) Beschreiben Sie den Erfolg als Erziehungsmaßnahme und stellen Sie seine möglichen Wirkungen dar.
   b) Vergleichen Sie das Lob bzw. die Belohnung mit dem Erfolg als Erziehungsmaßnahme.
   (Abschnitt 9.2.2 und 9.2.1)

10. a) Erläutern Sie an Beispielen Ich-Botschaften als Erziehungsmaßnahmen.
    b) Stellen Sie das Lob bzw. die Belohnung und die Ich-Botschaften kritisch gegenüber.
    (Abschnitt 9.2.3 und 9.2.1)

11. Stellen Sie anhand einer Erziehungssituation das aktive Zuhören als Erziehungsmaßnahme dar.
    (Abschnitt 9.2.3)

12. Bestimmen Sie den Begriff „Strafe" bzw. „Bestrafung" und beschreiben Sie an einem Beispiel aus Ihrem Lebensbereich die beiden Arten der Strafe bzw. der Bestrafung.
(Abschnitt 9.3.1)

13. a) Stellen Sie die Problematik häufigen Strafens dar.
    b) Beschreiben Sie Voraussetzungen, um die in a) dargestellten Probleme weitgehend zu vermeiden.
    (Abschnitt 9.3.1 und 9.3.2)

14. Zeigen Sie anhand von bestimmten Erziehungssituationen die Erziehungsmaßnahmen der Wiedergutmachung und der sachlichen Folge auf.
(Abschnitt 9.3.2 und 9.3.3)

15. Erklären Sie mithilfe einer Ihnen bekannten Theorie mögliche Wirkungen der Strafe.
(Abschnitt 9.3.1 und *Kapitel 5 oder 6*)

16. Beschreiben Sie an geeigneten Beispielen das Wesen des Spiels.
(Abschnitt 9.4.1)

17. Stellen Sie anhand verschiedener Spiele die Bedeutung des Spiels für das Kind dar.
(Abschnitt 9.4.2)

18. Zeigen Sie am Beispiel des Kindergartens oder einer anderen pädagogischen Einrichtung Arten des Spiels auf.
(Abschnitt 9.4.3)

19. Erläutern Sie wichtige Aufgaben der Spielerziehung.
(Abschnitt 9.4.4)

Anregungen

20. Fertigen Sie in Gruppen einen hierarchischen Abrufplan zu dem Thema „Maßnahmen in der Erziehung" an: Das Thema wird in einem ersten Schritt zu Begriffen bzw. Stichworten zusammengefasst. Dann werden diese Begriffe in Oberbegriffe, Unterbegriffe, untere Unterbegriffe usw. gegliedert.

21. Stellen Sie mithilfe von Plastilin dar, wie Sie Erziehung hinsichtlich des Einsatzes von bestimmten Erziehungsmaßnahmen erlebten.

22. *Fallbeispiel „Hanna"*
Hanna, ein zehnjähriges Schulkind sitzt über ihren Hausaufgaben. Eigentlich hat sie keine Lust, die Hausaufgaben zu machen, weil draußen schönes Wetter ist. Außerdem ist die Rechenaufgabe so schwer. Sie als Mutter bzw. Vater von Hanna beobachten aus der Ferne, wie Ihr Kind ziemlich unruhig auf seinem Schreibtischstuhl hin und her rutscht und schließlich eine Seite aus seinem Mathematikheft reißt und in die Ecke wirft. Dieses Verhalten finden Sie unmöglich. Sie gehen deshalb zu Ihrem Kind und ergreifen ein Erziehungsmittel ...
    – Bilden Sie Kleingruppen und diskutieren Sie, welche Erziehungsmaßnahme sie hier ergreifen würden. Begründen Sie Ihre Wahl.

- Schreiben Sie Ihr Vorgehen auf ein Plakat und hängen Sie es im Klassenzimmer auf.
- Sprechen Sie in der Klasse darüber, inwieweit Ihre Erziehungsmaßnahme Erfolg haben könnte.

23. *Puzzle*
    - Lesen Sie das Fallbeispiel zu Beginn des Kapitels.
    - Bilden Sie in Ihrer Klasse mehrere Gruppen und erarbeiten Sie in jeder Gruppe Erziehungsmaßnahmen, mit denen man solchen Situationen im Erziehungsalltag begegnen könnte.
    - Wechseln Sie anschließend die Gruppen, so dass in jeder neuen Gruppe Teilnehmer aus allen anderen Gruppen vorhanden sind. Erarbeiten Sie in diesen neuen Gruppen zwei gemeinsame Vorschläge, auf die sich alle Gruppenmitglieder einigen können. Notieren Sie diese zwei Vorschläge auf zwei kleinen Plakaten.
    - Ein Mitglied der Gruppe stellt die drei Aussagen dem Plenum vor.

24. *Sie sollen in einer Podiumsdiskussion des ADEC (= Allgemeiner Deutscher Erziehungsclub e.V.) die Teilnehmer von der Sinnlosigkeit der Bestrafung überzeugen.*
    Spielen Sie diese Podiumsdiskussion, indem eine oder mehrere Person(en) für die Strafe und eine oder mehrere andere Person(en) gegen die Strafe argumentieren. Die Klasse spielt die „Zuhörer" im Saal, die sich nach einer bestimmten Zeit an der Diskussion beteiligen können. Bestimmen Sie einen Moderator bzw. Gesprächsleiter.

25. *Übung: Der Einsatz von Ich-Botschaften in der Erziehung*
    In der linken Spalte finden Sie eine Liste mit typischen Lobformeln, sämtlich beurteilende Du-Botschaften. Lesen Sie sie nacheinander durch und ersetzen Sie sie dann durch eine positive Ich-Botschaft, die Ihrem Kind deutlich sagt, welche Wirkung sein Verhalten in diesem Moment auf Sie hatte. Schreiben Sie diese Ich-Botschaften in die rechte Spalte.

Du-Botschaft	Ich-Botschaft
Das war aber nett von dir, das Frühstücksgeschirr in die Spülmaschine zu stellen.	Es war schön, dass ich das Frühstücksgeschirr nicht in die Spülmaschine zu stellen brauchte, da habe ich Zeit gespart.
Du bringst jetzt viel zuverlässiger den Müll nach draußen.	
Es war gut von dir, dass du nicht zu der Fete gegangen bist, weil du wusstest, dass es dort Alkohol gab.	
Als die Gäste kamen, hast du dich wie eine kleine Dame benommen und ihnen die Mäntel abgenommen.	
Du wirst jetzt viel besser damit fertig, wenn du bei einem Spiel verlierst.	

Quelle: Gordon, 2005[19], S. 90

26. *Rollenspiel*
    - Spielen Sie mit einem Mitschüler in einem Rollenspiel das Gespräch zweier Schüler, von denen sich der eine (A) vom anderen (B) gemobbt fühlt. A sieht diesen Vorwurf darin belegt, dass B immer lacht, wenn A etwas sagt, dass B alle Aussagen von A im Unterricht hinterfragt und häufig ins Lächerliche zieht, dass B hinter dem

Rücken von A über diesen herzieht und die anderen Mitschüler immer wieder auf die Fehler von A hinweist.
- Spielen Sie das Gespräch zweimal durch: Beim ersten Mal mit Du-Botschaften, beim zweiten Mal unter Verwendung von Ich-Botschaften und aktivem Zuhören.
- Arbeiten Sie nach den Rollenspielen in der Klasse die Unterschiede zwischen den beiden Gesprächen heraus.

27. Stellen Sie sich vor, Sie arbeiten in einem Kindergarten oder Hort und haben die Aufgabe, die Eltern beim bevorstehenden Elternabend über unterstützende Erziehungsmaßnahmen zu informieren.
Überlegen Sie sich eine geeignete Methode und informieren Sie die Eltern über die derzeitigen pädagogischen Erkenntnisse.

28. *Beurteilung von Spielzeugangebot*
    - Teilen Sie sich in Vierergruppen auf.
    - Gehen Sie in Spielzeugabteilungen der Geschäfte und Kaufhäuser Ihrer Stadt und beurteilen Sie das derzeitige Spielzeugangebot.
    - Notieren Sie Ihre Beurteilung.
    - Erstatten Sie in der Klasse Bericht über das Spielzeugangebot und Ihre Beurteilung.

29. *Das Eseltreiberspiel*
    - Die Klasse wird in zwei Gruppen geteilt.
    - Die Mitglieder der Gruppe A sind die Eseltreiber. Die Mitglieder der Gruppe B sind die Esel.
    - Je ein Esel und ein Eseltreiber bilden ein Paar.
    - Das Spiel besteht darin, dass die Eseltreiber versuchen, jeweils ihren störrischen Esel dazu zu bringen, auf die andere Seite des Raumes zu gehen. Es hat der Eseltreiber gewonnen, dessen Esel als erster den Raum durchquert hat.
    - Am Ende des Spiels müssen die Esel der Klasse mitteilen, welche „Erziehungsmaßnahme" ihres Eseltreibers sie dazu bewogen hat, auf die andere Seite des Raumes zu gehen.

30. *„Wer wird Millionär?"*
    - Erstellen Sie in Kleingruppen je zehn Fragen zu diesem Kapitel. Jeder Frage sind vier Antwortvorschläge hinzuzufügen, von denen nur eine Antwort richtig sein darf.
    - Mischen Sie anschließend die Fragen der verschiedenen Kleingruppen und spielen Sie in der Klasse das Spiel „Wer wird Millionär?".

31. *Spiel: „Tabu"*
    - Schreiben Sie in Kleingruppen wichtige Begriffe aus diesem Kapitel auf je eine Karte und schreiben Sie unter jeden Begriff vier Wörter, die bei der Erklärung des Begriffes **nicht** verwendet werden dürfen.
    - Im Spiel geht es darum, dass verschiedene Teams gegeneinander spielen. Ein Spieler zieht einen Begriff, den seine Mitspieler nicht sehen und den er seinem Team erklären muss. Bei dieser Erklärung darf er die Wörter, die zu dem jeweiligen Begriff angegeben sind, nicht verwenden.
    - Das Team, das die meisten Begriffe erraten hat, hat gewonnen.

10 Erziehung durch Medien

Über Gewaltdarstellungen in den Medien gibt es sehr gegensätzliche Auffassungen.

Folgende Fragen werden in diesem Kapitel geklärt:

1. Was versteht man unter Medienpädagogik?
   Welche Ziele und Aufgaben verfolgt sie?

2. Welche Wirkungen haben Massenmedien?
   Welche Gefahren können von ihnen ausgehen?

3. Wie können Eltern und andere Erzieher Medien verantwortungsbewusst einsetzen?
   Welche Möglichkeiten hierzu kennt die Medienpädagogik?

10.1 Medienpädagogik

Ein Leben ohne Massenmedien – wie zum Beispiel Fernsehen, Hörfunk, Tageszeitungen, Telefon, Handy oder Internet – ist in modernen Industriegesellschaften unvorstellbar. Massenmedien erfüllen wichtige Funktionen sowohl für den Einzelnen als auch für die Gesellschaft, bergen aber auch große Gefahren.

10.1.1 Der Begriff „Medienpädagogik"

Der Begriff **„Medium"**[1] wird in verschiedenen Bedeutungen gebraucht. In der Kommunikationswissenschaft bezeichnet er ein **Instrument, welches Informationen an andere Personen überträgt und/oder der Kommunikation dient**.

So handelt es sich beispielsweise bei dem Tageslichtprojektor (Overheadprojektor) in der Schule um ein Medium: Er gibt Informationen an die Schulklasse weiter.

> Medium bezeichnet ein Instrument, welches Informationen an andere Personen überträgt und/oder der Kommunikation dient.

Der Leser, Hörer oder Zuschauer eines Mediums wird als **Rezipient** bezeichnet.

Handelt es sich um Medien, die ein großes Publikum erreichen wollen, so spricht man von **Massenmedien**. Die bekanntesten Massenmedien sind

- **Fernsehen**,
- **Video**,
- **Film**,
- **Hörfunk**,
- **Computer**, insbesondere Video- und Computerspiele sowie Internet,
- **Telefon** bzw. **Handy** und **Telefax**,
- **Printmedien**, die die gesamte Literatur (Bücher, Zeitungen, Zeitschriften) umfassen, und
- **Tonträger** wie Schallplatten, Tonband, Tonkassetten, CD oder DVD.

In der heutigen Zeit werden Informationen der Massenmedien nicht mehr nur durch ein einzelnes Medium transportiert, sondern durch ein **Verbundsystem von mehreren Medien**. So wird heute nicht mehr nur ein Film produziert und gezeigt, sondern dieser wird auch durch Bücher, Zeitschriften, bedruckte T-Shirts, Aufkleber, Interviews u. a. vermarktet. In der Regel geschieht dies aus kommerziellen Gründen *(Merchandising)*.

> Von einem Medienverbund spricht man, wenn mehrere Massenmedien zur Transportierung von Informationen eine Verbindung eingehen.

Massenmedien haben in unserer Gesellschaft wichtige **Funktion** zu erfüllen:

- sie dienen der **Meinungsspiegelung**,
- sie vermitteln **Informationen**,
- sie **kritisieren und kontrollieren** politisch verantwortliche Organe wie beispielsweise die Bundesregierung,
- sie dienen der **Unterhaltung**,
- sie ermöglichen **Kommunikation** sowie die Teilhabe an gesellschaftlichen Kommunikationsprozessen.

---
[1] *medium (lat.):* in der Mitte befindlich

Die **Medienpädagogik** beschäftigt sich mit erzieherischen Fragen, Problemen und Themen, die mit den verschiedenen Medien, insbesondere mit den Massenmedien zusammenhängen.
Damit kann zum Beispiel gemeint sein, welche Wirkungen Fernsehsendungen auf Kinder und Jugendliche haben, welche Gefahren von Medien ausgehen oder wie Eltern und Erzieher Medien sinnvoll einsetzen können.

Die Erziehung zur Handhabung von und zum kritischen Umgang mit Medien wird in der Fachliteratur mit **Medienerziehung** bezeichnet.[1]

> Die Medienpädagogik beschäftigt sich mit allen erzieherischen Fragen, Problemen und Themen, die mit den verschiedenen Medien zusammenhängen.
> Mit Medienerziehung bezeichnet man die Erziehung zur Handhabung von und zum kritischen Umgang mit Medien.

10.1.2 Richtungen der Medienpädagogik

Innerhalb der Medienpädagogik gibt es unterschiedliche Schwerpunkte, die als Richtungen in der Medienpädagogik bekannt sind. Jede Richtung hat einen bestimmten Schwerpunkt sowie verschiedene Ziele und Aufgaben *(vgl. Keller/Novak, 2001[8], S. 252)*:

- Die **integrative** (eingliedernde) **Medien- und Kommunikationspädagogik** betrachtet Medien als Informations-, Erlebnis- und Lernquellen, die sich an der jeweiligen entwicklungspsychologischen Situation der Kinder orientieren.
  Beispielsweise wird der Fragestellung nachgegangen, welche Sendungen für sechsjährige Kinder geeignet erscheinen und wie sie sich auf ihre Entwicklung auswirken können.

- Die **kritische Medienpädagogik** will die Medien als Ideologieträger und Manipulations-Instrumente enttarnen.
  Es geht hier beispielsweise um die Fragestellung, wie Menschen durch Massenmedien bewusst manipuliert werden.

- Die **instrumentelle** – Medien als Instrument einsetzende – **Medienpädagogik** sieht die Medien als Mittler in Erziehung, Bildung und Unterricht. Medien werden hier als Ausdrucks- und Mitteilungsmöglichkeiten betrachtet.
  Beispielsweise können mithilfe von Medien im Unterricht bestimmte Lerninhalte für Schüler besser verdeutlicht oder erfahrbarer gemacht werden als nur durch einen Vortrag.

- Die **agitative** (beeinflussende) **Medienpädagogik** untersucht die Abhängigkeit der Aussagen in den Massenmedien zum jeweiligen Gesellschaftssystem, da Medien auch zur Unterdrückung oder zur Festigung bestimmter Ideologien dienen können.
  In manchen Ländern werden Massenmedien gezielt eingesetzt, um die politische Linie eines Landes zu unterstützen oder um die Denkweise von Menschen gezielt zu beeinflussen.

- Die **präventive** (vorbeugende) **Medienpädagogik** untersucht Gefährdungen junger Menschen durch Massenmedien und versucht, solchen negativen Entwicklungen vorzubeugen.
  Beispielsweise wird der Fragestellung nachgegangen, wie sich gewaltverherrlichende Filme oder Computerspiele auf Kinder und Jugendliche auswirken und wie man diesem Problem begegnen kann.

---

[1] *vgl. Abschnitt 10.3*

Richtung	Forschungsgegenstand
Integrative Medien- und Kommunikationspädagogik	Medien als Lernquellen, die sich am Entwicklungsstand der Kinder orientieren
Kritische Medienpädagogik	Entlarvung der Medien als Manipulationsinstrumente, Träger von Ideologien
Instrumentelle Medienpädagogik	Medien als Mittel in Bildung, Unterricht und Erziehung
Agitative Medienpädagogik	Abhängigkeit der Medien vom Gesellschaftssystem, Medien zur Verteidigung von Ideologien
Präventive Medienpädagogik	Gefährdungsmöglichkeiten durch Massenmedien, Verhinderung unerwünschter Entwicklungen

„Medienpädagogik ist die Vermittlungsebene zwischen Medienalltag und Medienhandeln. Die Zielperspektiven der Medienpädagogik sind aus diesem Spannungsfeld zu entwickeln. Pädagogische Erklärungen und Modelle beziehen ihre inhaltlichen Schwerpunkte und methodischen Vermittlungsprinzipien einerseits aus dem vorgegebenen Medienalltag und andererseits aus der subjektiven Aufnahme und Ausprägung dieses Alltags, dem Medienhandeln der Subjekte. Medienpädagogische Forschung und Praxis hat sich letztlich darauf zu konzentrieren, die Souveränität von Medienhandeln zu stärken."

(Hüther/Schorb, 2005[4], S. 276)

10.1.3 Ziele und Aufgaben der Medienpädagogik

Die Medienerziehung leistet einen wichtigen Beitrag zur Sozialisation junger Menschen. Sie soll Kindern und Jugendlichen verdeutlichen, dass Medien die politische und moralische Beschaffenheit einer Gesellschaft widerspiegeln und dass Medien gesellschaftliche Entwicklungen beeinflussen können.

Der Rezipient soll sich für bestimmte Teile des Medienangebots bewusst entscheiden, diese Teile kritisch betrachten und sich anschließend überlegen, welche Bedeutung der ausgewählte Beitrag für ihn selbst bzw. für seine gesellschaftliche Umgebung hat. Wir sprechen in diesem Zusammenhang von einem **mündigen Rezipienten**.

Dabei sollen junge Menschen im Rahmen der Medienerziehung *(vgl. Bayerisches Staatsministerium für Unterricht, Kultus, Wissenschaft und Kunst, 1996, S. 13)*

- die Verbreitung und Wirkung von Medien kennenlernen,
- Medien verstehen und beurteilen lernen,
- Medien gestalten und einsetzen lernen,
- Medien auswählen und auswerten lernen und
- Medien im gesellschaftlichen Zusammenhang sehen lernen.

Um das Hauptziel der Medienpädagogik, einen mündigen Rezipienten zu erreichen, muss die Medienpädagogik beim Leser, Hörer oder Zuschauer folgende **Aufgaben** bewältigen:

- Sachwissen und Kenntnis über Massenmedien vermitteln;

- Möglichkeiten schaffen, um die unterschiedlichen Aussagen der Massenmedien zu verstehen, darüber nachzudenken und die damit verbundenen Reaktionen kritisch zu betrachten;

- ein Bewusstsein schaffen, wie Massenmedien auf den Einzelnen wirken können.

10.1.4 Das Medienverhalten von Kindern und Jugendlichen

Die Zahl der Fernseh- und Rundfunkprogramme nimmt seit der Einführung von Kabel- und Satellitenempfang stetig zu, mehrere zehntausend Videos und DVDs aus dem Bereich Spielfilm werden angeboten, die verschiedensten Computerspiele stehen zur Auswahl, Computer werden in Haushalten für Berufstätigkeiten zu Hause (beispielsweise Teleworking), zur Freizeitgestaltung (beispielsweise Computerspiele) oder für Alltagstätigkeiten (beispielsweise Textverarbeitung) eingesetzt und das Internet ermöglicht den weltweiten Zugriff auf unzählige Daten.

Das wichtigste Motiv für den Konsum von Erzeugnissen der Massenmedien ist die Suche nach Entspannung und Unterhaltung. Als weitere Motive werden unter anderen Zeitvertreib, das Vertreiben von Langeweile, das Suchen von Vorbildern, Anregungen für die Meinungsbildung, Informationsbeschaffung und Ersatz für die zwischenmenschliche Kommunikation genannt.

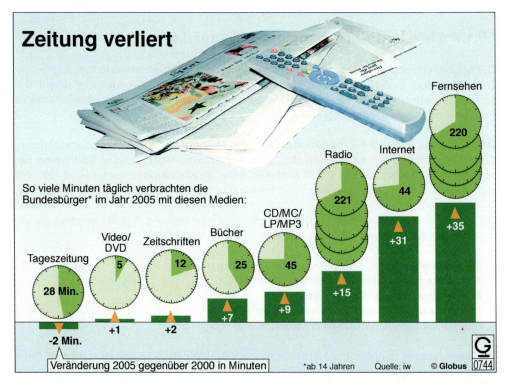

Besonders Kinder und Jugendliche werden von der Vielfalt der angebotenen Medien angesprochen. Medienerfahrungen sind Alltagsbestandteil ihrer Lebenswelt.

- **Printmedien** sind unter Jugendlichen nicht sonderlich beliebt. Die Lust am Lesen ging insgesamt zurück. Von den 10- bis 11-jährigen Mädchen und Jungen geben 48 % an, dass sie täglich lesen, von den 14- bis 17-jährigen lesen nur noch 27 % täglich *(vgl. Bofinger, 2005[4], S. 114).*

- **Auditive Medien** – zum Beispiel Radio, Kassetten, CDs oder MP3 – sprechen besonders Kinder und Jugendliche an. Die 6- bis 7-jährigen Kinder benutzen die auditiven Medien im Durchschnitt eine halbe Stunde primär für Hörgeschichten, bei den Älteren wird das Musikhören zentraler. Mehr als ein Viertel der 13-jährigen hört täglich Musik *(vgl. Theunert, 2005[4], S. 196).*

- **Audiovisuelle Medien** – sie vermitteln Informationen optisch und akustisch – üben auf Heranwachsende jeden Alters eine besondere Anziehungskraft aus. Beinahe jeder Haushalt in Deutschland verfügt über ein *Fernsehgerät*, wobei von den 6- bis 13-jährigen knapp 20 %, bei den Jugendlichen etwa 58 % ein eigenes Fernsehgerät in ihrem Zimmer haben. Es lässt sich beobachten, dass der durchschnittliche Fernsehkonsum altersabhängig ist: Bei den 11-jährigen beträgt die durchschnittliche Sehdauer pro Tag 1,9 Stunden, bei den 15-jährigen 2,2 Stunden, wobei die Kinder in Ostdeutschland mehr fernsehen als in Westdeutschland.

„Wir unterbrechen unsere Sendung für eine wichtige Mitteilung: Draußen ist ein schöner Tag!"

Dabei gibt es eine große Diskrepanz zwischen den Gruppen: Sog. „Wenigseher" sehen täglich im Durchschnitt nur 0,8 Stunden fern, die „Vielseher" dagegen knapp 2,9 Stunden. Mit rund 31 % stellt damit das Fernsehen für die „Vielseher" die wichtigste Beschäftigung in der Freizeit dar *(vgl. Myrtek, 2006, S. 3).* Es kann auch als gesichert gelten, dass Kinder aus der Mittelschicht weniger „in die Röhre gucken" als Unterschichtskinder und dass in großen Familien der Fernsehkonsum höher ist als in kleinen Familien. Besonders beliebt sind Zeichentrickfilme, Actionserien und das Reality-TV. Insgesamt ist zu beobachten, dass das Fernsehen immer mehr zu einer Tätigkeit „nebenbei" wird.

Videorecorder nutzen Jugendliche durchschnittlich $1/2$ Stunde täglich, wobei Action-, Klamauk-, Abenteuer-, Horror- und Gruselfilme dominieren. Ungefähr 60% der 12- bis 17-jährigen gehen monatlich einmal ins Kino.

Viel Fernsehen schadet der Kindergesundheit

München (sid) – Eltern sollten den Fernsehkonsum ihrer Kinder kontrollieren. Dazu rät die Stiftung Kindergesundheit aufgrund von Studien, die belegen, dass Kinder mit hohem TV-Konsum gesundheitlich gefährdet sind und sie schlechtere Leistungen erbringen. So erreichen Kinder zwischen fünf und 15, die mehr als drei Stunden täglich fernsehen, am häufigsten keinen Schulabschluss.

Quelle: Süddeutsche Zeitung, 05.07.2006, S. 10

- **Computer und Laptops** sind mittlerweile in vielen Haushalten in der Bundesrepublik vorhanden und finden einen immer stärkeren Eingang in die Lebensbereiche von Kindern und Jugendlichen. Nach der *JIM-Studie (2005)* besitzen 57 % der Jugendlichen einen Computer. Mädchen benutzen den Computer hauptsächlich als Arbeits- und Kommunikationsmittel, die Jungen machen lieber Computer- oder Konsolenspiele. 35 % der Jungen spielen mehrmals pro Woche Konsolenspiele, bei den Mädchen sind es nur 6 %. Der Trend isoliert am Computer zu spielen, ist bei den Jungen rückläufig. Gymnasiasten benutzen den Computer häufiger als Hauptschüler *(vgl. Medienpädagogischer Forschungsverbund Südwest (Hg.), 2005, S. 32)*.

Nach Berichten des „Heute Journal" vom 21. Dezember 2006 sind 5 % aller Computerspiele sog. Killerspiele, die eine Gewalt verstärkende Wirkung auf Menschen haben können (vgl. Abschnitt 10.2.4).

Auf das **Internet** können nach der JIM-Studie (2005) ca. 86 % der 12- bis 19-jährigen zugreifen. Besonders am Wochenende benutzen Jugendliche das Internet als Freizeit- und Unterhaltungsmedium. Vorteil des Internets ist, dass Jugendliche die Möglichkeit haben, selbstbestimmt und zeitunabhängig Inhalte abzurufen, die sie aktuell interessieren. Die Beschäftigung mit dem Internet oder mit dem PC nimmt einen Anteil von lediglich 5 % der Gesamtmediennutzung Jugendlicher ein *(vgl. Medienpädagogischer Forschungsverbund Südwest (Hg.), 2005, S. 39)*.

Mit pornografischen, rechtsextremen oder gewalthaltigen Inhalten kamen etwa ein Drittel der 12- bis 19-jährigen Internet-Nutzer in Berührung, wobei nicht geklärt werden konnte, ob die Jugendlichen diese Angebote zufällig oder bewusst genutzt haben. Fast alle Jugendlichen gaben an, problematische Seiten sofort zu schließen. Dennoch dürfte der Anteil der jugendlichen Nutzer problematischer Seiten größer sein, weil viele Jugendliche sozial erwünscht antworten *(vgl. Medienpädagogischer Forschungsverbund Südwest (Hg.), 2005, S. 35 ff.)*.

- Das verbreiteste Medium unter Kindern und Jugendlichen ist das **Mobiltelefon**, umgangssprachlich **Handy** genannt. Laut der *JIM-Studie* besitzen 92 % der 12- bis 19-jährigen ein eigenes Mobiltelefon, wobei jugendliche Nutzer das Handy weniger zum Telefonieren als viel mehr zum Versenden von Kurznachrichten (**S**hort **M**essage **S**ervice, SMS) benutzen. Auch das Fotografieren mit dem Handy wird für Jugendliche immer attraktiver. Die Jugendlichen verfügen meist über Geräte der „neuen Generation", Infrarotschnittstelle (50 % der Jugendlichen), die Möglichkeit Radio zu hören (27 %) und ein integrierter MP3-Player machen das Handy zunehmend zu einem Multimediagerät. Auch im Kindesalter spielt laut *JIM-Studie* das mobile Telefon bereits eine große Rolle, fast jedem zweiten Kind steht ein Handy zur Verfügung *(vgl. Medienpädagogischer Forschungsverbund Südwest (Hg.), 2006, S. 2).*

Regel 1: Wann immer irgendwo ein Handy klingelt, zeige der staunenden Welt, dass du eines hast: Greife erst mal wie selbstverständlich zu deinem Handy.
Regel 2: Sprich am Handy laut und deutlich. Deine Mitmenschen haben ein Recht darauf, das Gespräch mitzubekommen.
Regel 3: Und das Handy in Theater und Oper? Nur zu! Der wahre Künstler fühlt sich durch Klingelgeräusche zu Höchstleistungen angespornt.
Regel 4: Ein weiterer Aberglaube: Telefonieren beim Autofahren bringt Unglück! FALSCH. Es trainiert nützliche Fertigkeiten wie Einhändigfahren oder Überkreuzschalten.
Regel 5: Selbst ein Telefonat während des Liebesspiels ist nicht tabu. Man hat sicher Verständnis dafür, dass du erst deine Neugier befriedigen willst.
(vgl. http://www.logosofort.de/ smssprueche/handy-verhaltensregeln.htm)

Ohne großes technisches Wissen ist es möglich, sich Gewaltvideos, Pornofilme, Filme mit rassistischem Hintergrund oder Computerspiele vom Internet auf sein Handy herunterzuladen. Die Hälfte aller Jugendlichen kennt laut JIM-Studie eine(n) Freund(in), der (die) solche Filme oder Spiele auf das Handy geschickt bekommen hat; 7 % der Jugendlichen gaben an, selbst diese Filme erhalten zu haben. Jeder sechste Jugendliche beobachtete selbst, wie Prügeleien mit dem Handy gefilmt wurden *(vgl. Medienpädagogischer Forschungsverbund Südwest, 2006, S. 11).*

Nutzung von Medien der 12- bis 19-jährigen (in Prozent)

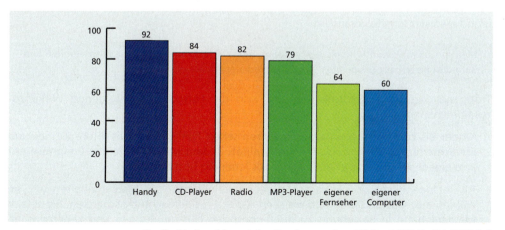

Quelle: Medienpädagogischer Forschungsverbund Südwest (JIM-Studie), 2006, S. 2

Medienbeschäftigung in der Freizeit

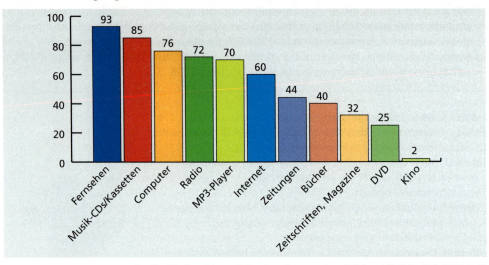

Quelle: Medienpädagogischer Forschungsverbund Südwest (JIM-Studie), 2005, S. 11

10.2 Die Wirkung von Massenmedien

Vor einigen Jahren erlitt nach einer Sendung im Fernsehen die deutsche Fischerindustrie existenzbedrohende Umsatzeinbußen. Es wurden Fische gezeigt, die mit Fadenwürmern infiziert waren, und in der Sendung wurde behauptet, dass die fischverarbeitende Industrie keine systematischen Kontrollen gegen Schädlinge durchführt. In einer Fernsehserie überwand ein körperbehindertes Mädchen seine Krankheit und machte Karriere als Primadonna. Folge dieser Ausstrahlung war, dass in Deutschland die Anmeldungen bei den Ballettschulen sprunghaft zunahmen.

10.2.1 Medienkonsum und -wirkung

Die moderne Wirkungsforschung der Medienpädagogik beschäftigt sich mit Wahrnehmungs- und Verarbeitungsweisen der Rezipienten. Eine Wirkung von Medien liegt dann vor, wenn sich Verhaltensweisen, Einstellungen und Befindlichkeiten der Rezipienten aufgrund medialer Inhalte verändern.

> Man spricht von einer Wirkung des Mediums, wenn sich Verhaltensweisen, Einstellungen und Befindlichkeiten der Rezipienten aufgrund medialer Inhalte verändern.

Trotz mancher Gegensätzlichkeiten sind sich die Forscher über folgende Wirkungszusammenhänge einig:

- Kinder bis zum Alter von ca. sechs Jahren sehen Filme anders als ältere Kinder und Erwachsene. Für sie sind Filmszenen Realität. Zudem beziehen sie alle Ereignisse auf ihre eigene Person und erleben Dinge als lebendig und beseelt.
- Ältere Jugendliche und Erwachsene gehen reflektierter mit Medieninhalten um, sie wählen aus, was sie sehen und welchen Aspekten sie Beachtung schenken. Sie setzen Medieninhalte in Beziehung zu ihren sonstigen Überzeugungen und Lebenszusammenhängen.

- Medieninhalte wirken sowohl auf Gefühls- und Denkprozesse als auch auf die körperliche Befindlichkeit. Reale und mediale Erfahrungen können sich vermischen und Medieninhalte können sich in vorhandene Denk- und Gefühlsstrukturen einbetten, sie verfestigen oder auch verformen.

- Medieninhalte führen nicht allein und zwingend zu bestimmten Verhaltensweisen wie zum Beispiel zu Gewaltbereitschaft, aggressivem Verhalten oder Kriminalität, sie können jedoch vorhandene Orientierungen und Bereitschaften fördern.

Viele Medienwissenschaftler gehen davon aus, dass kein Medium eine Wirkung an sich hat, aber kein Medium bleibt beim Rezipienten letztlich ohne Wirkung. Sie berufen sich auf Forschungsergebnisse, die zeigen, dass zwar keine genau bestimmte Wirkung auszumachen ist – beispielsweise kann man nicht sagen, welche konkreten Spuren bestimmte Gewaltszenen in einem Film oder auf Video hinterlassen –, dass aber jedes Medium beim Rezipienten eine unbestimmte Wirkung zeigt.[1] Dies macht deutlich, dass **Wirkungen von Medien vom Zusammenspiel zwischen dem Medium und dem Rezipienten abhängen**.

Eine neue Längsstudie an mehr als 700 Kindern und Jugendlichen belegt, dass es einen eindeutigen Zusammenhang zwischen dem Ausmaß des Fernsehkonsums und späteren aggressiven Verhaltensweisen gibt.[2] Gesichert ist auch der Einfluss von Werbung auf Kinder und Jugendliche *(vgl. Myrtek, 2006, S. 2)*.

10.2.2 Theorien der Medienwirkung

Hinsichtlich der Wirkung von Medien gibt es verschiedene Theorien. Diese lassen sich unterteilen in Theorien, die die Wirkung von Medien **allgemein** erklären, und Theorien, die sich speziell mit den Auswirkungen von Gewalt-, Horror- und pornografischen Darstellungen auf den Repizienten befassen.

Einen Überblick über die **allgemeinen Medienwirkungstheorien** geben *Böcher/Koch (1998, S. 245)*:

Wirkungstheorie	Zentrale Aussage dieser Theorie
Reiz-Reaktionsmodell (Stimulus-Response)	Dieses Modell geht von einer starken Wirkung der Massenmedien aus. Hiernach sind grundsätzlich alle Mitglieder der Gesellschaft durch die Massenmedien beeinflussbar. Um die gewünschte Wirkung (Beeinflussung des Menschen) zu erzielen, müssen alle Reize, die in die gewünschte Richtung gehen, verstärkt dargeboten werden, während Reize, die dieser gewünschten Beeinflussung entgegenwirken, unterdrückt werden müssen. Dieses Modell unterstellt in seiner Konsequenz auf jeden Fall eine Wirkung.
Zweistufenfluss der Kommunikation (Two-Step-Flow of Communication)	Massenmedien wirken nach diesem Modell zweistufig: Meldungen und Nachrichten gelangen zunächst zu den sogenannten Meinungsführern (Minderheit) und dann über diese zu den weniger aktiven Teilen der Bevölkerung (Mehrheit). Politisch stark interessierte Menschen mit eigenem Standpunkt (Opinion-Leader = Meinungsführer) nehmen mediale Botschaften auf und geben diese (in veränderter Form) an eher passiv agierende Menschen (Opinion-Follower = Meinungsübernehmer) weiter. Die Botschaft der Massenmedien wirkt also nicht direkt auf die Hauptkonsumenten, diese lassen sich jedoch eher durch die Meinung ihnen vertrauter Personen beeinflussen.

---

[1] Diese Ansicht vertreten nicht alle Medienwissenschaftler wie zum Beispiel Manfred Spitzer (2005) oder Ingrid Möller („Potsdamer Studie").
[2] siehe Abschnitt 10.2.4

Wirkungstheorie	Zentrale Aussage dieser Theorie
Nutzenansatz (Uses and Gratifications-Approach)	Hier steht die aktive Rolle der Konsumenten bei der Auswahl der Medienangebote im Zentrum. Welche Motive und welche Bedürfnisse führen dazu, ganz bestimmte Medienangebote zu nutzen? Ein erweiterter Nutzenansatz fragt nach dem Katalog der Bedürfnisse, die ein Rezipient hat und welche Medienangebote diese Bedürfnisse am ehesten befriedigen können. Wer also z.B. Bedürfnisse nach kommerzieller Popmusik befriedigen will, „zappt" so lange, bis er auf den Musikkanälen fündig geworden ist, also seine Bedürfnisbefriedigung erhält.
Thematisierungsansatz (Agenda-Setting-Approach)	Der Grundgedanke ist, dass die Medien durch ihre fortlaufende Berichterstattung bestimmte Themen besetzen und über diese häufiger als über andere berichten. Diese Themen werden sich also zwangsläufig in der Folgezeit auch in den Köpfen der Konsumenten widerspiegeln. In einer Art Langzeitwirkung werden Aussagen der Massenmedien die Konsumenten beeinflussen und ihr Weltbild mitgestalten.
Ansatz zur Wirklichkeitskonstruktion (Reality-Construction-Approach)	Die Wirklichkeit, die die Medien darbietet, wird von den Rezipienten zur eigenen Wirklichkeitskonstruktion benutzt. Kulturelle Muster, die durch die Medien vermittelt werden, werden von den Konsumenten oftmals kritiklos übernommen. So ist es nicht verwunderlich, dass gerade Vielseher die im Fernsehen gezeigten Ansichten und Einstellungen übernehmen.
Wissenskluft-Hypothese (Knowledge-Gap-Hypothesis)	1970 wurde in einer Untersuchung festgestellt, dass die kognitiven Inhalte der Medienangebote nicht von allen Teilen der Bevölkerung gleich genutzt wurden: Bevölkerungsschichten mit einem höheren sozialökonomischen Status und höherer Bildung eignen sich die Wissensangebote der Massenmedien wesentlich intensiver an als andere Bevölkerungsschichten mit niedrigerem sozialökonomischen Status. Die daraus resultierende Wissenskluft nimmt tendenziell zu.

Die Theorien, die sich speziell mit den **Auswirkungen von Gewalt-, Horror- und pornografischen Darstellungen** auf den Rezipienten befassen, stellen folgende Thesen auf:

- Die **Stimulationsthese**[1] (Ermunterungsthese): Gewalt-, Horror- und pornografische Darstellungen in Medien enthemmen menschliches Verhalten und regen zum Nachahmen an.
- Die **Katharsisthese**[2]: Durch das Betrachten von Aggressionen und Gewaltszenen leben sich unterdrückte Triebregungen aus, so dass auf diese Weise beim Rezipienten Aggressivität während der Beobachtung der Gewaltszene abgebaut wird.
- Die **Habitualisierungsthese**[3]: Betrachtet der Rezipient häufiger Gewaltdarstellungen, dann führt dies zu Gleichgültigkeit und Abstumpfung gegenüber Gewalt, der Rezipient sieht die Gewaltanwendung selbst als ein Mittel, das er in entsprechenden Situationen anwenden kann.
- Die **Inhibitionsthese**[4]: In Medien dargestellte Gewalt lässt beim Rezipienten aggressive Handlungen nicht zu, da Gewalt in modernen Industriegesellschaften nicht gebilligt wird und dies Schuldgefühle und/oder Ängste hervorrufen würde.

Lukas, 11 Jahre alt, bekommt ein Comic-Heft in die Hände. In diesem Heftchen schlägt der „Held" auf seinen Gegner mit seinen bloßen Fäusten ein. Der „böse" Gegner ist besiegt und der „Held" wird von den anderen Figuren im Comic-Heft gefeiert.

Nach der Stimulationsthese enthemmt der Comic-Held bei Lukas aggressives Verhalten; die Katharsisthese behauptet das Gegenteil, nämlich dass durch das Lesen aggressives Verhalten bei

---

[1] Stimulation (lat.): Anreiz, Antrieb
[2] Katharsis (griech.): Reinigung, Sichbefreien
[3] habitualisieren (lat.): zur Gewohnheit werden (machen)
[4] Inhibition (lat.): Einhalt, Verhinderung, Verbot

Lukas abgebaut wird. Gleichgültigkeit gegenüber aggressivem Verhalten und die Bereitschaft, selbst Gewalt anzuwenden, sind die Behauptungen der Habitualisierungsthese, wenn Lukas derartige Comic-Hefte des Öfteren lesen würde. Nach der Inhibitionsthese würde Lukas das aggressive Verhalten nicht zeigen, da es bei ihm Schuldgefühle und Ängste hervorrufen würde.

Obwohl die Katharsisthese in Diskussionen immer wieder „zitiert" wird, gilt sie in der neueren Literatur als widerlegt und nicht mehr als zutreffend.

> „In der Zusammenfassung der zentralen Aussagen wird das Dilemma der Gewaltwirkungsforschung deutlich: Einmal sollen mediale Gewaltdarstellungen wirken, indem sie dem Zuschauer die Abreaktion seines aggressiven Triebpotentials ermöglichen und hierüber reale Gewalttätigkeiten vermindern; dann wieder sollen sie gegenteilig wirken, indem sie dem Zuschauer Lernmodelle für aggressives Verhalten anbieten und somit zu einer Steigerung realer Gewalttätigkeiten beitragen; und schließlich sollen sie gar nicht wirken, sondern bedeutungslos für Ausmaß und Ausprägung realer Gewalttätigkeit sein. Eins ist jeweils mit dem anderen unvereinbar."
>
> (Theunert, 1996[2], S. 33)

Die umfassendste und wissenschaftlich am besten abgesicherte Theorie zur Erklärung der Wirkungen von Medien ist die **sozial-kognitive Theorie** von *Albert Bandura*. Sie stellt die differenzierteste Theorie über die Wirkungen von medialen Inhalten auf Individuen dar und erklärt sowohl allgemeine Wirkungen als auch speziell die Auswirkungen von Gewalt-, Horror- und pornografischen Darstellungen.[1]

[1] Die sozial-kognitive Theorie ist ausführlich in Kapitel 6.4 dargestellt.

10.2.3 Gefahren durch Medien

Für die Persönlichkeitsentwicklung junger Menschen bietet die Mediennutzung viele Chancen. Soziale und humane Denk- und Handlungsmuster können durch kindorientierte und spannende Fernsehprogramme gefördert werden. Vor allem „positive" Vorbilder können einen prosozialen[1] Effekt haben und ähnliches Verhalten beim Rezipienten hervorrufen. Wirkungen von Medieninhalten dürfen deshalb nicht nur auf negative Aspekte oder die Gewaltthematik hin diskutiert werden. Allerdings birgt die Mediennutzung auch große Gefahren in sich.

Physiologische[2] Wirkungen

Zu langer Medienkonsum wie zum Beispiel stundenlanges Sitzen vor dem Fernseher oder dem Computer kann für die Gesundheit Folgen haben:

- Nervosität
- Verdauungsschäden
- Neigung zu Übergewicht
- Kreislaufprobleme
- Haltungsfehler
- Beeinträchtigung der Sehschärfe (Augenschäden)
- Kopfschmerzen
- Schlafstörungen

Dabei ist vornehmlich der **Bewegungsmangel** von „Vielsehern" die Ursache für viele dieser körperlichen Wirkungen.

Änderung der Gehirnstrukturen

Nach einer Studie des Kriminologischen Forschungsinstitutes Niedersachsen verschlechtert häufiges Fernsehen und Sitzen am Computer die schulischen Leistungen. Psychologen von der Universität Würzburg stellten fest, dass Kinder, die pro Tag mindestens zwei Stunden fernsehen, schlecht Geschichten erzählen können, einen geringen Wortschatz und wenig grammatikalisches Wissen haben. Der Hirnforscher *Manfred Spitzer (2005)* hat herausgefunden, dass sich bei viel fernsehenden Kindern Gehirnstrukturen verändern; die Sinne verkümmern, Aggressionen steigen an und Lese- und Konzentrationsschwächen treten auf. *Michael Myrtek (2006, S. 5)* erwähnt in diesem Zusammenhang, dass die Schulnoten der sog. „Vielseher" tendenziell schlechter sind als die der „Wenigseher", in der Deutschnote spiegelt sich der Unterschied am deutlichsten wider.

> „Die emotionale Beanspruchung ist während der Freizeit generell höher als während der Schulzeit, was vor allem auf das emotional sehr beanspruchende Fernsehen zurückgeführt werden kann. Der ‚Schulstress' ... kann nicht mit den physiologischen Daten belegt werden; vielmehr ist die Freizeit beanspruchender als die Schulzeit."
> (Myrtek, 2006, S. 5)

---

[1] prosoziales Verhalten: konstruktives, hilfreiches und gewaltloses Verhalten
[2] physiologisch: den Körper betreffend, körperlich

Isolation

Der steigende Medienkonsum, insbesondere das Fernsehen, Computerspiele und das Surfen im Internet, ist eine Ursache dafür, dass die Qualität der personalen Kontakte in Familien abnimmt. Kinder und Eltern unternehmen oft weniger gemeinsam, isolieren sich häufig mehr und mehr, so dass die Familienmitglieder innerlich vereinsamen können. Auch ist oft zu beobachten, dass deshalb soziale Kontakte außerhalb der Familie vernachlässigt werden. Mit steigender Freizeit am Wochenende nimmt auch der Medienkonsum zu. Der Psychologe *Aric Sigman* befürchtet, dass die zunehmende Isolation der Kinder einen negativen Einfluss auf die gesamte Generation dahin gehend haben könnte, dass sie nicht mehr lernt, die Bedürfnisse anderer zu erwägen und kein tiefes Mitgefühl mehr entwickelt *(vgl. Braun, in: Psychologie Heute, Heft 1, 2002, S. 10).*

Angst- und Schockreaktionen

Viele Filme und Sendungen lösen bei Kindern und Jugendlichen Angst oder gar Schrecken aus. Vor allem bei realistischen Darstellungen, in denen das Leiden der Opfer gezeigt wird, reagieren Kinder oft mit Ablehnung, Angstgefühlen oder Verunsicherung, da sie in der Lage sind, die Schmerzen der Opfer nachzuempfinden. Solche Gewaltdarstellungen prägen sich lange in das Gedächtnis von Kindern ein.

Vor allem ängstigen Darstellungen mit dramatischer Musik und Kameraführung, mit dramatischen oder in ihren Zusammenhängen nicht durchschaubaren Handlungen. Ängstigend wirken auch Handlungen über verletzte, gefährdete oder getötete Tiere oder Kinder, über verlassene Kinder oder Darstellung von Feuer und Dunkelheit. Heftige verbale Auseinandersetzungen zwischen Personen, die sich zur Identifikation anbieten oder Vorbildcharakter haben, sowie Bedrohungen mit den Fäusten oder einem Messer rufen ebenfalls Angst- und Schockreaktionen hervor *(vgl. Furian/Maurer, 1984[4], S. 61).*

Ängstigende Sendungen wiederum können sich auf die Gesundheit des Kindes auswirken und zum Beispiel Konzentrationsmangel, Unruhe oder Schlafstörungen verursachen.

> *Martin Furian und Monika Maurer stellen fest, „dass bei hohem Dauerkonsum*
> - *die Wirkungen negativer Sendungen verstärkt werden (Gefühlsabstumpfung, Aggressionsneigung, Nervosität, Konzentrationsschwäche, Schlafstörungen)*
> - *die Kreativität beeinträchtigt oder weniger entfaltet wird ...*
> - *Störungen in der aktiven Sprachentwicklung auftreten können, weil das Kind keine Zeit und Möglichkeit hat, selbst formulieren und seine Gedanken umsetzen zu lernen*
> - *Kontaktschwierigkeiten begünstigt oder verstärkt werden, weil keine ausreichende Möglichkeit zur Einübung besteht, häufig Klischee-Verhaltensweisen übernommen und das sprachliche Ausdrucksvermögen vermindert werden*
> - *kindliche Unbefangenheit beeinträchtigt wird*
> - *Überreizungen, das heißt Überbeanspruchungen des Organismus, die zu Appetitlosigkeit und Kopfschmerzen, zu Kreislauf- und Verdauungsstörungen und anderen krankhaften Erscheinungen führen, auftreten können*
> - *häufig Oberflächlichkeit und Kritiklosigkeit, verknüpft mit dem Gefühl allseitiger Orientiertheit zu beobachten sind*
> - *der Aufbau einer geordneten Vorstellungswelt durch unverarbeitete Programminhalte und die Entwicklung der Fantasie behindert werden."* *(Furian/Maurer, 1984[4], S. 62)*

Die beiden Medienwissenschaftler *Sabine Grüsser* und *Ralf Thalemann (2006)* sehen als Ursache für solche schädlichen Auswirkungen die **Sucht**: Menschen, die exzessiv[1] am Computer spielen, werden süchtig ohne Suchtstoffe. Diese neue Sucht steht nach *Grüsser/Thalemann* heute an erster Stelle der Verhaltensprobleme.

```
                    Gefahren durch Medien
        ┌──────────────┬──────────────┬──────────────┐
  Physiologische   Änderung der    Isolation    Angst- und
    Wirkungen    Gehirnstrukturen              Schockreaktionen
```

10.2.4 Das Lernen von Gewalt

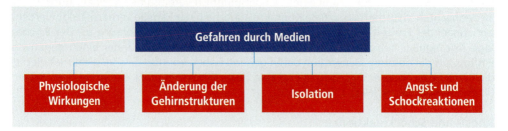

„Nie in der Geschichte des deutschen Fernsehens wurde so viel geschossen und gemordet, observiert und obduziert wie in diesem Jahr [2006]. Was dem ZDF sein ‚Samstagskrimi', ist der ARD ihr quotenstarker ‚Tatort' am Sonntag. Privatsender wie RTL sind gar dazu übergegangen, an ausgewählten Abenden ein kriminalistisches Vollprogramm anzubieten. ... Bei Sat.1 und RTL hat sich die Häufigkeit von Sendungen mit Kriminalitätsinhalten seit 1995 etwa vervierfacht, bei ARD und ZDF stieg sie immerhin um etwa 50 Prozent."

(Ulrich/Verbeet, in: Der Spiegel, Heft 50, 2006, S. 58)

---

[1] exzessiv (lat.): über die Maßen hinaus

Das Fernsehen vermittelt kein realitätsgetreues Bild der sozialen Wirklichkeit: So kommen Gewaltdarstellungen im Fernsehen etwa hundertmal häufiger vor als in der Realität.

Es ist unbestreitbar, dass diese Darstellungen immer wieder nachgeahmt werden, jedoch ist es nicht möglich zu prognostizieren, welche Tat in der Realität in welchem Ausmaß nachgeahmt wird bzw. welche Darstellung handlungsauslösend wirkt. Ein großer Teil der Medienwissenschaftler geht heute zwar davon aus, dass **Gewalt in den Medien nicht ohne Wirkung auf den Rezipienten bleibt.** Dabei kommt es aber in einem nicht unerheblichen Maße auf den gesamten Lebenszusammenhang und die Persönlichkeitsmerkmale des Konsumenten an. Gewaltdarstellungen haben nur bei wenigen Beobachtern eine direkte gewaltauslösende Wirkung, ein Bündel von ganz bestimmten Bedingungen ist mitverantwortlich. Nach der sozial-kognitiven Theorie von *Albert Bandura* hängt die Bereitschaft, Verhalten von medialen Inhalten nachzuahmen, insbesondere von folgenden Bedingungen ab[1]:

- von den **Persönlichkeitsmerkmalen des Modells** im Medium
  Erscheint der Gewalttätige im Medium beispielsweise als sympathisch, attraktiv oder besitzt er Macht, so ist die Bereitschaft zur Nachahmung größer.

- von den **Persönlichkeitsmerkmalen des Rezipienten**
  Hass, Zorn, Wut, hohe Aggressivität oder Frustrationen zum Beispiel verstärken die Bereitschaft zur Übernahme von medialer Gewalt.

- von der **Art der Beziehung**, die der Rezipient zum Modell im Medium – zum Beispiel zum Darsteller in einem Film – aufbaut

- von der **gegebenen Situation**, in der das Medium benutzt wird
  So ist es zum Beispiel sehr entscheidend, ob ein Kind alleine oder mit den Eltern fernsieht.

- von den **Bekräftigungen**, die das Modell bzw. der Rezipient erfährt bzw. erwartet

- von der subjektiven Einschätzung der eigenen Fähigkeiten, die zum Nachahmen benötigt werden (**Kompetenzerwartung**)
  Der Beobachter muss sich beispielsweise zutrauen, dass er das gesehene und gespeicherte Gewaltverhalten auch sicher ausführen kann.

- von der **Selbstwirksamkeit**, der eigenen Überzeugung, bestimmte Situationen bewältigen, etwas bewirken und sein Leben selbst kontrollieren zu können

- von der Selbsteinschätzung des eigenen Verhaltens: Menschen zeigen in der Regel nur solches Verhalten, das sie selbst als befriedigend empfinden, und lehnen dasjenige ab, das sie persönlich missbilligen (**Aussicht auf Selbstbekräftigung**)
  So wird kein Heranwachsender, der beispielsweise Gewalt innerlich zutiefst ablehnt, aufgrund von Gewaltdarstellungen auch Gewalt anwenden.

Sind diese Bedingungen „ungünstig", so liegt eine Art **Aufnahmebereitschaft** zum Nachahmen von Gewaltdarstellungen vor.

---

[1] *Diese Bedingungen sind in Kapitel 6.4.2 bis 6.4.5 ausgeführt.*

Experten sehen einen deutlichen **Zusammenhang zwischen dem Gewaltfilmkonsum und der Situation zu Hause**. Eltern sind für ihre Kinder ein Vorbild – auch hinsichtlich ihres Fernseh- und Videokonsums auf der einen Seite und im Hinblick auf aggressives Verhalten auf der anderen Seite. Zudem sehen Psychologen einen eindeutigen Zusammenhang zwischen dem Gewaltfilmkonsum von Kindern und Jugendlichen und einer vernachlässigenden Erziehung. Jedoch wird der Fernseh- und Gewaltfilmkonsum von vielen Experten nicht als Alleinverursacher von Verhaltensauffälligkeiten oder -störungen genannt, sondern immer im Zusammenhang mit anderen Problemen aufgeführt *(vgl. Kunczik, 1995, S. 48)*.

Die in letzter Zeit proklamierte **Risikothese** geht davon aus, dass für bestimmte Individuen oder Gruppen unter bestimmten Bedingungen ein „Wirkungsrisiko" besteht. *Ralf Vollbrecht (2001, S. 173)* folgert, dass sich Wirkungen nicht generell für *alle* Mediennutzer oder bestimmte Altersgruppen nachweisen lassen. Manche Forscher fordern deshalb, sich auf **Problemgruppen** zu konzentrieren, bei denen man ein großes Wirkungsrisiko annehmen kann.

Die Entstehung von Jugendgewalt erhöht sich, wenn folgende Faktoren zusammenkommen:

– Gewalt in der Familie,
– soziale Benachteiligung der Familie und
– schlechte Zukunftschancen des Jugendlichen wegen niedrigen Bildungsniveaus.

Man spricht dann von **unterprivilegierten Jugendlichen**, wenn mindestens zwei der oben genannten Faktoren zutreffen *(vgl. Vollbrecht, 2001, S. 173)*.

Ralf Vollbrecht (2001, S. 173) gibt an, dass 1997 unterprivilegierte Jugendliche drei- bis viermal häufiger andere erpresst, beraubt oder mit Waffen bedroht haben. Etwa drei Viertel der jugendlichen Gewalttäter wiesen ein niedriges Bildungsniveau auf.

Neuere Untersuchungen weisen darauf hin, dass zwischen dem häufigen Anschauen von Gewaltdarstellungen und gewalttätigem Verhalten ein Zusammenhang besteht.

Je häufiger im Fernsehen Gewalttaten betrachtet werden, desto größer ist die Wahrscheinlichkeit aggressiver Verhaltensweisen.

Dabei ist nach dem Aggressionsforscher *Herbert Selg (1993, S. 82)* weniger zu befürchten, dass dargestellte Gewalt unmittelbar nachgeahmt wird, sondern dass diese ganz allmählich die Werte und Normen sowie Einstellungen gegenüber Gewalt verändert, dass häufige Gewaltseher gegen Gewalt abstumpfen und diese als Problemlösungsmittel ansehen. Eine Studie der Universität Potsdam belegt eindeutig den Zusammenhang zwischen Gewalt in Computerspielen und erhöhter Aggressionsbereitschaft *(vgl. Möller, in: Psychologie Heute, Heft 3, 2007, S. 14)*.

„Die Forschungsergebnisse sind weltweit eindeutig: Wer Gewalt im Fernsehen sieht und Gewalt in Computerspielen erlebt, wird selbst gewalttätiger. Dieser Zusammenhang ist statistisch etwa so stark wie der zwischen Rauchen und Lungenkrebs. Natürlich gibt es keine Kausalität im Einzelfall, aber die Wahrscheinlichkeit einer negativen Entwicklung ist sehr hoch."
(Spitzer, in: Psychologie Heute, 2006, S. 37)

Der Vorstand des Kriminologischen Forschungsinstituts Niedersachsen e. V., Christian Pfeiffer, spricht denn auch davon, dass sich 20 % der männlichen 12- bis 17-jährigen in einem Zustand der **Medienverwahrlosung** *befinden, weil sie sich in ihrer Freizeit vor allem mit Filmen und Spielen beschäftigen, die Gewalt verherrlichen.*

Zudem hat man festgestellt, dass Kinder und Jugendliche, die über einen längeren Zeitraum Gewaltszenen in Video und Fernsehen sowie in Computerspielen ausgesetzt sind, **emotional abstumpfen** und an Sensibilität verlieren; sie werden gleichgültiger, wenn sie später eine Schlägerei oder Ähnliches sehen, sei es im Fernsehen oder auch in der Wirklichkeit *(vgl. Myers, 2005, S. 366)*.

„Wissenschaftliche Untersuchungen ergaben entsprechend, dass derjenige, der immer wieder Gewaltfilme anschaut, weniger stark auf einzelne Gewaltszenen … reagiert. … Das dauernde Anschauen von Gewalt im Fernsehen führt dazu, dass gewalttätige Verhaltensweisen dem Betrachter zunehmend normaler vorkommen. … Kurz: Das Betrachten von Gewalt führt zur Abstumpfung und zu gleichgültigerem Verhalten gegenüber Gewalt."
(Spitzer, 2006, S. 371)

Der ehemalige Militärpsychologe der US-Armee *Dave Grossmann* meint, man könne sich am PC die natürliche Tötungshemmung regelrecht abtrainieren. US-Streitkräfte nutzen dementsprechend auch Gewaltspiele für ihr Training. Und was bei Soldaten funktioniert, so *Grossmann*, das wirke auch bei Jugendlichen *(vgl. Kneip, in: Der Spiegel, 2006, S. 68).*

Besonders gefährlich erscheinen Computerspiele, bei denen der Spieler in eine menschliche oder dem Menschen ähnliche Figur schlüpft und während des Spiels aus deren Perspektive brutale Handlungen erlebt und gestaltet (Ego-Shooter). Bei einem Computerspiel schlüpft der Spieler z. B. in die Rolle eines Selbstmordattentäters und geht eine Straße entlang. Er muss den Sprengstoff dann zünden, wenn möglichst viele Menschen getötet werden können. Derjenige, der die meisten Menschen getötet hat, hat das Spiel gewonnen.

Bei dieser Problematik darf jedoch nicht übersehen werden, dass Gewaltdarstellungen auch vermitteln können, dass sich Gewalt nicht lohnt und schwerwiegende Folgen für das Opfer haben kann. In der Wissenschaft spricht man dann von einem **Bumerang- oder Umkehr-Effekt**, wenn ein der Gewalthandlung entgegengesetztes Verhalten ausgelöst wird *(vgl. Vollbrecht, 2001, S. 172).*

> Wenn etwa sensible Menschen mit einem klaren Wertesystem einen Film sehen, in dem ein Kind misshandelt wird, dann werden sie dem Kind vermutlich liebevoll begegnen *(vgl. Selg, 1998, S. 38).*

10.3 Medienerziehung

Medienerziehung bezeichnet, wie in *Abschnitt 10.1.1* bereits ausgeführt, die Erziehung zur Handhabung von und zum kritischen Umgang mit Medien. Dabei soll in der Erziehung die Vermittlung von **Medienkompetenz** im Mittelpunkt stehen.

10.3.1 Die Vermittlung von Medienkompetenz

Medienkompetenz bedeutet zum einen die **Fähigkeit zur Bedienung und Handhabung von Medien**.

> Hierher gehört zum Beispiel das Umgehenkönnen mit dem Fernseher, DVD-Player oder PC, die Anwendung von Software oder die Benutzung des Handys.

Es ist in der heutigen Zeit nicht mehr möglich, sich den Medien zu verschließen. Im Berufsleben werden zunehmend Computerkenntnisse verlangt und auch privat begegnet man auf Schritt und Tritt den neuen Medien.

> *„Hier gilt es, Schritt zu halten, um nicht bei dieser gesellschaftlichen Entwicklung ins Hintertreffen zu geraten. Sich den neuen Medien und ihren Möglichkeiten zu verschließen, könnte bedeuten, eine neue Form des Analphabetismus entstehen zu lassen."*
> *(vgl. Böcher/Koch, 1998, S. 259 f.)*

Zum anderen bedeutet Medienkompetenz die **Fähigkeit zum kritischen Umgang mit Medien**. Kinder und Jugendliche sollen lernen, ein souveränes Verhältnis zu den Medien zu entwickeln, damit sie diesen nicht als passive Konsumenten ausgeliefert sind.

> Medienkompetenz als Ziel der Medienerziehung bedeutet die Fähigkeit zur Bedienung und Handhabung von Medien sowie zum kritischen Umgang mit diesen.

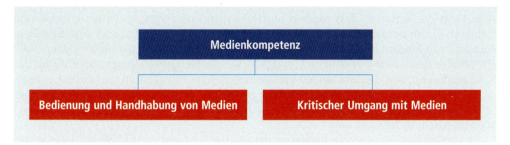

Sehr häufig wird unter Medienkompetenz auch die Fähigkeit verstanden, die jeweiligen Inhalte zu verstehen, sowie Medien selbst aktiv zur Kommunikation verwenden und sich über Medien ausdrücken zu können.

10.3.2 Das Verstehen von medialen Aussagen

Die Aufmerksamkeit und das Verstehen von medialen Aussagen wie zum Beispiel eines Filmes sind abhängig

- vom **Alter des zu Erziehenden**. Kinder unter sechs Jahren können sich nur bei speziell für sie produzierten Sendungen, die alle Erkenntnisse der Wahrnehmungs- und Verstehensforschung berücksichtigen, länger als 15 Minuten konzentrieren. Der Erzieher muss also das Alter des Kindes berücksichtigen, wenn er Kinder durch bewusst ausgewählte Sendungen nicht überfordern will.

- von der **Menge der medialen Aussagen.**
  Schauen zum Beispiel Kinder lange und viel Fernsehen oder sehen sie viele Fernsehsendungen hintereinander, dann besteht die Gefahr, dass sie die Inhalte durcheinanderbringen und die einzelnen Inhalte nicht verstehen.

- vom **sozialen Zusammenhang**.
  So ist es nicht unerheblich, ob das Kind alleine einen Film sieht oder ob es Personen hat, die ihm während der Sendung Fragen beantworten.

- von der **medialen Aussage.**
  Der schnelle Ablauf der Bilder und/oder des Tones, die Art der Sprache und der Szenen beispielsweise haben Einfluss auf die Aufmerksamkeit und das Verstehen von medialen Aussagen.

10.3.3 Möglichkeiten der Medienerziehung

Medien können die Entwicklung von Kindern fördern, wenn sie **bewusst eingesetzt** werden. Dies kann aus pädagogischen Gründen sogar wünschenswert und erforderlich sein.
  So kann man etwa Sexualaufklärung effektiver mithilfe eines Bilderbuches oder eines entsprechenden Filmes durchführen.

Der Einsatz von Medien ist vor allem auch dort sinnvoll, wo der Erzieher nicht immer selbst Vorbild für den Beobachter sein kann. In diesen Fällen kann er sich Medien zunutze machen und auf symbolische Modelle aus den Medien zurückgreifen.[1]

Angesichts der Tatsache, dass Medien auch negative Auswirkungen haben können und Gefahren in sich bergen, ist es notwendig, dass Eltern und andere Erzieher eine **bewusste Auswahl von Medien und Medieninhalten treffen**. Sie müssen sich genau überlegen, welche Medien bzw. welche Inhalte sie auswählen, welche Fernsehsendungen oder Videos das Kind anschauen, was und wie lange es fernsehen, welche Zeitschriften und Bücher es lesen darf und dgl. Dabei kommt es auch darauf an, welche Medien bzw. Inhalte der Erzieher selbst sieht, hört oder liest; er sollte sich auch in diesem Zusammenhang seines eigenen Modellverhaltens bewusst sein.

> Ein Erzieher beispielsweise, der ständig vor der „Glotze" sitzt, wird unglaubwürdig, wenn er dies seinem Kind verbieten möchte.

> *„Die Schlussfolgerungen für die Eltern sind ... klar abzuleiten: Fernsehen ist keine harmlose Freizeitbeschäftigung! Daher muss der Fernsehkonsum der Kinder ... kontrolliert werden. ... Allerdings kann man das Fernsehen kaum ganz verbieten. ... So bleiben den Eltern nur die sinnvolle Auswahl des Programms und die allgemeine Beschränkung des Fernsehkonsums. ... Es muss auch berücksichtigt werden, dass andere elektronische Medien, z. B. Computerspiele und das Internet, in der Regel noch hinzukommen und diese das Fernsehen nicht einfach ersetzen."* (Myrtek, 2006, S. 6)

Da jedoch ein völliges Fernhalten von unerwünschten Medien und Medieninhalten nicht möglich und zum Teil auch gar nicht erstrebenswert ist, besteht eine zentrale Aufgabe des Erziehers darin, insbesondere jüngeren Kindern **Hilfestellungen bei der Verarbeitung von Medieneindrücken zu geben**. Nicht selten lösen Mediendarstellungen bei Kindern starke Gefühle wie beispielsweise Mitleid, Angst oder Trauer aus. Hier ist es notwendig, dass das Kind zusammen mit seinen Eltern bzw. Erziehern die gewonnenen Eindrücke verarbeitet. Im Gespräch, in Rollenspielen, beim Malen oder durch Erzählen des Gesehenen oder Gelesenen und durch aufmerksames Zuhören und Zuwendung kann man den Kindern dazu Gelegenheit geben.

Da Medienmodelle durch ihr Verhalten in manchen Fällen auch unerwünschte Einstellungen, Werthaltungen und Vorurteile vermitteln, ist es wichtig, eine **Bewertung der Modelle und ihrer Verhaltensweisen** zu erreichen und sich mit dem zu Erziehenden **über mögliche Modelle auseinanderzusetzen**.[1]

> Kinder und Jugendliche sind nicht selten begeistert von Modellen, die durch ihre Stärke und Rücksichtslosigkeit schwierige Situationen meistern und Anerkennung dafür im Film finden. Sie können so den Eindruck gewinnen, rücksichtslose Brutalität sei eine erwünschte und effektive Verhaltensweise in der Gesellschaft.

Eine weitere Aufgabe besteht darin, Kinder und Jugendliche zu **kritischen Lesern, Hörern oder Zuschauern zu erziehen**, die die Manipulationsversuche von Medieninhalten durchschauen lernen. Insbesondere Modelle aus der Werbung kommen durch die Benutzung von bestimmten Produkten zu unrealistischen und scheinbar spielerisch leicht zu erreichenden positiven Ergebnissen. Weltanschaulich einseitig ausgerichtete Beiträge in Filmen, Zeitungen oder Zeitschriften bedienen sich attraktiver und bekannter Modelle, um ihre Überzeugungen wirksam an die Heranwachsenden zu bringen. Erzieher sollten

---

[1] vgl. Kapitel 6.4.8

daher in Gesprächen zusammen mit Kindern und Jugendlichen solche Beeinflussungstechniken herausarbeiten sowie Darstellungen und Versprechungen auf ihren Realitätsgehalt überprüfen.

> So können Kinder zum Beispiel mit ihren Eltern oder Lehrern herausfinden, welche Süßigkeiten mehr und welche weniger ungesunde Stoffe enthalten, und das diesbezügliche Versprechen eines Modells als falsch entlarven.

Das **Internet**, als das weltweit größte Datennetz, ist aus dem heutigen Leben nicht mehr wegzudenken. Auch mit dieser Technologie ist ein konstruktiver Umgang erforderlich. Neben der Befähigung, Informationen zu gewinnen, zu speichern und zu bearbeiten (z. B. in andere Dokumente einzubinden oder grafisch aufbereitet im Web[1] zu präsentieren), ist es Aufgabe der Medienerziehung, dass zu Erziehende lernen, gezielt Online-Informationen einholen, die erzielten Ergebnisse kritisch prüfen und genauer analysieren und bewerten zu können. Da einige Eltern mit dem Internet und seinen Möglichkeiten nicht vertraut sind, ist dies vornehmlich Auftrag der Schule. Zudem kann Lernen über Datennetze andere Lernformen ergänzen.[2]

> „Der Auftrag der Schule wird es daher sein, die Kinder und Jugendlichen nicht mit den Medien allein zu lassen, sondern sie im Rahmen einer soliden, wertorientierten Erziehung und der Vermittlung einer grundlegenden Allgemeinbildung für das Leben in der Informationsgesellschaft in die Lage zu versetzen, kompetent und kritisch mit den gelieferten Informationen umzugehen und diese Kompetenz später für die persönliche Lebensgestaltung und den Beruf zu nutzen."
>
> *(Bayerisches Staatsministerium für Unterricht, Kultus, Wissenschaft und Kunst, 1996, S. 51)*

Möglichkeiten der Medienerziehung: Bewusstes Einsetzen von Medien | Bewusste Auswahl von Medieninhalten | Vorbildwirkung des Erziehers | Hilfestellung bei der Verarbeitung von Medieneindrücken | Auseinandersetzung mit Medienmodellen und deren Bewertung | Hinführung zu kritischen Lesern, Hörern und Zuschauern

---

[1] Web (engl. web: Netz): Kurzform von World Wide Web
[2] Es sei in diesem Zusammenhang auf die Bedeutung der sozial-kognitiven Theorie für die Erziehung in Kapitel 6.4.8 hingewiesen, die wichtige Erkenntnisse für die Medienerziehung enthält.

Zusammenfassung

- Die Medienpädagogik beschäftigt sich mit allen erzieherischen Fragen, Problemen und Themen, die mit den verschiedenen Medien zusammenhängen. Mit Medium wird in der Kommunikationswissenschaft ein Mittel bezeichnet, welches Informationen an andere Personen überträgt und/oder der Kommunikation dient. Massenmedien sind Instrumente, die einem großen Publikum Informationen vermitteln. Innerhalb der Medienpädagogik gibt es unterschiedliche Schwerpunkte, die als Richtungen in der Medienpädagogik bekannt sind: die integrative, kritische, instrumentelle, agitative und präventive Medienpädagogik.

- Ziel der Medienpädagogik ist der mündige Rezipient. Zu den Aufgaben der Medienpädagogik gehören die Vermittlung von Wissen über Massenmedien, die Schaffung von Möglichkeiten, ihre unterschiedlichen Aussagen zu verstehen, zu reflektieren und kritisch zu betrachten, sowie die Schaffung eines Bewusstseins bezüglich ihrer Wirkung auf den einzelnen Menschen.

- Man spricht von einer Wirkung des Mediums, wenn sich Verhaltensweisen, Einstellungen und Befindlichkeiten des Rezipienten aufgrund medialer Inhalte verändern. Kein Medium hat eine Wirkung an sich, aber kein Medium bleibt beim Rezipienten ohne Wirkung. Wirkungen von Medien hängen von dem Zusammenspiel zwischen dem Medium und dem Rezipienten ab. Hinsichtlich der Wirkung von Medien gibt es verschiedene Theorien. Dabei gibt es Theorien, die die Wirkung von Medien allgemein erklären: Reiz-Reaktionsmodell, Zweistufenfluss der Kommunikation, Nutzenansatz, Thematisierungsansatz, Ansatz zur Wirklichkeitskonstruktion, Wissenskluft-Hypothese und die sozial-kognitive Theorie. Angesichts der besonderen Bedeutung der Wirkung von Gewalt-, Horror- und pornografischen Darstellungen vor allem für die Medienerziehung gibt es Theorien, die speziell die Auswirkungen dieser Darstellungen auf den Rezipienten zu erklären versuchen. Die bedeutendsten sind dabei die Stimulations-, die Katharsis-, Habitualisierungs- und die Inhibitionsthese.

- Gefahren, die von Medien ausgehen können, sind physiologische Wirkungen, Änderung der Gehirnstrukturen, Isolation sowie Angst- und Schockreaktionen. Eine besondere Rolle spielt das Lernen von Gewalt: Gewalt in den Medien bleibt nicht ohne Wirkung auf den Rezipienten, es kommt aber in einem nicht unerheblichen Maße auf den gesamten Lebenszusammenhang und die Persönlichkeitsmerkmale des Konsumenten an. Gewaltdarstellungen in Medien haben nur dann gewaltauslösende Wirkung, wenn im Rezipienten eine Aufnahmebereitschaft vorliegt. Bei unterprivilegierten Jugendlichen kann ein größeres Wirkungsrisiko angenommen werden. Gewaltdarstellung können auch einen Bumerangeffekt auslösen. Neuere Untersuchungen weisen darauf hin, dass zwischen dem häufigen Anschauen von Gewaltdarstellungen und gewalttätigem Verhalten ein Zusammenhang besteht. Kinder und Jugendliche, die über einen längeren Zeitraum Gewaltszenen in Video und Fernsehen sowie in Computerspielen ausgesetzt sind, können zudem emotional abstumpfen und an Sensibilität verlieren.

- Medienerziehung bezeichnet die Erziehung zur Handhabung von und zum kritischen Umgang mit Medien. Dabei soll in der Erziehung die Vermittlung von Medienkompetenz im Mittelpunkt stehen. Medienkompetenz bedeutet die Fähigkeit zur Bedienung und Handhabung von Medien sowie zum kritischen Umgang mit diesen. Die Aufmerksamkeit und das Verstehen von medialen Aussagen ist abhängig vom Alter des zu Erziehenden, von der Menge der medialen Aussagen, vom sozialen Zusammenhang und von der medialen Aussage selbst. Möglichkeiten der Medienerziehung sind bewusstes Einsetzen von Medien, bewusste Auswahl von Medieninhalten, die Vorbildwirkung des Erziehers, Hilfestellung bei der Verarbeitung von Medieneindrücken, Auseinandersetzung mit Medienmodellen und deren Bewertung sowie Hinführung zu kritischen Lesern, Hörern und Zuschauern.

Aufgaben und Anregungen Kapitel 10

Aufgaben

1. Bestimmen Sie die beiden Begriffe „Medium" und „Medienpädagogik" und stellen Sie an Beispielen wichtige Funktionen von Massenmedien dar.
   (Abschnitt 10.1.1)

2. Zeigen Sie Richtungen der Medienpädagogik auf und veranschaulichen Sie diese mit je einem Beispiel.
   (Abschnitt 10.1.2)

3. Beschreiben Sie Ziele und Aufgaben der Medienpädagogik.
   (Abschnitt 10.1.3)

4. Erläutern Sie das Medienverhalten von Kindern und Jugendlichen.
   (Abschnitt 10.1.4)

5. Zeigen Sie wichtige Zusammenhänge zwischen dem Medienkonsum und der Wirkung von Medien auf.
   (Abschnitt 10.2.1)

6. Legen Sie Medienwirkungstheorien dar, die sich speziell mit Gewaltdarstellungen befassen und veranschaulichen Sie diese mithilfe eines Beispiels.
   (Abschnitt 10.2.2)

7. *Georg, 10 Jahre alt, darf sich im Fernsehen einen Western ansehen. In diesem Film besiegt der große Held alle seiner Gegner und wird am Ende des Filmes von seinen Freunden in einer Bar gefeiert.*
   Erläutern Sie an diesem Beispiel Medienwirkungstheorien, die sich speziell mit Gewaltdarstellungen befassen.
   (Abschnitt 10.2.2)

8. Erklären Sie mithilfe einer Ihnen bekannten Theorie mögliche Auswirkungen von Medien auf die Entwicklung eines Kindes. Stellen Sie dabei die wichtigsten Aussagen der gewählten Theorie dar.
   (Abschnitt 10.2.2, *Kapitel 6*)

9. *Im schwäbischen Gersthofen verkleidete sich der 19-jährige M. W. als Tod und erstach die schlafende Vanessa in ihrem Kinderbett. Die Horrorfilme „Scream" und „Halloween" inspirierten den Täter (Brinkbäumer, in: Der Spiegel, Heft 4, 2003, S. 46).*
   Erklären Sie mithilfe einer geeigneten Theorie (zum Beispiel der sozial-kognitiven Theorie) die Wirkung der beiden Horrorfilme auf den Täter, der die schlafende Vanessa in ihrem Kinderbett erstach.
   (Abschnitt 10.2.2, *Kapitel 6*)

Mord an Schülerin nach Muster eines Horrorfilms

Entsetzen in Frankreich über grausame Bluttat eines 17-Jährigen / „Heldentat" aus „Scream" nachgeahmt

Nantes (AP) Die Bluttat eines vom Horrorfilm „Scream" begeisterten Jugendlichen hat in Frankreich Entsetzen hervorgerufen. Nach der Ermordung einer Schülerin stellte die Polizei in der Wohnung des 17-Jährigen Maske und Kostüm aus dem Streifen sicher. Er gab in Vernehmungen an, die Trilogie des US-Regisseurs Wes Craven habe ihn zu der Tat angeregt. Er hatte seine 15 Jahre alte Bekannte am Montagabend in Saint-Sébastien-sur-Loire, einer Vorstadt von Nantes, mit 17 Messerstichen getötet. Ein Spaziergänger fand die schwer Verletzte. „Ich werde sterben. Schenken Sie mir ein Lächeln" sagte sie nach einem Bericht der Zeitung „Le Parisien". Das Mädchen konnte auch noch den Namen ihres Mörders nennen. Dessen Eltern zeigten sich gestern fassungslos. Nichts in seinem Verhalten habe auf eine derartige Tat hingedeutet, sagten sie einem Fernsehsender. Der Jugendliche hatte sich zunächst mit zwei anderen Mädchen verabreden wollen, die er nicht erreichte. Schließlich traf er sich mit der 15-Jährigen, die er aus der Schule kannte. Gemeinsam mit ihrem Vater tranken sie etwas und verließen das Haus für einen Spaziergang. Dabei holte der Täter offenbar aus einer Umhängetasche die schwarz-weiße „Scream"-Maske, Handschuhe und ein Messer und stach zu. Das Mädchen starb kurz darauf im Krankenhaus. Der Täter ließ sich wenig später widerstandslos festnehmen. „Er lebt in einer virtuellen Welt und hat noch gar nicht begriffen, was er getan hat – als sei er noch immer in seinem Film", zitierte „Le Parisien" einen Ermittler. Er sei geradezu besessen gewesen, die „Helden aus ‚Scream'" nachzuahmen, habe er gesagt. „Ich wollte töten wie sie." In dem Horrorstreifen töten zwei amerikanische Jugendliche ihre Freunde mit Messerstichen. Dabei tragen sie Masken, die dem Bild „Der Schrei" des Norwegers Edvard Munch nachempfunden sind. Die Ermittler fanden bei dem 17-Jährigen eine Tasche mit den Utensilien aus dem Film und Videocassetten der „Scream"-Trilogie. Im März hatten zwei 13 und 14 Jahre alte Mädchen im ostfranzösischen Besancon eine Kameradin stundenlang gefoltert. Eine Täterin gab ebenfalls an, den Horrorfilm gesehen zu haben.

Quelle: AP, in: Donaukurier, 06.06.2002, S. 17)

10. Erklären Sie mithilfe einer Theorie, wie es zu der grausamen Bluttat des 17-Jährigen kommen konnte.
    (Abschnitt 10.2.2, *Kapitel 6.4*)

11. *„Was die Sextäter aber weitaus mehr verbindet als Missbrauchserfahrungen, Milieu oder Intelligenzquotient, ist der oft ungehinderte Zugang zu Pornografie und sexuellen Darstellungen: 51 Prozent von ihnen surften ohne Aufsicht auf Sexseiten im Internet oder waren auf die Hardcore-Filme in Vaters Videosammlung gestoßen. Weit über die Hälfte der Täter wollte partout nicht einsehen, etwas Falsches getan zu haben. ‚Viele dachten, dass das alles ganz normal sei', sagt die Kölner Kriminalpsychologin Sabine Nowara.*

Als Therapeut Werner Meyer-Deters von der Bochumer Caritas Beratungsstelle ‚Neue Wege' einen Zwölfjährigen aus gutem Hause kürzlich fragte, warum er seine kleine Schwester wochenlang immer wieder missbraucht, vergewaltigt und erniedrigt, warum er sie geschlagen und gequält habe, da druckste der Junge nicht herum, sondern sprach ganz offen von den Bildern und Filmen, die er beim Surfen entdeckt hatte. Er wollte das dann einfach nachspielen, ‚aus Spaß'." (Kleinhubbert, in: Der Spiegel, Heft 22, 2006, S. 49)
Erklären Sie mithilfe einer geeigneten Theorie, warum sich Minderjährige an Kindern und Jugendlichen vergehen.
(Abschnitt 10.2.2, *Kapitel 6.4*)

12. a) Erläutern Sie mögliche Gefahren, die von Medien ausgehen können.
    (Abschnitt 10.2.3)
    b) Zeigen Sie Möglichkeiten auf, wie Erzieher diesen Gefahren sinnvoll begegnen können.
    (Abschnitt 10.3.3)

13. Beschreiben Sie anhand von Beispielen, von welchen Bedingungen das Lernen von Gewalt durch Medien abhängig ist.
    (Abschnitt 10.2.4)

14. „Gewaltdarstellungen in Medien führen zwangsläufig zu Gewalt in der Realität".
    Nehmen Sie zu dieser oft behaupteten Aussage auf der Grundlage von entsprechenden wissenschaftlichen Erkenntnissen Stellung.
    (Abschnitt 10.2.4)

15. Erläutern Sie den Begriff „Medienkompetenz" und legen Sie dar, welche Konsequenzen sich daraus für die Erziehung ergeben.
    (Abschnitt 10.3.1)

16. Bestimmen Sie den Begriff „Medienerziehung" und zeigen Sie Möglichkeiten der Medienerziehung am Beispiel des Fernsehens auf.
    (Abschnitt 10.1.1 und 10.3.3)

17. Stellen Sie dar, wie effektive Medienerziehung in einer pädagogischen Einrichtung (zum Beispiel im Kindergarten, im Jugendzentrum, in der Familie) aussehen kann.
    (Abschnitt 10.3)

Anregungen

18. Fertigen Sie in Gruppen ein Clustering zu dem Thema „Erziehung durch Medien" an: Schreiben Sie in die Mitte eines größeren Blattes das Thema in einen Kreis und notieren Sie zunächst den ersten Gedanken, den Sie zu diesem Thema haben, und verbinden Sie ihn mit dem Mittelkreis. Schreiben Sie dann alle weiteren Gedanken zum Thema auf dieselbe Weise auf das Blatt und verbinden Sie jeden Kreis mit dem vorigen durch einen Strich.

19. Mit welchen Medien beschäftigen Sie sich am liebsten?
    - Geben Sie dafür Gründe an und ermitteln Sie für sich, wie viel Prozent Ihr Anteil des Medienkonsums am Tagesablauf beträgt.
    - Suchen Sie nach Gründen, warum Sie manche Fernsehserien bedrücken, andere dagegen nicht.

20. *Sendungen für Kinder*
    - Schauen Sie sich in der Klasse eine Kinder- oder Vorschulsendung an – beispielsweise Sesamstraße.
    - Überlegen Sie in Gruppen, wie Sie als Erzieher diese Sendung mit Kindern besprechen würden.
    - Diskutieren Sie in der Klasse über die Gruppenvorschläge.

21. *Gerade das Fernsehen übt auf kleine Kinder eine ungeheure Faszination aus.*
    - Überlegen Sie in Kleingruppen Gründe, warum gerade das Fernsehen Kinder so „fesselt".
    - Sprechen Sie in der Klasse über die in der Gruppe gefundenen Gründe.

22. *Schauen Sie sich eine Vorabendserie an.*
    - Diskutieren Sie in der Klasse, ob bestimmte Sendungen überhaupt ins Vorabendprogramm gehören.
    - Erstellen Sie eine Liste von Vorabendsendungen, die Sie Ihren eigenen Kindern nicht zeigen würden.

23. Fertigen Sie zum Thema „Medien und Gewalt" eine Collage an. Schneiden Sie dazu aus Zeitschriften Bilder und Textstellen aus, die Sie für geeignet halten, um dieses Thema in unserer Gesellschaft zu verdeutlichen. Formulieren Sie einen aussagekräftigen Satz zu Ihrer Collage.
    Hängen Sie die Bilder an Pinnwände, um diese gemeinsam zu betrachten und zu besprechen.

24. *Johann Gottfried Hoche* kritisierte 1794 das Medium Buch mit folgenden Worten: „Die Sucht danach ist ein törichter schädlicher Missbrauch. ... Sie ist Quelle sittlichen Verderbens für Kinder und Kindeskinder. ... Verstand und Herz gewinnen nicht dabei ... der Geist verwildert, anstatt veredelt zu werden. ... Die traurigen Folgen sind unabsehbar ... und physisches und moralisches Leiden wird allgemein gemacht." *(Velte, 2002, S. 7)*
    Diskutieren Sie die Frage: Sehen Sie in den heutigen modernen Medien ebenfalls nur Gefahren oder überwiegen für Sie die positiven Aspekte?

11 Erziehung in pädagogischen Einrichtungen

Societas Parentalis.	Der Eltern Stand.
Conjuges, suscipiunt (ex benedictione Dei) Sobolem (Prolem) & fiunt Parentes.	Die Eheleute/bekommen (durch Gottes Segen) Kinder/ und werden Eltern.
Pater 1 generat, & Mater 2 parit Filios 3 & Filias, 4 (aliquando Gemellos.)	Der Vater 1 zeuget/ die Mutter 2 gebieret Söhne 3 uñ Töchter/4 (zuweilen auch Zwillinge.)
Infans 5 involvitur Fasciis, 6 reponitur in Cunas, 7 à matre lactatur Uberibus, 8 & nutritur Pappis. 9	Das kleine Kind 5 (6 wird gewickelt in Windeln gelegt in die Wiege/ 7 von der Mutter gesäugt mit dē Brüsten/ 8 und ernehret mit Brey ([Muß.] 9
Deinde, incedere discit Serperastro, 10 ludit Crepundiis, 11 & fari incipit.	Darnach lernet es gehen im Gängelwagen/ 10 spielt mit Spielgezeug/ 11 und hebt an zu reden.
Crescente ætate, Pietati 12 & Labori 13 adsuefit, & castigatur 14 si non sit morigerus.	Wañ es älter wird/ (12 wird es zur Gottesfurcht uñ Arbeit 13 angewöhnet/ und gestäupet 14 wann es nit folgen wil.
Liberi debent Parentibus Cultum & Officium.	Die Kinder/sind schuldig den Eltern/ Ehre und Dienst.
Pater, sustentat Liberos, laborando. 15	Der Vater/ ernehret die Kinder mit Arbeiten. 15

Erziehung findet immer in pädagogischen Einrichtungen wie Familie, Kindergarten, Schule, Heim oder Jugendarbeit statt.

Folgende Fragen werden in diesem Kapitel geklärt:

1. Was versteht man heute unter Familie?
   Welche Funktionen erfüllt sie in unserer Gesellschaft?
   Mit welchen erzieherischen Problemen hat die heutige Familie vornehmlich zu kämpfen?

2. Durch welche Merkmale ist der Kindergarten als Beispiel für eine familienergänzende Einrichtung gekennzeichnet?
   Welche Aufgaben hat er zu erfüllen?
   Wie ist er organisiert?
   Welche Probleme ergeben sich in der Kindergartenerziehung?

3. Welche Aufgaben und Ziele verfolgen Schulen?
   Wie ist das Schulwesen in der Bundesrepublik Deutschland aufgebaut?
   Mit welchen Problemen ist in Schulen zu rechnen?

4. Was versteht man unter einem Heim als familienersetzende Einrichtung?
   Welche Aufgaben hat es?
   Welche Formen erzieherischer Arbeit herrschen dort vor?
   Mit welchen Problemen muss sich Heimerziehung auseinander setzen?

5. Was ist Jugendarbeit?
   Welche Aufgaben verfolgt sie?
   Welche Methoden und Formen kennt die Jugendarbeit?
   Welche Probleme ergeben sich in der Jugendarbeit?

11.1 Die Familie

Bedingt durch die industrielle Revolution erfuhr die Familie eine grundlegende Veränderung: sie entwickelte sich von der Großfamilie zur **Klein- bzw. Kernfamilie**, die in der Regel zwei Generationen umfasst: die Eltern und ihr(e) Kind(er).

11.1.1 Der Begriff „Familie"

Die Kernfamilie in ihrer heutigen Struktur weist folgende **Merkmale** auf:

– Im Gegensatz zur Ehe leben in der Familie mindestens zwei **Erwachsene mit** eigenen, mit angenommenen **Kindern bzw. Jugendlichen** und/oder mit Kindern bzw. Jugendlichen ihrer Partner **auf längere Dauer in einer Wohn-, Lebens- und Haushaltsgemeinschaft zusammen**.

In der heutigen Zeit fallen die biologische und die soziale Elternschaft immer häufiger auseinander *(vgl. Peuckert, 2005[6], S. 33)*. Immer mehr Minderjährige, die mit ihren (sozialen) Eltern aufwachsen, sind mit diesen entweder nur zur Hälfte oder gar nicht leiblich verwandt. Man spricht in solchen Fällen von *multiplen Elternschaften*, von **Fortsetzungs-** oder **Patchworkfamilien**.
Beispielsweise wird bei Adoptiveltern von multiplen Elternschaften gesprochen. Auch bei der künstlichen Befruchtung der Eizelle mit der Samenzelle eines fremden Spenders wird die Einheit von biologischer und sozialer Elternschaft durchbrochen.

> *„Es ist nicht mehr klar, ob man heiratet, wann man heiratet, ob man zusammenlebt und nicht heiratet, heiratet und nicht zusammenlebt, ob man das Kind innerhalb oder außerhalb der Familie empfängt oder aufzieht, mit dem, mit dem man zusammenlebt, oder mit dem, den man liebt, der aber mit einer anderen zusammenlebt, vor oder nach der Karriere oder mittendrin ..."*
>
> (Gernert, 1993[4], S. 88)

- Die Erwachsenen haben das gemeinsame **Ziel, die Kinder bzw. Jugendlichen zu erziehen**, damit diese mit sich selbst und in ihrer Gesellschaft bzw. mit der kulturellen Lebensweise zurechtkommen.

- Familien sind durch **spezifische Rollen** gekennzeichnet: Mutter, Vater, Sohn, Tochter, Schwester usw. Welche genauen Erwartungen an die Rollenerfüllung gestellt werden, ist kulturell unterschiedlich, aber es wird eine engere Beziehung, mehr Zusammenarbeit, Zuneigung, Achtung und Solidarität erwartet als in anderen Beziehungen.

- Die Familie ist nach René König (2002, S. 453 ff.) eine Gruppe der besonderen Art, weil enge persönliche Begegnungen stattfinden und die Familienmitglieder emotional eng miteinander verbunden sind. Der familiäre Raum von Familie und Ehe ist vor der Einmischung durch Staat und Kirche geschützt, deshalb wird Familie auch als **Intimgruppe** bezeichnet.

> Unter einer Familie verstehen wir eine Intimgruppe, bei der Erwachsene mit mindestens einem Kind, das dort erzogen wird, zusammenleben.[1]

*Gegenseitige Verantwortung, Beständigkeit und Verlässlichkeit der sozialen Beziehungen sowie Geborgenheit und Vertrauen werden häufig mit dem Bild einer **idealen Familie** verknüpft.*

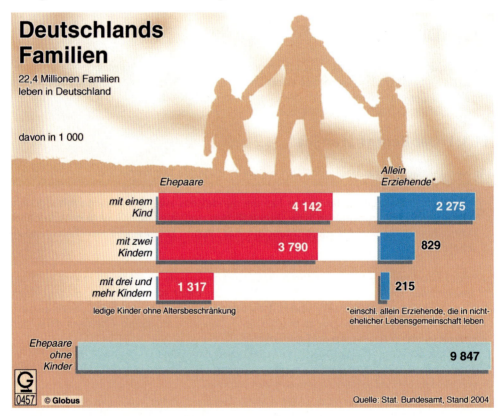

---

[1] Wenn hier lediglich von Kind(ern) die Rede ist, so ist das in diesem Zusammenhang nicht entwicklungspsychologisch, sondern soziologisch aufgrund der Zuweisung von verschiedenen Rollen gemeint.

Die Familie hat für den einzelnen Menschen eine sehr große Bedeutung: Keine andere soziale Einrichtung kann auf ihn sowohl im Positiven als auch im Negativen einen vergleichbaren Einfluss ausüben.

> *„Wo das Familienleben aufhört, fängt die Kriminalität an."*
> *(Jugendbehörde New York, zitiert nach Gernert, 1993⁴, S. 86)*

11.1.2 Funktionen der Familie

Nach dem *Kinder- und Jugendhilfegesetz (KJHG)* kann von einem **Vorrang der Familie** gegenüber staatlichen Einrichtungen gesprochen werden. Sie hat viele in unserer Gesellschaft unverzichtbare Funktionen[1] zu erfüllen. Darin liegt die große Bedeutung der Familie für die Gesellschaft:

- Die **Geburt von Kindern und ihre Sozialisation**: Familie ist der Ort, in dem Kinder geboren werden und heranwachsen können. Die Soziologie spricht in diesem Zusammenhang von **Reproduktion**, was die *Schaffung von neuen Gesellschaftsmitgliedern* bedeutet. Hierzu gehört neben der biologischen Zeugung auch die körperliche und psychische Versorgung und Erziehung des Nachwuchses.

  Die Familie ist zudem der erste Ort, an welchem der Einzelne das soziale Verhalten erlernt und in der Gesellschaft bzw. in einer ihrer Gruppen handlungsfähig gemacht wird; man spricht deshalb von der **Sozialisationsfunktion** der Familie.[2]

- Die **Standortfindung**: Das Kind erhält durch die Familie einen bestimmten Platz in der Gesellschaft.

  So erhält das Kind beispielsweise eine Kirchenzugehörigkeit, die Mitgliedschaft in einem Verein oder einen bestimmten Beruf.

  Den Zuweisungsprozess einer Person zu einer gesellschaftlichen Position innerhalb der hierarchischen Struktur einer Gesellschaft bezeichnet man als **Platzierung** *(vgl. Nave-Herz, 2004, S. 91)*.

- Die **Haushalts- und Freizeitfunktion**: Die Familie bildet eine Wohn- und Haushaltsgemeinschaft: Ihre Mitglieder stellen ihr Einkommen zur Verfügung, um miteinander zu wirtschaften und so die Bedürfnisse des Einzelnen zu befriedigen. Im täglichen familiären Zusammenleben werden körperliche und psychische Bedürfnisse wie zum Beispiel Zuwendung, Wärme oder Anerkennung befriedigt. Zudem verbringen die Familienmitglieder überwiegend ihre Freizeit gemeinsam und feiern gemeinsame Feste (zum Beispiel Geburtstag).

> *„Der Haushalt kann als Ort des Austausches bestimmter Leistungen gelten; hier konkretisiert sich Familiensinn, ist der Ort des Zusammenlebens, wird Freizeit überwiegend verbracht."*
> *(Gernert, 1993⁴, S. 95)*

- Der **Spannungsausgleich**: Im Gegensatz zu Schule, Beruf und Öffentlichkeit bietet die Familie die Möglichkeit, Gefühle zu zeigen und auszuleben sowie sich selbst zu entfalten. Insofern kann sie ein Gegengewicht zum Leben außerhalb der Wohnung sein.

---

[1] Funktionen meinen in diesem Zusammenhang familiäre Leistungen, die im Idealfall erbracht werden, aber auch unvollkommen bleiben können.
[2] Auf Sozialisation wird ausführlich in Kapitel 4.2.2 eingegangen.

11.1.3 Probleme der familiären Erziehung

Gerade die intimeren und emotionaleren Beziehungen in der heutigen Kernfamilie machen sie für Konflikte und Probleme anfällig. Probleme können sich ergeben aus

- dem **familiären Zusammenleben**,
- der **Unvollständigkeit der Familie**,
- der **Berufstätigkeit beider Elternteile** und
- **verfehlten Erwartungen an das Kind**.

Probleme des familiären Zusammenlebens
Zu den Problemen, die sich aus dem familiären Zusammenleben ergeben, zählen **Autoritäts- und Generationskonflikte** sowie die **Ablösung des Jugendlichen** von seinen Eltern. Der zunehmende Wunsch des Jugendlichen nach Unabhängigkeit wird von vielen Eltern als Ablehnung missverstanden. Der Prozess der Ablösung ist deshalb für die meisten Eltern ein beunruhigendes und unangenehmes Ereignis. Zudem rufen die unterschiedlichen Ansichten und Verhaltensweisen wie Freundschaft mit Andersgeschlechtlichen, Ausgang, Leistung und dgl. oft Konflikte hervor.

Gestörte Beziehungen in der Familie sowie ein **disharmonisches Familienklima** be- bzw. verhindern eine gesunde Entwicklung der heranwachsenden Kinder. Zerrüttete Verhältnisse und ständiger Streit erzeugen beim Kind innere Spannungen, die eine schwere emotionale Belastung darstellen können. Psychische Störungen sind dann oft eine unausweichliche Form der Spannungsentladung.

Auch die **Trennung bzw. Scheidung der Eltern** stellt ein großes Problem dar. Sowohl für die sich trennenden Partner als auch für die jeweiligen Kinder bedeutet eine Trennung bzw. Scheidung immer ein einschneidendes Lebensereignis, verbunden mit einer emotionalen Belastung. Je nachdem, wie stark diese Belastung erlebt wird, führt sie zu unterschiedlichen kurz- oder auch längerfristigen Auswirkungen. Für die Kinder wirkt sich meist die akute Krisensituation und ihre erfolglose, vergebliche und oft tragische Bewältigung vor der Trennung bzw. Scheidung sehr ungünstig aus. Für betroffene Kinder und Erwachsene können sich langfristige Verhaltensprobleme ergeben, vor allem, wenn der Paarkonflikt sich fortsetzt und die Kinder einbezogen sind.

Zu gravierenden Folgen führt auch die **in manchen Familien vorherrschende Gewalt**. Familiäre Gewalt zeigt sich einerseits in *körperlicher Misshandlung* wie Treten, Haarausreißen, Stoßen und Schlagen (auch mit Gegenständen) oder dem Zufügen von Verbrennungen und Verbrühungen, andererseits in *seelischen Misshandlungen*. Sexuelle Gewalt liegt vor, wenn an Kindern sexuelle Handlungen vollzogen werden oder sie gezwungen werden, an Erwachsenen sexuelle Handlungen zu vollziehen.[1]

Ebenfalls eine große Rolle spielt die **Vernachlässigung**[2]. Untersuchungen ergaben, dass es heute wesentlich mehr allein gelassene Kinder gibt als noch vor 15 Jahren. Diesen Kindern fehlt oft die Wärme, die Geborgenheit, sie sind auch emotional auf sich selbst gestellt, obwohl sie dazu noch gar nicht in der Lage sind. Vernachlässigte Kinder werden nicht in ihrer Entwicklung gefördert oder müssen nicht altersgerechte Aufgaben übernehmen.

Zunehmend wird auch von Gewalt von Kindern und Jugendlichen gegenüber den Eltern berichtet.

Ebenso dramatisch können sich **außergewöhnliche Belastungen** durch Krankheit oder Tod eines Familienmitglieds sowie durch soziale und/oder wirtschaftliche Nöte auf das Familienleben auswirken.

Unvollständigkeit der Familie

Unvollständige Familien sind Familien mit nur einem Elternteil – aus erzieherischer Sicht wird häufig von **Alleinerziehenden** gesprochen. Etwa 30 % aller Kinder in städtischen Ballungsräumen wachsen mit nur einem Elternteil auf. Die Mehrheit der in der Bundesrepublik Deutschland lebenden Alleinerziehenden sind Frauen. Während es früher vor allem der Tod des Partners war, der zur Alleinerziehung geführt hat, ist es heute meist die Trennung oder Scheidung vom Partner.

Das wesentliche Problem Alleinerziehender ist in erster Linie die häufig **mangelhafte wirtschaftliche Absicherung** und die daraus resultierenden finanziellen Probleme. Die Suche nach einem geeigneten Arbeitsplatz ist gerade für Alleinerziehende aus mehreren Gründen schwierig. Der familiäre Alltag ist erschwert, da der alleinerziehende Elternteil alle Erziehungs- und Versorgungsaufgaben alleine übernehmen muss. Die **gesellschaftliche Akzeptanz von Alleinerziehenden ist gering**. Das Bild einer Ein-Eltern-Familie stimmt nicht mit dem überein, was gesellschaftlichen Erwartungen entspricht. Damit verbunden ist oft eine soziale Isolierung von Ein-Eltern-Familien.

> So gaukelt uns zum Beispiel die Werbung tagtäglich eine glückliche Mutter und einen zufriedenen Vater mit zwei glücklichen Kindern vor, obwohl beinahe jede dritte Frau mit Kindern mindestens einmal – in einem Zeitraum von 18 Jahren – alleinerziehende Mutter ist.

---

[1] *siehe Kapitel 14.3.1*
[2] *vgl. Kapitel 8.1.4*

Berufstätigkeit beider Elternteile

Die Berufstätigkeit beider Elternteile entspricht heute den Anforderungen der modernen Industriegesellschaft. Die größere Rollenzufriedenheit der Frau und ihre stärkere Öffnung zur Außenwelt können sich durchaus positiv auf die familiäre Erziehung auswirken. Dabei darf jedoch nicht übersehen werden, dass sich mögliche Unzufriedenheit mit der Arbeit bzw. am Arbeitsplatz, Überforderung im Beruf, die berufliche Anspannung als solche, die Doppelrolle durch Beruf, Haushalt und Erziehung sowie die verringerten Energiereserven belastend auf das familiäre Zusammenleben und auf die Entwicklung des Kindes auswirken können *(vgl. Hierdeis/Rudolph, 1983[5], S. 73 f.)*.

Aufgrund von Untersuchungen weiß man heute, dass eine Berufstätigkeit beider Eltern nicht als Risikofaktor für sichere Bindung betrachtet werden kann und der gesunden Entwicklung des Kindes nicht im Wege steht, wenn eine ausreichende außerfamiliäre Betreuung der Kinder und die emotionale Geborgenheit und Unterstützung gegeben ist. Weitgehende Einigkeit besteht auf jeden Fall darüber, dass die sichere Bindung eines Kindes nicht beeinträchtigt wird, wenn das Kind bei Aufnahme der Berufstätigkeit beider Elternteile zwei Jahre oder älter ist *(vgl. Dornes, 2002, S. 164)*. Entscheidend ist jedoch, dass der Säugling bzw. das kleine Kind eine oder mehrere feste Bezugspersonen hat, die für es eine Art „Sicherheitsbasis" darstellen und die es emotional unterstützen und versorgen.[1]

Dennoch muss darauf hingewiesen werden, dass viele Pädagogen und Psychologen die Situation in manchen Elternhäusern verantwortlich machen für die zunehmende Fehlentwicklung von Kindern, vor allem für die explodierende Gewalt.

Verfehlte Erwartungen an das Kind

Ein Problem, das die Kernfamilie mit sich bringt, ist die **Überforderung des Kindes durch verfehlte Erwartungen**. Stellen Eltern zu hohe Erwartungen an ihre Kinder, so können die Kinder diesen nicht mehr gerecht werden. Diese Überforderung kann zu Entwicklungsproblemen führen.

> Das Nichtbestehen einer weiterführenden Schule zum Beispiel kann dazu führen, dass sich die Kinder als Versager fühlen und aufgrund der permanenten Überforderung psychische Störungen entwickeln. Eine emotionale Überforderung liegt auch vor, wenn das Kind der einzige Grund ist, warum die ansonsten beziehungslos gewordenen Eltern zusammenbleiben, oder wenn es der einzige Lebensinhalt seiner Eltern bzw. eines Elternteils ist.

Gleichzeitig sind die Eltern von ihrem Kind enttäuscht, weil es ihren Erwartungen nicht nachkommt oder nicht nachkommen kann, was sich wiederum negativ auf die kindliche Entwicklung auswirken kann.

Horst Eberhard Richter[2] *(1989)* erforschte Ursachen kindlicher Fehlentwicklungen, die darauf zurückgehen, dass die Eltern Erwartungen an das Kind stellen, die Ausdruck ihrer eigenen unbewältigten Konflikte und unerfüllten Wünsche sind. *Richter* sieht das Kind, den spezifischen Fehleinstellungen der Eltern entsprechend, in folgende Rollen gedrängt:

– Das Kind soll die Enttäuschungen ausgleichen, die bei einem Elternteil eine unerfüllte oder gescheiterte Partnerbeziehung hervorgerufen hat.

---

[1] vgl. hierzu auch die Ausführungen in Kapitel 2.3.1
[2] Horst-Eberhard Richter, Professor Dr. med. Dr. phil., Psychoanalytiker, geboren 1923 in Berlin, war geschäftsführender Direktor des Zentrums für Psychosomatische Medizin an der Universität Gießen. 1980 erhielt er den Theodor-Heuss-Preis.

- Das Kind soll das übersteigert vorteilhafte Eigenbild verwirklichen, das ein Elternteil von sich hat.

- Das Kind wird gedrängt, das Ideal zu verwirklichen, zu dessen Realisierung ein Elternteil sich nicht in der Lage sieht.

- Dem Kind werden Strafen auferlegt, die der betreffende Elternteil selbst zu verdienen glaubt, und zwar für Handlungen, die er bei sich unterdrückt, aber nicht restlos verdrängt.

- Das Kind übernimmt die Rolle des „schwachen Teils", es wird mit Absicht klein, ohnmächtig und passiv gehalten, damit der in Wirklichkeit schwache Elternteil sich von ihm erfolgreich abheben kann.

- Die wichtigste Funktion des Kindes wird von dem entsprechenden Elternteil darin gesehen, ihm bei seinen Auseinandersetzungen mit der Mitwelt oder mit dem Ehepartner beizustehen.

11.2 Der Kindergarten als familienergänzende Einrichtung

Der Kindergarten ist die bekannteste pädagogische Einrichtung, die die Erziehung der Familie unterstützen und ergänzen will.

11.2.1 Der Begriff „Kindergarten"

Mit dem Beginn des Kindergartenbesuchs starten sowohl die Eltern als auch die Kinder einen neuen Lebensabschnitt. Im Gegensatz zur Schulpflicht besteht keine gesetzliche Pflicht, einen Kindergarten zu besuchen. Die Eltern schicken ihre Kinder **freiwillig** in den Kindergarten. Den Kindergartenbeginn können sie nach dem Entwicklungsstand des Kindes richten, denn Kindergärten stehen Kindern in der Regel ab dem Alter zwischen drei und vier Jahren offen. Außerdem muss das Kind den Kindergarten nicht jeden Tag besuchen, der Kindergartenmorgen ist zeitlich nicht genau festgelegt, sondern er bewegt sich in einem bestimmten Rahmen.

*Sehr häufig findet man heute vor allem in Städten **Kindertagesstätten** vor, die Kinder vom ersten bzw. zweiten bis zum sechsten Lebensjahr besuchen. Diese Tendenz wird sich in naher Zukunft verstärken, da immer häufiger beide Elternteile einem Beruf nachgehen oder Kinder nur von einem Elternteil erzogen werden (vgl. Abschnitt 11.1.3).*

Die meisten Kindergärten (ca. 70 %) sind in freier Trägerschaft (z. B. *Diakonisches Werk* oder *Caritasverband*), etwa 30 % der Kindergärten liegen in öffentlicher Trägerschaft. Grund dafür ist eine Regelung des Jugendwohlfahrtsgesetzes, dass öffentliche Träger erst dann aktiv werden können, wenn kein freier Träger für einen Kindergarten zur Verfügung steht. Die anderen Wohlfahrtsverbände (beispielsweise das *Deutsche Rote Kreuz e. V.*, der *Paritätische Wohlfahrtsverband*) und private Träger (z. B. Betriebe, Krankenhäuser, Studentenwerke) spielen zahlenmäßig kaum eine Rolle.

Pflege und Erziehung werden von ausgebildeten Sozialpädagogen, Erziehern und Kinderpflegern geleistet. Die frühere Berufsbezeichnung „Kindergärtnerin" ist heute durch den Begriff „Erzieherin" abgelöst worden.

> Der Kindergarten ist eine familienergänzende Einrichtung auf freiwilliger Basis für Kinder zwischen dem vierten und sechsten Lebensjahr. Pflege und Erziehung werden in der Regel von ausgebildeten Sozialpädagogen, Erziehern und Kinderpflegern geleistet. Der Kindergarten wird von Wohlfahrtsverbänden, Kommunen, Kirchen oder Vereinen getragen und untersteht der Aufsicht von Jugendämtern und Regierungen.

11.2.2 Aufgaben des Kindergartens

Hauptaufgabe des Kindergartens ist seine **familienergänzende Funktion**: Der Kindergarten soll die Erziehung in der Familie unterstützen und ergänzen. Im Einzelnen hat die Kindergartenerziehung folgende Aufgaben:

- **Förderung der Motorik**
  Durch Arbeitsgeräte wie Schere, Messer, Säge usw. oder durch speziell entwickelte Materialien (zum Beispiel Montessori-Materialien), aber auch durch Tanz, Pantomime, Gymnastik usw. soll das Kind lernen, seinen Körper zu beherrschen, damit es Bewegungsabläufe steuern und Handlungen gezielt ausführen kann.

- **Förderung der Sprache und der Kommunikation**
  Das Kind soll formulieren lernen, was es will und möchte. Exakte Aussprache, richtiger Satzbau und guter sprachlicher Ausdruck sowie das Sprechen in sauber ausgeformten ganzen Sätzen sollen vermittelt werden.

- **Förderung der Kreativität**
  Das Kind soll die Bewegungsfreude, seine Gestaltungsfähigkeit und seine Ausdrucksmöglichkeit entfalten können. Hierbei bietet sich das spielende Gestalten, in welchem das Kind schöpferisch tätig sein kann, und das gestaltende Spiel an.

- **Förderung der Wahrnehmung und der Orientierung**
  Der Erzieher soll die Wahrnehmung des Kindes unterstützen und weiter verfeinern. Es soll lernen, Farben, Formen, Oberflächenbeschaffenheiten, Geräusche, Töne usw. zu differenzieren. Eine wichtige Rolle spielt dabei die Orientierung: Es soll lernen, sich räumlich und zeitlich orientieren zu können.

- **Förderung der Konzentration sowie der Denk- und Gedächtnisleistungen**
  Das Kind soll lernen, dass es seine ganze Aufmerksamkeit einem Gegenstand schenken, sich auf einen Gegenstand konzentrieren und auch aufpassen kann. Zudem soll das Bilden von Begriffen, logischen Schlussfolgerungen, das Erfassen von einfachen Zu-

sammenhängen und die Merkfähigkeit des Kindes ebenso angeregt und vermittelt werden.

- **Förderung der Lernmotivation**

    Das Kind soll in einem gewissen Umfang selbst lernen wollen; es soll eine Willenshaltung geweckt werden, die es ihm ermöglicht, seine Aufmerksamkeit für eine längere Zeitdauer auf ein Ziel richten zu können.

- **Förderung des Sozialverhaltens**

    Kinder ungefähr gleichen Alters bilden im Kindergarten eine Gruppe. Kinder lernen im Umgang mit den anderen beispielsweise Konflikte auszutragen, Hilfsbereitschaft, Fürsorge, auf die Bedürfnisse des anderen einzugehen, eigene Bedürfnisse zu reduzieren, zu teilen, auf andere zu warten usw., aber auch sich durchzusetzen und zu behaupten.

- **Förderung des Umwelt- und Naturverständnisses**

    Durch einen Spaziergang im Wald oder in der Stadt kann die Erzieherin bei den Kindern im Vorschulalter Interesse für die Schönheit der Natur wecken und begreiflich machen, dass man mit diesem Gut nicht leichtsinnig umgehen darf.

- **Förderung der Gesundheit**

    Dem Kind sollen Kenntnisse über Körperpflege und Hygiene, aber auch Wissen über Gefahren von Unfällen und Verletzungen vermittelt werden. Dabei soll auch die Motivation zu einer gesunden Lebensführung geweckt werden.

- **Elternarbeit**

    Kindergarten und Eltern sollen in ihren Bemühungen um das Kind zusammenarbeiten und ihre Erziehung aufeinander abstimmen.

> *„Elternarbeit ist vielmehr ein gemeinsamer Lernprozess: Eltern und Erzieher diskutieren über Ziele und Methoden der Erziehung von Kindern, die dabei auftauchenden Probleme und Lösungsvorschläge; Eltern und Erzieher lernen, dass Erziehung nicht etwas Statisches ist, sondern konkreten Veränderungen unterworfen ist, auf die aktiv Einfluss genommen werden kann."*
> (Aden-Grossmann, 2002, S. 225 f.)

Den ersten Kontakt mit den Eltern haben die Erzieher meistens bei der Anmeldung des Kindes für den Kindergarten; es findet häufig ein **Aufnahmegespräch** statt. Zu weiteren Gesprächen zwischen Eltern und Erziehern kann es kommen, wenn die Kinder täglich von ihren Eltern in den Kindergarten gebracht werden; *Wilma Aden-Grossmann (2002, S. 226)* nennt dies **„Gespräche zwischen Tür und Angel"**. Das ausgebildete Personal des Kindergartens bietet in der Regel noch **Sprechstunden** an, wenn wichtige Fragen erörtert werden sollen. Zusätzlich haben alle Eltern die Möglichkeit, sich an **Elternabenden** über die Erziehungsarbeit des Kindergartens zu informieren. Weitere Möglichkeiten stellen **gemeinsame Feiern und Feste** mit Eltern, Personal und Kindern dar, um den Kontakt aufrechtzuerhalten.

- **Religiöse Erziehung**

    In Kindergärten, in denen die Kirche Träger ist, spielt auch die religiöse Erziehung eine wichtige Rolle.

Daneben ist es eine Aufgabe des Kindergartens, Auffälligkeiten bei Kindern in verschiedenen Bereichen zu erkennen und diese Kinder an entsprechende Einrichtungen weiterzuvermitteln.

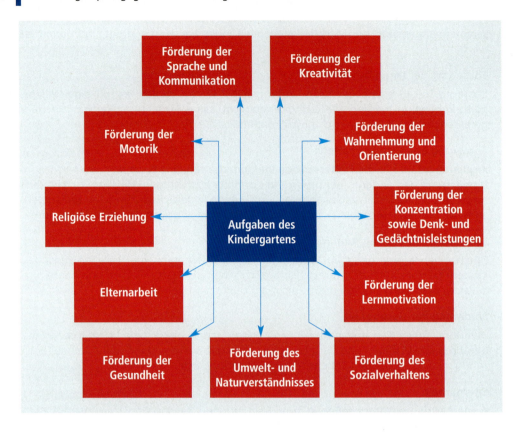

Vornehmlich durch zwei Methoden versucht der Kindergarten, diesen Aufgaben gerecht zu werden: durch das **Spiel** und die **Beschäftigung**. Das Spiel stellt für das Kind ein „elementares Lebensbedürfnis" dar und ist die dem Kind entsprechende Tätigkeit schlechthin. Es steht auch deshalb im Mittelpunkt erzieherischer Arbeit.[1]

> „Kinder erfassen ‚spielend' die Welt." *(Haug-Schnabel/Schmid, 1994³, S. 183)*

Daneben gibt es im Kindergarten die Beschäftigung. Damit ist ein „gezieltes Angebot" durch das Personal des Kindergartens für die Kinder gemeint.

> Dies können beispielsweise das Vorlesen einer Geschichte im Stuhlkreis, das Basteln eines Gegenstandes, das Betrachten von Blumen und dgl. sein.

11.2.3 Die Organisation des Kindergartens

Die pädagogische Arbeit der Erzieher/innen und Kinderpfleger/innen im Kindergarten ist größtenteils geplant und organisiert. Die Kindergartengruppen sind altersgemischt und bestehen aus Jungen und Mädchen. Der Tagesablauf verläuft nach bestimmten Regeln. Jahres- und Monatsplanungen orientieren sich an der Folge der Jahreszeiten und an kirchlichen Festen.

---

[1] Auf das Spiel und seine Bedeutung für die Entwicklung des Kindes wird in Kapitel 9.4 eingegangen.

Die altersgemischte Gruppe

Die Kindergartengruppe ist neben der Familie der wichtigste Sozialverband für das Kind. Gerade Einzelkinder können in dieser Gruppe Lernerfahrungen sammeln, die ihnen ihre Eltern nicht ermöglichen können.

- Beispielsweise können kleinere Kinder Hilfe von den Größeren bekommen, ältere Kinder können die kleineren beim Spielen anregen, oft werden ältere Kinder als Anführer einer Gruppe akzeptiert, was wiederum deren Selbstbewusstsein stärkt usw.

In der Kindergartengruppe lernen Kinder, etwas gemeinsam zu machen, sie lernen Spielregeln im Umgang miteinander (z. B. andere Ansichten anzuerkennen, sich zu entschuldigen oder die eigene Meinung zu äußern).

Die Planung der pädagogischen Arbeit im Kindergarten

Lernprozesse in den Kindergärten werden vor allem durch Spielsituationen und soziale Situationen angeregt; das ausgebildete Personal hat dabei die Aufgabe, Voraussetzungen und Möglichkeiten für solche Situationen zu schaffen. Die meisten Kindergärten orientieren sich bei der Planung der pädagogischen Arbeit an der Folge der Jahreszeiten und an kirchlichen Festen.

- In der Weihnachtszeit führen die Kinder ein Krippenspiel in der Kirche auf.
- Ein Faschingsfest mit einem selbst gewählten Thema (beispielsweise Indianer) steht auf dem Programm.
- Die Kinder bemalen Eier vor der Osterzeit.
- Es werden Geschenke zum Muttertag gebastelt.

Daneben planen viele Kindergärten auch längerfristige Projekte, sogenannte „didaktische Einheiten"; hier soll das Kind in den verschiedenen Bereichen seiner Entwicklung gefördert werden. Als Methoden können dabei Basteln, Rollenspiele, Gespräche über das Erlebte oder Betrachten von Bilderbüchern eingesetzt werden.

Im Gegensatz zur Schule ist der Tagesablauf im Kindergarten nicht an den 45-Minuten-Rhythmus gebunden, jedoch verläuft der Vormittag ebenfalls nach Regeln.

- Eintreffen der Kinder bis ca. 8.00 Uhr
- Freispiel bis ca. 10.00 Uhr
- Beschäftigung bis ca. 10.30 Uhr
- Variable Gestaltung, die abhängig ist vom Wetter bis ca. 12.00 Uhr (zum Beispiel Spiele im Gruppenraum, Spielplatz, Spaziergang)
- Abholen der Kinder durch die Eltern gegen 12.00 Uhr

Das *Freispiel* nimmt im Gegensatz zur Beschäftigung einen zeitlich größeren Raum ein. Während der Zeit des Freispiels kann das Kind beispielsweise selbst seine Spielkameraden und -materialien aussuchen, es kann seine eigenen Ideen, allein oder gemeinsam mit anderen Kindern verwirklichen. Ziele einer Beschäftigung sind unter anderem, dass sich das Kind über einen begrenzten Zeitraum konzentriert und dass es lernt, seine eigenen Wünsche aufzuschieben.

Die Gestaltung der Räume im Kindergarten

Aus pädagogischer Sicht soll die Architektur eines Kindergartens so gestaltet sein,

- dass sich Kinder ungestört beschäftigen können,
- dass auch bei schlechtem Wetter ein Toben und Rennen möglich ist,
- dass das Personal innerhalb einer Gruppe Untergruppen bilden kann.

In den einzelnen Gruppenräumen von Kindergärten findet man in der Regel eine Mal- und eine Bauecke, einen Platz für Bücher sowie eine Puppenecke vor.

11.2.4 Probleme der erzieherischen Arbeit

Selten verläuft die pädagogische Arbeit im Kindergarten ohne Probleme.

- Probleme können entstehen, wenn sich die **Erwartungen zwischen dem Träger des Kindergartens und den Erziehungsberechtigten widersprechen**.

- Probleme können auch entstehen, wenn die **Weltanschauung des Personals bzw. des Trägers und die der Erziehungsberechtigten stark voneinander abweichen**, so dass eine sinnvolle Zusammenarbeit zum Wohle des Kindes kaum mehr möglich ist.

- Das Elternengagement und das Interesse der Eltern am Kindergarten sind nicht immer befriedigend; Erzieher/innen beklagen sich oft über **mangelndes Interesse der Eltern** oder über nur mäßig besuchte Elternabende.

Die Praxis in vielen Kindergärten belegt, dass Elternabende oder ähnliche Veranstaltungen von den Eltern besucht werden, die sich in der Regel viele Gedanken über die Erziehung ihrer Kinder machen. Gerade Eltern, bei deren Kindern Probleme wie zum Beispiel Sprachstörungen, Kontaktschwierigkeiten etc. auftreten, erscheinen nur selten.

- Viele Eltern verlangen von ihren Kindern im Vorschulalter schulische Leistungen und üben so auf Erzieher und Kinder einen **unnötigen Leistungsdruck** aus.

- Probleme können sich auch ergeben, wenn **im Kindergarten ein anderer Erziehungsstil angewandt wird als im Elternhaus**.

- Mögliche **Defizite**, die sich aus der unterschiedlichen Herkunft der Kinder mit ihren unterschiedlichen Voraussetzungen ergeben können, werden Erzieher/innen in den seltensten Fällen ausgleichen können. Folglich kann bei Schuleintritt nicht von Chancengleichheit, die durch die Kindergartenerziehung kaum erreicht werden kann, gesprochen werden.

- Eine weitere Grenze der pädagogischen Arbeit im Kindergarten liegt in den sehr **großen Kindergartengruppen**. Häufig besuchen 20 bis 25 Kinder – teils sogar mehr – eine Kindergartengruppe, die in der Regel nur von einer Erzieherin und einer Kinderpflegerin betreut wird.

- Die Träger der meisten Kindergärten in der Bundesrepublik Deutschland sind die Kirchen; jedoch besuchen auch viele ausländische Kinder den Kindergarten, deren **andersgläubigen Grundsätze** – zum Beispiel muslimische Weltanschauung – **nicht mit den Grundsätzen der evangelischen und katholischen Kirche vereinbar sind**.

- Vor allem ausländische Kinder haben oft keine ausreichende Kenntnis der deutschen Sprache; es treten **Sprachprobleme** auf.

- **Verhaltensauffällige bzw. „schwierige" Kinder** überfordern häufig die Erzieher. Die Erzieher und Kinderpfleger sind verpflichtet, sich um alle Kinder ihrer Gruppe zu kümmern. Die Grenze der pädagogischen Arbeit im Kindergarten ist dort erreicht, wo sonderpädagogische Maßnahmen notwendig wären. Eine solche Arbeit kann der Kindergarten jedoch nicht leisten

11.3 Die Schule als Ort des Lernens

Im Mittelalter waren Schulen in den Klöstern Orte und Zeit der Ruhe von der körperlichen Arbeit, in dieser Zeit erhielten die jungen Mönche ihren Unterricht. Kinder der Adeligen und Besitzenden wurden zu Hause von Privatlehrern unterrichtet. Schule im heutigen Verständnis entstand im 16. bis 18. Jahrhundert und ergänzte als Bürgerpflicht familiäre Erziehung *(vgl. Wember, 2007, S. 212)*.

11.3.1 Der Begriff „Schule"

Im Gegensatz zum Kindergarten ist der Besuch von Schulen für Kinder, die das sechste Lebensjahr vollendet haben, verpflichtend. Das **Lernen** steht im Mittelpunkt schulischer Arbeit. Die Schule ist eine Einrichtung, in der Lehrende (= Lehrer) und Lernende (= Schüler) zum Zwecke der Erziehung und der Durchführung von Lehr- und Lernmaßnahmen zusammenkommen. Alle Arten der bewussten, absichtsvollen und planmäßigen Durchführung von Lehr- und Lernmaßnahmen bezeichnen wir als **Unterricht**.

> Unterricht ist ein Sammelbegriff für alle Arten der bewussten, absichtsvollen und planmäßigen Durchführung von Lehr- und Lernmaßnahmen durch hierfür ausgebildete Lehrkräfte für Schüler.

Ausgebildete Lehrkräfte orientieren sich an der Entwicklung der individuellen Fähigkeiten und Interessen der Schüler, wobei Richtlinien und Lehrpläne des Gesetzgebers eingehalten werden müssen. Schulen haben einen Bildungs- und Erziehungsauftrag zu erfüllen. Den Schülern werden Kenntnisse, Fähigkeiten und Fertigkeiten vermittelt, sie werden vorbereitet, Aufgaben im Leben, im Beruf und in der Gesellschaft zu übernehmen *(vgl. Knapp, 2003[4], S. 349)*. Dabei bilden sie **Jahrgangsklassen** zur weitgehenden Homogenisierung der Lernvoraussetzungen.

Das *Grundgesetz* der Bundesrepublik Deutschland weist in Artikel 7 darauf hin, dass das gesamte Schulwesen unter der Aufsicht des Staates steht und das Recht zur Errichtung von Privatschulen unter bestimmten Voraussetzungen gewährleistet ist.

> Schulen sind öffentliche Bildungsstätten, in denen Erziehung und Unterricht nach Richtlinien und Lehrplänen von hierfür ausgebildeten Lehrkräften für Schüler in Pflichtschulen und weiterführenden Schulen erteilt wird.

Das Schulwesen der Bundesrepublik Deutschland ist in den 16 Bundesländern nicht einheitlich geregelt. Das liegt an der *Kulturhoheit der Länder*: Nicht der Bund, sondern die einzelnen Länder haben die „Macht" über „ihr" Bildungswesen.

In Berlin und in Brandenburg beispielsweise umfasst die Grundschule die Jahrgangsstufen 1 bis 6, in Bayern hingegen nur die Jahrgangsstufen 1 bis 4. In Bayern ist das Schulwesen ab der 4. Jahrgangsstufe dreigliedrig (Hauptschule, Realschule, Gymnasium), in Nordrhein-Westfalen sind die verschiedenen Schularten in einem Schulkomplex zusammengefasst, die Aufteilung in die verschiedenen Schularten geschieht erst ab der 6. Jahrgangsstufe bzw. die Schulformen des allgemein bildenden Schulwesens (Hauptschule, Realschule, Gymnasium) sind in einem nach Kern- und Kursfächern gegliederten Unterricht in den Klassen 5 bis 10 zusammengeführt.

Aufbau des Bildungssystems in der Bundesrepublik Deutschland	
Bereich	Einrichtung
Elementarbereich	Kindergarten, Schulkindergarten
Primarbereich	Grundschule
Sekundarstufe I	Hauptschule, Realschule, Gymnasium (bis zur 10. Klasse)
Sekundarstufe II	Gymnasium (bis zur 12. bzw. 13. Klasse), berufliche Schulen (z. B. Berufsschulen, Berufsfachschulen, Fachoberschulen, Berufsoberschulen, Fachakademien)
Tertiärer Bereich	Universitäten, Technische Hochschulen, Fachhochschulen

Falls Schüler keine weiterführenden Schulen besuchen, dann ist für sie der Besuch der Grundschule, der Hauptschule, der Berufsschule oder der Förderschule verpflichtend.

Grundstruktur des Bildungswesens in der Bundesrepublik Deutschland

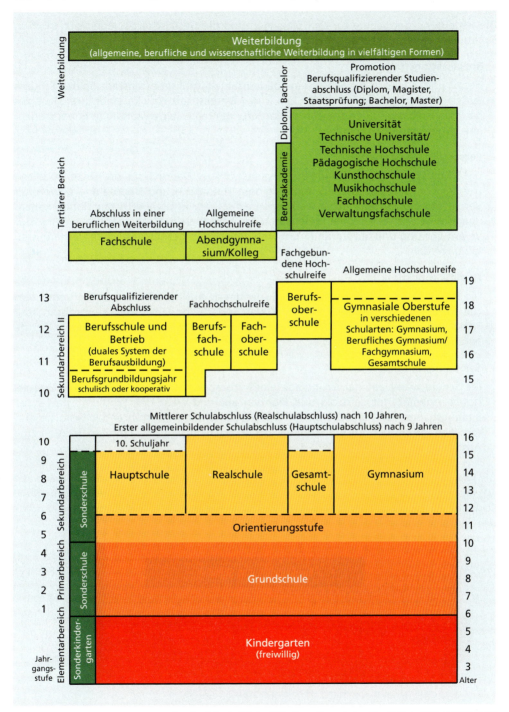

Quelle: Sekretariat der Ständigen Kommission der Kultusminister, 2006, S. 38

11.3.2 Funktionen der Schule

Die Bedeutung der Schule für den Einzelnen und die Gesellschaft spiegelt sich in ihren Funktionen wider, die sie zu erfüllen hat.

- **Sozialisationsfunktion**

    Neben der Familie ist die Schule eine bedeutsame Sozialisationsinstanz. In den Schulen lernen Schüler soziales Verhalten, um in der Gesellschaft bzw. in einer ihrer Gruppen handlungsfähig und den sozialen Anforderungen eines eigenständigen Erwachsenenlebens gewachsen zu sein.[1]

- **Personalisationsfunktion**

    Die Schüler bilden in der Schule ihr „Personsein" aus. Dadurch soll der Einzelne befreit werden von der unkritischen und fraglosen Hinnahme und Übernahme gewohnter Verhaltensvorschriften und -erwartungen. Er soll zur kritischen Distanz ihnen gegenüber sowie zur Autonomie, verstanden als Selbstbestimmung seines Handelns, zur Verantwortung und zur Veränderung von gegebenen gesellschaftlichen Verhältnissen fähig werden.[2]

- **Qualifikationsfunktion**

    Die Schule fördert Kinder und Jugendliche, um sie auf berufliche Anforderungen vorzubereiten. Durch die Vermittlung und den Erwerb von Einsichten, Kenntnissen oder Fähigkeiten, die für einen Beruf relevant sind, werden Schüler für bestimmte Berufe befähigt.

- **Selektionsfunktion**

    Die Schule wählt auf der Grundlage eines erbrachten Leistungsbildes – zum Beispiel Noten – gemäß der Leistung und Eignung aus und weist den Schülern „passende" Bildungsgänge zu – ob sie den Anforderungen einer weiterführenden Schulart entsprechen, ob sie sich für ein Studium eignen oder ob sie in bestimmten Berufen eine Anstellung nach Abschluss der Schule bekommen.

Die Selektionsfunktion steht in der Kritik, doch es darf nicht übersehen werden, dass hinter dieser Funktion ein Interesse der Chancengleichheit steht: Nicht die Herkunft, sondern Eignung und Leistung sollten über Bildungswege, Beruf und letztlich über gesellschaftliche Positionen entscheiden.

---

[1] Auf Sozialisation wird ausführlich in Kapitel 4.2.2 eingegangen.
[2] Auf Personalisation wird in Kapitel 4.2.4 eingegangen.

11.3.3 Probleme der Schule

Jede Schulart hat ihre spezifischen Probleme. Probleme wie beispielsweise **zu große Klassen, zu viele Hausaufgaben für die Schüler, immer mehr Unterricht am Nachmittag, mit Lerninhalten überfrachtete Lehrpläne, überforderte oder ausgebrannte Lehrer, häufiger Stundenausfall** usw. sind hinlänglich bekannt. Bildungsforscher, die einen Aktionsrat bilden, fordern einen radikalen Umbau des deutschen Bildungssystems.

> Beispielsweise solle das dreigliedrige Schulsystem bundesweit auf eine zweigliedrige Struktur, bestehend aus Sekundarschulen und Gymnasien, umgestellt werden. Die Trennung der Schüler solle ab dem sechsten Schuljahr erfolgen.

Anreize für die Schulen

Die deutsche Bildungsmisere ist hinlänglich bekannt, die Kultusminister stöhnen schon, wenn ihnen wieder eine neue Studie vorgehalten wird. Es verbreitet sich die Haltung: Kennen wir doch alles! Die Reformen seien ja in vollem Gange. Dem „Aktionsrat Bildung" reichen sie aber nicht, er fordert mehr Mut beim Umbau der Schulen. Seine Empfehlungen verdienen schon deshalb Gehör, weil sie so etwas sind wie der Rat der sieben Weisen aus der Bildungsforschung.

Schulen brauchen endlich mehr Anreize, Migranten und Kinder aus armen Familien besser zu fördern. Darüber könnte der Staat Verträge mit einzelnen Schulen schließen und darin konkrete Ziele formulieren. Bisher reagiert die Politik nur, wenn wieder einmal haltlose Zustände an einer Schule bekannt werden, sie schickt dann vielleicht einen zusätzlichen Pädagogen. Wie der Staat die Schulen bisher steuert, ist ineffektiv, die Verteilung der Chancen, die dabei herauskommt, hochgradig ungerecht. Die Bildungsforscher orientieren sich nun am Vorbild der Niederlande und werben dafür, die Schulen grundsätzlich von privaten Trägern leiten zu lassen, aber weiter staatlich zu finanzieren und zu kontrollieren. Privat bedeutet in so einem Modell nicht, dass die Schulen profitorientiert wirtschaften und sich auf die Elitenförderung konzentrieren sollen. Privat würde heißen: zivilgesellschaftlich und gemeinnützig organisiert, aber weiter staatlich gefördert und gefordert.

Eine solche Entstaatlichung ginge allerdings einher mit einer Abkehr vom Berufsbeamtentum. Die Lehrerverbände werden deshalb Sturm laufen gegen die Expertise des Aktionsrats. Und Politiker, die es mit dieser Lobby aufnehmen wollen, brauchen wirklich viel Mut.

Quelle: Schultz, in: Süddeutsche Zeitung, 08.03.2007

Im Folgenden werden Probleme angeführt, die in jüngster Vergangenheit in den Medien diskutiert wurden bzw. immer noch diskutiert werden:

- Der Begriff „Hauptschule" taucht in den Medien häufig unter dem Schlagwort „Restschule" oder „Sackgasse" auf. Damit ist gemeint, dass Absolventen der Hauptschulen auf dem Arbeitsmarkt große Mühe haben, eine geeignete Ausbildungsstelle zu finden. In Stellenausschreibungen werden in immer mehr Ausbildungsberufen ein mittlerer Schulabschluss oder gar die Hochschulreife von den Bewerbern gefordert. Viele Jugendliche müssen dann ohne Ausbildungsverhältnis eine Klasse einer Berufsschule besuchen (beispielsweise das Berufsvorbereitungsjahr, eine Klasse für Jugendliche ohne Ausbildungsverhältnis), da sie berufsschulpflichtig sind. Oft sind diese Jugendlichen enttäuscht und demotiviert, weil sie etliche Bewerbungen geschrieben haben und nur Absagen erhalten haben.

> *„Je früher öffentliche Bildungsinvestitionen ansetzen, umso höher sind die Erträge und Chancen, Bildungsgerechtigkeit herzustellen."*
> (Dieter Lenzen, Vorsitzender des Aktionsrats)

- Die „Qual der Schulwahl" stellt sich für die Erziehungsberechtigten in den meisten Bundesländern nach der vierten Klasse. Da Erziehungsberechtigte die bestmögliche Schulbildung für ihr Kind wollen, schicken viele ihre Kinder auf das Gymnasium, wobei die Kinder als Übertrittsvoraussetzung einen bestimmten Notendurchschnitt in der Grundschule erreichen müssen. Schule wird zum Ausleseinstrument und erzeugt bei den Kindern Angst zu versagen.

> *„Ihr Arbeitstag hat bis zu zehn Stunden, auch am Wochenende und im Urlaub sitzen sie oft noch am Schreibtisch. Die Rede ist nicht von aufstiegsorientierten Jungmanagern, sondern von Kindern: Bereits Grundschüler leiden unter Notendruck und Versagensangst."*
> (Quelle: Bayerischer Rundfunk, 2007, online)

- Physische Gewalt zwischen Schülern untereinander und auch zwischen Schülern und Lehrern, Diebstahl, Zerstörung von Schuleigentum, Erpressung oder Mobbing[1] sind unter anderem Formen von Gewalt an Schulen. Ursachen können Gewalt verherrlichende Computerspiele, schlechte Zukunftsaussichten der Jugendlichen auf dem Arbeitsmarkt, eine mangelnde Integration von Schülern mit Migrationshintergrund in Brennpunktschulen oder Probleme in der Familie sein.

Einige eklatante Vorfälle an deutschen Schulen:
- In Erfurt erschießt ein Gymnasiast 16 Menschen und sich selbst.
- An einer Hauptschule in Hamm sticht ein 15-jähriger Schüler einem Mitschüler dreimal in den Rücken und verletzt ihn lebensbedrohlich.
- In einer Berliner Schule schlägt ein zwölfjähriger Schüler seiner Lehrerin ins Gesicht und fügt ihr dabei mehrere Knochenbrüche zu.

> *„Jeder fünfte Hauptschüler hat schon einmal so hart zugeschlagen, dass sein Opfer zum Arzt musste. Einer neuen Bochumer Studie zufolge vermöbeln sich Schüler einander nicht öfter als früher – aber deutlich brutaler. Meist geht es um verletztes Ehrgefühl."*
> (Quelle: Spiegel Online, 2005, online)

11.4 Das Heim als familienersetzende Einrichtung

Heimerziehung ist sehr vielfältig und reicht vom Säuglingsheim über das Kinder- und Erziehungsheim bis zum Internat.

11.4.1 Der Begriff „Heim"

Heime gibt es einmal als familienersetzende Einrichtungen, welche die Erziehung in der Familie mittel- oder längerfristig ersetzen wollen. Sie sollen nach § 34 des *Kinder- und Jugendhilfegesetzes (KJHG)* durch eine Verbindung von Alltagserleben und pädagogischen sowie therapeutischen Angeboten Kinder und Jugendliche in ihrer Entwicklung fördern.
- Solche Heime sind beispielsweise das Säuglingsheim oder das Kinderheim.

---

[1] Mobbing umfasst aggressive Handlungen wie Schikanieren, Tyrannisieren, Angriff durch Klatsch, Intrigen, Unterstellungen oder üble Nachrede über einen längeren Zeitraum hinweg mit dem Ziel, den Betroffenen zu schädigen.

Es gibt aber auch Heime, welche die Familienerziehung lediglich ergänzen bzw. unterstützen wollen wie beispielsweise Internate, Wohnheime, Schülerheime oder Heime für Auszubildende. Kinder oder Jugendliche besuchen solche Heime, weil es ihnen aus beruflichen oder persönlichen Gründen nicht möglich ist, am Heimatort zu bleiben. Diese Heime bieten den Kindern erzieherische und schulbegleitende Hilfen an.

> Beispielsweise besuchen Auszubildende oft Heime, wenn sich die entsprechende Berufsschule in großer Entfernung vom Wohnort befindet.

Im Folgenden wird auf das **Heim als familienersetzende Einrichtung** eingegangen. Dabei handelt es sich um „Erziehung in einer Einrichtung über Tag und Nacht" (§ 34 *KJHG*), in der Kinder und Jugendliche von eigens dazu ausgebildeten Erziehern und/oder Sozialpädagogen versorgt, betreut und erzogen werden. Dabei sollen die Kinder und Jugendlichen „auf ein selbstständiges Leben vorbereitet und in Fragen der Lebensführung, der Ausbildung und Beschäftigung beraten und unterstützt werden" (§ 34 *KJHG*).

> Familienersetzende Heime sind Einrichtungen, in denen Kinder und Jugendliche von eigens dazu ausgebildeten Erziehern oder Sozialpädagogen über Tag und Nacht versorgt, betreut und erzogen werden.

11.4.2 Aufgaben der Heimerziehung

Nach § 34 des *Kinder- und Jugendhilfegesetzes (KJHG)* hat die Heimerziehung als familienersetzende Einrichtung einen dreifachen Auftrag zu erfüllen:

- die Rückkehr des Kindes oder des Jugendlichen in die Familie zu erreichen (versuchen),
- die Erziehung in einer anderen Familie oder einer familienähnlichen Lebensform vorzubereiten,
- die Verselbstständigung des Jugendlichen zu fördern und zu begleiten.

Heime haben deshalb unterschiedliche Erziehungsangebote entwickelt, die sich jeweils auf die Notwendigkeit eines mittel- oder längerfristigen Heimaufenthaltes mit entsprechender Zusammenarbeit mit den Eltern bzw. dem Elternteil oder besondere Formen der Verselbstständigung beziehen *(vgl. Junge/Lendermann, 1990, S. 76)*.

Die Aufgaben der Heimerziehung sind abhängig von den Gründen, aus denen ein Kind bzw. ein Jugendlicher in ein Heim kommt:

- Krankheit oder Tod der Eltern bzw. eines Elternteils
- Erziehungsunfähigkeit der Eltern bzw. eines Elternteils
- Kindesmisshandlungen durch die Eltern oder Straftaten an minderjährigen Kindern
- Vernachlässigung des Kindes
- Ungünstige Voraussetzungen im Elternhaus für eine günstige Entwicklung des Kindes
- Gefährdung der Entwicklung des Kindes in der Familie
- Soziale Auffälligkeiten des Kindes, die auf die Familienerziehung zurückzuführen sind (beispielsweise milieugeschädigte Kinder)
- Behinderung des Kindes

> „Hieraus lässt sich erkennen, dass junge Menschen überwiegend aus Familien in Heime kommen, die wegen der in Auflösung begriffenen Familienstruktur mit Erziehungsaufgaben überfordert sind. ... Als weitere Gründe für Heimunterbringungen müssen gesehen werden: Arbeitslosigkeit, Wohnungsnot, Alkoholismus, Drogenkonsum und -handel, Gewalttätigkeiten gegenüber Kindern/Jugendlichen, Prostituiertenmilieu, sexueller Missbrauch, Haftaufenthalt und psychische Erkrankungen der Erziehungsberechtigten, Verwahrlosung, Erziehungsunfähigkeit."
> *(Buchka/Knapp, 20034, S. 367)*

Aus den Einweisungsgründen lassen sich die Aufgaben der Heimerziehung ableiten:

- **Wiedereingliederung in die Gesellschaft**, beispielsweise bei delinquenten Jugendlichen[1]

- **Förderung des Sozialverhaltens**, beispielsweise bei erlebens- und verhaltensgestörten oder „erziehungsschwierigen" Kindern und Jugendlichen

- **Förderung von individuellen Interessen und Fähigkeiten**, beispielsweise durch den Versuch des Ausgleichs beruflicher oder schulischer Defizite

- **Schul- und Berufsausbildung**, beispielsweise Planung der Schullaufbahn verbunden mit einer Berufsausbildung

- **Behandlung von psychosozialen Schwierigkeiten**, beispielsweise der Abbau von Schulangst, um ständiges Schuleschwänzen zu verhindern

- **Nachholung von Erziehungsversäumnissen**, beispielsweise bei sozial abweichendem Verhalten

- **Heil- bzw. sonderpädagogische Förderung**, beispielsweise das Lesenlernen geistig behinderter Kinder mithilfe spezieller Techniken

Vor allem die Heimerziehung eignet sich dazu, dass die Kinder oder Jugendlichen auf andere Rücksicht nehmen, nach vereinbarten Regeln handeln, eigene Interessen durchsetzen, Vertrauen zu anderen Personen entwickeln, das Leben in einer Gruppengemeinschaft kennenlernen und andere Meinungen und Ansichten akzeptieren. Im Heim gibt es genug Möglichkeiten, positiv auf den Sozialisationsprozess zu wirken. Um diesem Ziel gerecht zu werden, muss jedes Kind bzw. jeder Jugendliche individuell nach seinen Fähigkeiten betreut und gefördert werden.

---

[1] *Delinquent (lat.): der Angeklagte, der Verbrecher*

11.4.3 Formen erzieherischer Arbeit im Heim

Die Heimerziehung umfasst drei Bereiche:

- die **Vorbereitung und Durchführung der Aufnahme**,
- den **Aufenthalt im Heim** und
- die **Vorbereitung und Durchführung der Entlassung** aus dem Heim.

Am Anfang steht die Vorbereitung und Durchführung der Aufnahme. Sie muss gut durchdacht sein, um dem Kind bzw. dem Jugendlichen mögliche Ängste und Unsicherheiten zu nehmen.

> So zum Beispiel ist es wichtig, dass das Kind bzw. der Jugendliche, das (der) in das Heim eintreten will bzw. soll, dieses schon vorher kennenlernt und Antworten auf seine Fragen bezüglich seines Heimaufenthaltes erhält.

Je nach Einweisungsgrund bietet das Heim **Erziehungshilfen verschiedenster Art**. Wo es notwendig ist, gibt das Heim auch **therapeutische Hilfe**. Dies ist vor allem bei erlebens- und verhaltensgestörten Jugendlichen der Fall. Meist sind es Psychologen, die versuchen, den Kindern und Jugendlichen durch Gespräche, durch Musik und Sport und vor allem durch Spieltherapie zu helfen.[1]

In der Regel arbeitet jedes Heim nach einem **Erziehungsplan**: Das Vorgehen bei jedem einzelnen Kind bzw. Jugendlichen wird individuell abgestimmt, um ihn in seiner Entwicklung optimal fördern bzw. sein Fehlverhalten beheben und Schädigungen bewältigen zu können.

Einen großen Platz nimmt die Wahrnehmung und Weckung der individuellen Interessen, Fähigkeiten und Fertigkeiten der Kinder und Jugendlichen ein. Dazu gehört, dass Freizeithilfen wie zum Beispiel Sport, Spiel, Theater, Musikband usw. gegeben werden.

Schließlich gibt das Heim **Hilfen zur Entlassung**. Dabei ist es wichtig, dass der Jugendliche aus dem Heim „heraus" in die neue Umgebung „hineinbegleitet" wird; ihm wird auch bei der Wohnungs- und Arbeitssuche geholfen.

In der Regel arbeiten heute die Heime nach dem **Familienprinzip**: Es werden familienähnlich aufgebaute Gruppen gebildet, sog. **Erziehungsgruppen**, die von ihrer Anzahl her

---

[1] vgl. hierzu Kapitel 13.4.4

überschaubar sind und mit ihrem Erzieher zusammenwohnen. Diese Gruppe bildet für das Kind bzw. den Jugendlichen **Wohn- und Lebensraum**, dort sind die menschlichen Beziehungen und der intensive Kontakt untereinander das Entscheidende. Meist bleibt der Heimzögling während seines gesamten Heimaufenthaltes in der gleichen Erziehungsgruppe, um eine möglichst effektive Erziehungsarbeit zu gewährleisten.

Neben den Erziehungsgruppen gibt es im Heim mehrere **Interessengruppen**, in der sich Kinder und Jugendliche mit ähnlichen Interessen, Fähigkeiten oder Neigungen zusammenfinden.

> Die Formen der Interessengruppen sind innerhalb der Heimerziehung in ihrer Fülle und Verschiedenartigkeit unerschöpflich. Es kann zum Beispiel verschiedene Sportgruppen, Video-, Musik-, Mal-, Modellier- und Werkgruppen, Laienspiel-, Tanz- und Filmgruppen oder Koch- und Nähgruppen geben.

Die Beziehungen dort sind nicht so intensiv, und der Einzelne kann sie seinen Neigungen und Fähigkeiten entsprechend des Öfteren wechseln oder auch mehreren Gruppen gleichzeitig angehören.

11.4.4 Probleme der Heimerziehung

- Wenige professionelle Erzieher betreuen meist zu viele Kinder. Problematisch ist, dass den Kindern oder Jugendlichen oft eine feste Bezugsperson fehlt; deshalb kann sich kein Gefühl der Sicherheit und Geborgenheit entwickeln. Dieses Problem wird zusätzlich dadurch verstärkt, dass nach getaner Arbeit die einen Erzieher gehen und die anderen Erzieher kommen (große Fluktuation des Erzieherpersonals).

- Sozial auffällige Kinder oder Jugendliche beeinflussen die anderen ungünstig. Da Kinder/Jugendliche in Heimen in Gruppen zusammenleben, können möglicherweise verhaltensgestörte Kinder/Jugendliche einen negativen Einfluss auf die anderen ausüben.

- Die Heimordnung ist manchmal wichtiger als ein Erfolg in der Erziehung. Sinnloses Festklammern der Erzieher an Regeln der Heimordnung, die für Kinder/Jugendliche schwer oder gar nicht zu verstehen sind, steht einem Erziehungserfolg manchmal im Weg.

- Heimkindern fehlt oft die notwendige Spontaneität. Der starre Tagesablauf, der geplante Wechsel der Erzieher, die Massenpflege usw. begünstigen, dass Kindern/Jugendlichen Kreativität und Spontaneität genommen werden.

- Heimeinweisung erfolgt häufig zu spät. Bis das Jugendamt eine Heimeinweisung anordnet, verstreicht viel Zeit und das sozial abweichende Verhalten kann sich verfestigt haben.

- In manchen Heimen fehlen gut ausgebildete professionelle Fachkräfte und es stehen nur geringe finanzielle Mittel zur Verfügung, so dass beispielsweise notwendiges pädagogisches Material nicht besorgt werden kann.

> *„Als wichtigste negative Faktoren werden eine repressive Binnenstruktur (Briefzensur, Isolation etc.), Diskontinuitäten in der Gruppenzusammensetzung und die institutionelle Einengung der Handlungsfreiheit und Autonomie der Professionellen genannt. Dagegen lassen sich günstige Bedingungen für eine erfolgreiche pädagogische Arbeit aus Sicht der Untersuchung nur verwirklichen, wenn die ‚Autonomie des Mitarbeiterteams' gestärkt und die ‚Flexibilität bei Entscheidungsprozessen' gesichert wird."* (Gabriel, 2003, S. 187)

11.5 Jugendarbeit

Jugendarbeit begann im 19. Jahrhundert. Es wurden Vereine (z. B. „Evangelische Jünglingsvereine", „Gesellenvereine") gegründet, die sich hauptsächlich um sozialpolitische Probleme, beispielsweise den Eintritt in eine Gewerkschaft, kümmerten. 1901 wurde in Berlin der „Wandervogel-Ausschuss für Schülerfahrten" gegründet. Hier offenbarte sich das Bedürfnis der Jugend nach Natur und Abenteuer, aber auch nach „Selbsterprobung und Selbsterziehung" *(vgl. Hierdeis/Rudolph, 1983[5], S. 145).* Am Ende des 1. Weltkrieges wurde der „Wandervogel" aufgelöst; an seine Stelle traten „Bünde", die sich am Führerprinzip ausrichteten. Während der Diktatur der Nationalsozialisten in Deutschland wurde die Jugendarbeit als ein Mittel zur Beeinflussung von Gruppen oder Personen eingesetzt, damit sich bei diesen eine bestimmte Einstellung oder eine bestimmte Meinung zur Politik entwickelte. Nach dem *Reichsgesetz von 1936* wurde die deutsche Jugend innerhalb des Reichsgebiets in der Hitlerjugend zusammengefasst. Die Hitlerjugend wurde zur gleichgewichtigen bzw. gleichberechtigten Erziehungseinrichtung neben Familie und Schule. 1949 wurde der „Deutsche Bundesjugendring" gegründet, in dem sich 16 auf Bundesebene tätig werdende Jugendverbände zusammenschlossen.

11.5.1 Der Begriff „Jugendarbeit"

Das *Kinder- und Jugendhilfegesetz (KJHG)* umschreibt in § 11 den Rahmen, in dem Jugendarbeit stattfinden kann, und geht auf wichtige Schwerpunkte der Jugendarbeit ein. Die Angebote der Jugendarbeit sollen sich **am Interesse der jungen Menschen orientieren, die diese Angebote mitgestalten und mitbestimmen, mit dem Ziel der Befähigung zur Selbstbestimmung sowie der Anregung und Hinführung zu gesellschaftlicher Mitverantwortung und sozialem Engagement**.

> *„Jugendliche sind nicht Objekt, sondern Subjekt von Jugendarbeit."* (Schilling, 1991, S. 107)

Die Interessenslagen, Wünsche und Probleme von Jugendlichen stehen im Mittelpunkt von Jugendarbeit. Da die Maßnahmen der Jugendarbeit bedürfnis- und interessensorientiert sein sollen, müssen sie auch flexibel, spontan, dynamisch oder anpassungsfähig sein. Folglich kann Jugendarbeit nicht von starren Erziehungskonzepten oder Lehrplänen ausgehen.

> *„Nicht mehr die einzelnen Jugendorganisationen mit ihren mehr oder minder fest gefügten Organisationsstrukturen stehen im Vordergrund, sondern das Interesse von Kindern, Jugendlichen und jungen Erwachsenen, im Bereich der Jugendarbeit dort aktiv zu werden, wo sie sich am besten selbst verwirklichen können."*
> (Jensen, 1995², S. 62)

Schwerpunkte der Jugendarbeit sind nach dem Kinder- und Jugendhilfegesetz (KJHG):

- außerschulische Jugendbildung mit allgemeiner, politischer, sozialer, gesundheitlicher, kultureller, naturkundlicher und technischer Bildung,
- Jugendarbeit in Sport, Spiel und Geselligkeit,
- arbeitswelt-, schul- und familienbezogene Jugendarbeit,
- innerdeutsche und internationale Jugendarbeit,
- Kinder- und Jugenderholung,
- Jugendberatung.

Die Angebote der Jugendarbeit sind im **Freizeitbereich** angesiedelt. Das bedeutet, dass die Jugendlichen außerhalb von Familie, Schule und Beruf *freiwillig* an den Angeboten teilnehmen. Jugendarbeit ist jedoch nicht nur eine Freizeitinstitution, sondern auch eine **Bildungsinstitution**.

Die Angebote der Jugendarbeit werden von **Trägern der öffentlichen bzw. der freien Jugendhilfe** wie etwa Verbänden, Gruppen oder Initiativen organisiert. Zum einen umfasst Jugendarbeit Angebote für Mitglieder – beispielsweise von Jugendverbänden –, zum anderen Angebote der offenen Jugendarbeit, die in der Regel jeder wahrnehmen kann.

> Jugendarbeit bedeutet Freizeit- und Bildungsangebote zur Förderung der Entwicklung von jungen Menschen, die diese außerhalb von Familie, Schule und Beruf freiwillig in Anspruch nehmen können.

11.5.2 Aufgaben der Jugendarbeit

Unter der Voraussetzung, dass Jugendarbeit den Problemen des Jugendlichen und den Erwartungen der Gesellschaft gerecht werden soll, lassen sich folgende Aufgaben formulieren:

- Die Jugendarbeit als **Ort sinnvoller Freizeitgestaltung**
  Der Jugendliche wird zu Selbstaktivität und schöpferischer Freizeitgestaltung angeregt. Dies schließt mit ein, dass Jugendarbeit versucht, Passivität und Konsumorientierung entgegenzuwirken. Angebote an Büchern, Zeitschriften, Filmen und dergleichen ermöglichen individuelle Weiterbildung. Auch Möglichkeiten der Entspannung haben in der Jugendarbeit ihre Berechtigung – zum Beispiel Tanz, Spiel, Sport, Musik, Jugendtourismus, Laientheater, Malen, Sich-Unterhalten.

- Die Jugendarbeit als **Ort sozialen Lernens**
  Damit ist vor allem die Förderung von Kontakt- und Gemeinschaftsfähigkeit, die Förderung der Persönlichkeitsentwicklung wie beispielsweise die Übernahme von Verantwortung und Entscheidungen durch gemeinsame Erlebnisse und Erfahrungen, Hilfestellung und Beratung bei Problemen der Jugendlichen, Aufarbeitung von innerfamiliären Schwierigkeiten und von Problemen in Schule und Beruf, die Auseinander-

setzung mit Drogenmissbrauch, Alkoholismus, Jugendkriminalität, Fragen der Sexualität und Partnerschaft sowie Hilfestellung zur Lebensorientierung und Selbstfindung gemeint.

- Die Jugendarbeit als **Ort politischen Lernens**
  Die Jugendarbeit leistet einen Beitrag zur Erziehung zur Demokratie, Mitentscheidung und Mitverantwortung und fördert Selbstständigkeit, Kritikfähigkeit und Toleranz. Ein großer Aufgabenbereich der Jugendarbeit ist das Hinterfragen des Medieneinflusses (zum Beispiel von Film, Funk, Fernsehen, Medienspielen, Internet).

11.5.3 Methoden und Formen der Jugendarbeit

In der Jugendarbeit haben sich im Laufe der Zeit verschiedene **Methodenkonzepte** herausgebildet. Methodenkonzepte sind nach *Karl Helmer (2003⁴, S. 336)* gebündelte Verfahren und Entscheidungssysteme, welche die Arbeit strukturieren und ihr besondere Akzente verleihen. Vier Ansätze sind dabei von Bedeutung:

- **Pädagogik der offenen Situation**

  Grundgedanke dieser Pädagogik ist es, dass es viele Situationen gibt, denen man keine von vornherein festgelegten Ziele zuordnen kann. Kaum planbare Situationen sollen methodisch so begleitet werden, dass junge Menschen Ziele und Aufgaben, die für sie wichtig sind, selbst entdecken und verfolgen können. Sozialpädagogen nehmen die Rolle von Moderatoren, „Lernhelfern" und dgl. ein, denen die pädagogische Verantwortung obliegt.

  Beispielsweise gehen viele Jugendliche nur deshalb in einen Jugendtreff, um zu schauen, was los ist.

- **Personales Angebot – Sachangebot – Reflektierte Gruppe**

  Die Mitarbeiter verstehen sich bei diesem Konzept als *„personales Angebot"*, welches gestützt wird durch die Bereitstellung der Rahmenbedingungen des *Sachangebots*.

  Solche Rahmenbedingungen sind zum Beispiel bestimmte Materialien oder Freizeitstätten.

  Ausgangspunkt und Zielpunkt ist das Prinzip der *reflektierten Gruppe*, das sich an den Aussagen der Gruppendynamik orientiert. Die Anforderungen an die Sozialpädagogen sind sehr hoch, denn sie müssen bei diesem Konzept glaubwürdig erscheinen, Vorbilder in privater und beruflicher Hinsicht sein, als Person und nicht als Rolle in Erscheinung treten.

- **Erfahrungsorientierter Ansatz**

  Jugendliche sollen echte und lebensbedeutsame Erfahrungen machen, die sie mit anderen gemeinsam zu bewerten und zu verarbeiten lernen. In der Praxis der Jugendarbeit spielen erfahrungsorientierte Ansätze eine wichtige Rolle.

- **Erlebnisorientierter Ansatz**

    Durch unmittelbares, eigenes Erleben von bestimmten Situationen sollen Jugendliche Kenntnisse erlangen, sie sollen neue Bereiche erschließen und Erfahrungen sammeln. Erlebnisorientierte Ansätze in der Jugendarbeit müssen solche Situationen oder Prozesse arrangieren. Dabei ist das Ansprechen der Sinne und emotionaler Kräfte von großer Bedeutung.

„Alle Methoden müssen so angelegt sein, dass sie den legitimen Zielsetzungen der Beteiligten entsprechen. Methoden dürfen nicht Selbstzweck werden, sondern haben immer eine dienende Funktion. Sie sollen sowohl zielorientiert wie teilnehmerorientiert sein und müssen so verwandt werden, dass die Jugendlichen selbst mindestens mitbestimmen können, wie sie miteinander arbeiten wollen; sie müssen den Prinzipien der Freiwilligkeit und der Freiheitlichkeit entsprechen; sie müssen dazu beitragen können, Reifung und Entwicklung zu fördern; „last but not least": sie müssen Spaß machen." (Helmer, 2003[4], S. 341)

Man unterscheidet in der Jugendarbeit drei große Hauptrichtungen: die **Jugendverbandsarbeit**, die **offene Jugendarbeit** und die **Jugendbildungsarbeit** (vgl. Helmer, 2003[4], S. 327 ff.).

- **Jugendverbandsarbeit**: Jugendliche schließen sich zusammen, gehen ihren eigenen Interessen nach und vertreten sich selbst nach außen. Jugendverbände schließen sich zu Jugendringen zusammen.

    Jugendverbände sind zum Beispiel die Pfadfinder, Wandervögel, katholische studierende Jugend (KSJ), christliche Arbeiterjugend (CAJ), Gewerkschaftsjugend, parteipolitisch organisierte Jugend wie die Jungsozialisten oder die Junge Union.

- **Offene Jugendarbeit**: In diesem Bereich werden unterschiedliche pädagogische Ansätze verfolgt, damit Jugendliche auf den gesellschaftlichen Wandel entsprechend reagieren können.

    Beispiele sind „Offene Türen", Jugendzentren, Abenteuerspielplätze, Jugendferienwerke, pädagogisch betreute Spielplätze.

- **Jugendbildungsarbeit**: Hier geht es um die gezielte Vermittlung und Erarbeitung von Bildungsinhalten und um die Auseinandersetzung mit aktuellen Themen und um die Erarbeitung von Bildungsgehalten.
  - Beispiele sind Jugendbildungsstätten, Besinnungstage, Projektwochen.

Entsprechend den Interessen und Bedürfnissen der Kinder und Jugendlichen sowie den verschiedensten Gegebenheiten in der Jugendarbeit lassen sich drei Formen beobachten, die sich allerdings auch überschneiden:

- **Jugendarbeit findet in Gruppen statt**. In den meisten Jugendverbänden und in der organisierten Jugendarbeit findet Jugendarbeit in Gruppen statt.
  - Beispiele: Freizeitgruppen, Interessengruppen, Projektgruppen, Sportgruppen, Spielgruppen

- **Jugendarbeit findet in Einrichtungen statt**. Damit sind Treffpunkte für Jugendliche und Veranstaltungsorte für Aktivitäten gemeint.
  - Beispiele hierfür sind Haus der offenen Tür, Jugendtreff, Jugendzentrum, Jugendferienwerk, pädagogisch betreuter Spielplatz, Kinderhaus.

- **Jugendarbeit findet als Einzelveranstaltungen und -aktivitäten statt**. Sie eignen sich vorwiegend für eine kurzfristige Teilnahme von Jugendlichen an bestimmten Angeboten.
  - Beispiele: Diskussions- oder Filmabende, soziale Aktionen, internationale Begegnung, Sportwettkämpfe, Disco.

11.5.4 Probleme der Jugendarbeit

Probleme der Jugendarbeit entstehen einerseits bei den Jugendlichen selbst, andererseits bei den Mitarbeitern in der Jugendarbeit oder ihren Trägern.

- Die Wünsche von Jugendlichen werden differenzierter; die Jugendarbeit kann auf die Vielzahl unterschiedlicher Wünsche häufig nur unzureichend reagieren. Folglich „wandern" viele junge Menschen zu anderen Organisationen ab.

- Ein zunehmendes Desinteresse von Jugendlichen an Angeboten und Veranstaltungen ist feststellbar.

- „Jugendarbeit, ein geeigneter Platz zum Drogenkonsum." Dieses Vorurteil gegenüber Jugendlichen ist in der Öffentlichkeit weit verbreitet und erschwert eine effektive Jugendarbeit; es trifft vor allem Jugendzentren und Jugendtreffs.

- Jugendarbeit orientiert sich an den Bedürfnissen und Interessen von Jugendlichen. Für die Mitarbeiter bedeutet dies, dass sie keine fest geregelte Arbeitszeit haben; Probleme entstehen vor allem für verheiratete Mitarbeiter mit Kindern.

- Professionelle Mitarbeiter sind erforderlich, um die Aufgaben der Jugendarbeit zu erfüllen. Häufig entstehen für die Träger finanzielle Probleme.

- In der Jugendarbeit sind hauptamtliche, nebenamtliche und ehrenamtliche Mitarbeiter tätig. Nur die hauptamtlichen Mitarbeiter haben eine spezielle Ausbildung wie zum Beispiel die Sozialpädagogen; jedoch bilden die Hauptamtlichen in der Jugendarbeit eine Minderheit.

- Häufig sind die hauptamtlichen Mitarbeiter mit Verwaltungstätigkeiten beschäftigt und können sich deshalb nicht um die Jugendlichen kümmern.

- Die Erwartungen der Träger, der Mitarbeiter und der Jugendlichen über Sinn und Zweck der Jugendarbeit widersprechen sich manchmal. Folglich entstehen zwischen ihnen Konflikte.

Zusammenfassung

- In unserer Gesellschaft ist es die Familie, in der sich als zentrale Funktion Erziehung vollzieht. Unter einer Familie verstehen wir eine Intimgruppe, bei der Erwachsene mit mindestens einem Kind, das dort erzogen wird, zusammenleben. Funktionen der Familie sind die Geburt von Kindern, die Sozialisation des Nachwuchses, die Standortfindung, die Haushalts- und Freizeitfunktion und der Spannungsausgleich. Probleme der Kernfamilie können sich ergeben aus dem familiären Zusammenleben, der Unvollständigkeit der Familie, der Berufstätigkeit beider Elternteile und aus verfehlten Erwartungen der Eltern an das Kind.

- Der Kindergarten ist eine familienergänzende Einrichtung auf freiwilliger Basis für Kinder zwischen dem 4. und 6. Lebensjahr. Pflege und Erziehung werden in der Regel von Sozialpädagogen, Erzieherinnen und Kinderpflegerinnen geleistet. Er wird von den Wohlfahrtsverbänden, Kommunen, Kirchen oder Vereinen getragen. Er hat die Aufgabe, die Erziehung in der Familie zu ergänzen und zu unterstützen. Vornehmlich durch zwei Methoden versucht der Kindergarten, diesen Aufgaben gerecht zu werden: durch das Spiel und die Beschäftigung.

- Schulen sind öffentliche Bildungsstätten, in denen Erziehung und Unterricht nach Richtlinien und Lehrplänen von hierfür ausgebildeten Lehrkräften für Schüler in Pflichtschulen und weiterführenden Schulen erteilt wird. Unterricht ist ein Sammelbegriff für alle Arten der bewussten, absichtsvollen und planmäßigen Durchführung von Lehr- und Lernmaßnahmen nach Richtlinien und Lehrplänen von hierfür ausgebildeten Lehrkräften für Schüler. Das Schulwesen der Bundesrepublik Deutschland ist in den 16 Bundesländern nicht einheitlich geregelt (Kulturhoheit der Länder). Das deutsche Schulwesen umfasst den Primärbereich, die Sekundarstufe I und die Sekundarstufe II. Schulen erfüllen eine Sozialisations-, Personalisations-, Qualifikations- und Selektionsfunktion. Die Schule hat Probleme, die in jüngster Vergangenheit auch in den Medien diskutiert wurden und immer noch diskutiert werden. Bildungsforscher, die einen Aktionsrat bilden, fordern einen radikalen Umbau des deutschen Bildungssystems.

- Familienersetzende Einrichtungen sind Heime, in denen Kinder oder Jugendliche von eigens dazu ausgebildeten Erziehern oder Sozialpädagogen über Tag und Nacht versorgt, betreut und erzogen werden, wenn die Kinder oder Jugendlichen nicht in ihren Familien verbleiben können. Je nach Einweisungsgrund hat das Heim verschiedene Aufgaben zu erfüllen. Die Heimerziehung umfasst drei Bereiche: die Vorbereitung und Durchführung der Aufnahme, der Aufenthalt im Heim und die Vorbereitung und Durchführung der Entlassung aus dem Heim. Die Erziehungsarbeit geschieht in Erziehungs- und in Interessengruppen.

- Jugendarbeit bedeutet Freizeit- und Bildungsangebote zur Förderung der Entwicklung von jungen Menschen, die diese außerhalb von Familie, Schule und Beruf freiwillig in Anspruch nehmen können. Aufgaben der Jugendarbeit sind sinnvolle Freizeitgestaltung sowie soziales und politisches Lernen. Richtungen der Jugendarbeit sind die Jugendverbandsarbeit, die offene Jugendarbeit und die Jugendbildungsarbeit. Jugendarbeit findet in Gruppen, in Einrichtungen sowie als Einzelveranstaltungen und -aktivitäten statt.

Aufgaben und Anregungen Kapitel 11

Aufgaben

1. Beschreiben Sie Merkmale der heutigen Kernfamilie.
   (Abschnitt 11.1.1)

2. Erläutern Sie an Beispielen Funktionen der Familie.
   (Abschnitt 11.1.2)

3. Stellen Sie Probleme dar, die sich aus dem familiären Zusammenleben ergeben können.
   (Abschnitt 11.1.3)

4. Erläutern Sie, welche Probleme der heutigen Familie sich aus ihrer Unvollständigkeit und der Berufstätigkeit beider Elternteil ergeben können.
   (Abschnitt 11.1.3)

5. Was meint *Horst-Eberhard Richter*, wenn er von verfehlten Erwartungen spricht?
   (Abschnitt 11.1.3)

6. a) Bestimmen Sie, was man unter dem Begriff „Kindergarten" versteht.
      (Abschnitt 11.2.1)
   b) Erläutern Sie an typischen Beispielen Aufgaben des Kindergartens.
      (Abschnitt 11.2.2)

7. Erläutern Sie anhand eines Ihnen bekannten Kindergartens, wie dieser organisiert ist.
   (Abschnitt 11.2.3)

8. Legen Sie typische Probleme, die sich aus der Kindergartenerziehung ergeben können, dar.
   (Abschnitt 11.2.4)

9. Erläutern Sie den Begriff „Schule".
   (Abschnitt 11.3.1)

10. Zeigen Sie die Funktionen von Schule an selbst gewählten Beispielen auf.
    (Abschnitt 11.3.2)

11. Beschreiben Sie aktuelle Probleme der heutigen Schule.
    (Abschnitt 11.3.3)

12. Bestimmen Sie, was man mit „das Heim als familienersetzende Einrichtung" meint.
    (Abschnitt 11.4.1)

13. Beschreiben Sie Gründe der Heimeinweisung und leiten Sie aus diesen Aufgaben der Heimerziehung ab.
    (Abschnitt 11.4.2)

14. Beschreiben Sie an typischen Beispielen Formen der erzieherischen Arbeit im Heim.
    (Abschnitt 11.4.3)

15. Erläutern Sie charakteristische Probleme der Heimerziehung.
    (Abschnitt 11.4.4)

16. Erläutern Sie, was Jugendarbeit bedeutet.
    (Abschnitt 11.5.1)

17. Zeigen Sie an Beispielen Aufgaben der Jugendarbeit auf.
    (Abschnitt 11.5.2)

18. Stellen Sie an geeigneten Beispielen Methoden der Jugendarbeit dar.
    (Abschnitt 11.5.3)

19. Erläutern Sie an Beispielen verschiedene Formen der Jugendarbeit.
    (Abschnitt 11.5.3)

20. Zeigen Sie Probleme der Jugendarbeit auf.
    (Abschnitt 11.5.4)

Anregungen

21. Fertigen Sie in Gruppen ein Mind-Map zu dem Thema „Erziehung in pädagogischen Einrichtungen" an: Das Thema wird als Stichwort in die Mitte eines Blattes geschrieben und stellt sozusagen den Baumstamm dar. Von diesem Stamm gehen Äste ab, welche die zum Thema gehörenden Hauptgedanken (wiederum in Stichworten) beinhalten. Von den Ästen abgehende Zweige und schließlich Zweiglein gliedern das Thema weiter auf und beinhalten stichwortartig die Nebengedanken.

22. Machen Sie zusammen mit Ihrer Klasse ausfindig, welche Stellen in Ihrer Umgebung Familien helfen, ihre Probleme zu bewältigen.

23. Wie sollte Ihrer Meinung nach die ideale Familie aussehen?
    Entwerfen Sie in Gruppen Anregungen für eine beispielhafte Familie. Diskutieren Sie anschließend in der Klasse über diese Gedanken.

24. „Unsere Schule"
    – Tragen Sie in Gruppen zusammen, was Ihnen an der Schule gefällt, was weniger bzw. nicht.
    – Entwerfen Sie ein Konzept, wie nach Meinung der Gruppe Schule sein sollte.
    – Diskutieren Sie in der Klasse die verschiedenen Konzepte.
    – Einigen Sie sich in der Klasse auf ein Konzept, welches Sie in einem „Antrag" an die Schulleitung verwirklicht sehen wollen.

25. „Frau Böhm antwortet Ihnen"
    Ferdinand K. (42): Der Vater meiner beiden Stieftöchter funkt immer wieder in die Erziehung und verwirrt die Mädchen damit. Außerdem greift er meine Frau ständig wegen angeblicher Erziehungsfehler an. Wie soll ich mich verhalten?

Frau Böhm: In vielen Patchwork-Familien gibt es immer wieder Schwierigkeiten bei der Erziehung, die durch Uneinigkeit der leiblichen Eltern hervorgerufen werden. Nicht jeder Ex-Ehemann ist nach der Trennung friedlich und vernünftig. Einmischung und Vorwürfe bezüglich der Erziehung der gemeinsamen Kinder ist ein beliebtes Mittel, um sich bei der Ex-Frau auf jeden Fall Gehör zu verschaffen und für allgemeinen Unfrieden zu sorgen. Welche Mutter lässt sich schon unerwidert angreifen, vor allem, wenn die Vorwürfe nicht berechtigt sind und nur der Provokation und der fortgesetzten Kriegsführung dienen? Opfer sind natürlich die Kinder, die sich bald mit den unterschiedlichen Erziehungsstilen und Belohnungstaktiken nicht mehr auskennen und entsprechend verunsichert wirken. Die neue Familiengemeinschaft muss dies dann ausbaden. Sie als Ehemann oder Partner der Mutter können ihr aber den Rücken stärken und ihr zeigen, dass Sie zu ihr halten und hinter ihrem Erziehungsstil stehen. Alles, was sich jedoch in Ihrem Haushalt abspielt, sollten Sie gemeinsam mit Ihrer Frau von Anfang an mitbestimmen, denn sonst gelingt es Ihnen kaum, ein Gemeinschaftsgefühl aufzubauen und Harmonie in der neuen Konstellation zu erhalten. Vor den Kindern allerdings ist es besser, wenn Sie sich in gewissen Themen raushalten, um nicht noch mehr Verwirrung reinzubringen. Alles, was an Besuchswochenenden beim Vater abläuft, sollte zunächst Ihre Frau beurteilen. Wenn Sie jedoch sehen, dass Ihre Frau sehr unter den Interventionen des Ex-Partners leidet und Ihre Stiefkinder mit deutlichen Verhaltensstörungen reagieren, sollten Sie Konsequenzen ziehen. Überlegen Sie ruhig mit Ihrer Frau, das Umgangsrecht des leiblichen Vaters vom Jugendamt einzuschränken zu lassen. Das Wohl der Kinder hat Vorrang.
Quelle: Böhm, 23.03.2007, S. 26

- Diskutieren Sie in fünf Gruppen folgende Fragen:
    - Welche Probleme können in Patchworkfamilien entstehen?
    - Wie finden Sie den Lösungsvorschlag der Diplom-Psychologin, das Umgangsrecht des leiblichen Vaters einzuschränken.
- Stellen Sie im Kreis sechs Stühle auf, auf denen die Gruppensprecher Platz nehmen. Ein Stuhl bleibt leer.
- Die Gruppensprecher stellen das Ergebnis ihrer Gespräche vor. Anschließend diskutieren die Gruppensprecher über die verschiedenen Ergebnisse der Gruppen.
- Wer von der Klasse einen Diskussionsbeitrag leisten möchte, setzt sich auf den leeren Stuhl, nach dem Beitrag verlässt der (die) Schüler(in) den Stuhl wieder.

26. Tauschen Sie in Gruppen Erfahrungen über eine pädagogische Einrichtung aus, die Sie kennen. Sprechen Sie dabei auch über mögliche Probleme, die sich dort ergaben bzw. ergeben. Jede Gruppe sollte sich mit einer bestimmten pädagogischen Einrichtung beschäftigen.

27. Erkundigen Sie sich in Ihrer Umgebung nach Einrichtungen der Jugendhilfe (z. B. Jugendzentrum, Erziehungsberatungsstelle, Heim). Besuchen Sie eine Einrichtung und bringen Sie dort in Erfahrung,
    - welche Ziele bzw. Aufgaben diese verfolgt,
    - wie sie organisiert ist,
    - wie sie arbeitet und
    - welche Probleme sich in der erzieherischen Arbeit dieser Einrichtung ergeben.

28. „Die schlechteste Familienerziehung ist immer noch besser als die beste Heimerziehung."
    - Diskutieren Sie, ob diese Aussage einer Wiener Pädagogin auch in der heutigen Zeit noch zutrifft.
    - Erarbeiten Sie in Kleingruppen Vorschläge, wie Heimerziehung optimal gestaltet werden könnte.

29. Besuchen Sie öfter ein Jugendzentrum?
    - Wenn ja, was gefällt Ihnen besonders an dieser Einrichtung? Wenn nein, begründen Sie Ihre ablehnende Haltung.
    - Bilden Sie in Ihrer Klasse zwei Gruppen (Befürworter und Gegner von Jugendzentren) und sammeln Sie Argumente pro und kontra Jugendzentren.

30. Wie sollte Ihrer Meinung nach ein Jugendtreff oder ein Jugendzentrum aussehen?
    - Entwerfen Sie in Gruppen ein Konzept für einen Jugendtreff oder Jugendzentrum in Ihrem Ort.
    - Diskutieren Sie in der Klasse die verschiedenen Konzepte und einigen Sie sich auf eines.
    - Optimieren Sie dieses Konzept, indem Sie Ideen aus den anderen Entwürfen mit aufnehmen.

31. *Interview führen*
    - Entscheiden Sie sich für eine Einrichtung der Jugendhilfe, über die Sie sich näher informieren möchten (z. B. Eheberatungs-, Erziehungsberatungsstelle, Kinderheim, Jugendfreizeitheim, Jugendamt, Suchtberatungsstellen).
    - Bereiten Sie in Kleingruppen Fragen zu folgenden Themen vor: Ziele und Aufgaben, methodische Schwerpunkte, Chancen, Probleme und Grenzen der erzieherischen Arbeit in dieser Institution.
    - Überlegen Sie sich geeignete Möglichkeiten der Präsentation und stellen Sie die Ergebnisse Ihres Interviews der Klasse vor.

12 Erziehung außerhalb Familie und Schule

„Die Würde des Menschen ist unantastbar. Sie zu achten und zu schützen ist Verpflichtung aller staatlichen Gewalt." (GG)

„Pflege und Erziehung der Kinder sind das natürliche Recht der Eltern und die ihnen zuvörderst obliegende Pflicht. Über ihre Betätigung wacht die staatliche Gemeinschaft." (GG)

„Jeder junge Mensch hat ein Recht auf Förderung seiner Entwicklung und auf Erziehung zu einer eigenverantwortlichen und gemeinschaftsfähigen Persönlichkeit." (KJHG)

„Ehe und Familie stehen unter dem besonderen Schutze der staatlichen Ordnung." (GG)

„Hält das Jugendamt zur Abwendung einer Gefährdung des Wohls des Kindes oder des Jugendlichen das Tätigwerden des Gerichts für erforderlich, so hat es das Gericht anzurufen" (KJHG)

„Ein Personensorgeberechtigter hat bei der Erziehung eines Kindes oder Jugendlichen Anspruch auf Hilfe (Hilfe zur Erziehung), wenn eine dem Wohl des Kindes oder Jugendlichen entsprechende Erziehung nicht gewährleistet ist und die Hilfe für seine Entwicklung geeignet und notwendig ist." (KJHG)

„Hilfe zur Erziehung in Vollzeitpflege soll entsprechend dem Alter und Entwicklungsstand des Kindes oder Jugendlichen und seinen persönlichen Bindungen sowie den Möglichkeiten der Verbesserung der Erziehungsbedingungen in der Herkunftsfamilie Kindern und Jugendlichen in einer anderen Familie oder zeitlich befristete Erziehungshilfe oder eine auf Dauer angelegte Lebensform bieten. Für besonders entwicklungsbeeinträchtigte Kinder und Jugendliche sind geeignete Formen der Familienpflege zu schaffen und auszubauen." (KJHG)

Das *Grundgesetz* und das *Kinder- und Jugendhilfegesetz* bilden die Grundlage für die Erziehung außerhalb von Familie, Schule und Berufsausbildung, die Grundlage für die soziale Arbeit.

Folgende Fragen werden in diesem Kapitel geklärt:

1. Was versteht man unter Sozialpädagogik, was unter Sozialarbeit bzw. sozialer Arbeit?
   Welche Teilbereiche umfasst die soziale Arbeit?

2. Welche Methoden verwendet man in der sozialen Arbeit?
   Welche Prinzipien sind bei ihrer Anwendung zu beachten?
   Welche Schritte des Vorgehens kennzeichnen die einzelnen Methoden?
   Was sind ihre wissenschaftlichen Grundlagen?

3. Was sind die zentralen Annahmen und Fachbegriffe ökologischer Modelle in der sozialen Arbeit?
   Welche Möglichkeiten ökologischen Arbeitens kennt die soziale Arbeit?

12.1 Grundlagen sozialer Arbeit

In jeder Gesellschaft – ganz egal, durch welches System sie bestimmt wird – treten individuelle und soziale Nöte verschiedenster Art auf. Es gab und gibt keine Gesellschaft ohne soziale Ungleichheiten, ohne individuelle und soziale Probleme wie zum Beispiel Erziehungsprobleme, Probleme in Ehe und Familie oder Hilflosigkeit in bestimmten Situationen. Soziale Arbeit entstand aus dem Bedürfnis heraus, solche negativen Lebenslagen, zu verbessern und abzubauen oder gar nicht erst entstehen zu lassen. Damit steht soziale Arbeit, wie Sozialpädagogik und -arbeit oft begrifflich zusammengefasst werden, im Dienste der Gesellschaft. Doch sie bedarf einer rechtlichen Grundlage, wie sie im Grundgesetz (GG) und im Kinder- und Jugendhilfegesetz (KJHG) gegeben ist.

12.1.1 Die Gegenwartsaufgabe sozialer Arbeit

Die Sozialpädagogik/-arbeit ist, wie es *Hermann Giesecke* in einer seiner früheren Schriften einmal formuliert hat, eine Begleiterscheinung der modernen industriellen Gesellschaft, genauer: eine Begleiterscheinung der durch die Schäden dieser modernen Gesellschaft hervorgerufenen Sozialpolitik.[1] Die Entwicklung der Bundesrepublik Deutschland zu einer hoch entwickelten Industrienation rief unterschiedlichste Notsituationen individueller und sozialer Art hervor, welche die Sozialpädagogik und Sozialarbeit zu beseitigen oder schon im Vorfeld zu verhindern versucht.

> Solche Notsituationen können zum Beispiel Schwierigkeiten wie unzureichendes Einkommen, Vereinsamung, Drogen- oder Alkoholprobleme, Krankheit, Behinderung, Ehekonflikte, persönliche Krisen, Arbeitslosigkeit, sozial auffälliges Verhalten, Straffälligkeit und anderes mehr sein oder auch Mangellagen wie unzureichende Spielmöglichkeiten für Kinder, fehlende Treffs für Jugendliche und Ähnliches.

Das gesellschaftliche Verständnis von Sozialarbeit und Sozialpädagogik unterliegt bis in die Gegenwart hinein einem historischen Entwicklungsprozess.

---

[1] Es handelt sich dabei um die 5. Auflage des Buches Einführung in die Pädagogik von Hermann Giesecke, das 1973 erstmals erschien (S. 162). In der aktuellen Auflage findet sich diese Aussage nicht mehr.

Unter dem Begriff **„Sozialarbeit"** wird eine Vielzahl von Einrichtungen und Maßnahmen zusammengefasst, die Menschen **helfen sollen, unterschiedliche Notsituationen individueller und sozialer Art zu bewältigen und zu verhindern.** Die Hilfe geschieht auf der **Grundlage wissenschaftlicher Erkenntnisse** durch professionelle und eigens dazu ausgebildete Helfer. Damit besteht eine klare Abgrenzung von privater Hilfe. Bei der Sozialarbeit handelt es sich um die **berufsmäßige, wissenschaftlich fundierte Hilfeleistung** an Menschen aller Altersgruppen, um individuelle und soziale Notsituationen zu bewältigen bzw. zu verhindern.

> Sozialarbeit bezeichnet die berufsmäßige, wissenschaftlich fundierte Hilfeleistung an Menschen aller Altersgruppen zur Verhinderung und Bewältigung von unterschiedlichen Notsituationen individueller und sozialer Art.

Der Begriff *„Sozialpädagogik"* bezieht sich dagegen vorwiegend auf die **Erziehung** junger Menschen außerhalb von Familie, Schule und Berufsausbildung, hier wird stärker der pädagogische Auftrag herausgestellt. Damit ist sie ein Teilbereich der Sozialarbeit. Doch diese Begriffsbestimmung hat sich im Laufe der Zeit als zu eng erwiesen. Heute wird der Gegenstandsbereich der Sozialpädagogik ausgeweitet auf Handlungen wie Unterstützung, Beratung, Begleitung, geplantes und strukturiertes Zusammenleben, Vermittlung von Informationen und dgl. Auch die institutionelle Zuordnung außerhalb von Familie und Schule ist nach *Franz Hamburger (2003, S. 18 f.)* problematisch geworden, weil wichtige Aufgaben der Kinder- und Jugendhilfe etwa auch in der Familie (sozialpädagogische Familienhilfe) und in der Schule (Schulsozialarbeit) wahrgenommen werden. Schließlich erwies sich auch die Konzentration auf die Altersgruppe der Kinder und Jugendlichen als nicht mehr begründet. Schon in der Erziehungsberatung zum Beispiel richtet sich die ‚einflussnehmende Intervention' nicht nur auf die Kinder, sondern auch auf die Eltern und andere Erwachsene.

Werner Thole (2002, S. 21) spricht von sozialpädagogischen Handlungsfeldern, wenn diese öffentlich organisiert sind und es sich um pädagogische, unterstützende soziale Hilfen handelt, die angeboten werden zur Lebensbewältigung oder Bildung.

> Sozialpädagogik bezieht sich auf öffentlich organisierte, unterstützende soziale bzw. pädagogische Hilfen und Dienstleistungen zur Lebensbewältigung oder Bildung.

Die Trennung zwischen Sozialarbeit und Sozialpädagogik wird in der neueren Literatur nicht mehr aufrechterhalten, da sich die beiden Bereiche in ihren Tätigkeiten oftmals überschneiden. *Hans Thiersch (2002[3], S.329)* ersetzt die Begriffe Sozialarbeit/Sozialpädagogik durch den Begriff **„soziale Arbeit"**, deren Aufgaben aus der Tradition von Sozialarbeit und Sozialpädagogik zusammengewachsen sind.

> *„Soziale Arbeit ist ein sozialwissenschaftliches und praktischpädagogisches Instrument moderner Gesellschaften und damit ein Teil der Sozialpolitik. Soziale Arbeit zielt darauf ab, Problem- und Mangellagen von Personen durch professionelle Hilfe zu beseitigen, die weder durch Gelderwerb am Arbeitsmarkt, Versicherungen, Versorgungsansprüche und andere Art von Dienstleistungsangebote noch durch familiäre und private Unterstützung ausgeglichen werden können. Menschen unter erschwerten individuellen und sozialen Bedingungen werden durch professionelle Helfer bei der konstruktiven Bewältigung ihrer Lebensprobleme unterstützt."*
>
> (Erler, 2004[5], S. 14 f.)

Die wichtigsten Praxisbereiche sozialer Arbeit sind heute die **Sozialhilfe** mit den Aufgaben der Beratung, finanziellen Unterstützung und Rehabilitation, die **Gesundheitshilfe** in Form sozialer Dienste, von Betreuung und Unterstützung Alter, Behinderter, Kranker und Drogenabhängiger und die **Kinder- und Jugendhilfe** mit den Aufgaben der Erziehung, Beratung, Hilfe und Fürsorge. Die Kinder- und Jugendhilfe bildet den eigentlichen Bereich der Sozialpädagogik.[1]

Soziale Arbeit fasst die beiden Begriffe Sozialarbeit und Sozialpädagogik zusammen und gliedert sich in die Bereiche der Sozialhilfe mit den Aufgaben der Beratung, finanziellen Unterstützung und Rehabilitation, der Gesundheitshilfe in Form sozialer Dienste, von Betreuung und Unterstützung Alter, Behinderter, Kranker und Drogenabhängiger und der Kinder- und Jugendhilfe als eigentlicher Bereich der Sozialpädagogik mit den Aufgaben der Erziehung, Beratung, Hilfe und Fürsorge.

12.1.2 Die Sozialpädagogik als Theorie und Praxis der Kinder- und Jugendhilfe

Die Sozialpädagogik als „Erziehungsraum" neben Familie, Schule und Berufsausbildung wird oft als Theorie und Praxis der Kinder- und Jugendhilfe bezeichnet und will *junge Menschen ergänzend zur Familie, Schule und Ausbildung in ihrer Entwicklung fördern und durch Beratung und Unterstützung sozialen Benachteiligungen und Entwicklungskrisen entgegenwirken.* Ist das Wohl des Kindes oder Jugendlichen nicht gewährleistet, ist *Hilfe zur Erziehung zu leisten und an gerichtlichen Verfahren mitzuwirken.*

In der Kinder- und Jugendhilfe haben drei Grundprinzipien Vorrang:

- **Erziehung der Kinder als Recht und Pflicht der Eltern** *(§ 1 Abs. 2 KJHG, vgl. auch GG Art. 6)*
  Die Eltern sind in ihrem erzieherischen Handeln eigenständig, sie können sich dagegen wehren, dass der Staat ihnen Vorschriften macht, andererseits müssen sie für eine Erziehung ihrer Kinder sorgen.

- **Vielfalt der Angebotsstruktur** *(§ 3 KJHG)*
  Eltern, Kinder und Jugendliche erhalten vielfältige Erziehungsangebote von Trägern mit unterschiedlichen Wertorientierungen, Inhalten, Methoden und Arbeitsformen. Es ist nicht der Staat, der vorschreibt, welche Erziehung die richtige ist, sondern die Eltern und ihre Kinder können entsprechend ihren Bedürfnissen und Wertorientierungen frei wählen.

---

[1] siehe Abschnitt 12.1.2

- **Subsidiaritätsprinzip** *(§4 KJHG)*
  Die staatliche Kinder- und Jugendhilfe sieht von eigenen Maßnahmen ab, wenn geeignete Einrichtungen und Dienste von freien Trägern der Kinder- und Jugendhilfe zur Verfügung gestellt oder rechtzeitig geschaffen werden. Der Staat kann und muss sich also solange zurückhalten, wie Menschen in selbst organisierter Form auf regionaler Ebene in der Lage sind, durch eigene Organisationen, Verbände und Zusammenschlüsse nötige Hilfsangebote abzudecken.

Folglich werden nach § 3 KJHG die Leistungen der Kinder- und Jugendhilfe von **Trägern der freien Kinder- und Jugendhilfe** und von **Trägern der öffentlichen Kinder- und Jugendhilfe** erbracht. Die öffentlichen Träger nehmen die behördlichen Aufgaben wahr und tragen eine Gesamt- und Planungsverantwortung. Die freien Träger übernehmen die Aufgaben, die nicht von den Behörden wahrgenommen werden. § 4 KJHG verpflichtet beide Träger zur Zusammenarbeit.

Öffentliche Träger		Freie Träger
im engeren Sinn	im weiteren Sinn	freie Vereinigungen der Jugendwohlfahrt
Jugendamt	Polizei	Jugendverbände
Landesjugendamt	Schule	Kirchen und sonstige Religionsgemeinschaften
überörtliche Träger	Gesundheitsamt	private Personen
		juristische Personen1

Quelle: Bohle/Themel, 2005[6], S. 145

Die Kinder- und Jugendhilfe kennt mehrere Teilbereiche, welche die Erziehung in der Familie unterstützen, ergänzen oder gegebenenfalls ersetzen:
- die **Kinder- und Jugendarbeit,** die den Kindern, Jugendlichen und jungen Erwachsenen entsprechende Angebote zur Verfügung stellt, um deren Entwicklung durch freiwillige Erziehungs-, Bildungs- und Freizeitangebote außerhalb von Familie, Schule und Beruf zu fördern. Sie geschieht durch öffentliche und freie Träger wie zum Beispiel *Jugend- und Wohlfahrtsverbände sowie der Kirchen.*[2] Schwerpunkte der Kinder- und Jugendarbeit regelt § 11 des KJHG, z. B. Kinder- und Jugenderholung, Jugendberatung, Abenteuerspielplätze, Integrationshilfen bei Arbeitslosigkeit, Betreuung junger Ausländer, usw.
- die **Jugendsozialarbeit**, die jungen Menschen Hilfen anbietet, durch die ihre schulische und berufliche Ausbildung, die Eingliederung in die Arbeitswelt sowie ihre soziale Integration gefördert werden.
- der **erzieherische Kinder- und Jugendschutz,** der Kinder und Jugendliche vor Gefährdungen bewahren soll.
- die **Förderung der Erziehung in der Familie,** die Eltern bei ihren Erziehungsaufgaben unterstützen und damit die Erziehungssituation von zu Erziehenden verbessern will. Hierzu gehören insbesondere die Unterstützung der Erziehung in der Familie durch geeignete Angebote und die Hilfe für Familien in besonderen Lebenssituationen wie zum Beispiel für alleinerziehende Elternteile.

---

[1] Bei juristischen Personen handelt es sich um Organisationen, denen die Rechtsordnung eine eigene Rechtsfähigkeit zuerkennt. Vereine und Gemeinden beispielsweise nehmen durch ihre Organe wie den Vorstand und die Mitgliederversammlung am Rechtsleben teil.
[2] Die Jugendarbeit ist in Kapitel 11.5 ausführlich dargestellt.

- die **Förderung von Kindern und Jugendlichen in Tageseinrichtungen und Tagespflege,** die der gesellschaftlichen Entwicklung der zunehmenden Bedeutung von Tageseinrichtungen wie Kinderkrippen, -garten und -horte für die Entwicklung der Kinder und Jugendlichen Rechnung trägt. Das Leistungsangebot an Betreuung, Bildung und Erziehung des Kindes soll sich sowohl an den Bedürfnissen des Kindes als auch deren Familien orientieren. Seit 1992 besteht ab dem dritten Lebensjahr an ein „Rechtsanspruch" auf einen Kindergartenplatz. Für Kinder in den ersten Lebensjahren wird in § 23 des KJHG alternativ zur Förderung in Tageseinrichtungen die Tagespflege geregelt, soweit diese zum Wohl des Kindes erforderlich erscheint.
- die **Hilfe zur Erziehung,** die gewährleistet, dass Personensorgeberechtigte Anspruch auf Hilfe bei der Erziehung haben, „wenn eine dem Wohl des Kindes oder des Jugendlichen entsprechende Erziehung nicht gewährleistet und die Hilfe für seine Entwicklung geeignet und notwendig ist" *(§ 27 Abs. 1 KJHG).*
Erziehungshilfen können zum Beispiel Erziehungsberatung, soziale Gruppenarbeit, sozialpädagogische Familienhilfe, Erziehung in einer Tagesgruppe, Vollzeitpflege, Heimerziehung und sonstige betreute Wohnformen sowie intensive sozialpädagogische Einzelbetreuung sein.

Die Bezeichnung familienersetzende Hilfe bezieht sich auf die „Inobhutnahme" als eine mögliche Form der Krisenintervention *(vgl. Bock, 2002, S. 303–308).*

Sozialpädagogik als Theorie und Praxis der Kinder- und Jugendhilfe umfasst Erziehungs- und Bildungshilfen zur sozialen Eingliederung von Kindern und Jugendlichen, die staatlich oder von gesellschaftlichen und kirchlichen Gruppen subsidiär geleistet werden. Die Entwicklung heranwachsender Menschen soll durch sie gefördert und die Erziehung in der Familie unterstützt werden.

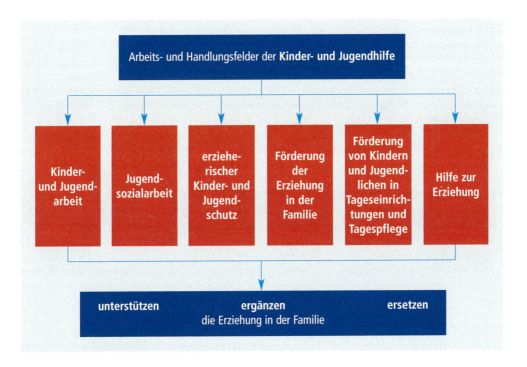

12.1.3 Lebensweltorientierte soziale Arbeit

Sozialpädagogik als Theorie und Praxis der Kinder- und Jugendhilfe, wie sie von *Klaus Mollenhauer (1993[10])* vertreten wird, wurde von *Hans Thiersch (2005[6])* weiterentwickelt als **„lebensweltorientierte Soziale Arbeit"**. Deren Intention ist es, *sich an den Problemen und Ressourcen in der Lebenswelt der Betroffenen zu orientieren.* Lebenswelt bezeichnet dabei denjenigen Ort, an welchem das Individuum handelt und ihm gesellschaftliche Verhältnisse widerfahren.

> Lebenswelt ist derjenige Ort, an dem das Individuum handelt und ihm gesellschaftliche Verhältnisse widerfahren.

Bei der Bewältigung von Problemen und bestimmten Situationen spielen Kräfte, die einem Individuum zur Bewältigung einer bestimmten Situation zur Verfügung stehen, eine wichtige Rolle. Die Psychologie spricht in diesem Zusammenhang von **Ressourcen**.

> Ressource ist eine allgemeine Bezeichnung für Hilfsquellen oder Kräfte eines Individuums, die zur Bewältigung einer bestimmten Situation zur Verfügung stehen.

*Es ist jedoch entscheidend, ob und inwieweit ein Individuum selbst davon **überzeugt** ist, dass es über Kräfte zur Bewältigung einer Situation verfügt. Aus diesem Grund werden in der Fachliteratur mit Ressourcen gelegentlich Kräfte eines Individuums bezeichnet, über die es zur Bewältigung einer bestimmten Situation zu verfügen **glaubt**.*

Dabei unterscheidet man zwischen **personalen und sozialen Ressourcen**. Damit sind Bewältigungskräfte gemeint, die zum einen bei der Person selbst, zum anderen in ihrem sozialen Umfeld zu suchen sind.

> Personale Ressourcen sind zum Beispiel bestimmte Bewältigungsstrategien, die sich eine Person angeeignet hat, individuelle Fähigkeiten, Stärken oder Talente, soziale Ressourcen können beispielsweise Ehepartner, Freunde, Sozialarbeiter oder bestimmte Institutionen bzw. Dienste sein.

Der wachsende Bedarf an Hilfe bei der alltäglichen Bewältigung von Normalität erfordert eine Erweiterung der Hilfe im Sinne von „lebensweltorientierten Hilfen zur Lebensbewältigung" (Tiersch, 2005[6], S. 239).

> Menschen in der heutigen Gesellschaft sind mit einer Vielfalt an Lebens-, Wohn- und Beziehungsformen konfrontiert und müssen sich bewusst entscheiden. Sie sind deshalb gefordert, Lebenspläne zu entwerfen und diese gegebenenfalls im Laufe ihres Lebens mehrmals zu verändern.

Klaus Grunwald und Hans Thiersch (2004, S. 13–39) liefern sowohl einen Beitrag zur Theoriebildung sozialer Arbeit als auch eine Orientierung für die Praxis sozialer Arbeit. Die lebensweltorientierte soziale Arbeit umfasst folgende Elemente *(vgl. Buchka, 2003[4], S. 201 f.)*:

- **Lebenswelt der Adressaten:** Im Vordergrund der Betrachtung stehen der Mensch und der normale Alltag. Darüber hinaus wird gefragt nach den Lebensverhältnissen und -defiziten der Adressaten. Sozialpädagogik/Sozialarbeit muss die Lebenserfahrungen und -welten jener Menschen kennen, mit denen sie es zu tun hat.

- **Gesellschaftliche Funktion:** Sozialpädagogik hat die Funktion, Menschen in kritischen Entwicklungen und bei Lebensproblemen zu helfen. Einerseits bietet sie Hilfen bei der Lösung von Konflikten an, andererseits macht sie auf gesellschaftliche Missstände aufmerksam.

- **Sozialpädagogische Institutionen:** Aufgabe der Sozialpädagogik ist neben der Erforschung der Entstehungsursachen auch eine kritische Analyse der disziplinierenden, unterdrückenden und stigmatisierenden Mechanismen von sozialpädagogischen Institutionen und ihren spezifischen Leistungen.

- **Sozialpädagogisches Handeln:** Auch die handlungspraktischen Methoden sind einer kritischen Analyse zu unterziehen. Zu überprüfen ist dabei nicht nur die Effizienz bestimmter Methoden, sondern auch die Frage, ob professionelle Hilfe in jedem Fall einzuschalten ist bzw. ob Adressaten ihre Probleme nicht sinnvoller in eigener Kompetenz lösen können.

- **Wissenschaftskonzept der Sozialpädagogik:** Sozialpädagogik ist ein Teil der Erziehungswissenschaft, die sich allerdings als sozialwissenschaftliche und kritische Handlungswissenschaft versteht. Die lebensweltorientierte Sozialpädagogik nutzt ihre Möglichkeiten, Menschen in ihrer Lebenswelt zur Selbsthilfe, das heißt, ihnen in ihren Verhältnissen zur Selbstständigkeit zu verhelfen.

„*Das Konzept Lebensweltorientierung ist so gesehen ein Zugang, soziale Gerechtigkeit in den neuen sozialpolitischen Aufgaben der Hilfe und Unterstützung in den heutigen lebensweltlichen Bedingungen zu realisieren.*" (Grunwald/Thiersch, 2004, S. 16)

Quelle: Buchka, 2003[4], S. 201

Folgende **Prinzipien und Handlungsmaximen** sind im Konzept der Lebensweltorientierung nach *Klaus Grunwald* und *Hans Thiersch (2004, S. 26 ff.)* bestimmend:

- **Prävention**

  Hilfe zur Förderung allgemeiner Kompetenzen der Lebensbewältigung ist vorausschauend, frühzeitig zu gewähren, bevor Schwierigkeiten sich zu Krisen verdichten.

- **Alltagsnähe**

  Hilfen müssen für die Adressaten einerseits in ihrer Lebenswelt erreichbar sein. Andererseits bedarf es bei der Hilfeleistung einer ganzheitlichen Orientierung, die der Komplexität individueller Lebenserfahrungen und Deutung von Problemen gerecht wird.

– **Integration**

Unterschiedlichkeit ist anzuerkennen und anzustreben ist ein Miteinander. Nur so lässt sich eine Lebenswelt ohne Ausgrenzung und „Gleichheit in den Grundansprüchen" erreichen.

– **Partizipation**

Adressaten sozialer Arbeit benötigen Möglichkeiten der Beteiligung und Mitbestimmung bei der regionalen Planung und Realisierung von Hilfen. Dies setzt voraus, dass individuelle, materielle, soziale, regionale Ressourcen[1] und Rechte gesichert sind wie zum Beispiel Einspruchs- und Beschwerderechte.

– **Regionalisierung**

Betont wird, dass Hilfen, um erreichbar zu sein, vor Ort präsent sein müssen, was eine Dezentralisierung der Hilfsangebote erfordert.

– **Vernetzung**

Die regional vorhandenen Hilfsangebote müssen untereinander vernetzt sein.

> *„Lebensweltorientierte soziale Arbeit zielt auf Hilfe zur Selbsthilfe, ... sieht Menschen in ihren Stärken, die aus der Zumutung von Bewältigungsaufgaben resultieren, und darin vor allem auch in ihrer Aversion gegen Zwänge und Zumutungen, sich auf Lebensentwürfe einzulassen, die nur äußerlich sind und keine Bedeutung für die eigene Lebensgestaltung haben."*
> (Grunwald/Thiersch, 2004, S. 34 f.)

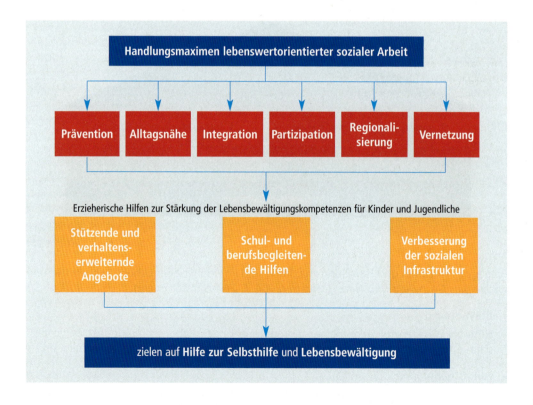

---

[1] *Dieser Begriff ist in Abschnitt 12.1.3 geklärt.*

12.2 Methoden sozialer Arbeit

Im Laufe der Praxis haben sich in der sozialen Arbeit drei klassische Methoden entwickelt:

- die **soziale Einzelhilfe**,
- die **soziale Gruppenarbeit**,
- die **soziale Gemeinwesenarbeit**.

In der heutigen Zeit haben sich auch eine Reihe neuerer Methoden in der sozialen Arbeit etabliert, die in der Regel vom Sozialpädagogen eine zusätzliche berufliche Qualifikation verlangen, wie zum Beispiel Einzel-, Gruppen-, Familientherapie, Supervision usw. Das **Unterstützungsmanagement**, auch **Case Management** genannt, wird als Beispiel für eine neuere Methode in *Abschnitt 12.2.4* näher dargestellt, da es in viele Bereiche sozialer Arbeit eingegangen ist.

12.2.1 Die soziale Einzelhilfe

Die methodische Arbeit mit Einzelnen, Familien oder Paaren wird mit dem Begriff „soziale Einzelhilfe" – auch **Casework** oder soziale Fallarbeit – bezeichnet. Sie wird von beruflichen und eigens dazu ausgebildeten Helfern angewandt, um Menschen mit psychischen und sozialen Schwierigkeiten zu helfen. In ihr steht das Individuum, so wie es ist, und die persönliche Hilfe im Vordergrund.

Bei der sozialen Einzelhilfe handelt es sich um eine **Betreuung, Beratung oder Therapie, in der das Individuum mit seinem Problem und seiner außergewöhnlichen Belastung im Mittelpunkt steht.** Dabei werden auf der Grundlage wissenschaftlicher Erkenntnisse und mithilfe einer effektiven Gestaltung der Beziehung zwischen dem Helfer und dem Klienten[1] Unterstützungsmöglichkeiten durch bestimmte Personen wie zum Beispiel Verwandte, Freunde oder Nachbarn mobilisiert und die im Klienten vorhandenen Fähigkeiten geweckt, um eine „Hilfe zur Selbsthilfe" zu ermöglichen.

> Ehepaar M. hat vier Kinder im Alter zwischen sechs Monaten und acht Jahren. Die Frau klagt darüber, dass ihr Mann zu viel Alkohol trinkt, die Arbeitsstellen häufig wechselt, finanzielle Probleme hat usw.; schließlich wendet sich die Frau an einen Sozialarbeiter. Die Frau erwartet vom Sozialarbeiter Betreuung, Beratung oder Therapie, in der ihre Familie und sie selbst im Mittelpunkt stehen. Diese Hilfe kann der Sozialarbeiter auf der Grundlage wissenschaftlicher Erkenntnisse geben und er wird versuchen, die berufliche Beziehung zwischen sich und der Frau bzw. Familie erfolgreich zu gestalten und auf andere Hilfsquellen der Gesellschaft (beispielsweise finanzielle Angebote des Staates, anonyme Alkoholiker usw.) hinzuweisen. Er wird sich bemühen, dass die Frau eine günstigere Einstellung zu sich selbst und ihrer Umwelt findet. Ziel ist dann, dass die Frau oder die gesamte Familie ihre Probleme selbst lösen und sich aus dieser Belastungssituation selbst mithilfe des beruflichen Helfers befreien kann.

> **Soziale Einzelhilfe ist eine Methode der sozialen Arbeit und basiert auf der Grundlage wissenschaftlicher Erkenntnisse. Die Hilfe erfolgt durch eine effektive Gestaltung der Beziehung zwischen Helfer und Klient sowie durch die Mobilisierung von Unterstützungsmöglichkeiten durch bestimmte Personen (Verwandte, Freunde, Nachbarn) und der Fähigkeit des Klienten, sein Problem zu lösen und sich aus seiner Belastungssituation selbst zu befreien.**

---

[1] *Klient: der Hilfe Suchende*

Ziele der sozialen Einzelhilfe sind

- die **Förderung der Selbsthilfekräfte des Klienten,**
- die **Befähigung, mit dem Problem fertig zu werden,** sowie **zur verantwortlichen Lebensführung,**
- der **Erwerb sozialer und kommunikativer Kompetenzen,**
- die **Entwicklung der Persönlichkeit zur Selbstständigkeit**
- die **Förderung von Veränderungsbereitschaft** sowie
- die **Anpassung des Klienten an seine Umwelt,** um mit dieser zurechtzukommen.

Anwendungsprinzipien

Sechs Prinzipien sind es in der Regel, die in der sozialen Einzelhilfe von Bedeutung sind:

1. **Akzeptieren** ist ein Grundsatz des Handelns, nach dem der Sozialarbeiter den Klienten so annimmt wie er ist, mit all seinen Fehlern, Stärken und Schwächen, mit seinen angemessenen und unangemessenen Haltungen und Eigenschaften, mit seinen positiven und negativen Gefühlen. Der Sozialarbeiter, der den Klienten akzeptiert, hilft ihm, Abwehrhaltungen abzubauen, was eine effektive Hilfe erst ermöglicht.

2. Im Mittelpunkt aller Bemühungen steht das Individuum in seiner Einmaligkeit und Einzigartigkeit. Daraus ergibt sich der **Grundsatz des Individualisierens,** das Bemühen, die einzigartigen Eigenschaften des Klienten zu erkennen und zu verstehen und ihm eine ihm gemäße Hilfe und Förderung zu geben. Der Klient soll als Individuum und nicht als „Fall" behandelt werden.

3. In dem Bemühen, dem Klienten zu helfen, geht es immer um eine *Hilfe zur Selbsthilfe:* Nicht der Sozialarbeiter übernimmt die Lösung des Problems für den Klienten, der Sozialarbeiter befähigt ihn vielmehr, dass er sein Problem selbst lösen kann. Diese **Selbstbestimmung** des Klienten bedeutet auch, dass der Klient seine eigene Wahl treffen und sich selbst entscheiden kann, was er sagen und tun will und was nicht.

4. Es geht in der Einzelhilfe nicht um die Schuld oder Unschuld eines Menschen. Eine abwertende oder richtende Haltung würde ein Helfen behindern, wenn nicht gar verhindern; Schuldgefühle erzeugen Abwehrhaltung und lassen das Selbstwertgefühl sinken.

5. Eine Befürchtung seitens des Klienten, dass seine Probleme und Schwierigkeiten auch außerhalb der Grenzen der Beziehung zwischen Sozialarbeiter und Klient bekannt würden, hemmt den Klienten, offen und frei zu sprechen. **Vertraulichkeit** ist somit Voraussetzung einer jeden effektiven Hilfe.

6. Der Sozialarbeiter ist wie sein Klient ein menschliches Wesen mit vielfältigen persönlichen Motiven, Fehlern und Schwächen. Jeder Sozialarbeiter muss sich also darüber klar sein, dass persönliche Impulse, Haltungen, Neigungen und Abneigungen, Gefühle, eigene Probleme und Schwierigkeiten die helfende Beziehung beeinflussen. **Selbstkontrolle** bedeutet in diesem Zusammenhang, dass der Sozialarbeiter sich seiner Reaktionen genügend bewusst wird, um unterscheiden zu können, welche Vorgänge beruflich und welche persönlich motiviert sind; sie verlangt von ihm, dass er alle persönlichen Gefühle und Reaktionen in seinem Verhältnis zum Klienten sorgfältig prüft.

> *Treffen sich zwei Sozialpädagogen. Sagt der eine: „Du, sag mal, kannst du mir sagen, wo die Beratungsstelle ist?" „Nee, du, das kann ich dir leider auch nicht sagen." Darauf der erste: „Na ja, aber schön, dass wir darüber geredet haben."*
>
> *Zwei Tage später treffen sich die beiden wieder. „Na, hast du die Beratungsstelle noch gefunden?" „Nee, aber ich kann jetzt damit umgehen."*

Schritte des Vorgehens

– Herstellen einer positiven emotionalen Beziehung, ohne die eine Hilfe nicht möglich ist.[1]

– Genaue Beschreibung des Problems bzw. der Belastungssituation und Formulierung der Erwartungen des Klienten.

– Sammlung von Informationen und Fakten, die Aufschluss darüber geben können, wie es zu dem Problem bzw. zu der Belastungssituation gekommen ist. Möglichkeiten hierzu sind das Gespräch, Fragebögen, Tests, Beobachtung, Befragung von Personen, die zur Gewinnung von Informationen etwas beitragen können (beispielsweise Eltern, Bekannte, Freunde, Lehrer, Meister).

– Auswertung und wissenschaftliche Interpretation der Daten bzw. Erklärung des Falles mithilfe einer Theorie. Das „Zuhilfenehmen" einer Theorie ist notwendig, um Maßnahmen zur Lösung des Problems erstellen zu können.

– Ausarbeitung eines Behandlungsplanes und Durchführung der Behandlung. Je nach Problem kann es sich bei der Behandlung um eine Betreuung, Beratung oder Therapie handeln.

– Verlaufs- und Erfolgskontrolle der Behandlung, die Hinweise auf „Fortschritte" des Klienten oder auch auf eine mögliche Korrektur des Behandlungsplanes gibt.

– Gegen Ende der Behandlung ist eine schrittweise Auflösung der Beziehung zwischen dem Klienten und dem Helfer notwendig, damit der Klient wieder mit sich alleine – ohne Hilfe seitens des Sozialpädagogen/-arbeiters – zurechtkommt.

---

[1] *vgl. Kapitel 8.2.1*

Wissenschaftliche Grundlagen

Wissenschaftliche Grundlagen der sozialen Einzelhilfe bilden psychologische Theorien des Verhaltens. Je nach Problem und der Ausbildung des Sozialpädagogen/-arbeiters kommen **tiefenpsychologische Theorien** wie beispielsweise die *Psychoanalyse*, die in *Kapitel 5* dargestellt ist, **Lerntheorien** und **kognitive Theorien**, wie sie in *Kapitel 6* ausgeführt sind, sowie **humanistische Theorien,** wie zum Beispiel die *personenzentrierte Theorie,* von Carl Rogers, zur Anwendung. In neuerer Zeit werden auch *systemtheoretische Ansätze*[1] als Weiterentwicklung der Einzelhilfe berücksichtigt. Unterschiedliche Aspekte der Einzelfallhilfe finden sich auch im Ansatz des *Empowerment* und *Unterstützungsmanagements* *(vgl. Stimmer, 2006[2]).*[2]

12.2.2 Die soziale Gruppenarbeit

In der sozialen Arbeit stellt Gruppenarbeit eine Methode dar, wodurch Gruppen von Menschen mit persönlichen und sozialen Problemen durch geregelte Gruppenerlebnisse geholfen wird. Dabei geht man davon aus, dass die gemachten Gruppenerfahrungen auch auf Situationen und Probleme außerhalb der Gruppe übertragen werden können. Der Begriff „soziale Gruppenarbeit" wird heute als Oberbegriff verstanden, dem die Gruppenpädagogik im Sinne erzieherischer Arbeit mit und in Gruppen untergeordnet ist *(vgl. Stimmer, 2006[2], S. 205).*

„Ganz Recht, hier ist heute Gruppenarbeit für Geschiedene."

Gruppenarbeit scheint dann angebracht zu sein, wenn eine bestimmte Anzahl von Personen ähnliche bzw. vergleichbare Aufgaben, Probleme und Situationen zu bewältigen hat.

> Dies ist beispielsweise bei Problemen nach Ehescheidungen, bei Arbeitslosigkeit, oder Alkohol der Fall.

Gruppenarbeit wird vor allem im Freizeitbereich wie beispielsweise in Jugendzentren, in der Jugendarbeit, in Beratungseinrichtungen (z. B. für Suchtgefährdete) im Bereich des Gesundheitswesens und im Strafvollzug eingesetzt. Aber auch in stationären Einrichtungen wie bei Therapiegruppen oder in der Heimerziehung gewinnt die soziale Gruppenarbeit mehr an Bedeutung *(vgl. Barth, 1987, S. 460).*

---

[1] vgl. Abschnitt 12.3
[2] *Empowerment zielt darauf ab, Menschen, die ihr Schicksal scheinbar machtlos hinnehmen, darin zu stärken, ihre Angelegenheiten und Rechte selbstbewusst zu vertreten, dabei jedoch sowohl die Kompetenzen als auch die Schwächen der Adressaten angemessen zu berücksichtigen. Das Case Management ist in Abschnitt 12.2.4 dargestellt.*

Durch die Gruppenzugehörigkeit können soziale Normen erlernt und soziale Bedürfnisse wie zum Beispiel die Überwindung von Einsamkeit, das Erfahren eines Selbstwertgefühls, das Gefühl des Verstandenwerdens oder der Aufbau von Selbstvertrauen befriedigt werden. Außerdem können durch soziale Gruppenarbeit menschliche Fähigkeiten angeregt werden, wie zum Beispiel Frustrationen zu ertragen mit anderen Menschen zusammenzuarbeiten oder Entscheidungen zu treffen.

Die Gruppe gilt als Ort und Instrument der Erziehung, welche die Gruppenmitglieder durch die Gruppenerlebnisse bei individuellen Lern-, Reifungsprozessen, der Eingliederung und dem Erlernen sozialer Normen, unterstützt.

> Solche Gruppenerlebnisse können zum Beispiel das Gespräch mit den Gruppenmitgliedern sein, die Tatsache, sich einem Konflikt zu stellen und mit der Gruppe zu lösen, oder die Erfahrung, in der Gruppe anerkannt zu sein.

Von sozialer Gruppenarbeit spricht man, wenn ein geschulter Leiter der Gruppe die Gruppenprozesse im Interesse der Mitglieder auf ein übergreifendes Ziel hin beeinflusst.

Eine klare Definition von sozialer Gruppenarbeit fällt dennoch schwer, weil dieser Begriff sowohl pädagogische Gruppenarbeit (Gruppenpädagogik) als auch therapeutische Gruppenarbeit (Gruppentherapie) einschließt. Bei dieser Form der behandlungsorientierten Gruppenarbeit bedarf es einer Zusatzausbildung.

> **Die soziale Gruppenarbeit ist eine Methode der sozialen Arbeit, die dem Individuum durch sinnvolle Gruppenerlebnisse hilft, sich als Person zu begreifen und ihr soziales Verhalten zu entfalten sowie Probleme und Situationen selbst meistern zu können.**

Ziele der Gruppenarbeit sind

- das **Erlernen von mehr Selbstsicherheit,**
- das **Sammeln neuer Erfahrungen,**
- die **Anerkennung durch die Gruppenmitglieder**,
- **soziale Anpassung und Funktionsfähigkeit innerhalb der Gruppe** sowie
- die **Lösung sozialer Konflikte.**

Anwendungsprinzipien
Sechs pädagogische Prinzipien sind es, die in der sozialen Gruppenarbeit von Bedeutung sind:

1. **Dort anfangen, wo die Gruppe steht, und sich mit ihr in Bewegung setzen:** die Gruppe annehmen, wie sie wirklich ist, und sie sich entwickeln zu lassen von ihrem eigenen Ausgangspunkt an.

2. **Arrangieren von Gruppenprozessen:** Einwirken des Gruppenleiters auf die Gruppenprozesse zu sinnvollen Erlebnissen, die den Gruppenmitgliedern dazu verhelfen, sich als Person zu begreifen und ihr soziales Verhalten entfalten sowie Probleme und Situationen im Laufe der Zeit selbst meistern zu können.

3. **Individualisieren** entspringt dem Anliegen, dass der Einzelne in der Gruppe nicht untergeht, sondern diesem geholfen wird, sich als Individuum sehen zu können, das einen Beitrag zum Ganzen liefern kann. Dabei geht es auch um die Entfaltung einzelner, individuell begabter Menschen in der Gruppe, die eine ihnen gemäße Hilfe und Förderung benötigen.

4. **Mit der Stärke eines jeden Einzelnen arbeiten** heißt, die Fähigkeiten, Interessen und Fertigkeiten eines jeden Einzelnen herauszufinden und Situationen zu bewirken, in denen er diese in der Gruppe entfalten kann.

5. **Selbstbestimmung der Gruppe:** Nicht der Gruppenleiter allein bestimmt in der Gruppe, Entscheidungen sind Gegenstand der gesamten Gruppe, die miteinander getroffen werden. Konflikte werden zusammen so bewältigt, dass ihre Lösung für alle Mitglieder der Gruppe befriedigend wirkt. Diese Selbstbestimmung bedeutet auch, dass die Gruppenmitglieder selbst entscheiden können, wann und was der Einzelne sagen und tun will und was nicht.

6. **Sich als Gruppenleiter entbehrlich machen** bedeutet, dass seine Rolle mehr die eines ‚Befähigers' und ‚Beraters' ist, der sich so weit wie möglich zurückhält. „So aktiv wie nötig, so passiv wie möglich" lautet die Regel, die auf diesem Prinzip beruht.

Schritte des Vorgehens

Bernstein und Lowy (1982[7], S. 57 ff.) haben ein Phasenmodell für die Gruppenarbeit mit fünf unterschiedlichen Ebenen entwickelt. Dieses Modell wurde von *Belz und Muthmann (1985, S. 23 ff.)* weiter bearbeitet und wird im Folgenden auszugsweise dargestellt:

	Interaktion/gruppendynamische Kennzeichen	Interventionsmöglichkeiten[1]	Förderungsmöglichkeiten des Gruppenprozesses
Phase 1 Voranschluss oder Orientierung	– Unsicherheit zwischen den Mitgliedern und dem Gruppenführer – Fehlen von Bindungen	– Verminderung von Ängsten – Planung des Programms	– Spiele zum Kennenlernen und zur Kontaktaufnahme – Zublinzeln
Phase 2 Machtkampf und Kontrolle	– Zeigen von Gefühlen – Suche nach dem Übeltäter	– Machtkämpfe ermöglichen – Entwurf eines kooperativen Programms	– Turniere mit Untergruppen – Wettkampfspiele
Phase 3 Vertrautheit oder Intimität	– Ablegen von Wettbewerbs- und Konkurrenzverhalten – Intensivierung der Zusammenarbeit	– Übertragung von Verantwortung auf die Gruppenmitglieder – Realisierung freier Entfaltungsmöglichkeiten	– Rollenspiele und Diskussionen – Programmplanung durch die Gruppe
Phase 4 Differenzierung	– Entstehung eines „Wir-Gefühls" – Kontaktaufnahme zu anderen Gruppen	– Feedback durch den Gruppenleiter – Ermöglichung der Kontaktaufnahme zu anderen Gruppen	– Diskussionsabende – Interaktionsspiele
Phase 5 Trennung oder Ablösung	– Austausch vergangener Gruppenerlebnisse – Austausch von Anschriften	– Auswertung des Prozesses in der Gruppe – Ermöglichung der Wiederbegegnung mit den Gruppenmitgliedern	– Reflexion – Transparentmachen des Gruppenprozesses vom Anfang bis zur Trennung

Quelle: Buchka, 2003[4], S. 280–284

---

[1] Intervention (lat.): gezielte und therapeutische Maßnahmen auf der Grundlage einer wissenschaftlichen Theorie

Dieses Modell verdeutlicht, dass sich die Interventionsmöglichkeiten jeweils nach der Phase der Gruppe orientieren.

> „Die Funktion des Gruppenarbeiters besteht darin, sich mit seinem Wissen und seinen Fähigkeiten anzubieten und jederzeit von der Gruppe abgerufen werden zu können. Er verzichtet darauf, die Betroffenen in seinem Sinne zu vereinnahmen, auch wenn er es oft könnte, da die Leute ihm ja Kompetenz zuschreiben. ... Ohne zu indoktrinieren oder sich anzubiedern, kann er Menschen Hilfsquellen erschließen, fachliche und persönliche Kompetenz anbieten und kollektive Momente individueller Betroffenheit deutlich machen."
>
> (Hinte, 1989, S. 75)

Wissenschaftliche Grundlagen
Nach *Maximilian Buchka (2003[4], S. 279)* gehen verschiedene Ansätze in die heutige Gruppenarbeit ein:
- **pädagogische** (zum Beispiel bildungsorientierte Ansätze),
- **soziologische** (zum Beispiel Ergebnisse der Kleingruppenforschung, Werte und Normen, Rollentheorie),
- **psychologische** (beispielsweise Gruppendynamik, Sozialpsychologie, Psychoanalyse, Lerntheorien) und
- **kommunikative Ansätze** (Kommunikationstheorien, Gesprächsregeln usw.).

> Beispielsweise werden aus der sozialpsychologischen Kleingruppenforschung Vorschriften abgeleitet, die dann bei der Durchführung von Therapien in Gruppen zu beachten sind.

Außerdem werden **verhaltenstherapeutische Techniken**, die auf den *Lerntheorien* beruhen, auf Gruppenprozesse angewandt *(vgl. Kapitel 6.1.4 und 6.2.5)*.

12.2.3 Die soziale Gemeinwesenarbeit

Die dritte klassische Methode der sozialen Arbeit entstand aus der Erkenntnis heraus, dass Probleme von einzelnen Menschen häufig gesellschaftlichen Ursprungs sind und dass deshalb Hilfe für den Einzelnen auch **Veränderung von gesellschaftlichen Bedingungen** bedeuten muss. Dazu gehört, dass die Bevölkerung einer Straße, einer Wohnsiedlung, eines Dorfes, eines Stadtteils oder einer ganzen Stadt gemeinsame Probleme erkennt und eigene Kräfte entwickelt, um an der Beseitigung von sozialen Missständen und deren Ursachen gemeinsam zu arbeiten.

> „Spaltung und Desintegration sind prägende Elemente der aktuellen gesellschaftlichen Situation in Deutschland. Dabei ist die Spaltung der Gesellschaft eine Facette dieser Bestandsaufnahme; ebenso bedeutsam ist die interne Spaltung derjenigen Bevölkerungsgruppen, die vom weiter anwachsenden gesellschaftlichen Reichtum abgekoppelt sind und derzeit in Ermangelung eines klar auszumachenden äußeren Feindes ihre Aggression gegeneinander richten. Nicht minder augenfällig ist die wachsende Kluft zwischen den unterschiedlichen Lebenswelten der Armutsbevölkerung einerseits und der Welt der Bürokratie und der Institutionen (Politik, Verwaltung, Unternehmen usw.) andererseits."
>
> (Hinte, 1997, S. 280)

Gemeinwesen bezeichnet eine bestimmte räumliche Einheit, wie zum Beispiel einen Stadtteil, eine Wohnsiedlung, eine Gemeinde, eine ganze Stadt usw. Gemeinwesenarbeit meint eine **grundsätzliche Herangehensweise an soziale Probleme und will eine Verbesserung für die Menschen und ihrer Probleme in dieser räumlichen Einheit**. Die Verbesserung wird durch eine Vielzahl von Handlungen, Tätigkeiten und Maßnahmen erreicht und schließt in der Regel die Aktivierung der betroffenen Menschen mit ein.

> Solche Handlungen, Tätigkeiten und Maßnahmen können beispielsweise die Schaffung von Grünflächen, die Errichtung eines Spielplatzes, einer Freizeiteinrichtung, eines Treffs, Freizeitangebote für die Bewohner, Gründung einer Initiative gegen den Fluglärm und dgl. sein.

Daneben gibt es auch öffentliche Einrichtungen, welche die Wohlfahrt und die Gesundheit der betroffenen Menschen in einem Gemeinwesen verbessern helfen.

> Solche Einrichtungen sind zum Beispiel Sozialdienste, Schaffung von Entlastungsmöglichkeiten für Familien, Vermittlung von Berufsförderungsmaßnahmen.

Soziale Gemeinwesenarbeit ist die Sammelbezeichnung für eine Vielzahl von Handlungen, Tätigkeiten und Maßnahmen, durch welche Einrichtungen, Einzelpersonen, Gruppen und/oder Organisationen zur Verbesserung für die Menschen und ihrer Probleme in einer räumlichen Einheit beitragen.

Die heutige Sichtweise von Gemeinwesenarbeit hat sich etwas geändert: Hier wird Gemeinwesenarbeit nicht mehr als „dritte Methode" neben der sozialen Einzelhilfe und der sozialen Gruppenarbeit verstanden, sondern als **übergreifendes Arbeitsprinzip**, *welches soziale Einzelhilfe und soziale Gruppenarbeit mit einschließt.* Arbeitsprinzip meint dabei einen Grundsatz, der sich auf bestimmte Erfahrungswerte über erfolgreiches Handeln stützt und von dem deshalb angenommen wird, dass er auch erfolgversprechende Orientierungshilfe für künftiges Handeln sein kann *(vgl. Max Fuchs, zitiert nach Oelschlägel, 1985, S. 15 f.).* Eine solchermaßen entwickelte professionelle Sichtweise wird unabhängig davon, in welchem Bereich Professionelle tätig sind, zu einer grundsätzlichen Herangehensweise an soziale Probleme in der sozialen Arbeit.

> *„Arbeitsprinzip GWA[1] – das meint eine zu entwickelnde, zu entfaltende Grundorientierung, Haltung, Sichtweise professionellen Handelns, eine grundsätzliche Herangehensweise an soziale Probleme, wo auch immer im Bereich sozialer Berufsarbeit im weitesten Sinne."*
>
> (Oelschlägel, 2001, S. 67)

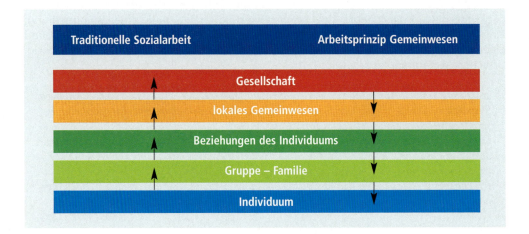

---

[1] GWA: Abkürzung für Gemeinwesenarbeit

Damit dieser Ansatz eine Orientierungshilfe für erfolgversprechendes Vorgehen sein kann, müssen sowohl die individuellen als auch die damit im Zusammenhang stehenden strukturellen Probleme innerhalb eines Gesellschaftssystems erfasst und soziale Probleme in ihrer historischen und gesellschaftlichen Dimension bearbeitet werden. Eine zentrale Zielsetzung ist damit die **Aktivierung der im Gemeinwesen lebenden Menschen im Sinne „politisch aktiven Lernens und Handelns"** *(Oelschlägel, 1985, S. 17)*. Damit wird deutlich, dass es sich hier in erster Linie um einen politischen, nicht pädagogischmethodischen, psychologisch orientierten Ansatz handelt.

> In der wohlhabenden Stadt Seperatos gibt es einen Stadtteil, in dem fast ausschließlich die arme Bevölkerungsschicht lebt. Die Menschen dort sind vielfach arbeitslos oder beziehen wegen ihrer mangelnden Schul- und Berufsausbildung lediglich ein Niedrigeinkommen, Arbeitslosengeld und nicht selten auch Sozialhilfe. Dementsprechend schlecht ist die Wohnsituation dort. Große Familien leben meist in billigen, sanierungsbedürftigen Altbau- oder Sozialwohnungen. Auffällig hoch ist der Anteil an Straftaten. Trotz jahrelanger Bemühungen durch Sozialarbeiter hat sich in diesem Stadtteil nichts geändert, obwohl verschiedene pädagogischpsychologische Angebote wie Spielstuben, Hausaufgabenhilfen, Beratung und Ähnliches organisiert wurden. Dennoch fühlten sich die Bewohner benachteiligt und ausgegrenzt. Erst durch diese Misserfolge erkannten die Sozialarbeiter, dass sich an der Situation der Bewohner von diesem Stadtteil nichts ändert, solange die strukturellen Bedingungen gleich bleiben. Erst durch die politische Einflussnahme auf die Vertreter der Stadt und die Aktivierung der Bevölkerung, selbst für ihre Belange einzutreten, stellten sich erste Erfolge ein. Eine Selbsthilfegruppe wurde gegründet und die Presse berichtete ausführlich über die unmenschlichen Bedingungen. Unter dem Druck der Öffentlichkeit bewilligte der Stadtrat Gelder, um wichtige Lebensbereiche wie Wohnen, Bildung, Arbeit und Freizeit mit Beteiligung der Bevölkerung bedürfnisgerechter zu gestalten.

Ziele der sozialen Gemeinwesenarbeit

Übergeordnetes Ziel der sozialen Gemeinwesenarbeit ist eine **qualitative Verbesserung der menschlichen Lebensräume**. Damit dieses Ziel erreicht werden kann, sind *vorhandene Ressourcen[1] zu bündeln und Einzelmaßnahmen zu vernetzen* (vgl. Krebs, 2004, S. 64). Dies bedeutet:

- Schaffung von Bedingungen, die Selbst- und Mitbestimmung erlauben,
- Aktivierung der Bewohner,
- Stärkung sozialer Beziehungen,
- Vorbeugung sozialer Probleme,
- Konflikt- und Krisenbewältigung,
- Aufhebung der Benachteiligung bestimmter Personen und Personengruppen.

> *Gemeinwesenarbeit hat „einen politischen Charakter, der auf gesellschaftliche Veränderungen zielt; gleichzeitig auch einen pädagogischen Charakter, denn gesellschaftliche Veränderungen sind an Bewusstsein und Lernprozesse des je einzelnen Menschen gebunden; schließlich hat sie einen therapeutischen Charakter, da es ja auch um das Aufbrechen von krankhaften und krankmachenden Strukturen geht. Die Postulate ... sind ... allesamt aufgehoben in dem strategischen Ansatz, den wir ‚Arbeitsprinzip Gemeinwesenarbeit' genannt haben."*
>
> *(Oelschlägel, 1985, S. 15)*

---

[1] *Dieser Begriff ist in Abschnitt 12.1.3 geklärt.*

Anwendungsprinzipien

Folgende Arbeitsprinzipien sind in der sozialen Gemeinwesenarbeit von Bedeutung *(vgl. Hinte, 2002, S. 540 ff.)*:

1. Gemeinwesenarbeit hat sich **an den Interessen der Wohnbevölkerung zu orientieren:** Es ist zu erkunden, wo die Interessen und Bedürfnisse der Menschen im Stadtteil liegen. Sozialpädagogisches Handeln richtet sich weniger an einzelne Personen, sondern konzentriert sich stärker auf die Veränderungen von Situationen und das soziale und kulturelle Umfeld.

2. Gemeinwesenarbeit **aktiviert die Menschen, unterstützt Eigeninitiative und Selbsthilfekräfte:** Die Betroffenen selbst entwickeln mit Unterstützung der Fachleute, was sie selbst zur Verbesserung ihrer Situation tun können. Alltagssolidarität, Selbsthilfekräfte und Selbstorganisation werden gefördert.

3. Gemeinwesenarbeit **nutzt vorhandene Ressourcen:** Der Bewohner mit seinen Problemen wird in seiner sozialen Einbindung im Stadtteil und unter Berücksichtigung seiner „Stärken" und „Bewältigungskräfte", die in seinem sozialen Umfeld zu suchen sind, gesehen. Auch Ressourcen wie Nachbarschaften, Dienstleistungsstrukturen werden aktiviert und genutzt. Gemeinwesenarbeit stellt aber auch Ressourcen in Form von Dienstleistungen wie Räume, Beratung, Betreuung, emotionale Stützung, praktische Alltagshilfe, Aufbau und Erweiterung von sozialen Netzen zur Verfügung.

4. Gemeinwesenarbeit ist ein **zielgruppen- und bereichsübergreifender Ansatz:** Gesucht wird nach Problemkreisen im Stadtteil, an deren Beseitigung möglichst viele verschiedene Gruppierungen interessiert sind, so dass sich möglichst viele Bewohner an Aktivitäten beteiligen, z. B. Verbesserung des Wohnumfeldes. Genutzt werden die Kompetenzen möglichst vieler Bereiche im Stadtteil. Im Wohnsektor könnten durch Gemeinwesenarbeit z. B. wichtige Anregungen für die Planung und Umgestaltung von Wohnsiedlungen geben werden.

5. Gemeinwesenarbeit zielt auf **Vernetzung, auf Kooperation und Koordination** der sozialen Dienste. Für eine erfolgreiche Durchführung von Projekten ist eine kooperative Zusammenarbeit von professionellen und ehrenamtlichen Akteuren aus verschiedensten Bereichen im Stadtteil nötig. Bestehende soziale Netze sind zu stärken und soziale Dienste im Stadtteil zu vernetzen.

Gemeinwesenarbeit als Arbeitsprinzip hat sich als professionelle Sichtweise in weiten Bereichen sozialer Berufe etabliert (beispielsweise im Case Management[1]).

Schritte des Vorgehens

Nach *Winfried Noack (1999, S. 31 f.)* durchläuft die soziale Gemeinwesenarbeit folgende Phasen.[2]

– **Phase der Analyse**
  Der Gemeinwesenarbeiter versucht durch Beobachtung oder Befragung, Missstände oder Bedürfnisse aufzudecken und die Lokalität gründlich zu analysieren.

---

[1] Es handelt sich hierbei um einen zirkulären, niemals abgeschlossenen Prozess.
[2] siehe Abschnitt 12.2.4

Ein solcher Missstand ist zum Beispiel eine konflikthafte und gewalttätige Auseinandersetzung zwischen deutschen und ausländischen Jugendlichen in einem Wohngebiet. Entstehen können solche Probleme unter anderem aufgrund mangelnder kultureller Angebote, fehlender Kneipen und Möglichkeiten für eine sinnvolle Freizeitgestaltung.

- **Phase der Planung**

  Es werden Ziele festgelegt und anhand dieser wird ein Plan bzw. eine Strategie erarbeitet, um diese Ziele zu verwirklichen.

  Ziel in diesem ausländerfeindlichen Stadtteil ist dann die Vermeidung von Gewalttaten gegen ausländische Jugendliche und langfristig die Zusammenführung der sich gegenseitig bekriegenden deutschen und ausländischen Gruppen. Der Gemeinwesenarbeiter entwickelt einen Plan, wie er diese Ziele erreichen kann.

- **Phase der Aktion**

  Der Plan wird in die Wirklichkeit umgesetzt.

  Gemeinsame Abende mit Musik aus verschiedenen Ländern gestalten, Einheimischen mehr Informationen über kulturelle Eigenheiten von Ausländern vermitteln, um Vorurteile abzubauen; Spiele veranstalten, längerfristige Projekte wie beispielsweise eine Theateraufführung planen und gemeinsam realisieren usw.

- **Phase der Auswertung**

  Das entwickelte Konzept wird bewertet. Wenn durch den Plan eine Verbesserung erreicht wurde, dann muss darauf geachtet werden, dass diese langfristig ist und dass die Anwohner des Gemeinwesens selbstständig und selbstverantwortlich handeln.

  Sind ausländerfeindliche Tätigkeiten abgebaut, dann soll dies auch in der Zukunft so bleiben, das heißt, die Anwohner sollen sich selbstständig gegen Bürger wehren, die ausländerfeindlich sind.

- **Phase der Nachbereitung und Neuplanung**

  Die durch Aktionen ausgelösten Veränderungen machen oft zusätzliche Maßnahmen erforderlich.

  Durch die bisher geleistete Kulturarbeit wird deutlich, dass ergänzend Sprachkurse und offene Jugendarbeit als präventive und integrative Maßnahmen sinnvoll wären.

- **Phase des Rückblicks und der erneuten Beurteilung**

  Eine Analyse der Wirkung ist immer wieder angezeigt, um zu beurteilen, ob das Gesamtkonzept noch effektiv ist. Wenn nicht, sind neue Ziele und Projekte zu entwickeln. Somit beginnt der Prozess von vorne.

  Da die Integration der ausländischen Jugendlichen nur schleppend gelingt, wird als neues Projekt eine internationale Teestube und Streetworking angedacht.

Wissenschaftliche Grundlagen
Wissenschaftliche Grundlagen der Gemeinwesenarbeit bilden in erster Linie **systemorientierte und ökologische Theorien**, welche in *Abschnitt 12.3* dargestellt sind.

12.2.4 Das Unterstützungsmanagement (Case Management)

Das **Unterstützungsmanagement**, auch **Case Management** genannt, ist das bekannteste ökologische Konzept. Die Methode des Unterstützungsmanagements kommt aus den USA und wurde Ende der 80er Jahre des vergangenen Jahrhunderts durch *Wolf Rainer Wendt (1995[2] und 2001[3])* in Deutschland bekannt gemacht. Gegenstand dieses **umweltorientierten Konzeptes** ist die Mensch-Umwelt-Beziehung.

Erziehung außerhalb Familie und Schule

Wolf Rainer Wendt, Dr. phil., ist seit 1978 Professor an der Berufsakademie in Stuttgart und dort Leiter des Ausbildungsbereichs Sozialwesen. Zugleich ist er Vorsitzender der Deutschen Gesellschaft für Sozialarbeit. Vor 1978 war er in einer Erziehungsberatungsstelle, später beim Jugendamt Stuttgart tätig, zuständig für die Heimerziehung und das Adoptions- und Pflegestellenwesen. Seit den 80er Jahren des letzten Jahrhunderts machte er sich für ökologische Konzepte in der sozialen Arbeit stark Bekannt wurde er vor allem durch seine Verbreitung des Case Managements im deutschsprachigen Raum. Zusammen mit Claus Mühlfeld, Hubert Oppl und Hartmut Weber-Falkensammer ist er Herausgeber der Schriftenreihe „Brennpunkte Sozialer Arbeit".

Im Unterstützungsmanagement geht es einmal um die **Erschließung und Koordination aller möglichen Hilfsquellen,** die einer Hilfe suchenden Person in einem Gemeinwesen zur Verfügung stehen **und die Gewährleistung möglichst kostengünstiger und effektiver Unterstützung.**

> Solche Hilfsquellen können zum Beispiel Geld, eine Beratungsstelle, Sozialstation oder Nachbarschaftshilfe sein.

> **Unterstützungsmanagement (Case Management) versteht sich als planmäßige und organisierte Erschließung und Koordination von Hilfsquellen zur Unterstützung einzelner Menschen und Gruppen mit Problemen.**

Dabei geht es nicht darum, dass der Case Manager für den Klienten die Unterstützung bewerkstelligt, sondern **der Klient wird aktiv an seiner Problemlösung beteiligt.** Ziel ist es, **das Selbsthilfepotenzial des Klienten zu fördern.**

> Bernd ist ein $3/4$ Jahre alt. Er hat das Down-Syndrom. Seitdem gibt es in der Familie von Bernd Spannungen: Der Vater wollte, dass seine Frau abtreibe, als er erfuhr, das Kind sei behindert. Doch sie wollte das nicht. Der Vater konnte sich mit der Geburt eines behinderten Kindes nicht abfinden, er ist seitdem kaum zu Hause und hat auch keine Beziehung zu seinem Sohn Bernd. Alle pflegerischen und erzieherischen Maßnahmen überlässt er seiner Frau. Die Mutter fühlt sich alleine gelassen und ist mit der Betreuung von Bernd und der gesamten Hausarbeit überfordert. Sie zeigt seit der Geburt ihres Sohnes starke depressive Symptome. Sie weiß auch nicht, was sie tun soll und wer ihr helfen kann.
>
> Aufgabe des Unterstützungsmanagement ist es nun, die entsprechenden Dienste und Einrichtungen zu mobilisieren – zum Beispiel einen medizinischen und pflegerischen Dienst, eine Beratungsstelle u. Ä. – und diese zu koordinieren. Zugleich kann geprüft werden, wie mögliche Verwandte, evtl. auch Bekannte und/oder Nachbarn, die Frau unterstützen können. Case Management hilft beispielsweise auch bei der Suche einer kleineren Wohnung, welche die Frau leichter bezahlen kann und kümmert sich darum, dass auch der Mann in die Pflicht genommen wird.
>
> Soll nun die Normalisierung gelingen, ist ein koordiniertes Vorgehen erforderlich. Alle Beteiligten werden an einen Tisch geladen, an dem die Aufgabenstellung geklärt, juristischer Rat eingeholt und Zusammenarbeit vereinbart wird.

Aufgabe des Case Managements ist die **Planung und Ablauforganisation der Unterstützung,** um dem Klienten und gegebenenfalls seinen Angehörigen in ihrer Lage effektiv zu helfen *(vgl. Wendt, 1990, S. 153 f.).* Bei der Bewältigung von Problemen und bestimmten Situationen im Sinne des Unterstützungsmanagements spielen **Ressourcen** eine wichtige Rolle.

Durch das Unterstützungsmanagement wird nach Einschätzung der Dringlichkeit von Problemen eine erforderliche Hilfe, die unter aktiver Mitarbeit des bzw. der Klienten selber zustande kommt, eingeleitet sowie effektiv gestaltet.

> Case Management ist „ein Prozess der Zusammenarbeit, in dem geklärt, geplant, umgesetzt, koordiniert, überwacht und bewertet wird, was an Dienstleistungen zur individuellen Bedarfsdeckung notwendig und im Hinblick auf verfügbare Ressourcen qualitäts- und kostenbewusst erreichbar ist."
> (Wendt, 2001³, S. 50)

Das Unterstützungsmanagement geht davon aus, dass ein Hilfsbedürftiger regelmäßig eine Mehrzahl an Schwierigkeiten aufweist und es in dem Gemeinwesen, in welchem der Hilfsbedürftige lebt, Unterstützungsmöglichkeiten gibt. Es ist nun Aufgabe des Case Managements, dem Klienten und gegebenenfalls seinen Angehörigen in ihrer Lage effektiv zu helfen und die ihnen oft nicht bekannten oder für sie alleine nicht erreichbaren Dienste und Einrichtungen in dem entsprechenden Gemeinwesen an dem Problem bzw. der Situation zu beteiligen und aufeinander abzustimmen *(vgl. Wendt, 1990, S. 153 f.)*.

Ziele des Case Managements sind

- eine optimale Versorgung des Klienten mit Unterstützungsleistungen sozialer Dienste durch Erschließung und Koordination der Hilfsquellen,
- sorgfältige Planung und Ablauforganisation der Erschließung und Koordination der Hilfsquellen,
- eine aktive Beteiligung des Klienten an der Lösung der Situation und
- eine kostengünstige, effektive Durchführung von Hilfsangeboten.

Die Vorgehensweise des Unterstützungsmanagaments
Wolf R. Wendt (2001³, S. 97, 108–133) unterscheidet bei der Vorgehensweise des Unterstützungsmanagements **fünf Phasen**:

Assessment (Falleinschätzung)
In diesem ersten Schritt geht es um die **Einschätzung der Lage** und um die **Bedarfsklärung**. Beim Erstkontakt mit der Case Management-Stelle werden die Erwartungen der Beteiligten geklärt, welche Personen bzw. Familien Unterstützung brauchen und ob das Unterstützungsmanagement diese leisten kann. Eine sorgfältige Einschätzung der Lebenslage ermöglicht es, einerseits die objektiven Gegebenheiten wie die Lebensgeschichte des Klienten, körperliche Bedingungen (Alter, Gesundheit u.a.) oder soziale Bedingungen (vorhandenes Netzwerk, Verwandte, Bekannte, Nachbarn), andererseits seine subjektive Orientierung (Zukunftserwartungen, Wert- und Normvorstellungen, Gefühle etc.) zu berücksichtigen.

> Bernd leidet an einem Down-Syndrom. Der Case Manager erstellt nun gemeinsam mit der Mutter von Bernd eine Problemliste, zum Beispiel die Art und Ausprägung der Behinderung von Bernd, die Depression der Mutter und ihre Überforderung mit Haushalt und Betreuung von Bernd sowie Konflikte mit ihrem Mann. Als nächstes werden die Prioritäten innerhalb der festgestellten Probleme festgelegt. Ein weiterer Schritt ist dann die Einschätzung der individuellen und sozialen Ressourcen von Bernd und seiner Mutter sowie eventuelle Hindernisse bei der Lösung der Probleme.

Planning (Hilfeplanung)
Aus der Einschätzung der Problemlage leitet der Klient zusammen mit dem Case Manager entsprechende Ziele der Veränderung ab. Mittel und Wege sind zu suchen, die bei aktiver Beteiligung des Klienten zur Verbesserung seiner Lebenslage bzw. Situation beitragen. Die Unterstützung des Betroffenen besteht darin, bisher unerschlossene eigene und

Ressourcen aus der Umwelt besser zu nutzen. In der Kompetenz des Case Managers liegt es, Geldmittel zu erschließen und die im Gemeinwesen vorhandenen informellen Hilfen (Angehörige, Freunde, Nachbarn usw.) mit formellen Hilfen (verschiedene Einrichtungen, soziale Dienste) planmäßig, personenbezogen zu vernetzen und zu koordinieren. Das Ergebnis ist ein **Unterstützungsplan**, der erstellt wird in Absprache mit dem Klienten und in Abstimmung mit formellen Diensten, Behörden und informellen Unterstützern.

> Geplant wird schließlich, welche Art von Hilfen Bernd und seine Mutter benötigen und welche Ressourcen zur Verfügung stehen, beispielsweise medizinische und pflegerische Dienste, Familienberatung, Nachbarn, Selbsthilfegruppe, Wohnungsamt usw. Ziele werden formuliert und nach Dringlichkeit geordnet. Der Case Manager bespricht mit seinem Klienten die weiteren Verfahrensweisen und erstellt einen Unterstützungsplan.

Intervention (Durchführung der Hilfe)

Intervention bedeutet im Unterstützungsmanagement **kontrollierte Durchführung**. Vor Beginn der Managementaufgabe wird eine verpflichtende, eventuell sogar schriftliche Vereinbarung getroffen. Es erfolgt eine Festlegung nach Art, Umfang und Dauer der Unterstützung. Bei der Durchführung der Hilfe hat der Case Manager eine begleitende, anwaltliche, daneben aber auch eine steuernde und kontrollierende Funktion. Nötigenfalls erfolgt eine Anpassung der Hilfestrategie an neue Erfordernisse bis schließlich die Ziele erreicht sind.

> Die im Unterstützungsplan benannten Probleme werden im Plan dokumentiert und in Verbindung mit möglichen Ressourcen gebracht. Der vorläufige Aktionsplan kann auch abgeändert werden, wenn während der Durchführung andere Maßnahmen erforderlich sind.

Monitoring (Begleitung und Überprüfung der Hilfen)

Monitoring bedeutet im Unterstützungsmanagement soviel wie **Kontrolle, Überwachung**. Die vereinbarte Versorgung sowie der Veränderungsprozess des Klienten wird vom Case Manager beobachtet und überwacht mit dem Ziel der Sicherstellung der Dienst- und der Bewältigungsleistung einer Person *(vgl. Wendt, 2001[3], S. 124)*.

> Im Verlauf der Unterstützung kontrolliert und bewertet der Case Manager, wie gut das aufgebaute Netz der Unterstützung durch Verwandte, Nachbarn und Beratungseinrichtungen funktioniert und ob sich erwartete Erfolge einstellen.

Evaluation (Beurteilung und Bewertung der Ergebnisse)

Hier wird überprüft, ob und inwieweit das gesetzte Soll auch tatsächlich erreicht wurde. Case Manager und Klient vergleichen und bewerten den Ist-Zustand der Problemlage mit dem Soll-Zustand der anzustrebenden Lebenslage. In der Praxis erfolgt diese Einschätzung mithilfe objektiver und subjektiver Verfahren (zum Beispiel Fragebogen, Interview) oder Selbsteinschätzung des Betroffenen.

> Der Case Manager überprüft, ob die im Plan vereinbarten Ziele, dass Bernd und seiner Mutter geholfen wird, sie dadurch eine Entlastung erfährt und es ihr emotional besser geht, auch tatsächlich erreicht wurde.

Wissenschaftliche Grundlagen des Unterstützungsmanagements bilden **ökologische Theorien,** wie zum Beispiel das *Life Model*. Adressat der Unterstützungsleistungen ist dabei nicht nur der einzelne Klient, sondern es wird auch seine Umwelt berücksichtigt.

12.3 Ökologische Modelle in der sozialen Arbeit

Die Grundannahmen ökologischer Theorien sind erst spät in die soziale Arbeit übernommen worden. Die Denkansätze von *Uri Bronfenbrenner* sowie von *Carel B. Germain* und *Alex Gitterman* wurden 1980 in den USA entwickelt. In Deutschland hat *Wolf Rainer Wendt* diese Gedanken aufgegriffen und theoretisch erweitert.

12.3.1 Die Bedeutung ökologisch orientierter sozialer Arbeit

Die Ökologie ist bestrebt, das wechselseitige Beziehungsverhältnis zwischen Lebewesen und ihrer Umwelt zu verstehen. Ihr zentrales Anliegen ist die Frage nach dem **Grad der Anpassung,** den die Arten von Lebewesen im Laufe ihrer Evolution und Individuen im Laufe ihrer Lebensspanne erreicht haben.

> Die Menschen erhalten sich durch eine sinnvolle, ihren Bedürfnissen entsprechende Nutzung ihrer Umwelt; umgekehrt steigert diese Anpassung an die Umwelt ihre Vielfalt und lebenserhaltenden Eigenschaften.

> Ökologie ist die „Lehre von den Beziehungen zwischen Organismen und Umwelten".
> *(Germain/Gitterman, 1986, S. 61)*

Die Ökologie fordert die soziale Arbeit dazu auf, das Verhalten von Menschen in Umweltsituationen zu sehen und in seiner ganzen Breite zu erfassen, indem sie das Augenmerk auf die ständigen **Austauschprozesse zwischen Menschen und ihrer Umwelt** richtet.

Soziale Arbeit hat in ihrer bisherigen Praxis aktuelle Probleme einer Person relativ einseitig betrachtet: Die Entstehung eines Problems wurde im „Innern" der Person angesiedelt, es ist Ausdruck einer innerpsychischer Krankheit. Um den Klienten bei der Bewältigung seiner psychischen Schwierigkeiten zu unterstützen, ist die professionelle Hilfe in der Regel psychotherapeutisch im Sinne der Einzelhilfe ausgerichtet[1]. Ist soziale Hilfe ausschließlich individuumsorientiert, so wird offensichtlich der größere Bezugsrahmen sozialer, wirtschaftlicher und politischer Einflussfaktoren ausgeblendet, was die Erfassung der Problemlage in allen Dimensionen unmöglich macht. Einzelfallbezogene Konzepte nehmen zwar die Umwelt des Klienten zur Kenntnis, aber es wird nicht ausdrücklich mit ihr gearbeitet.

Die Bedeutung ökologisch orientierter sozialer Arbeit besteht darin, dass sie eine **Verbindung zwischen dem Individuum und der Umwelt herstellen** will. Probleme entstehen nach dieser Auffassung als *Folge einer fehlgelaufenen Beziehung zwischen Person und Umwelt.* Sozialpädagogische Unterstützung zielt demnach darauf ab, die **Anpassungsfähigkeit der Person zu stützen und die Umweltbedingungen zu verbessern.**

---

1 siehe Abschnitt 12.2.1

12.3.2 Die ökologische Theorie nach Urie Bronfenbrenner

Urie Bronfenbrenner[1] hat ein ökologisches Konzept entworfen, in welchem er die Entwicklung als interaktive[2] Austausch- und Veränderungsprozesse des Menschen mit seinen räumlichen Umwelten sieht. Er spricht denn auch bei der **menschlichen Entwicklung vom sich verändernden Individuum in einer sich wandelnden Umwelt.**

> „Die Ökologie der menschlichen Entwicklung befasst sich mit der fortschreitenden gegenseitigen Anpassung zwischen dem aktiven, sich entwickelnden Menschen und den wechselnden Eigenschaften seiner unmittelbaren Lebensbereiche." (Bronfenbrenner, 1993[3], S. 37)

Der Mensch ist in verschiedene **Systeme** eingebunden, beeinflusst diese und wird seinerseits von ihnen in seinem Verhalten gelenkt. In den einzelnen Systemen zeigt sich seine soziale Eingebundenheit, insbesondere dort, wo es durch Tätigkeiten, zwischenmenschliche Beziehungen und Rollen gekennzeichnet ist.

> So bewirkt zum Beispiel die Geburt eines Kindes in einer Familie (= System) oft eine Veränderung des gesamten Systems.

> Unter Systemen wird eine dynamische Ganzheit verstanden, die aus einzelnen Elementen mit gewissen Eigenschaften besteht, welche untereinander in einer wechselseitigen Beziehung stehen und sich gegenseitig beeinflussen. (vgl. Miller, 2001[2], S. 37)

Nach *Urie Bronfenbrenner* gibt es mehrere Systeme, die der Mensch beeinflusst und von denen er beeinflusst wird.

> Besucht ein Kind den Kindergarten, so entstehen vielfältige Kontakte zwischen den beiden Systemen Familie und Kindergarten, die gegenseitige Beeinflussung nach sich ziehen.

Aufgabe des Sozialarbeiters ist es, die Wechselbeziehungen in und zwischen den einzelnen Systemen zu untersuchen. Auf diese Weise lassen sich entwicklungsschädliche Gegebenheiten besser kontrollieren, indem der Sozialarbeiter auf den Menschen selbst und die auf ihn wirkende Umgebung einwirkt. Die Unterstützung sozialer Arbeit bezieht sich dabei auf die Erschließung und Umsetzung verschiedener Ressourcen.

Urie Bronfenbrenner unterscheidet insgesamt fünf ökologische Systeme:

- das **Mikrosystem**
- das **Mesosystem**
- das **Chronosystem**
- das **Exosystem**
- das **Makrosystem**

---

[1] Urie Bronfenbrenner wurde 1917 in Moskau geboren. Sechs Jahre später wanderte seine Familie in die USA aus. Dort wuchs er auf und studierte Psychologie. Im Laufe dieses Studiums erwarb er den Doktortitel und arbeitete anschließend zehn Jahre als praktischer Psychologe, danach als Professor für Psychologie an der Universität Michigan. Bronfenbrenner hatte großen Einfluss auf Frühförderprogramme für Vorschulkinder. Zuletzt arbeitete er als Professor für menschliche Entwicklung und Familienstudien an der Cornell University in New York.
[2] Der Begriff Interaktion ist in Kapitel 4.1.2 geklärt.

Das Mikrosystem
Das Mikrosystem stellt den unmittelbaren Lebensbereich des sich entwickelnden Menschen dar. Ein Lebensbereich ist dabei ein Ort, an dem Personen leicht in Kontakt miteinander treten können. Beispiele für solche Lebensbereiche wären das Zimmer, in dem ein Kind spielt, die Klasse in dem ein Jugendlicher lernt, die Familie in der er aufwächst.

Das Mesosystem
Die Umwelt eines Menschen setzt sich aus vielen Mikrosystemen wie Familie, Nachbarschaft, Kindergarten, Schule, Arbeitsplatz zusammen. Diese verschiedenen Mikrosysteme bestehen jedoch nicht isoliert voneinander, sondern stehen miteinander in Verbindung und beeinflussen sich gegenseitig. Besucht ein Kind den Kindergarten, so entstehen vielfältige Kontakte zwischen den beiden Lebensbereichen, Elternhaus und Kindergarten, die gegenseitige Beeinflussungen nach sich ziehen. So legt die Erzieherin zum Beispiel Wert auf die Einhaltung der Gruppenregeln und der Öffnungszeiten. Das Kind bringt bestimmte Wünsche, Bedürfnisse und dgl. mit, auf die die Erzieherin eingehen muss. Diese Wechselbeziehungen zwischen zwei oder mehreren Lebensbereichen, an denen eine Person beteiligt ist, werden Mesosysteme genannt.

Das Chronosystem
Während ihrer Entwicklung treten Personen immer wieder in neue Lebensbereiche ein und übernehmen neue Rollen. Der Eintritt in Kindergarten, Schule, Berufsleben, aber auch Heirat oder Scheidung sind Beispiele dafür. Solche „Lebensübergänge" werden als Chronosysteme bezeichnet. Ein Chronosystem ist ein „Lebensübergang ..., der stattfindet, wenn eine Person ihre Position in der ökologisch verstandenen Umwelt durch einen Wechsel ihrer Rolle oder ihres Lebensbereichs verändert..." (*Bronfenbrenner; 1996[2], S. 77*).

Das Exosystem
Einen weiteren Umweltausschnitt stellt das Exosystem dar. Es gibt Lebensbereiche, die die Entwicklung einer Person beeinflussen, obwohl diese Person gar nicht an ihnen teilhat. Umgekehrtes gilt genauso: Eine Person beeinflusst einen Lebensbereich, an dem sie gar nicht teilnimmt. Die wechselseitige Beeinflussung erfolgt dabei über andere Personen. So stellt zum Beispiel der Arbeitsplatz der Eltern ein Exosystem für das Kind dar, da es an ihm nicht beteiligt ist. Arbeitsbedingungen wie Arbeitszeit, Lärm, körperliche und psychische Beanspruchung wirken sich auf die Eltern aus und haben Einfluss auf das Erzieherverhalten der Eltern ihren Kinder gegenüber, und somit auf die kindliche Entwicklung. Andererseits können zum Beispiel Krankheiten des Kindes die Eltern schwer belasten und sich auf ihr Leistungsvermögen auf ihrem Arbeitsplatz niederschlagen. Unter Exosystem versteht man also einen oder mehrere Lebensbereiche, an denen die sich entwickelnde Person nicht beteiligt ist, die aber indirekt diese Person beeinflussen und umgekehrt durch diese Person beeinflusst werden.

Das Makrosystem
In der Vielzahl von Mikro-, Meso- und Exosystemen, aus der sich unsere Kultur zusammensetzt, lassen sich Bestandteile finden, die gleich oder sehr ähnlich sind. Solche gemeinsame Bestandteile können zum Beispiel politische oder religiöse Weltanschauungen sein, die Art und Weise wie Menschen miteinander umgehen, wie Einrichtungen funktionieren, usw. Solche typischen Übereinstimmungen oder Ähnlichkeiten innerhalb einer Kultur oder eines ihrer Teilbereiche bilden das sog. Makrosystem. Als Makrosystem bezeichnet man also die grundsätzlich formalen und inhaltlichen Übereinstimmungen und Ähnlichkeiten, die innerhalb einer Kultur oder einer Subkultur bestehen.

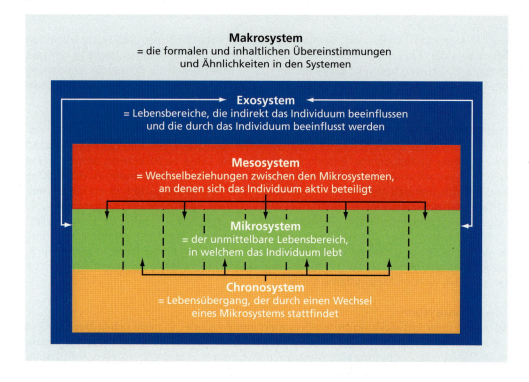

12.3.3 Grundlegende Annahmen des Lebensvollzugsmodells (Life Model)

Das **Life Model**, auch **Lebensvollzugsmodell** genannt, wurde 1980 in den USA von *Carel B. Germain und Alex Gitterman*[1] entwickelt. Es war von den Autoren als ein ökologisches Denkmodell für die soziale Arbeit gedacht. Das Lebensvollzugsmodell verbindet die ökologische Sichtweise mit dem begrifflichen Rahmen aus einer Reihe unterschiedlicher Denkansätze und leitet daraus eine Methode für die soziale Arbeit ab.

> „Aus der sozialen Aufgabe der Sozialarbeit/Sozialpädagogik und der ökologischen Perspektive leiten wir eine bestimmte Methode für die Praxis ab und verbinden sie mit dem begrifflichen Rahmen. Alle diese Momente zusammengenommen – die soziale Aufgabe, die ökologische Perspektive, der begriffliche Rahmen und die praktische Methode – umfassen, was wir das ‚Life Model' der Praxis nennen."
> (Germain/Gitterman, 1988[2], S. 1)

Der Mensch ist grundsätzlich eingebettet in verschiedene Bereiche von Umwelt, in die **natürliche, kulturelle, ökonomische und soziale Umwelt.**[2] Die Menschen stehen immer in Beziehung zu ihrer Umwelt, in der sie leben; **Individuum und Umwelt beeinflussen sich wechselseitig, sie verändern sich gegenseitig:** Menschen beeinflussen ihre Lebensverhältnisse, indem sie sich an ihre Umwelt anpassen und Umweltbedingungen verändern; diese wirken ihrerseits wieder verändernd auf die menschlichen Lebensverhältnisse ein. Zudem erlebt jede Person ihre Lebensverhältnisse individuell und nimmt kognitiv eine Beurteilung vor, welche von der subjektiven Wahrnehmung abhängig ist.

---

[1] Carel B. Germain, geboren 1916 ist Professorin für Sozialarbeit an der School of Social Work der University of Connecticut in West Hartford; sie starb 1995. Alex Gitterman ist Professor für Sozialarbeit an der School of Social Work der Columbia University in New York

[2] Diese Umweltbereiche sind in Kapitel 3.1.1 ausführlich dargestellt.

Verbringt Fritzi einige Tage bei ihrer vom Vater getrennt lebenden Mutter, passt sie sich den dort vorgegebenen Regeln an, sie macht sofort, wenn sie von der Schule nach Hause kommt ihre Hausaufgaben, räumt nach dem Essen den Tisch ab. Die Mutter kocht mit mehr Aufwand und verbringt ihre Freizeit mit Fritzi, plant gemeinsame Ausflüge. Beide freuen sich auf die gemeinsame Zeit und passen sich an die Form des Zusammenlebens und damit verbundene Regeln an.

Quelle: Mogel, 1996[2], S. 267 (verändert)

Solche Austauschprozesse bewirken aber nicht nur eine mögliche Veränderung der Person bzw. der Umwelt, zu brücksichtigen ist auch eine dadurch hervorgerufene Verhaltensänderung und veränderte Umweltwahrnehmung des Individuums.

Als Jugendliche möchte Fritzi mehr und mehr autonom entscheiden, wie häufig und zu welchen Zeiten sie die Mutter besucht. Die mütterliche Kontrolle ist ihr zu einengend, sie möchte mit Freunden beliebig lange weggehen und sich deswegen am nächsten Tag keine Vorwürfe anhören müssen. Die Mutter reagiert mit noch mehr Strenge, woraufhin die Tochter massiv rebelliert und die Erwartungen der Mutter, um 23.00 Uhr zu Hause zu sein, strikt zurückweist. Die Mutter greift zu empfindlichen Bestrafungen, welche dazu führen, dass sich Fritzi noch mehr von der Mutter abgrenzt und diese nur noch selten besucht. Die Mutter empfindet die Situation als sehr belastend.

Das Verhalten ist somit das Resultat kontinuierlicher wechselseitiger Austauschprozesse zwischen dem Individuum und der Situation bzw. seiner Umwelt. Personen wählen bestimmte Situationen aktiv aus und vermeiden andere, durch ihr Verhalten verändern sie die Situation. Die Erfahrungen in früher erlebten und aktuellen Situationen nehmen Einfluss auf das Verhalten, auf die spätere Wahrnehmung und Beurteilung von Situationen und den Erwerb von Verhaltensstrategien *(vgl. Nowack/Abele, 1979, S. 138)*.

Aus der Perspektive dieser ökologischen Sichtweise geht es in erster Linie um ein **optimales Person-Umwelt-Verhältnis**, welches bei einer *größtmöglichen Übereinstimmung des Individuums mit seiner Umwelt* gegeben ist. Den Prozess der Herstellung einer Übereinstimmung zwischen dem Individuum und seiner Umwelt bezeichnet das Life Model als **Anpassung**.

> Anpassung bezeichnet den Prozess, durch den eine Übereinstimmung zwischen dem Individuum mit seinen Bedürfnissen, Rechten und Zielen und den Anforderungen bzw. Möglichkeiten seiner Umwelt hergestellt wird.

Diese Anpassung kann einmal durch eine **Veränderung der eigenen Person** gemäß den Umweltanforderungen geschehen und zum anderen durch **Veränderungen (in) der Umwelt**, damit diese den Bedürfnissen der Menschen besser entspricht.

Dabei sind **anpassungsfördernde und anpassungsfeindliche Prozesse** möglich. *Anpassungsfördernde Prozesse sind solche Prozesse, die zu einer Übereinstimmung zwischen Person und Umwelt führen, anpassungsfeindliche Prozesse haben ein Missverhältnis zwischen Person und Umwelt zur Folge*. Das Ergebnis dieses Wechselwirkungsprozesses ist ein positives oder negatives Person-Umwelt-Verhältnis.

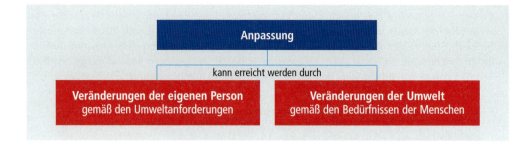

Anpassungsfördernde Austauschbeziehungen **begünstigen die Entwicklung des Menschen, sein physisches und emotionales Wohlbefinden.** Unterstützend tragen hierzu zum Beispiel soziale Organisationen, politische und ökonomische Maßnahmen bei.

> Fritzis Freundin muss abends um 24.00 Uhr zu Hause sein. So hat es sich ergeben, dass Fritzi mit ihr gemeinsam die Disco verlässt und nach Hause fährt. Mit dieser neuen Regelung ist die Mutter einverstanden. Auch Fritzi ist glücklich, sie fühlt sich nicht mehr so eingeengt und das Verhältnis zu ihrer Mutter hat sich wieder verbessert.

Anpassungsfeindliche Austauschbeziehungen **wirken beeinträchtigend auf die biologische, kognitive, emotionale und soziale Entwicklung des Menschen**. Umwelten können durch sie zerstört werden. Solche ungünstigen Bedingungen erfordern von Menschen wiederum eine erhöhte Anpassungsleistung.

> Fritzis neuer Freund ist berufstätig und kann sich deshalb viel mehr leisten als sie. So entsteht der Wunsch, das Gymnasium zu verlassen und eine Berufsausbildung zu beginnen. Aber damit sind beide Elternteile nicht einverstanden. Sie erleben es als Zumutung, dass die Tochter ihre bisherige Unterstützung und die ihr gewährten Freiheiten nicht würdigt, stattdessen Geld verdienen und eine eigene Wohnung suchen will. Sowohl die Mutter als auch der Vater empfinden das Verhalten der Tochter als persönlichen Affront. Die Tochter ist deprimiert, weil keiner sie versteht.

Anpassung meint hier nicht Einordnung in bestehende Verhältnisse, sondern den Prozess der Übereinstimmung zwischen Individuum und Umwelt.

> „*Anpassung ist ein aktiver, dynamischer und oftmals kreativer Prozess.*"
> (Germain/Gitterman, 1999[3], S. 6)

Anpassung ist somit ein **Wechselwirkungsvorgang**. Sie erfolgt einerseits durch das aktive Bemühen um individuelle Wandlungsprozesse der Person entsprechend neuer Umweltanforderungen und Herausforderungen, andererseits durch die Veränderung der Umwelt, damit diese den Bedürfnissen und Zielen der Menschen besser entspricht. Das Ergebnis von anpassungsfördernden Austauschbeziehungen ist ein optimales Person-Umwelt-Verhältnis.

> „Aus sozial-ökologischer Perspektive wird Sozialarbeit immer dann erforderlich, wenn Umweltbedingungen die menschliche Selbstorganisation nicht ermöglichen oder sogar verhindern. Dabei wird davon ausgegangen, dass sich die Binnensteuerung (des einzelnen Menschen) und die Einflüsse der Umwelt in einem zirkulären Prozess bedingen. Indem die Sozialarbeit sowohl die Person als auch deren Umwelt zu beeinflussen versucht, leistet sie ‚Hilfe in erschwerter Lebenslage'."
>
> (Erath, 2006, S. 107)

Eine ökologische Sichtweise eröffnet die Möglichkeit, Erleben und Verhalten und damit auch „Krankheit" mit den entsprechenden Symptomen und Problemen nicht nur einem als unzulänglich erscheinenden Individuum zuzuschreiben. **Erleben und Verhalten und damit auch das problematische Verhalten und psychische Störungen werden vielmehr im sozialen Kontext gesehen und aus dem Beziehungsgefüge heraus verstanden.** Adressat der Unterstützungsleistungen ist dabei nicht nur der einzelne Klient, zu berücksichtigen ist auch seine Umwelt, wie beispielsweise seine Angehörigen, Arbeitskollegen, Nachbarn oder verschiedene soziale Einrichtungen. Umwelthilfen aller Art werden für den Betroffenen erschlossen und koordiniert.

Ökologische Modelle in der sozialen Arbeit haben einen relativ großen **Erklärungswert**: Menschliches Erleben und Verhalten lässt sich erklären aus dem *Grad der Übereinstimmung zwischen den Bedürfnissen des Menschen und den Umweltgegebenheiten.*

> Herr Taler fühlt sich sehr einsam und isoliert und ist deshalb sehr depressiv. Aus ökologischer Sicht wird er in seinem Lebensbereich, dessen Teil er ist, betrachtet: Es steht nicht so sehr die von seinem Lebensbereich unabhängige individuenzentrierte Veränderung im Vordergrund, sondern eine möglicherweise ungünstige Situation, in der Herr Taler lebt. Dies können beispielsweise ungünstige bauliche Gegebenheiten sein wie „Wohnraumverdichtung" und eingeschränkte Lebensqualität durch Umweltbelastungen von Industriebetrieben oder auch hinderliche soziale Beziehungen: Wenn etwa Herr Taler einen Konflikt mit seinem Sohn hat und sich seine Frau auf die Seite ihres Kindes stellt, beeinflusst ihn diese Reaktion seiner Frau dahingehend, dass er sich mit Groll zurückzieht, was den „Zusammenschluss" von Mutter und Sohn wiederum verstärkt, was ihn innerhalb seiner Familie in eine Isolation treibt. Schließt sich nun seine Frau in einem Konfliktfall immer mit ihrem Sohn zusammen, so kann dies für die Paarbeziehung sehr belastend werden, möglicherweise zieht sich Herr Taler ganz zurück oder reagiert mit Depressionen.

Entsprechend ergeben sich psychische Fehlentwicklungen und Störungen aus der Sicht ökologischer Modelle aus einer Nichtübereinstimmung des Menschen mit seiner Umwelt.

„Jedes Mal befällt mich bei unseren Spaziergängen eine eigenartige Melancholie ..."

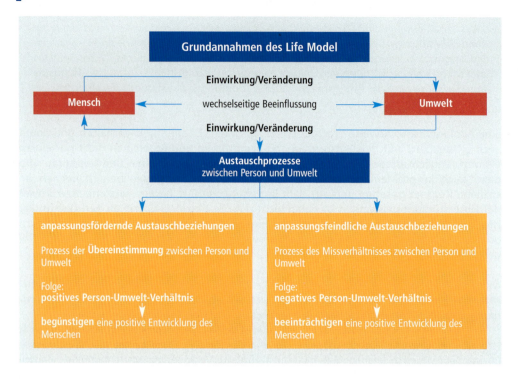

Zusammenfassung

- Die soziale Arbeit ist eine Begleiterscheinung der durch die Schäden der modernen industriellen Gesellschaft hervorgerufenen Sozialpolitik. Sozialarbeit bezeichnet eine professionelle, wissenschaftlich fundierte Hilfeleistung an Menschen aller Altersgruppen zur Bewältigung ihrer sozialen und psychischen Probleme. Sozialpädagogik gilt als Bezeichnung für Sozialarbeit, soweit sie auf die Erziehung junger Menschen außerhalb Familie, Schule und Berufsausbildung bezogen ist. Soziale Arbeit als Instrument unserer Gesellschaft und Sozialpolitik zielt darauf ab, Problem- und Mangellagen von Personen durch professionelle Hilfe zu beseitigen, die weder durch Gelderwerb, Versicherungen und andere Dienstleistungsangebote noch durch familiäre und private Unterstützung ausgeglichen werden können.

- Soziale Arbeit wird in die Bereiche Sozialhilfe, Gesundheitshilfe sowie Kinder- und Jugendhilfe aufgegliedert. Die Sozialpädagogik als „Theorie und Praxis der Jugendhilfe" umfasst die Kinder- und Jugendarbeit, Jugendsozialarbeit, den erzieherischen Kinder- und Jugendschutz, Förderung der Erziehung in der Familie, Förderung von Kindern und Jugendlichen in Tageseinrichtungen und Tagespflege und die Hilfe zur Erziehung. Diese Teilbereiche der Jugendhilfe wollen die familiäre Erziehung unterstützen, ergänzen bzw. ersetzen. Gesetzliche Grundlage ist das *Kinder- und Jugendhilfegesetz (KJHG)*.

- Lebensweltorientierte soziale Arbeit sieht den Menschen nicht als isoliertes Individuum, sondern als eingebunden in seine Lebenswelt. Sie zielt ab auf Hilfe zur Selbsthilfe und Stärkung der Kompetenz zur Lebensbewältigung. Prinzipien und Handlungsmaximen sind: Prävention, Alltagsnähe, Partizipation, Regionalisierung, Vernetzung.

- Die klassischen Methoden sozialer Arbeit sind die soziale Einzelhilfe, die soziale Gruppenarbeit und die soziale Gemeinwesenarbeit. Die soziale Einzelhilfe ist eine Methode, in der auf der Grundlage wissenschaftlicher Erkenntnisse und einer effektiven Gestaltung der Beziehung zwischen Helfer und Klient sowie mithilfe der Mobilisierung von Hilfsquellen in der Gemeinschaft und der Fähigkeiten des Klienten diesem geholfen werden soll, sein Problem selbst zu lösen und sich aus seiner Belastungssituation befreien zu können. Die soziale Gruppenarbeit als Methode will dem Individuum durch sinnvolle Gruppenerlebnisse helfen, sich als Person zu begreifen und das soziale Verhalten zu entfalten sowie Probleme und Situationen selbst meistern zu können.

- Soziale Gemeinwesenarbeit ist die Sammelbezeichnung für eine Vielzahl von Handlungen, Tätigkeiten und Maßnahmen, durch welche Einrichtungen, Einzelpersonen, Gruppen und/oder Organisationen zur Verbesserung für die Menschen und ihrer Probleme in einer räumlichen Einheit beitragen. Gemeinwesenarbeit als übergreifendes Arbeitsprinzip will einen Komplex von Initiativen auslösen, durch die die Bevölkerung einer räumlichen Einheit gemeinsame Probleme erkennt, alte Ohnmachtserfahrungen überwindet und eigene Kräfte entwickelt, um diese Probleme und deren Ursachen gemeinsam anzugehen und zu beseitigen, sowie an der Verbesserung der Wohlfahrt und der Gesundheit zu arbeiten. Das Arbeitsprinzip der Gemeinwesenarbeit ist schwerpunktmäßig politische Arbeit, da sie als übergeordnetes Ziel die Förderung von Solidarität unter den Bürgern zur aktiven Lösung kollektiver Probleme hat. Neu ist, dass Gemeinwesenarbeit zum handlungsleitenden Prinzip, zu einer Grundorientierung sozialer Arbeit werden soll.

- Das Unterstützungsmanagement (Case Management) als neuere Methode versteht sich als planmäßige und organisierte Erschließung und Koordination von Hilfsquellen zur Unterstützung einzelner Menschen und Gruppen mit Problemen. Der Klient wird aktiv an der Problemlösung beteiligt. Daneben geht es um eine optimale Versorgung des Klienten mit Unterstützungsleistungen sozialer Dienste und eine kostengünstige, effektive Durchführung von Hilfsangeboten. Dabei spielen Ressourcen – also Hilfsquellen und Kräfte eines Individuums, die zur Bewältigung einer bestimmten Situation zur Verfügung stehen – eine wichtige Rolle.

- Die Bedeutung ökologisch orientierter sozialer Arbeit besteht darin, dass sie eine Verbindung herstellt zwischen der bisher einseitig betriebenen Problemzuschreibung entweder dem „Innern" der Person oder den Umweltbedingungen. Aus ökologischer Sichtweise entstehen Probleme als Folge fehlangepasster Austauschprozesse zwischen Person und Umwelt. Ziel sozialpädagogischer Unterstützung ist deshalb die Stärkung der Anpassungsfähigkeit der Person und die Verbesserung der Umweltbedingungen.

- *Urie Bronfenbrenner* hat ein ökologisches Konzept entworfen, in welchem er die Entwicklung als Wechselwirkungs- und Veränderungsprozesse des Menschen und seiner Umwelt sieht. Der Mensch ist in verschiedene Systeme eingebunden, dem Mikro-, Meso-, Chromo-, Exo- und Makrosystem.

- Im „Life Model" geht es in erster Linie um ein optimales Person-Umwelt-Verhältnis, welches bei einer größtmöglichen Übereinstimmung des Individuums mit seiner Umwelt gegeben ist. Den Prozess der Herstellung einer Übereinstimmung zwischen dem Individuum und seiner Umwelt bezeichnet das Life Model als Anpassung, welche einmal durch eine Veränderung der eigenen Person gemäß den Umweltanforderungen geschehen und zum anderen durch Veränderungen (in) der Umwelt erreicht werden kann. Anpassungsfördernde Austauschbeziehungen sind solche Prozesse, die zu einer Übereinstimmung zwischen Person und Umwelt führen, anpassungsfeindliche haben ein Missverhältnis zwischen Person und Umwelt zur Folge. Das Ergebnis dieses Wechselwirkungsprozesses ist ein positives oder negatives Person-Umwelt-Verhältnis. Anpassungsfördernde Austauschbeziehungen begünstigen die Entwicklung des Menschen, sein physisches und emotionales Wohlbefinden, während anpassungsfeindliche beeinträchtigend auf die biologische, kognitive, emotionale und soziale Entwicklung des Menschen wirken. Dementsprechend lässt sich menschliches Erleben und Verhalten aus dem Grad der Übereinstimmung zwischen den Bedürfnissen des Menschen und den Umweltgegebenheiten erklären.

Aufgaben und Anregungen Kapitel 12

Aufgaben

1. Bestimmen Sie die Begriffe „Sozialpädagogik", „Sozialarbeit" und „soziale Arbeit". Vergleichen Sie die verschiedenen Akzente dieser Begriffe.
   (Abschnitt 12.1.1)

2. Beschreiben Sie an geeigneten Beispielen die Bereiche der sozialen Arbeit.
   (Abschnitt 12.1.1)

3. Erläutern Sie die Sozialpädagogik als „Theorie und Praxis der Kinder- und Jugendhilfe".
   (Abschnitt 12.1.2)

4. Beschreiben Sie die lebenweltsorientierte soziale Arbeit.
   (Abschnitt 12.1.3)

5. Bestimmen Sie den Begriff „soziale Einzelhilfe" und beschreiben Sie die Prinzipien, die in der Einzelhilfe von Bedeutung sind.
   (Abschnitt 12.2.1)

6. Erläutern Sie an einem Beispiel die Schritte des Vorgehens der sozialen Einzelhilfe.
   (Abschnitt 12.2.1)

7. Fallbeispiel „Klaus"
   Klaus, 8 Jahre, ist im Unterricht ständig zappelig und unkonzentriert. Nach den Worten seines Lehrers ist er „ständig abwesend", verlässt regelmäßig nach der zweiten Stunde die Klasse und geht nach Hause. Mit der Zeit wird der Lehrer hilflos, die Eltern sind verärgert. Als „Schulverweigerer" etikettiert, wird Klaus dem Schulpsychologen vorgeführt. Nachdem auch dieser scheitert, verschreibt der zu Rate gezogene Kinderarzt Psychopharmaka zur Behandlung der Unruhe und ein Mittel zur Steigerung der Konzentrationsfähigkeit. Am Ende seiner „Karriere" hat Klaus Glück, dass er in der Kinder- und Jugendpsychiatrie auf eine engagierte Ärztin trifft, der es gelingt, eine engere Beziehung zu Klaus aufzubauen. In dieser Situation hat Klaus zum ersten Mal die Möglichkeit, sich zu öffnen. Er beginnt zu erzählen, dass er eines Abends durch die leicht geöffnete Tür den Streit der Eltern mit angehört habe, in dem seine Mutter unter anderem drohte, die Familie zu verlassen. So hielt es Klaus selbstverständlich nicht lange im Unterricht aus. Erst nachdem er sich persönlich vergewissert hatte, dass die Mutter noch zu Hause war, kam er für den Rest des Tages zur Ruhe.
   Erläutern Sie anhand der Fallbeschreibung das Vorgehen der sozialen Einzelhilfe.
   (Abschnitt 12.2.1)

8. *Jugendarbeit findet meist in Gruppen statt.*
   a) Bestimmen Sie den Begriff „soziale Gruppenarbeit".
   b) Zeigen Sie am Beispiel der Jugendarbeit Prinzipien und Vorgehensweise in der sozialen Gruppenarbeit auf.
      (Kapitel 11.5 und Abschnitt 12.2.2)

9. Bestimmen Sie den Begriff „Gemeinwesenarbeit" und erläutern Sie an einem Beispiel, was Gemeinwesenarbeit als „Arbeitsprinzip" kennzeichnet.
   (Abschnitt 12.2.3)

10. *In einem städtischen Neubauviertel mit 20 Hochhäusern soll ein Streetworker[1] mithilfe der Gemeinwesenarbeit als Arbeitsprinzip das Problem steigender Jugendkriminalität und zunehmender Brutalität effektiv bekämpfen.*
    Erläutern Sie anhand dieser Situation die Ziele dieses Arbeitsprinzips.
    (Abschnitt 12.2.3)

11. Das Stadtviertel St. Leo
    Das Stadtviertel St. Leo ist vor ca. vierzig Jahren infolge des großen Zuzugs von Arbeitskräften für eine große Autofirma entstanden; es hat in den letzten zwei Jahrzehnten an Bewohnern erheblich zugenommen. In den letzten Jahren kamen noch viele Aussiedler und Flüchtlinge hinzu. Gemeinnützige Vereine, aber auch die Stadt Ausbruck selbst, haben hier für sozial schwächer gestellte Menschen Wohnblocks errichtet. Der Stadtteil hat einen sehr hohen Anteil von Ausländern, es wohnen hier vor allem sehr viele türkische Familien. Für die Jugendlichen gibt es dort so gut wie keine Möglichkeiten, sich zu treffen, miteinander etwas zu machen. Viele Jugendliche wollen in die Stadt fahren, weil dort „etwas los ist", doch die Busverbindungen zur Stadtmitte sind vor allem abends nicht optimal.
    a) Bestimmen Sie den Begriff „Gemeinwesenarbeit".
    b) Beschreiben Sie mögliche Ziele, welche die Gemeinwesenarbeit in St. Leo erfordert.
       (Abschnitt 12.2.3)

12. Sie haben als Sozialpädagogin/-pädagoge vor, mit Betroffenen ein Problem im Gemeinwesen zu bearbeiten (zum Beispiel fehlende Kindergartenplätze, fehlender Jugendtreff, fehlender Wohnraum). Zeigen Sie die Arbeitsweise ökologischer Sozialarbeit anhand eines Beispiels auf (z. B. Gemeinwesenarbeit oder Unterstützungsmanagement).
    (Abschnitt 12.2.3 oder 12.2.4)

13. Bestimmen Sie den Begriff „Ökologie" und beschreiben Sie an einem Beispiel aus dem sozialpädagogischen Bereich die Bedeutung ökologisch orientierter sozialer Arbeit.
    (Abschnitt 12.3.1)

14. Beschreiben Sie am Beispiel Ihrer Familie die ökologische Theorie nach *Urie Bronfenbrenner*.
    (Abschnitt 12.3.2)

15. Stellen Sie die Grundannahmen des „Life Model" nach *Carel B. Germain* und *Alex Gitterman* anhand einer Lebenssituation dar (zum Beispiel einer alleinerziehenden Mutter, eines Jugendlichen, eines Obdachlosen).
    (Abschnitt 12.3.3)

---

[1] *Ein Streetworker ist ein Sozialarbeiter, der auf der Straße, also vor Ort, insbesondere Jugendlichen seine Hilfe anbietet.*

16. Fallbeschreibung „Thomas"
Thomas, 17 Jahre alt, wohnt in einer am Rande einer Großstadt gelegenen Siedlung, die im Wesentlichen aus Hochhäusern und Wohnblocks besteht. Zudem wird die Lebensqualität der Bewohner durch Umweltbelastungen einiger nahe gelegener Industriebetriebe beeinträchtigt. Die Bürger der Stadt reden nur geringschätzig von der „Siedlung" und ihren Bewohnern, von denen man sagt, sie ließen ihr Stadtviertel verkommen. Nachdem die Stadtväter vor einigen Jahren beschlossen hatten, hier auch noch ein Müllheizkraftwerk anzusiedeln, verließen immer mehr Bewohner, die sich das leisten konnten, die Siedlung. In die leer stehenden Wohnungen zogen sozial schwache Deutsche und Ausländer. Letztere wollen unter sich bleiben und haben kaum Kontakt zu deutschen Familien.
Thomas ist seit seiner Lehre, die er vor einem Jahr abgebrochen hat, arbeitslos. Auch aus seiner Familie hat keiner die Ausbildung beendet. Er hat sich zwar bis vor kurzem um einen Arbeitsplatz bemüht, konnte aber keinen Erfolg erzielen. Das alles ist in diesem Wohnviertel nichts Besonderes. Sein Vater arbeitete bis vor kurzem als Hilfsarbeiter am Bau. Jetzt bezieht er vorzeitig Rente, da die Arbeitsmarktlage keine Anstellungschancen mehr bietet. Die meisten Familien hier leben von Arbeitslosen- oder Sozialhilfe und haben sich mit ihrer Situation abgefunden.
Thomas verbringt seine Zeit tagsüber auf dem Spielplatz, obwohl dort Jugendliche nicht geduldet werden. Immer wieder kommt es mit Eltern von kleinen Kindern zu Streitereien. Doch eine andere Möglichkeit, sich zu treffen, gibt es nicht. Abends geht Thomas manchmal, wenn er das Geld dazu hat, in die einzige Kneipe im Viertel. Eine Busverbindung in die Stadt besteht nur zu den Hauptverkehrszeiten, der letzte Bus fährt um 19.30 Uhr, weshalb Thomas die Siedlung kaum verlassen kann.
Auf dem Spielplatz schließt sich Thomas einer Gruppe von Jugendlichen an, die sich in derselben Lage befinden. Wie Kai, der Anführer der Gruppe, ist er innerhalb kürzester Zeit davon überzeugt, dass nur die Ausländer an der miesen Situation schuld seien. Er als Deutscher könne keine Arbeit finden, während sie „diesem Gesindel" direkt nachgeworfen werde. Aus Wut und Hass darüber randaliert er oft am Spielplatz. Nicht selten kommt es auch zu Schlägereien mit einer Gruppe ausländischer Jugendlicher. Seit Thomas dabei eine Geldbörse erbeutet hat, ist er als vollwertiges Mitglied in der Gruppe akzeptiert. Die anderen Bewohner nehmen von solchen Vorfällen kaum noch Notiz, da es in ihrem Viertel öfter zu Raufereien kommt.

a) Stellen Sie die Grundannahmen des Lebensvollzugsmodells (Life Model) unter Bezugnahme auf die Fallbeschreibung dar.
(Abschnitt 12.3.3)
b) Zur Lösung dieser Konflikte wurde von der Stadt eigens eine Sozialpädagogin angestellt. Geben Sie einen Überblick über die klassischen Ansätze sozialpädagogischen Arbeitens und stellen Sie Gemeinsamkeiten und Unterschiede dieser Ansätze heraus.
c) Begründen Sie, welche dieser drei Methoden zur Lösung der aktuellen Probleme den größten Erfolg verspricht.
(Abschnitt 12.2.1, 12.2.2 und 12.2.3)
d) Auch Thomas benötigt Hilfe durch soziale Dienste.
Erläutern Sie fallbezogen das Unterstützungsmanagement (Case Management).
(Abschnitt 12.2.4)

Anregungen

17. Fertigen Sie in Gruppen einen hierarchischen Abrufplan zu dem Thema „Erziehung außerhalb Familie und Schule" an: Das Thema wird in einem ersten Schritt zu Begriffen bzw. Stichworten zusammengefasst. Dann werden diese Begriffe in Oberbegriffe, Unterbegriffe, untere Unterbegriffe usw. gegliedert.

18. Gruppenkonflikt bearbeiten
    - Beschreiben Sie auf einem Blatt Papier Konflikte, die Sie mit jemandem aus der Klasse hatten bzw. haben.
    - Um die verschiedenen Aspekte eines Konfliktes zu veranschaulichen, stehen zwei Stühle zur Auswahl. Ein Schüler, der Lust hat, seinen Konflikt vor der Klasse darzustellen, setzt sich nun auf einen der beiden Stühle und berichtet: „Einerseits möchte ich ..., Vorteile dabei sind ..., Nachteile, die ich sehe ..., meine Gefühle auf diesem Stuhl ..."
    - Danach wechselt er den Stuhl und äußert nun die Kehrseite zu diesem Thema: „Andererseits möchte ich ..., Vorteile dabei sind ..., Nachteile, die ich sehe ..., meine Gefühle auf diesem Stuhl ..."

19. Auch in Ihrer Wohnsiedlung gibt es möglicherweise Defizite, welche bei den Bürgern Unzufriedenheit auslösen. Um Veränderungswünsche festzustellen, könnten Sie mit Ihren Mitschülern eine Bewohnerbefragung durchführen.
    Das Interview könnte nach folgenden Fragen ablaufen:
    - Womit sind Sie im Bezirk zufrieden?
    - Womit sind Sie unzufrieden?
    - Was könnte Ihrer Meinung nach getan werden?
    - Meinen Sie, dass Sie selbst an Veränderungen mitwirken könnten?
    - Wie lange wohnen Sie schon im Bezirk?
    - Welche Kontakte pflegen Sie innerhalb oder außerhalb des Wohngebiets?

20. *Rollenspiel: „Wir wollen in St. Leo einen Jugendtreff"*
    - Lesen Sie die Fallbeschreibung „Das Stadtviertel St. Leo" in Aufgabe 11. Es ist eine Initiativgruppe entstanden, die im Leoviertel einen Jugendtreff errichten will.
    - Führen Sie in der Klasse ein Rollenspiel durch: „Wir wollen in St. Leo einen Jugendtreff"
        Gruppe 1:   Initiativgruppe, die sich vornehmlich aus Jugendlichen, aber auch aus einigen Erwachsenen aus dem Leoviertel zusammensetzt
        Gruppe 2:   Vertreter des Stadtrates (Äußerungen zu gemachten Wahlversprechen; sonstige Planungen)
        Gruppe 3:   Vertreter des Stadtjugendringes sowie des Jugend- und des Sozialamtes
        Gruppe 4:   Einige Jugendliche aus dem Leoviertel, die nicht der Initiativgruppe angehören; darunter befinden sich auch viele ausländische Jugendliche
    - Werten Sie die Ergebnisse des Rollenspiels gemeinsam aus.

21. *Zeitungsartikel*
Schreiben Sie für die Fachzeitschrift „SoziBlatt" einen Artikel zum Thema: „Der ökologische Ansatz – ein neues Denken in der sozialen Arbeit".
    – Sammeln Sie Stichworte und überlegen Sie sich einen Schreibfahrplan.
    – Fertigen Sie einen individuellen Entwurf des Zeitungsartikels an.
    – Erstellen Sie in Kleingruppen aus den vorliegenden Entwürfen einen gemeinsamen Zeitungsartikel.

22. Bereiten Sie eine Wandzeitung zu dem Thema „Einschätzung der Umwelt, in der ich lebe" vor.
    Mir gefällt ...   Mich stört ...   Ich wünsche mir ...
    – Jeder Schüler erhält drei verschiedenfarbige Blätter („Mich stört ..." = rot, „Mir gefällt ..." = gelb, „Ich wünsche mir ..." = grün).
    – Jeder Schüler beschriftet die Blätter und diskutiert in Dreiergruppen die verschiedenen Angaben.
    – Die Schüler ordnen anschließend ihre Blätter der richtigen Spalte der Wandzeitung zu, bevor sie der Klasse vorgestellt werden.

23. *Vernissage*
Jedes Klassenmitglied zeichnet ein Bild mit dem Titel „Wie ich meine Umwelt wahrnehme, in der ich lebe." Anschließend werden die Bilder in einer Vernissage vorgestellt.

24. „*Lebensqualität in einem Stadtteil liegt dann vor, wenn es die Menschen in ihm nicht nur aushalten ...*" (Ries, 1997, S. 45).
    – Nehmen Sie zu dieser Aussage Stellung.
    – Bilden Sie Kleingruppen und tauschen Sie Ihre Vorstellungen von einem Stadtteil mit Lebensqualität aus.
    – Stellen Sie Ihre Vorstellungen mit Bauklötzchen auf einem Tisch dar.
    – Die Klasse geht von Tisch zu Tisch, schaut das Ergebnis an und lässt es sich von der jeweiligen Gruppe erläutern.

13 Erziehung unter besonderen Bedingungen

> Erlebnisse eines körperbehinderten Jungen:
>
> „Joseph gewöhnte sich langsam daran, dass er zum Diskussionsgegenstand wurde. Ganz offen erörterten die Schüler seine körperlichen Defekte, und da sie sich sicher waren, dass er sie nicht verstehen konnte, nahmen sie sich eine Lautstärke heraus, als sei er gar nicht anwesend gewesen. Sie überlegten, ob der Krüppel wohl eine Windel trüge, und hätten ihn, um sich zu vergewissern, allzu gerne daraufhin untersucht. Dann debattierten sie seinen Mangel an Intelligenz. Sie wählten verschiedene Bezeichnungen, mit denen sie ihn abqualifizieren konnten. So warfen sie mit Wörtern um sich wie Psychopath, Geistesgestörter, Spasti, Gehirnamputierter, Schwachsinniger. Sie fanden, dass er in eine Schule für normale Kinder fehl am Platz sei, und machten sich darüber lustig, dass der Direktor und das Kollegium offensichtlich auf ihn hereingefallen waren. Joseph stellte sich dumm und hörte auf diese Weise, wie andere Schüler ihn beurteilten. Manchmal reagierte er, indem er den Kopf kerzengerade hielt und sie lange prüfend ansah. Aber vergebens, sie grinsten nur – belustigt, weil er so vernünftig tat."
>
> (Nolan, 1992, S. 46)

Dieser Bericht handelt von einem körperbehinderten Jungen, der in einer Regelschule unterrichtet wird.

Folgende Fragen werden in diesem Kapitel geklärt:

1. Was versteht man unter Heil- bzw. Sonderpädagogik?
   Was ist der Gegenstand der Heil- bzw. Sonderpädagogik?

2. Was versteht man unter Behinderung?
   Welche Arten von Behinderung kennt die Heil- bzw. Sonderpädagogik?
   Was sind die Ursachen für eine Behinderung?
   Welche Aufgabenfelder hat die Behindertenarbeit?

3. Mit welchen Problemen sind behinderte Menschen konfrontiert?
   Welche Einstellung hat die Öffentlichkeit ihnen gegenüber?

4. Was sind Erlebens- und Verhaltensstörungen?
   Welche Arten von Erlebens- und Verhaltensstörungen gibt es?
   Was sind mögliche Ursachen für Erlebens- und Verhaltensstörungen?
   Wie können Erlebens- und Verhaltensstörungen behandelt werden?

13.1 Grundlagen der Heil- bzw. Sonderpädagogik

Die Heil- bzw. Sonderpädagogik ist ein Teilbereich der Pädagogik und hat eine bewegte Geschichte. Auch in ihrem Aufgabenfeld war und ist heute vieles in Bewegung. Allein schon um die Begriffe „Heilpädagogik" und „Sonderpädagogik" gab und gibt es in der Literatur vehemente Auseinandersetzungen wie in keiner anderen Disziplin der Pädagogik.

13.1.1 Der Begriff „Heil- bzw. Sonderpädagogik"

Nicht bei allen Kindern und Jugendlichen reicht die landläufige Erziehung aus, sie benötigen zusätzliche und spezielle pädagogische Methoden und Maßnahmen.
> Ein geistig Behinderter oder ein Kind mit großen Angsterscheinungen zum Beispiel benötigen eine besondere individuelle pädagogische Hilfe.

Mit Menschen, die im Rahmen einer allgemeinen Erziehung nicht hinreichend gefördert werden können und deshalb besonderer Hilfe bedürfen, befasst sich die Heil- bzw. Sonderpädagogik. Die Heil- bzw. Sonderpädagogik wird also unter dem Aspekt **spezieller Erziehungshilfen bei Lern- und Erziehungshindernissen** gesehen und bezieht sich als spezielle Pädagogik auf alle Kinder, Jugendlichen und Erwachsenen mit besonderem Lern- und Erziehungsbedarf. Sie hat es also mit Personen aller Altersstufen zu tun, bei denen eine „besondere" Erziehung mit entsprechenden Zielen, Methoden und Maßnahmen notwendig ist, und bezieht sich auf alle Erziehungsinstitutionen mit speziellem Erziehungsauftrag. Dabei ist nicht nur die pädagogische Praxis gemeint, sondern auch die Theorie über die Erziehung dieser Menschen. Dabei ist nicht nur die pädagogisch praxisbezogene Arbeit gemeint, sondern auch die Theorie über die Erziehung dieser Menschen.

Gegenstand der Heil- bzw. Sonderpädagogik ist also die Erziehung von Kindern, Jugendlichen und Erwachsenen, die im Rahmen der allgemeinen und üblichen Erziehung nicht hinreichend gefördert werden können und deshalb spezieller Hilfe bedürfen. Dabei ist die Heil- bzw. Sonderpädagogik auf andere Wissenschaften angewiesen, insbesondere auf die Medizin und Psychologie.

> Heil- bzw. Sonderpädagogik ist die Theorie und Praxis der Erziehung von Menschen, bei denen spezielle Lern- und Erziehungshilfen notwendig sind.

„Heilpädagogik" ist der ältere Begriff und bedeutet nicht ein auf „Heilung" abzielendes Lehrsystem, sondern eine ganzheitliche Förderung des Beeinträchtigten mit seinen persönlichen Eigenarten und Begabungen in seinem gesamten sozialen Umfeld. Der Begriff „Sonderpädagogik" will dagegen die „besondere" Erziehung mit „besonderen" Zielen, Methoden und Maßnahmen hervorheben. „Sonder" soll hier „das über das Übliche Hinausgehende, das Zusätzliche, das gemäß der besonderen Sachlage Differenzierende bezeichnen" *(Bach 1999, S. 2)*. Dieser Begriff ist von seiner Geschichte her sehr von der Sonderschule – heute Förderschule – bestimmt und wird nahezu ausschließlich im Bereich der Sonderschullehrer und im Sinne der Sonderschulpädagogik verwendet.

> *„Heilpädagogik kann verstanden werden als eine spezialisierte Pädagogik, die von einer Bedrohung durch personale und soziale Desintegration ausgeht, und bei der es im Besonderen um die Herstellung oder Wiederherstellung der Bedingungen für eigene Selbstverwirklichung und Zugehörigkeit, für den Erwerb von Kompetenz und Lebenssinn, also um ein Ganzwerden geht, soweit es dazu spezieller Hilfe bedarf."* (Speck, 2003[5], S. 59)

13.1.2 Der Gegenstand der Heil- bzw. Sonderpädagogik

Auch der Gegenstand der Heil- bzw. Sonderpädagogik ist nicht einheitlich und eindeutig zu bestimmen. Bei Personen, die eine „besondere" erzieherische Hilfe benötigen, sind zum einen Menschen mit **Behinderung** zu nennen. In der Literatur wird überwiegend dann von Behinderung gesprochen, wenn die Beeinträchtigung dieser Personen auf (eine) *funktionelle Schädigung(en) und Funktionseinschränkung(en)* zurückzuführen ist.[1]

> So gilt zum Beispiel eine Person als behindert, die in ihrem Lernverhalten aufgrund einer Hirnverletzung (= Schädigung) und der damit verbundenen geistigen Funktionsschwäche erheblich und umfänglich in ihrer Entwicklung eingeschränkt ist.

Zum anderen hat es die Heil- bzw. Sonderpädagogik auch mit Kindern und Jugendlichen zu tun, bei denen keine funktionelle Schädigung vorliegt, die aber trotzdem einer besonderen Hilfe bedürfen.

> Ein Kind, das beispielsweise im Lernen stark beeinträchtigt ist, bei dem aber keine funktionelle Schädigung vorliegt, benötigt ebenfalls eine besondere individuelle pädagogische Hilfe.

Doch hier kennt die Heil- bzw. Sonderpädagogik keinen gemeinsamen Oberbegriff. In der Literatur ist in diesem Zusammenhang von *Entwicklungshemmung, Verhaltensbesonderheit, Verhaltensstörung, Verhaltensauffälligkeit, Verhaltensschwierigkeit, Verhaltensbeeinträchtigung, Erziehungsschwierigkeit* u. a. oder auch einfach von *auffälligen Kindern und Jugendlichen* die Rede.

Diese Begriffe geben unterschiedliche Sichtweisen wieder: Die Sicht der Umgebung, die bestimmte Verhaltenserwartungen hat; die Sicht der betroffenen Person, die Probleme mit ihrem Verhalten hat; die Sicht der Eltern und Erzieher, die Probleme mit dem betroffenen Kind haben. Die Vielzahl der in der Fachliteratur verwendeten Begriffe zeigt auch die Schwierigkeit, den Sachverhalt angemessen zu umschreiben.

Am meisten durchgesetzt hat sich der Terminus der **Verhaltensstörung**, welcher eine erhebliche und längerfristige Beeinträchtigung im Leben eines Menschen bedeutet, die aber nicht auf organische Ursachen zurückzuführen ist. Damit sperrt sich der Begriff „Verhaltensstörung" gegen eine Unterordnung unter die Behinderungen.

> Liegt beispielsweise bei einer Beeinträchtigung im Lernen eine funktionelle Schädigung vor, so spricht man von Lernbehinderung, ist sie aber nicht organisch bedingt, sondern etwa durch eine Fehlform in der Erziehung, so spricht man von einer Lernstörung.

Dieser Einteilung folgen nicht alle Heil- und Sonderpädagogen, sie ordnen Verhaltensstörungen den Behinderungen zu und sprechen dann von einer Behinderung, wenn eine nicht nur vorübergehende, erhebliche Beeinträchtigung im Erleben und Verhalten einer Person, in ihrem Lebensvollzug und/oder in ihrer Teilhabe am gesellschaftlichen Leben vorliegt. Häufig wird in der Literatur dann von „Verhaltensauffälligkeiten" als weiterer Art von Behinderung gesprochen (siehe Abschnitt 13.2.2).

Gegen den Terminus Verhaltensstörung wird eingewandt, dass er nicht das Erleben, insbesondere nicht das Emotionale berücksichtige. Deshalb spricht *Otto Speck (2003[5], S. 210)* in Anlehnung an *Günther Opp* auch von **Gefühls- und Verhaltensstörungen.** Da es dabei aber nicht nur um das Emotionale geht, sondern insgesamt um innere Prozesse und Vorgänge im Menschen, ist es zutreffender, von Erlebens- und Verhaltensstörungen zu sprechen. Eine **Erlebens- und Verhaltensstörung** liegt vor, wenn eine Beeinträchtigung

---

[1] Auf den Begriff der Behinderung wird ausführlich in Abschnitt 13.2.1 eingegangen.

vorhanden ist, die nicht auf organische Ursachen zurückzuführen ist und besondere pädagogische bzw. psychologische Maßnahmen erforderlich macht.[1]

Die Heilpädagogik hat also zum einen Behinderungen und zum anderen Erlebens- und Verhaltensstörungen zum Gegenstand. Aufgabe der Heil- bzw. Sonderpädagogik ist es nun, die Ursachen und die Entstehung von Behinderungen sowie von Erlebens- und Verhaltensstörungen zu erforschen sowie Methoden und Maßnahmen zu finden und zu begründen, die über die „Regelerziehung" hinausgehen.

In letzter Zeit wird des Öfteren eine „wertfreie Wissenschaft" gefordert, die sich nur auf Aussagen bezieht, die sich rein empirisch nachweisen und überprüfen lassen. Gerade an der Heil- bzw. Sonderpädagogik lässt sich erfahren, dass eine solche einseitige Betrachtungsweise dem Menschen, insbesondere seinem Erleben und Verhalten sowie der Erziehungswirklichkeit, nicht gerecht werden kann. Die Heil- bzw. Sonderpädagogik wird immer eine **wertorientierte Wissenschaft** sein, die sich an ethischer Gebundenheit und an bestimmten Werthaltungen ausrichten muss. Bestimmte Grundwerte sind für die Heil- bzw. Sonderpädagogik von entscheidender Bedeutung, vor allem für das pädagogische Handeln und die Motivation des erzieherischen Engagements. Nur aus diesen Grundwerten heraus können einerseits der erzieherisch Handelnde und andererseits die Gesellschaft die Grundlage des Engagements für die Achtung der Würde und des Lebensrechtes eines jeden Menschen beziehen.

13.2. Behinderung als Gegenstand der Heil- bzw. Sonderpädagogik

Wie in *Abschnitt 13.1.2* ausgeführt, wird in der Literatur des Öfteren allein die Behinderung als Gegenstand der Heil- bzw. Sonderpädagogik angegeben, wobei Erlebens- und Verhaltensstörungen als eigene Gruppe neben verschiedenen anderen Behinderungsarten betrachtet werden. Der Begriff „Behinderung" wird in der Heil- bzw. Sonderpädagogik ebenfalls nicht einheitlich bestimmt.

13.2.1 Der Begriff „Behinderung"

Bei einer Behinderung liegen grundsätzlich (eine) **funktionelle Schädigung(en) und Funktionseinschränkung(en)** vor.

Behinderung aus dieser Sichtweise ist also immer die Folge einer Schädigung. Im Alltag wird meist die zugrunde liegende Schädigung nicht von der damit verbundenen Behinderung getrennt.

> Wer von einem Körperbehinderten spricht, der meint sowohl den Zustand der körperlichen Versehrtheit, als auch die damit verbundenen Folgeerscheinungen.

---
[1] *Auf den Gegenstandsbereich der Erlebens- und Verhaltensstörung wird ausführlich in Abschnitt 13.4 eingegangen.*

Bei dieser Gleichsetzung wird jedoch übersehen, dass sich das Erscheinungsbild einer Behinderung erst auf der Grundlage der Schädigung sowie der gesellschaftlichen und familiären Bedingungen in der persönlichen Entwicklung ausbildet.

Von einer Behinderung spricht man, wenn

- eine **funktionelle Schädigung** vorliegt, die zu bestimmten **Funktionseinschränkungen** führt,
- die Folgen dieser Schädigung nicht wie bei einer Krankheit nach relativ kurzer Zeit aufgehoben bzw. geheilt werden können, also **langfristig** sind,
- als Folge dieser Schädigung eine **Beeinträchtigung im Erleben und Verhalten der betroffenen Person, in ihrem Lebensvollzug und/oder in ihrer Teilhabe am gesellschaftlichen Leben** vorliegt, die Folgen dieser Schädigung also für den gesamten Lebensvollzug der betroffenen Menschen unzumutbare Auswirkungen haben und
- aufgrund dieser Beeinträchtigung **besondere Hilfen durch die Gesellschaft** erforderlich sind.

So gilt zum Beispiel eine Person als behindert, die in ihrem Lernverhalten aufgrund einer Hirnverletzung und der damit verbundenen geistigen Funktionsschwäche langfristig und umfänglich in ihrer Entwicklung eingeschränkt und bei der Teilnahme am gesellschaftlichen Leben dauerhaft auf die Mithilfe von anderen Menschen angewiesen ist. Wer ein Bein gebrochen hat, gilt nicht als behindert, weil die nachweisbare körperliche Schädigung zwar umfänglich, aber nicht langfristig ist.

Behinderung ist die Bezeichnung für eine längerfristige Beeinträchtigung im Erleben und Verhalten einer Person, in ihrem Lebensvollzug und/oder in ihrer Teilhabe am gesellschaftlichen Leben, die Folge einer funktionellen Schädigung ist und besondere gesellschaftliche Hilfen erforderlich macht.

Wie stark die Folgeerscheinungen einer Schädigung im Einzelfall sind, hängt von den jeweiligen gesellschaftlichen, familiären und persönlichen Gegebenheiten ab. So kann die gleiche Schädigung in Abhängigkeit von den genannten Umständen zu einer leichten oder zu einer schweren Behinderung führen.

13.2.2 Arten von Behinderungen

Behinderung als Folge einer Schädigung ist allen behinderten Menschen gemeinsam. Im konkreten Falle unterscheiden sich „Behinderte" aber sehr voneinander. Es ist für den konkreten Lebensvollzug ein großer Unterschied, ob jemand körperbehindert oder geistig behindert ist. Auch unter dem Gesichtspunkt der pädagogischen Förderung ist die Unterscheidung zwischen einzelnen Behinderungsarten wichtig.

Entsprechend der unterschiedlichen Schädigungen kann man verschiedene Arten der Behinderung unterscheiden:

- **geistig Behinderte,** die im Bereich der Intelligenz und des Denkens beeinträchtigt sind,
- **Lernbehinderte**, die in ihrem Lernen und damit in ihren Schulleistungen derart eingeschränkt sind, dass sie in einer ‚Normalschule' nicht hinreichend gefördert werden können,
- **Sprachbehinderte**, die in ihrer Mitteilungs- und Ausdrucksfähigkeit sowie in ihrem Sprachverständnis beeinträchtigt sind,

– **Sinnesbehinderte**, die in ihrer Wahrnehmung (zum Beispiel Sehen, Hören) eingeschränkt sind, also *Sehbehinderte, Blinde, Schwerhörige und Taube*,
– **Körperbehinderte**, die in ihrer Bewegungsfreiheit und/oder in ihrer Feinmotorik erheblich und dauerhaft eingeschränkt sind.

Je nach Sichtweise des Begriffes „Behinderung" werden – wie in Abschnitt 13.1.2 dargestellt – als weitere Art von Behinderungen sehr häufig die **Verhaltensauffälligkeiten** angeführt. Oft ist in der Literatur zusätzlich von **seelischer Behinderung** die Rede, die eine erhebliche Beeinträchtigung der geistigen, insbesondere der seelischen Kräfte bezeichnen will.

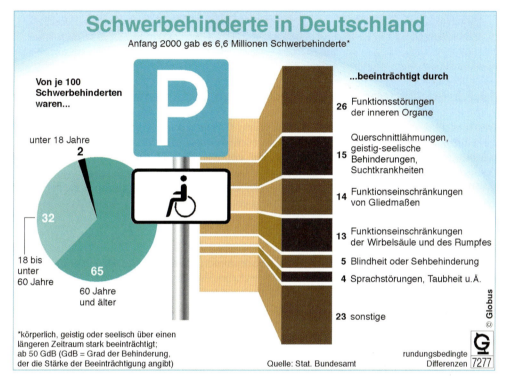

Liegt bei einer Person eine Behinderung – zum Beispiel eine Körperbehinderung – vor, so spricht man von **Einfachbehinderung**. In einer groben Klassifizierung kann der Zusammenhang zwischen Schädigung und Einfachbehinderung folgendermaßen dargestellt werden:

Schädigung	führt zu	Art der Behinderung
Hirnschädigung, Schädigung des Zentralnervensystem	führt zu	geistiger Behinderung, Lernbehinderung, Sprachbehinderung
Schädigung der Sprachorgane	führt zu	Sprachbehinderung
Sinnesschädigung	führt zu	Sinnesbehinderung, Sprachbehinderung
Schädigung des körperlichen Stütz- und Bewegungssystems, Missbildung der Bewegungsorgane	führt zu	Körperbehinderung, Sprachbehinderung

Sind bei einer Person mehrere der genannten Behinderungen vorhanden, zum Beispiel wenn sie gleichzeitig körperbehindert und geistig behindert ist, so spricht man von einer **Mehrfachbehinderung**. Weiterhin ist auch zu unterscheiden zwischen einer **Primärbehinderung** und einer **Folgebehinderung**, die oft auch *Sekundärbehinderung* genannt wird. Dieser Unterscheidung liegt die Erkenntnis zugrunde, dass eine vorliegende Behinderung eine weitere Behinderung nach sich zieht oder ziehen kann.

13.2.3 Schädigungen als Ursachen von Behinderungen

Die Ursachen, die zu einer Primärbehinderung führen können, werden eingeteilt nach dem *Zeitpunkt*, zu dem sie in der Lebensgeschichte eines Individuums wirksam werden. Es wird unterschieden zwischen Ursachen, die **vor der Geburt (pränatal), während des Geburtsvorgangs (perinatal) und nach der Geburt (postnatal)** in Erscheinung treten. Weiterhin sind auch Unfälle oder Krankheiten, die sich **im späteren Leben** ereignen, eine wichtige Ursachengruppe für die Entstehung von Behinderungen.

Anlagemäßig bedingte Schädigungen

- **Chromosomale Schädigungen:** Es kann vorkommen, dass in einer Eizelle durch einen Fehler in der Reifungsteilung ein einzelnes Chromosom zu viel vorhanden ist.
  So ist zum Beispiel beim **Down-Syndrom**, früher Mongolismus genannt, das Chromosom 21 dreifach statt zweifach vorhanden, jede Körperzelle weist 47 Chromosomen auf statt 46; bei **Klinefelter** ist in jeder Zelle ein weibliches X-Chromosom zu viel.

- **Stoffwechselstörungen**, die zu erheblichen Beeinträchtigungen der geistigen Fähigkeiten, insbesondere der Wahrnehmung, und im motorischen Bereich führen können.

- **Genetisch bedingte Krankheiten** die eine Schädigung des Gehirns bewirken können.
  Hierzu zählt beispielsweise das **Hurler-Syndrom**, welches durch eine Speicherung von Zucker im Zentralnervensystem aufgrund eines genetischen Fehlers gekennzeichnet ist. Neben einer geistigen Behinderung treten bei dieser Krankheit oft auch körperliche Deformationen (vorstehende Stirn, dicke Lippen, tatzenartige Hände) auf.

Schädigungen während der Schwangerschaft (pränatale Schädigungen)

- **Falsche Ernährung** der werdenden Mutter, wie zum Beispiel Mangel an Vitaminen, kann Schädigungen hervorrufen.

- **Infektionskrankheiten** der werdenden Mutter, vor allem während der ersten vier Monate der Schwangerschaft, können sie sich negativ auf die Entwicklung des Sinnes- und Nervensystems auswirken.
  Bekannt sind beispielsweise die Folgen einer Röteln-Erkrankung oder Toxoplasmose.

- **Toxische Schädigungen** wie Alkohol, Nikotin, Koffein, Drogen, Medikamente, Chemikalien, (Industrie-)Gifte und dgl. können bestimmte Missbildungen hervorrufen.
  Bekannt wurde der sogenannte „Contergan-Skandal" in den 60er Jahren des letzten Jahrhunderts: Die als harmlos geltende Schlaftablette „Contergan", eingenommen während der Schwangerschaft, führte zu schweren körperlichen Missbildungen der Kinder.

  Sehr viele Gifte stehen im Verdacht, den Embryo im Mutterleib zu schädigen. Alkohol-, Kaffeegenuss der werdenden Mutter oder Drogenkonsum führen zu Schäden beim Kind. Dabei bringt Alkoholgenuss während der Schwangerschaft das Ungeborene noch weit mehr in Gefahr als bisher angenommen. US-Forscher fanden heraus, dass sogar schon der Konsum geringster Mengen, egal in welcher Schwangerschaftswoche, nachweisbare Schäden wie Gesichtsdeformationen, Hirnschäden und Störungen der Entwicklung des Nervensystems verursacht. Auch Nikotin führt zu Schädigungen des Ungeborenen. Selbst eine geringe Menge Nikotin reicht aus, um Wachstum und Gehirnentwicklung nachhaltig und oft unwiederbringlich zu beeinträchtigen. Man hat festgestellt, dass Kinder von Raucherinnen später im Leben besonders häufig zu Lern- und Konzentrationsschwäche, verminderten Intelligenzquotienten und Hyperaktivität[1] neigen.

- **Strahlenschädigungen** wie Röntgenstrahlen oder Radioaktivität können zu Schädigungen des Zentralnervensystems und damit zu Störungen der körperlichen und/oder geistigen Entwicklung führen.

Schädigungen während der Geburt (perinatale Schädigungen)

Eine **Frühgeburt, Sauerstoffmangel** und/oder **eine übermäßige mechanische Belastung** (z. B. eine komplizierte Geburt, zu enges Becken der Mutter, Druck auf den Schädel bei Zangengeburt) können zu frühkindlichen Hirnschädigungen führen. Diese Schädigungen können sehr „verschiedenartig sein und betreffen in wechselndem Umfang und Grad die körperlichen, psychischen und kognitiven Funktionen des zentralen Nervensystems" *(Klein u. a., 1999[10], S. 68).*

Schädigungen unmittelbar nach der Geburt (postnatale Schädigungen)

- **Chronische Ernährungsstörungen, Hirn- und Hirnhautentzündung** des Säuglings, **Infektionskrankheiten** des Neugeborenen (z. B. Scharlach, Masern oder Keuchhusten) oder **Stoffwechselerkrankungen** können das Hirn schädigen und dadurch Intelligenzschäden und/oder Körperbehinderungen nach sich ziehen.

- Durch **Blutgruppenunverträglichkeit** kann eine Hirnschädigung beim Neugeborenen hervorgerufen werden. Diese Gefahr besteht, wenn der Vater den sog. Rhesusfaktor im Blut hat – er ist dann Rh-positiv – und die Mutter den Rhesusfaktor nicht im Blut hat – sie ist dann Rh-negativ. Ist das Kind nun Rh-positiv, kann es im Mutterleib zu Abwehrreaktionen gegen die Blutkörperchen des Kindes kommen.

- **Schädel-Hirn-Verletzungen** durch Wickelunfälle, Sturz von der Treppe u. a. haben nicht selten bleibende Folgen.

---

[1] *Hyperaktivität: eine über die Maßen gesteigerte Aktivität*

Schädigungen zu einem späteren Zeitpunkt

- **Krankheiten** und **Unfälle** im Laufe des Lebens wie zum Beispiel Verkehrs-, Berufs- oder Freizeitunfälle können zu Hirnverletzungen oder Wirbelfrakturen mit Rückenmarksverletzungen führen und Behinderungen jeder Art zur Folge haben.

- **Traumatische Hirnschäden und Störungen der Blutversorgung** sind häufige Ursachen für Hirnschäden.
  Hierzu zählen beispielsweise Durchblutungsstörungen des Gehirns (weißer Schlaganfall), Schäden durch eine allgemeine Minderdurchblutung des Gehirns (Ischämie) und Hirnblutungen (roter Schlaganfall).

- **Hirnkrankheiten** wie *Tumore*, *Multiple Sklerose* und *degenerative Krankheiten (Demenzen)* können Hirnschäden hervorrufen.

Wenn hier lediglich Schädigungen als Ursachen von Behinderungen angeführt wurden, so darf nicht übersehen werden, dass es daneben auch noch andere Faktoren gibt, die eine Behinderung mitbedingen können. Dies wird beispielsweise sehr deutlich bei einer Lernbehinderung, bei der davon ausgegangen wird, dass bei einer eher „schweren" Form die organischen Ursachen die entscheidende Rolle spielen, während bei leichteren Formen Umwelteinflüsse im Vordergrund stehen.

13.2.4 Behinderung und ihre Folgen

Eine Behinderung hat für den Betroffenen negative Folgen, die sich in einer **persönlichen Lebenserschwerung**, einer **sozialen Beeinträchtigung** und in **schulischen bzw. beruflichen Problemen** zeigen können. Wer querschnittsgelähmt ist, der kann nicht gehen. Wer im Rollstuhl sitzt, der kann keine Treppen steigen. Viele Tätigkeiten, die der Nichtbehinderte selbstverständlich ausführen kann, sind für den behinderten Menschen mit einem besonderen Energieaufwand verbunden oder bleiben ihm ganz verschlossen. Bei vielen Tätigkeiten ist er auf die Mithilfe von Freunden, Verwandten oder Betreuern angewiesen.

> „Beim Einkaufen muss ich regelmäßig jemanden bitten, wenn ich etwas aus den oberen Regalen oder schon aus den mittleren, die ziemlich weit zurückliegen, haben möchte. Das ist dann einfach oft so, dass man aus dem Laden wieder herausgeht und hat das, was man möchte, nicht gekauft. Vom Seelischen her gesehen ist es doch ziemlich deprimierend, wenn man für jede Kleinigkeit andere um Hilfe bitten muss. ... Es ist außerordentlich demütigend, wenn man immer gezwungen ist, jemand zu bitten, er möchte einem helfen und dies und jenes für einen tun, während man sich selber als einen unabhängigen Menschen fühlt."
>
> (Ortrun Schott, in: Klee, 1981[5], S. 13)

Das Zusammentreffen von behinderten und nicht behinderten Menschen im alltäglichen Leben ist oft problematisch und für die Betroffenen belastend. Die Begegnung mit Behinderten löst bei ihrer Umwelt häufig Befremden, Unsicherheit, Mitleid, Distanzierung, Missmutsäußerungen und dergleichen aus.[1]

> „Wir beschließen, ein Bier trinken zu gehen. ... Die Gespräche der Männer auf den Barhockern werden gedämpfter, als wir eintreten, uns an den Tisch setzen. Ab und zu dreht einer den Kopf auf uns zu, wagt einen verstohlenen Blick auf den Rollstuhl. Einer guckt etwas gelangweilt zu uns herüber für einen Moment, so als würde es ihn eigentlich nicht interessieren. ... Ich kann mir vorstellen, worüber das leise Gespräch der Männer hinter uns geht. Ich kann sie kaum angucken ..."
>
> (Hobrecht, 1990, S. 176)

Behinderte haben Probleme, einen bestimmten Beruf auszuüben. Viele berufliche Tätigkeiten sind für den behinderten Menschen mit einem besonderen Energieaufwand verbunden oder bleiben ihm ganz verschlossen. Oft bekommen Behinderte auch überhaupt keine Arbeit.

13.2.5 Behinderung als Abweichung von der Norm

Bisher wurde Behinderung mehr aus individuumszentrierter Sicht gesehen, in der individuelle Defizite im Mittelpunkt stehen. Seit den 70er Jahren des letzten Jahrhunderts stößt diese Sichtweise auf zunehmende Kritik und es treten Erkenntnisse in den Mittelpunkt, unter denen Behinderung als gesellschaftlich bedingt angesehen wird.

Bei der Feststellung einer Behinderung spielt die **Normvorstellung** der Beurteilenden eine wichtige Rolle. Die Einschätzung von ‚Normalität' und ‚Nicht-Normalität' eines Verhaltens oder Erlebens braucht also immer eine *Bezugsgröße*, eine **Norm**.
> Für ein vierjähriges Kind ist es normal, wenn es nicht lesen und schreiben kann, für ein zehnjähriges Kind ist das nicht normal.

---

[1] vgl. hierzu Ausführungen in Abschnitt 13.2.5

Eine Person gilt als normal, wenn sie beispielsweise zwei Arme und zwei Beine hat. Sog. „Contergankinder", denen ein oder beide Arme bzw. Beine fehlen oder bei denen sie verstümmelt sind, stimmen nicht mit unseren Normen überein und gelten deshalb als „nicht normal".

Damit ist eine Norm immer auch ein **Maßstab, *an dem Aussehen, Erleben und Verhalten eines Individuums gemessen wird.*** Bei der Feststellung einer Behinderung wird eine Person also verglichen und damit auch bewertet und beurteilt.

Diese normenbezogene Betrachtungsweise ist in der Heil- bzw. Sonderpädagogik von besonderer Bedeutung: Sie hat Folgen für die Feststellung von ‚normal' und ‚nicht normal' und lässt den Behinderungsbegriff problematisch erscheinen.
Die statistische Norm[1] besagt lediglich, was die Mehrheit tut. Die mithilfe der Statistik gewonnenen Aussagen entsprechen nicht der Realität, sie lassen im Extremfall keinen Rückschluss auf den Einzelfall zu.

Dies lässt sich sehr gut am Beispiel der geborenen Kinder in Deutschland verdeutlichen: Im Durchschnitt hat eine deutsche Familie 1,3 Kinder. Dies entspricht aber in keinem Fall der Realität, da keine Familie 1,3 Kinder haben kann.

Vor Zeiten gabs ein kleines Land,
worin man keinen Menschen fand,
der nicht gestottert, wenn er redte,
nicht, wenn er ging, gehinket hätte,
denn beides hielt man für galant.
Ein Fremder sah den Übelstand.
Hier, dachte er, wird man dich im Gehn
* bewundern müssen*
und ging einher mit steifen Füßen.
Er ging, ein jeder sah ihn an,
und alle lachten, die ihn sahn,

und jeder blieb vor Lachen stehen
und schrie: Lehrt doch den Fremden gehen!
Der Fremde hielts für seine Pflicht,
den Vorwurf von sich abzulehnen.
Ihr, rief er, hinkt, ich aber nicht!
Den Gang müsst ihr euch abgewöhnen!
Das Lärmen wird noch mehr vermehrt,
da man den Fremden sprechen hört.
Er stammelt nicht; genug der Schande!
Man spottet sein im ganzen Lande.

(Christian F. Gellert[2], 1769, S. 22)

Viele Probleme von Menschen mit Beeinträchtigungen wie Behinderungen entstehen aus dem **Verhältnis von Mehrheit und Minderheit** zu Ungunsten der letzteren. Die Mehrheit diktiert ihre Normen als verbindlich auch für andere – abweichende – Personen bzw. Personengruppen. Diese werden zu „Außenseitern" oder „Randfiguren" und zwar in den Augen einer Majorität mit höherem sozialen Ansehen und mehr sozialer Macht. So kommt es, dass Behinderte als ‚minderwertig' abgeurteilt werden, was Distanzierungen und Diskriminierungen, unter Umständen auch Aggressions- und Gewalthandlungen zur Folge haben kann *(vgl. Speck, 2003[5], S. 218)*. Diese Abwertung von Beeinträchtigten wird verstärkt durch Normen, die in einer Gesellschaft von hohem Rangwert sind.

Solche Normen in unserer Gesellschaft sind beispielsweise Leistungsfähigkeit und kognitive Fähigkeiten wie Intelligenz, hohe Wertigkeit von gesellschaftlicher Anpassung oder Vitalität und Schönheit.

Zudem werden nach der ***strukturell-funktionalen Theorie*** von *Talcott Parsons* Abweichungen von für gültig gehaltenen Normen als **„Störung" des gesellschaftlichen Gleichgewichts** verstanden. Eine Gesellschaft ist immer daran interessiert, dass sich ihre Mitglieder „konform" – entsprechend der Normen – verhalten, um die für gültig gehaltenen Normen zu er-

---

[1] Mit statistischer Norm ist ein statistisch errechneter Durchschnittswert gemeint.
[2] Christian Fürchtegott Gellert (1715–1769) war deutscher Dichter und Professor für Poesie, Beredsamkeit und Moral in Leipzig.

halten. Weicht ein Mensch von einer für gültig gehaltenen Norm ab, so wird dieses Verhalten in der Regel nicht akzeptiert, er erfährt negative Sanktionen wie beispielsweise Ablehnung, Bekämpfung, Feindseligkeit, Ausstoßung, Verachtung und dgl. Diese gegen den „Abweichler" gerichteten negativen Sanktionen haben dementsprechend eine ‚**normerhaltende Funktion'**.

> So zum Beispiel kann eine gegen einen Behinderten gerichtete Aggression wie etwa Spott eine ‚normerhaltende Funktion' haben.

Insofern erzeugt jede Gesellschaft einen Teil ihrer „auffälligen" Menschen selbst.

> *Eine Gesellschaft ist nicht an der Akzeptierung eines abweichenden Verhaltens, „sondern an deren Konformierung interessiert, als deren Ziel die Anpassung an den gesellschaftlichen Status quo gesehen wird. ... Positiv wird das Konforme eingeschätzt, negativ das Nicht-Konforme."*
> (Speck, 2003[5], S. 219)

Wie die sozialwissenschaftliche Diskussion in der Literatur zeigt, geht es nicht nur um Distanzierung und Diskriminierung seitens der Gesellschaft, sondern auch darum, dass ein abweichendes Verhalten von dem Beeinträchtigten selbst ebenfalls als solches empfunden wird mit all seinen Folgen für sein Selbstbild und Selbstwertgefühl. Das Problem, das Mitglieder einer Gesellschaft mit abweichendem Verhalten wie zum Beispiel einer Behinderung haben, wird zum Problem desjenigen, der dieses abweichende Verhalten zeigt. Es geht dabei um ein Norm verletzendes Verhalten einer Person, das auch von dieser als solches empfunden wird.

„Der Nichtgenormte wird als Verrückter genormt." *(Ludwig Marcuse[1])*

Die negative Bewertung von Behinderten beeinflusst den Umgang mit diesen in negativer Weise, indem sie typisiert und ihnen eine Reihe abwertender Eigenschaften unterstellt werden.

> So zum Beispiel werden Wörter wie „Krüppel", „Spasti" oder ein andersartiges Aussehen eines Menschen als „Behinderter" nicht bewertungsneutral wahrgenommen, sondern es fließt zugleich eine negative Bewertung mit ein, die auf den „Träger" übertragen wird und den Umgang mit diesem in einem nicht unerheblichen Maße beeinflusst.

Die Zuschreibung negativer Eigenschaften und Verhaltensweisen aufgrund eines bestimmten Merkmals wird als **Stigmatisierung**[2] bezeichnet *(vgl. Goffman, 2003, S. 10 f.)*. Allein durch diese Zuschreibung bilden sich negative Einstellungen und Vorurteile gegenüber dem Träger eines Stigmas aus. Die Stigmatisierung bewirkt, dass man sich bei der Begegnung mit diesem Individuum von ihm abwendet.

> Ein verkrüppeltes Mädchen erzählt: „Als ... ich anfing, allein in den Straßen unserer Stadt spazieren zu gehen, ... da fand ich heraus, dass immer, wenn ich zufällig ... an Kindern ... vorbeigehen musste, sie mir etwas nachzurufen pflegten. ... Manchmal rannten sie sogar schreiend und spottend hinter mir her." *(Goffman, 2003, S. 27 f.)*

---

[1] Ludwig Marcuse (1894–1971) war Literaturkritiker, Philosoph und Journalist.
[2] Stigma (griech.): das „Brandmal"

Die Stigmatisierung charakterisiert also nicht nur ein von der Norm abweichendes Verhalten, sondern wertet die betroffene Person als „fehlerhaft" und „minderwertiger" ab und grenzt sie von den gesellschaftlichen Bezügen aus.

Allen Stigmatisierten gemeinsam ist nach *Erving Goffman (2003)*, dass

- sie von der Norm abweichen,
- ihnen eine negative Bewertung anhaftet und
- sie sozial diskreditiert und damit zu Außenseitern werden.

> „Die Identitätsentwicklung eines Menschen, der auf diese Weise stigmatisiert wird, ist gefährdet. Er kann zwischen seiner ursprünglichen persönlichen und der zugeschriebenen sozialen Identität noch schwer oder nicht mehr ausbalancieren." (Klein u. a., 1999[10], S. 45)

Eine Stigmatisierung ist zum großen Teil vom sozialen Status und der Machtposition des Betroffenen abhängig: Je niedriger der Status und die Machtposition, desto stärker die Stigmatisierung.

An der Entstehung von Behinderungen und ihren Auswirkungen sind also auch soziale Bedingungen beteiligt. Behinderung darf daher nicht nur einseitig medizinisch gesehen und an individuellen Defiziten gemessen, sondern muss auch als „gesellschaftlich bedingt" betrachtet werden. Heute wird denn auch **Behinderung als Ausdruck dessen gesehen, was einem Menschen an angemessenen Möglichkeiten und Hilfen sowie an sozialen Bezügen fehlt bzw. vorenthalten wird**; das heißt Behinderung ist auch Ausdruck der Art und Weise, wie man mit dem Betroffenen umgeht. Aus dieser Sicht liegt das „Defizit" nicht mehr nur beim Behinderten selbst, sondern in der Gesellschaft bzw. in der Umwelt, in der er lebt.

> „Behinderung ist weniger eine Frage des individuellen Schicksals und der Wohltätigkeit, sondern vielmehr eine Bürgerrechtsfrage. Mit unserer körperlichen, geistigen oder seelischen Beeinträchtigung können wir leben, doch die gesellschaftliche Entmündigung und Diskriminierung, die unser Leben tagtäglich bestimmt, ist für uns nicht hinnehmbar!"
> (Ottmar Miles-Paul, in: Heiden, 1996, letzte Umschlagseite)

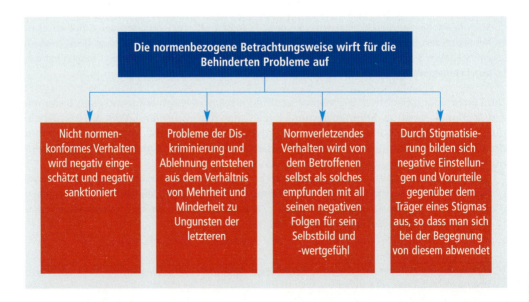

13.3 Aufgabenfelder der Behindertenarbeit

Die Behindertenpädagogik gibt Lernhilfen für den behinderten Menschen mit dem Ziel der größtmöglichsten Selbstständigkeit und Unabhängigkeit. Dabei beziehen sich die Lernhilfen auf die **Förderung gestörter Funktionen** – etwa die Motorik beim Körperbehinderten oder das Sprechen beim Sprachbehinderten – und auf die **Entfaltung von kompensatorischen Möglichkeiten** wie die Orientierung mithilfe des Tastsinnes bzw. die Blindenschrift bei Blindheit oder der Gebrauch der Füße bei armlosen Menschen *(vgl. Speck 1980[4], S. 84)*. So wird in der Schwerhörigenpädagogik mit speziellen Hörgeräten gearbeitet; in der Gehörlosenpädagogik werden zur Sprachanbahnung Geräte eingesetzt, die die Laute ausgesprochener Wörter farblich auf einem Bildschirm sichtbar werden lassen. Neben diesen Aufgaben und Methoden, die sich auf die jeweilige Behinderungsart beziehen, gibt es auch Aufgabenfelder der Sonderpädagogik, die für alle Behinderungsarten gelten.

13.3.1 Früherkennung, Frühförderung und Förderschulen

Da sich der menschliche Organismus in der Zeit nach der Geburt am schnellsten entwickelt, sind Hilfen zu diesem Zeitpunkt am wirksamsten. Hilfen können jedoch nur dann gegeben werden, wenn mögliche Schädigungen sehr früh erkannt werden. Dies ist das Ziel der **Früherkennung**.

> **Früherkennung** bedeutet, dass eine Erkrankung, Schädigung oder Behinderung möglichst dann erkannt wird, wenn sie beginnt, sich einzustellen.

Wenn eine Schädigung erkannt ist, dann besteht ein Anspruch auf kostenlose Hilfe durch die **Frühförderung**, die pädagogische und therapeutische Hilfe für behinderte Kleinkinder und deren Eltern umfasst. Solche Frühförderstellen beschäftigen Heil- und Sonderpädagogen, Krankengymnasten, Kinderärzte und Psychologen. Frühförderstellen arbeiten sowohl *mobil* – der Therapeut kommt ins Haus – als auch *ambulant*. Hier kommen die Eltern mit ihrem Kind in die Frühförderstelle.

> **Frühförderung** umfasst pädagogische und therapeutische Hilfe für behinderte Kleinkinder und deren Eltern.

Frühförderung versteht sich als Anleitung zur „Hilfe zur Selbsthilfe" für Kind und Eltern sowie als Unterstützung der betroffenen Familien, für die ihr behindertes Kind eine große psychische Belastung sein kann.

Behinderte Kinder können in speziellen **schulvorbereitenden Einrichtungen** aufgenommen und gefördert werden. Auf Wunsch mancher Eltern besuchen behinderte Kinder jedoch auch Regelkindergärten, wenn die betreffende Erzieherin sich bereit erklärt, das Kind trotz vorliegender Behinderung aufzunehmen. Diese Eltern sind der Meinung, dass es für ihr Kind besser sei, die soziale Gemeinschaft mit nicht behinderten Kindern zu erfahren, als spezifische Fördermaßnahmen in einer separierten Spezialeinrichtung zu erhalten.

Behinderte Kinder können ihre Schulpflicht in **Förderschulen** oder in den allgemeinen Schulen erfüllen. Die Sonderschulen sind durch die Ausbildung des Personals auf die Lernbedürfnisse der Schüler zugeschnitten. Diese Förderschulen sind ***behinderungsartspezifisch***.

Die Förderschulen bieten zwar intensive behinderungsartspezifische Hilfen, sie werden jedoch von manchen Eltern kritisiert, weil durch den Besuch dieser Schule die Kinder von ihren nicht behinderten Altersgenossen getrennt werden. Diese Trennung erschwert die Integration der behinderten Schüler in die Gesellschaft. Es besteht jedoch auch die Möglichkeit, dass behinderte Kinder eine allgemeine Schule besuchen. Dies ist möglich, wenn dort die äußeren Voraussetzungen wie räumliche Bedingungen, Klassengröße oder individualisierende Unterrichtsformen gegeben sind und eine Unterstützung durch sonderpädagogisches Fachpersonal geleistet werden kann. Dies geschieht sowohl durch den Einsatz von Sonderschullehrern in den Klassen der allgemeinen Schulen als auch durch mobile sonderpädagogische Dienste, die von den entsprechenden Förderschulen aus die behinderten Kinder betreuen und die Lehrkräfte beraten.

13.3.2 Berufsausbildung

Viele behinderte Jugendliche benötigen auch nach dem Schulabschluss besondere Hilfen bei der Berufsausbildung. Diese Berufsausbildung wird durch **Sonderberufsschulen und Berufsbildungswerke** geleistet, die über soziale, ärztliche und psychologische Dienste verfügen und auch Freizeitmöglichkeiten anbieten.

Kann ein behinderter Mensch nach Abschluss seiner Berufsausbildung auf dem allgemeinen Arbeitsmarkt keine Beschäftigung finden, dann bieten ihm die **Werkstätten für Behinderte** einen Arbeitsplatz oder die Gelegenheit zur Ausübung einer geeigneten Tätigkeit. Zwar sind Betriebe mit mehr als 16 Arbeitsplätzen nach dem Schwerbehindertengesetz verpflichtet, mindestens 6 % ihrer Arbeitsplätze mit Schwerbehinderten zu besetzen, trotzdem können gegenwärtig immer weniger behinderte Menschen auf dem allgemeinen Arbeitsmarkt vermittelt werden.

Schwer behinderte Erwachsene, die intensiver Pflege bedürfen, sowie geistig behinderte Erwachsene haben einen Anspruch auf einen Platz in einem **Heim**. Da die Heimsituation zu einer „Gettoisierung" der Behinderten führen kann, versucht man mehr und mehr, **offene Wohneinrichtungen und Wohngruppen** in Wohngebieten einzurichten. Solche Wohngruppen haben häufig zu Beginn mit den Vorurteilen der Anwohner zu rechnen, die jedoch in der Regel bald abgebaut sind.

13.3.3 Integration – mit behinderten Menschen leben

Die Alltagswelt ist auf nicht behindertes Leben ausgerichtet und schließt behinderte Menschen oft von gesellschaftlichen Vorgängen aus.[1] Der Unterricht in eigenen Institutionen sowie das Arbeiten in besonderen Werkstätten verringern den Kontakt zur Alltagswelt und verstärken die sozialen Folgeerscheinungen der Behinderung. Diese können erst abgebaut werden durch

– gemeinsame Erziehung in Kindergärten und Schulen,
– gemeinsame Berufsausübung,
– Begegnungen und gemeinsames Handeln in der Öffentlichkeit.

---

[1] vgl. Abschnitt 13.2.4

Diese gemeinsamen Prozesse von behinderten und nicht behinderten Menschen bezeichnet man als **Integration**.[1]

> Integration bedeutet die gemeinsame Teilnahme von behinderten und nicht behinderten Menschen an allen Teilbereichen des öffentlichen Lebens.

„Es ist nicht die Behinderung, die lähmt, sondern die Rolle des Outsiders nimmt uns die Möglichkeit der Bewährung: nicht das Mitleid tötet, sondern dass man es als Anmaßung empfindet, so wie die anderen sein zu wollen." (Ein querschnittsgelähmter Mann, in: Klee, 1981[10], S. 12)

Vorurteile und Ablehnung können durch Information und durch die persönliche Begegnung mit behinderten Menschen abgebaut werden. Häufig tritt jedoch eine Meinungsänderung erst bei persönlicher Betroffenheit auf. Wer Maßnahmen für behinderte Menschen (Einrichtung von Rehabilitationszentren, ambulante Hilfen) für „Geldverschwendung" hält, sieht deren Notwendigkeit häufig erst dann ein, wenn er selbst oder eine Person aus seinem persönlichen Umfeld diese Hilfe in Anspruch nehmen muss, zum Beispiel aufgrund eines Unfalls. Wer die Kommunikationsprobleme und Ängste eines sprachbehinderten Kindes hautnah miterlebt hat, der wird nicht mehr über Stottererwitze lachen. Integration fordert somit auch Offenheit und Veränderungsbereitschaft von jedem (noch) nicht Betroffenen; Information über „Behinderung" ist hierbei hilfreich, genügt aber nicht. Um die Integration behinderter Menschen zu unterstützen wurde 1994 in das *Grundgesetz in Artikel 3, Absatz 3* folgender Satz eingefügt:

„Niemand darf wegen seiner Behinderung benachteiligt werden."

Das **Allgemeine Gleichbehandlungsgesetz (AGG)**, früher **Antidiskriminierungsgesetz**, will in § 1 Benachteiligungen aus Gründen der Rasse oder wegen der ethnischen Herkunft, des Geschlechts, der Religion oder Weltanschauung, einer Behinderung, des Alters oder der sexuellen Identität verhindern oder beseitigen.

---

[1] integratio (lat.): „Wiederherstellung eines Ganzen"

13.4 Erlebens- und Verhaltensstörungen

Wie in *Abschnitt 13.1.2* ausgeführt, hat es die Heil- bzw. Sonderpädagogik neben Behinderungen auch mit Kindern und Jugendlichen zu tun, bei denen keine funktionelle Schädigung vorliegt, die aber einer besonderen Hilfe bedürfen.

13.4.1 Der Begriff „Erlebens- und Verhaltensstörung"

Von einer Erlebens- und Verhaltensstörung spricht man, wenn eine Beeinträchtigung vorhanden ist, die nicht auf organische Ursachen zurückzuführen ist und besondere pädagogische bzw. psychologische Maßnahmen erforderlich sind. In der Literatur existieren – wie in *Abschnitt 13.1.2* ausgeführt – hierfür viele Begriffe. *Otto Speck (2003[5], S. 210)* spricht in Anlehnung an *Günther Opp* von **Gefühls- und Verhaltensstörungen**. Da es dabei aber nicht nur um das Emotionale geht, sondern insgesamt um innere Prozesse und Vorgänge im Menschen, ist es zutreffender, von **Erlebens- und Verhaltensstörungen** zu sprechen.

Eine Erlebens- und Verhaltensstörung liegt vor, wenn
- eine **Beeinträchtigung im Erleben und Verhalten einer Person, in ihrem Lebensvollzug und/oder in ihrer Teilhabe am gesellschaftlichen Leben** besteht,
- diese Beeinträchtigung **erheblich** ist und
- **über einen längeren Zeitraum hinweg** auftritt,
- diese Beeinträchtigung **nicht auf organische Ursachen** zurückzuführen ist und
- **besondere pädagogische bzw. psychologische Maßnahmen** erforderlich macht, um dem Betroffenen bzw. seiner Umgebung zu helfen.

Nicht jede Ängstlichkeit beispielsweise ist eine Erlebens- und Verhaltensstörung. Doch wenn eine Angst – etwa Prüfungsangst – über einen längeren Zeitraum anhält – zum Beispiel während der ganzen Schulzeit –, nicht organisch bedingt ist, die betroffene Person so stark einschränkt, dass sie deshalb an der Schule trotz guter Begabung und Intelligenz scheitert, und die Person sich auch nicht selbst helfen kann, sondern eine therapeutische Hilfe benötigt, so liegt eine Erlebens- und Verhaltensstörung vor.

> Erlebens- und Verhaltensstörung bezeichnet eine erhebliche und längerfristige Beeinträchtigung im Erleben und Verhalten einer Person, in ihrem Lebensvollzug und/oder in ihrer Teilhabe am gesellschaftlichen Leben, die nicht auf organische Ursachen zurückzuführen ist und besondere pädagogische bzw. psychologische Maßnahmen erforderlich macht.

Auch bei den Erlebens- und Verhaltensstörungen spielt die *Normvorstellung* eine wichtige Rolle.[1]

Erlebens- und Verhaltensstörungen können in verschiedenen Bereichen und in unterschiedlicher Intensität auftreten. Diese Bereiche dürfen jedoch nicht unabhängig voneinander betrachtet werden.

---

[1] vgl. Abschnitt 13.2.5

Erlebens- und Verhaltensstörungen können ihren Schwerpunkt haben im			
körperlichen Bereich	psychischen Bereich	Verhaltensbereich	sozialen Bereich
und zeigen sich dort			
als: – Magenbeschwerden (Bauchschmerzen) – Essstörungen (Gier, Verweigerung, Magersucht, Fettsucht) – Einnässen, Einkoten – motorische Funktionsstörungen (Tic, Zittern) – Sprachstörungen – Atemstörungen – Zähneknirschen – Jaktationen (Schaukelbewegungen) – Lutschen (Daumenlutschen) – Nägelbeißen – Schlafstörungen – Haare ausreißen – Funktionsstörungen innerhalb der Körpersphäre sowie abnorme Gewohnheiten	als: – Angsterscheinungen wie z. B. Schul-, Prüfungs- oder Sprechangst – Angst vor bestimmten Tieren (Phobien) – Zwangsvorstellungen – depressive Verstimmungen	eher aggressiv als: – Streitsucht – häufiges Schlagen – Trotz – Zerstören von Gegenständen – Wutanfälle, Jähzorn eher gehemmt als: – Kontaktstörungen – Clownereien – Überangepasstheit – Überempfindlichkeit, häufiges Weinen im Leistungsbereich als: – mangelnde Ausdauer und Konzentration – Hyperaktivität – erhöhte Ablenkbarkeit – Verträumtheit – fehlende Initiative – kurze Aufmerksamkeitsspanne – Schulversagen trotz angemessener Intelligenz	als: – Teilnahme an Diebstählen – Brutalität gegenüber Gleichaltrigen – Bandenzugehörigkeit – Schulschwänzen/ Streunen – Lügen

13.4.2 Ursachen von Erlebens- und Verhaltensstörungen

Folgende Ursachen können eine Erlebens- und Verhaltensstörung bewirken und an ihrer Entstehung beteiligt sein:

- **vorgeburtliche Faktoren** wie Alkohol, Nikotin, Koffein oder Drogen sowie Belastungssituationen und Stress während der Schwangerschaft;
- **soziokulturelle Faktoren** wie eine ungünstige soziale Bezugsgruppe, übertriebener Leistungsdruck, übermäßiger Fernsehkonsum, Reizüberflutung durch ein Überangebot an Spielzeug und Konsumgütern;
- **ökonomische Faktoren** wie schlechte Vermögensverhältnisse der Eltern bzw. des Elternteils, mangelnder Wohnraum, Wohnraumverdichtung, fehlende Kontaktmöglichkeiten im Wohnbezirk;
- **familiäre Faktoren** wie disharmonische Familienatmosphäre, Beziehungsstörungen oder Gewalthandlungen zwischen den Eltern, ungünstige Geschwisterkonstellation wie etwa ständige Benachteiligung gegenüber den anderen Geschwistern;
- **Fehlformen in der Erziehung** wie Ablehnung, Vernachlässigung, Laissez-faire, Überbehütung und Verwöhnung; mangelnde emotionale Zuwendung oder zu starke emotionale Bindung in der Beziehung Eltern(teil) – Kind, indifferente, inkonsequente oder widersprüchliche Erziehungseinstellungen und -maßnahmen, Überforderung, Übertragung unbewusster Wünsche und Einstellungen der Eltern auf das Kind;

– **individuelle Erlebnisse** wie Misshandlungen und sexueller Missbrauch, Trennung der Eltern, Verlust eines Elternteils oder einer Bezugsperson, schicksalhafte Erlebnisse wie zum Beispiel Unfälle, Erleben vermeintlicher Minderwertigkeit wie zum Beispiel Aussehen, Körpergestalt, Geschlecht, Behinderung.

Es ist kaum möglich, dass lediglich eine dieser genannten Ursachen eine Erlebens- und Verhaltensstörung hervorruft, erst durch das *Zusammenspiel mehrerer Ursachen* kann es zu einer solchen kommen. Eine Erlebens- und Verhaltensstörung kann auch ein **Folgesymptom einer Behinderung** sein. Wenn etwa die organischen Ursachen bestimmter Verhaltensweisen nicht erkannt werden und die Umwelt nicht angemessen reagiert, dann kann eine Erlebens- und Verhaltensstörung als Sekundäreffekt eines organischen Defekts auftreten.

> Ein Kind, das aufgrund einer Wahrnehmungsstörung unsicher und „tollpatschig" zu Hause viele Gegenstände kaputt macht, wird als Folge der vielen Ermahnungen und Zurechtweisungen durch die Eltern unter Umständen extrem aggressiv und unfähig, berechtigte Kritik zu ertragen.

Tritt eine nicht organisch bedingte Störung als Folgesymptom von Sinnes-, Körper- oder Intelligenzschäden auf, dann spricht man von einer **sekundären Erlebens- und Verhaltensstörung**. Eine Störung, die unabhängig von Behinderungen entsteht, wird als **primäre Erlebens- und Verhaltensstörung** bezeichnet. Vom Erscheinungsbild her können beide Formen der Verhaltensstörung nicht unterschieden werden, die Unterscheidung ergibt sich erst bei der Analyse möglicher Ursachen *(vgl. Myschker, 1992³, S. 108 f.)*.

13.4.3 Erklärung der Entstehung von Erlebens- und Verhaltensstörungen

Erklären lässt sich die Entstehung von Erlebens- und Verhaltensstörungen mithilfe von verschiedenen **Verhaltenstheorien**. Die bedeutendsten in der Heil- bzw. Sonderpädagogik verwendeten Verhaltenstheorien sind **tiefenpsychologische Theorien**, **Lerntheorien**, **kognitive Theorien**, **humanistische Theorien** sowie in jüngerer Zeit auch **systemische Theorien**.

Tiefenpsychologische Theorien heben die Bedeutung des Unbewussten hervor: Nur ein geringer Teil der seelischen Vorgänge, die im Menschen vorgehen, ist bewusst; die meisten Vorgänge gehen unter die Oberfläche des Bewusstseins zurück und spielen sich im Unbewussten ab. Grundlegende Annahme ist also, dass bestimmte seelische Vorgänge und innere Kräfte – zum Beispiel verbotene oder bestrafte Wünsche, unangenehme Erlebnisse oder Probleme – dem Bewusstsein verborgen, also „unbewusst", sind, sich jedoch auf das individuelle Verhalten und die Entwicklung der Persönlichkeit nach ganz bestimmten Gesetzmäßigkeiten auswirken. Es sind in erster Linie unverarbeitete Vorgänge und Konflikte, die vom Individuum verdrängt wurden und deshalb „krank" machen. Erlebens- und Verhaltensstörungen sind also Ergebnis von unbewussten und unverarbeiteten Konflikten und Problemen. Die bekanntesten tiefenpsychologischen Theorien sind die **psychoanalytische[1] Theorie** von *Sigmund Freud* und die **Individualpsychologie** von *Alfred Adler*.

Die **Lerntheoretiker** gehen davon aus, dass alles Verhalten – auch das unangepasste – erlernt ist und wieder verlernt werden kann. Eine Erlebens- und Verhaltensstörung lässt sich demnach auf einen Lernvorgang zurückführen, die auf der Grundlage von bestimmten Lerngesetzen auch wieder verlernt werden kann. Die bedeutendsten Lerntheorien sind die **Konditionierungstheorien**.[2]

Grundlegende Annahme der **kognitiven Theorien** ist, dass es die kognitiven Prozesse und Strukturen eines Menschen sind, die einen erheblichen Einfluss auf das Verhalten und Erleben ausüben und entscheiden, wie ein Individuum erlebt und sich verhält. Dabei kommt es darauf an, wie es Umweltereignisse wahrnimmt, diese gedanklich verarbeitet, beurteilt und bewertet.[3] Die Entstehung und Aufrechterhaltung von Erlebens- und Verhaltensstörungen hängt aus dieser Sicht mit „falschen" Gedanken und Bewertungsmustern zusammen.

> So lassen Gedanken wie „Ich bin ein Versager", „Niemand mag mich, alle sind gegen mich" oder „Es ist alles so hoffnungslos" aus der Sicht kognitiver Theorien eine Erlebens- und Verhaltensstörung entstehen und wird auch durch diese aufrechterhalten.

Humanistische Theorien gehen von der Annahme aus, dass der Mensch danach strebt, die eigene Persönlichkeit zu entwickeln und sich selbst zu verwirklichen. Der Mensch ist bestrebt, seine eigenen Fähigkeiten und Möglichkeiten zu entfalten. Dabei wird davon ausgegangen, dass er seine Lebensbedingungen und seine Umwelt aktiv selbst gestaltet und bewusst über die Möglichkeiten seines Handelns entscheidet. Je nach Theorieansatz wird in der humanistischen Psychologie die Entstehung von Erlebens- und Verhaltensstörungen unterschiedlich erklärt. Die bekannteste humanistische Theorie, die die Entstehung von psychischen Störungen hinreichend erklären kann, ist die **personenzentrierte Theorie** von *Carl Rogers*.

Bei den **systemischen Theorien** stehen nicht das isolierte Erleben und Verhalten eines Menschen im Vordergrund, sondern die wechselseitigen Beziehungen eines Individuums mit seiner Umwelt. Der Mensch lebt in einem bestimmten Lebensbereich, der ihn beeinflusst und auf den er einwirkt. Entsprechend dieser Grundannahme gehen systemische Theorien davon aus, dass sich Erlebens- und Verhaltensstörungen in den wechselseitigen Beziehungen entwickeln und aufrechterhalten werden.

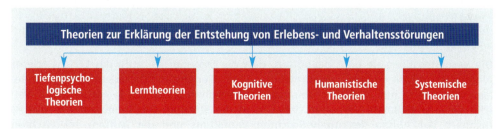

---

[1] siehe Kapitel 5
[2] siehe Kapitel 6.1 und 6.2
[3] Die Grundannahmen kognitiver Modelle sind in Kapitel 6.3.2 zusammengefasst.

13.4.4 Behandlung von Erlebens- und Verhaltensstörungen

Liegt eine Erlebens- und Verhaltensstörung vor, dann können verschiedene Maßnahmen eingeleitet werden:

- **Förder- und Therapiemaßnahmen mit den betroffenen Kindern bzw. Jugendlichen,**
- **Elternberatung und Elterntraining,**
- **Schule für Erlebens- und Verhaltensgestörte sowie Heimunterbringung.**

Förder- und Therapiemaßnahmen mit den betroffenen Kindern bzw. Jugendlichen

Meist ist der Einsatz pädagogisch-therapeutischer Maßnahmen notwendig. Als Einzel- oder Gruppenverfahren werden sowohl in Erziehungsberatungsstellen als auch in Sondereinrichtungen folgende Maßnahmen eingesetzt:

- **Das psychoanalytische Therapieverfahren**

Grundlegende Annahme der Psychoanalyse ist, dass bestimmte seelische Vorgänge und innere Kräfte – zum Beispiel unangenehme und unverarbeitete Erlebnisse oder Probleme – dem Bewusstsein verborgen, also „unbewusst", sind, sich jedoch auf das individuelle Verhalten und die Entwicklung der Persönlichkeit nach ganz bestimmten Gesetzmäßigkeiten auswirken und so als Symptom eine Störung verursachen können. Ziel psychoanalytischer Therapie ist demnach die **Klärung unbewusster Zusammenhänge und die emotionale Auf- und Verarbeitung der bewusst gemachten Konflikte**. Dies führt schließlich zur Veränderung der Beschwerden. Es geht also um die Bewusstmachung von verdrängten seelischen Konflikten, um deren **Wiederholung**, damit diese Konflikte auf den Therapeuten oder im Spiel auf Gegenstände übertragen werden können, und damit um die **Verarbeitung** dieser Konflikte.

- **Die Spieltherapie**

Sigmund Freud und andere Tiefenpsychologen betrachten das Spiel als **Ausdruck des Unbewussten und als Aufarbeitungsmöglichkeit von Problemen und Konflikten**. Dabei geht es um ein symbolisches Ausleben von unverarbeiteten Konflikten: Im Spiel werden die dem Erleben und Verhalten zugrunde liegenden Konflikte aufgedeckt und bearbeitet. Durch das Spielen von Ängsten und Problemen können diese thematisiert und bisher nicht zugängliche Bewältigungsstrategien gefunden werden. Vor allem bei Kindern und Jugendlichen geht es neben dem motorischen Entladen, wie etwa beim Rollenspiel, um ein symbolisches Ausleben von unverarbeiteten Konflikten durch Spielen, Malen, Basteln, Bauen und dergleichen.

> So zum Beispiel traktierte in der Therapie ein 10-jähriger Junge, der sich fortwährend mit Autoritäten anlegte und deshalb oft scheiterte, ständig einen Teddybären, der an Stelle seines Vaters stand. Dieser verleugnete ihn nämlich als seinen eigenen Sohn, was für den Jungen offensichtlich einen Konflikt bedeutete. Durch dieses Traktieren konnte der Junge diesen Konflikt aufarbeiten und dadurch seine Störung abbauen.

- **Verhaltenstherapie**

Die Verhaltenstherapie geht davon aus, dass die Störung im Laufe des Lebens erlernt worden ist und auch wieder verlernt werden kann. Gegenstand therapeutischer Veränderungsversuche ist hier also das problematische Verhalten selbst. Das Symptom selbst, welches das unangepasste Verhalten darstellt, ist die Störung. Das therapeutische Ziel ist demnach der **Abbau des unerwünschten Verhaltens und der Aufbau erwünschten Verhaltens durch gezielte Lernhilfen**. Die Verhaltenstherapie stellt nicht eine in sich geschlossene Vorgehensweise dar, sie besteht aus unterschiedlichen Behandlungsverfahren, die auf verschiedenen Lerntheorien beruhen.[1]

---

[1] vgl. hierzu Kapitel 6.1.4 und 6.2.5

- **Gesprächspsychotherapie**

Wissenschaftliche Grundlage der Gesprächspsychotherapie bildet die **personenzentrierte Theorie** von *Carl Rogers*. Ziel ist nach *Rogers*, dass der Mensch *sich findet, dass er selbst wird*. Dabei geht es darum, dass der Klient „die falschen Fassaden, die Masken oder die Rollen" fallen lässt, „mit denen er bislang dem Leben begegnet ist" *(Rogers, 2000[13], S. 115)*.

Handlungsleitend ist demnach *die Orientierung am Klienten*, mit der Absicht, dem **Individuum zu einem besseren Verständnis über sich selbst und zu größerer Unabhängigkeit zu verhelfen**, damit es sich entwickeln und somit gegenwärtige und künftige Probleme besser lösen kann. Der Therapeut konzentriert sich darauf, den Klienten so zu sehen, wie dieser sich selbst sieht. Der Erfolg ist bei der Gesprächspsychotherapie nicht von der Beherrschung bestimmter Techniken abhängig, sondern von den in der Kommunikation mit dem Klienten deutlich spürbaren **Haltungen** des Therapeuten. Es kommt nach Carl Rogers dann beim Klienten zu Veränderungen, wenn der Therapeut **positive Beachtung** zeigt, die sich in **Wertschätzung, Verstehen (Empathie)** und **Echtheit** äußert.[1]

- **Systemische Therapie**

Die systemische Therapie, die sich nicht als einheitliche Therapierichtung darstellt, geht davon aus, dass sich **Erlebens- und Verhaltensstörungen in den wechselseitigen Beziehungen, in denen ein Mensch lebt, entwickeln und aufrechterhalten**. Der *systemischen Familientherapie*, eine der bekanntesten Formen der systemischen Therapie, liegt die Annahme zugrunde, dass bei Erlebens- und Verhaltensstörungen Beziehungsprobleme in der Familie vorliegen. Es steht deshalb nicht die Störung des Individuums als solche im Mittelpunkt der Behandlung, sondern die Vorgänge und Beziehungen in der Familie und ihrem Umfeld. Eine Änderung der Beziehungen hat auch eine Änderung des Erlebens und Verhaltens des Einzelnen und damit auch der Störung zur Folge.

In die Therapie werden alle Mitglieder der Familie einbezogen, nötigenfalls auch noch andere Personen, die Einfluss auf die Familie haben. Hierbei geht man davon aus, dass die gesamte Familienkonstellation für das betroffene Kind in seiner Summe zu einer unerträglichen Situation geworden ist und nur aufgelöst werden kann, wenn sich in den Beziehungen etwas ändert.

- **Gruppentherapie**

Die Gruppentherapie unterscheidet sich von der Einzeltherapie dahingehend, dass nicht der Einzelne, das Individuum, im Mittelpunkt steht, sondern der Gruppenprozess, der für den Abbau von Erlebens- und Verhaltensstörungen nutzbar gemacht wird. Dabei wird davon ausgegangen, dass durch Gruppenerfahrungen Menschen mit persönlichen zudem sozialen Problemen geholfen werden kann. In der Gruppensituation können Konflikte und Probleme besprochen werden, zudem eröffnen die Erfahrungen der Gruppenmitglieder neue Möglichkeiten der Verarbeitung. In der Gruppe können soziale Bedürfnisse wie zum Beispiel die Überwindung von Einsamkeit, das Erfahren eines Selbstwertgefühls, das Gefühl des Verstandenwerdens oder der Aufbau von Selbstvertrauen befriedigt werden.

- **Logopädie**

Die Logopädie ist eine Therapieform, in der es um die Erfassung, Vorbeugung und Behandlung von Sprach-, Stimm- und Hörstörungen geht, die den Menschen in seiner Verständigung und Mitteilung beeinträchtigen wie zum Beispiel Stammeln, Stottern, Lispeln.

---

[1] vgl. Kapitel 8.2.1

*Die Logopädie ist nicht zu verwechseln mit der **Logotherapie** von Victor E. Frankl, bei der es um Ich-Bewusstsein, Annahme und Akzeptanz seiner selbst und vor allem um Sinnsuche für das eigene Dasein geht.*

– **Physikalische Therapien**

Physikalische Therapien gehen davon aus, dass – aufgrund der engen Wechselbeziehung zwischen seelischen und körperlichen Vorgängen – durch körperliche Aktivitäten Erleben und Verhalten beeinflusst werden können. Da Körperhaltung und Bewegung auch Stimmungen und Gefühle ausdrücken, kann in der Einzelbehandlung und in der Gruppe das soziale Verhalten über Körperstimulation, körperliche Aktionen oder über die Reflexion des Gruppengeschehens verändert werden. Die in diesem Zusammenhang bekannteste Therapieform ist die **Mototherapie**, eine bewegungsorientierte Methode zur Behandlung von Auffälligkeiten im psychomotorischen und/oder im Verhaltensbereich. Die **Ergotherapie** ist eine Beschäftigungstherapie und hilft und begleitet Menschen jeden Alters, die in ihrer Handlungsfähigkeit eingeschränkt oder von Einschränkung bedroht sind.

– **Entspannungsverfahren**

Die Psychologie geht davon aus, dass Entspannungsverfahren wie Atemübungen, Muskelentspannungstraining oder Bewegungstraining Voraussetzungen schaffen, dass der Mensch Zugang zu seinen positiven Kräften findet. Grundannahme ist dabei, dass sich der gesamte Organismus ändert, wenn Menschen einen Vorgang des gesamten Systems normalisieren – etwa durch Entspannung der Muskeln oder Normalisierung der Atmung.

> *„Das ist das Faszinierende: Über die Normalisierung der Atmung oder über die Entspannung der Muskeln haben wir gleichsam einen Zugriff zum Sympathischen Nervensystem und können seine Überaktivität samt den körperlichen Folgen vermindern."*
>
> (Tausch, 2006[14], S. 265)

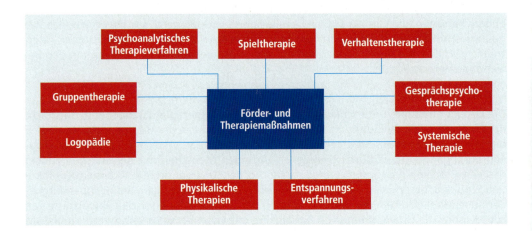

Elternberatung und Elterntraining

Elternarbeit ist eine unerlässliche Voraussetzung für eine effektive Arbeit mit erlebens- und verhaltensgestörten Kindern und Jugendlichen. Der Behandlungserfolg hängt nicht zuletzt davon ab, inwieweit die Eltern bereit sind mitzumachen und mit dem Therapeuten zusammenarbeiten. Dabei ist die Elternarbeit als ein gemeinsamer Lernprozess zu sehen, in welchem Ziele und Maßnahmen in der Erziehung, Probleme und Konflikte sowie mögliche Veränderungen in der Erziehung bzw. in den familiären Beziehungen und dem Familienleben erörtert werden.

Die Einbindung der Eltern in den Therapieprozess erfordert eine bestimmte Bereitschaft und ein Engagement von ihnen. Oft ist hierzu ein **Elterntraining** erforderlich, welches die Kompetenzen der Familie dahingehend stärken will, dass sie zur Optimierung der Lebens- und Entwicklungsbedingungen des erlebens- und verhaltensgestörten Kindes bzw. Jugendlichen in einem erheblichen Maße beitragen kann. Ein solches Elterntraining ist zum Beispiel das **Empowerment-Konzept**, welches die Autonomie der Eltern stärken und sie dazu befähigen will, ihre familiäre Situation eigenverantwortlich und selbstständig zu bewältigen.

Schule für Erlebens- und Verhaltensgestörte sowie Heimunterbringung

Kann eine vorliegende Erlebens- und Verhaltensstörung im familiären und sozialen Umfeld nicht abgebaut werden, so ist die Einweisung in eine Förderschule zur Erziehungshilfe oder in ein Heim angezeigt. In diesen Institutionen wird häufig im Sinne einer der genannten psychologischen Richtungen gearbeitet.

Ziel dieser Maßnahmen ist es, eine frühe Rückeingliederung in die gewohnte Umgebung zu ermöglichen. Häufig zeigt sich, dass mit dem Abbau von Erlebens- und Verhaltensstörungen bei vielen Schülern auch die Lernstörungen zurückgehen und Lerndefizite ausgeglichen werden können.

Zusammenfassung

- Heil- bzw. Sonderpädagogik ist die Theorie und Praxis der Erziehung von Menschen, bei denen spezielle Lern- und Erziehungshilfen notwendig sind. Sie wird als Disziplin der Pädagogik unter dem Aspekt von speziellen Erziehungshilfen bei Lern- und Erziehungshindernissen gesehen und bezieht sich auf alle Kinder, Jugendlichen und Erwachsenen mit besonderem Lern- und Erziehungsbedarf sowie auf alle Erziehungsinstitutionen mit speziellem Erziehungsauftrag. Dabei ist nicht nur die pädagogische Praxis gemeint, sondern auch die Theorie über die Erziehung von beeinträchtigten Menschen. Gegenstand der Heilpädagogik sind zum einen Behinderungen und zum anderen Erlebens- und Verhaltensstörungen.

- Behinderung ist die Bezeichnung für eine längerfristige Beeinträchtigung im Erleben und Verhalten einer Person, in ihrem Lebensvollzug und/oder in ihrer Teilhabe am gesellschaftlichen Leben, die Folge einer funktionellen Schädigung ist und besondere gesellschaftliche Hilfen erforderlich macht. Entsprechend der unterschiedlichen Schädigungen kann man verschiedene Arten der Behinderung unterscheiden: geistige, Lern-, Sprach-, Sinnes- und Körperbehinderung. Liegt bei einer Person eine Behinderung vor, so spricht man von Einfachbehinderung, sind jedoch bei einer Person mehrere Behinderungen vorhanden, so spricht man von einer Mehrfachbehinderung. Weiterhin ist auch zu unterscheiden zwischen einer Primärbehinderung und einer Folgebehinderung, die oft auch Sekundärbehinderung genannt wird.

- Bezüglich der Schädigungen als Ursachen von Behinderungen wird unterschieden zwischen Ursachen, die vor der Geburt (pränatal), während des Geburtsvorgangs (perinatal) und nach der Geburt (postnatal) in Erscheinung treten. Darüber hinaus sind auch Unfälle und Krankheiten, die sich im späteren Leben ereignen, traumatische Hirnschäden und Störungen der Blutversorgung oder Hirnkrankheiten eine wichtige Ursachengruppe für die Entstehung von Behinderungen. Folgeerscheinungen von Behinderungen sind eine persönliche Lebenserschwerung, eine soziale Beeinträchtigung sowie schulische und berufliche Probleme.

- Bei der Feststellung einer Behinderung spielt die Normvorstellung der Beurteilenden eine wichtige Rolle. Die normenbezogene Betrachtungsweise wirft für die Behinderten Probleme auf:
  - Nicht normenkonformes Verhalten wird negativ eingeschätzt und negativ sanktioniert,
  - Probleme der Diskriminierung und Ablehnung entstehen aus dem Verhältnis von Mehrheit und Minderheit zu Ungunsten der Minderheit,
  - Normenverletzendes Verhalten wird von dem Betroffenen selbst als solches empfunden mit all seinen negativen Folgen für sein Selbstbild und -wertgefühl,
  - Durch Stigmatisierung bilden sich negative Einstellungen und Vorurteile gegenüber dem Träger eines Stigmas aus, so dass man sich bei der Begegnung von diesem abwendet.

- Lernhilfen in der Arbeit mit Behinderten beziehen sich auf die Förderung gestörter Funktionen und die Entfaltung von kompensatorischen Möglichkeiten. Aufgabenfelder der Behindertenarbeit sind Früherkennung, Frühförderung, Förderschule, Berufsausbildung und Integration.

- Erlebens- und Verhaltensstörung bezeichnet eine erhebliche und längerfristige Beeinträchtigung im Erleben und Verhalten einer Person, in ihrem Lebensvollzug und/oder in ihrer Teilhabe am gesellschaftlichen Leben, die nicht auf organische Ursachen zurückzuführen ist und besondere pädagogische bzw. psychologische Maßnahmen erforderlich macht. Vorgeburtliche, soziokulturelle, ökonomische und familiäre Faktoren sowie Fehlformen in der Erziehung und individuelle Erlebnisse können eine Erlebens- und Verhaltensstörung bewirken und an ihrer Entstehung beteiligt sein. Erklären lässt sich ihre Entstehung mithilfe verschiedener Verhaltenstheorien wie tiefenpsychologische Theorien, Lerntheorien, kognitive Theorien, humanistische und systemische Theorien.

- Liegt eine Erlebens- und Verhaltensstörung vor, dann können verschiedene Maßnahmen eingeleitet werden wie Förder- und Therapiemaßnahmen mit den betroffenen Kindern bzw. Jugendlichen, Elternberatung und Elterntraining sowie Schule für Erlebens- und Verhaltensgestörte und Heimunterbringung. Förder- und Therapiemaßnahmen können das psychoanalytische Verfahren, die Spieltherapie, die Verhaltenstherapie, die Gesprächspsychotherapie, die systemische Therapie, Gruppentherapie, physikalische Therapien und Entspannungsverfahren sein.

Aufgaben und Anregungen Kapitel 13

Aufgaben

1. Bestimmen Sie den Begriff „Heil- bzw. Sonderpädagogik".
   (Abschnitt 13.1.1)

2. Zeigen Sie an je einem Beispiel den Gegenstand der Heil- bzw. Sonderpädagogik auf.
   (Abschnitt 13.1.2)

3. Bestimmen Sie den Begriff „Behinderung" und erläutern Sie diesen am Beispiel einer Behinderungsart.
   (Abschnitt 13.2.1 und 13.2.2)

4. Beschreiben Sie an je einem Beispiel verschiedene Arten von Behinderung.
   (Abschnitt 13.2.2)

5. Erläutern Sie an zwei Beispielen, wie aus einer Schädigung eine Behinderung entstehen kann.
   (Abschnitt 13.2.2)

6. Zeigen Sie an einem Beispiel den Unterschied zwischen einer Primär- und einer Sekundärbehinderung auf.
   (Abschnitt 13.2.2)

7. Stellen Sie unterschiedliche Schädigungen als Ursachen von Behinderungen dar.
   (Abschnitt 13.2.3)

8. a) Erläutern Sie mögliche Ursachen einer von Ihnen ausgewählten Behinderung (zum Beispiel geistige Behinderung, Lernbehinderung).
   b) Zeigen Sie am Beispiel dieser ausgewählten Behinderung das Zusammenwirken mehrerer Ursachen, das eine solche entstehen lässt.
   (Abschnitt 13.2.3)

9. Beschreiben Sie an verschiedenen Beispielen aus Ihrem Lebensbereich mögliche Folgen einer Behinderung.
   (Abschnitt 13.2.4)

10. Die normenbezogene Betrachtungsweise wirft für die Behinderten Probleme auf. Erläutern Sie diese Probleme.
    (Abschnitt 13.2.5)

11. „Behindert ist man nicht – behindert wird man"
    Nehmen Sie zu dieser Aussage von *Hans-Günter Heiden* (1997, S. 13) Stellung unter Berücksichtigung der normenbezogenen Betrachtungsweise und der Stigmatisierung von Behinderten.
    (Abschnitt 13.2.5)

12. Erläutern Sie Aufgabenfelder der Behindertenarbeit.
    (Abschnitt 13.3)

13. Begründen Sie, warum
    a) Früherkennung und Frühförderung so wichtige Aufgaben in der Arbeit mit Behinderten sind.
    b) Integration eine so wichtige Aufgabe in der Arbeit mit Behinderten ist.
    (Abschnitt 13.3.1 bzw. 13.3.3)

14. Bestimmen Sie den Begriff „Erlebens- und Verhaltensstörung" und stellen Sie an einem Beispiel den Unterschied zwischen einer Behinderung und einer Erlebens- bzw. Verhaltensstörung dar.
    (Abschnitt 13.4.1 und 13.2.1)

15. Stellen Sie ein Beispiel für eine Angststörung dar und zeigen Sie an dieser auf, dass es sich dabei um eine solche handelt.
    (Abschnitt 13.4.1)

16. Beschreiben Sie eine Erlebens- und Verhaltensstörung (zum Beispiel eine Kontaktstörung, gesteigerte Aggressivität) und zeigen Sie deren mögliche Ursachen auf.
    (Abschnitt 13.4.2)

17. Zeigen Sie mögliche Ursachen einer Erlebens- und Verhaltensstörung auf und erläutern Sie an einem Beispiel, wie durch das Zusammenwirken mehrerer Ursachen eine solche entstehen kann.
    (Abschnitt 13.4.2)

18. Legen Sie an einem Beispiel dar, welches Erzieherverhalten maßgeblich an der Entstehung von Erlebens- und Verhaltensstörungen beteiligt sein kann.
    (Abschnitt 13.4.2)

19. Beschreiben Sie eine Erlebens- und Verhaltensstörung (zum Beispiel hohe Ängstlichkeit, gesteigerte Aggressivität) und erklären Sie die Entstehung dieser mithilfe einer Theorie. Stellen Sie dabei die relevanten Aussagen dieser Theorie dar.
    (Abschnitt 13.4.3 und *Kapitel 5* oder *Kapitel 6*)

20. Zeigen Sie verschiedene Maßnahmen zur Behandlung von Erlebens- und Verhaltensstörungen auf.
    (Abschnitt 13.4.4)

21. Fallbeschreibung „Jan"
    Frau Elsner, Jans Mutter, wurde vom Hausarzt an die integrierte Beratungsstelle einer Kinder- und Jugendpsychiatrie überwiesen. Bei dem ersten Gespräch stellte sich die Situation nach den Ausführungen der Mutter folgendermaßen dar:
    Ihren Sohn Jan gebar sie nach sieben Monaten einer Risikoschwangerschaft. Damals wussten die Ärzte noch nichts von einer Behinderung. Da Herz und Lunge nicht arbeiteten, war man zunächst froh, dass das Kind überlebte und drei Monate später anscheinend gesund aus der Klinik entlassen wurde. Erste Beobachtungen von Auffälligkeiten machte die Mutter einige Wochen später. Sie stellte fest, dass Jan zwar auf Geräusche und Ansprache reagierte, nicht aber auf ein Lächeln von ihr. Auch wenn sie die Rassel vor ihm hin und her bewegte, so folgte er ihr nicht mit den Augen. Dies versetzte sie und ihren Mann in große Unruhe. Weitere ärztliche Untersuchungen bestätigten dann die heimliche Furcht der Eltern, dass Jan blind sei. Frau Elsner erinnert sich noch genau an den Schock an diesem Tag und an die Belastungen der nachfolgenden Zeit. Ihre Gefühle wechselten zwischen Hoffnung und Verzweif-

lung; manchmal konnte oder wollte sie die neue Diagnose nicht wahrhaben. Sie befragte andere Experten, aber ohne die erhoffte Beruhigung zu erhalten, die sie in dieser Zeit so benötigte.

Sie wusste nicht mehr, wie sie mit dem Kind umgehen sollte. Ebenso wie sie war auch ihr Mann mit dem Problem überfordert. Sie traute sich lange Zeit nicht, ihrer eigenen Mutter von der Situation von Jan zu erzählen. Zu deutlich hatte sie noch deren abwertende Bemerkungen über ein stotterndes Kind aus der Nachbarschaft im Ohr.

Zu diesen belastenden Gefühlen und Einstellungen kamen zunehmend Erschwernisse in der Betreuung von Jan. Der Junge schrie oft so laut, dass es die Nachbarn hörten. Allmählich gab es kaum eine Nacht, in der sie richtig durchschlafen konnte. Jan ließ sich beruhigen, wenn sie ihn streichelte oder ihm etwas vorlas. Oft musste sie so lange vorlesen, bis der Junge einschlief – und das konnte sehr lange dauern. Danach war sie selbst so müde, dass sie nicht mehr in der Lage war, ihren Haushalt in Ordnung zu bringen und für sich selbst etwas zu tun. Jans allgemeine Entwicklungsfortschritte waren gering, verglichen mit denen anderer Kinder aus dem Bekanntenkreis.

Allmählich befand sie sich am Rande eines seelischen und körperlichen Zusammenbruchs. Sie fühlte sich allein gelassen, im Innersten verunsichert und überfordert, ihr Mann war tagsüber in der Arbeit, so dass sie mit ihm die drängenden Probleme nicht besprechen konnte. In diesem Zustand begann sie, das Kind immer wieder für lange Zeit sich selbst zu überlassen.

Zu den bisherigen Auffälligkeiten in der Entwicklung des Jungen kam hinzu, dass der Junge begann, sich mit der Hand an den Kopf zu schlagen. Die Mutter lief immer sofort zu ihm und versuchte ihn mit einem Spiel abzulenken, damit er davon ablasse. Doch sobald sie sich entfernte, begann er kurze Zeit danach, sich wieder an den Kopf zu schlagen. Als der Junge schließlich laufen konnte, stieß er sich in unbeaufsichtigten Augenblicken häufig an Möbelkanten, oder er stolperte über irgendwelche Gegenstände, die im Zimmer umherlagen. Dabei erschrak er jedes Mal sehr. Manchmal verletzte er sich. Nach einiger Zeit wurde er auffallend ängstlich und traute sich nicht mehr zu, allein in der Wohnung umherzugehen, sondern wollte nur noch von der Mutter geführt werden.

a) Bestimmen Sie die Begriffe „Behinderung" sowie „Erlebens- und Verhaltensstörung" und zeigen Sie auf, dass bei Jan eine Behinderung und eine Verhaltensstörung vorliegen.
 (Abschnitt 13.2.1 und 13.4.1)
b) Beschreiben Sie mögliche Ursachen, die zu Jans Beeinträchtigung geführt haben könnten.
 (Abschnitt 13.2.3 und 13.4.2)
c) Zeigen Sie anhand der Fallbeschreibung die Problematik des Behinderungsbegriffes auf.
 (Abschnitt 13.2.5)
d) Erläutern Sie Möglichkeiten, wie Jan geholfen werden könnte.
 (Abschnitt 13.3 und 13.4.4)

Anregungen

22. Fertigen Sie in Gruppen ein Clustering zu dem Thema „Erziehung unter besonderen Bedingungen" an: Schreiben Sie in die Mitte eines größeren Blattes das Thema in einen Kreis und notieren Sie zunächst den ersten Gedanken, den Sie zu diesem Thema haben, und verbinden Sie ihn mit dem Mittelkreis. Dann schreiben Sie alle weiteren Gedanken zum Thema auf dieselbe Weise auf das Blatt und verbinden jeden Kreis mit dem vorigen durch einen Strich.

23. Versuchen Sie zusammen mit einem oder mehreren Klassenkameraden mit verbundenen Augen durch das Schulhaus zu gehen. Lassen Sie sich dabei führen. Tauschen Sie dann in der Klasse Ihre Erfahrungen aus.

24. Versuchen Sie in einem Rollenspiel eine Spieltherapiesituation nachzuspielen, in der ein Kind
    - nicht sprechen will, sich zurückzieht, oder
    - aggressiv gegenüber einem anderen Kind ist.

    Folgende Vorgaben sind gegeben: Die Mutter ist überlastet, weil sie tagsüber arbeitet und wenig Zeit für das Kind hat; der Vater ist sehr leistungsorientiert und macht die Mutter für das Problem verantwortlich; die Großmutter verwöhnt das Kind.

25. Besuchen Sie eine Einrichtung der Heil- bzw. Sonderpädagogik, z. B. eine Sonderschule, oder ein Heim für behinderte Kinder und Jugendliche. Erkundigen Sie sich dabei
    - nach den Aufgaben bzw. Zielen dieser Einrichtung,
    - nach Formen erzieherischer Arbeit – wie versucht die Einrichtung ihren Aufgaben gerecht zu werden bzw. ihre Ziele zu erreichen,
    - nach dem Aufbau bzw. der Organisation der Einrichtung sowie
    - nach Chancen, Problemen und Grenzen der erzieherischen Arbeit in dieser Einrichtung.

    Sichten und werten Sie die Ergebnisse in Gruppen aus. Die Ergebnisse können in einer Wandzeitung präsentiert werden. Die Reflexion und die kritischen Anmerkungen können im Klassenverband erfolgen.

26. Nehmen Sie Kontakt mit einer benachbarten Sonderschule bzw. Reha-Einrichtung auf, und besprechen Sie mit den Betroffenen und dem Personal Probleme, die aufgrund der Behinderung und der Sondereinrichtung entstehen.

27. *Behindertengerechtes Wohnen*
    - Zeichnen Sie in Kleingruppen einen Plan, wie Sie Ihre Wohnung behindertengerecht umändern können.
    - Stellen Sie auch einen Finanzierungsplan über den Umbau der Wohnung auf.
    - Hängen Sie Ihren Plan an die Pinnwand und erläutern Sie ihn in Ihrer Klasse.

Mensch und Sexualität

14

Amor und Psyche

Die Griechen schrieben jedes sexuelle Verlangen dem Wirken des jungen, verspielten mächtigen Gottes Eros[1] zu. Sich seiner Umarmung zu widersetzen wäre nicht nur sinnlos, sondern auch ein Frevel gewesen.

Folgende Fragen werden in diesem Kapitel geklärt:

1. Was verstehen wir unter Sexualität?
   Welche Vorstellungen gibt es vom Wesen der menschlichen Sexualität?

2. Welche Funktionen erfüllt die Sexualität?

3. Was meint man mit Sexualpädagogik, was mit Sexualerziehung?
   Vor welchen zentralen Aufgaben steht die Sexualerziehung?

4. Welche zeitgenössischen Probleme muss die Sexualerziehung heute bewältigen?

---

[1] Eros (griech.): Liebe(sverlangen) – vgl. Abschnitt 14.1.1

14.1 Sexualität und Sexualpädagogik

In der Geschichte und auch in der Gegenwart wurden kaum so viele Irrtümer über menschliche Verhaltensweisen verbreitet als gerade auf dem Gebiet der menschlichen Sexualität. Dies liegt vor allem daran, dass sie sehr stark von ethisch-moralischen und politisch-weltanschaulichen Überzeugungen beeinflusst ist. Solchen Ansichten liegt jeweils eine bestimmte Vorstellung vom Wesen der Sexualität zugrunde. Diese prägt zusammen mit den vorherrschenden gesellschaftlichen Normen und Werten die Sexualpädagogik, Sexualerziehung und die sexuelle Sozialisation von Menschen.

14.1.1 Der Begriff der menschlichen Sexualität

Angesichts der Komplexität[1] menschlicher Sexualität, ihrer vielfältigen Äußerungsformen und ihrer noch immer wenig detailliert geklärten Grundlagen bereitet es große Schwierigkeiten, überhaupt zu bestimmen, was Sexualität genau ist. Dort, wo bisher solche Versuche unternommen worden sind, weisen sie kaum Gemeinsamkeiten auf. Auch heute noch gibt es zahlreiche Abhandlungen über Sexualität, ohne dass die Autoren versuchen, den Begriff klar und umfassend zu klären. Eng verbunden mit der Frage, was menschliche Sexualität überhaupt ist, versuchten zahlreiche Forscher herauszufinden, wodurch Personen zu sexuellem Handeln motiviert werden.

In der Vergangenheit gingen einige Forscher in diesem Zusammenhang davon aus, dass Sexualität entweder ausschließlich durch Triebe gesteuert wird, während andere glaubten, Sexualität beruhe nur auf Lernprozessen. Diesen sehr einseitigen Sichtweisen wird heute das sog. **Zwei-Komponenten-Modell** entgegen gesetzt, welches sowohl die Bedeutung von Umweltreizen bzw. Lernprozessen für das sexuelle Erleben und Verhalten als auch dessen biologische Grundlagen betont.

Nach *Gunter Schmidt (1983, S. 72)* setzt sich sexuelle Motivation aus den beiden Bestandteilen der Erregbarkeit und der Erregung zusammen. Dabei geht er davon aus, dass Menschen eine individuell unterschiedliche Bereitschaft zeigen, auf Reize sexuell zu reagieren, und bezeichnet dies als Erregbarkeit.

> Ein innerer Reiz könnte dabei die Wirkung bestimmter Sexualhormone oder eine sexuelle Fantasie sein, ein äußerer dagegen der Anblick eines nackten Menschen.

Diese Erregbarkeit ist ihrerseits die Voraussetzung für sexuelle Erregung, dem momentanen Niveau sexuellen Angesprochenseins. Erregbarkeit und Erregung ergeben nach Vorstellung *Schmidts* die sexuelle Motivation. Hierbei spielen sowohl gemachte Erfahrungen bzw. Lernprozesse eine wichtige Rolle als auch körperliche Gegebenheiten.

> Der Duft eines bestimmten Parfüms kann für einen Mann bereits ein Reiz sein, der sexuelle Erregung bei ihm bewirkt und ihn veranlasst, die entsprechende Frau anzusprechen. Sein Freund findet denselben Geruch eher abstoßend und wird dadurch weder erregt noch sucht er Kontakt.

Die unterschiedliche Erregbarkeit, die beim einen zur Erregung führt, beim anderen jedoch nicht, kann auf Erfahrungen zurückgeführt werden.

> So könnte zum Beispiel der erste Mann an seine Freundin erinnert werden, während dem zweiten Mann sofort seine Chefin einfällt, die er nicht leiden kann.

---

[1] *komplex (lat.): vielschichtig, vieles umfassend*

Sexualität erscheint aus dieser Sicht als eine Energie, die auf der Grundlage von Trieben bzw. Triebanteilen beruht und durch vielfältige sozial sowie kulturell bedingte Erfahrungen beeinflusst wird. Sie ermöglicht dem Menschen ein lustbetontes Agieren und Reagieren auf bestimmte innere Reize, wie zum Beispiel Fantasien, und äußere Reize, wie etwa der Anblick nackter Menschen.

> Menschliche Sexualität ist die Fähigkeit und Bereitschaft einer Person, auf der Grundlage von Triebanteilen und Erfahrungen auf innere und äußere (erotische) Reize mit lustbetonter Erregung zu reagieren.

Sexualität in diesem Sinne bleibt keineswegs beschränkt auf den Bereich der Genitalien. Sie ist vielmehr Ausdruck von Lustempfindungen, die durch Fantasien, Erinnerungen, Körper- und Hautkontakt und vielem anderen mehr entstehen und sich entfalten können. Sie umfasst Wünsche nach Zärtlichkeit und Anerkennung ebenso wie das menschliche Streben nach Geborgenheit. Sie erfüllt dabei eine Reihe wichtiger, sinnstiftender Aufgaben bzw. Funktionen im menschlichen Leben.[1]

*Sehr eng mit dem Terminus der Sexualität hängen die Begriffe **Eros** und **Sexus**[2] zusammen. Eros ist im griechischen Mythos der Gott der Liebe, in der Psychoanalyse bezeichnet Eros den Lebenstrieb, der die Selbst- und Arterhaltung, Überleben, Weiterleben und Fortpflanzung zum Ziel hat – im Gegensatz zum Todestrieb, dem Thanatos[3]. **Erotisch** bedeutet Sinnlichkeit und Liebeslust und meint im weitesten Sinn alle Formen der Liebe. Erotisch drückt sich nicht unbedingt in sexuell-genitalen Handlungen aus, sondern eher in bildlicher und symbolischer Umsetzung der Sexualität zum Beispiel in Mode, Werbung, Kunst, Bild oder Literatur. Sexus, im Volksmund einfach Sex genannt, wird in mehreren Bedeutungen verwendet: Zum einen bedeutet es die Geschlechtlichkeit und die in Medien (zum Beispiel in Film, Zeitschrift) verbreiteten Erscheinungsformen dieser; zum anderen meint man damit auch sexuell-genitale Handlungen, die etwa in dem Wort „Sex haben" zum Ausdruck kommen. Gelegentlich werden als Sex – im Gegensatz zur Sexualität, die Ausdruck der Gesamtperson und in das Personsein integriert ist – auch alle sexuellen Handlungen[4] verstanden, die lediglich der Triebbefriedigung und Lustgewinnung dienen (vgl. hierzu Abschnitt 14.1.4). Das Wort Sex wird auch häufig im Zusammenhang mit „Sex-Appeal" gebraucht, womit eine (starke) erotische bzw. sexuelle Anziehungskraft auf eine andere Person gemeint ist. **Sexismus** drückt aus, dass ein Geschlecht – in den westlichen Ländern meist das männliche – dem anderen „von Natur aus" überlegen ist.*

14.1.2 Funktionen menschlicher Sexualität

Sexualität erfüllt im menschlichen Leben eine Reihe von Funktionen. Als die wichtigsten gelten dabei

- die **Fortpflanzungsfunktion**,
- die **Lustfunktion**,
- die **beziehungsstiftende Funktion**,
- die **Identitätsfunktion**.

---
[1]   *vgl. Abschnitt 14.1.2*
[2]   *Eros (griech.): Liebe(sverlangen); Sexus (griech.): das Geschlecht, die Geschlechtlichkeit betreffend*
[3]   *vgl. Kapitel 5.3.1*
[4]   *In diesem Zusammenhang wird der Begriff „sexuelle Handlungen" nicht im rechtlichen Sinne als Tatbestandsmerkmal für Sexualstraftaten verwendet, sondern für alle Handlungen, die auf der Grundlage der Sexualität stattfinden.*

Die **Fortpflanzungsfunktion** gilt seit langem als die zentrale Aufgabe von Sexualität. Sie dient dem Erhalt der menschlichen Art bzw. dem Fortbestand einer Gesellschaft, indem durch das Zeugen von Nachkommen der Anteil an Todesfällen ausgeglichen wird.

Angesichts der Weiterentwicklung von Technik, Medizin und Biologie trat und tritt die Fortpflanzungsfunktion der Sexualität im Laufe der Evolution immer mehr in den Hintergrund, andere Funktionen werden bedeutsamer.

Sexualität ist im Idealfall verbunden mit Erregung, Ekstase sowie körperlichem und psychischem Wohlbefinden aufgrund sinnlicher Erfahrungen. In diesem Sinne erfüllt sie die Funktion des **Lustgewinns**. Diesen Lustgewinn können schon der Säugling und das Kleinkind erleben.[1]

In Fällen, in denen sexuelles Verhalten nicht auf sich selbst beschränkt bleibt[2], findet sie im **Austausch mit einem oder mehreren Partnern** statt. Damit beinhaltet sie die Möglichkeit einer Beziehungsaufnahme und -gestaltung mit anderen Menschen. Im Verlauf solcher Beziehungen tauschen die Personen eine Vielzahl von Informationen aus und beeinflussen sich gegenseitig in ihrem Erleben und Verhalten. Damit wird Sexualität zu einer bedeutenden **beziehungsstiftenden Form sozialer Kommunikation und Interaktion**.[3] Die von den Paaren erlebte Qualität ihrer sexuellen Beziehungen hat nach heutigen Erkenntnissen einen nicht zu unterschätzenden Einfluss auf die Gesamtzufriedenheit ihrer Beziehung.

> So genügt es in einer Beziehung gewöhnlich auf Dauer nicht, seinem Partner zu sagen, wie sehr man ihn liebt, und gleichzeitig jegliches sexuelle Interesse an ihm vermissen zu lassen.

Sexualität hat schließlich auch eine **identitätsstiftende Funktion**. Heutige Vorstellungen von Identität gehen dabei von drei Bestandteilen aus:

- dem Selbstbild eines Menschen,
- dem vermuteten Fremdbild,
- einer Zukunftsperspektive.

Aufgrund positiver oder negativer sexueller Erfahrungen gewinnt ein Mensch allmählich in diesem Bereich ein Bild von sich selbst, über seine Stärken und Schwächen, Vorlieben und Abneigungen (*Selbstbild*).

> So kann sich zum Beispiel ein Mädchen für hübsch und begehrenswert, gleichzeitig jedoch auch für sehr schüchtern halten.

Diese Vorstellungen über die eigene Person werden ergänzt von Annahmen darüber, wie wohl andere Menschen die eigene Person sehen (*vermutetes Fremdbild*).

> Das Mädchen glaubt beispielsweise, andere sähen in ihr ein „Mauerblümchen", das durch seine Schüchternheit nie einen Freund finden werde.

Diese beiden „Bilder" beeinflussen auch das zukunftsbezogene Denken und Handeln des Menschen, indem sie beim Festlegen von persönlichen Zielen Einfluss ausüben oder zukünftiges Verhalten danach ausrichten, dass es den angenommenen Erwartungen anderer Menschen entspricht (*Zukunftsperspektive*).

> So glaubt das Mädchen vielleicht, ihre Schüchternheit unbedingt überwinden zu müssen, weil sie darin die Ursache für ihr Singledasein sieht und weil ihre Bekannten wahrscheinlich von ihr weniger Reserviertheit erwarten.

---

[1] vgl. Kapitel 5.3.3
[2] Sexuelles Verhalten, welches auf sich selbst bezogen ist, wird als **autoerotisch** bezeichnet.
[3] Diese beiden Begriffe sind in Kapiel 4.1.2 geklärt.

Die beiden letztgenannten Funktionen stehen in engem Zusammenhang. Dort, wo eine erfüllte Beziehung dem Menschen überwiegend positive Erfahrungen auch im sexuellen Bereich machen lässt, bestehen gute Chancen für den Aufbau einer starken, realitätsnahen Identität.

Die Sexualität des Menschen ist mehr als nur Fortpflanzung.

14.1.3 Die Ungerichtetheit der menschlichen Sexualität

Menschliche Sexualität ist **von Natur aus ungerichtet**: Infolge der Instinktreduktion des Menschen und seiner von Natur aus mangelhaften Ausstattung sind seine Strebungen nicht auf bestimmte, natürlich fixierte Ziele ausgerichtet.[1] Es gibt denn auch keine wissenschaftlich fundierten Erkenntnisse dafür, dass menschliche Sexualität durch den Sexualtrieb oder durch bestimmte Hormone festgelegt ist; sie ist bedingt durch die Werte und Normen, die in einer Gesellschaft vorherrschen.

> So lassen sich völlig unterschiedliche Sexualverhalten in verschiedenen Kulturen beobachten. Es gibt und gab Gesellschaften, in denen beispielsweise homosexuelle[2] Verhaltensweisen als ‚normal' gelten bzw. galten. Im islamischen Kulturkreis ist vorehelicher Geschlechtsverkehr für Frauen und Mädchen verboten, ein Mann darf mit mehreren Frauen verheiratet sein, Ehepartner werden teilweise auch heute von den Eltern ausgesucht. In Westeuropa steuern dagegen ganz andere Normen den Bereich der Sexualität.

Meist wird angenommen, der Mensch sei „von Natur aus" auf das andere Geschlecht bezogen – also heterosexuell[3] –, doch von Natur aus ist menschliche Sexualität „offen", also auf beide Geschlechter gerichtet. Die Natur des Menschen ist die ***Bisexualität***[4], die die grundlegende Form sexuellen Erlebens darstellt. Die Psychoanalyse nimmt eine prinzipielle Bisexualität bis etwa zur Pubertät an. Aufgrund bestimmter Erfahrungen zeigt sich dann in der Adoleszenz und im Erwachsenenalter mehr oder weniger stark orientiertes hetero- bzw. homosexuelles Verhalten.

---

[1] vgl. Kapitel 2.1.2 und 2.1.3
[2] *Homosexualität (griech.): Die sexuellen Verhaltensweisen sind auf Personen des gleichen Geschlechts gerichtet.*
[3] *Heterosexualität (griech.): Die sexuellen Verhaltensweisen sind auf Personen des anderen Geschlechts gerichtet.*
[4] *Bisexualität (griech.): Die sexuellen Verhaltensweisen sind auf Personen beiderlei Geschlechter gerichtet.*

Ausschließlich hetero- oder homosexuelles Verhalten ist auch im Erwachsenenalter seltener der Fall als gemeinhin angenommen wird, vielmehr sind Hetero- und Homosexualität keine voneinander unabhängigen Sexualformen, sie sind in jedem Menschen vorhanden. Der bekannte Forscher Alfred C. Kinsey (1894–1956) drückte es so aus: Es sei falsch, „zwischen zwei deutlich verschiedenen Gruppen, Heterosexuellen und Homosexuellen, zu unterscheiden. Man kann die Welt nicht in Schafe und Ziegen einteilen. Nicht alle Dinge sind schwarz oder weiß. ... Die Natur kennt keine scharfen Einteilungen. ... Je früher wir dies im Hinblick auf das menschliche Sexualverhalten lernen, um so eher werden wir die Wahrheit über die Sexualität erfahren." (zitiert nach Haeberle, 2000, S. 238)

> *„Der Mensch ist bisexuell sein Leben lang und bleibt es sein Leben lang, und höchstens erreicht dieses oder jenes Zeitalter als Konzession für seine modische Sittlichkeit hie und da, dass bei einem Teil ... die Homosexualität verdrängt wird, womit sie aber nicht vernichtet, sondern nur eingeengt ist."*
> (Groddeck, 1987[5], S. 215)

Die Sexualität des Menschen ist kein festgelegter Naturtrieb.

Ob der Einzelne eine positive oder negative, eine bejahende oder verneinende oder angstbesetzte Einstellung zu seiner Sexualität besitzt, ist von **bestimmten Erfahrungen, die das Individuum macht, abhängig**. Physiologische Grundlagen wie das Hormonsystem bilden zwar die Voraussetzung für sexuelles Erleben, sexuelle Verhaltensweisen werden jedoch im Laufe des Lebens erlernt, vorrangig in der frühen Kindheit.

> *„Der Mensch ist so sehr ein Kulturwesen, dass es unsinnig ist, von einer ‚Natur' des Menschen zu reden, da diese sich unter verschiedenen gesellschaftlichen Bedingungen ändert".*
> (Kentler, 1986, S. 10)

Die pädagogische Anthropologie[1] beschreibt den Menschen als ein erziehungsbedürftiges Wesen, das vielfache Unterstützung benötigt, um seine Persönlichkeit zu entfalten. Dies trifft auch auf das menschliche Sexualverhalten zu. Darin liegt einerseits die Möglichkeit und andererseits die Notwendigkeit einer Sexualerziehung begründet.

14.1.4 Die ganzheitliche Sichtweise der Sexualität

Im Gegensatz zur Psychoanalyse[2] geht die humane Sichtweise der Sexualität davon aus, dass sie **Ausdruck unserer Gesamtperson ist und nicht losgelöst von ihr betrachtet** werden kann. Jeder Organismus ist eine in sich geschlossene Einheit, und keine Lebensäußerung kann isoliert betrachtet werden. Sexualität lässt sich demnach nicht auf physiologische Gegebenheiten, auf Techniken des Sexualaktes und reine sexuelle Befriedigung begrenzen, sie stellt einen **integrierten Bestandteil der menschlichen Person** dar und ist dem Gesamtcharakter untergeordnet.

---

[1] Mit der pädagogischen Anthropologie beschäftigt sich ausführlich Kapitel 2.
[2] Die Sichtweise der Sexualität aus psychoanalytischer Sicht ist in Kapitel 5.3.1 dargestellt.

Die Sexualität des Menschen ist mehr als bloße Triebbefriedigung und reine Lustgewinnung.

Der Begründer der Individualpsychologie *Alfred Adler*, ein Vorläufer der humanistischen Psychologie, vertritt die Auffassung, dass sexuell bedingte neurotische Fehlentwicklungen durch die Herauslösung der Sexualität aus der Gesamtperson entstehen.

> Dies ist beispielsweise der Fall, wenn Sexualität mit Leistung gleichgesetzt wird. Die Angst, diese Leistung nicht vollbringen zu können, kann zur Entmutigung vor allem von Jugendlichen und so etwa zu Impotenz (= die Unfähigkeit, ein steifes Glied zu erlangen bzw. beizubehalten) oder Frigidität (= Unfähigkeit zum Orgasmus) führen.

> *„Eine volle sexuelle Befriedigung ... mag in bestimmten Fällen auch ohne tiefere seelische Beziehung eintreten, eine echte Lösung des Liebesproblems wird mir dort möglich sein, wo die Geschlechtlichkeit in das Person-Sein integriert ist und sich keines vom anderen zu lösen vermag."*
> (Hobmair, Treffer, 1979, S. 60)

14.2 Sexualpädagogik und Sexualerziehung

Erkenntnisse über menschliche Sexualität können uns verstehen lassen, was Sexualpädagogik und -erziehung ist und was sie will.

14.2.1 Die Begriffe „Sexualpädagogik" und „Sexualerziehung"

Sexualerziehung ist – wie in *Abschnitt 14.1.3* ausgeführt – notwendig, weil menschliche Sexualität von Natur aus auf kein Ziel gerichtet und im Gegensatz zur Tierwelt nicht durch Instinkte abgesichert ist. Dabei versteht man unter Sexualerziehung alle geplanten, absichtlich herbeigeführten Maßnahmen, die Eltern und andere Erzieher ergreifen, um die Sexualität von Heranwachsenden zu beeinflussen.

> So zum Beispiel handelt es sich um Sexualerziehung, wenn die Mutter mit ihrer Tochter darüber spricht, woher die Babys kommen.

Der Begriff Sexualerziehung hat sich überwiegend gegen die Bezeichnung „Geschlechtererziehung", „geschlechtliche Erziehung" und „sexuelle Aufklärung" durchgesetzt. Häufig werden sie jedoch synonym benutzt.

Die Sexualität von Heranwachsenden wird jedoch nicht nur durch gezielte erzieherische Maßnahmen gesteuert. Vielmehr bewirken Beobachtungen, Bücher, Filme, Gespräche mit Gleichaltrigen, elterliches Vorbild und vieles andere mehr das Entstehen von Werten, Normen, Wünschen und Verhaltensmustern im sexuellen Bereich, ohne dass dabei immer eine erkennbare erzieherische Absicht zugrunde liegt. Ein solches Zusammenwirken erzieherisch beabsichtigter und unbeabsichtigter Einflüsse auf die Sexualität des Menschen wird als **sexuelle Sozialisation bzw. Sexualisation** bezeichnet.

> So kann zum Beispiel ein Jugendlicher beim Ansehen eines Gewalt verherrlichenden Pornofilmes zu der Ansicht gelangen, Frauen würden durch sexuelle Gewalt besonders erregt, obwohl dies gar nicht in der Absicht des Produzenten lag.
>
> Ein Vater macht abfällige Bemerkungen über „die Frauen", um von seinen Freunden geachtet zu werden und kann so unbeabsichtigt Rollenklischees an seine Kinder weitergeben.

Die sexuelle Sozialisation stellt lediglich einen Teilbereich der allgemeinen Sozialisation[1] dar. Dabei erfolgen in der Regel wichtige Lernvorgänge im Bereich der Sexualität, wie ein Übernehmen geltender Normen und Werte, das Einüben spezieller sexueller Verhaltensweisen, die Akzeptanz einer Geschlechtsrolle und vieles andere mehr.

Wollen Eltern und andere Erzieher auf dem Gebiet der Sexualerziehung qualifizierte Arbeit leisten, so benötigen sie umfangreiches Wissen über Sexualität und methodische Fähigkeiten im Umgang mit diesem Thema. Innerhalb der Pädagogik befasst sich eine spezielle Teildisziplin, die **Sexualpädagogik**, mit Fragen der menschlichen Sexualität und Möglichkeiten ihrer erzieherischen Steuerung. Sie deckt dabei im Wesentlichen den Bereich der Forschung und Lehre auf diesem Gebiet ab.

> So bemüht sich beispielsweise auch heute noch die Sexualpädagogik um eine genauere Klärung dessen, was menschliche Sexualität ist, welche Rolle dabei Lernprozesse spielen und welche Folgen sich möglicherweise daraus für die Erziehung ergeben können.

> **Sexualpädagogik nennt man den Teilbereich der Pädagogik, der sich mit Aspekten der menschlichen Sexualität und den damit verbundenen erzieherischen Konsequenzen befasst.**

Eine genaue Unterscheidung zwischen Sexualerziehung und Sexualpädagogik erfolgt in der Literatur jedoch nur selten. Überwiegend werden beide Begriffe synonym benutzt.

14.2.2 Sexualerziehung und Aufklärung

In Fällen, in denen sexuelles Verhalten nicht auf sich selbst beschränkt bleibt, findet es im Austausch mit einem oder mehreren Partnern statt. Sexualität weist den jungen Menschen über sich selbst hinaus und steht in einem sozialen Bezug. Damit ist **Sexualverhalten gleichzeitig Sozialverhalten**: Es unterliegt sozialen Prozessen und sein Verlauf wird wesentlich davon beeinflusst, wie der Einzelne soziale Begegnungen verwirklicht.

Sexualverhalten ist also eine Form sozialen Verhaltens gegenüber anders- und gleichgeschlechtlichen Partnern, **Sexualerziehung ist damit immer Sozialerziehung**. Von daher kann Sexualerziehung nicht getrennt von der allgemeinen Erziehung gesehen werden; sie ist Bestandteil dieser und kann auch nur in diesem Rahmen geleistet werden. Sexuelles Verhalten ist denn auch vornehmlich bedingt durch die Werte und Normen, die in einer Gesellschaft vorherrschen, die aber nur im Rahmen einer allgemeinen Erziehung vermittelt und verinnerlicht werden können.

---

[1] Auf den Prozess der Sozialisation wird in Kapitel 4.2.2 eingegangen.

Sexualerziehung beinhaltet deshalb immer auch Erziehung zur Toleranz, zur Rücksicht und zum gegenseitigen Verstehen, zum Eingehen auf den anderen und zur Akzeptanz seiner Person sowie zur Fähigkeit, Konflikte so zu lösen, dass ihre Lösungen für die am Konflikt beteiligten Personen befriedigend wirken.

Damit ist Sexualerziehung auch zu unterscheiden von der bloßen ‚Aufklärung' über biologische Sachverhalte, Methoden und Praktiken des Sexualverhaltens. Eine solche Wissensvermittlung ist lediglich Teil einer umfassenderen Sexualerziehung.

„So schlecht kann das Wetter gar nicht sein, um eine Ausnahme zu machen."

Sexualerziehung ist mehr als bloße ‚Aufklärung'.

‚Aufklärung' ist als Teil einer umfassenderen Sexualerziehung notwendig und unerlässlich. Sie sollte nicht „zu spät" erfolgen, um mögliche Schwierigkeiten, die sich aus Unwissenheit über sexuelle Sachverhalte ergeben, zu verhindern.

> *„Es ist ein Unrecht, das sich außerordentlich leicht rächt, wenn man Kinder in der Unsicherheit über ihr Geschlecht länger als notwendig aufwachsen lässt."* (Adler, 2006[12], S. 311)

Die Tabuisierung der Sexualität, die in unserer Gesellschaft immer noch verbreitet ist, findet man meist auch bei Kindern und Jugendlichen. Den Erwachsenen, die aufgrund der Tabuisierung oft selbst Schwierigkeiten mit ihrer Sexualität haben, bereitet es oft Probleme, ihre Kinder auf diesem Gebiet zu erziehen. Vor allem die frühkindliche – und auch jugendliche – Sexualbetätigung irritiert viele Eltern, denn zum einen besteht bei den meisten Kindern schon sehr früh eine intensive sexuelle Aktivität, zum anderen wird in unserer Gesellschaft diese Aktivität zum Teil immer noch als Ausdruck früher Verdorbenheit oder Triebhaftigkeit gewertet. Das Erzeugen von Angst und Schuldgefühlen ist jedoch wenig hilfreich, da dies zu sexuellen Gehemmtheiten und zu einer negativen Einstellung zum Körper und zur Geschlechtlichkeit führen kann.

So zum Beispiel kann eine negative und schuldbeladene Bewertung („Da mag dich aber der liebe Gott nicht mehr!") des Spielens des Kindes an den Geschlechtsteilen zu Störungen im späteren Sexualverhalten führen.

Eine einheitliche Formel für Aufklärung gibt es jedoch nicht, schon wegen der Verschiedenartigkeit der Kinder und ihrer Umwelt, in der sie aufwachsen. Der Schlüssel zur wirklichen Hilfe ist dabei eine **positive emotionale Beziehung zum Kind, eine eigene positive Einstellung zur Sexualität und Aufrichtigkeit.** Das bedeutet, das Kind nicht zu belügen und seinen Fragen nicht auszuweichen, zu verstehen, was hinter seinen Fragen steht, und diese so zu beantworten, dass es das Gesagte auch verstehen kann. Dies bedeutet auch, sich selbst und anderen nichts aufzuzwingen.

Kinder und Jugendliche erwarten auf ihre Fragen keine Vorträge und Abhandlungen; sie wollen etwas wissen, was sie persönlich betrifft oder interessiert.

Eine sehr wichtige Funktion in der Sexualerziehung bildet das **Vorbild**: So, wie sich der Erzieher seinem Partner und anderen Menschen gegenüber verhält, so wird sich vermutlich auch das Kind später als Sexualpartner verhalten. Eine harmonische Familienatmosphäre, geprägt von Sensibilität, Verständnis und Rücksicht bilden somit die wichtigsten Voraussetzungen für eine effektive Sexualerziehung.

14.2.3 Ziele zeitgemäßer Sexualerziehung

Menschliche Sexualität ist nicht von Geburt an in ihren Äußerungsformen festgelegt und kann deshalb erzieherisch beeinflusst werden. Folgende Ziele zeitgemäßer Sexualerziehung sind dabei von Bedeutung:

– Sexualerziehung soll eine **positive Einstellungen zur Sexualität** aufbauen, sie soll die Einstellung erzeugen, dass Sexualität ein positiver und wünschenswerter Teil des Lebens ist. Dieses Ziel wendet sich zugleich gegen eine Lustfeindlichkeit sowie eine Unterbewertung des Körperlichen und der Geschlechtlichkeit gegenüber dem „Geistigen".

– Sexualerziehung soll den jungen Menschen die Einsicht vermitteln, dass **Sexualität integrierter Bestandteil der menschlichen Person** ist und nicht losgelöst von der Gesamtperson betrachtet werden kann. Das Wissen um die vielfältigen Funktionen menschlicher Sexualität, insbesondere um die beziehungsstiftende Funktion und die Identitätsfunktion, kann die notwendigen Erkenntnisse vermitteln.

– Sexualerziehung soll dazu beitragen, dass **Sexualität in einem sozialen Bezug** steht; sie soll dem zu Erziehenden vermitteln, dass sie auf der Basis der Achtung vor dem Wohlergehen des Partners stattfindet und wendet sich gegen den Versuch, Sexualität auf reine Triebbefriedigung zu reduzieren, in der der Mitmensch „Mittel zum Zweck" und dadurch auswechselbar und belanglos werden kann.

> *„Entscheidend für die Sexualpädagogik ist, dass die Liebesfähigkeit das gesamte Persönlichkeitsverhalten umfasst und nicht auf genitale Sexualfunktionen eingeengt werden kann."*
> (Brocher, 1985, S. 390)

– Sexualerziehung soll Kindern und Jugendlichen helfen, **ihren Körper und seine Funktionen akzeptieren zu lernen**, und sie sollten in der Lage sein, darüber frei und ohne Scham sprechen zu können. So geht es schon in der frühesten Kindheit darum, die Kinder mit ihrem eigenen Körper vertraut zu machen. Der zu Erziehende soll die Namen einzelner Körperteile und deren Funktionen kennenlernen sowie eine positive Einstellung zum eigenen Körper erwerben.

Kinder können zum Beispiel auf einem großen Plakat ihre Körperumrisse zeichnen, die einzelnen Körperteile auf dieser Zeichnung anschließend im Stuhlkreis benennen und lernen so, wofür sie zuständig sind. Dabei lässt es sich auch auf die Geschlechtsteile, den Unterschied von Jungen und Mädchen und weitere Fragen der Kinder eingehen. Mithilfe von entsprechenden Liedern, in denen die Namen und Aufgaben von Körperteilen vorkommen, lassen sich die Lerninhalte spielerisch vertiefen und wiederholen.

- Sexualerziehung soll dazu beitragen, dass das Kind bzw. der Jugendliche seine **eigenen Gefühle und sexuellen Bedürfnisse wahrnehmen, bejahen** und insbesondere auch **mitteilen** kann. Mit dem Einüben solcher Fähigkeiten ist es möglich, einen Beitrag zur Vermeidung von Kommunikationsstörungen im Bereich der Sexualität zu leisten.

> Kristiane Allert-Wybranietz –
> Zweierbeziehungen
> *Immer mehr legen ihre Gefühle in die Tiefkühltruhe.*
> *Ob sie glauben, dadurch die Haltbarkeit zu verlängern?*
> (Allert-Wybranietz, 1997[39], S. 40)

Mithilfe von Gesichtern aus Zeitungen oder Zeitschriften lassen sich Vermutungen über die Gefühle von Menschen äußern und entsprechend einteilen. Ein Pantomimespiel, das die Kinder selbst durchführen, sensibilisiert sie für die Wahrnehmung anderer und übt den Ausdruck von Gefühlen.

Gespräche über Situationen und Ereignisse, die mit besonderer Freude, Trauer, Wut, Ärger usw. verbunden sind, ergeben die Möglichkeit, über eigene Gefühle zu sprechen.

- Sexualerziehung soll das Kind darauf **vorbereiten, welche Veränderungen und Entwicklungen während seiner Reifung** stattfinden. Hierbei erscheint es sinnvoll, beispielsweise die Pubertät als einen Prozess zu thematisieren, der hinsichtlich seines Beginns als auch seines Verlaufs große individuelle Unterschiede aufweisen kann.

- Sexualerziehung soll den zu Erziehenden dazu bringen, dass er nicht nur die sich vollziehenden körperlichen und psychischen Veränderungen angstfrei akzeptieren kann, sondern auch sein **eigenes Geschlecht als Frau oder Mann und gleichzeitig die Eigenschaften des anderen Geschlechts schätzen** kann. Dabei sollte man alt hergebrachte Rollenklischees kritisch hinterfragen. Biologische Unterschiede zwischen Mann und Frau sind zwar unbestreitbar, inwieweit sich dadurch allerdings bestimmte typische Verhaltensweisen ableiten lassen, ist nicht nachweisbar. Sicher ist jedoch, dass geschlechtsspezifische Verhaltensweisen erlernt werden unter dem Einfluss sozialer Werte- und Normvorstellungen.

So lassen sich beispielsweise die Geschlechtsrollen hinsichtlich ihrer Verteilung von Rechten und Pflichten ebenso kritisch beleuchten wie Rollenklischees in den Medien.

„Komm, wir Männer lassen die Mama jetzt ganz in Ruhe arbeiten."

– Sexualerziehung soll schließlich die Einsicht vermitteln, **Sexualität verantwortungsvoll zu praktizieren** und dabei weder sich selbst noch dem Partner Schaden zuzufügen. Deshalb müssen auch mögliche negative Folgen von Sexualität wie beispielsweise unerwünschte Schwangerschaft, Aids und sexueller Missbrauch thematisiert werden.

14.3 Aufgabenschwerpunkte heutiger Sexualerziehung

Beobachtet man die gegenwärtige Diskussion um wichtige Themenbereiche der Sexualpädagogik, so lassen sich zwei zentrale Schwerpunkte feststellen, die auch in der alltäglichen Erziehungspraxis in den letzten Jahren stark an Bedeutung gewonnen haben. Dabei handelt es sich um **sexuellen Missbrauch** und die Bedrohung durch **Aids**.

14.3.1 Sexueller Missbrauch

Obwohl die Problematik des sexuellen Missbrauchs in der Öffentlichkeit und der einschlägigen Literatur breit diskutiert wird, findet sich kein Konsens darüber, was genau unter sexuellem Missbrauch zu verstehen sei. Es lassen sich jedoch eine Reihe charakteristischer Merkmale dieses Begriffs hervorheben, die als unumstritten gelten, wenngleich sie von verschiedenen Autoren jeweils unterschiedlich stark gewichtet werden:

– Die Täter sind Personen, die ihren minderjährigen Opfern in der Regel in körperlicher und geistig-psychischer Entwicklung überlegen sind.

– Kennzeichnend für die Übergriffe ist ferner das Macht- und Autoritätsgefälle zwischen Täter und Opfer. Der überlegene Täter nutzt dabei bestehende Macht- und Autoritätsstrukturen zu seinen Zwecken aus. Diese können entweder zwischen den einzelnen Generationen oder Geschlechtern oder beidem bestehen.

Missbraucht ein Mann einen fünfjährigen Jungen, so beruht seine Macht in erster Linie auf dem Entwicklungsunterschied zwischen den Generationen, da man von Kindern Erwachsenen gegenüber Gehorsam verlangt.

Vergeht sich dagegen ein Zweiundzwanzigjähriger an einer Sechzehnjährigen, so spiegeln sich nach feministischer Überzeugung hier in erster Linie geschlechtsspezifische Machtstrukturen wider, die sich durch die Dominanz von Männern über Frauen charakterisiert finden.

Aufgrund eines Entwicklungsvorsprungs und der überlegenen Machtposition trägt der Täter die alleinige Verantwortung für die Tat. Insbesondere Kinder können die Konsequenzen der an ihnen vorgenommenen sexuellen Handlungen nicht abschätzen und haben kaum eine realistische Chance, erfolgreich Widerstand zu leisten.

– Die missbrauchten Personen stehen unter einem Geheimhaltungsdruck, den der Täter durch Einschüchterungen, Drohungen, falsche Informationen erzeugt.

– Beim sexuellen Missbrauch begeht der Täter sexuelle Handlungen, um seine eigene sexuelle Erregung und/oder Befriedigung zu erreichen bzw. die seines Opfers oder beides. Dabei handelt es sich nicht um einen spontanen und einmaligen, sondern um einen geplanten Übergriff, der sich in der Regel wiederholt.

> **Unter sexuellem Missbrauch versteht man alle sexuellen Verhaltensweisen, die unter Ausnutzung bestehender Macht- und Autoritätsstrukturen von entwicklungsbedingt überlegenen Personen an Minderjährigen vorgenommen werden. Dabei verfolgen die Täter das Ziel, sich selbst und/oder ihre Opfer sexuell zu erregen bzw. zu befriedigen und es zum Geheimhalten dieser Handlungen zu bewegen.**

Es gibt eine Vielzahl sexueller Übergriffe, die eindeutig als sexueller Missbrauch gelten und von aufgezwungenen Küssen über Streicheln im Brust- und Genitalbereich bis hin zu Oral-, Vaginal- und Analverkehr reichen. Daneben existieren Handlungen, die einen Grenzbereich darstellen.

Sexueller Missbrauch kann sich auch auf verbale Äußerungen erstrecken. So gelten erniedrigende Bemerkungen, etwa über die körperliche Entwicklung eines Heranwachsenden durchaus als Formen sexuellen Missbrauchs.

Die Arbeit von Fachleuten mit Betroffenen hat eine Vielzahl von **Folgeerscheinungen sexuellen Missbrauchs** offenkundig werden lassen[1]: *Körperliche Verletzungen* treten im Gegensatz zur Kindesmisshandlung, bei der Kinder körperlich gequält werden, eher selten als Folgen sexueller Übergriffe auf. Zu nennen sind Geschlechtskrankheiten, AIDS, Blutergüsse und Bisswunden im Genitalbereich, sowie Verletzungen von Vagina, Penis und After. *Psychosomatische Folgen* können zum Beispiel Schlafstörungen, Konzentrationsstörungen, Essstörungen, Störungen im Hygienebereich, Sprachstörungen oder Ängste sein, die sich auf die Furcht vor dem nächsten Übergriff, die Angst vor Autoritätspersonen, vor dem Alleinesein mit Anderen, vor ungewollter Schwangerschaft oder AIDS beziehen können. Daneben kann es auch zu *Folgen für das Sexualverhalten der Opfer* kommen. Ein Zurschaustellen der Genitalien oder Selbstbefriedigung vor anderen, sexuell aggressives Verhalten insbesondere von Jungen, altersunangemessenes Sexualverhalten und vieles andere mehr sind hier bekannt.

Um dem Ausmaß sexueller Ausbeutung von Kleinkindern entgegenzutreten, wurden verschiedenste **Präventionsprogramme**[2] entwickelt. Sie erscheinen vor allem dann gewinnbringend, wenn sie sich sowohl an Eltern als auch an Kinder wenden.

Die Notwendigkeit, vorbeugende Arbeit mit Eltern einzubeziehen, ergibt sich zum einen daraus, dass viele Eltern häufig nur wenig über Fakten zum sexuellen Missbrauch wissen. Daneben sind sie überfordert, wenn sich ein Verdacht auf Missbrauch ihrer Kinder ergibt

---

[1] *Es handelt sich hier lediglich um eine Auflistung einiger ausgewählter Folgen.*
[2] *Prävention (lat.): Vorbeugung*

bzw. bestätigt. Schließlich herrscht große Unsicherheit darüber, ob, wie und in welchem Umfang sie ihr Kind vor sexuellen Übergriffen schützen können. Ein möglichst effektiver Schutz der Kinder kann aber nur erreicht werden, wenn Eltern und professionelle Erzieher Hand in Hand arbeiten.

Aus dieser Sachlage ergeben sich im Wesentlichen drei Schwerpunkte für die Elternarbeit:

- die Wissensvermittlung über den Missbrauch als solchen,
- Sensibilisierung für möglichen Missbrauch und Verhaltensregeln bei Verdacht auf Missbrauch oder dessen tatsächliches Vorliegen,
- erzieherische Maßnahmen zum Schutz der Kinder. Neben der Arbeit mit den Eltern kommt der mit den Kindern zentrale Bedeutung zu.

Was kann ich tun, wenn ich sexuellen Missbrauch vermute?

1. Ruhe bewahren, überhastetes Eingreifen schadet nur!
2. Kollegin oder andere Vertrauensperson suchen, mit der man über die eigenen Unsicherheiten und Gefühle sprechen kann.
3. Den Kontakt zum Mädchen/Jungen vorsichtig intensivieren, um eine positive Beziehung herzustellen.
4. Das Kind immer wieder ermutigen, über Probleme und Gefühle zu sprechen.
5. In der Gruppe das Thema „gute und schlechte Geheimnisse" erarbeiten. Gute Geheimnisse machen Spaß; alle Geheimnisse, die schlechte, komische oder schreckliche Gefühle machen, sind schlechte Geheimnisse. Über sie darf (muss) man sprechen!
6. In der Gruppe das Thema „angenehme und unangenehme Berührungen" ansprechen.
7. In der Gruppe (im Spiel, innerhalb der Sexualaufklärung, im Sportunterricht) das Recht auf sexuelle Selbstbestimmung und das Thema „Sexueller Missbrauch" vorsichtig ansprechen und damit signalisieren: „Ich weiß, dass es sexuellen Missbrauch gibt ... Mit mir kannst du darüber reden ... Ich glaube betroffenen Mädchen und Jungen."
8. Wenn möglich, eine Mitarbeiterin einer Selbsthilfeinitiative oder einer Beratungsstelle hinzuziehen, um mehr Sicherheit zu gewinnen.
9. Hinweise auf den sexuellen Missbrauch aufschreiben (Tagebuch über Verhaltensweisen des Mädchens/Jungen führen).
10. Wenn möglich, Kontakt zur Mutter/Bezugsperson intensivieren, um Belastbarkeit der Mutter/Bezugsperson besser einschätzen zu können (z.B. Zusammenarbeit bei der Vorbereitung von Kindergartenfesten, Gespräche am Elternsprechtag).
11. Kontakt zum Jugendamt aufnehmen (ggf. ohne Namensnennung).
12. HelferInnenkonferenz anstreben, damit alle, die die Familie kennen, gemeinsam eine Strategie absprechen.
13. Niemals eine Familie mit dem Missbrauch konfrontieren, ehe eine räumliche Trennung von Opfer und Täter vorbereitet und möglich ist.
14. Eine eventuelle Anzeige mit einer Anwältin zuvor durchsprechen und gut vorbereiten. Niemand ist zur Anzeige verpflichtet!

Quelle: Enders, 1990, S. 69 f.

14.3.2 Aids

1983 entdeckte eine französische Forschungsgruppe den Krankheitserreger von Aids. Kurze Zeit darauf wurden auch amerikanische Mediziner fündig und konnten das Virus an einer großen Zahl von Patienten nachweisen. Da beide Forschungsgruppen das Aids-Virus unterschiedlich bezeichneten, einigte man sich auf den gemeinsamen Namen **HIV**.

> Aids ist die Abkürzung für Acquired Immunodeficiency Syndrom, zu deutsch „erworbene Immunschwäche-Krankheit".
> HIV ist die englische Abkürzung für Human Immunodeficiency Virus, was übersetzt „menschliches Immunschwäche-Virus" bedeutet.

Nach seiner Entdeckung arbeitete eine Vielzahl von Wissenschaftlern an der Erforschung des Virus. Bereits 1985 war sein Erbmaterial entschlüsselt. Ein Jahr später fand man in Afrika an Aids erkrankte Patienten, konnte aber keine Hinweise auf eine Infektion mit dem bekannten HIV finden. Bei den Bemühungen, dieses Phänomen aufzuklären, stieß man auf ein weiteres, bis dahin unbekanntes Virus, das ebenfalls Aids verursachen kann. Man bezeichnete deshalb das als erstes entdeckte Virus als **HIV-1** und das andere als **HIV-2**. Es handelt sich bei ihnen um verwandte, aber dennoch verschiedene Viren.[1]

Nach der Entdeckung des Aids-Virus herrschte in der breiten Öffentlichkeit eine Zeit lang große Unsicherheit und Verwirrung über die Ansteckungswege. Heute weiß man relativ genau, welche Kontakte mit infizierten Personen ein hohes bzw. niedriges Ansteckungsrisiko mit sich bringen. *Für das Aids-Virus besteht nur dann die Möglichkeit, in den menschlichen Körper einzudringen, wenn es direkt in die Blutbahn gelangt oder auf eine für Viren durchlässige Schleimhaut trifft.*

In folgenden Situationen besteht deshalb ein erhöhtes Ansteckungsrisiko:

- Beim Geschlechts- oder Analverkehr, wenn diese ohne Kondom ausgeübt werden. Ist einer der beiden Partner infiziert, so kann das Virus durch winzig kleine Verletzungen in die Blutbahn des anderen eindringen. Beim Analverkehr kann infiziertes Sperma auf die stark virusdurchlässige Schleimhaut des Enddarms gelangen und so zur Übertragung führen.

- Bei der Zeugung kann das Virus von einem infizierten Mann auf die Frau und von dort während der Schwangerschaft und der Geburt auf das Kind übertragen werden. Nach Schätzungen liegt die Übertragungsrate von der Mutter auf das Kind zwischen 20 und 30 %. Eine Übertragung des Virus durch die Muttermilch auf das Kind gilt als nicht gesichert.

- Beim Spritzen von Drogen können virushaltige Blutreste zur Ansteckung führen, wenn bereits infizierte Personen die Injektionsnadel kurz zuvor benutzten.

- Die Transfusion von Blut und Blutprodukten galt nach 1985 in Deutschland als risikolos, da man davon ausging, dass alle Übertragungsprodukte in Deutschland auf Aids-Viren getestet sind. 1994 hat der Skandal um verseuchte Blutkonserven jedoch gezeigt, wie Profitgier und Schlamperei zur Ansteckung mit HIV führen können. Dort, wo keine

---

[1] *In den weiteren Ausführungen wird nicht zwischen den beiden Viren unterschieden, sondern nur vom HIV die Rede sein.*

lückenlose Überprüfung von Blut und Blutprodukten erfolgt, muss von einem Risiko ausgegangen werden.

– Ein erhöhtes Risiko besteht in allen Fällen, in denen man mit frischer und hoch viruskonzentrierter Körperflüssigkeit wie zum Beispiel Blut in Kontakt kommt oder mit Gegenständen, an denen sich frisches Blut befindet. Über kleine Verletzungen an der Haut kann das Virus dabei in den Körper gelangen. Zwar konnte die lange Lebensdauer des Virus unter hochsterilen Bedingungen nachgewiesen werden, in der Praxis des täglichen Lebens kann jedoch davon ausgegangen werden, dass das Virus nach wenigen Minuten an der Außenluft mit großer Wahrscheinlichkeit nicht mehr gefährlich ist.

Mit einem **HIV-Antikörpertest**, im Volksmund als **Aids-Test** bezeichnet, lassen sich Antikörper, die der Organismus gegen die eingedrungenen Viren gebildet hat, nachweisen.

Die besondere Lebenssituation Jugendlicher lässt die Notwendigkeit der Prävention bei dieser Personengruppe äußerst wichtig erscheinen. Dieser Notwendigkeit kann man nur gerecht werden, wenn man eine Reihe von Zielen und entsprechenden Inhalten in der Sexualerziehung Jugendlicher berücksichtigt.

Ein wichtiges *Leitziel* einer an der Aidsproblematik orientierten Sexualerziehung besteht langfristig im **wirksamen Reduzieren der Übertragungswege**. Dies kann nur gelingen, wenn Jugendliche und Erwachsene über Aids Bescheid wissen und auf der Grundlage entsprechender Einstellungen ihre Verhaltensweisen den jeweiligen Risikosituationen anpassen. Dieses Ziel enthält seinerseits eine Reihe von Teilzielen:

– Der Schutz der eigenen Person und der des Partners lassen sich nur wirksam erreichen, falls den Heranwachsenden die Ansteckungswege bekannt sind. Darüber hinaus müssen sie lernen, das jeweilige Risiko ihres Handelns realistisch abzuschätzen, und die Bereitschaft entwickeln, sich gegebenenfalls entsprechend zu schützen.

– Wirksamer Schutz vor Aids setzt außerdem die Kenntnis und den sicheren Umgang mit schützenden Maßnahmen voraus. Im Bereich der Sexualität kommt der richtigen Benutzung von Kondomen große Bedeutung zu.

– Der richtige Einsatz von Schutzmaßnahmen gegen Aids setzt voraus, dass beide Partner bereit sind, die Ansteckungsgefahren zu thematisieren. Dabei sollte die eigene Biografie und die des Partners auf mögliche in der Vergangenheit liegende Risikosituationen überprüft und sich gegenseitig mitgeteilt werden. Gemeinsam lässt sich dann entscheiden, ob und in welchem Umfang Schutzmaßnahmen nötig sind.

Eine Sexualerziehung im Zusammenhang mit Aids wäre nur äußerst lückenhaft, falls sie sich ausschließlich auf die Bekämpfung der Infektionsmöglichkeiten konzentrieren würde. Mit der Ausbreitung der Krankheit und entsprechenden Medienberichten ist die psychische und soziale Situation der Risikogruppen bzw. Betroffenen mehr und mehr ins öffentliche Bewusstsein gerückt. Bedingt durch Unwissenheit, Vorurteile und Sensationsberichte erleben HIV-positive Menschen auch heute noch eine starke gesellschaftliche Ausgrenzung. Nicht selten rücken Freunde oder die eigene Familie von ihnen aus unbegründeter Furcht vor Ansteckung ab.

Zusammenfassung

- Menschliche Sexualität ist die Fähigkeit und Bereitschaft einer Person, auf der Grundlage von Triebanteilen und Erfahrungen auf innere und äußere (erotische) Reize mit lustbetonter Erregung zu reagieren. Sexualität erfüllt mit der Fortpflanzungs-, Lust-, Identitäts- und beziehungsstiftenden Funktion eine Reihe wichtiger Aufgaben. Sexualität ist von Natur aus auf kein Ziel gerichtet: Infolge der Instinktreduktion des Menschen und seiner von Natur aus mangelhaften Ausstattung sind seine Strebungen nicht auf bestimmte, nachträglich fixierte Ziele ausgerichtet. Die humane Sichtweise der Sexualität geht davon aus, dass sie Ausdruck unserer Gesamtperson ist und nicht losgelöst von ihr betrachtet werden kann.

- Sexualpädagogik nennt man den Teilbereich der Pädagogik der sich theoretisch mit Aspekten der menschlichen Sexualität und den damit verbundenen erzieherischen Konsequenzen befasst. Unter Sexualerziehung versteht man alle geplanten, absichtlich herbeiführten Maßnahmen, die Erzieher ergreifen, um die Sexualität von Heranwachsenden zu beeinflussen. Sexuelle Sozialisation bzw. Sexualisation meint die Vielzahl aller erzieherisch beabsichtigten und unbeabsichtigten Einflüsse auf das Entstehen von Werten, Normen, Bedürfnissen, Einstellungen und Verhaltensweisen im Bereich der menschlichen Sexualität.

- Sexualverhalten ist immer gleichzeitig Sozialverhalten: Es unterliegt sozialen Prozessen und sein Verlauf wird wesentlich davon beeinflusst, wie der Einzelne soziale Begegnungen verwirklicht. Damit ist Sexualerziehung auch zu unterscheiden von der bloßen „Aufklärung" über biologische Sachverhalte, Methoden und Praktiken des Sexualverhaltens. Eine solche Wissensvermittlung ist lediglich Teil einer umfassenderen Sexualerziehung.

- Aufklärung ist als Teil einer umfassenderen Sexualerziehung notwendig und unerlässlich und sollte nicht „zu spät" erfolgen. Der Schlüssel zur wirklichen Hilfe ist eine positive emotionale Beziehung zum Kind und Aufrichtigkeit. Das Erzeugen von Angst und Schuldgefühlen ist wenig hilfreich, da dies zu sexuellen Gehemmtheiten und zu einer negativen Einstellung zum Körper und zur Geschlechtlichkeit führen kann.

- Zeitgemäße Sexualerziehung verfolgt folgende Ziele: Aufbau einer positiven Einstellung zur Sexualität, Vermittlung, dass Sexualität integrierter Bestandteil der menschlichen Person ist und dass Sexualität in sozialem Bezug steht, Akzeptanz des eigenen Körpers und seiner Funktionen, Wahrnehmung, Bejahung und Mitteilung von eigenen Gefühlen und Bedürfnissen, Vorbereitung auf Veränderungen und Entwicklungen während der Reifung, Bejahung des eigenen Geschlechts, Schätzen der Eigenschaften des anderen Geschlechts sowie verantwortungsvolles Praktizieren der Sexualität.

- Charakteristisch für den sexuellen Missbrauch sind vor allem das bestehende Machtgefälle zwischen Täter und Opfer, der Geheimhaltungsdruck sowie die sexuellen Handlungen, die zur Erregung oder Befriedigung des Täters führen sollen. Präventionsarbeit muss sich zunächst an den Eltern orientieren und dann die Kinder mit einbeziehen.

- Unter Aids versteht man eine Krankheit, die durch die Zerstörung des Immunsystems gekennzeichnet ist und durch ein bestimmtes Virus, HIV genannt, verursacht wird. Die Ansteckung mit dem Virus erfolgt in sogenannten Risikosituationen wie ungeschützten Geschlechts- und Analverkehr, Schwangerschaft und Geburt bei infizierten Müttern, durch Benutzung von mit virushaltigem Blut verunreinigten Spritzen sowie die Transfusion verseuchten Blutes bzw. infizierter Blutprodukte. Die besondere Lebenssituation Jugendlicher lässt es ratsam erscheinen, die Aidsproblematik in die Sexualerziehung einzubeziehen.

Aufgaben und Anregungen Kapitel 14

Aufgaben

1. Bestimmen Sie den Begriff „Sexualität" und zeigen Sie an geeigneten Beispielen verschiedene Funktionen menschlicher Sexualität auf.
(Abschnitt 14.1.1 und 14.1.2)

2. Begründen Sie mithilfe von Aussagen über das Wesen des Menschen die Ungerichtetheit der menschlichen Sexualität.
(Abschnitt 14.1.3 und *Kapitel 2.1*)

3. a) Beschreiben Sie die ganzheitliche Sichtweise der menschlichen Sexualität.
   b) Vergleichen Sie die ganzheitliche Sichtweise der menschlichen Sexualität mit der Auffassung der Psychoanalyse von Sexualität.
   (Abschnitt 14.1.4 und *Kapitel 5.3*)

4. Bestimmen Sie die Begriffe „Sexualerziehung" und „Sexualpädagogik". Stellen Sie dabei anhand von Beispielen den Unterschied zwischen diesen beiden Begriffen dar.
(Abschnitt 14.2.1)

5. Beschreiben Sie wichtige Aspekte der Sexualerziehung und stellen Sie die wesentlichen Unterschiede zwischen Sexualerziehung und Aufklärung mithilfe geeigneter Beispiele dar.
(Abschnitt 14.2.2)

6. Stellen Sie Grundsätze einer Sexualerziehung in der Familie dar.
(Abschnitt 14.2.2)

7. Stellen Sie Ziele einer zeitgemäßen Sexualerziehung dar.
(Abschnitt 14.2.3)

8. Entwerfen Sie Möglichkeiten, wie Sexualerziehung im Kindergarten oder einer anderen pädagogischen Einrichtung aussehen könnte.
(Abschnitt 14.2.2 und 14.2.3 sowie 14.3)

9. Erläutern Sie an einem Beispiel verschiedene Merkmale des Begriffs „sexueller Missbrauch".
(Abschnitt 14.3.1)

10. Beurteilen Sie, ob es sich bei den nachfolgenden Beispielen bereits um sexuellen Missbrauch handeln kann oder nicht. Begründen Sie Ihre Ansichten.
    a) Auf Befehl des Vaters muss sich die 13-jährige Tochter vor ihm ausziehen. Es wird ihr unter Androhung von Prügel verboten darüber zu reden.
    b) Der 18-jährige Bruder will sich ausgerechnet immer dann im Bad rasieren, wenn seine 14-jährige Schwester in der Badewanne sitzt.
    c) Opa macht anzügliche Bemerkungen über die körperliche Entwicklung seiner Enkelin und kneift ihr öfter im Vorbeigehen in den Hintern.
    (Abschnitt 14.3.1)

11. Stellen Sie mögliche Folgen sexuellen Missbrauchs für die Opfer dar.
    (Abschnitt 14.3.1)

12. Beschreiben Sie wichtige Grundsätze zur Prävention von sexuellem Missbrauch in der Familie oder einer pädagogischen Einrichtung Ihrer Wahl (z. B. Kindergarten, Hort oder Heim).
    (Abschnitt 14.3.1)

13. Erläutern Sie den Unterschied zwischen einer Infektion mit HIV und der Erkrankung an Aids.
    (Abschnitt 14.3.2)

14. Stellen Sie Situationen dar, bei denen eine erhöhte Ansteckungsgefahr mit HIV besteht.
    (Abschnitt 14.3.2)

15. Beschreiben Sie erzieherische Verhaltensweisen von Eltern und professionellen Erziehern, die geeignet sind, einer HIV-Infektion Vorbeuge zu leisten.
    (Abschnitt 14.3.2)

Anregungen

16. Fertigen Sie in Gruppen ein Mind-Map zu dem Thema „Mensch und Sexualität" an: Das Thema wird als Stichwort in die Mitte eines Blattes geschrieben und stellt sozusagen den Baumstamm dar. Von diesem Stamm gehen Äste ab, welche die zum Thema gehörenden Hauptgedanken (wiederum in Stichworten) beinhalten. Von den Ästen abgehende Zweige und schließlich Zweiglein gliedern das Thema weiter auf und beinhalten stichwortartig die Nebengedanken.

17. „Wäre der einzige Zweck der Sexualität die Fortpflanzung, dann hätten wir uns entweder ständig gegen diese ‚Sinnerfüllung' der Sexualität versündigt, oder wir hätten nur sehr selten eine sexuelle Begegnung haben dürfen."
    Diskutieren Sie in der Klasse über diese Aussage eines Sexualwissenschaftlers unter Berücksichtigung der verschiedenen Funktionen der Sexualität.

18. Entwerfen Sie in Gruppen ein Plakat über Funktionen der Sexualität bzw. über Ziele zeitgemäßer Sexualerziehung, mit dem Sie diese effektiv präsentieren können.

19. „Der Mensch ist so sehr ein Kulturwesen, dass es unsinnig ist, von einer Natur des Menschen zu reden, da diese sich unter verschiedenen gesellschaftlichen Bedingungen ändert." (Kentler, 1986, S. 10)
    – Diskutieren Sie über die Aussage von Helmut Kentler.
    – Sprechen Sie auch über die Frage, welche Bewertung nach dieser Aussage andersartiges sexuelles Verhalten wie beispielsweise die Homosexualität erfährt.

20. Bilderbücher werden von Eltern und anderen Erziehern oft zur Unterstützung der Aufklärung benutzt.
    - Erarbeiten Sie in Kleingruppen pädagogisch sinnvolle Kriterien zur Beurteilung von Bilderbüchern, die das Thema Sexualität beinhalten. Einigen Sie sich auf zwei Kriterien, die Sie der Klasse schriftlich vorstellen.
    - Diskutieren Sie in der Klasse diese Vorschläge und entwerfen Sie einen Kriterienkatalog, den Sie auf einem Plakat festhalten.
    - Überprüfen Sie, ob die derzeit erhältlichen Bilderbücher diesen Anforderungen gerecht werden oder nicht. Jede Kleingruppe bearbeitet dabei ein Buch.

21. *„So erlebte ich Sexualerziehung"*
    - Stellen Sie mithilfe einer Collage dar, wie Sie Ihre eigene Sexualerziehung erlebt haben.
    - Tauschen Sie Ihre Erfahrungen gegenseitig in Kleingruppen aus.

22. *„So stelle ich mir Sexualerziehung vor"*
    - Sprechen Sie in Gruppen über folgende Fragestellungen:
      • So wünsche ich mir Sexualerziehung.
      • So möchte ich meine eigenen Kinder hinsichtlich der Sexualität erziehen.
    - Bilden Sie einen Innenkreis, in welchem die Gruppensprecher Platz nehmen. Stellen Sie bitte einen Stuhl mehr in diesen Kreis als nötig, dieser bleibt leer. Die „restliche" Klasse bildet einen Außenkreis.
    - Die Gruppensprecher teilen den anderen Mitgliedern des Innenkreises ihre in der Gruppe diskutierten Vorstellungen über Sexualerziehung mit. Wer jedoch aus dem Außenkreis etwas ergänzen oder sich an der Diskussion des Innenkreises beteiligen möchte, kann hineingehen, sich auf den leeren Stuhl setzen, seinen Beitrag leisten und dann wieder in den Außenkreis zurückkehren.

23. *Rollenspiel*
    Sie erfahren, dass Martin, ein Klassenkamerad, Aids hat. Wie würden Sie auf Martin reagieren?
    - Besprechen Sie in Gruppen Ihre Reaktionen auf Martin.
    - Stellen Sie Ihre Reaktionen in einem Rollenspiel dar.
    - Diskutieren Sie anschließend in der Klasse darüber.

24. Analysieren Sie kritisch Werbespots bzw. Werbeplakate hinsichtlich der in ihnen dargestellten Rollenbilder von Frau und Mann.

25. Stellen Sie einen Korb mit Gegenständen des täglichen Lebens zusammen (zum Beispiel Zahnbürste, Kamm, Rasierklinge, Messer, Gabel, Trinkgläser ...). Ordnen Sie die Gegenstände danach, ob von ihnen ein HIV-Ansteckungsrisiko ausgehen kann oder nicht. Begründen Sie Ihre Ansichten.

15 Alternative Erziehung: Montessori- und Waldorf-Pädagogik

Maria Montessori zur Bedeutung der Umgebung für die Erziehung:

„Man begriff Umgebung bisher immer in dem Sinne, dass sie einen plastischen und formenden Einfluss ausüben sollte, dem sich das Individuum anpassen musste, indem es sich selbst umformte. Aber die Umgebung, zu der wir gelangt sind, ist ganz anders. Für uns muss gerade die Umgebung dem Kind angepasst werden, und nicht das Kind soll sich einer vorgefassten Umgebung anpassen. Das Kind drückt sich in dieser Umgebung frei und freudig aus. Mit anderen Worten, diese Umgebung ist befreiend und nicht formend. Das Kind enthüllt darin seinen Charakter und seinen Lebensrhythmus."

(Montessori, 1990[4], S. 48)

Rudolf Steiner:

„Wie die Natur vor der Geburt die richtige Umgebung für den physischen Menschenleib herstellt, so hat der Erzieher nach der Geburt für die richtige physische Umgebung zu sorgen. Nur diese richtige physische Umgebung wirkt auf das Kind, so dass seine physischen Organe sich in die richtigen Formen prägen."

(Steiner, 2003, S. 30)

Sowohl *Maria Montessori* als auch *Rudolf Steiner* betonen die Bedeutung der Umgebung für die kindliche Entwicklung. Sie gelangen jedoch zu völlig unterschiedlichen Auffassungen über die Wirkung dieser kindlichen Umwelt. So verwundert es nicht, dass sich Montessori- und Waldorf-Pädagogik grundlegend unterscheiden.

Folgende Fragen werden in diesem Kapitel geklärt:

1. *Auf welchen wesentlichen Grundlagen beruht die Montessori-Pädagogik?*
   Welche Aufgaben und Ziele verfolgt sie?
   Wie lässt sich die Rolle des Erziehers bei der Verwirklichung dieser Ziele beschreiben?
   Welche Bedeutung kommt der Umgebung für die kindliche Entwicklung in der Montessori-Pädagogik zu?

2. *Was sind die wesentlichen Grundlagen der Waldorf-Pädagogik?*
   Welche Aufgaben stellen sich dem Waldorferzieher?
   Welche organisatorischen, methodischen und didaktischen Besonderheiten zeichnen den Waldorfkindergarten aus, welche die Waldorfschule?

15.1 Die Montessori-Pädagogik

Maria Montessori wurde am 31. August 1870 in Chiaravalle, einem kleinen Ort nahe Ancona in Italien, geboren. Als Zwanzigjährige nahm sie ein naturwissenschaftliches Studium auf und schloss es 1892 erfolgreich ab. Anschließend studierte sie Medizin. Nach Abschluss ihrer Doktorarbeit war sie 1896 die erste Ärztin Italiens. Während sie sich in öffentlichen Vorträgen für eine Sondererziehung von geistesschwachen Kindern einsetzte, begann sie gleichzeitig die Schriften von J. M. Gaspard Itard und Edouard Seguin zu studieren. In den Werken dieser beiden Ärzte, die sich mit der Erziehung von Taubstummen und geistig Behinderten beschäftigten, fand Montessori eine Reihe von Grundlagen und Anregungen für ihre eigene Arbeit mit den Kindern. 1900 kam es unter Mithilfe von M. Montessori zur Gründung einer Schule, in der Montessori eine ideale Gelegenheit fand, die Prinzipien und Erziehungsmethoden von Itard und Seguin anzuwenden, sie weiterzuentwickeln und gleichzeitig den Lehrern zu vermitteln. Im Jahre 1907 ergab sich für Montessori die Möglichkeit, ihre Methode an normal entwickelten Kindern zu erproben.

Im Elendsviertel von San Lorenzo in Rom gründete sie ihr erstes Kinderhaus. Hier erprobte sie ihr pädagogisches Konzept systematisch und erweiterte es. In den darauf folgenden Jahren kam es zu weiteren Gründungen von Kinderhäusern. Noch vor dem Ersten Weltkrieg erweiterte sie ihre Methode über den Bereich der Vorschulerziehung hinaus auf die Grundschule. Als Maria Montessori am 6. Mai 1952 in Noordwijk op Zee (Holland) starb, hatte ihre Pädagogik in der ganzen Welt Verbreitung gefunden. Heute wird sie auch an weiterführenden Schulen angewandt.

15.1.1 Die Grundlagen der Montessori-Pädagogik

1. Erziehung beruht auf der Kenntnis des Menschen.

> „Die Bildung des Menschen bedarf einer Basis wissenschaftlicher Vorbereitung und muss ihr Schritt für Schritt folgen." (Maria Montessori, zitiert nach Oswald u. a., 1973, S. 54)

Bei dieser Forderung nach einer **wissenschaftlichen Grundlage der Erziehung** lassen sich zwei zentrale Aspekte herauskristallisieren:

- die Forderung nach wissenschaftlicher Erforschung des Menschen und
- die Anwendung der so erzielten Resultate im praktischen Erziehungsprozess.

Als Methode zur Erforschung des Kindes dient die **Beobachtung**, denn nur das Kind selbst offenbart nach Ansicht *Montessoris* die natürlichen Wege, auf denen sich das psychische Wachstum des menschlichen Individuums vollzieht. Das Ziel eines solchen Studiums des Kindes besteht darin, die Gesetzmäßigkeiten der kindlichen Entwicklung kennenzulernen. Zu diesem Zweck soll die Psychologie – insbesondere als pädagogische Psychologie – ganz speziell auf die Erziehung ausgerichtet sein.

Die so gewonnenen Erkenntnisse müssen dann in die Erziehungsmethoden einfließen. Dadurch hofft *Montessori*, den kindlichen Bedürfnissen besser gerecht zu werden und Fehlentwicklungen zu vermeiden.

2. Der Mensch entwickelt sich nach einem inneren Bauplan.

Maria Montessoris Sichtweise vom Menschen geht von der Existenz eines **inneren Bauplans** aus, der die seelische Entwicklung des neugeborenen Kindes weitgehend mitbestimmt. Ähnlich wie jede befruchtete Eizelle die Erbinformationen zum Aufbau des Organismus in sich trägt, so befindet sich in jedem Neugeborenen ein natürlicher Bauplan, nach dem sich die menschliche Seele (= Psyche) aufbaut. Dieser muss jedoch als äußerst zart und empfindlich gegenüber Einflüssen aus der Umwelt betrachtet werden. So kann zum Beispiel ein unsachgemäßes Einwirken des Erwachsenen auf das Kind den inneren Bauplan zerstören oder ihn in Unordnung bringen.

Damit sich die kindliche Psyche gesund entwickeln kann, bedarf es einer Umgebung, der Umwelt, die den seelischen Bedürfnissen des Kindes gerecht wird. Eine solche Umwelt zu schaffen ist die Aufgabe des Erwachsenen.

3. Das Kind besitzt einen absorbierenden Geist.

Die moderne Anthropologie lehrt, dass menschliches Verhalten nicht durch Instinkte bestimmt wird[1]. Deshalb muss der Mensch selbst die einfachsten Verhaltensweisen erlernen, er muss sein gesamtes Wesen erst aufbauen. Für diese Aufgabe hat die Natur das Neugeborene nach Ansicht *Montessoris* mit einem besonderen Hilfsmittel ausgestattet, dem **absorbierenden Geist**.

> **Der absorbierende Geist ist eine geistige Kraft mit der Fähigkeit, Umwelteindrücke aufzunehmen und sie im Unbewussten zu speichern.**

Dieser absorbierende Geist stellt eine unbewusste Geistesform dar, die nur während der ersten Lebensjahre vorhanden ist.

> Seine Arbeitsweise lässt sich mit der eines analogen Fotoapparates vergleichen: Mit einem Fotoapparat besteht die Möglichkeit, im Bruchteil einer Sekunde einen oder mehrere Gegenstände mühelos, schnell und genau abzulichten. Dabei spielt die Kompliziertheit und die Anzahl der Gegenstände keine Rolle. Das analog aufgenommene Bild prägt sich im Dunkeln auf dem Film ein und wird auch im Dunkeln entwickelt. Kommt das Bild schließlich ans Licht, verändert es sich nicht mehr.

Ein vergleichbarer Vorgang läuft im Kind ab, wenn es beispielsweise die Sprache erlernt. Sein absorbierender Geist nimmt schnell, mühelos und genau die Worte aus der Umgebung auf. In der Dunkelheit des Unbewussten werden sie verarbeitet und treten schließlich mit dem Beginn der Sprache ans Licht. Das Kind absorbiert die Sprache demnach schon zu einem Zeitpunkt, zu dem es selbst noch nicht sprechen kann. Durch diese Arbeitsweise des absorbierenden Geistes erwirbt das Kind die Sprache unabhängig von ihrem Schwierigkeitsgrad. Auf die gleiche Weise absorbiert das Kleinkind auch andere Eindrücke seiner Umwelt und baut so kulturelle Verhaltensweisen auf.

Während der Zeit des absorbierenden Geistes kommt der ***Umgebung eine große Bedeutung zu***. Das Kind kann nur aufnehmen, was ihm seine Umwelt an Reizen bietet. Es muss daher unter Menschen leben, um ihre Sprache und Verhaltensweisen zu erlernen. Es soll Zeit haben, die Umgebung auf sich wirken zu lassen (zum Beispiel bei einem Spaziergang) damit es mit ihr vertraut wird. Da das Kind nicht bewusst lernt, ist hierbei keine direkte

---
[1] *vgl. Kapitel 2.1.2*

Beeinflussung möglich. Der Erwachsene kann lediglich für eine anregende, interessante Umgebung sorgen.
Etwa ab dem 3. Lebensjahr wird diese nicht bewusste Geistesform von einer bewussten abgelöst.

4. Das Kind durchlebt sensible Perioden.
Die Tätigkeit des absorbierenden Geistes wird ihrerseits von bestimmten inneren Empfänglichkeiten des Kindes gelenkt, den sog. **sensiblen Perioden**. Sensible Phasen sind durch folgende **Merkmale** gekennzeichnet:

- Sie sind zeitlich begrenzt und daher von **vorübergehender Dauer**.
- Sie ermöglichen es, innerhalb dieses Zeitraumes **bestimmte Fähigkeiten zu erwerben**.
- Sie machen den Organismus für **bestimmte Reize aus der Umwelt besonders empfänglich**.

> An einem Beispiel aus dem Tierreich lässt sich dieser Sachverhalt verdeutlichen: Ein bestimmter Schmetterling legt seine Eier in die Rinde und Astgabeln des Baumstamms. Die frisch geschlüpften Raupen können sich aber nur von den zarten Blüten an den Zweigspitzen ernähren. Die jungen Raupen sind zu Beginn ihres Lebens mit einer besonderen, überaus großen Lichtempfindlichkeit ausgestattet, die sie an die hellste Stelle des Baumes hinzieht, wo sie die passende Nahrung finden. Wenn nach einigen Wochen ihre Fresswerkzeuge größer und kräftiger geworden sind, können sie sich von den Blättern ernähren. Dann schwindet die Sensibilität fürs Licht. Die Raupe ist nicht blind geworden, sondern beachtet das Licht einfach nicht mehr.

> **Unter einer sensiblen Periode versteht man einen bestimmten Zeitraum in der menschlichen Entwicklung, in welchem das Lebewesen für bestimmte Reize aus der Umwelt in einem besonderen Maße empfänglich ist.**

Nach *Maria Montessori* durchlebt das Kind in seinen ersten drei Lebensjahren ***drei sensible Perioden***: eine für die **Bewegung**, eine zweite für die **Ordnung** und schließlich eine dritte für die **Sprache**. In dieser Zeit nimmt das Kind mit seinem absorbierenden Geist unbewusst die Eindrücke seiner Umwelt auf. Dabei rufen diese besonderen inneren Empfänglichkeiten beim Kind ein gesteigertes Interesse an ganz bestimmten Reizen aus der Umgebung hervor.

> So bewirkt beispielsweise die sensible Periode für die Sprachentwicklung, dass sich der absorbierende Geist des Kindes besonders auf sprachliche Laute richtet. Andere Geräusche werden dagegen vernachlässigt.

> *„Die innere Empfänglichkeit bestimmt, was aus der Vielfalt der Umwelt jeweils aufgenommen werden soll, und welche Situationen für das augenblickliche Entwicklungsstadium die vorteilhaftesten sind. Sie ist es, die bewirkt, dass das Kind auf gewisse Dinge achtet und auf andere nicht. Sobald eine solche Empfänglichkeit in der Seele des Kindes aufleuchtet, ist es, als ob ein Lichtstrahl von ihr ausginge, der nur bestimmte Gegenstände erhellt, andere hingegen im Dunkeln lässt. Die ganze Wahrnehmungswelt des Kindes beschränkt sich dann mit einem Male auf diesen einen hell erleuchteten Bezirk."* (Montessori, 2006[23], S. 51 f.)

Ist eine solche sensible Periode vorüber, so können neue Lernprozesse auf diesem Gebiet nur mit erheblich mehr Mühe und Aufwand vollzogen werden. So erlernt ein Erwachsener eine Fremdsprache zum Beispiel viel schwerer als ein kleines Kind. Hieraus ergibt sich, dass diese Zeitspannen nicht ungenutzt verstreichen dürfen. Damit das Kind aber während der sensiblen Perioden bestimmte Fähigkeiten erwerben kann, benötigt es eine entsprechende Umwelt.

5. Das Kind ist „Baumeister des Menschen".

Das **Kind selbst baut seine Seele auf**, indem es Umwelteindrücke absorbiert. Um diese aktive Arbeit des Kindes bei seiner Entwicklung hervorzuheben, bezeichnet *Montessori* das Kind als den „Baumeister des Menschen". Es wird hierbei von seinem inneren Bauplan geleitet.

Indem der Erwachsene dem Kind seinen eigenen Willen aufdrängt und unbedingten Gehorsam fordert, missachtet er den inneren Bauplan des Kindes. Somit hemmt er die Auseinandersetzung des Kindes mit seiner Umgebung. Als Folge davon kann es sich nicht mehr normal entwickeln.

> „Die Handlungen des Erwachsenen in seiner Beziehung zum Kind sind nicht darauf gerichtet, dem Kind zu helfen, sondern seine Aktivitäten zu unterdrücken."
> (Montessori, 2005[9], S. 12)

„Aber natürlich darfst du dich nach deinem inneren Bauplan entwickeln."

Wesentliche Grundlagen der Montessori-Pädagogik				
Der innere natürliche Bauplan des Kindes	Die Unterdrückung des inneren Bauplans durch den Erwachsenen	Die Kenntnis des inneren Bauplans	Der absorbierende Geist	Die sensiblen Perioden
Der innere Bauplan leitet die kindliche Entwicklung, kann aber leicht in Unordnung gebracht oder zerstört werden.	Durch falsches Erzieherverhalten behindert der Erwachsene die kindliche Entwicklung.	Der Erzieher kennt die psychischen Bedürfnisse und kann ihnen Rechnung tragen.	Der absorbierende Geist hilft dem Kind, Reize aus der Umgebung schnell, genau und mühelos aufzunehmen, das Kind erlernt so unbewusst wichtige Verhaltensweisen.	Sensible Perioden leiten die Arbeit des absorbierenden Geistes und bestimmen, in welchem Zeitraum welche Umweltreize besonders stark aufgenommen werden.

15.1.2 Die Aufgaben der Montessori-Pädagogik

Aus den bisherigen Ausführungen zum inneren Bauplan, den sensiblen Perioden, dem absorbierenden Geist und dem Verhältnis zwischen Kind und Erwachsenen lassen sich die wesentlichen Aufgaben der Montessori-Pädagogik ableiten. Da die herkömmlichen Erziehungsmethoden nach Meinung *Montessoris* völlig untauglich sind, fordert sie eine **neue Erziehung**. Diese hat bereits unmittelbar nach der Geburt zu beginnen und sich an der Natur des Kindes zu orientieren, nicht an den Meinungen und Vorurteilen der Erwachsenen. Deshalb gilt es zunächst das Wesen des Kindes zu erforschen und wichtige Erkenntnisse über sensible Perioden, kindliche Bedürfnisse und den inneren Bauplan zu gewinnen. Da sensible Perioden bereits im Säuglingsalter existieren, muss Erziehung bereits mit der Geburt beginnen. Neben der körperlichen Hygiene soll auch die psychische Hygiene eine besondere Rolle spielen. Diese neue Erziehung zielt darauf ab, dem Kind bei seiner Entwicklung die nötigen Hilfen zu geben. Demnach betrachtet *Montessori* **Erziehung als Hilfe zum Leben**.

> *„Wir verstehen unter Erziehung, der psychischen Entwicklung des Kindes von Geburt an zu helfen."*
> (Montessori, 2005[9], S. 10)

15.1.3 Die Bedeutung der Umgebung für die Erziehung

Immer wieder betont *Montessori* die zentrale Bedeutung der Umgebung für die kindliche Entwicklung. Das Kind kann nur mithilfe der Umwelt lernen.

Das Kind entwickelt sich in einer vorbereiteten Umgebung.

Während der ersten drei Lebensjahre nimmt es mithilfe des absorbierenden Geistes die Umwelt unbewusst in sich auf. Nach dieser Zeit richtet es sein Interesse bewusst auf die Dinge und Vorgänge seiner Umgebung. Durch intensive Beschäftigung mit ihnen erwirbt es weitere Fähigkeiten. Es besteht die Möglichkeit, das Kind gezielt in seiner Entwicklung zu fördern.

Hierzu stellt die Montessori-Pädagogik geeignete **Arbeitsmaterialien** zur Verfügung. Hier konkretisiert sich Montessori-Erziehung als Hilfe zum Leben. Während herkömmliche Erziehungsmethoden das Ziel verfolgen, Kinder an die Umgebung anzupassen, verfährt *Montessori* umgekehrt: Sie passt die Umgebung den kindlichen Bedürfnissen an.

> *„Für uns muss gerade die Umgebung dem Kind angepasst werden, und nicht das Kind soll sich einer vorgefassten Umgebung anpassen."*
> (Montessori, 1990[4], S. 48)

Spezielle Materialien unterstützen die kindliche Entwicklung.

Um dem Kind die nötige Hilfe bei seiner Auseinandersetzung mit der Umwelt zu geben, hat *Montessori* eine Vielzahl von Arbeitsmaterialien entwickelt. Sie lassen sich in vier große Bereiche einteilen:

– Übungen des praktischen Lebens (zum Beispiel Schnürrahmen, Wasser tragen),
– Sprachmaterialien (zum Beispiel Sandpapierbuchstaben),
– mathematisches Material (zum Beispiel Perlenketten, blau-rote Stangen),
– Sinnesmaterialien (zum Beispiel Farbtäfelchen, Einsatzzylinder, Tastbrettchen, Geräuschdosen).

Montessori-Material

Sandpapierbuchstaben, die auf Holzbrettchen aufgeklebt sind (Konsonanten und Vokale auf verschiedenartigem Grund): Sie dienen zur Vorbereitung auf das Schreiben. Das Kind kann die Buchstaben mit dem Finger nachfahren und sie somit auch über die Motorik erfassen.

Das goldfarbige Perlenmaterial wird zur Einführung der Kinder in das Dezimalsystem benutzt. Es lassen sich Längen, Flächen und Volumen veranschaulichen.

Die konstruktiven Dreiecke dienen zur Vorbereitung auf geometrische Formen.

Die Rahmen dienen dazu, verschiedene Fertigkeiten zu üben, die im täglichen Leben ständig gebraucht werden.

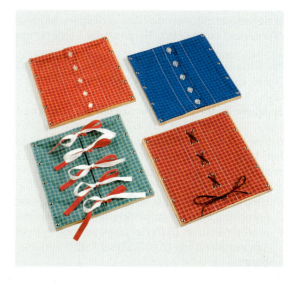

Anhand der Sinnesmaterialien lassen sich die wesentlichen **Merkmale und Prinzipien der Arbeitsmaterialien** aufzeigen:

- Die Materialien sind in der Regel so gestaltet, dass sie sich jeweils in nur einer physikalischen Eigenschaft wie Farbe, Geruch oder Form voneinander unterscheiden. Damit wird eine **einzelne Eigenschaft besonders hervorgehoben** und zieht die Aufmerksamkeit auf sich.
  So unterscheiden sich beispielsweise die Farbtäfelchen nur in ihrer Farbe voneinander. Gewicht, Form, Größe und Oberflächenbeschaffenheit sind bei allen gleich.

- Ein weiteres wichtiges Merkmal stellt die Möglichkeit der **Fehlerkontrolle** dar. Das Kind bemerkt selbst, wenn es einen Fehler gemacht hat und kann ihn dann korrigieren.
  Sehr anschaulich kommt dies bei den Einsatzzylindern zum Ausdruck. Stecken die Kinder den Zylinder nicht in die richtige Öffnung, so passt er erst gar nicht hinein oder hat zu viel Spielraum.

- Ferner besitzen die Materialien nach *Montessori* eine starke Anziehungskraft. Sie lassen die Kinder von sich aus aktiv werden. In engerer Verbindung dazu steht das Prinzip der Selbsttätigkeit. Um diese zu garantieren, muss das Material für kindliche Tätigkeiten besonders gut geeignet sein. Die freie Arbeit kann erfolgen, sobald das Kind mit den Materialien vertraut ist. So können die Kinder die Vielfalt der täglich auf sie einwirkenden Umwelteindrücke allmählich ordnen und sich besser zurechtfinden. Das Material wird dadurch zum Schlüssel, die Welt verstehen zu lernen.

Bedeutung der Umgebung bei der kindlichen Entwicklung	
herkömmliche Erziehung	Montessori-Pädagogik
– Der Erwachsene als besonders wichtiger Teil der Umgebung unterdrückt den inneren Bauplan und damit die natürliche Entwicklung des Kindes	– Der Erwachsene achtet auf den inneren Bauplan des Kindes; es erfolgt keine Unterdrückung der natürlichen Entwicklung
– Er kennt die psychischen Bedürfnisse von Kindern zu wenig, die Umgebung ist deshalb nicht auf die kindlichen Bedürfnisse zugeschnitten.	– Er kennt die psychischen Bedürfnisse des Kindes, die Umgebung ist deshalb den kindlichen Bedürfnissen angepasst.
– Die Umgebung hemmt die Entwicklung, es kommt zur psychischen Deviation.[1]	– Die Umgebung ermöglicht eine gesunde Entwicklung und fördert sie.

15.1.4 Normaler und abweichender Verlauf der kindlichen Entwicklung

Immer wieder betont *Montessori* den inneren Bauplan des Kindes, der die Entwicklung leitet. Er ist jedoch sehr störanfällig und kann durch falsches Erzieherverhalten durcheinander gebracht oder sogar zerstört werden. Dies geschieht vor allem dann, wenn der Erwachsene dem Kind seinen eigenen Willen aufzwängt. Dadurch werden die inneren Kräfte, die die Entwicklung des Kindes leiten, von ihrem natürlichen Weg abgebracht. Es kommt, wie *Montessori* es ausdrückt, zur **psychischen Deviation**[2], zur Abweichung der kindlichen Entwicklung von ihrem natürlichen Weg.

> Unter psychischer Deviation versteht man nach Maria Montessori die Abweichung der kindlichen Entwicklung von ihrem natürlichen Weg.

---
[1] siehe Abschnitt 15.1.4
[2] Deviation (lat.): Abweichung

Als negative Folgen dieser Abweichung von der normalen Entwicklung ergeben sich Persönlichkeitsmerkmale wie Unehrlichkeit, Faulheit, Schüchternheit, Ungehorsam.

Angesichts solcher Fehlentwicklungen gilt es, wieder zu einer normalen psychischen Entwicklung zu gelangen. Dies geschieht durch die sog. **Normalisierung**, häufig auch **Normalisation** genannt, einem Prozess, in welchem das Kind zu seiner normalen, von seinem inneren Bauplan geleiteten Entwicklung, zurückkehrt.

> Unter Normalisierung bzw. Normalisation versteht man den Prozess, in dem das Kind zu seiner normalen Entwicklung zurückkehrt, die von seinem inneren Bauplan geleitet wird.

Bei dem Bemühen, die Deviation zu überwinden und sich zu normalisieren, kommt der konzentrierten Arbeit des Kindes mit dem Material eine entscheidende Bedeutung zu. Denn der Normalisierung geht immer eine Phase konzentrierter Arbeit voraus.

> „In unseren Schulen wurde kein Kind normalisiert, ohne dass es von sich her gesehen die Möglichkeit gehabt hätte, eine bestimmte und an ein Material gebundene Tätigkeit auszuführen; diese Tätigkeit haben wir als Arbeit bezeichnet." (Montessori, 1990⁴, S. 48)

„Wir warten noch immer voller Optimismus darauf, dass auch bei ihm die Normalisierung eintritt."

Gerade in Bezug auf die Normalisierung ist deshalb eine anregende, vorbereitete Umgebung nötig, die das Kind aktiv werden lässt. Die Normalisierung bewirkt nicht nur das Verschwinden negativer Persönlichkeitsmerkmale, sondern führt darüber hinaus zu **sozialem Verhalten** der Kinder: Sie erweisen sich als freundlich und hilfsbereit und sind voller Verlangen, Gutes zu tun.

15.1.5 Die Aufgaben des Erziehers im Kinderhaus[1]

Da Kinder noch nicht in der Lage sind, die Umgebung nach ihren Bedürfnissen einzurichten, fällt diese Aufgabe dem Erzieher zu. Er gestaltet das Kinderhaus anziehend und interessant, achtet auf Sauberkeit und Ordnung.

Zu seinen Aufgaben gehört es auch, die Heranwachsenden mit dem Material vertraut zu machen. Dadurch schafft er wesentliche Voraussetzungen für ihre konzentrierte Arbeit. Während dieser Arbeit sammelt sich die Aufmerksamkeit des Kindes. *Montessori* nennt dieses Phänomen die **Polarisation der Aufmerksamkeit**. Sie kann vom Erzieher nicht erzwungen werden, er muss geduldig darauf warten. Beginnt das Kind schließlich, sich konzentriert einem Material zu widmen, so darf er es nicht stören.

---

[1] *Kinderhaus: Kindergarten*

Bereits ein gut gemeintes Lob oder ein kleiner Tadel genügen, um die Konzentration zu zerstören. Der Erzieher muss jetzt in den Hintergrund treten, er muss passiv werden, damit das Kind aktiv arbeiten kann. Diese geforderte **Passivität des Erziehers** beschränkt sich jedoch nur auf das konzentriert arbeitende Kind. Er greift sofort ein, wenn andere Kinder die Konzentrationsphase stören. Ebenso unterbindet er unerwünschte Verhaltensweisen bei den noch nicht zur Normalisierung gekommenen Kindern.

Indem der Erzieher die Umgebung vorbereitet, hilft er also dem Kind bei seiner Entwicklung. *Montessori* fasst diesen Sachverhalt folgendermaßen zusammen:

> *„Der Lehrer in unserer Arbeit ist nicht der Bildner und Belehrer des Kindes, sondern der Gehilfe."*
> (Montessori, 2005[9], S. 26)

15.1.6 Kritische Würdigung der Montessori-Pädagogik

Montessori-Einrichtungen haben in den vergangenen Jahrzehnten ein verstärktes Interesse erfahren. Dies liegt unter anderem daran, dass dieser Ansatz sowohl in seinen theoretischen Grundlagen als auch im praktischen erzieherischen Handeln eine akzeptable Alternative zur herkömmlichen Pädagogik darstellt. Montessori betonte von Anfang an eine **„Pädagogik vom Kinde aus"**, in der die zu Erziehenden im Mittelpunkt aller Überlegungen und allen pädagogischen Arbeitens stehen.

Dabei scheint die Montessori-Pädagogik ein ideales Erziehungskonzept in unserer rationalen, den mündigen Bürger fordernden Lebens- und Arbeitswelt zu sein, da sie einen deutlichen Schwerpunkt auf die Förderung **kindlicher Selbstständigkeit** legt. Sie schafft konsequent eine vorbereitete Umgebung, in der die Übungen des praktischen Lebens und didaktische Materialien dem kindlichen Streben nach Selbsttätigkeit und Autonomie entgegenkommen.

In diesem Zusammenhang ist die Möglichkeit der sog. **Freiarbeit** ein Kernstück der Montessori-Schule. Im Verlauf des Vormittags dürfen sich die Schüler für zwei bis drei Unterrichtsstunden nach eigenem Interesse mit einem Thema beschäftigen. Dadurch kann das Kind weitgehend sein eigenes Lerntempo bestimmen, der Lehrer hält sich in dieser Zeit möglichst zurück. So wird den Kindern ein sehr hohes Maß an Eigenständigkeit erlaubt, das sich deutlich und positiv von der Regelschule unterscheidet.

Die **Sinnesmaterialien** helfen dem Kind, seine alltäglich gewonnenen Eindrücke zu ordnen. Gleichzeitig erfahren Heranwachsende durch das Hervorheben einer Materialeigenschaft wie Farbe, Form, Oberflächenbeschaffenheit und dgl. immer wieder neue geistige Anregungen und Motivation, mit den Materialien zu experimentieren. Daneben überzeugen **mathematisches Material und Sprachmaterialien** durch ihre Anschaulichkeit. Auf diese Weise leistet die Montessori-Pädagogik einen gelungenen Beitrag zur kindgerechten intellektuellen Förderung des Heranwachsenden.

Diese auffällige Schwerpunktsetzung hat der Montessori-Pädagogik aber auch den Vorwurf eingebracht, die Kreativitätserziehung der Kinder in den musischen und musikalischen Bereichen zu vernachlässigen.

15.2 Die Waldorf-Pädagogik

Rudolf Steiner wurde am 27. Februar 1861 in Krajvec als Kind eines Eisenbahnbeamten geboren. Auf Wunsch seines Vaters besuchte Steiner die Realschule und machte 1879 das Abitur. Obwohl er an der Technischen Hochschule Berlin studierte, befasste er sich weiterhin sehr intensiv mit den Schriften Hegels, Fichtes und anderer Philosophen. Ab 1884 ermöglichte ihm eine Anstellung als Hauslehrer, erste Erfahrungen auf dem Gebiet der Heilpädagogik zu sammeln. Als 30-Jähriger promovierte Steiner zum Doktor der Philosophie. Bald darauf erschien sein Buch „Die Philosophie der Freiheit". In diesem Werk fanden sich bereits wesentliche Grundgedanken dessen, was Rudolf Steiner später zur Anthroposophie, seiner geisteswissenschaftlichen Lehre, ausbaute.
1913 erfolgte die Gründung der Anthroposophischen Gesellschaft, in der Steiner als Berater, Lehrer und Mitarbeiter tätig war. Sechs Jahre später entstand in Stuttgart die erste Waldorfschule. In der Folgezeit hielt Steiner eine Reihe von pädagogischen Kursen, Seminaren, Vorträgen und Veranstaltungen ab. Rudolf Steiner starb am 30. März 1925 in Dornach (Schweiz).

15.2.1 Grundlagen der Waldorf-Pädagogik[1]

1. Die Erziehung bedarf einer umfassenden Erforschung und Kenntnis des Menschen.
Wie viele andere Pädagogen geht auch *Steiner* davon aus, dass die Erziehung auf einer **wissenschaftlichen Basis** beruhen muss. Eine solche Wissenschaft liefert Erkenntnisse über das Wesen des Menschen, aus denen sich dann pädagogische Forderungen ableiten lassen. Nach *Steiners* Überzeugung reichen jedoch die Arbeitsmethoden der empirischen Wissenschaften nicht aus, um das menschliche Wesen hinreichend zu erforschen. Nach anthroposophischer Auffassung besteht der Mensch nicht nur aus dem Körper, sondern er besitzt auch eine Seele und einen Geist. Seele und Geist sind aber nicht mit naturwissenschaftlichen Methoden beobachtbar. Die empirischen Wissenschaften bleiben daher in ihrer Erforschung des Menschen auf den Körper beschränkt.

> „Die Sinneswissenschaft kann nur auf den Leib ... mit körperhaften Vorgängen gerichtet sein; sie kommt nicht zu einer Erfassung des ganzen Menschen." *(Steiner, 1978, S. 47)*

Eine solche Wissenschaft darf deshalb nicht die alleinige Grundlage der Pädagogik bleiben. Sie muss um jene Methoden ergänzt werden, die es ermöglichen, den Menschen in seiner Gesamtheit zu erforschen. *Steiner* begründete aufgrund dieser Einsicht die **Anthroposophie**[2], eine Lehre vom Menschen und seinen besonderen geistigen und seelischen Entwicklungsmöglichkeiten, die Grundlage der Waldorf-Pädagogik ist *(Köck, 2002[7], S. 36 f.).*

> Anthroposophie ist die von *Rudolf Steiner* geschaffene Weltanschauungslehre vom Menschen und seinen besonderen geistigen und seelischen Entwicklungsmöglichkeiten.

---

[1] Der Name „Waldorfschule" geht auf die erste Verwirklichung der Waldorfpädagogik als werkseigene Schule der Waldorf-Astoria-Zigarettenfabrik für die Kinder ihrer Arbeiter zurück (vgl. Köck, 2002[7], S. 794 f.).
[2] Anthroposophie (griech.): „Erkenntnis vom Menschen"

*Die Anthroposophie von Rudolf Steiner nimmt in Anlehnung an Goethes naturwissenschaftlichen Schriften eine höhere geistige Welt über der sinnlich wahrnehmbaren Welt an; sie sieht die Welt als eine „stufenweise Entwicklung", die der Mensch nachvollziehen können muss, um zu „höheren" Fähigkeiten und mit ihrer Hilfe zu „übersinnlichen" Erkenntnissen zu kommen. Auf dieser Grundlage gründete Steiner die **Anthroposophische Gesellschaft**, die heute ihren Sitz am Goetheanum in Dornach bei Basel (Schweiz) hat.*

> „Die anthroposophische Geisteswissenschaft lässt sich als eine Erkenntnismethode verstehen, die geeignet ist, die Grundlage zu einer umfassenden, leiblichen, seelischen und geistigen Wissenskenntnis von Mensch und Welt zu legen."
> (Wehr, 2002, S. 11)

2. Der Mensch besteht aus vier Wesensgliedern.

Die Anthroposophie unterscheidet vier Wesensglieder des Menschen:

- den **physischen Leib**,
- den **Ätherleib**, auch Lebensleib genannt,
- den **Astralleib** bzw. Empfindungsleib und
- den **Ich-Leib** bzw. das „Ich".

Der **physische Leib** setzt sich aus denselben anorganischen-mineralischen Stoffen zusammen wie die übrige leblose Welt. Als Materie ist er mit den Augen sichtbar und kann mithilfe von Messgeräten relativ leicht naturwissenschaftlich erforscht werden. Nach dem Tod zerfällt er in seine chemischen Stoffe. Einen solchen physischen Leib besitzen auch die Mineralien.

> Der physische Leib ist ein menschliches Wesensglied, das aus Materie besteht und in dem chemische und physikalische Kräfte wirksam sind.

Da diese mineralischen Stoffe sich nicht von selbst zum Leben erwecken können, bedarf es für die Erscheinung des Lebens einer besonderen „Lebenskraft". Als Träger dieser Lebenskraft bezeichnet *Steiner* den **Ätherleib**. Er ermöglicht Wachstum und Fortpflanzung. Somit stellt er den Erbauer und Bildner des physischen Leibes dar. Einen solchen Leib besitzen auch die Pflanzen und Tiere, da auch sie heranwachsen und sich vermehren. Der Ätherleib bewirkt beim Menschen jedoch nicht nur Wachstum und Fortpflanzung, sondern er ist darüber hinaus noch der Träger des Gedächtnisses, der Gewohnheiten, des Temperamentes, ja des gesamten Charakters.

> Der Ätherleib als zweites Wesensglied des Menschen ist Träger der Wachstums- und Fortpflanzungskräfte, der Gewohnheiten und Neigungen sowie des Gedächtnisses.

Im **Astral- oder Empfindungsleib** sind Empfindungen wie Lust, Unlust, Begierde, Leidenschaft und Schmerz verankert. Diesen Astralleib teilt der Mensch nur noch mit dem Tierreich, da Pflanzen nach anthroposophischer Auffassung nicht zu Empfindungen fähig sind.

Von Empfindung spricht die Anthroposophie nur dann, wenn auf einen äußeren Reiz eine innere Reaktion erlebt wird. Eine äußere Veränderung als Folge eines Reizes genügt hierfür nicht.

> An einem Beispiel lässt sich dieser Sachverhalt verdeutlichen: Ein blaues Lackmuspapier, das sich in einer chemischen Flüssigkeit verfärbt, zeigt zwar eine äußere Reaktion, der Reiz wird aber nicht vom Papier erlebt.

> Der **Astralleib** als drittes Wesensglied ist Träger der menschlichen Empfindungen, insbesondere der Lust, Unlust und Begierde.

Mit diesen drei Wesensgliedern ist jedoch noch nicht das spezifisch Menschliche erreicht. Durch den **Ich-Leib** bzw. das Ich hebt sich der Mensch vom Tierreich ab. Während das Tier nur in der Lage ist, seine Umwelt zu erleben und auf sie zu reagieren, besitzt der Mensch darüber hinaus eine weitere Fähigkeit: Er kann sich selbst erfassen als ein Ich, als eine eigenständige Persönlichkeit. Das Ich stellt damit die menschliche Individualität und Einzigartigkeit dar. Es ist das höchste Wesensglied. Die Anthroposophie sieht in ihm den **unsterblichen Wesenskern des Menschen**.

> Das **Ich** als höchstes menschliches Wesensglied ist der Träger des Bewusstseins, der Individualität, es ist der unsterbliche Wesenskern des Menschen.

Von entscheidender Bedeutung ist nun, dass **die vier Wesensglieder entwicklungsfähig** sind: Von seinem Ich aus kann der Mensch an den drei anderen Leibern arbeiten und entsprechende Fortschritte machen.

Diese Viergliederung des Menschen widerspricht nicht der Sichtweise vom Menschen als einem leiblichen, seelischen und geistigen Wesen. Der physische Leib und der Ätherleib bilden den Körper, der Astralleib die Seele und das Ich den Geist.

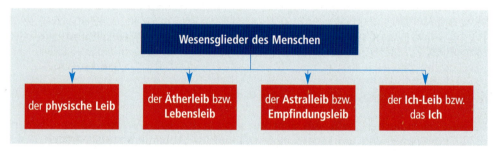

3. Die menschlichen Wesensglieder sind von schützenden Hüllen umgeben.

Nach anthroposophischer Auffassung ist der Mensch bereits von Anfang an mit allen vier Wesensgliedern ausgestattet. Sie sind jedoch von schützenden Hüllen umgeben. Erst wenn ein Wesensglied seine Hülle abstreift, erfolgt die eigentliche Geburt dieses Leibes.

Während der Schwangerschaft umschließt der Körper der Mutter den entstehenden Menschen. Mit der Geburt wird der physische Leib des Säuglings aus dieser **Mutterhülle** entlassen. Äther- und Astralleib bleiben jedoch noch von Hüllen umgeben.

> „Wie der Mensch bis zu seinem Geburtszeitpunkt von einer physischen Mutterhülle, so ist er bis zur Zeit des Zahnwechsels, also bis etwa zum siebten Jahre von einer Ätherhülle und einer Astralhülle umgeben."
> (Steiner, 2003, S. 26)

Während des Zahnwechsels erfolgt die Freisetzung des Ätherleibes aus der **Ätherhülle**. Der Astralleib bleibt noch bis zur Geschlechtsreife von der **Astralhülle** umgeben und wird dann frei. Als letztes Wesensglied wird schließlich das „Ich" geboren.

> „Wir müssen uns diese Hüllen aber nicht wie Zwiebelschalen vorstellen, die den Wesenskern umhüllen und abschließen von der Außenwelt, sondern die Körper durchdringen einander; und das Ich durchdringt die Körper."
> (Steiner, 2003, S. 58)

Die Hüllen sind für die Erziehung von großer Bedeutung. *Steiner* empfiehlt, erst dann auf ein Wesensglied erzieherisch einzuwirken, wenn es aus seiner Hülle freigesetzt ist.

4. Die Entwicklung der einzelnen Wesensglieder erfolgt in einem Siebenjahresrhythmus.

Nach anthroposophischer Ansicht lässt sich die Entwicklung der Wesensglieder in vier Abschnitte zu jeweils sieben Jahren einteilen. Die Zahlenangaben zu den einzelnen Entwicklungsabschnitten dürfen jedoch nur als Näherungswerte verstanden werden.

Im **ersten Jahrsiebt** stellt sich für das Kind die Aufgabe, seine physischen Organe in ihre natürlichen und gesunden Formen zu bringen. Auf dieser **Grundstrukturierung** baut später das eigentliche Wachstum auf. Je nachdem, ob sich gesunde Formen oder Missbildungen strukturiert haben, wachsen die Organe normal oder abweichend heran. Bei diesem Strukturierungsvorgang kommt der kindlichen Umgebung eine entscheidende Rolle zu. Die Grundformen der physischen Organe ergeben sich nämlich in der Auseinandersetzung mit der Umgebung. Ähnlich wie die Muskeln durch entsprechende Betätigung allmählich zur Leistungsfähigkeit gelangen, werden auch die anderen Organe wie beispielsweise das Gehirn in einer passenden Umgebung zur gesunden Entwicklung geführt.

> Man kann einem Kind aus einer Serviette eine einfache Puppe basteln, indem man sie zusammenwindet, aus einem Knoten den Kopf andeutet sowie die Arme und Beine aus jeweils zwei Zipfeln gestaltet. Eine solche Puppe besitzt bei weitem nicht die Genauigkeit und Perfektion einer maschinell hergestellten Puppe. Sie hat jedoch nach anthroposophischer Auffassung einen entscheidenden Vorteil. Das Kind muss mithilfe seiner Fantasie ergänzen, was nur abstrakt angedeutet ist. Die dazu nötige geistige Arbeit wirkt sich positiv formend auf das Gehirn aus. Eine industriell hergestellte, perfekte Puppe führt dagegen zu keiner vergleichbaren geistigen Tätigkeit.

Die Waldorf-Pädagogik legt deshalb auf einfaches, die Fantasie anregendes Spielzeug in der Umgebung des Kindes großen Wert.[1]

Im **zweiten Jahrsiebt** streift der Ätherleib zur Zeit des Zahnwechsels die Ätherhülle ab. War für das Kind in den ersten sieben Jahren die Nachahmung von zentraler Bedeutung, so benötigt es jetzt die Autorität des Erziehers. Es will einen Menschen um sich haben, der ihm nahesteht und zu dem es aufschauen kann.

Dies ist aber nur dann möglich, wenn der Pädagoge eine echte und natürliche Autorität ausstrahlt, die nicht auf Zwang beruht. Diese Art von Autorität fußt nicht auf dem Missbrauch der überlegenen Position des Erziehers. Es ist vielmehr das Kind selbst, das den Pädagogen mit Autorität ausstattet, da es ihn bewundert und verehrt.[2]

Neben diese lebenden Autoritäten haben zusätzlich noch geistige Autoritäten zu treten. *Steiner* denkt dabei vor allem an die großen Vorbilder der Vergangenheit, die den Heranwachsenden durch Erzählungen nahegebracht werden, wie beispielsweise mythologische Helden.

Der Beginn des Zahnwechsels ist ein Anzeichen dafür, dass Wachstums- und Differenzierungsprozesse von Gehirn und Sinnesorganen ihre letzte Phase erreicht haben. Der physische Leib hat nun Kräfte erworben, um sich selber weiterzuentwickeln. Die Wachstumskräfte des Ätherleibes, die den Aufbau des physischen Leibes gewährleisteten, werden

---

[1] *vgl. Abschnitt 15.2.3*
[2] *vgl. hierzu Kapitel 4.1.6*

jetzt frei. Sie wandeln sich um in **seelische Kräfte** und äußern sich in Form von Denk-, Lern- und Gedächtnisfähigkeiten.

Im *dritten Jahrsiebt* wird mit dem allmählichen Eintreten der Geschlechtsreife schließlich der Astralleib geboren. Ein ganz persönliches, eigenes Innenleben entsteht jetzt im Jugendlichen, da er nun **zu intensivem seelischen Erleben fähig** ist. Er strebt danach, den Sinn und Zweck der Dinge und seines eigenen Daseins zu erforschen. Dabei setzt er in immer stärkerem Maße seine geistigen Fähigkeiten ein. Der Jugendliche kann nun eigene Ideale entwickeln und ihnen nachstreben.

Das *vierte Jahrsiebt* zeichnet sich durch den Eintritt der Mündigkeit und der Persönlichkeitsreife aus. Der Mensch wird fähig, einen Beruf verantwortungsvoll auszuüben und eine Familie zu gründen. Sein Körper ist nun vollständig entwickelt. Jetzt erfolgt die Geburt des Ich-Leibes, der ihn zu **Selbstreflexion und -bestimmung befähigt**.

15.2.2 Die Aufgaben des Erziehers

Zwar sind bereits bei der Geburt alle vier Wesensglieder vorhanden, ein erzieherisches Einwirken auf die einzelnen Leiber muss jedoch zu unterschiedlichen Zeitpunkten und mit unterschiedlichen Mitteln erfolgen. Prinzipiell soll erst dann auf die einzelnen Leiber durch entsprechende Maßnahmen eingewirkt werden, wenn sie geboren sind.

> „So handelt es sich auch für die Erziehungskunst um eine Kenntnis der Glieder der menschlichen Wesenheit und deren Entwicklung im Einzelnen ... Man muss wissen, auf welchen Teil der menschlichen Wesenheit man in einem bestimmten Lebensalter einzuwirken hat, und wie solche Einwirkung sachgemäß geschieht."
> (Steiner, 2003, S. 28 f.)

Erziehung in den ersten sieben Lebensjahren
In den ersten sieben Lebensjahren konzentriert sich die Aufmerksamkeit des Erziehers vor allem auf den physischen Leib des Kindes. Wie bereits erwähnt, strukturiert das Kind in dieser Zeit seine physischen Organe in Auseinandersetzung mit der Umwelt. Dem Erzieher

fällt in diesem Entwicklungsabschnitt die Aufgabe zu, **die Umwelt passend zu gestalten und dabei dem Kind harmonische wohltuende Sinneseindrücke zu vermitteln**. Hierzu gehören gerundete Formen, sanfte Farben, rhythmische Bewegungen. Durch Basteln mit einfachen Naturmaterialien wird dabei die Fantasie des Kindes entfaltet.

In seinem ersten Lebensabschnitt steht das Kind vor allem unter dem Einfluss seines eigenen Willens. Dieser Wille und die unbewussten Antriebe des Kindes sind in seinem physischen Leib verankert. Ein Einwirken auf den Willen kann deshalb nur über den physischen Leib erfolgen. Aktivitäten im Kindergarten wie Basteln, Malen, Modellieren dienen daher nicht nur der Strukturierung der physischen Organe, sondern in besonderem Maße der **Erziehung des kindlichen Willens**.

Bei der Erziehung in diesem Lebensabschnitt orientieren sich die Waldorf-Pädagogen an einer Reihe von Prinzipien, die in *Abschnitt 15.2.3* dargestellt sind und im Kindergarten einen zentralen Stellenwert einnehmen.

Erziehung im zweiten Jahrsiebt

Im zweiten Jahrsiebt soll der Waldorf-Pädagoge den Ätherleib des Kindes erzieherisch beeinflussen. Da das Kind eine Autorität benötigt, an der es sich orientieren kann, die es achtet und verehrt, steht die Erziehung unter dem **Prinzip von Autorität und Nachfolge**.

Das Kind besitzt in diesem Alter jedoch noch nicht die Fähigkeit zum begrifflichen Denken. Deshalb wirkt der Erzieher durch sprachliche Bilder und Beispiele auf es ein. Sprachliche Bilder, die eine geistige Anschauung ermöglichen, finden sich für *Steiner* vor allem in Gleichnissen und Vergleichen.

> So lässt sich beispielsweise eine abstrakte Vorstellung wie die Unsterblichkeit der menschlichen Seele in einem bildlichen Vergleich darstellen: Wie ein Schmetterling aus einer Puppe hervorgeht, so entweicht die Seele nach dem Tod des Menschen aus dem Körper.

Eine wesentliche Aufgabe in diesem Lebensabschnitt besteht in der **Schulung des Gedächtnisses**. Dabei geht es für das Kind in erster Linie darum, ein Gedächtnisvermögen zu erwerben. Um dies zu erreichen, braucht es die gelernten Dinge nicht einmal verstandesmäßig begreifen. Wie einst die Muttersprache gelernt wurde, ohne ihre Grammatik zu verstehen, soll das Kind sich jetzt Dinge aneignen, die es erst später begreifen kann. In einer Zeit, in der es auf das Training des Gedächtnisses ankommt, darf der urteilende Verstand nicht zu sehr beansprucht werden.

> *„Der Verstand ist eine Seelenkraft, die erst mit der Geschlechtsreife geboren wird, auf die man daher vor diesem Lebensalter gar nicht von außen wirken sollte. Bis zur Geschlechtsreife soll sich der junge Mensch durch das Gedächtnis die Schätze aneignen, über welche die Menschheit nachgedacht hat, nachher ist die Zeit, mit Begriffen zu durchdringen, was er vorher gut dem Gedächtnis eingeprägt hat. ... Je mehr der junge Mensch schon gedächtnismäßig weiß, bevor es ans begriffliche Erfassen geht, desto, besser ..."* (Steiner, 2003, S. 45)

Erziehung im dritten Jahrsiebt

Mit der Geburt des Astralleibes stellen sich neue Aufgaben für den Erzieher. Jetzt gilt es, den Verstand und die Urteilskraft des Heranwachsenden zu schulen, da nach *Steiner* der Mensch jetzt reif ist, sich ein eigenes Urteil über Sachverhalte zu bilden.

Das Erziehungsprinzip ist jetzt nicht mehr die Autorität des Waldorf-Pädagogen, sondern die **Sachlichkeit**. Der Unterricht kann jetzt in zunehmendem Maße wissenschaftlich gestaltet werden und zielt darauf ab, Zusammenhänge zwischen verschiedenen Sachverhalten aufzuzeigen. Da der Jugendliche zu selbstständigen Urteilen über die Gegebenheiten seiner Umwelt gelangen soll, darf ihm der Erzieher keine persönlichen Meinungen aufdrängen. Der Schüler entwickelt nun seine eigenen Ideale und strebt ihnen nach. Sie treten an die Stelle der Autorität des Erziehers.

15.2.3 Der Waldorfkindergarten

Dem Waldorfkindergarten kommt die Aufgabe zu, im ersten Jahrsiebt die erzieherische Arbeit der Eltern pädagogisch sinnvoll zu ergänzen. Es gilt hier, die ersten Schritte der Kinder zu begleiten auf ihrem langen Weg zu offenen, freundlichen, toleranten Menschen, die sich durch Urteilsfähigkeit und soziale Verantwortung auszeichnen. Durch einen ganz bestimmten Tagesablauf und das Beachten wichtiger Erziehungsprinzipien soll auf diese Erziehungsziele zugesteuert werden. Dabei setzt die Waldorf-Pädagogik einer einseitigen Förderung geistiger Fähigkeiten eine Erziehung entgegen, in der das Denken, Fühlen und Tun gleichermaßen angesprochen werden („Kopf, Herz und Hand").

Die tägliche Arbeit im Waldorfkindergarten orientiert sich an vier zentralen Prinzipien, denen man für die Entwicklung und Erziehung der Kinder große Bedeutung beimisst:

– die **Nachahmung der Erzieher**,
– der **Rhythmus**,
– die **künstlerisch-musische Erziehung** und
– das **Spiel**.

Die Nachahmung
Da das Kind in erster Linie durch Nachahmung mit seiner Umwelt in Kontakt tritt, muss der Erzieher als wichtiger Bestandteil dieser Umgebung für das Kind ein entsprechendes Vorbild darstellen, an dem es sich ständig orientieren kann. Auf diese Weise erlernt es erwünschtes Verhalten nicht über Ge- und Verbote, sondern am Erwachsenenmodell.

> *„Vor dem Zahnwechsel ist das Kind ein rein nachahmendes Wesen im umfassendsten Sinn. Seine Erziehung kann nur darin bestehen, dass die Menschen seiner Umgebung ihm das vormachen, was es nachahmen soll."*
> (Steiner, 1978, S. 50)

Daneben darf der Erzieher nicht passiv sein, sondern soll durch seine zahlreichen Aktivitäten immer wieder Anlass zur Nachahmung geben.

So beobachten die Kinder die Erzieherin beispielsweise beim Frühstückmachen, Backen, Weben, Färben oder Anfertigen von Puppen und ahmen bereitwillig diese Tätigkeiten gemäß ihren Möglichkeiten nach bzw. helfen bei diesen Arbeiten.

Der Rhythmus
Ein zweites wichtiges Prinzip in der Kindergartenpädagogik stellt der Rhythmus dar. Er wird von den Anthroposophen als der **Träger der Gesundheit und des gesamten Lebens** bezeichnet. Dort, wo das Leben einem immer wiederkehrenden Rhythmus folgt, wird es für die Kinder überschaubar, vorhersehbar und gibt ihnen Sicherheit und Orientierung. Der Tagesablauf enthält in seiner Gestaltung einen Wechsel von Bewegung und Ruhe, von Anspannung und Entspannung.

So folgt beispielsweise auf das bewegungsintensive Freispiel eine Phase der Ruhe und Konzentration im Morgenkreis, an das eher ruhige Frühstück schließt sich wieder mit dem Gang ins Freie eine Bewegungsphase an, die erneut im Kreis durch Malen oder Kneten von Ruhe und Entspannung abgelöst wird.

Der Rhythmus in den Tagen und Wochen findet seine Ergänzung in dem des Jahres. Da die Kinder in der hochtechnisierten und verstädterten Welt nur noch selten den Lebens- und Wachstumsrhythmus der Natur beobachten können, versuchen die Waldorferzieherinnen, dies den Heranwachsenden wieder zu ermöglichen.

> So werden zum Beispiel im Frühjahr gemeinsam Blumenzwiebeln gepflanzt oder Getreide gesät und anschließend das Pflanzenwachstum beobachtet.

Die künstlerisch-musische Erziehung

Kunst gilt in der Waldorf-Pädagogik als ein weiteres zentrales Prinzip innerhalb der Erziehungsarbeit. Die künstlerischen Aktivitäten, im Kindergarten bereits ermöglicht und von der Waldorfschule fortgeführt und erweitert, erfüllen verschiedene Zwecke *(vgl. Barz, 1993[4])*:

- Sie fördern Kreativität und Fantasie.
- Sie halten zur genauen Beobachtung und Sensibilität für Dinge an.
- Sie schulen den Willen des Kindes.
- Sie sind Übungsfeld für praktische Lebensbewältigung.

Der Einfluss künstlerischer Elemente beginnt bereits in der Gestaltung der Kindergartenumgebung, bei den Formen der Räume, ihrer Farben und Ausschmückung. Er wird ergänzt durch spezielle musische Angebote, die fester Bestandteil des Kindergartenalltags sind, wie das Musizieren mit der Kinderharfe, Eurythmie[1], das Plastizieren mit Ton bzw. Bienenwachs oder das Malen mit Aquarellfarben. Da die Erzieherinnen beim Plastizieren und Malen den Kindern kein Thema vorgeben, können die Heranwachsenden das ausdrücken, was sie gerade beschäftigt, und ihrer Fantasie freien Lauf lassen.

Das Spiel

Einen wichtigen Stellenwert nimmt auch das Spiel ein.[2] Die Waldorf-Pädagogen fördern das Spiel auf unterschiedliche Weise. Zum einen, indem sie durch ihre eigenen Tätigkeiten immer wieder Anlass für ein Nachahmen geben. Zum anderen vermeiden sie es nach Möglichkeit, das Kind in seinem vertieften Spiel zu stören. Schließlich erfolgt ein Anreiz zum Spielen durch das spezielle Spielmaterial des Waldorfkindergartens.

Dieses Spielzeug unterscheidet sich stark von dem des Regelkindergartens. Auffällig sind die vielen Haushaltsgegenstände wie Besen, Eimer, Tücher, Decken, Wäscheklammern und dgl., mit denen die Kinder Szenen des täglichen Lebens nachspielen können. Daneben gibt es eine große Vielfalt an Naturmaterialien: Baumrinden, Äste, Wurzeln, Steine, Kastanien, Tannenzapfen, Nussschalen, Kürbiskerne sowie Puppen und Tiere aus Holz oder Stoff. **Prinzipiell sind die Spielmaterialien vielseitig verwend- bzw. kombinierbar und regen die kindliche Fantasie stark an**. Dagegen lehnt man industrielles Spielzeug als weitgehend ungeeignet ab.

> So zieht man Holzbauklötze, von denen ein Teil in verschiedenen Abschrägungen gesägt ist, den bekannten Legosteinen vor, da die Klötze beim Bauen immer wieder neu kombiniert und ausprobiert werden müssen. Sie passen nicht immer von vornherein nahtlos zusammen.

> *„Alle Spielzeuge, welche nur aus toten mathematischen Formen bestehen, wirken verödend und ertötend auf die Bildungskräfte des Kindes ..."*
> (Steiner, 2003, S. 32)

---

[1] Eurythmie (Schreibweise von Steiner, eigentlich Eurhythmie, griech.): eine besondere Bewegungskunst, bei der Gesprochenes oder Musikalisches in bestimmte Bewegungen umgesetzt wird
[2] Das Spiel ist ausführlich in Kapitel 9.4 dargestellt.

15.2.4 Besonderheiten der Waldorfschule

Die Waldorfschule versteht sich in vielerlei Hinsicht als eine Alternative zum herkömmlichen Schulsystem und unterscheidet sich grundlegend davon.

Die Organisation der Waldorfschulen
Steiner legt von Anfang an Wert auf **freie, selbstverwaltete Einrichtungen**, die sich nicht nach kurzfristig schwankenden wirtschaftlichen und politischen Bedürfnissen und Erfordernissen richten müssen.

Zwar muss auch die Waldorfschule gewisse bildungspolitische Zugeständnisse an staatliche Behörden machen, über interne Belange der Schule entscheiden die Lehrer jedoch selbst. Das Kollegium beratschlagt und entscheidet pädagogische Angelegenheiten sowie über die Gestaltung und Führung der Schule. Zusätzlich werden alle Verwaltungsaufgaben von den Lehrern wahrgenommen. Einen Direktor oder eine übergeordnete Schulleitung sucht man an Waldorfschulen vergeblich.

Die meisten Waldorfschulen haben einen **Schulverein**. Er setzt sich zusammen aus den Eltern der Schüler, den Lehrern sowie den Förderern und Freunden der Schule. Dieser Verein ist der rechtliche und wirtschaftliche Träger der Waldorfschule. Seine Aufgaben bestehen unter anderem auch darin, Kindern aller Bevölkerungsschichten den Besuch einer Waldorfschule zu ermöglichen. An der Spitze des Schulvereines steht ein Vorstand, der von den Mitgliedern gewählt wird. Er setzt sich sowohl aus engagierten Eltern als auch aus Lehrern zusammen. Die Lehrkräfte sind für gewöhnlich Angestellte des Schulvereins und nur ihm gegenüber verantwortlich.

Die Betonung der Elternarbeit
Wie kaum eine andere Schule legt die Waldorfschule großen Wert auf eine enge Zusammenarbeit mit den Eltern ihrer Schüler. Zu diesem Zweck werden zahlreiche Aktivitäten entfaltet wie Hausbesuche, die Lehrer der Unterstufen durchführen, Elternabende, Seminare, die über die wesentlichen Elemente der *Steiner'schen* Pädagogik informieren, künstlerische und handwerkliche Kurse und Monatsfeiern, die Gelegenheit bieten, Eltern in das Schulleben einzubeziehen.

Mehrmals jährlich zeigen dabei die Klassen ihren Mitschülern und den Eltern, was sie gelernt haben. Sie singen Lieder, führen Theaterstücke und Spiele auf, tragen Gedichte vor usw.

Der Lehrplan
Die Grundlage des Lehrplanes an Waldorfschulen besteht in den anthroposophischen Ansichten über die menschliche Entwicklung und den pädagogischen Konsequenzen, die

sich daraus ergeben. Der Lehrplan spiegelt nicht nur die einzelnen Lehrinhalte wider, sondern gibt auch Empfehlungen und Beispiele zu ihrer Vermittlung.

Anders als bei staatlichen Schulen besitzt dieser Lehrplan jedoch keine zwingende Verbindlichkeit für den Lehrer. Es handelt sich lediglich um Leitlinien, die von den einzelnen Lehrern individuell konkretisiert werden. Dabei berücksichtigt man die besonderen Möglichkeiten und Gegebenheiten der jeweiligen Schule. Das Ziel des Unterrichts besteht nicht darin, die Schüler in Anthroposophie zu unterweisen, sondern ihnen eine **allgemeine Menschenbildung** zu vermitteln. Die Anthroposophie bildet dabei nur die theoretische Grundlage für den Lehrer, mit deren Hilfe die Heranwachsenden zu selbstständigen und mündigen Bürgern erzogen werden sollen. Die anthroposophischen Lehren sind grundsätzlich nicht für Kinder und Jugendliche gedacht, sondern bleiben den mündigen Erwachsenen vorbehalten.

Der Stundenplan

Rudolf Steiner hat sich kritisch mit der Anordnung des Stundenplanes an staatlichen Schulen auseinandergesetzt. Er empfand es vor allem als nachteilig, dass die Schüler Stunde für Stunde und Tag für Tag einer Fülle von verschiedenen Themen ausgesetzt sind. Kaum haben sie ein wirkliches Interesse an einem Lerninhalt entwickelt, so ist die Zeit verstrichen. Die Inhalte dieses Unterrichts können dann erst wieder einige Tage später aufgegriffen werden. Der rasche und ständige Wechsel von Themen im Verlauf einer Woche verhindert so nach *Steiners* Auffassung eine wirkliche Konzentration und ein effektives Arbeiten der Schüler.

Um diese Nachteile zu vermeiden, wird an Waldorfschulen ein Teil der Fächer als sog. **Epochenunterricht** erteilt. Die Schüler beschäftigen sich dabei etwa drei bis vier Wochen täglich für zwei Stunden mit dem gleichen Stoffgebiet.

> Unter Epochenunterricht versteht man eine blockmäßig zusammengefasste Unterrichtseinheit zu einem bestimmten Stoffgebiet. Sie dauert etwa drei bis vier Wochen und umfasst täglich die ersten beiden Stunden des Vormittags.

Dieser Epochenunterricht beschränkt sich auf den sog. **Hauptunterricht** und beinhaltet unter anderem die Fächer Deutsch, Mathematik, Physik, Chemie, Geschichte, Sach- und Gesteinskunde. Beim Epochenunterricht braucht ein bestimmtes Thema nicht nach zwei oder drei Stunden abgeschlossen sein. Es bleibt daher für die Schüler genügend Zeit, sich ausführlich und konzentriert mit den Lerninhalten zu beschäftigen. Erst wenn dies geschehen ist, gilt eine Epoche als abgeschlossen. Auf dieses konzentrierte und längerfristige Arbeiten an einem Themenbereich legte Steiner besonderen Wert.

> *„Es handelt sich nicht darum, nun etwa wiederum die Seele zu erfüllen mit irgendeinem Lehrstoff, sondern darum, die ganze Entwicklung so einzurichten, dass die Seele von selbst sich in einer bestimmten Lebensepoche auf eines konzentrieren kann, und dass man, bevor man zu etwas anderem übergeht, es wirklich dahin bringt, dass ein gewisser Abschluss erreicht ist in einem einzelnen Zweige der Menschenbildung ..."* (Steiner, 1964, S. 45)

Nach dem Epochenunterricht folgen Fächer wie Fremdsprachen, Turnen, Handarbeit, Musik, Religion, Werken und Gartenbau. Der Religionsunterricht wird durch konfessionelle Lehrer nach deren eigenem Lehrplan erteilt. Durch diesen Fächerkanon sind die Schüler im Idealfall täglich denkend-vorstellend, sprechend-übend und praktisch-künstlerisch beansprucht.

Das Klassenlehrerprinzip

Eine in dieser Form einmalige Einrichtung stellt das Klassenlehrerprinzip dar. An einer Waldorfschule führt der Klassenlehrer seine Schüler vom ersten bis zum achten Schuljahr ununterbrochen. Er erteilt den jeweiligen Epochenunterricht.

Ein Lehrer, der seine Klasse acht Jahre lang führt, kennt die einzelnen Schüler genau, mit all ihren besonderen Stärken und Schwächen. Er weiß in der Regel am besten, wie er sie gezielt fördern kann. Dabei kommt ihm der enge Kontakt mit dem Elternhaus zugute. Das Klassenlehrerprinzip lässt sich aber auch aus den anthroposophischen Vorstellungen über die menschliche Entwicklung begründen. In der Zeit vom ersten bis zum achten Schuljahr befindet sich das Kind im zweiten Jahrsiebt seiner Entwicklung. Da der Astralleib noch nicht geboren ist, hat es ein natürliches Bedürfnis nach einer Person, zu der es aufschauen kann. Autorität und Nachfolge gilt als der entscheidende Erziehungsgrundsatz dieser Lebensspanne. Durch das Klassenlehrerprinzip kann dem Autoritätsbedürfnis der Heranwachsenden Rechnung getragen werden.

Noten und Versetzung

Waldorfschüler erhalten – die Zeit der Vorbereitung auf Abschlussprüfungen ausgenommen – weder Noten noch droht ihnen die Gefahr, aufgrund schlechter Leistungen sitzen zu bleiben. Man sieht darin einen Beitrag zur Chancengerechtigkeit insbesondere finanziell schwächerer Bevölkerungsgruppen, die sich bei Bedarf keine Nachhilfelehrer für ihre Kinder leisten können, und will außerdem auf das in herkömmlichen Schulen vorkommende Angstmachen durch Noten verzichten.

Noten werden auch aus einem anderen Grund vermieden. Sie stehen einer sachgemäßen Beurteilung von Schülern im Wege. Durch eine abstrakte Ziffer kommt lediglich zum Ausdruck, wie gut oder schlecht jemand einer bestimmten Prüfungsanforderung entsprochen hat. An die Stelle der Noten treten an Waldorfschulen deshalb **verbale Beurteilungen**. Der Lehrer erstellt am Ende des Schuljahres für jeden Schüler ein **Wortgutachten**, in dem er den erreichten Leistungsstand in jedem Fach beschreibt und auf mögliche Ursachen von Schwächen eingeht. Dabei soll jeder Schüler nicht allein am Stand der Klasse gemessen werden, sondern vor allem auch an seinen eigenen Möglichkeiten.

In der Waldorfschule bleiben die gleichaltrigen Schüler in der gleichen Klasse (altershomogen[1]), auch wenn sie völlig unterschiedliche Leistungen aufweisen (leistungsheterogen[2]). Man bezeichnet dieses Prinzip, in altershomogenen und gleichzeitig leistungsheterogenen Klassen zu unterrichten, als **soziale Koedukation**.

> Unter sozialer Koedukation versteht die Waldorf-Pädagogik das gemeinsame Unterrichten aller gleichaltrigen Schüler in einer Klasse trotz unterschiedlichem Leistungsvermögen.

Diesen unterschiedlichen Fähigkeiten der Heranwachsenden muss im Lehrbetrieb Rechnung getragen werden, um sie weder zu über- noch zu unterfordern. Die Waldorfschulen verweisen darauf, dass erfahrungsgemäß das Prinzip der sozialen Koedukation den besseren Schülern nicht schadet, die Schwächeren dabei jedoch viele Anregungen bekommen. Indem sich die Kinder gegenseitig helfen, fließen auch sozialerzieherische Elemente in den Unterricht mit ein.

---

[1] *homogen (griech.): gleich, gleichartig*
[2] *heterogen (griech.): verschieden, verschiedenartig*

Die besondere Bedeutung künstlerischer und praktischer Fächer
Viele Eltern und Pädagogen teilen die Ansicht, dass Kinder und Jugendliche in der Schule stark einseitig intellektuell belastet und für praktisches und künstlerisches Tun oder körperliche Betätigung nur wenige Freiräume vorhanden sind.

> *„Die Schule zeigt Neigung, den Schüler in erster Linie als Denkenden, als Vorstellenden zu beanspruchen. ... Es dürfte das Manko der meisten heutigen Schulen sein, dass sie die natürlichen kindlichen Verhaltensweisen, den Tätigkeitsdrang nicht weiter pflegen, sondern nur zurückdrängen, bändigen."* (Lindenberg, 1994[6], S. 90)

Dieser einseitigen Beanspruchung der Schüler stellt die Waldorf-Pädagogik ein Unterrichtskonzept entgegen, das ein hohes Maß an künstlerischen und praktisch-handwerklichen Aktivitäten ermöglicht: In Handarbeiten wie Weben, Stricken, Buchbinden, beim Schnitzen, Töpfern und Bearbeiten von Metall, beim Zeichnen und Musizieren finden Jungen und Mädchen gleichermaßen zahlreiche Möglichkeiten zur freien Betätigung. Hier sind sie vor Aufgaben gestellt, die **Fantasie, Kreativität, Eigeninitiative, Selbstständigkeit, Konzentrationsvermögen und Ausdauer** erfordern. Die Schüler finden Zeit zu eigenständigem Arbeiten und zur Umsetzung ihrer verschiedenen Ideen.

> *„Eine Erziehung zur Selbstständigkeit ... steht vor der Aufgabe, den jungen Menschen dazu zu verhelfen, eigene Wege zu finden. Deshalb sollen Fantasie, Initiative und eigenes Suchen in jedem Unterricht gefördert werden."* (Lindenberg, 1994[6], S. 112)

15.2.5 Kritische Würdigung der Waldorf-Pädagogik

Vergegenwärtigt man sich den Vorwurf des Vernachlässigens musischer und musikalischer Kreativitätserziehung innerhalb der Montessori-Pädagogik, so scheint die Waldorf-Pädagogik diesen Versäumnissen gebührend Rechnung zu tragen. Sie betont bereits für den Kindergarten die Notwendigkeit und die vielfältigen Möglichkeiten einer Kreativitätserziehung im künstlerisch-musischen Bereich sowie im Spiel und greift dabei konsequent auf fantasieanregende Naturmaterialien und Alltagsgegenstände zurück.

Im Bereich der Schule stellen Wortgutachten eine sinnvolle Alternative zu den abstrakten Zeugnisnoten der Regelschule dar, insbesondere für jüngere Kinder. Das Klassenlehrerprinzip bietet den Vorteil einer jahrelangen Zusammenarbeit zwischen Kindern, Lehrern und Eltern, kann aber bei gegenseitigen Spannungen oder Antipathien auf Dauer sehr belastend für alle Beteiligten werden. Während der Epochenunterricht ein differenziertes Auseinandersetzen mit einzelnen Themenbereichen ermöglicht, birgt er auch die Gefahr, dass Schüler im Falle von Krankheit ganze Epochen versäumen, deren Inhalte im laufenden Schuljahr nicht mehr aufgegriffen werden.

Die Waldorfschule differenziert nicht – wie das staatliche Schulsystem – in Haupt-, Realschule und Gymnasium, sondern unterrichtet ihre Schüler bis ins 14./15. Lebensjahr einheitlich. Diese Vorgehensweise erfährt ein geteiltes Echo. Einerseits wird hier der Gefahr einer für den einzelnen Schüler zu frühen Weichenstellung seiner Schullaufbahn begegnet, für andere Schüler mag diese relativ späte Ausrichtung des Unterrichts an einem höheren Bildungsabschluss vielleicht schon zu spät kommen. Da *Steiner* eine Erziehung des Verstandes und der Urteilskraft erst mit der Geburt des Astralleibs im dritten Jahrsiebt empfiehlt, wird der Waldorf-Pädagogik vorgeworfen, sie betreibe bis in die Pubertät eine weltfremde, anti-intellektuelle Erziehung.

Die Waldorf-Pädagogik steht der Benutzung von elektronischen Medien, insbesondere dem Fernsehen, ablehnend gegenüber. Insbesondere sieht sie die Gefahr einer permanenten Manipulation der Kinder, deren Urteilsvermögen und Werthaltungen entwicklungsbedingt noch nicht gefestigt sind. Diese Haltung hat ihr den Vorwurf einer teilweise **„weltfremden Pädagogik"** eingebracht. Darüber hinaus kritisieren Gegner der Anthroposophie deren mystische, kosmisch-übersinnliche theoretischen Annahmen, die wissenschaftlich nur schwer erfassbar bzw. beweisbar seien. Zudem erziehe die Waldorf-Pädagogik zur Anthroposophie und sei damit **ideologisch und manipulativ** zugleich.

Zusammenfassung: Montessori-Pädagogik

- *Maria Montessori* geht aus von der Existenz eines inneren natürlichen Bauplans, der die Entwicklung des Kindes leitet. Da dieser Bauplan jedoch weitgehend unbekannt ist, muss er wissenschaftlich erforscht werden. Dazu bedarf es einer genauen Beobachtung des Kindes. Auf diese Weise lernt man die Gesetzmäßigkeiten der kindlichen Entwicklung kennen und kann ihnen Rechnung tragen.

- Zur Entwicklung braucht ein Kind eine Vielzahl von Umwelteindrücken. Mithilfe des absorbierenden Geistes nimmt es während der ersten Lebensjahre ständig Reize aus der Umgebung in sich auf. Bei seiner Arbeit steht der absorbierende Geist unter der Lenkung zeitlich begrenzter, sensibler Perioden. Während eines solchen Zeitraumes konzentriert sich der absorbierende Geist auf jeweils ganz bestimmte Umweltreize. Durch dieses Absorbieren baut das Kind allmählich kulturelle Verhaltensweisen auf. Es lernt, sich in seiner Umwelt zurechtzufinden.

- Bei der kindlichen Entwicklung kann jedoch der Erwachsene ein schwerwiegendes Hindernis darstellen. Da er den inneren Bauplan des Kindes nicht kennt, handelt er oft falsch. Durch Tadel und Verbote hemmt er die natürlichen Aktivitäten des Kindes und unterdrückt so die natürliche Entwicklung. Eine solche Erziehungsmethode erweist sich als untauglich. Deshalb fordert *Montessori* eine neue Erziehung. Diese soll neben den erforderlichen hygienischen Notwendigkeiten besonders den inneren Bauplan sowie die psychischen Bedürfnisse von Kindern berücksichtigen.

- Für die kindliche Entwicklung spielt die Umgebung eine wichtige Rolle. In den ersten Lebensjahren kann der absorbierende Geist nur aufnehmen, was er in der Umwelt an Sinnesreizen vorfindet. Die sensiblen Perioden müssen genutzt werden, sonst verstreichen sie, ohne dass wichtige Dinge gelernt wurden.

- Um das 3. Lebensjahr richten Kinder ihr Interesse bewusst auf Objekte aus der Umgebung. Jetzt besteht die Möglichkeit, das Kind gezielt zu fördern. Hierzu hat Montessori eine Vielzahl von Arbeitsmaterialien entwickelt. Sie weisen in der Regel bestimmte Merkmale auf. Sie erlauben es dem Kind, Fehler selbst zu erkennen und zu verbessern. Durch ihre Anziehungskraft fördern sie die Eigeninitiative (Selbsttätigkeit) des Kindes.

- Zur kindlichen Umgebung gehört auch der Erwachsene. Verhält er sich dem Kind gegenüber falsch, so verursacht er eine Abweichung der kindlichen Entwicklung von ihrem natürlichen Weg. Es kommt zur psychischen Deviation. Sie kann jedoch korrigiert werden, indem das Kind sich normalisiert. Hierzu braucht es aber eine vorbereitete Umgebung, da es allein durch die konzentrierte Arbeit mit dem Material zur Normalisierung gelangt.

- Aus der geschilderten Sichtweise der kindlichen Entwicklung und der Bedeutung der Umgebung ergeben sich eine Reihe von Aufgaben für den Erzieher. Ihm obliegt es, die Umgebung vorzubereiten. Er gestaltet sie anziehend und macht das Kind mit dem Material vertraut. So schafft er die Voraussetzung für eine konzentrierte Arbeit und damit für die Normalisierung.

- Die besondere Stärke der Montessori-Pädagogik liegt in der Förderung der kindlichen Selbstständigkeit sowie geistiger Fähigkeiten. Der musische und musikalische Bereich scheint dagegen eine untergeordnete Rolle zu spielen.

Zusammenfassung: Waldorf-Pädagogik

- *Rudolf Steiner* sieht im Menschen ein Wesen, das aus Körper Seele und Geist besteht. Will man richtig erziehen, so bedarf es einer genauen Kenntnis des ganzen Menschen. Die Anthroposophie versteht sich als Geisteswissenschaft und wendet eigene Arbeitsweisen an, mit deren Hilfe sie zu unmittelbaren Erkenntnissen über Geist und Seele kommt. Hieraus ergibt sich eine spezielle Sichtweise vom Wesen des Menschen. Der Mensch setzt sich demnach aus vier Wesensgliedern zusammen: einem physischen Leib, einem Ätherleib, einem Astralleib und dem Ich.

- Der physische Leib besteht aus chemischen Substanzen, die von sich aus kein Leben hervorbringen können. Die dafür notwendigen Kräfte befinden sich im Ätherleib. Er bringt Wachstum und Fortpflanzung hervor und ist zusätzlich beim Menschen der Träger des Gedächtnisses, der Gewohnheiten und Neigungen. Empfindungen wie Lust, Unlust und Begierde haben dagegen im Astralleib ihren Sitz. Das höchste Wesensglied stellt schließlich das Ich dar. Es ist der unsterbliche Wesenskern eines Menschen.

- Nach *Steiners* Auffassung werden diese vier Leiber zu unterschiedlichen Zeitpunkten geboren, so dass die menschliche Entwicklung einem Siebenjahresrhythmus folgt. Im ersten Jahrsiebt muss das Kind in Auseinandersetzung mit der Umwelt seine physischen Organe strukturieren. Es ist in dieser Zeitspanne vor allem ein nachahmendes Wesen. Im Alter von sieben Jahren wird der Äther geboren. Das Kind bedarf im besonderen Maße einer Person, zu der es aufschauen und die es bewundern kann. Mit dem Eintritt der Geschlechtsreife im dritten Jahrsiebt erfolgt die Verselbstständigung des Astralleibes. Der Jugendliche ist nun zu sehr intensiven seelischen Empfindungen fähig. Im vierten Jahrsiebt wird das Ich geboren. Diese Zeitspanne zeichnet sich aus durch den Eintritt von Mündigkeit und Persönlichkeitsreife.

- Aus diesem Entwicklungsverlauf ergeben sich verschiedene Aufgaben für den Erzieher:

  - In der ersten Entwicklungsphase muss der Erzieher die Umwelt so gestalten, dass sich das Kind mit ihr tätig auseinandersetzt und seine physische Organe strukturiert. Da das Kind seine Umgebung nachahmt, hat sich der Pädagoge stets vorbildlich zu verhalten. Erziehung steht unter dem Prinzip Vorbild und Nachahmung. Daneben stützt sich die Waldorf-Pädagogik im Kindergarten auf das Prinzip des Rhythmus', betont die zentrale Bedeutung künstlerisch-musischer Erziehung sowie die Wichtigkeit des kindlichen Spiels. Die Einrichtung des Kindergartens und der Aufbau des Tages-, Wochen- und Jahresablaufs sind an diesen Prinzipien orientiert.

  - Im zweiten Entwicklungsabschnitt gilt es, besonders das kindliche Gedächtnis zu fordern. Der Unterricht soll außerdem von Gleichnissen und sprachlichen Bildern getragen sein, da das Kind noch nicht begrifflich denken kann. Das Erziehungsprinzip heißt nun Autorität und Nachfolge.

  - Mit der Geschlechtsreife im dritten Jahrsiebt erfolgt eine zunehmende Schulung des Verstandes. Sie soll den Jugendlichen zu eigenständigem Urteilsvermögen führen.

  - Im vierten Entwicklungsabschnitt findet keine Erziehung mehr statt, sondern der Mensch steuert sich selbst.

- Waldorfschulen unterscheiden sich in methodischer, didaktischer und organisatorischer Hinsicht erheblich von herkömmlichen Schulen. Als freie und unabhängige Einrichtungen entscheiden sie über ihre internen Belange eigenständig. Ein Schulverein ist der rechtliche und wirtschaftliche Träger der Einrichtung. Die Lehrer sind in der Regel Angestellte dieses Vereins, dem auch die Eltern der Schüler angehören. Durch Hausbesuche, Elternabende, pädagogische Seminare, künstlerisch-handwerkliche Kurse und Feiern besteht ein ständiger und enger Kontakt zwischen Schule und Elternschaft. Der Unterricht erfolgt nach einem Rahmenlehrplan, der im Detail wenig festgelegt ist, aber dennoch eine starke Orientierungshilfe für die Lehrer darstellt.

- Um ein effektives und konzentriertes Arbeiten für die Schüler zu ermöglichen, wird der Hauptunterricht als sogenannter Epochenunterricht erteilt. Über drei bis vier Wochen beschäftigen sich die Heranwachsenden täglich die ersten beiden Stunden mit einem bestimmten Themengebiet. Ein und derselbe Klassenlehrer führt seine Schüler vom 1. bis ins 8. Schuljahr. Auf diese Weise haben die Kinder im zweiten Lebensjahrsiebt eine Autorität, die sie für ihre Entwicklung dringend benötigen.

- Die sonst übliche Notengebung wird an Waldorfschulen in der Regel durch verbale Beurteilungen ersetzt. Eine Auslese von Schülern nach dem Leistungsprinzip findet nicht statt. Die Schüler steigen automatisch in die nächsthöhere Klasse auf. So bestehen altershomogene Gemeinschaften, deren Mitglieder sich leistungsmäßig jedoch stark unterscheiden können. Auf praktisches und künstlerisches Tun legt man besonderen Wert, um eine einseitig intellektuelle Belastung der Schüler zu vermeiden.

- Während die Waldorf-Pädagogik ohne Zweifel eine Reihe anerkannter und belebender Elemente in die Möglichkeiten erzieherischen Handelns einbringt, warnen Kritiker aber auch vor den Schwächen einer anthroposophisch orientierten Erziehung.

Aufgaben und Anregungen Kapitel 15

Aufgaben

1. Beschreiben Sie wesentliche Grundlagen der Montessori-Pädagogik.
   (Abschnitt 15.1.1)

2. Stellen Sie umfassend die Aufgaben der Montessori-Pädagogik dar.
   (Abschnitt 15.1.2)

3. *Maria Montessori* versteht Erziehung als „Hilfe zum Leben".
   a) Erläutern Sie, was *Montessori* mit „Hilfe zum Leben" meint.
   b) Beurteilen Sie, inwieweit die Arbeitsmaterialien der Montessori-Pädagogik eine solche „Hilfe zum Leben" darstellen.
   (Abschnitt 15.1.3)

4. *Ein Beispiel für Montessori-Sinnesmaterialien sind die sog. Glocken. Jeweils zwei Glocken haben denselben Ton. Bei einer Beschäftigung mit diesem Material versucht das Kind, gleich klingende Glocken zu Paaren zu ordnen.*
   Zeigen Sie an den Glocken die Merkmale und Prinzipien des Sinnesmaterials auf.
   (Abschnitt 15.1.3)

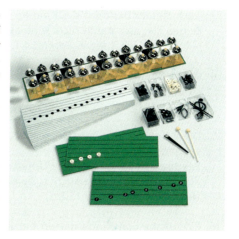

5. Bestimmen Sie die Begriffe „psychische Deviation" und „Normalisierung", und beschreiben Sie das Zustandekommen von psychischer Deviation und Normalisierung.
   (Abschnitt 15.1.4)

6. Erläutern Sie die Bedeutung der Umgebung für die kindliche Entwicklung innerhalb der Montessori-Pädagogik.
   (Abschnitt 15.1.3 und 15.1.4)

7. Beschreiben Sie an geeigneten Beispielen Aufgaben des Erziehers im Kinderhaus.
   (Abschnitt 15.1.5)

8. Unterziehen Sie die Montessori-Pädagogik einer kritischen Würdigung.
   (Abschnitt 15.1.6)

9. *Montessori* fordert vom Erzieher im Kinderhaus, er müsse auf seine eigenen Aktivitäten zugunsten des Kindes verzichten. Er müsse passiv werden, damit das Kind aktiv werden kann.
   Zeigen Sie, dass *Montessori* damit nicht für einen Laissez-faire-Erziehungsstil plädiert.
   (Abschnitt 15.1.3 und *Kapitel 8.1.2*).

10. Charakterisieren Sie die vier Wesensglieder, aus denen der Mensch nach Auffassung Steiners besteht, und erläutern Sie deren Entwicklung.
    (Abschnitt 15.2.1)

11. Erläutern Sie die beiden Grundprinzipien der Erziehung zwischen dem 1. und dem 14. Lebensjahr:
    a) Vorbild und Nachahmung,
    b) Autorität und Nachfolge.
    Leiten Sie aus diesen Grundprinzipien die nötigen erzieherischen Verhaltensweisen ab.
    (Abschnitt 15.2.1 und 15.2.2)

12. *Steiner* betont die Bedeutung des Vorbildes und der Nachahmung und fordert vom Erzieher ein stets vorbildhaftes Verhalten.
    Versuchen Sie, diese Forderung unter Zuhilfenahme Ihrer Kenntnisse über das Modelllernen zu begründen.
    (Abschnitt 15.2.2 und *Kapitel 6.4*)

13. Nach *Steiner* benötigt das Kind im zweiten Jahrsiebt eine erzieherische Autorität. Zeigen Sie, dass damit nicht eine autoritäre Erziehung gemeint ist.
    (Abschnitt 15.2.2 sowie *Kapitel 4.1.6 und 8.1.2*)

14. Beschreiben Sie wichtige Prinzipien der praktizierten Pädagogik in einem Waldorfkindergarten.
    (Abschnitt 15.2.3)

15. Die Waldorfschule versteht sich als bewusste Alternative zum herkömmlichen Schulsystem.
    Beschreiben Sie wesentliche Unterschiede zwischen der Waldorfschule und herkömmlichen Schulen und versuchen Sie diese Unterschiede zu bewerten.
    (Abschnitt 15.2.4 und 15.2.5)

16. Eine Reihe von Kindergärten hat in den letzten Jahren einen sog. „spielzeugfreien Tag" eingeführt, an dem die Kinder nicht mit den herkömmlichen Spielmaterialien des Kindergartens spielen dürfen.
    Beurteilen Sie diese Maßnahme vor dem Hintergrund der Ansichten *Steiners*.
    (Abschnitt 15.2.3)

17. Unterziehen Sie die Waldorf-Pädagogik einer kritischen Würdigung.
    (Abschnitt 15.2.5)

Anregungen

18. Fertigen Sie in Gruppen einen hierarchischen Abrufplan an zu dem Thema
    – „Die Montessori-Pädagogik": alle Gruppen mit einer ungeraden Zahl (Gruppe 1, 3 …),
    – „Die Waldorf-Pädagogik": alle Gruppen mit einer geraden Zahl (Gruppe 2, 4 …).
    Das Thema wird in einem ersten Schritt zu Begriffen bzw. Stichworten zusammengefasst. Sodann werden diese Begriffe in Oberbegriffe, Unterbegriffe, untere Unterbegriffe usw. gegliedert.

19. *Das Montessori-Kinderhaus*
    a) Besuchen Sie ein Montessori-Kinderhaus und lassen Sie sich das didaktische Material zeigen und erklären.
    b) Beobachten Sie die Kinder bei den Übungen des praktischen Lebens unter dem Anspruch der Montessori-Pädagogik, eine Hilfe zum Leben zu sein.
    c) Sprechen Sie in Ihrer Klasse über Ihre Eindrücke, die Sie im Montessori-Kinderhaus gewonnen haben.

20. Besuchen Sie einen Waldorfkindergarten oder eine Waldorfschule. Befragen Sie im Rahmen dieses Besuches das Personal, ob und inwieweit es die kritischen Einwände gegen die Waldorf-Pädagogik teilt.

21. Diskutieren Sie in der Klasse die Vor- und Nachteile des Klassenlehrerprinzips.

22. *Rollenspiel*
    An Waldorfschulen gibt es weder Noten noch ein Sitzenbleiben von Schülern aufgrund schlechter Leistungen.
    Spielen Sie eine „öffentliche Podiumsdiskussion", in der ein oder mehrere Vertreter der Waldorf-Pädagogik dieses Prinzip verteidigen und ein oder mehrere Vertreter des herkömmlichen Schulsystems versuchen, dieses Prinzip zu widerlegen.

23. *Steiner* behauptet, industriell hergestelltes Spielzeug könne nicht dazu beitragen, die Fantasie des Kindes anzuregen.
    Versuchen Sie, diese Behauptung zu stützen oder zu widerlegen, indem Sie käufliches Spielzeug unter diesem Gesichtspunkt analysieren.

24. *Biografie und Internetsuche*
    – Suchen Sie in Gruppen im Internet nach Informationen über das Leben und Werk von
      • Gruppe 1 und 2: *Maria Montessori*
      • Gruppe 3 und 4: *Rudolf Steiner*
    – Fertigen Sie in Kleingruppen eine Übersicht zur Biografie von *Maria Montessori* bzw. *Rudolf Steiner* an.
    – Erarbeiten Sie sechs wichtige Abschnitte ihres Lebens.

Literaturverzeichnis

Aden-Grossmann, Wilma: Kindergarten. Eine Einführung in seine Entwicklung und Pädagogik, Weinheim/Basel, Beltz, 2002.

Adler, Alfred: Der Sinn des Lebens, 20. Auflage, Frankfurt a. M., Fischer Taschenbuch, 1997.

Adler, Alfred: Theorie und Praxis der Individualpsychologie, 12. Auflage, Frankfurt a. M., Fischer Taschenbuch, 2006.

Adorno, Theodor W.:/Horkheimer, Max: Dialektik der Aufklärung. Philosophische Fragmente, 16. Auflage, Frankfurt a. M., Fischer Taschenbuch, 2006.

Allert-Wybranietz, Kristiane: Trotz alledem, 39. Auflage, Fellbach, lucy körner verlag, 1997.

AP: Urwaldfrau nach Jahren eingefangen, in: Donau-Kurier, 19.01.2007, S. 6.

AP: Mord an einer Schülerin nach Muster eines Horrorfilms, in: Donau-Kurier, 06.06.2002, S. 17.

Arnade, Sigrid: Gewalt hat viele Gesichter, in: Die Gesellschaft der Behinderer – Das Buch zur Aktion Grundgesetz, hrsg. von **Frank Strickstrock**, Reinbek, Rowohlt Taschenbuch, 1997, S. 29–33.

Bach, Heinz: Grundlagen der Sonderpädagogik, Bern u. a., Paul Haupt, 1999.

Bach, Heinz: Sonderpädagogik im Grundriss, 13. Auflage, Berlin, Carl Marhold Verlagsbuchhandlung, 1989.

Badry, Elisabeth: Anthropologie und Erziehung, in: Pädagogik – Grundlagen und Arbeitsfelder, hrsg. von **Elisabeth Badry**, **Maximilian Buchka**, **Rudolf Knapp**, 4. Auflage, Neuwied, Luchterhand, 2003, S. 159–168.

Badry, Elisabeth: Grundlagen und Grundfragen des Pädagogischen, Pädagogik – Grundlagen und Arbeitsfelder, hrsg. von **Elisabeth Badry**, **Maximilian Buchka** und **Rudolf Knapp**, 4. Auflage, Neuwied, Luchterhand, 2003, S. 29–86.

Bandura, Albert: Sozial-kognitive Lerntheorie, übersetzt von **Hainer Kober**, Stuttgart, Klett-Cotta, 1979.

Barsch, Achim/Erlinger, Hans Dieter: Medienpädagogik, Stuttgart, Klett-Cotta, 2002.

Barth, Kreszentia: Gruppenarbeit, in: Handbuch zur Sozialarbeit/Sozialpädagogik, hrsg. von **Hanns Eyferth**, **Hans-Uwe Otto**, **Hans Thiersch**, Neuwied, Luchterhand, 1987, S. 458–463.

Barz, Heiner: Der Waldorfkindergarten, 4. Auflage, Weinheim/Basel, Beltz Verlag, 1993.

Bauer, Joachim/Kächele, Horst: Die Couch im Labor, in: Psychologie Heute, Heft 7, 33. Jg., 2006, S. 36–39.

Bauer, Joachim: Bindungsfähigkeit – Die Grundlagen werden in der Kindheit gelegt, in: Psychologie Heute, Heft 10, 33. Jg., 2006, S. 24.

Bayerischer Rundfunk: Albtraum Schule? Neue Kultur des Lernens, 13.02.2007, online abrufbar unter http://www.br-online.de/wissen-bildung/artikel/0702/13-alptraum-schule/index.xml [11.04.2007]

Bayerisches Staatsministerium für Unterricht, Kultus, Wissenschaft und Kunst (Hrsg.): Medienerziehung in Bayern, Donauwörth, Ludwig Auer, 1996.

Becker-Textor, Ingeborg (Hrsg.): Maria Montessori – Kinder lernen schöpferisch, 7. Auflage, Freiburg i. B., Herter Verlag, 1999.

Belz, Horst/Muthmann, Christian: Trainingskurse mit Randgruppen – Handreichung für die Praxis, Freiburg i. B., Lambertus, 1985.

Bernstein, Saul/Lowy, Louis: Untersuchungen zur Sozialen Gruppenarbeit in Theorie und Praxis, 7. Auflage, Freiburg i. B., Lambertus, 1982.

Berthold, Michael: Maria Montessori – Grundlagen meiner Pädagogik, 9. Auflage, Wiesbaden, Quelle und Meyer, 2005.

Biene-Deißler, Elke: Spielen, in: Kompendium der Heilpädagogik, Band 2, hrsg. von **Heinrich Greving**, Troisdorf, Bildungsverlag Eins, 2007, S. 237–248.

Bittner, Günther: Gehorsam und Ungehorsam, in: Einführung in pädagogisches Sehen und Denken, hrsg. von **Andreas Flitner, Hans Scheuerl**, Weinheim/Basel, Beltz, 2000, S. 100–113.

Bleidick, Ulrich u. a.: Einführung in die Behindertenpädagogik II, 4. Auflage, Stuttgart, Kohlhammer, 1995.

Bleidick, Ulrich u. a.: Einführung in die Behindertenpädagogik III, 3. Auflage, Stuttgart, Kohlhammer, 1992.

Böcher, Hartmut/Koch, Roland: Medienerziehung – Theorie und Praxis, Köln, Stam Verlag, 1998.

Bock, Karin: Die Kinder- und Jugendhilfe, in: Grundriss Soziale Arbeit – Ein einführendes Handbuch, hrsg. von **Werner Thole**, Opladen, Leske & Budrich, 2002, S. 299–315.

Bofinger, Jürgen: Freizeit und Medien, in: Grundbegriffe Medienpädagogik, hrsg. von **Jürgen Hüther, Bernd Schorb**, 4. Auflage, München, Kessler Druck, 2005, S. 105–115.

Bohle, Arnold/Themel, Jobst D.: Jugendhilfe – Jugendrecht, 6. Auflage, Troisdorf, Bildungsverlag Eins, 2005.

Böhm, Dorothea: Frau Böhm antwortet Ihnen, in: Abendzeitung, 23.03.2007, S. 26.

Bohner, Gerd: Einstellungen, übersetzt von **Matthias Reiss**, in: Sozialpsychologie – Eine Einführung, hrsg. von **Wolfgang Stroebe, Klaus Jonas, Miles Hewstone**, 4. Auflage, Berlin u. a., Springer, 2002, S. 265–313.

Bott, Gerhard (Hrsg.): Erziehung zum Ungehorsam – Kinderläden berichten aus der Praxis der antiautoritären Erziehung, 4. Auflage, Berlin, März-Verlag, 1972.

Braun, Walter: Sozial isolierte Netzgeneration, in: Psychologie Heute, Heft 1, 29. Jg., 2002, S. 10.

Bredenkamp, Jürgen/Weinert, Franz Emanuel/Bredenkamp, Karin: Funkkolleg Pädagogische Psychologie, Studienbegleitbrief, Band 5: Lernen, hrsg. vom Deutschen Institut für Fernstudien, Weinheim, Beltz, 1976.

Brezinka, Wolfgang: Erziehungsziele, Erziehungsmittel, Erziehungserfolg – Beiträge zu einem System der Erziehungswissenschaft, 3. Auflage, München/Basel, Reinhardt, 1999.

Brezinka, Wolfgang: Grundbegriffe der Erziehungswissenschaft – Analyse, Kritik, Vorschläge, 5. Auflage, München/Basel, Reinhardt, 1990.

Brinkbäumer, Klaus: „Die Luft ging raus aus ihr", in: Der Spiegel, Heft 4, 20.01.2003, S. 46–49.

Brisch, Karl Heinz: Bindungsstörungen – Von der Bindungstheorie zur Therapie, 7. Auflage, Stuttgart, Klett-Cotta, 2006.

Britton, Ronald: Terror und Todestrieb, in: Psychologie Heute, Heft 4, 34. Jg., 2007, S. 31 ff.

Brocher, Tobias/Friedeburg, Ludwig von (Hrsg.): Lexikon der Sexualerziehung für Eltern, Lehrer, Schüler, Stuttgart/Berlin, Kreuz Verlag, 1985.

Brocher, Tobias: Liebesfähigkeit, in: Lexikon der Sexualerziehung für Eltern, Lehrer, Schüler, hrsg. von **Tobias Brocher, Ludwig von Friedeburg**, Stuttgart/Berlin, Kreuz Verlag, 1985, S. 382–390.

Bronfenbrenner, Urie: Die Ökologie der menschlichen Entwicklung – Natürliche und geplante Experimente, 3. Auflage, Stuttgart, Klett-Cotta, 1993.

Bronfenbrenner, Urie: Ökologische Sozialisationsforschung, in: Ökologische Psychologie – Ein Handbuch in Schlüsselbegriffen, hrsg. von **Lenelis Kruse, Carl-Friedrich Graumann, Ernst-Dieter Lantermann**, München, 2. Auflage, Beltz – Psychologie Verlags Union, 1996, S. 76–79.

Buchka, Maximilian: Konzepte sozialpädagogischer Praxis, in: Pädagogik – Grundlagen und Arbeitsfelder, hrsg. von **Elisabeth Badry, Maximilian Buchka, Rudolf Knapp**, 4. Auflage, Neuwied, Luchterhand, 2003, S. 271–306.

Buchka, Maximilian: Theoriemodelle der Sozialpädagogik, in: Pädagogik – Grundlagen und Arbeitsfelder, hrsg. von **Elisabeth Badry, Maximilian Buchka, Rudolf Knapp**, 4. Auflage, Neuwied, Luchterhand, 2003, S. 191–208.

Buchka, Maximilian/Knapp, Rudolf: Praxisfeld Heimerziehung, in: Pädagogik – Grundlagen und Arbeitsfelder, hrsg. von **Elisabeth Badry, Maximilian Buchka, Rudolf Knapp**, 4. Auflage, Neuwied, Luchterhand, 2003, S. 349–384.

Burgess, Ernest W./Locke, Harvey J.: The family – From Institution to Companionship, New York, American Book Company, 1945.

Der Brockhaus, Psychologie: Fühlen, Denken und Verhalten verstehen, Mannheim/Leipzig, F. A. Brockhaus, 2001.

Domke, Horst: Erziehungsmethoden, 5. Auflage, Donauwörth, Ludwig Auer, 1982.

Dörner, Dietrich/Selg, Herbert (Hrsg.): Psychologie – Eine Einführung in ihre Grundlagen und Anwendungsfelder, 2. Auflage, Stuttgart, Kohlhammer, 1996.

Dornes, Martin: Frisst die Emanzipation ihre Kinder? Mütterliche Berufstätigkeit und kindliche Entwicklung, in: Befreiung aus der Mündigkeit – Paradoxien des gegenwärtigen Kapitalismus, hrsg. von **Axel Honneth**, Frankfurt a. M., Campus Verlag, 2002, S. 159–194.

dpa: 19-jähriger tötete wie am Computer, in: Fränkischer Tag, 8.12.2006

dpa: Schwerbehinderter Sohn zu laut. Vermieter setzt Räumung durch, in: Donau-Kurier, 20./21.07.2002.

dpa: TV-Szene nachgespielt: Schüler schwer verletzt, in: Donau-Kurier, 11.06.2002.

Dreikurs Rudolf: Psychologie im Klassenzimmer, Stuttgart, Klett, 2003.

Dreikurs, Rudolf/Soltz, Vicki: Kinder fordern uns heraus. Wie erziehen wir sie zeitgemäß? Übersetzt von Erik A. Blumenthal, Stuttgart, Klett-Cotta, 1966.

Edelmann, Walter: Lernpsychologie, 6. Auflage, Weinheim, Beltz – Psychologie Verlags Union, 2000.

Enders, Ursula (Hrsg.): Zart war ich, bitter war's – Handbuch gegen sexuellen Missbrauch, Köln, Kiepenheuer & Witsch, 1990.

Engelke Ernst: Theorien der Sozialen Arbeit – Eine Einführung, 3. Auflage, Freiburg i. B., Lambertus, 2002.

Erath, Peter: Sozialarbeitswissenschaft Eine Einführung, Stuttgart, Kohlhammer, 2006.

Erler, Michael: Soziale Arbeit – Ein Lehr- und Arbeitsbuch zu Geschichte, Aufgaben und Theorie, 5. Auflage, Weinheim/München, Juventa, 2004.

Eyferth, Hanns/Otto, Hans-Uwe/Thiersch, Hans (Hrsg.): Handbuch zur Sozialarbeit/Sozialpädagogik, Neuwied, Luchterhand, 1987.

Fichter, Joseph H.: Grundbegriffe der Soziologie, übersetzt von **Leonhard Walentik**, 3. Auflage, Berlin, Springer, 1970.

Finetti, Marco: Bericht nennt Bildungssystem diskriminierend, in: Süddeutsche Zeitung, 22.03.2007.

Flitner, Andreas/Scheuerl, Hans (Hrsg.): Einführung in pädagogisches Sehen und Denken, Weinheim/Basel, Beltz, 2000.

Flitner, Andreas: Konrad, sprach die Mama ... – Über Erziehung und Nicht-Erziehung, Weinheim/Basel, Beltz, 2004.

Flitner, Andreas: Spielen – Lernen, Praxis und Deutung des Kinderspiels, 2. Auflage, Weinheim/Basel, Beltz, 2002.

Freud, Sigmund: Abriss der Psychoanalyse – Das Unbehagen in der Kultur, 44. Auflage, Frankfurt a. M., Fischer Taschenbuch, 1993.

Freud, Sigmund: Gesammelte Werke. Studienausgabe, Band 1–10, Frankfurt a. M., Fischer Taschenbuch, 2000.

Furian, Martin/Maurer, Monika: Praxis der Fernseherziehung in Kindergarten, Hort, Heim und Familie, 4. Auflage, Heidelberg, Quelle und Meyer, 1984.

Gabriel, Thomas: Was leistet Heimerziehung, in: Heimerziehung, hrsg. von **Thomas Gabriel, Michael Winkler**, München, Reinhardt, 2003, S. 167–195.

Gadamer, Hans Georg/Vogler, Paul (Hrsg.): Neue Anthropologie, Band 2: Biologische Anthropologie, München, Deutscher Taschenbuch Verlag, 1984.

Gehlen, Arnold: Anthropologische Forschung. Reinbek bei Hamburg, Rowohlt Taschenbuch, 1975.

Gehlen, Arnold: Der Mensch. Seine Natur und seine Stellung in der Welt, 13. Auflage, Wiesbaden, AULA Verlag, 1986.

Gellert, Christian Fürchtegott: Das Land der Hinkenden, in: C. F. Gellerts sämmtliche Schriften. Erster Theil. Leipzig, bey M. G. Weidmanns Erben und Reich, und Caspar Frisch, 1769.

Germain, Carel B./Gitterman, Alex: Ökologische Sozialarbeitsforschung in den USA, übersetzt von **Eveline Weber-Falkensammer**, in: Brennpunkte sozialer Arbeit: Ökologische Konzepte für Sozialarbeit, hrsg. von **Claus Mühlfeld** u. a., Frankfurt a. M., Diesterweg, 1986, S. 60–76.

Germain, Carel B./Gitterman, Alex: Praktische Sozialarbeit. Das „Life Model" der sozialen Arbeit, 2. Auflage, übersetzt von **Beatrix Vogel**, Stuttgart, Ferdinand Enke, 1988.

Germain, Carel B./Gitterman, Alex: Praktische Sozialarbeit. Das „Life Model" der sozialen Arbeit, Fortschritte in Theorie und Praxis, 3. Auflage, übersetzt von **Beatrix Vogel**, Stuttgart, Ferdinand Enke, 1999.

Gernert, Wolfgang: Jugendhilfe – Einführung in die sozialpädagogische Praxis, 4. Auflage, München/Basel, Reinhardt, 1993.

Geuter, Ulfried: Wer seinem Kind Gutes tun will, kaufe ihm bitte keinen Computer – ein Gespräch mit **Manfred Spitzer**, in: Psychologie Heute, Heft 1, 33. Jg., 2006, S. 34–37.

Giesecke, Hermann: Einführung in die Pädagogik, 7. Auflage, Weinheim/München, Juventa, 2004.

Giesecke, Hermann: Pädagogische Illusionen, Stuttgart, Klett-Cotta, 1998.

Goerttler, Kurt: Morphologische Sonderstellung des Menschen im Reich der Lebensformen auf der Erde, in: Neue Anthropologie, Band 2: Biologische Anthropologie, hrsg. von **Hans Georg Gadamer**, **Paul Vogler**, München, Deutscher Taschenbuch Verlag, 1984, S. 215–257.

Goffman, Erving: Stigma – Über Techniken der Bewältigung beschädigter Identität, Frankfurt a. M., Suhrkamp Taschenbuch, 2003.

Goleman, Daniel: Soziale Intelligenz – Wer auf den anderen zugehen kann, hat mehr vom Leben, übersetzt von **Reinhard Kreissl**, München, Droemer, 2006.

Gordon, Thomas: Die Neue Familienkonferenz – Kinder erziehen ohne zu strafen, 19. Auflage, übersetzt von **Annette Charpentier**. München, Heyne, 2005.

Gordon, Thomas: Familienkonferenz – Die Lösung von Konflikten zwischen Eltern und Kind, 44. Auflage, München, Heyne, 2005.

Greving, Heinrich (Hrsg.): Kompendium der Heilpädagogik, Band 2, Troisdorf, Bildungsverlag Eins, 2007.

Groddeck, Georg: Das Buch vom Es – Psychoanalytische Briefe an eine Freundin; hrsg. von **Helmut Siefert**, 5. Auflage, Frankfurt a. M., Fischer Taschenbuch, 1987.

Grossmann, Karin/Grossmann, Klaus E.: Bindungen – das Gefüge psychischer Sicherheit, Stuttgart, Klett-Cotta, 2004.

Grunwald, Klaus/Thiersch, Hans (Hrsg.): Praxis Lebensweltorientierter Sozialer Arbeit – Handlungszugänge und Methoden in unterschiedlichen Arbeitsfeldern, Weinheim/München, Juventa, 2004.

Grüsser, Sabine/Thalemann, Ralf: Computerspielsüchtig? Rat und Hilfe, Bern, Hans Huber, 2006.

Gudjons, Herbert: Pädagogisches Grundwissen, Überblick – Kompendium – Studienbuch, 9. Auflage, Bad Heilbrunn, Klinkhardt, 2006.

Haeberle, Erwin J.: Die Sexualität des Menschen – Handbuch und Atlas, übersetzt unter Mitwirkung von **Ilse Drews**, Hamburg, Nikol Verlagsgesellschaft, 2000.

Hamburger, Franz: Einführung in die Sozialpädagogik, Stuttgart, Kohlhammer, 2003.

Hassenstein Bernhard: Verhaltensbiologie des Kindes, 4. Auflage, München/Zürich, Piper, 1987.

Hastenteufel, Paul: Lernen, Lehren, Leben, 2. Auflage, Baltmannsweiler, Pädagogischer Verlag Burgbücherei Schneider, 1980.

Haug-Schnabel, Gabriele/Schmid, Barbara: ABC des Kindergartenalltags – Der Kindergarten von innen und außen gesehen, 3. Auflage, Freiburg i. B., Herder, 1994.

Hederer, Josef/Schiefele, Hans/Tröger, Walter: Telekolleg für Erzieher – Pädagogik I, 7. Auflage, München, TR-Verlagsunion, 1984.

Hederer, Josef/Tröger, Walter: Telekolleg für Erzieher – Pädagogik III, 4. Auflage, München, TR-Verlagsunion, 1980.

Heiden, Hans-Günter: Behindert ist man nicht – behindert wird man; in: Die Gesellschaft der Behinderer – Das Buch zur Aktion Grundgesetz, hrsg. von **Frank Strickstrock**, Reinbek bei Hamburg, Rowohlt Taschenbuch, 1997, S. 1318.

Heitger, Martin: Beiträge zu einer Pädagogik des Dialogs – Eine Einführung, Wien, ÖBV & HPT Verlag, 1983.

Helmer, Karl: Praxisfeld Jugendarbeit, in: Pädagogik – Grundlagen und Arbeitsfelder, hrsg. von **Elisabeth Badry, Maximilian Buchka, Rudolf Knapp**, 4. Auflage, Neuwied, Luchterhand, 2003, S. 325–348.

Hierdeis, Helmwart: Basiswissen Pädagogik – Eine praxisbezogene Einführung, Band 1: Erziehungstheorie, Landsberg a. L., Moderne Verlagsgesellschaft, 1983.

Hierdeis, Helmwart (Hrsg.): Taschenbuch der Pädagogik, 5. Auflage, Baltmannsweiler, Verlag Burgbücherei Schneider, 1997.

Hierdeis, Helmwart/Rudolph, Heide: Erziehungsinstitutionen, 5. Auflage, Donauwörth, Ludwig Auer, 1983.

Hinte, Wolfgang: Management mit Charm – Kommunikation in der Gemeinwesenarbeit, in: Hoffnung Gemeinwesen, hrsg. von **Heinz A. Ries, Susanne Elsen, Bernd Steinmetz**, Neuwied/Kriftel/Berlin, Luchterhand, 1997, S. 280–291.

Hinte, Wolfgang: Soziale Gruppenarbeit in GWA-Projekten, in: Studienbuch Gruppen- und Gemeinwesenarbeit, hrsg. von Wolfgang Hinte, Fritz Karas, Neuwied/Frankfurt a. M., Luchterhand, 1989, S. 67–88.

Hinte, Wolfgang: Von der Gemeinwesenarbeit über die Stadtteilarbeit zur Initiierung bürgerschaftlichen Engagements, in: Grundriss Soziale Arbeit – Ein einführendes Handbuch, hrsg. von **Werner Thole**, Opladen, Leske & Budrich, 2002, S. 535–548.

Hinte, Wolfgang/Karas, Fritz: Studienbuch Gruppen- und Gemeinwesenarbeit, Neuwied/Frankfurt a. M., Luchterhand, 1989.

Hinte, Wolfgang/Lüttringhaus, Maria/Oelschlägel, Dieter (Hrsg.): Grundlagen und Standards der Gemeinwesenarbeit. Reader für Studium, Lehre und Praxis, Münster, Votum Verlag, 2001.

Hobmair, Hermann (Hrsg.): Pädagogik/Psychologie für die berufliche Oberstufe, Band 1, 2. Auflage, Troisdorf, Bildungsverlag Eins, 2005.

Hobmair, Hermann (Hrsg.): Pädagogik/Psychologie für die berufliche Oberstufe, Band 3, Troisdorf, Bildungsverlag Eins, 2006.

Hobmair, Hermann (Hrsg.): Psychologie, 4. Auflage, Troisdorf, Bildungsverlag Eins, 2008.

Hobmair, Hermann (Hrsg.): Soziologie, Troisdorf, Bildungsverlag Eins, 2006.

Hobmair, Hermann/Treffer, Gerd: Individualpsychologie, Erziehung und Gesellschaft, München/Basel, Reinhardt, 1979.

Hobrecht, Jürgen: Du kannst mir nicht in die Augen sehen, Reinbek bei Hamburg, Rowohlt Taschenbuch, 1990.

Hoffrage, Ulrich/Vitouch, Oliver: Evolutionspsychologie des Denkens und Problemlösens, in: Allgemeine Psychologie, hrsg. von **Jochen Müsseler**, **Wolfgang Prinz**, Heidelberg/Berlin, Spektrum Akademischer Verlag, 2002, S. 734–794.

Honneth, Axel (Hrsg.): Befreiung aus der Mündigkeit – Paradoxien des gegenwärtigen Kapitalismus, Frankfurt a. M., Campus Verlag, 2002.

Horkheimer, Max/Adorno, Theodor W.: Dialektik der Aufklärung. Philosophische Fragmente, 16. Auflage, Frankfurt a. M., Deutscher Taschenbuch Verlag, 2006.

Horton, Peter: Die andere Saite – Aphorismen, Satire, Poesie, Meditationen, 8. Auflage, Würzburg, Wilhelm Naumann Verlag, 1989.

Hugenschmidt, Bettina/Technau, Anne: Methoden schnell zur Hand – 58 schüler- und handlungsorientierte Unterrichtsmethoden, Stuttgart u. a., Klett, 2002.

Hurrelmann, Klaus: Einführung in die Sozialisationstheorie, 8. Auflage, Weinheim/Basel, Beltz, 2002.

Hüther, Jürgen/Schorb, Bernd (Hrsg.): Grundbegriffe Medienpädagogik, 4. Auflage, München, Kessler Druck, 2005.

Hüther, Jürgen/Schorb, Bernd: Medienpädagogik, in: Grundbegriffe Medienpädagogik, hrsg. von **Jürgen Hüther, Bernd Schorb**, 4. Auflage, München, Kessler Druck, 2005, S. 265–276.

Jensen, Jens Peter: Jugendarbeit, in: Praxis der Kinder- und Jugendhilfe, hrsg. von **Martin R. Textor**, 2. Auflage, Weinheim/Basel, Beltz, 1995, S. 61–65.

Junge, Hubertus/Lendermann, Heiner B.: Das Kinder- und Jugendhilfegesetz (KJHG) – Einführende Erläuterungen, Freiburg i. B., Lambertus, 1990.

Kasten, Erich: Einführung Neuropsychologie, München/Basel, Reinhardt, 2007.

Kästner, Erich: Ein Dichter gibt Auskunft. München, Deutscher Taschenbuch Verlag, 2006.

Keller, Josef A./Novak, Felix: Kleines pädagogisches Wörterbuch – Grundbegriffe, Praxisorientierungen, Reformideen, 8. Auflage, Freiburg i. B., Herder, 2001.

Kelly, George A., in: Persönlichkeitstheorien, übersetzt von Anni Pott, hrsg. v. **Lawrence A. Pervin, Daniel Cervone** und **Oliver John**, 5. Auflage, München/Basel, Reinhardt, 2005.

Kentler, Helmut: Repressive und nichtrepressive Sexualerziehung im Jugendalter, in: Für eine Revision der Sexualpädagogik, hrsg. von **Helmut Kentler, Günther Bittner, Horst Scarbath**, München, Juventa, 1986, S. 9–48.

Kentler, Helmut/Bittner, Günther/Scarbath, Horst (Hrsg.): Für eine Revision der Sexualpädagogik, München, Juventa, 1986.

Kernberg, Otto F.: Narzisstische Persönlichkeitsstörungen, übersetzt und bearbeitet von Bernhard Strauß, Stuttgart, SchattAuer, 2001.

Klafki, Wolfgang u. a.: Funkkolleg Erziehungswissenschaft – Eine Einführung, Band 1–3, Frankfurt a. M., Fischer Taschenbuch, 1986.

Klee, Ernst: Behinderten-Report, 10. Auflage, Frankfurt a. M., Fischer Taschenbuch, 1981.

Klein, Ferdinand/Meinertz Friedrich/Kausen Rudolf: Heilpädagogik – Ein pädagogisches Lehr- und Studienbuch, 10. Auflage, Bad Heilbrunn, Klinkhardt, 1999.

Kleinhubbert, Guido: Kriminelle Doktorspiele, in: Der Spiegel, Heft 22, 29.05.2006, S. 49.

Knapp, Rudolf: Praxisfeld Schulsozialpädagogik, in: Pädagogik – Grundlagen und sozialpädagogische Arbeitsfelder, hrsg. von **Elisabeth Badry, Maximilian Buchka, Rudolf Knapp**, 4. Auflage, Neuwied, Luchterhand, 2003, S. 349364.

Kneip, Ansbert: „Es muss bluten, ist doch klar", in: Der Spiegel, Heft 32, 07.08.2006, S. 66–70.

Köck, Peter: Anthroposophie, in: Wörterbuch für Erziehung und Unterricht, hrsg. von **Peter Köck, Hanns Ott**, 7. Auflage, Donauwörth, Auer, 2002, S. 36 f.

Köck, Peter: Waldorfschule, in: Wörterbuch für Erziehung und Unterricht, hrsg. von **Peter Köck, Hanns Ott**, 7. Auflage, Donauwörth, Auer, 2002, S. 794 f.

Köck, Peter/Ott, Hanns: Wörterbuch für Erziehung und Unterricht, 7. Auflage, Donauwörth, Auer, 2002.

Kofler, Georg/Graf, Gerhard (Hrsg.): Sündenbock Fernsehen?, Berlin, Vistas, 1995.

König, Eckard: Erziehungswissenschaft, in: Taschenbuch der Pädagogik, hrsg. von Helmwart Hierdeis, 5. Auflage, Baltmannsweiler, Verlag Burgbücherei Schneider, 1997, S. 180–189.

König, Renè: Familiensoziologie, hrsg. von Rosemarie Nave-Herz, Opladen, Leske & Budrich, 2002.

Krapp, Andreas: Entwicklung, Erziehung und Lernen, in: Pädagogik für Erzieher II, hrsg. von **Hans Schiefele** und **Walter Tröger**, 6. Auflage, München, TR-Verlagsunion, 1982, S. 8193.

Krebs, Wolfgang: Die fünf Wellen, in: Gemeinwesenarbeit. Entwicklungslinien und Handlungsfelder. Gemeinwesenarbeit Jahrbuch 7, hrsg. von **Simone Odierna**, **Ulrike Berendt**, Neu-Ulm, AG SPAK Bücher, 2004, S. 57–65.

Kron, Friedrich W.: Grundwissen Pädagogik, 6. Auflage, München/Basel, Reinhardt, 2001.

Kron, Friedrich W.: Wissenschaftstheorie für Pädagogen, München/Basel, Reinhardt, 1999.

Kruse, Lenelis/Graumann, Carl-Friedrich/Lantermann, Ernst-Dieter (Hrsg.): Ökologische Psychologie – Ein Handbuch in Schlüsselbegriffen, 2. Auflage, Beltz – Psychologie Verlags Union, München 1996.

Kunczik, Michael: Wirkungen von Gewaltdarstellungen – Zum aktuellen Stand der Diskussion, in: Sündenbock Fernsehen?, hrsg. von **Georg Kofler**, **Gerhard Graf**, Berlin, Vistas, 1995, S. 29–53.

Küttner, Michael u. a.: Erklärung, in: Handlexikon zur Wissenschaftstheorie, hrsg. von **Helmut Seiffert**, **Gerard Radnitzky**, 2. Auflage, München, Ehrenwirth, 1992, S. 68–73.

Lagache, Daniel: Psychoanalyse, München, Humboldt Taschenbuchverlag, 1971.

Lakotta, Beate: Die Natur der Seele, in: Der Spiegel, Heft 16, 18.04.2005, S. 176–189.

Lassahn, Rudolf: Grundriss einer allgemeinen Pädagogik, 3. Auflage, Wiesbaden, Quelle und Meier, 1993.

Lefrancois, Guy R.: Psychologie des Lernens, übersetzt und bearbeitet von **Peter K. Leppmann**, **Wilhelm F. Angermeier**, **Thomas J. Thiekötter**, 4. Auflage, Berlin u. a., Springer, 2006.

Liebel, Hermann: Einführung in die Verhaltensmodifikation – Eine Anleitung zum Verhaltenstraining, Weinheim, Beltz, 1992.

Lindenberg, Christoph: Waldorfschule – angstfrei lernen, selbstbewusst handeln, 6. Auflage, Reinbek bei Hamburg, Rowohlt, 1994.

Lückert, Heinz-Rolf/Lückert, Inge: Einführung in die Kognitive Verhaltenstherapie, München/Basel, Reinhardt, 1994.

Medienpädagogischer Forschungsverbund Südwest (Hrsg.): JIM-Studie 2005, online abrufbar unter: www.mpfs.de/fileadmin/Studien/JIM2005.pdf [10.05.2007].

Medienpädagogischer Forschungsverbund Südwest (Hrsg.): JIM-Studie 2006, online abrufbar unter: www.mpfs.de/fileadmin/Studien/JIM2006.pdf [10.05.2007].

Menck, Peter: Was ist Erziehung? Donauwörth, Auer, 1998.

Metzger, Wolfgang: Psychologie für Erzieher I: Psychologie in der Erziehung, 3. Auflage, Bochum, Verlag Ferdinand Kamp, 1976.

Mietzel, Gerd: Wege in die Psychologie, 13. Auflage, Stuttgart, Klett-Cotta, 2006.

Mikos, Lothar/Hoffmann, Dagmar/Winter, Rainer (Hrsg.): Mediennutzung, Identität und Identifikationen, Weinheim/München, Juventa, 2007.

Miles-Paul, Ottmar, in: Niemand darf wegen seiner Behinderung benachteiligt werden. Grundrecht und Alltag, eine Bestandsaufnahme, hrsg. v. **Hans-Günter Heiden**, Reinbek bei Hamburg, Rowohlt Taschenbuch, 1996.

Miller, Tilly: Systemtheorie und Soziale Arbeit – Entwurf einer Handlungstheorie, 2. Auflage, Stuttgart, Lucius und Lucius, 2001.

Möller, Ingrid: Und sie machen doch aggressiv, in: Psychologie Heute, 34. Jg., Heft 3, 2007, S. 14.

Mogel, Hans: Ökopsychologie, in: Psychologie – Eine Einführung in ihre Grundlagen und Anwendungsfelder, hrsg. von **Dietrich Dörner, Herbert Selg**, 2. Auflage, Stuttgart, Kohlhammer, 1996, S. 264–281.

Mollenhauer, Klaus: Einführung in die Sozialpädagogik – Probleme und Begriffe der Jugendhilfe, 10. Auflage, Weinheim, Beltz, 1993.

Montada, Leo: Fragen, Konzepte, Perspektiven, in: Entwicklungspsychologie, hrsg. von **Rolf Oerter, Leo Montada**, 5. Auflage, Weinheim, Beltz – Psychologie Verlags Union, 2002, S. 1–83.

Montessori, Maria: Die Bedeutung der Erziehung für die Verwirklichung des Friedens, in: **Maria Montessori** – Frieden und Erziehung, hrsg. v. **Paul Oswald** und **Günther Schulz-Benesch**, Freiburg i. Br., Herder, 1973, S. 32–65.

Montessori, Maria: Einige Grundbegriffe, in: **Maria Montessori** – Texte und Gegenwartsdiskussion, hrsg. von **Winfried Böhm**, 5. Auflage, Bad Heilbrunn, Klinkhardt, 1994 , S. 34–62.

Montessori, Maria: Grundlagen meiner Pädagogik, in: **Maria Montessori** – Grundlagen meiner Pädagogik, hrsg. von **Michael Berthold**, 9. Auflage, Wiesbaden, Quelle und Meyer, 2005, S. 7–31.

Montessori, Maria: Kinder sind anders, übersetzt von **Percy Eckstein** und **Ulrich Weber**, 23. Auflage, Stuttgart, Deutscher Taschenbuch Verlag, 2006.

Montessori, Maria: in: **Maria Montessori** – Texte und Gegenwartsdiskussion, hrsg. v. **Winfried Böhm**, 6. Auflage, Bad Heilbrunn, Klinkhardt, 1996.

Mühlfeld, Claus u. a. (Hrsg.): Brennpunkte sozialer Arbeit: Ökologische Konzepte für Sozialarbeit, Frankfurt a. M., Verlag Moritz Diesterweg, 1986.

Mühlfeld, Claus u. a. (Hrsg.): Brennpunkte sozialer Arbeit: Gemeinwesenarbeit. Frankfurt a. M., Verlag Moritz Diesterweg, 1985.

Müsseler, Jochen/Prinz, Wolfgang (Hrsg.): Allgemeine Psychologie, Heidelberg/Berlin, Spektrum Akademischer Verlag, 2002.

Myers, David G.: Psychologie, deutsche Bearbeitung von **Christiane Grosser, Svenja Wahl**, mit Beiträgen von **Siegfried Hoppe-Graf, Barbara Keller**, übersetzt von ÜTT – Übersetzungsteam **Tübingen Sabine Mehl, Katrin Beckmann, Birgit Pfitzer**, Heidelberg, Springer Medizin Verlag, 2005.

Myrtek, Michael: Folgen des Fernsehens bei Kindern und Jugendlichen, in: Das Online-Familienhandbuch, hrsg. von **Wassilios E. Fthenakis** und **Martin R. Textor**, 2006, online abrufbar unter: www.familienhandbuch.de/cmain/f_Aktuelles/a_Kindliche_Entwicklung/s_742.html [10.05.2007].

Myschker, Norbert: Verhaltensgestörtenpädagogik, in: Einführung in die Behindertenpädagogik III, hrsg. von Ulrich Bleidick u. a.,3. Auflage, Stuttgart, Kohlhammer, 1992, S. 103–136.

Nave-Herz, Rosemarie: Ehe- und Familiensoziologie, Weinheim/München, Juventa, 2004.

Neill, Alexander S.: Theorie und Praxis der antiautoritären Erziehung – Das Beispiel Summerhill, 46. Auflage, Reinbek bei Hamburg, Rowohlt Taschenbuch, 2004.

Noack, Winfried: Gemeinwesenarbeit – Ein Lehr- und Arbeitsbuch, Freiburg i. B., Lambertus, 1999.

Nohl, Hermann: Die Theorie der Bildung, in: Handbuch der Pädagogik, Band 1, Die Theorie und die Entwicklung des Bildungswesens, hrsg. v. Hermann Nohl und Ludwig Pallet, Berlin/Leipzig, Beltz, 1933.

Nolan, Christopher: Unter dem Auge der Uhr – Ein autobiographischer Bericht, München, Deutscher Taschenbuch Verlag, 1992.

Nowack, Wolf/Abele, Andrea: Beiträge der interaktionistischen Psychologie zu umweltorientierter Forschung, in: Ökologie und Entwicklung – Mensch-Umwelt-Modelle in entwicklungspsychologischer Sicht, hrsg. von **Heinz Walter** und **Rolf Oerter**, Donauwörth, Auer, 1979, S. 134–144.

Odierna, Simone/Berendt, Ulrike (Hrsg.): Gemeinwesenarbeit. Entwicklungslinien und Handlungsfelder, Gemeinwesenarbeit Jahrbuch 7, Neu-Ulm, AG SPAK Bücher, 2004.

Oelschlägel Dieter: Strategiediskussion in der Sozialen Arbeit und das Arbeitsprinzip Gemeinwesenarbeit; in: Grundlagen und Standards der Gemeinwesenarbeit. Reader für Studium, Lehre und Praxis, hrsg. von Wolfgang Hinte, Maria Lüttringhaus, Dieter Oelschlägel, Münster, Votum Verlag, 2001, S. 54–72.

Oelschlägel, Dieter: Strategiediskussion in der Sozialen Arbeit und das Arbeitsprinzip Gemeinwesenarbeit; in: Brennpunkte Sozialer Arbeit: Gemeinwesenarbeit, hrsg. von **Claus Mühlfeld** u. a., Frankfurt a. M., Verlag Moritz Diesterweg, 1985, S. 7–22.

Oerter, Rolf/Montada, Leo (Hrsg.).: Entwicklungspsychologie, 5. Auflage, Weinheim, Beltz – Psychologie Verlags Union, 2002.

Oswald, Paul/Schulz-Benesch, Günter (Hrsg.): Grundgedanken der Montessori-Pädagogik, 20. Auflage, Freiburg i. Br., Herder, 2006.

Oswald, Paul/Schulz-Benesch, Günter (Hrsg.): Maria Montessori. Frieden und Erziehung, übersetzt von **Christine Callori di Vignale**, Freiburg i. Br., Herder, 1973.

Petermann, Ulrike: Kinder und Jugendliche besser verstehen – Ein Ratgeber bei seelischen Problemen, Bergisch Gladbach, Lübbe Verlag, 1994.

Peuckert, Rüdiger: Familienformen im sozialen Wandel, 6. Auflage, Wiesbaden, Verlag für Sozialwissenschaften, 2005.

Portmann, Adolf: Zoologie und das neue Bild vom Menschen, 2. Auflage, Reinbek bei Hamburg, Rowohlt, 1956.

Pscherer, Jörg: Der Glaube an die eigene Kraft versetzt Berge, in: Psychologie Heute, Heft 11, 31. Jg., 2004, S. 24–28.

Rauchfleisch, Udo: Reif für den Oscar, aber nicht für die Gesellschaft, in: Psychologie Heute, Heft 6, 2006, S. 46–51.

Reinecker, Hans: Grundlagen der Verhaltenstherapie, 3. Auflage, Weinheim, Beltz – Psychologie Verlags Union, 2005.

Richter, Horst-Eberhard: Eltern, Kind und Neurose. Psychoanalyse der kindlichen Rolle, Reinbek bei Hamburg, Rowohlt Taschenbuch, 1989.

Ries, Heinz A.: Verwirklichung von Visionen als konkreatives Tun, in: Hoffnung Gemeinwesen, hrsg. von **Heinz A. Ries, Susanne Elsen, Bernd Steinmetz**, Neuwied/Kriftel/Berlin, Luchterhand, 1997, S. 27–79.

Ries, Heinz A./Elsen, Susanne/Steinmetz, Bernd (Hrsg.): Hoffnung Gemeinwesen, Neuwied/Kriftel/Berlin, Luchterhand, 1997.

Rizzollati, Giacomo/Fogassi, Leonardo/Gallese, Vittorio: Spiegel im Gehirn, in: Spektrum der Wissenschaft, Heft 3, 2007, S. 49–55.

Rogers, Carl R.: Entwicklung der Persönlichkeit. Psychotherapie aus der Sicht eines Therapeuten, 13. Auflage, übersetzt von **Jacqueline Giere**, Stuttgart, Klett-Cotta, 2000.

Ross, Alan D./Petermann, Franz: Verhaltenstherapie mit Kindern und Jugendlichen – Methoden und Anwendungsgebiete, übersetzt von **Meinolf Noeker**, Stuttgart, Hippokrates Verlag, 1987.

Roth, Eugen: Sämtliche Menschen, München/Wien, Carl Hanser Verlag, 2001.

Roth, Gerhard: Freud und ich, in: Psychologie Heute, Heft 6, 33. Jg., 2006, S. 72.

Roth, Heinrich: Pädagogische Anthropologie, Band 1: Bildsamkeit und Bestimmung, 5. Auflage, Hannover, Schroedel, 1984.

Roth, Heinrich: Pädagogische Anthropologie, Band 2: Entwicklung und Erziehung, 2. Auflage, Hannover, Schroedel, 1976.

Schandry, Rainer: Biologische Psychologie – Ein Lehrbuch, unter Mitarbeit von **Anja Weber**, 2. Auflage, Weinheim, Beltz – Psychologie Verlags Union, 2006.

Scheler, Max: Die Stellung des Menschen im Kosmos, hrsg. von **Manfred S. Frings**, 16. Auflage, Bonn, Bouvier, 2005.

Scheunpflug, Annette: Biologische Grundlagen des Lernens, Berlin, Cornelsen Scriptor, 2001.

Schiefele, Ulrich: Motivation und Lernen mit Texten, Göttingen, Hogrefe, 1995.

Schiefele, Hans/Tröger, Walter: Pädagogik für Erzieher II, 6. Auflage, München, TR-Verlagsunion, 1982.

Schilling, Johannes: Jugend- und Freizeitarbeit, Neuwied, Luchterhand, 1991.

Schmidt, Gunter: Motivationale Grundlagen sexuellen Verhaltens, in: Enzyklopädie der Psychologie, Serie IV, Band 2, Psychologie der Motive, hrsg. von **Hans Thomae**, Göttingen, Verlag für Psychologie, 1983, S. 70–109.

Schott, Ortrun, in: Behinderten-Report II – „Wir lassen uns nicht abschieben", hrsg. v. **Ernst Klee**, 5. Auflage, Frankfurt a. M., Fischer Taschenbuch, 1981.

Schwäbisch, Lutz/Siems, Martin: Anleitung zum sozialen Lernen für Paare, Gruppen und Erzieher. Kommunikations- und Verhaltenstraining, Reinbek b. Hamburg, Rowohlt, 1997.

Schultz, Tanjev: Anreize für die Schulen, in: Süddeutsche Zeitung, 8.3.2007

Seiffert, Helmut: Dialektik, in: Handlexikon zur Wissenschaftstheorie, hrsg. von **Helmut Seiffert, Gerard Radnitzky**, 2. Auflage, München, Ehrenwirth, 1992, S. 33–37.

Seiffert, Helmut: Einführung in die Wissenschaftstheorie, Band 4, München, C. H. Beck, 1997.

Seiffert, Helmut/Radnitzky, Gerard (Hrsg.): Handlexikon zur Wissenschaftstheorie, 2. Auflage, München, Ehrenwirth, 1992.

Sekretariat der Ständigen Konferenz der Kultusminister der Länder in der Bundesrepublik Deutschland: Das Bildungswesen in der Bundesrepublik Deutschland 2005. Darstellung der Kompetenzen, Strukturen und bildungspolitischen Entwicklungen für den Informationsaustausch in Europa, Bonn, 2006.

Selg, Herbert: Filmhelden als Gewaltmodelle? Was gelernt wird, hängt von der Gesamtaussage ab, in: tv-Diskurs, Heft 6, 1998, S. 36–47.

Selg, Herbert: Fördern Medien die Gewaltbereitschaft? Was die Wirkungsforschung über die Folgen des Konsums von Gewaltdarstellungen sagt, in: Aggression und Gewalt, hrsg. von **Hans-Georg Wehling**, Stuttgart, Kohlhammer, 1993, S. 74–84.

Skinner, Burrhus Frederic: Jenseits von Freiheit und Würde, Reinbek bei Hamburg, Rowohlt, 1982.

Solms, Markus: Freuds Wiederkehr, in: Spektrum der Wissenschaft, Dossier, 02/2006, S. 38–45.

Spada, Hans (Hrsg.): Lehrbuch allgemeine Psychologie, 3. Auflage, Bern, Hans Huber, 2006.

Spada, Hans/Rummel, Nikol/Ernst Andreas: Lernen, in: Lehrbuch allgemeine Psychologie, hrsg. von **Hans Spada**, 3. Auflage, Bern, Hans Huber, 2006, S. 343–434.

Speck, Otto: Die Erziehung des behinderten Kindes, in: Telekolleg für Erzieher – Pädagogik III, hrsg. von **Josef Hederer**, **Walter Tröger**, 4. Auflage, München, TR-Verlagsunion, 1980, S. 79–90.

Speck, Otto: System Heilpädagogik – Eine ökologisch reflexive Grundlegung, 5. Auflage, München/Basel, Reinhardt, 2003.

Spiegel Online: Prügeln bis der Arzt kommt, 28.03.2005, online abrufbar unter http://www.spiegel.de/schulspiegel/0,1518,347930,00.html [11.04.2007]

Spitz, René: Vom Säugling zum Kleinkind, übersetzt von **Gudrun Theusner-Stampa**, 12. Auflage, Stuttgart, Klett-Cotta, 2005.

Spitzer, Manfred: Lernen – Gehirnforschung und die Schule des Lebens, Heidelberg/Berlin, Spektrum Akademischer Verlag, 2006.

Spitzer, Manfred: Vorsicht Bildschirm! Elektronische Medien, Gehirnentwicklung, Gesundheit und Gesellschaft, Stuttgart, Klett, 2005.

Sportinformationsdienst (sid): Viel Fernsehen schadet der Kindergesundheit, in: Süddeutsche Zeitung, 05.07.2006, S. 10

Steiner, Rudolf: Die Erziehung des Kindes vom Gesichtspunkte der Geisteswissenschaften, Dornach, Rudolf Steiner Verlag, 1978/2003.

Steiner, Rudolf: Geisteswissenschaftliche Behandlung sozialer und pädagogischer Fragen, Dornach, Rudolf Steiner Verlag, 1964.

Stern, Elsbeth: „Spaß ist, wenn man etwas kann" – Interview von Marion Sonnenmoser mit Elsbeth Stern, in: Psychologie Heute, Heft 12, 31. Jg., 2004, S. 30–33.

Stimmer, Franz: Grundlagen des Methodischen Handelns in der Sozialen Arbeit, 2. Auflage, Stuttgart, Kohlhammer, 2006.

Strickstrock, Frank (Hrsg.): Die Gesellschaft der Behinderer – Das Buch zur Aktion Grundgesetz, Reinbek bei Hamburg, Rowohlt Taschenbuch, 1997.

Stroebe, Wolfgang/Jonas, Klaus/Hewstone, Miles (Hrsg.): Sozialpsychologie – Eine Einführung, übersetzt von **Matthias Reiss**, 4. Auflage, Berlin u. a., Springer, 2002.

Tausch, Reinhard: Hilfen bei Stress und Belastung. Was wir für unsere Gesundheit tun können, 14. Auflage, Reinbek bei Hamburg, Rowohlt Taschenbuch, 2006.

Tausch, Reinhard/Tausch Anne-Marie: Erziehungspsychologie – Begegnung von Person zu Person, 11. Auflage, Göttingen, Verlag für Psychologie Dr. C. J. Hogrefe, 1998.

Textor, Martin R: Praxis der Kinder- und Jugendhilfe, 2. Auflage, Weinheim/Basel, Beltz, 1995.

Theunert, Helga: Gewalt in den Medien, Gewalt in der Realität – Gesellschaftliche Zusammenhänge und pädagogisches Handeln, 2. Auflage, München, KoPäd Verlag, 1996.

Theunert, Helga: Kinder und Medien, in: Grundbegriffe Medienpädagogik, hrsg. von **Jürgen Hüther**, **Bernd Schorb**, 4. Auflage, München, Kessler Druck, 2005, S. 195–202.

Thiersch, Hans: Einen gelingenden Alltag ermöglichen, in: Theorien der Sozialen Arbeit – Eine Einführung, hrsg. von **Ernst Engelke**, 3. Auflage, Freiburg i. B., Lambertus, 2002, S. 324–337.

Thiersch, Hans: Lebensweltorientierte Soziale Arbeit – Aufgaben der Praxis im sozialen Wandel, 6. Auflage, Weinheim/München, Juventa, 2005.

Thole, Werner: Soziale Arbeit als Profession und Disziplin. Das sozialpädagogische Projekt in Praxis, Theorie, Forschung und Ausbildung – Versuch einer Standortbestimmung, in: Grundriss Soziale Arbeit – Ein einführendes Handbuch, hrsg. von **Werner Thole**, unter Mitarbeit von **Karin Bock** und **Ernst-Uwe Küster**, Opladen, Leske & Budrich, 2002, S. 13–62.

Thole, Werner (Hrsg.): Grundriss Soziale Arbeit – Ein einführendes Handbuch. Opladen, Leske & Budrich, 2002.

Thomae, Hans (Hrsg.): Enzyklopädie der Psychologie, Serie IV, Band 2, Psychologie der Motive, Göttingen, Verlag für Psychologie, 1983.

Tögel, Christfried: Freud für Eilige, Berlin, Aufbau Taschenbuch Verlag, 2005.

Treml, Alfred K.: Einführung in die Allgemeine Pädagogik, Stuttgart u. a., Kohlhammer, 1987.

Tschamler, Herbert: Wissenschaftstheorie – Eine Einführung für Pädagogen, 3. Auflage, Bad Heilbrunn, Klinkhardt, 1996.

Ulrich, Andreas/Verbeet, Markus: Sperrfeuer aus der Glotze, in: Der Spiegel, Heft 50, 11.12.2006, S. 58 f.

Velte, Jutta: Mobile Kommunikation per Handy ist alles?, in: Verbraucher-Zentrale Nordrhein-Westfalen: Computer, Handy, TV &Co., Düsseldorf, Basse Druck, 2002, S. 132–149.

Verbraucher-Zentrale Nordrhein-Westfalen: Computer, Handy, TV &Co., Düsseldorf, Basse Druck, 2002.

Verres, Rolf: Zur deutschen Ausgabe, in: Sozial-kognitive Lerntheorie von Albert Bandura, übersetzt von **Hainer Kober**, Stuttgart, Klett-Cotta, 1979, S. 7 f.

Vollbrecht, Ralf: Einführung in die Medienpädagogik, Weinheim/Basel, Beltz, 2001.

Walter, Heinz/Oerter, Rolf (Hrsg.): Ökologie und Entwicklung – Mensch-Umwelt-Modelle in entwicklungspsychologischer Sicht, Donauwörth, Auer, 1979.

Watson, John B./Graumann, Carl F.: Behaviorismus, übersetzt von **Lenelis Kruse**, Köln/Berlin, Kiepenheuer & Witsch, 1968.

Weber Erich: Pädagogik, Band 1, Teil 1: Pädagogische Anthropologie, 9. Auflage, Donauwörth, Auer, 1996.

Weber Erich: Pädagogik, Band 1, Teil 2: Ontogenetische Voraussetzungen der Erziehung, 8. Auflage, Donauwörth, Auer, 1996.

Weber Erich: Pädagogik, Band 1, Teil 3: Pädagogische Grundvorgänge und Zielvorstellungen, 8. Auflage, Donauwörth, Auer, 1999.

Wehling, Hans-Georg (Hrsg.): Aggression und Gewalt, Stuttgart, Kohlhammer, 1993.

Wehr, Gerhard: Der pädagogische Impuls Rudolf Steiners, Stuttgart, Mellinger Verlag, 2002.

Wember, Franz B.: Schule/Schulpädagogik, in: Kompendium der Heilpädagogik, Band 2, hrsg. von **Heinrich Greving**, Troisdorf, Bildungsverlag EINS, 2007, S. 212–221.

Wendt, Wolf Rainer: Case Management im Sozial- und Gesundheitswesen – Eine Einführung, 3. Auflage, Freiburg i. B., Lambertus, 2001.

Wendt, Wolf Rainer: Ökosozial denken und handeln – Grundlagen und Anwendungen in der Sozialarbeit, Freiburg i. B., Lambertus, 1990.

Wimmer, Heinz/Perner, Josef: Kognitionspsychologie, Stuttgart, Kohlhammer, 1979.

Wössner, Jakobus: Soziologie – Einführung und Grundlegung, 9. Auflage, Köln/Wien, Böhlau, 1986.

Zimbardo Philip G. u. a.: Psychologie, unter Mitarbeit von Barbara Keller, 7. Auflage, übersetzt von **Johanna Baur**, **Frank Jacobi** und **Matthias Reiss**, Berlin, Springer, 2003.

Zimmerli, Walther Ch.: Geisteswissenschaften, in: Handlexikon zur Wissenschaftstheorie, hrsg. von **Helmut Seiffert**, **Gerard Radnitzky**, 2. Auflage, München, Ehrenwirth-Verlag, 1992, S. 88–99.

Zulliger, Hans: Heilende Kräfte im kindlichen Spiel, 8. Auflage, Eschborn, Klotz, 2007.

Bildquellenverzeichnis

© Bildungsverlag EINS, Troisdorf/Cornelia Kurtz, Boppard am Rhein, S. 9, 11 (alle), 12, 28, 31, 36, 40, 44, 55, 58, 59, 63, 74 (alle), 75, 78, 87, 90, 105, 110, 118 (2x), 120 oben, 124, 135, 137 (alle), 141, 143, 144 (2x), 149 unten, 151, 154, 166, 174, 175, 176, 190 (alle), 198, 201, 206, 212 (alle), 215 (2x), 216 (2x), 226, 250, 251, 252, 264, 269 (2x), 271, 276, 281, 303, 306, 312, 318, 338, 354, 355, 375, 378, 398, 401, 403, 418, 422

© ullstein – AKG Pressebild, S. 23, 101

© akg-images, Berlin, S. 24 rechts

© Prof. Dr. Dr. h.c. Wolfgang Brezinka/Ernst Reinhardt Verlag, München/Basel, S. 24 links

© DER SPIEGEL, Nr. 43 vom 20.10.2003, S. 200; S. 35

© picture alliance/dpa-Bildarchiv, S. 37, 232

© Dr. Karin Grossmann, Dr. Klaus Grossmann/Christoph Braun, S. 47

© Bildungsverlag EINS, Troisdorf/Angelika Brauner, Hohenpeißenberg, S. 106, 146

© akg-images/Erich Lessing, S. 116, 393

© akg-images/CDA/Guillemot, S. 120 (unten)

© Mauritius images/Uwe Umstätter, S. 134

© ullstein bild – ullstein bild, S. 136

© ullstein – Granger Collection, S. 145, 179

© ullstein bild - Camera Press Ltd., S. 148

© Mauritius images/photo researchers, S. 149 oben

© Albert Bandura/Klett-Cotta Verlag, Stuttgart, S. 162

© 2007 United Features Syndicate Inc./distr. kipkakomiks.de, S. 183

© Reinhard Tausch, S. 219 (2x)

© Mauritius images/Wolfgang Weinhäupl, S. 230

© Globus Infografik, Hamburg, S. 268, 294, 369

© Wolfgang Schmidt, Ammerbuch, S. 270

© Erich Rauschenbach, Berlin, S. 275

© aus Iohannis Amos Comenius: „Orbis sensualium pictus", 1658; S. 292

© Prof. Dr. Wolf R. Wendt, S. 346

© ullstein bild - Roger Viollet, S. 415

© Nienhuis B. V., Zelhelm (Niederlande), www.Nienhuis.com, S. 420 (alle), 439

© ullstein bild – Bunk, S. 424

Stichwortverzeichnis

A
Absorbierender Geist 416
Abwehr 109–113
Abwehrmechanismen 110–113
Achtung-Wärme-Rücksichtnahme 220 f.
Acquired Immunodeficiency Syndrom → Aids
Agenda-Setting-Approach 274
Aids 407 f.
Aktives Wesen 62 f.
Aktives Zuhören 247
Alleinerziehende(r) 297
Allgemeine Pädagogik 15
Anale Phase 118 f.
Andragogik → Erwachsenenbildung
Aneignungsphase 163 f.
Angst aus psychoanalytischer Sicht 109 f.
Anlage 56
Anlage-Umwelt-Problem 57–62
Anpassung
– im ökologischen Sinn 349, 353 f.
– und Widerstand 91
Ansatz zur Wirklichkeitskonstruktion 274
Anthropologie (pädagogische) 33
Anthroposophie 424 f.
Antiautoritäre Erziehung 231 f.
Arbeit, soziale → soziale Arbeit
Astralhülle 426
Astralleib 425 f.
Ätherhülle 426
Ätherleib 425
Attitude → Soziale Einstellung
Attributionstheorie (Heider) 161 f.
Aufmerksamkeitsprozesse 163
Aufweisung als Ziel der Pädagogik 22 f.
Ausbildung 93
Ausführungsphase 164
Auslösender Effekt 173
Autoerotisch 396
Autorität 82 f., 429
Autoritätskonflikte 296

B
Begründung 22 f., 203 f.
Behaviorismus 58
Behinderung
– als Gegenstand der Heilpädagogik 366
– Arten 368 f.
– Begriff 367 f.
– Einfach- 369
– Folge- 370
– Folgen 372 f.
– geistige 368
– Körper- 369
– Lern- 368
– Mehrfach- 370
– Primär- 370
– Probleme 373–376
– seelische 369
– Sekundär- 370
– Sinnes- 369
– Sprach- 369
– Ursachen 370 ff.
Bekräftigung
– Aussicht auf 164
– Bedeutung 167 ff.
– externe 168
– Selbstbekräftigung 168
– stellvertretende 168
Belohnung
– Begriff 242
– erster Art 153, 242
– Probleme 243 ff.
– Wirkungen 243
– zweiter Art 154, 242
Beobachtung
Berliner Schule 179
Berufspädagogik 15
Berufstätigkeit beider Elternteile 298
Bestrafung
– Begriff 248
– erster Art 153, 248 f.
– Nebenwirkungen 249 f.
– Probleme 249 f.
– und logische Folgen 252
– und natürliche Folgen 252
– und sachliche Folgen 252
– zweiter Art 154, 248 f.
Beziehung, positive emotionale 227–231
Bildung 92 f.
Bildungssystem 306 f.
Bindung 47
Bindungstheorie 46 ff., 230
Bisexualität 397

C

Case Management → Unterstützungsmanagement
Casework → Soziale Einzelhilfe
Chronosystem 351

D

Desensibilisierung, systematische 144
Destrudo 114 f.
Determinismus 57 f.
– psychischer 103
Deviation 421 f.
Didaktik 15
Dimension
– Begriff 219
– emotionale 219
– Lenkungsdimension 219, 222

E

Echtheit 222, 229
Effektgesetz 147
Einsicht, Lernen durch 180
Einstellung, soziale 86
Einzelhilfe → Soziale Einzelhilfe
Elternarbeit 301, 386 f., 432
Emanzipation 207
Empowerment-Konzept 387
Endogen 56
Enkulturation 84 f.
Enthemmender Effekt 173
Epochenunterricht 433
Erbtheorie 57 f.
Erfolg 245 f.
Erfolgserwartung → Ergebniserwartung
Ergebniserwartung 169
Ergotherapie 386
Erklärung 18
Erlebens- und Verhaltensstörung
– als Gegenstand der Heilpädagogik 366 f.
– Arten 381
– Begriff 380
– Behandlung 384–387
– Bereiche 380 f.
– Entstehung 382 f.
– Ursachen 381 f.
Ermutigung 246
Eros 114 f., 395
Erotisch 395
Erwachsenenpädagogik 16
Erwartungshaltung 169 ff.
Erworbene Immunschwäche-Krankheit → Aids
Erziehbarkeit 33

Erziehung
– als beabsichtigte Enkulturationshilfe 84 f.
– als beabsichtigte Lernhilfe 79 f.
– als beabsichtigte Personalisationshilfe 89 f.
– als beabsichtigte Sozialisationshilfe 85 ff.
– als soziale Interaktion 77 f.
– als soziale Kommunikation 78
– als soziales Handeln 80 f.
– antiautoritäre 231 ff.
– Aufgaben 84–91
– autoritäre 214–218, 224
– autoritative 224
– Bedingungen 65 ff.
– Bedingungsfeld 65 f.
– Begriff 81 f.
– demokratische 214–218
– direkte 81
– funktionale 80
– Grenzen 66 f.
– indirekte 81
– intentionale 80
– laissez-faire 214–218
– Merkmale 82
– nachgiebige 224
– permissive 224
– Selbsterziehung 79
– und Beziehung 79
– vernachlässigende 225, 287
– Wesen 79 f.
Erziehungsfähigkeit 33
Erziehungsmaßnahme
– Begriff 240
– direkte 240 f.
– gegenwirkende 241, 248–252
– indirekte 240 f.
– unterstützende 241–247
Erziehungsmethode 240
Erziehungsmittel 240
Erziehungspraxis 12
Erziehungsstil
– autoritärer 214–217, 224
– autoritativer 224
– Begriff 213
– demokratischer 214–217
– dimensionsorientiertes Konzept 213, 219–223
– elterlicher 224 f.
– laissez-faire 214–217
– nachgiebiger 224
– permissiver 224
– typologisches Konzept 213–218
– vernachlässigender 225
Erziehungswissenschaft

– Aufgaben 21 ff.
– Begriff 13
– kritisch-rationale 24
– Methoden 19 ff.
Erziehungsziel
– als Orientierungshilfe 191 f.
– Begriff 191–194
– Begründung 203 f.
– Faktoren 195 f.
– Festlegung 196 ff.
– Funktionen 200 f.
– Probleme 201 ff.
– und Wert- und Normvorstellungen 192 ff.
– Wandel 195 f., 199 f.
Es (Freud) 104
Ethologie → Verhaltensforschung
Evolutionstheorie 33
Exhibitionismus 122
Exogen 56
Exosystem 351
Extinktion 139, 143, 154
Extrauterines Frühjahr 40

F

Familie
– Begriff 293 f.
– Funktionen 295 f.
– Merkmale 293 f.
– Probleme 296–299
– unvollständige 287
Fehlleistung, Freudsche 102
Fixierung 113, 123 f.
Fluchtlernen 150
Förderschule 377 f.
Freispiel 303
Frequenzgesetz 147
Freudsche Fehlleistung 102
Früherkennung 377
Frühförderung 377 f.
Funktionsspiele 255

G

Gedächtnisprozesse 164
Gegenkonditionierung 144
Gehorsam 83
Geisteswissenschaft 19
Geistige Behinderung 358
Geistiges Wesen 41 f.
Gemeinwesenarbeit → soziale Gemeinwesenarbeit
Gene 56
Generationskonflikte 296

Genetik 56
Genotyp 56
Gesetz der Bereitschaft 146
Gesprächspsychotherapie 385
Gestaltpsychologie 179
Gestaltungsspiele 255
Gesundheitshilfe 328 f.
Gewalt und Medien 278 - 282
Gewalt und Modelllernen 178
Gewissen 87
Gruppenarbeit → soziale Gruppenarbeit
Gruppentherapie 385

H

Habitualisierungsthese 274 f.
Haltung → Einstellung, soziale
Handeln (soziales) 80
Heilpädagogik 16, 365, 366 f.
Heim
– Aufgaben 311 ff.
– Begriff 310 f.
– Bereiche 313 f.
– Formen 313 f.
– Probleme 314 f.
Hemmender Effekt 173
Heterosexualität 397
Homo discens 46
Homosexualität 396
Hospitalismus 46
Human Immunodeficiency Virus 407 → HIV

I

Ich (Freud) 104 f.
Ich-Botschaften 246 f.
Ich-Ideal 105 f.
Ich-Leib 426
Ich-Schwäche 108, 122 f.
Ich-Stärke 108
Ideal-Ich → Ich-Ideal
Identifikation 112
Instinktreduziertes Wesen 35 ff.
Informationsverarbeitung 180
Inhibitionsthese 274 f.
Instinkt 35 f.
Institution 38 f.
Integration 378 f.
Interaktion, soziale 77
Interaktionsspiele 255

J

Jugendarbeit
– Aufgaben 316 f.

– Begriff 315 f.
– Formen 317 ff.
– Methoden 317 ff.
– offene 318
– Probleme 319 f.
Jugendbildungsarbeit 319
Jugendhilfe → Kinder- und Jugendhilfe
Jugendschutz → Kinder- und Jugendschutz
Jugendsozialarbeit 330
Jugendverbandsarbeit 318

K

Kastrationsangst 120
Katharsisthese 274 f.
Kinder- und Jugendarbeit 330
Kinder- und Jugendhilfe 329–331
Kinder- und Jugendschutz 330
Kindergarten
– Aufgaben 300 ff.
– Begriff 299 f.
– Organisation 302 ff.
– Probleme 304 f.
Kinderhaus 422 f.
Kinderladenbewegung 233
Kindertagsstätte 299
Knowledge-Gap-Hypothesis 274
Koedukation, soziale → Soziale Koedukation
Kognition
– Begriff 159
– Theorien 159–174
– und Verstärkung 160
Kognitive Struktur 160
Körperbehinderung 369
Kommunikation, soziale 78
Kompetenzerwartung 170
Konditionieren
– erster und zweiter Ordnung 141 f.
– klassisches 136–145
– operantes 145–158
Konditionierungstheorien 136–158
Kontiguität 139
Kontingenz 153, 245
Kultur 38, 43
Kulturelles Wesen 43 f., 84

L

Law of effect → Effektgesetz
Law of exercise → Frequenzgesetz
Law of readiness → Gesetz der Bereitschaft
Lebensgrundeinstellung 118
Lebenstrieb 114 f.
Lebensvollzugsmodell → Life Model

Lebenswelt(orientierung) 332 ff.
Lernbehinderung 368
Lernen
– als Informationsverarbeitung 180
– am Modell 162
– Begriff 75 ff.
– durch Versuch und Irrtum 145–148
– funktionales 77
– intentionales 77
– Merkmale 75 ff.
Lernfähigkeit 33
Lerntheorien 136–180
Libido
– Begriff 114 f.
– Entwicklung 117–122
Liebesentzug 250
Life Model 352–356
Lob → Belohnung
Logische Folgen als Bestrafung 252
Logotherapie 385 f.
Löschung → Extinktion

M

Makrosystem 351
Massenmedien
– audiovisuelle 269
– auditive 269
– Begriff 265 f.
– Computer 270
– Gefahren 276 ff.
– Handy 270 f.
– Internet 270
– Laptop 270
– Printmedien 269
– Theorien 273 ff.
– und Gewalt 278–282
– Wirkung 272 f.
Medienerziehung
– Aufgaben 282 f.
– Begriff 15, 266
– Möglichkeiten 283 ff.
Medienkompetenz 282 f.
Medienpädagogik
– agitative 266
– Aufgaben 267 f.
– Begriff 15, 271 f.
– instrumentelle 266
– integrative 266
– kritische 266
– präventive 266
– Richtungen 266 f.
– Ziele 267 f.

Medienwirkungstheorien 273 ff.
Medienverbund 265
Medienverwahrlosung 281
Medium
– Begriff 265
– Gefahren 276 f.
– und Gewalt 278–282
Menschliches Immunschwäche-Virus → HIV
Mesosystem 351
Methoden, wissenschaftliche
– Begriff 19
– empirische 20
– erfahrungswissenschaftliche 20
– geisteswissenschaftliche 20
– naturwissenschaftliche 20
– wissenschaftliche 19 ff.
Mikrosystem 351
Milieutheorie 58
Missbrauch, sexueller → sexueller Missbrauch
Misshandlung 296 f.
Mobbing 310
Modellierender Effekt 173
Modellverhalten 165, 175 f.
Montessori-Pädagogik
– Arbeitsmaterialien 419 ff.
– Aufgaben 419
– Grundlagen 415–418
Motivationsprozesse 164
Mototherapie 386
Multiple Elternschaft 293
Mündigkeit, pädagogische 204 f.
Mutterhülle 426

N
Narzissmus 116
Narzisstische Persönlichkeit 117
Natürliche Folgen als Bestrafung 252
Naturwissenschaft 18
Nestflüchter 40
Nesthocker 40
Norm, soziale 86
Normalisation → Normalisierung
Normalisierung 422
Normenkonflikt 201 f.
Normenpluralismus 201
Nutzenansatz 274

O
Objektbesetzung 114
Ödipus-Komplex 121
Ödipus-Konflikt 120 f.
Ökologie 349

Ökologische Theorie nach Bronfenbrenner 350 ff.
Orale Phase 117 f.

P
Pädagogik
– Allgemeine 15
– Begriff 12 f.
– Disziplinen 15 f.
– empirische 24
– erfahrungswissenschaftliche 24
– Gegenstand 13 f.
– geisteswissenschaftliche 24
– Geschichte 15
– Methoden 19 ff.
– normative 23
– Richtungen 23 f.
– Schulen 23 f.
– Systematische 15
Pädagogische Mündigkeit 204 f.
Pädagogischer Bezug → Pädagogisches Verhältnis
Pädagogischer Optimismus 58
Pädagogischer Pessimismus 57 f.
Pädagogischer Realismus 62
Pädagogisches Verhältnis 226 f.
Patchworkfamilie 293
Pedanterie 122
Penisneid 120
Perioden, sensible → Sensible Perioden
Personales Wesen 89
Personalisation 89 f.
Persönlichkeit, narzisstische 117
Persönlichkeitsinstanzen (Freud) 104 ff.
Persönlichkeitsmodell (Freud) 104 f.
Phallische Phase 120 f.
Phänotyp 56
Phase
– anale 118 f.
– orale 117 f.
– phallische 120 f.
Physiologische Frühgeburt 40 f.
Physischer Leib 425
Position, soziale 87
Projektion 111
Psychischer Determinismus 103
Psychoanalyse 100–125
Psychoanalytisches Therapieverfahren 384

Q
Qualifikationen 93, 206

R

Rationalisierung 111
Reaktionsbildung 111 f.
Reality-Construction-Approach 274
Regelspiele 255
Regression 113, 124
Reinlichkeitserziehung 119
Reizgeneralisierung 139
Reiz-Reaktionsmodell (Medienwirkungstheorie) 273
Reizüberflutung 145
Reproduktionsprozesse 164
Ressource 332
Rezeptologie 27 f.
Rezipient 265
Risikothese 280
Rolle, soziale 87
Rollenspiel 255

S

Sachkompetenz 205
Sachliche Folgen als Bestrafung 252
Sättigung 244
Scheidung der Eltern 296
Schlüsselqualifikation 194 f.
Schule
– Begriff 305 f.
– Funktionen 308
– Probleme 309 f.
Schulpädagogik 15
Selbstbekräftigung
– Aussicht auf 170 f.
– direkte 168
– stellvertretende 168
Selbstbewertung 170
Selbsterziehung 79
Selbstkompetenz 204 f.
Selbstregulierung 171
Selbststeuerung 62 f., 161, 171
Selbstwirksamkeit 172 f.
Sensible Perioden 417
Sexismus 395
Sexualerziehung 399–404
Sexualisation 400
Sexualität
– Begriff 394 f.
– Funktionen 395 ff.
– ganzheitliche Sicht 398 f.
– Ungerichtetheit 397 f.
Sexualpädagogik 15, 399 f.
Sexueller Missbrauch 404 ff.
Sexus 395

Shaping 156 f.
Signallernen → Konditionieren, klassisches
Sinnesbehinderung 369
Sonderpädagogik → Heilpädagogik
Sonderstellung des Menschen 34
Sozial abweichendes Verhalten 48 f.
Sozialarbeit 328
Soziale Arbeit
– Begriff 327 ff.
– lebensweltorientierte 332 ff.
– Methoden 335–349
– ökologische 349
Soziale Einzelhilfe 335–338
Soziale Gemeinwesenarbeit
– als Arbeitsprinzip 342 f.
– Anwendungsprinzipien 344
– Begriff 341 f.
– Grundlagen 345
– Vorgehen 344 f.
– Ziele 343
Soziale Gruppenarbeit 338–341
Soziale Koedukation 434
Soziales Wesen 44 f., 85
Sozialhilfe 328 f.
Sozialisation
– Begriff 85 ff.
– sexuelle 400
– Theorien 88
Sozial-kognitive Lerntheorie (Bandura) 162–178
Sozialkompetenz 205
Sozialpädagogik 15, 328, 329 ff.
Spiel
– Arten 255
– Bedeutung 254 f.
– Begriff 253
– darstellendes 255
– Freispiel 303
– Spielraum 256
– Spielzeit 256
– Spielzeug 256 f.
– und Waldorf-Pädagogik 431
– Wesen 253
Spieltherapie 384
Sprachbehinderung 369
Stigmatisierung 375
Stimulationsthese 274 f.
Stimulus-Response (Medienwirkungstheorie) 273
Strafe → Bestrafung
Sublimierung 112 f.
Subsidiaritätsprinzip 330
Symbolische Modelle 176

System
– und Ökologie 350 ff.
– und Wissenschaft 17, 21
Systematische Desensibilisierung 144
Systematische Pädagogik 15
Systemische Therapie 385

T
Thanatos → Todestrieb
Thematisierungsansatz 274
Theorie
– „Private" 26
– Theorie-Praxis-Problem 25 ff.
– wissenschaftliche 22, 26
Todestrieb 114 f.
Tragling 40
Trennung der Eltern → Scheidung der Eltern
Triebfrustration 123
Trieblehre, psychoanalytische 113 ff.
Triebobjekt 113 f.
Triebquelle 113 f.
Triebziel 113 f.
Two-Step-Flow of Communication 273

U
Über-Ich 105 f.
Umstrukturierung 179
Umwelt
– Begriff 56
– Bereiche 56 f.
Unbewusst 101 f.
Unspezialisiertes biologisches Mängelwesen 37 ff.
Unterricht 305
Unterstützungsmanagement
– Aufgaben 346 f.
– Begriff 345 ff.
– Grundlagen 349
– Vorgehen 347 f.
– Ziele 347
Uses and Gratifications-Approach 274

V
Verbalisieren 247
Verdrängung 111
Vererbung 56
Verhalten, sozial abweichendes 48 f.
Verhaltensformung → shaping
Verhaltensforschung 33
Verhaltensstörung 366
Verhaltenstheorien 136
Verhaltenstherapie 384
Vermeidungslernen 150

Vernachlässigung → Erziehung, Erziehungsstil
Verschiebung 112
Verstärker
– Begriff 151
– immaterieller 243
– materieller 243
– negativer 152
– positiver 152
– Relativität 152, 244
– sozialer 242 f.
Verstärkung
– Begriff 149
– differentielle 157
– intermittierende 155 f.
– kontinuierliche 155 f.
– negative 150
– positive 149
– und Kognition 160
Verstehen
– als Haltung 221, 228 f.
– als Ziel der Pädagogik 18
Versuch und Irrtum 145–148
Verwahrlosung 49
Volkshochschule 16
Vorbewusst 101 f.
Vorbild 175, 402, 430
Voyeurismus 122

W
Waldorfkindergarten 430 ff.
Waldorf-Pädagogik
– Aufgaben 428 ff.
– Grundlagen 424–428
Waldorfschule 432 - 435
Weltoffenheit 37
Wert- und Normenpluralismus 201
Wert, sozialer 85 f.
Wertschätzung → Achtung-Wärme-Rücksichtnahme
– bedingungslose 227
– Begriff 227
Widerstand
– als Abwehrmechanismus 112
– und Anpassung 91
Wiedergutmachung 251
Wissenschaft
– Begriff 16 f.
– Merkmale 16 f.
Wissenskluft-Hypothese 274

Z
Zwei-Faktoren-Modell (Mowrer) 157 f.
Zweistufenfluss der Kommunikation 273